战争论

ON WAR

III

★ ★ ★

［德］卡尔·冯·克劳塞维茨（Carl Von Clausewitz） 著

陈川 译

民主与建设出版社

·北京·

博集天卷
CS-BOOKY

Carl Von Clausewitz

HINTERLASSENE WERKE ÜBER KRIEG UND KRIEGFÜHRUNG

Dritter Band

Vom Kriege

Dritter Teil

Erste Auflage

Ferd. Dümmler's Verlagsbuchhandlung, Berlin, 1834

本卷据费迪南德·迪姆勒出版社 1834 年版译出

目录

CONTENTS

★ 第八篇 ★
战争计划

★ 前言 ★

我曾经冒昧地对本书的读者说过几句话[1]。据我所知，我的这一大胆行为得到了大家的认可。现在请读者允许我在第三卷的前面再说几句话，主要是为本卷的延期出版做些解释和道歉。

本卷包括《战争论》这部书的第七篇和第八篇。这两篇可惜都是未完成稿，只是粗略的草稿和试作。我们不打算把它们搁置起来不与读者见面，因为即使它们处于这种未完成的状态，也还是令人感兴趣的，因为通过它们至少可以看出作者想要走的路。但是这两篇需要仔细的校阅。承蒙厄策尔[2]少校先生的好意，他承担了这项工作，但由于他公务繁忙，这一工作中断了很久，因此让已经完稿的第四卷先于第三卷出版似乎更合适一些，因为第四卷的内容是1796年战局[3]，也是作者开始研究的本来的战史部分，而且很多方面的人士已经表示希望能尽快地看到遗著的这一部分。

我们曾希望此后第三卷能与第五卷同时出版，但这一点还是没有做到。我们两次中断了遗著的自然顺序，这是必须请求读者原谅的。

本卷除了《战争论》中未完成的两篇外，还附录了数篇文章。这几篇文章虽然不是《战争论》的一部分，但与《战争论》的关系是如此密切，以至于我们希望它们能够受到读者的欢迎。

这些文章中的第一篇是作者1810年、1811年和1812年为有幸给王储殿

---

[1] 指本书第一卷首版前言。——译者注
[2] 厄策尔（Franz August O'Etzel，1784—1850），普鲁士少将。1825—1835年任普鲁士军事学院地形学和地理学教官。1847年晋升少将。——译者注
[3] 战局（der Feldzug），指交战双方在一个战区的一个时间段内（大体从一年的开春到次年冬季来临时）的军事行动。作者在本书第二卷第五篇第二章中对此有专门的论述。——译者注

下[1]授课而撰写的，其中第一部分是作者向王储的保育官冯·高迪[2]将军先生提交的授课计划，第二部分是作者在结束这门课程时所撰写的全部内容概览。我在第一卷的前言中已经说过，在这篇文章中有《战争论》全书的**胚芽**，仅此一点大概就足以引起大多数读者的特别兴趣。承蒙王储殿下恩惠，允许发表这篇文章，在此我要再次向殿下表达我最恭顺的感激之情。

玛丽·冯·克劳塞维茨

1833年12月5日于柏林

---

[1] 即后来的普鲁士国王弗里德里希·威廉四世（Friedrich Wilhelm Ⅳ.，1795—1861），普鲁士国王（1840—1861）。普鲁士国王威廉三世（1770—1840）的长子。——译者注

[2] 冯·高迪（Friedrich Wilhelm Leopold Freiherr von Gaudi，1765—1823），男爵，普鲁士中将。1809年4月被普鲁士国王弗里德里希·威廉三世任命为王储的保育官。——译者注

第七篇
进攻（草稿）

★ 第一章 ★
从与防御的关系看进攻

　　如果两个概念构成了真正的逻辑上的对立，也就是说其中一个概念成了另一个的补足部分，那么实际上从其中一个概念就可以得出另一个概念。即使我们有限的才智不能一眼就看清这两个概念，不能仅根据它们的对立就从其中一个完整的概念得出另一个完整的概念，但是其中一个概念无论如何会非常有助于我们了解另一个概念，而且足以使我们了解另一个概念的很多部分。因此，我们认为《防御》一篇前几章中触及进攻的各点就已经足以让我们了解进攻的这些点，但并不是在进攻的所有问题上都是这样。思想体系是永远不会枯竭的，因此当概念的对立不是像在《防御》一篇前几章中那样直接存在于概念的根基时，我们自然就不能从《防御》一篇所论述的内容中直接推论出对进攻所要论述的内容。换一个立足点，可以使我们更清楚地认识事物，因此，对于从较远的立足点已经概略考察过的事物，自然应该再从这一较近的立足点加以考察。这将是对思想体系的一个补充。在这样做时，对进攻的论述往往又有助于我们对防御有新的认识，因此我们在研究进攻时大多会遇到我们在研究防御时探讨过的相同问题。但是我们不打算按照大多数工兵教科书的做法，在谈论进攻时回避或者否定我们在研究防御时所找到的所有积极的价值，我们也不打算证明针对每个防御手段总会有某个不可或缺的进攻手段，因为这是违背事物本性的。防御有其强项和弱项，即使它的强项不是不可战胜的，但战胜它们是要付出不成比例的代价的。从任何立足点都必须看到这一点是真实存在的，否则就会自相矛盾。此外，我们也不打算详尽探讨攻防手段的相互作用；每个防御手段都会引起一个进攻手段，但后者往往距我们如此之近，以至我们不必为了解它而现从防御的立足点转到进攻的立足点；其中一个手段自然会产生于另一个手段。我们的意图是，在探讨进攻的每个问题时，指出那些进攻所特有的、不是直接产生于防御的情况。这种论述方式想必会让我们在本篇撰写一些在《防御》篇中没有对应内容的章节。

★ 第二章 ★

战略进攻的本性

我们看到，战争中的防御（即也包括战略防御）根本不是绝对的等待和抵御，也就是说，防御不是完全的忍受，而是一种相对的忍受，因此贯穿着或多或少的攻势因素。同样，进攻也不是单一的整体，而是不断地与防御混合在一起。然而两者的区别在于：没有反击的防御是根本不可想象的，反击是防御的一个必要的组成部分。但是在进攻就不是这样，突击或进攻行动本身是一个完整的概念，它本身并不需要防御，但是进攻受制于时间和空间，不得不把防御作为一个不得已而为之的事情。这是因为：**第一**，进攻不可能连续不断地一直进行到最后结束，而是要求有停顿，在进攻者自己停止进攻的这段平静时间，防御状态就自动出现了；**第二**，进攻部队身后的、其生存所必需的空间不是总能通过进攻本身受到保护，而是必须加以特别的保护。

因此，战争中的进攻行动（特别是战略上的）是进攻与防御的不断交替和结合，但是此时不能把防御视为对进攻的有效准备和提升，也就是说不能把它视为一个有作为的因素，而只能把它视为一个不得已而为之的事，是部队遇到的纯粹困难[1]所引起的**阻力**，是进攻的原罪[2]，是进攻的致命伤。我们之所以说防御是一种阻力，是因为如果防御不能为进攻做些什么，那么仅是它造成的时间损失就肯定会减少进攻的效果。但是在任何进攻中都包含着的防御部分是不是也可能对进攻产生实际的不利影响呢？既然人们说，**进攻是较弱的作战形式，防御是较强的作战形式**，那么似乎可以从中得出结论：防御对进攻不会产生实际的不利影响，因为只要人们还有足够的力量用于较弱的作战形式，那么这些力量想必更足以用于较强的作战形式了。一般来说，也就是从主要方面来看，这是正确的，我们将在《**关于胜利的顶点**》一文中进行更详细的探讨，看看进一步的规定；但是我们不应忘记，**战略防御**之所以具有优越性，部分原因恰恰在于如果在进攻本身中不掺入防御，那么进攻是无法存在的，而且它掺入的是一种很弱的防御；进攻不得不处处拖带着的防御内容是防御中最糟糕的因素；靠这些因素是无法保证整个进攻部队的安全的。这样人们就理解了为什么防御的这些因素实际上会成为削弱进攻的一个因素。在进攻中出现防御薄弱的时刻，正是**防御**中的攻势因素应该采取行动和积极介入的时刻。在一天战斗之后通常随之而来的12小时的休息时间里，防御者和进攻者的处境是多么不同啊！防御者是在他选定的、非常熟悉的、准备好了的阵地中，而进攻者是像盲人一样摸索着进入一处行营。或者在较长休息期间，攻防双方有可能要求重新筹备给养或等待援兵等，此时防御者是在其要塞和储备物资附近，而进攻者却像是树枝上的鸟儿孤立无援。但是每次进攻都必然以防御结束；至于这一防御会有什么特征，取决于当时的情况；如果敌军已经被消灭，那么当时的情况可能很有利；但如果敌军没有被消灭，那么当时的情况也可能很困难。尽管这一防御已经不再是进攻本身的一部分，但是它的特点必然反过来影响到进攻，并一同决定进攻的价值。

　　上述这一考察的结论是：每次进攻时，人们必须考虑到进攻中必然会出现的防御，以便清楚地认识到进攻面临的不利之处，并对此有所准备。

---

　[1]原文"die blosse Schwere der Masse"，指部队在进攻时因遇到疲劳、补给、待援等困难而不得不停顿，从而转为防御状态。——译者注

　[2]原罪（Erbsünde），宗教用语，指按基督教的说法，人天生即有的罪恶。本句的意思是说防御是进攻本身所固有的不利因素。——译者注

相反，从另一方面来看，进攻本身完全是始终如一的，而防御是有很多阶段[1]的，也就是说越要穷尽"等待"这一因素给防御带来的好处，防御的阶段就越多，于是就出现了彼此极为不同的防御形态，这一点我们在《抵抗的方式》[2]一章中已经谈过了。

由于进攻只有**一个**行动的因素，进攻中的防御只是一个缀于其上的无生命的重物，因此在进攻中不应出现在防御时才出现的不同阶段。当然进攻在威力、突击速度和力量上有巨大的区别，但这一区别只是程度上的，不是方式上的。人们当然可以设想，进攻者为了更顺利地达到目标，有时也选择防御的方式，例如，部署在一处有利阵地中，等待敌人的进攻，但这种情况极为少见，以至我们在对概念和事物进行分类时无须考虑这种情况，因为我们向来是从实际出发的。因此，在进攻时没有抵抗方式所提供的那种升级现象。最后，进攻手段的内容通常只有军队。除了军队外，人们当然也要把进攻者在敌人战区[3]附近、对进攻有显著影响的要塞计入进去。但是要塞对进攻的这种影响随着进攻者的推进会变得越来越弱，而且可以理解，在进攻时自己的要塞从不会起到在防御时那样的重要作用（防御时要塞往往成为主要的手段）。至于民众的支持，只有在居民对进攻者的好感多于对其自己的军队时，进攻者才会得到它。最后，进攻者也可能有同盟者，但只是特殊的或偶然的情况使然，而非出于进攻的本性[4]。因此，如果说我们在防御时可以将要塞、民众抗争和同盟者纳入抵抗手段的范围，那么在进攻时就不能这样做。防御时能运用这些手段是防御的本性使然，而在进攻时很少能运用这些手段，即使能运用，也大多是出于偶然。

---

[1] 阶段（Stufen），原义为"台阶"，也可译为"层次""程序"。——译者注
[2] 指本书第二卷第六篇第八章。——译者注
[3] 对"战区"（Kriegstheater）这一概念，作者在本书第二卷第五篇第二章中有专门论述。——译者注
[4] 意思是说，进攻者不是一定有同盟者。——译者注

★ 第三章 ★
战略进攻的目标

　　战胜敌人是战争的目标，消灭敌军是手段。无论是在进攻中还是在防御中都是如此。防御通过消灭敌军导致进攻，进攻导致征服一个国家；因此，征服一个国家是进攻的目标，但是征服一国不必是占领其全部国土，而是可以限于占领一部分国土、一个省份、一个地区、一个要塞，等等。所有这些在媾和时都有可能作为政治筹码，从而拥有一个充分的价值，进攻者要么可以保有它们，要么可以用它们交换其他东西。

　　因此，战略进攻的目标可以从占领全部国土起向下有无数个层次，直到占领一个最不重要的地方。一旦这个目标达到了，进攻停止了，就会出现防御，因此，人们可以把战略进攻想象成一个有一定界限的单位。但是如果我们务实地研究一下这个问题，也就是说根据实际现象研究一下它，那么我们就会发现，事情并非如此。在现实中，进攻活动（进攻的意图和举措）往往不知不觉地以防御为终点，正如防御计划以进攻为终点一样。统帅很少或者至少不是总能够预先准确地规定要占领什么，而是取决于事态的发展。进攻常常把统帅带到比他预想的更远的地方，经过短时间的休整后，他的进攻往往又获得了新的力量，但是人们不能把休整前后的行动视为两个完全不同的行动。有时统帅停止进攻的时间比他预想的早，但他并未放弃进攻计划，并未转入真正的防御。

因此人们可以看到，如果说成功的防御可以不知不觉地转为进攻，那么反过来，成功的进攻也可以不知不觉地转为防御。如果人们想正确地运用我们对进攻所做的一般论述，就必须注意这些层次变化。

★ 第四章 ★

进攻力量的削弱

进攻力量的削弱是战略上的一个主要问题。进攻者在具体情况下能否正确地认识这一问题，决定他能否正确地判断应该做什么。

绝对力量之所以会削弱，是由于：

1. 进攻者要达到占领敌人国土的进攻目标，这种削弱大多在第一次决战后出现，但进攻并不随着第一次决战的结束而停止；

2. 进攻的部队需要派出力量占领自己身后的地区，以保障自己交通线的安全和维持生存；

3. 进攻者在战斗中的损失和疾病减员；

4. 进攻者远离补充来源地；

5. 进攻者需要派出力量围攻、包围敌人要塞；

6. 进攻者在努力程度上逐渐懈怠；

7. 盟友退出。

但是在这些削弱进攻力量的因素对面，也有一些可以加强进攻力量的因素。很明显，只有把这些不同的因素加以对比，才能得出总的结论。例如，进攻力量的削弱可能部分或全部为防御力量的削弱所抵消，甚至小于防御力量的削弱。不过后一种情况是很少见的。人们不应总是将双方在战场上的全部部队进行比较，而是应该对双方在最前面的或者在决定性地点对峙的部队进行比较。例如，法军在奥地利、普鲁士、俄国的情况，联军在法国的情况，法军在西班牙的情况。

★ 第五章 ★

进攻的顶点

　　进攻者在进攻中取得的战果是既有优势的结果，正确理解的话，就是物质力量和精神力量相加形成优势的结果。我们在前一章已经指出，进攻的力量会逐渐衰竭。在这一过程中，进攻者的优势有可能增加，但在大多数情况下，优势会减弱。进攻者像买东西一样购得一些在媾和谈判时应起到些作用的好处，但这些是他不得不以其部队为代价才得到的，是犹如付出现款才购得的。如果进攻者能够把自己日益减弱的优势一直保持到媾和为止，那么其目的就达到了。有的战略进攻能够直接导致媾和，但这种情况极为少见，大多数战略进攻只能使进攻者到达其力量刚好能够保持防御和等待媾和的一个点。在这个点的另一边，等待进攻者的可能是局势的骤变，进攻者可能受到反击。这种反击的力量通常比进攻者突击的力量大得多。我们把这个点称为进攻的顶点。由于进攻的目的是占有敌人的国土，于是从中得出结论，推进应一直持续到优势用尽为止，这就推动进攻者趋向目标，也容易使他超过目标。如果人们考虑到，在比较双方力量时需要考虑特别多的因素，那么就不难理解，在某些情况下，确定交战双方谁占优势是多么困难，一切往往取决于非常不可靠的想象力。

　　也就是说，一切都取决于能否以一种细致入微的直觉[1]来觉察出进攻的

---

[1] 原文"Takt des Urteils"，直译为"判断时的分寸感"。——译者注

顶点。在此我们遇到了一个看似的矛盾——既然防御比进攻有力，那么人们应该认为进攻从来不会走得太远，因为只要进攻这一较弱的作战形式还足够强，那么人们肯定认为防御这一较强的作战形式会更强[1]。

---

[1] 在原手稿中，此处后面有一句话："根据第三篇（观点）对该问题做了进一步的探讨，具体是在《关于胜利的顶点》一文中。"在一个标有"几篇作为素材的研究性文章"的纸袋中，有一篇以"关于胜利的顶点"为标题的文章，看似是对本章（这里只是份草稿）的修改。现将该文章附印在第七篇结束处。——编者注

★ 第六章 ★

消灭敌军

消灭敌军是达到目标的手段。对此应该如何理解呢？应付出什么代价呢？对此可能有下列不同的看法：

1. 只消灭那些为达到进攻目标而必须消灭的敌军；

2. 或者只是在有可能的情况下消灭敌军；

3. 上述第2点的前提是在进攻时，保存自己的军队成为要务；

4. 从第3点又可引申出一点，就是进攻者**只在时机有利时**为消灭敌军而采取一些行动。在进攻对象一方[1]也有可能出现这种情况，这一点在第三章中已经谈过了。

摧毁敌军的唯一手段是战斗，当然是通过两个方式：1. 直接的方式；2. 间接的方式，通过多个战斗的组合。因此，如果说会战是主要的手段，那就是说它并不是唯一的手段。攻占一座要塞、一块国土，这本身已经是对敌军的一种破坏，而且还能够导致对敌军更大的破坏，也就是说它也可能成为间接破坏敌军的一个手段。

占领一个未设防的地区，除了具有直接达到某个目的的价值外，还可以被看作是对敌军的一种破坏。把敌人诱出他所占领的地区，与我们占领一个未设

---

[1] 即防御者。——译者注

防地区差不多，因此只能把它与占领未设防的地区同样看待，而不能把它视作一个真正的战斗成果。这些手段大多被高估了，实际上它们很少具有一次会战的价值，而且在采用这些手段时总是要担心人们忽略这些手段会使他们自己陷入不利的境地。但是由于采用这些手段时付出的代价小，因此它们很有诱惑力。

人们处处都只应把这些手段看作是较小的赌注，它们也只能带来较小的利润，适合在条件受限和动机较弱的场合使用。在这种场合，它们显然比无目的的会战要好，因为没有目的的会战即使获胜，人们也无法充分利用其成果。

★ 第七章 ★

进攻会战

我们对防御会战所谈的内容已经在很大程度上说明了进攻会战。

为使读者认清防御的本质，我们在研究防御会战时只考察了防御特性表现得最为明显的会战。但是这样的防御会战是很少的，大多数的防御会战是半遭遇战[1]，此时防御的特点已经所剩无几。但是进攻会战的情况不是这样，它在任何情况下都保持其特点，而且由于防御者此时未处于其真正的防御状态，进攻会战就可以更大胆地保持其特点。因此，即使是在特性不很明显的防御会战中，以及在真正的遭遇战中，各方在会战特点上总还是有些区别的。进攻会战的主要特点是包围或迂回，同时发起会战。

实施包围的战斗本身显然有大的好处，这是一个战术上的问题。进攻者不能因为防御者拥有对抗包围的手段就放弃这些好处，因为只要防御者的这一手段过于依赖防御的其余条件，防御者就无法使用这一手段。防御者为对包围者进行有利的反包围，就必须位于一处经过挑选和构筑良好的阵地中。更为重要的是，并不是防御能提供的所有好处都确实能得到运用；大多数防御只是一种可怜的应急，防御者大多处于一种非常窘迫和危险的境地，边等待出现最糟糕的情况，边在半路上迎向进攻者，于是利用包围甚至转换正面进行会战，本

---

[1] "遭遇战"一词，作者用了法语"rencontres"。——译者注

来是交通线位置有利时即应采取的手段，却往往成为精神力量和物质力量占优势时采取的手段。马伦戈会战[1]、奥斯特利茨会战[2]、耶拿会战[3]就是这样。在马伦戈会战中，进攻者的基地与防御者的基地相比尽管不占优势，但由于距离边境近，大多规模很大，因此进攻者已经可以采取一些冒险的行动。至于侧面进攻，即转换正面进行的会战则比包围更有效。有人认为在进行战略包围时，一开始就应该像布拉格会战[4]那样，与侧面进攻结合进行，这一看法是错误的；战略包围与侧面进攻很少有共同之处，结合起来进行是一种十分危险的行动。关于这一点，我们在论述战区进攻时还会进一步说明。如果说在防御会战中，防御者的统帅需要尽量推迟决出胜负和赢得时间（因为一场在日落时仍未决出胜负的防御会战通常就是防御者的一次胜利会战），那么在进攻会战中，进攻者的统帅则需要加快决出胜负。但是另一方面，如果进攻者操之过急，就会面临很大的危险，因为这会导致兵力浪费。进攻会战的一个特点是进攻者在大多数情况下对对手的情况没有把握，实际上是摸索着进入陌生的环境

---

[1]拿破仑于1800年5月17—20日自北向南翻越大圣伯纳德山口，进入意大利，之后于6月14日在马伦戈（Marengo,今意大利亚历山德里亚省首府亚历山德里亚的一部分，位于博尔米达河畔）附近率领28,000人打败梅拉斯率领的3万奥军，取得第二次反法联盟战争中的一场决定性的胜利。——译者注

[2]1805年12月2日，拿破仑在奥斯特利茨（Austerlitz，即今捷克南部摩拉维亚地区东部小城斯拉夫科夫[Slavkov]）击败俄奥联军，迫使奥皇于当月26日签订《普雷斯堡和约》（Frieden von Pressburg），结束第三次反法联盟战争。——译者注

[3]又称耶拿和奥尔施泰特会战。1806年10月14日，拿破仑率法军主力约10万人在耶拿（Jena，今德国图林根州一城市，位于萨勒河左岸）附近击败霍恩洛厄指挥的普鲁士和萨克森联军5.3万人。同日，双方在均不知晓当日耶拿会战的情况下，法军达武元帅率领约2.9万人在奥尔施泰特（Auerstedt，今德国图林根州一小镇，西南距耶拿约25公里）附近击败布伦瑞克公爵指挥的普军主力约5万人。在追击中，普鲁士纷纷投降。在这两场会战中，法军伤亡约1.5万人，普军伤亡和被俘3.3万人。普鲁士国王威廉三世偕全家逃往东普鲁士。拿破仑于当月27日进入柏林。——译者注

[4]1757年4月，弗里德里希二世率普鲁士军队分四路从西里西亚和萨克森攻入波希米亚，向布拉格（Prag，今捷克共和国首都，位于伏尔塔瓦河畔）实施战略包围。奥地利卡尔亲王仓促集结部队，在布拉格东部利用地形构筑阵地。5月6日，弗里德里希二世对奥军右翼发起进攻，并迂回到奥军背后，奥军撤至布拉格城内，被普军包围。——译者注

（例如奥斯特利茨会战、瓦格拉姆会战[1]、霍恩林登会战[2]、耶拿会战、卡茨巴赫会战[3]）。进攻会战越是这种情况，进攻者就越是应集中兵力，就越是应多迂回，少包围。胜利的主要果实要在追击中才能得到，这一点我们在第四篇第十二章中已经说过。按照事物的本性，追击在进攻会战中较防御会战而言更是整个行动的一个不可缺少的部分。

---

[1]1809年7月5—6日，拿破仑率法军在维也纳附近的瓦格拉姆（Wagram，即今奥地利下奥地利州小城德意志-瓦格拉姆）战胜卡尔大公率领的奥军。11日，奥皇求和。同年10月，奥地利被迫签订《美泉宫和约》（*Frieden von Schönbrunn*），第五次反法联盟战争结束。——译者注

[2]1800年6月，法国的莫罗将军率莱茵军团向奥地利和巴伐利亚联军发起进攻，在伊萨河与莱茵河之间占领阵地。7月，双方停战。11月，谈判破裂，拿破仑宣布28日结束停战。12月3日，奥地利约翰大公准备向霍恩林登（Hohenlinden，今德国巴伐利亚州一小城，西距慕尼黑34公里）法军阵地发起进攻，但在发起进攻之前遭到法军右翼两个师从翼侧的袭击，结果败退。——译者注

[3]1813年8月的布布尔河之战后，布吕歇尔东撤，以避免与拿破仑会战。拿破仑派麦克唐纳追击。26日，法军渡过卡茨巴赫河（die Katzbach，即卡什扎瓦河，奥得河的一条支流，长84公里）。布吕歇尔乘法军立足未稳，分三路发起进攻，将法军击溃。29日，联军在追击中歼灭法军第5军的皮托师，重新推进至布布尔河。——译者注

★ 第八章 ★

过河

1. 进攻方向线被一条较大的河流切断，这对进攻者来说总是件很不舒服的事情，因为过河后其退路大多会受限于一座桥梁。如果他不想紧靠这条河流停留，那么他接下来的所有行动都会受到很大的限制。如果进攻者还考虑向对岸之敌发起一次决定性的战斗，或者他预计敌人可能向自己发起一次决定性的战斗，那么他就会面临大的危险。因此，一位统帅如果没有很大的精神和物质优势，是不会让自己处于这种境地的。

2. 由于进攻者面临这种单纯以过河为目的的过河后的困难，防御者也就有可能确实对江河进行防御。这种情况出现的次数比人们想象的要多得多。假设防御者不把这种江河防御看作是唯一的应急手段，而是很好地组织这种防御，以至即使江河防御本身失利，还有可能在江河附近进行抵抗，那么进攻者就不仅要考虑对手通过江河防御对他进行的抵抗，而且还要考虑上面第1点中所说的江河给防御者所提供的全部好处。我们看到，这两个要考虑到的问题使统帅们在进攻时对一条设防江河总是有很多的敬畏之心。

3. 我们在前一篇看到，在一定条件下，真正的江河防御确实可以取得好的战果，而且如果我们看一下以往的经验，那么我们就不得不承认，取得这些战果的次数其实比理论所预言的还要多得多，因为人们在理论上毕竟只考虑到了实际摆在那里的困难，而在实施中，在进攻者看来，通常一切都比实际的更困难些，因此也就成为其行动的一个巨大障碍。即使我们现在谈的是一次不求大规模决战、并非全力以赴的进攻，我们也可以说，进攻者在实施中遇到的一些小的、在理论上根本无法计算出来的障碍和偶然事件对他仍是不利的，因为他是行动者，会首先与这些障碍和偶然事件发生冲突。人们只要想一想伦巴第[1]那些本身并不大的河流却常常能够被成功守住，就会明白这一点了。如果说在战史上相反也有一些江河防御没有取得预期的效果，那是因为人们有时要求这一手段发挥完全被夸大了的效果，这一效果完全不是基于这一手段的战术本性，而是基于这一手段在历史上为人所知并被过分夸大了的效果。

4. 只有当防御者犯了错误，将其整个希望寄托于江河防御，使其处于一种一旦防御被突破就面临大的困境和某种灾难的境地时，江河防御才能被视为一个对进攻者有利的抵抗形式，因为突破一道江河防御当然比赢得一次通常的会战更容易。

5. 从迄今所述内容自然可以得出结论：如果进攻者不寻求大规模决战，那么江河防御会具有很大的价值；但是如果进攻者兵力占优势或干劲十足，准备进行大规模决战，那么如果防御者错用了这个手段，就可能为进攻者带来实际的价值。

6. 无法被迂回的江河防御是极少的，无论是就整个防线而言，还是特别就某个地点而言。因此，对兵力占优势和立足于大规模打击的进攻者来说，他总是有办法在一个地点佯动，而在另一个地点过河，然后以优势兵力和不顾一切的推进（由于兵力占优势，使不顾一切的推进成为可能）来抵消战斗初期可能遇到的不利情况。因此，以超过敌人的火力和勇敢来驱逐敌人的一支主要的哨所[2]守军，对一条设防的江河进行一次真正的战术强渡，是极少或者根本不会出现的。"强渡"这一表述永远只能用在战略上，表示进攻者在规定的河段内一个少量设防或者根本没有设防的地方不顾所有不利条件过河。这些不利

---

[1] 伦巴第（die Lombardei），历史上指意大利整个西北地区，包括皮埃蒙特、热那亚和瑞士的提契诺州，面积远大于今意大利伦巴第大区。——译者注

[2] 作者所用的"哨所"（Posten）概念涵盖的范围远大于一般的哨所，不仅指"哨兵或警戒分队所在的处所"，有时也指一处要塞或一座城市。——译者注

条件是防御者认为进攻者在过河时应该面临的。进攻者所能采取的最糟糕的做法是在相距较远、无法共同实施打击的多个地点真正过河，因为防御者是不得已分兵的，而进攻者这样是主动分兵，从而放弃了其天然的兵力集中的优势。1814年，贝勒加德[1]就是由于这个原因而输掉了明乔河会战[2]。在这次会战中，双方军队凑巧同时在不同的地点过河，而奥地利人的分兵程度比法国人的大。

7. 如果防御者与进攻者在河的同一边，那么不言而喻，进攻者从战略上战胜防御者的手段有两个：一是无视防御者而在某个地点过河，即在过河这一手段上超过防御者；二是通过一场会战。在采取第一个手段时，基地和交通线的情况应该是首先起决定性作用的。但是人们经常看到，专门为此而进行的准备工作比总的情况能更多地起到决定性作用。谁懂得选择更好的哨所阵地，谁组织得更好，谁的部下能更好地服从，谁行军更快等，谁就可以利用这些有利条件与总的不利条件抗争。至于第二个手段，前提是进攻者拥有进行一场会战的手段、条件和决心。而当进攻者拥有这些前提条件时，防御者一般不敢轻易进行这样的江河防御。

8. 我们最后的结论是，尽管渡过一条河流本身很少有大的困难，但在所有不求大规模决战的场合，进攻者出于对渡河一旦失利的后果和后续情况的担心，当然还是容易停下来的，以至他要么让防御者留在河的这一边，要么在必要时渡河，但是之后紧靠河流停下来。双方长时间隔河对峙的情况是很少见的。

在大规模决战的场合，一条河流也是一个重要的对象，它总是会削弱和妨碍攻势。在这种情况下，对进攻者最有利的是防御者误把江河视为一道战术上的屏障，没有进行真正的江河防御，而只是把江河防御作为自己抵抗的主要行动，以至进攻者得到轻易进行决定性打击的有利条件。当然这一打击绝不会立

---

[1] 贝勒加德（Heinrich Joseph Johann Graf von Bellegarde，1757—1845），伯爵，奥地利元帅、政治家。先后在萨克森和奥地利军中任职。曾任奥地利宫廷军事委员会主席。——译者注
[2] 1814年2月，奥地利的贝勒加德伯爵追击欧仁指挥的法军。在过明乔河（der Mincio，意大利北部波河的一条支流，长194公里）时，与回过头来过河的法军遭遇。双方激战后，奥军退至明乔河东岸，法军重回西岸。在这次激战中，奥军兵力本来占优势，但由于分三路过河，兵力过于分散，没有取得胜利。——译者注

即导致对手彻底大败，但是这一打击会体现在每一个对进攻者有利的战斗中，这些战斗会使对手总的处境变得非常恶劣。1796年奥地利人在下莱茵地区[1]就是这样[2]。

---

[1] 下莱茵地区（der Niedrrhein），指莱茵河下游两岸地区，大致包括今德国北莱茵–威斯特法伦州西部及其与荷兰接壤的地区。——译者注
[2] 1796年战局初期，奥军驻德意志战区的下莱茵军团右翼在科布伦茨以北采取守势。法军茹尔当的左翼部队渡过莱茵河和希克河（die Sieg，莱茵河右岸一条支流，长155公里），向东进攻，迫使奥军退至拉恩河（die Lahn，莱茵河右岸的一条支流，长245公里）后面进行防御。——译者注

第九章

对防御阵地的进攻

　　我们在《防御》一篇中已经足够详细地讨论了防御阵地能在多大程度上迫使进攻者要么向它进攻，要么停止前进。只有起到这种作用的防御阵地才是有用的，才适合全部或部分消耗掉敌人的进攻力量，或者使它不起作用。从这种情况来看，进攻者对防御阵地是无能为力的，也就是说，他没有什么手段能抵消防御者的这一有利条件。但并不是所有防御阵地都是这样。如果进攻者发现不用进攻防御阵地也可以追求其目标，那么进攻防御阵地就是他的一个错误。如果他发现不进攻防御阵地就无法追求其目标，那么他应该自问，能否通过威胁防御者的翼侧而将其引出阵地。只有当这一手段无效时，进攻者才应决定进攻一处良好的阵地。此时进攻者从侧面进攻阵地，通常困难会少一些。至于应该选择哪个侧面，则取决于双方退却线的位置和方向，即取决于能否威胁敌人的退路和保障自己的退路。威胁敌人退路和保障自己退路之间可能无法兼顾，此时自然应首先考虑威胁敌退路，因为此举本身是攻势属性，也就是说是与进攻相适应的，而保障自己的退路是守势属性。但是**对一处良好阵地中的顽强之敌发起进攻是件糟糕的事**，这是肯定的，在此应该将其视为一个主要的事实。当然不乏这种会战，而且不乏这种会战获胜的例子，例如托尔高会战[1]、瓦格拉姆会战（我们不以德累斯顿会战为例，因为对这场会战中的对手，我们还不能称其为顽强的对手）。但是总的来说，这种防御阵地受到进攻的危险是很小的。如果我们再看到，在无数的事例中，即使是最果敢的统帅对良好的防御阵地也是敬而远之，那么我们可以说，这种危险是不存在的。

　　但是人们不能把我们这里所谈的会战与常见的会战混为一谈。大多数的会战是真正的遭遇战[2]，在这种会战中，虽然其中一方是停住的，但他是停在一处没有准备的阵地中。

---

[1] 七年战争的最后一场大规模会战。在1760年战局最后阶段，奥军统帅道恩率主力在托尔高（Torgau，今德国萨克森州北部一城市，位于易北河畔）西北高地利用地形构筑坚固阵地。11月3日，弗里德里希二世率普军前后夹击奥军阵地。激战后，奥军于夜间退回托尔高，次日继续退向德累斯顿。——译者注

[2] "遭遇战"一词，作者用了法语"rencontres"。——译者

★ 第十章 ★

对设防营垒的进攻

　　十分轻蔑地谈论防御工事及其作用，曾经风行一时。法国边境像哨所线[1]一样的防线屡屡被突破，冯·贝沃恩[2]公爵在布雷斯劳的设防营垒中输掉会战，以及托尔高会战等很多战例导致人们轻视工事及其作用。而弗里德里希大帝通过运动和攻势手段取得的胜利，更加重了人们对一切防御、一切阵地战斗，特别是一切防御工事的轻视。如果数千人受命防御长很多普里的国土，或者防御工事不过是颠倒过来的交通壕，那么它们当然是毫无价值的。如果人们把希望寄托在它们身上，就会出现危险的缺口。但是如果人们像常见的空谈家那样，把这种对防御的轻视扩大到对构筑工事这一观念本身的轻视（滕佩尔霍夫就是这样做的），难道不是自相矛盾，甚至是十分荒谬的吗？假如防御工事不适于加强防御者的力量，那它们还有什么用呢？不是这样的！不仅是理智的思考，而且还有无数的经验表明，对一处构筑良好、有足够兵力且防守严密

---

[1] 对于"哨所线"（Kordon）这一概念，作者在本书第二卷第六篇第二十二章中有专门论述。哨所线多沿边境或越冬营地设置，主要起到警戒和防护的作用，需要时也可用于进攻，常被形象地称为"拉长了的要塞"。以往有的中文译者将该词译为"单线式防御"，这是不准确的，因为在重要地段也可设置多重哨所线（作者就曾以中国长城为例），而且哨所线既可用于防御，也可用于进攻。——译者注

[2] 冯·贝沃恩（Wilhelm August Herzog von Bevern，1715—1781），公爵，普鲁士将军。参加过波兰王位继承战争和三次西里西亚战争。1757年任驻西里西亚普军司令。——译者注

的防御工事，**必须视为一个一般来说坚不可摧的点**，进攻者也是这样看的。如果说单个防御工事就已经能有这样的效果，那么人们就不应怀疑，对进攻者来说，进攻一处设防营垒是一项非常困难的、在大多数情况下不可能完成的任务。

设防营垒的兵力较少，这是设防营垒的本性决定的，但是守军利用有利的地形障碍和有力的防御工事仍可抗击优势之敌。弗里德里希大帝尽管可以用两倍于皮尔纳营垒守敌的兵力进攻该营垒，但是他认为进攻该营垒是不可取的。后来不时有人坚称当时弗里德里希大帝本来是可以攻破皮尔纳营垒的，这一说法的唯一根据是当时的萨克森部队状况很糟糕，但是这当然丝毫不能证明防御工事没有效果。同时，那些事后认为该营垒不仅可以而且甚至应该很容易就被攻克的人在当时是否会定下进攻该营垒的决心也是个问题。

我们认为，进攻一处设防营垒是一种极不寻常的攻势手段。只有当工事是在匆忙中构筑，尚未完工，用以加强工事的、位于其接近地中的障碍物还很少的时候，或者像常见的那样，整个营垒只是初具规模，仅完成一半的时候，进攻营垒才是可取的，甚至还是轻易战胜对手的一个途径。

★ 第十一章 ★

对山地的进攻

从第六篇第五章及其以后的几章[1]中，我们已经足以了解山地在总的战略关系中的角色，无论是在防御时，还是在进攻时。我们在这几章中也试着阐述了山地作为真正的防线所扮演的角色，并且从中已经得出了结论，知道了进攻方面会如何看待山地的这一作用。因此，对山地这一重要内容我们在这里就没有多少要说的了。当时我们得出的主要结论是：就一场次要战斗或一场主力会战而言，对山地防御的看法应该是完全不同的；在进行次要战斗时，只能把对山地的进攻看作是迫不得已而为之的事情，因为此时所有因素都对进攻者不利；但是在进行主力会战时，山地对进攻者是有利的。

因此，如果进攻者拥有发起会战的兵力和决心，就应该在山地与对手作战，而且一定能从中得到好处。

但是我们在此也不得不再谈一下这个问题。上述结论很难得到他人的认同，因为这个结论不仅与个人印象有矛盾，而且初看上去还与一切战争经验相抵触。在大多数情况下，人们还看到，一支正在推进、准备进攻的部队不管是否寻求一次主力会战，都会把敌人没有占领位于他和自己之间的山地视为一件莫大的幸事，于是总是急急忙忙地先敌去占领这一山地，而没有认识到这一行

---

[1] 指本书第二卷第六篇第十五、十六、十七章。——译者注

动与进攻者的利益本是矛盾的。在我们看来，进攻者这样做也是可以的，但是人们要在这里更仔细地区分不同的情况。

一支迎向敌人、准备发起一次主力会战的部队，当它要翻越一处未被占领的山地时，自然会担心敌人在最后的时刻恰好封锁那些它想利用的隘口；假如防御者封锁了这些隘口，进攻者就不再拥有防御者在占据一处普通的山地阵地时通常为进攻者提供的那些好处。此时防御者已经不再是展开过大，不再是无法确定进攻者要走哪条道路，而进攻者却不再能针对敌人的部署来选择自己的道路了。因此在这种山地会战中，进攻者不再具备我们在第六篇中所说的一切有利条件。在这种情况下，防御者有可能位于一处坚不可摧的阵地中。这样一来，防御者就有可能拥有利用山地进行主力会战的手段。这当然是有可能发生的，但是如果人们考虑到防御者在最后一刻进入并欲扼守一处良好山地阵地时将会遇到的种种困难（特别是当他事先完全没有占领这个阵地时），我们就会发现这一防御手段是完全靠不住的，也就是说，进攻者所担心的那种情况是**不大可能发生的**。尽管这种情况不大可能发生，但是担心这种情况发生却是很自然的，因为在战争中经常出现的一个情况就是：一个担心是很自然的，但又是相当多余的。

进攻者此时担心的另一件事情是防御者以一支前卫部队或一条前哨链进行临时性的山地防御。这个手段也只是在极少数情况下才符合防御者的利益，但是进攻者很难估计此举在多大程度上对防御者有利或不利，于是就会担心遇到最糟糕的情况。

此外，我们上述的这一点见解并不排除一处阵地由于地形的山地特点而完全成为坚不可摧阵地的可能性；在山地以外也有这样坚不可摧的阵地，例如，皮尔纳、施莫特塞芬、迈森[1]、费尔德基希；正因为这些阵地不在山地，其作用就更大。人们当然也可以设想在山地本身找到这样坚不可摧的阵地（例如，在高高的**台地**上）。在这种阵地上，防御者可以摆脱山地阵地常见的不利条件，但是这样的阵地毕竟是极为少见的，而我们只能考察大多数的情况。

我们正是在战史中看到山地是多么不适于进行决定性的防御会战，因为杰

---

[1] 迈森（Meissen），今德国萨克森州一城市，位于德累斯顿西北，易北河左岸。——译者注

出的统帅们要进行这种会战时总是宁愿在平原上部署部队。在整个战史上，除了在革命战争[1]中，没有其他在山地进行决定性战斗的战例。在革命战争中，显然是一种错误的应用理论和推论导致了人们在本应进行决定性打击的地方运用了山地阵地。1793年和1794年在孚日山脉，以及1795年、1796年和1797年在意大利就是这样的情况。大家都指责梅拉斯在1800年没有占领阿尔卑斯山脉的通道[2]，但这是欠考虑的批评，可以说是根据表面现象进行的幼稚的批评。假如拿破仑是在梅拉斯的位置，恐怕也不会去占领这些通道。

一次山地进攻的部署绝大部分是战术属性，我们认为在此只需对山地进攻的一般情况，即那些与战略关系最密切并且与其交汇的部分做以下说明：

1. 由于部队在山地不能像在其他地方那样一有紧急情况要求分兵即可离开道路，由一路变成两路或三路行进，而是大多只能拥塞在长长的隘路上，因此部队一般应该一开始即沿多条道路推进，或者更准确地说，应该在一个较宽的正面上推进。

2. 针对防御者展开很宽的山地防御，进攻者当然应该集中兵力。在这里，进攻者包围整个敌军是不可想象的。进攻者要想取得大的胜利，就应更多地采取突破敌防线和挤压敌两翼部队的方法，而不是采取大范围切割敌军的方法。沿敌人的主要退路快速和不停顿地推进，应是进攻者此时自然的追求。

3. 但是如果进攻者要对山地中兵力较为集中的敌人发起进攻，那么迂回就是进攻的一个很重要的部分，因为正面突击会遇到防御者最有力的抵抗。但是迂回必须更多以真正切断防御者退路为目的，而不是以战术上的侧面或背后进攻为目的，因为即使是从背后发起进攻，如果防御者不缺少兵力，那么借助山地阵地仍能够进行顽强的抵抗；只有让敌人担心失去退路，进攻者才有望以最快的速度取得战果。这种对失去退路的担心在山地中产生得更早，效果也更大，因为人们在最危急的情况下不是那么容易就可以用手中的剑杀出一条血路的。但是进攻者单纯的佯动在此不是一个充分的手段，它最多是把敌人引出阵地，但不会带来任何特别的成果，因此进攻者必须以确实切断敌人退路为目的。

---

[1] 革命战争（Revolutionskrieg），也称法国革命战争，指第一次和第二次反法联盟与法国之间的战争（1792—1802）。——译者注

[2] 1800年5月，拿破仑率法军分五路从大圣伯纳德、小圣伯纳德、辛普朗、圣哥达、塞尼等山口越过阿尔卑斯山进入北意大利。当时奥地利的梅拉斯将军没有派兵防守这些山口。——译者注

★ 第十二章 ★

对哨所线的进攻

　　如果在哨所线的攻防中包含着一次主力决战，那么哨所线就会让进攻者得到真正的好处，因为哨所线的正面过宽，比直接的江河或山地防御更不符合一次决定性会战的要求。1712年欧仁的德南[1]哨所线就可以算是这种情况[2]，那一次他的损失与一次会战失败的损失完全一样。假如当时欧仁集中部署兵力，那么维拉尔[3]恐怕就很难赢得这一胜利了。如果进攻者不具备进行一次决定性会战所需的手段，那么即使是哨所线，只要扼守它们的是敌军主力，进攻者也要对它敬而远之。例如，即使是维拉尔，1703年时也没敢进

---

[1] 德南（Denain），今法国诺尔省一城市，位于斯海尔德河畔。——译者注

[2] 1712年7月，西班牙王位继承战争（1701—1714）期间，欧仁亲王率领奥地利、英国、荷兰联军围攻法国北部的朗德勒西等要塞，并为保护自己的交通线和基地（马尔希延要塞），从德南到索曼建起一条长6公里的防线，由阿尔比马尔将军率荷军防守。24日，法军将联军大部分兵力吸引到朗德勒西，由维拉尔元帅率领一支部队袭击德南，攻破了这条防线。——译者注

[3] 维拉尔（Claude Louis Hectorde Villars，1653—1734），公爵，法国元帅，曾参加路易十四对外进行的历次战争。1712年曾率法军攻破德南防线。——译者注

攻路德维希·冯·巴登-巴登[1]扼守的施托尔霍芬[2]哨所线[3]。但是如果哨所线只是由一支次要部队占据着，那么自然一切就取决于进攻者能用于进攻的兵力的大小。此时进攻者遇到的抵抗大多不激烈，胜利成果的价值当然也就比较小。

围攻者的围攻环线[4]有自己的特点，我们将在《对战区的进攻》[5]这一章进行论述。

所有哨所线式的部署（例如得到加强的前哨线等）总是有易被突破的特点。但是如果突破者不是为了继续推进并从中求得决战，那么突破这些部署就只能给他带来较小的成果，这样的成果在多数情况下不值得人们为其付出努力。

---

[1]路德维希·冯·巴登-巴登（Ludwig Wilhelm von Baden-Baden，1655—1707），德意志神圣罗马帝国元帅，曾参加第五次奥土战争（1683—1699）。——译者注

[2]施托尔霍芬（Stollhofen），今德国巴登-符腾堡州小镇莱茵明斯特（Rheinmünster）的一部分。——译者注

[3]又称比尔—施托尔霍芬线（die Bühl-Stollhofener Linie）。在西班牙王位继承战争期间，边区伯爵路德维希·威廉·冯·巴登-巴登针对法军在莱茵河畔新建的路易斯堡要塞，于1701年自莱茵河至黑林山脉建立起一条长10公里的哨所线。1703年4月，法军元帅维拉尔试图以炮轰和迂回突破该线，但由于边区伯爵率主力24,000人防守，未能成功。——译者注

[4]围攻环线（die Zirkumvallationslinie）是围攻部队围绕要围攻的城市或要塞构筑的工事，以防止受围者突围或对围攻者发起进攻。在没有另外设置保护围攻环线（die Kontravallationslinie）的情况下，也可用于抗击受围者的解围或增援部队。——译者注

[5]原文如此，疑误。本书并无《对战区的进攻》一章，涉及对战区发起进攻的专述只有本篇第十五章和第十六章。——译者注

★ 第十三章 ★

机动

1. 我们在第六篇第三十章已经谈过这个问题。尽管防御者和进攻者都可以采取机动，但是机动的进攻本性总是多少大于其防御本性，因此我们想在这里进一步探讨机动的特点。

2. 机动与大规模战斗强攻并不对立，而是与直接从进攻手段衍生出来的进攻对立，即使只是针对敌交通线和退路的一次行动，或者一次牵制性的进攻，等等。

3. 如果我们把握住机动这个词的习惯用法，那么就可以知道，机动的概念中包含着一种通过诱使敌人犯错误，从而在某种程度上由不采取行动，也就是**由均势产生**的效果。机动好比下棋时的头几步棋，是双方在力量均衡时的一种赌博，以便形成一个通往成功的幸运机会，然后将这一机会作为对对手的优势而加以利用。

4. 实施机动的其他考虑（应将其部分视为行动的目标，部分视为行动的根据）主要是：

（1）试图切断或限制对手的给养供应；

（2）与己方的其他部队会合；

（3）威胁对手与其国土腹地或与其他军团和军的联系；

（4）威胁对手的退路；

（5）以优势兵力进攻对手的个别地点。

上述这五个考虑有可能体现在具体情况下的最小的细节中，从而使这些细节成为一定时间内一切都围着它转的东西。这时，一座桥梁、一条道路、一个工事往往扮演主要的角色。它们之所以重要，只是因为它们与上述五个考虑中的一个有关。对此在任何情况下都是容易阐明的。

（6）一次成功的机动给进攻者，或者更准确地说给积极行动的一方（当然也可能是防御者）带来的结果是得到一小块地方、一座仓库等。

（7）在战略机动中有两组对立的概念，它们看上去像是不同的机动，人们可能用它们推导出错误的原则和规则。但是这四个概念其实都是（而且必须被看作是）事物的必要的组成部分。第一组对立的概念是包围和在内线上活动，第二组对立的概念是保持兵力集中和将兵力分散成多个哨所。

（8）对于第一组对立的概念，人们决不能说其中的一个总的来说有资格优先于另一个而被人们运用。部分原因是如果人们致力于其中一种行动方式，那么自然会导致另一种行动方式成为其自然的平衡物和真正的药剂；部分原因是包围与进攻本性相同，留在内线与防御本性相同，因此在大多数情况下，包围能给进攻者带来更多好处，在内线活动能给防御者带来更多好处。哪种形式最适合，就应优先用哪种形式。

（9）对于另一组对立的概念同样不能说其中一个优于另一个。兵力较多的一方可以把兵力分散扩展到多个哨所，这样可以在很多方面为自己创造战略生存和行动的方便条件，还可以保全其部队的力量。兵力较少的一方则不得不更多地保持兵力集中，力求通过运动来弥补由于兵力较少而可能带来的损失。较大的机动性是以较强的行军能力为前提的，因此，兵力较少的一方不得不付出更多的体力和精神力量——这就是最后的结论。如果我们总是能够保持前后观点一致，想必自然会处处遇到这个结论，因此，人们在一定程度上可以把这一结论视为检验我们论证的逻辑性的试金石。1759年和1760年弗里德里希大帝对道恩的战局，1761年他对劳东的战局，以及1673年和1675年蒙泰库科利对蒂雷纳的战局[1]始终被认为是兵力较少的一方最巧妙地利用这种机动方式的典范。我们的见解主要是根据这些战局得出的。

（10）正如不应滥用上述两组四个对立的概念而得出错误的原则和规则一样，我们也要提醒不应赋予其他一般条件（例如基地、地形等）以实际上并不存在的重要性和决定性的影响。追求的好处越小，地点和时机上的细节就越重要，泛泛的和粗线条的东西就越不重要，它们一定程度上在小的算计中是没有位置的。1675年，蒂雷纳背后紧靠莱茵河，把兵力部署在宽3普里的正面上，而退却时要用的桥位于其右翼的最外侧[2]。如果用一般的观点来考察，还有比这更荒谬的部署吗？但是他的举措达到了目的，因此这些举措被认为有高度的技巧和智慧并非没有道理。人们只有更多地注意细节并根据它们在具体场合想必拥有的价值来评价它们，才会理解这种成功和技巧。

（11）因此我们深信，对机动来说，没有任何类型的规则可供遵循；没有任何方法和一般原则可以决定这一行动的价值；在最具体和最微小的情况下，从容的活动、准确、有序、服从和镇定可以让人找到手段，去获得可被感知到的好处；在这场竞技中能否取得胜利，主要取决于上述这些特性。

---

[1]在荷兰战争（1672—1678）期间，1673年，德意志的蒙泰库科利进行机动，渡过莱茵河，占领波恩，顺利与奥兰治公爵的荷兰军队会合，形成兵力上的优势，迫使蒂雷纳退出荷兰。1675年，蒙泰库科利为占领斯特拉斯堡，与蒂雷纳相互机动达四个月。7月27日，蒂雷纳在萨斯巴赫会战中阵亡，法军暂时退出阿尔萨斯。——译者注

[2]1675年6月初，法国元帅蒂雷纳在奥滕海姆附近渡过莱茵河，进至奥芬堡附近。为阻止蒙泰库科利，蒂雷纳将右翼延伸至奥滕海姆附近的莱茵河畔。这时蒂雷纳只有一座桥梁可作退路，而且位于其右翼的最外侧。——译者注

★ 第十四章 ★

对沼泽地、泛滥地和林地的进攻

　　沼泽地，也就是无法直接通过只有少数堤坝路从中穿过的草地，会给战术进攻带来特殊的困难，正如我们在《防御》一篇中已经指出的那样。沼泽地很宽，无法靠火炮将敌人从对岸赶走，也无法设计出自己跨越沼泽地的方法。战略上的后果就是人们试图避免向沼泽地发起进攻，而是绕过它。如果被开垦的程度很高（就像在有些低洼地带那样），以至形成无数通道，那么防御者的抵抗虽然仍相对较强，但是对进行一场绝对的决战来说就比较弱了，也就是说完全不适合了。相反如果低洼地由于泛滥而水位升高（像在荷兰那样），那么抵抗就可以增强到绝对抵抗，从而使任何进攻都不会成功。荷兰在1672年的情况表明，当时法军在攻克和占领位于泛滥线以外的所有要塞后毕竟还有5万人（先由孔戴，后由弗朗索瓦·卢森堡指挥），却未能攻克这条泛滥线，尽管防守这条线的也许只有2万人。如果说布伦瑞克公爵指挥的普鲁士人针对荷兰人的1787年战局是与此完全相反的结果（普军以几乎势均力敌的兵力和很小的损失攻克了这些泛滥线），那么人们应从防御者由于政见不一而分裂的状况和指挥不一致中去找原因。但是最明确的是，这次战局的成功（就是穿过最后一道泛滥线，一直推进到阿姆斯特丹城下）是以一个极小的事实为基础的，以至人们不能根据这个战例就得出一个结论。这个极小的事实就是哈勒姆湖没有设防，公爵正是借助这个湖绕过了防线，从背后抵达了阿姆斯特尔芬[1]哨所。假如荷兰人在这个湖上有几艘舰船，公爵就绝不可能抵达阿姆斯特丹城下，因为他当时已经无计可施[2]了。至于这样的话会对媾和有什么影响，与我们这里要谈的内容无关，但是这样一来普军肯定不会突破最后一道泛滥线。

冬季当然是泄洪这一防御手段的天敌，1794年和1795年法国人就表明了这一点，但是只有**严寒的**冬天才是这样。

我们同样把难以通行的林地算作加强防御的一个有力手段。如果林地的纵深不大，那么进攻者可以沿彼此邻近的几条道路穿过它，抵达更有利的地区，因为防御者在单个地点的战术力量不会大，林地从不像江河或沼泽地那样被想成是绝对无法通过的。但是如果像在俄国和波兰那样，一大片地区几乎到处都是林地，进攻者的力量很难走出去，那么他的处境当然就会非常困难。我们只要想一想，进攻者在给养上要与多少困难做斗争；在昏暗的森林中，进攻者面对到处都有可能出现的对手，要感受到自己在数量上占有优势是多么不容易，就可以明白这一点了。这肯定是进攻者有可能陷入的最糟糕的处境之一。

---

[1]阿姆斯特尔芬（Amstelveen），今荷兰首都阿姆斯特丹南部一城区。——译者注
[2]"无计可施"一词，作者用了法语"au bout de son latin"。——译者注

★ 第十五章 ★

对一个战区的寻求决战的进攻

有关这个题目的大部分问题在第六篇已经谈过了。只要反过来看，对那里的论述就是对进攻的应有的说明。

一个独立战区的概念与防御的关系总是比它与进攻的关系更密切。对进攻的一些要点（**进攻的对象、胜利的影响范围**），我们已经在本篇探讨过了，而关于进攻本性的最根本和最重要的问题，我们要到《战争计划》一篇才能予以阐明。尽管如此，还是有几点需要在这里就加以说明。我们打算还是从意图大规模决战的战局谈起。

1. 进攻的最直接的目标是一次胜利。对于防御者因其防御地位的本性而拥有的各种好处，进攻者只能通过兵力优势来抵消，必要时要以由于自己是进攻者和前进者而给部队带来的微弱的优越感来抵消。在大多数情况下，人们对这种优越感的作用估计过高，其实这种优越感持续不了多久，经不住实际困难的考验。可以理解的是，我们此处的前提是防御者与进攻者一样行事无误和恰当。我们之所以做这一说明，是想消除人们对袭击和出敌不意的含混想法。人们通常认为袭击和出敌不意是进攻取得胜利的丰富源泉。其实如果没有特别的和具体的条件，袭击和出敌不意是无法实现的。关于真正的战略上的袭击，我们在其他地方[1]已经说过了。如果进攻者缺少物质优势，那么就应具备士气优势，以弥补进攻这一作战形式的劣势。如果进攻者在士气上也没有优势，那么进攻就没有了动力，就不会成功。

2. 如同谨慎是防御者真正的保护神一样，大胆和自信是进攻者的保护神。这并不是说两者可以缺少对方的特点，而是说谨慎与防御有更密切的关系，大胆、自信与进攻有更密切的关系。这些特点之所以是必要的，只是因为军事行动不是数学演算，而是一种在黑暗或者最多是昏暗的领域中进行的活动。在这里，人们不得不信赖那些最适合带领他们达到目标的指挥官。防御者在士气方面表现得越无力，进攻者就越要大胆。

3. 要想取得胜利，就要让敌人的主力与自己的主力作战。进攻者对这一点的疑问比防御者少，因为进攻者是寻找通常已经停在阵地中的防御者。不过我们在《防御》一篇中曾断言，如果防御者已经做出了**错误**的部署，那么进攻者就不应去寻找防御者，因为进攻者可以确信，防御者会来找**他**，这样他就有了有利条件，即在防御者没有做好准备的情况下与之作战。这时一切都取决于进攻者是否选择了最重要的道路和方向。我们在讨论防御时搁置了这一点，并且让读者参阅本章，因此，我们想在这里对这个问题做必要的说明。

4. 至于什么是可以进攻的较近的目标（胜利的**目的**），我们在前面已经说过了。如果这些目标在受到进攻的战区内，并在很可能出现的胜利的影响范围内，那么通往这些目标的道路就是进攻者突击的自然方向。但是我们不要忘记，进攻的目标通常在取得胜利的情况下才有其意义，因此对胜利总是要和进攻目标联系在一起考虑；因此对进攻者来说，重要的不仅是抵达进攻目标，而且是要成为胜利者，因此他突击的方向不应指向目标本身，而应指向敌军前往这一目标所要走的**那条**道路。那条道路就是我们最先要进攻的对象。进攻者如果在敌军抵达进攻目标之前向它发起进攻，切断敌军与这个目标之间的联系，并在这一处境下打败敌军，就可以取得大得多的胜利。例如，假设敌人的首都是进攻的主要目标，而防御者没有把兵力部署在首都与进攻者之间，那么进攻者直取首都就是不正确的。更好的办法是将前进方向指向敌军和首都之间的交

---

[1] 指本书第一卷第三篇第九章。——译者注

通线，并在那里寻求胜利，一旦取得这一胜利，敌人的首都也就唾手可得了。

如果在进攻的胜利影响范围内没有大的目标，那么敌军与最近的大目标之间的交通线就是具有特别重要性的地方。在这种情况下，每个进攻者都要自问：如果我在会战中有幸获胜，我应利用这一胜利做什么？回答是：这一胜利可以让他取得的下一个目标就是突击的自然方向。如果防御者是部署在这个方向上的，那么进攻者这样做就是正确的，要做的无非就是去那里寻找他。假如防御者的阵地太坚固，那么进攻者就应尝试从其阵地侧面通过，也就是说要化拙成巧；如果防御者在这个方向上，但没有在对进攻者来说合适的位置上，那么进攻者仍应选择这一方向，一旦前进到与防御者的平行位置，而防御者没有侧向前出，进攻者就应转向敌军与进攻目标之间的交通线，以便在那里寻找敌人；假如敌军完全停了下来，那么进攻者就应回身转向他们，以便从背后对其发起进攻。

在进攻者可选择的通向目标的所有道路中，大的通商要道永远是最好和最自然的。如果这些道路有过大的弯曲段，进攻者自然应放弃这些路段，另选较直的道路（即使是较小的道路），因为退却路过于弯曲总是很让进攻者担心的。

5. 进攻者在寻求大规模决战时绝没有分兵的理由。如果他还是这样做了，那么大多数情况下要视为进攻者由于概念不清而犯的错误。进攻者各路部队前进时的整个宽度只要能保证同时发起进攻就行了。如果防御者自己分了兵，那么这对进攻者来说更多是带来了好处，当然进攻者此时也可进行一些小规模的佯动，这些佯动在一定程度上是战略佯攻[1]，目的是确保这些好处，为此而进行分兵就是有理由的。

如果进攻者总归是有必要分成多路部队，则应对此加以利用，组织战术进攻中的包围，因为包围这一形式对进攻来说是自然的，若无紧急情况不应错过。但是这种包围应保持战术本性，因为在大规模战斗时，如果进攻者进行战略包围，完全是浪费力量。只有当进攻者十分强大，以至可视为稳操胜券时，人们才能原谅他的战略包围行动。

---

[1]　"佯攻"一词，作者用了法语"fausses attaques"。——译者注

6. 但是进攻也需要谨慎，因为进攻者也有要保护的背后和交通线。进攻者应该尽量通过其前进的方式进行这种保护，也就是说进攻者的背后和交通线恰恰应由进攻部队本身来保护。如果进攻者不得不特别指派一部分部队来完成这个任务，即要从进攻部队中分出兵力，那么这自然会削弱突击本身的力量。由于一个规模较大的军团通常至少以一日行程的宽度前进，因此如果交通线和退却线偏离行军正面的垂直线不是太多的话，军团的正面大多就可以保护它们了。

进攻者在这方面面临的危险程度，主要是依对手的位置和特点而定。在一切都面临大规模决战氛围压力的情况下，防御者一般没有多少余力对进攻者的背后和交通线（退却线）采取行动；因此进攻者一般不必对此过于担心。但是如果进攻者已经停止了前进，其本身逐渐越来越多地转入防御状态，那么保护后方就变得越来越有必要，越来越成为一个主要问题。由于进攻者的后方就事物的本性来说比防御者的后方薄弱，因此防御者早在转入真正的进攻以前，甚至当他自己还在不断地放弃国土时，就已经可以开始对进攻者的交通线采取行动了。

★ 第十六章 ★

对一个战区的不求决战的进攻

1. 即使进攻者的意志和力量不足以进行一场大的决战，但他针对某个小目标发起战略进攻的特定意图还是可能存在的。如果这一进攻成功，那么随着这个小目标的到手，整个局势就会出现平静和均势；如果进攻者在进攻中遇到一些困难，那么总的前进在得到这个小目标以前就会停止。这时取而代之的是寻机发起攻势或战略机动。这就是大多数战局的特点。

2. 构成这种攻势目标的进攻对象是：

（1）**一个地区**。占领一个地区可以得到的好处是：便于得到给养；必要时也可以征收战争税；有利于保护本国的一个地区；在媾和时可作为交换物。有时军队荣誉这一概念也与占领一个地区联系在一起。在路易十四统治时期，法军统帅们的战局中就不断出现这种情况。占领一个地区后，能或不能守住是有很大区别的。通常只有当这个地区与自己的战区相邻，构成自己战区的一个自然补充部分时，占领者才有可能守住它。只有这样的地区才能在媾和时作为交换物，对其他地区则通常只是在一个战局期间加以占领，冬天时就要离开。

（2）**一个重要仓库**。如果一个仓库不重要，那么它大概也就不会被看作一次决定整个战局的攻势的目标。占领仓库本身虽然使防御者失去仓库，使进攻者得到仓库，但是进攻者从中得到的主要好处在于防御者因此而被迫后退一段距离，放弃一个他原本可以保有的地区。因此，夺取仓库其实更多是手段，我们在这里之所以把夺取仓库当作目的提出来，只因为它是行动最近的和明确的目标。

（3）**一个要塞**。我们将用专门的一章来讨论夺取要塞的问题，读者可以参阅那一章[1]。根据那一章阐述的理由就可以理解，为什么在**无法**以完全打垮对手或者占领其国土的一个重要部分为目的的进攻战争和战局中，要塞总是最主要和最理想的进攻目标。从而也就容易解释，为什么在要塞众多的尼德兰，一切考虑总是围绕着占领这个或那个要塞进行，而且在大多数情况下，这样做的**主要考虑根本不是**要逐步占领整个省份，而是把每个要塞看作本身似乎具有某种价值的单独的要素。进攻者在对要塞采取行动时，关注更多的似乎是方便与否以及是否容易，而非要塞的价值。

然而围攻一个并非完全不重要的要塞，始终是一个大的行动，因为它要花费大量的资金。在并不总是关系到全局的战争中，对花费大量资金是必须慎重考虑的，因此这样的围攻在这里已经是一次战略进攻的重要目标之一了。要塞越是不重要，或者围攻者越是不认真，围攻的准备越是差，一切越只是计划顺带[2]着进行，那么这个战略目标就越会变小，就越适合以很小的兵力和意图来行动。在这种情况下，为了给战局增添荣誉，整个行动往往降为纯粹的装模作样，因为作为进攻者的一方毕竟是想做些什么。

（4）为得到战利品，或者只为军队的荣誉，有时仅仅是出于统帅的虚荣心而进行**一次有利的战斗、小规模的会战**，甚或一次**会战**。只有那些对战史完全无知的人才怀疑这种情况会出现。在路易十四世时代法国人进行的战局中，大多数的攻势会战都是这种类型。但是更有必要的是指出这些东西并非没有客观重要性，它们不是单纯满足虚荣心的游戏，而是对媾和有十分确切的影响，也就是说它们能使进攻者相当直接地达到目标。军队的荣誉、军队和统帅的士气优势在起作用时，是肉眼看不见的，却始终贯穿于整个军事行动。

这样一次战斗要达到目标，当然要有两个前提：第一，胜利的希望相当

---

[1] 指本篇第十七章。——译者注
[2] "顺带"一词，作者用了法语"en passant"。——译者注

大；第二，即使战斗失利，受到的损失也不会太大。当然人们对这种在有限条件下为有限目标而进行的会战与那种纯粹由于精神上的软弱而没有利用胜利的会战是不能混淆的。

3. 上述进攻对象除了第（4）项以外，都可以不经过大的战斗就得到，而且进攻者通常寻求不经过大的战斗即得到这些对象。进攻者不经过决定性的战斗而得到对象的手段，都是针对防御者在其战区内的利益的，包括：威胁防御者的交通线（无论是与给养有联系的部分，例如仓库、富庶的省份、水路等，还是与其他部队和重要地点有联系的部分，例如桥梁、隘口等）；占领敌人无法将我们从中赶走的以及位置于敌不利的坚固阵地；占领重要城市、富饶的地带和可能诱发当地民众造反的不安定地区；威胁敌人弱小的盟友；等等。如果进攻者确实切断了防御者的上述交通线（而且采取的方式是防御者不付出大的代价就无法恢复），如果进攻者准备占领上述那些地点，那么就会迫使防御者在更后面或侧面进入另一处阵地，以保护其上述目标并放弃一些较小的目标。这样防御者就让出了一个地带，一座仓库、一处要塞就失去保护了，就会导致前者被攻占，后者被围攻。这时有可能发生较大或较小的战斗，但是这些战斗不是进攻者所寻求的，也不应把它们当作目的，而只应当作一件迫不得已而为之的事情，因此战斗的规模和重要性都不会超过一定的程度。

4. 对进攻者的交通线采取行动，是防御者的一种还击方式。在寻求大规模决战的战争中，这种还击方式只有当进攻者的行动线很长时才应采取，相反在不求大规模决战的战争中，这种还击方式则更多是符合事物本性的。在不求大规模决战的战争中，进攻者交通线很长的情况虽然很少，但是此时对防御者来说，重要的并不是要给进攻者造成多大损失，仅是袭扰和减少进攻者的给养往往就已经能起到作用了。如果进攻者的交通线不长，那么防御者在一定程度上可以换用延长与敌人战斗时间的办法。因此，保护战略翼侧成为进攻者的一项重要任务。如果进攻者与防御者之间发生了旨在保护自己翼侧和威胁对方翼侧的斗争，那么进攻者就必须用自己的兵力优势来弥补自己固有的不利。如果进攻者还有足够的能力和决心敢于对敌人的一支部队或者主力本身进行一次大的进攻，那么通过让对手面临这种危险就能让进攻者自己受到最好的保护。

5. 最后我们还要想到，在这种战争中，进攻者比其对手还有一个大的有利条件，即进攻者比防御者更能根据对方的意图和能力更准确地判断对方。预估进攻者会有多大的进取精神和胆量，比预估防御者是否准备采取些大行动要困难得多。实际上，选择防御这种作战形式通常就已经证明人们不想采取什么积极行动；此外，大规模还击的准备与一般的防御准备之间的差别，比抱有大企图的进攻准备与抱有小企图的进攻准备之间的差别要大得多；最后，防御者不得不较早地采取其举措，而进攻者则有据此再行动的后手优势。

★ 第十七章 ★
对要塞的进攻

关于对要塞的进攻，我们在这里当然不能从筑垒作业方面来加以研究，而是准备从三个方面研究：第一，与进攻要塞有关的战略目的；第二，如何从诸多要塞中选择要进攻的要塞；第三，保护围攻的方式。

使敌人失去一处要塞会削弱其防御能力，如果该要塞构成敌人防御的一个重要部分，则更是如此；进攻者占领要塞，可以从中得到很大的便利，例如，可以把它用作仓库和补给站，用它保护周围的地区和舍营地等；当进攻者最后要转入防御时，要塞就会成为这种防御的最强大的支柱。要塞在战争进程中与战区的所有这些关系，我们在《防御》一篇中论述要塞时已经做了充分的说明。对那些论述内容反过来看，就是对要塞进攻的应有说明。

攻占要塞的问题在寻求大规模决战的战局中与在其他战局中也是有很大区别的。在前一种战局中，对攻占要塞总应看作是一个迫不得已而为之的事情。此时人们还要在其他地方进行决战，可是对一些要塞又不能不围攻，因此只好在决战之前对它们进行围攻。只有当决战已经完全结束，危机和力量的紧张状态已经过去很长时间，也就是说，当平静的状态已经出现时，攻占要塞才能起到巩固已占地区的作用。这时攻占要塞虽然还需要艰辛努力和耗费力量，但大多不会面临什么危险。进攻者在危机中围攻一处要塞，会极大地增大这一危机，对进攻者是不利的；很明显，没有什么行动能像围攻要塞那样如此严重地削弱进攻者的力量，也就是说，没有什么行动能像围攻要塞那样肯定会使进攻者在一段时间内失去优势。但在有的情况下，进攻者只要想继续前进，就只能攻占某个要塞，此时则应将围攻要塞视为对进攻的一个有力推进；围攻前决出的胜负越少，危机就越大。关于这方面有待研究的问题，我们将在《战争计划》一篇中探讨。

在目标有限的战局中，攻占要塞通常不是手段，而是目的本身。攻占要塞被看作是一个独立的小规模攻占行动，与其他攻占行动相比具有以下优点：

1. 攻占要塞是一个有明确限定的小行动，不需要花费较大的力量，因此不必担心一旦失败会使战事倒退。

2. 要塞在媾和时可以作为很好的交换物。

3. 围攻要塞是对进攻的一个有力推进，或者至少看上去是这样，它不像进攻中的其他推进行动那样会使力量不断受到削弱。

4. 围攻是一种不会带来灾难性后果的行动。

由于攻占要塞具有上述优点，因此攻占敌人的一个或多个要塞通常就成为那些无法设定更大目标的战略进攻的一个内容。

在难以决定围攻哪个要塞时，做出选择的根据是：

1. 要围攻的这个要塞在攻占后应便于守住，这样在媾和时就可以把它作为高价值的交换物。

2. 攻占手段的多少。手段少时只能围攻小的要塞，确实攻占一个小要塞，比在一个大要塞前失利好。

3. 要塞的坚固程度。要塞的坚固程度与要塞的重要性显然并不总是成正比。如果放着一个不是很坚固的要塞不去攻占，却把力量浪费在一个非常坚固但不重要的要塞上，那么这是再愚蠢不过的了。

4. 要塞装备和守军的强弱多寡。如果要塞守军少、装备差，那么攻占这个要塞自然就更容易；但是在此必须指出，守军和装备的强弱多寡必须同时计入一同决定要塞**重要性**的那些因素，因为守军和装备直接是敌人作战力量的一部分，不能与筑城工事同等看待。因此，攻占一个有众多守军的要塞有可能比攻占一个工事特别坚固的要塞更值得付出代价。

5. 运输攻城辎重的难易。大多数围攻之所以失败，是由于缺乏攻城辎重，而缺乏攻城辎重大多是由于运输困难。1712年欧仁围攻朗德勒西[1]和1758年弗里德里希大帝围攻奥尔米茨[2]失利就是最突出的例子。

6. 保护围攻的难易也是一个要考虑的问题。

保护围攻有两个根本不同的方法：一是通过围攻部队的防御工事（设置一条围攻环线）；二是通过一条所谓的监视线。第一个方法现在已经完全过时了，尽管有一个重要理由仍明显支持它的存在。这个重要理由就是，以这种方式保护围攻，进攻者的大部队就不会再因分兵而受到削弱了（这种削弱对围攻者肯定是很不利的），但是进攻者的大部队还是会以其他方式受到很明显的削弱：

（1）进攻者环绕要塞的位置通常要求部队相对于自己的实力部署得过于展开。

（2）要塞守军（还应把他们的实力计入前来解围的部队）除了最初与我军对峙的部队以外，一般不再分兵，**在这种情况下**可把它看作位于我方营垒中间的一支敌军，但是它受到要塞城垣的保护，**不会受到损伤**，或者至少是不可制服的，其行动效果从而得到很大的提高。

（3）对一道围攻环线的防御只能是最绝对的防御，因为正面向外的环形部署是所有部署形式中最弱和最不利的，最不便进行有利的出击，因此围攻环线内的部队只能在其工事中拼死抵抗。容易理解的是，这种防御占用兵力对防御力量造成的削弱可能比使用一支监视部队造成的削弱大得多（组建一支监视部队也许会使大部队减少三分之一的兵力）。如果我们再看到，自弗里德里希大帝以来，人们普遍偏好实施所谓攻势（其实人们并非总是处于攻势）、运动和机动，而不喜欢防御工事，那么我们就不会为围攻环线完全不再时髦而感到奇怪了。不过，在围攻环线的防御中，战术抵抗能力的削弱绝不是其唯一的缺点。我们在提出这个缺点的同时之所以立即列举了一些对围攻环线的偏见，是因为这些偏见与这个缺点关系十分密切。一道围攻环线实际上只能保护整个战区中被它围起来的那个地区，其余所有地区，如果没有专门派出分遣队保护，

---

[1] 朗德勒西（Landrecies），今法国诺尔省一城市，位于桑布尔河畔。——译者注
[2] 奥尔米茨（Olmütz），即今捷克东部城市奥洛穆茨（Olumouc）。——译者注

就等于或多或少地让给了敌人，而如果派兵保护又要分兵，这正是人们要避免的。在这种情况下，围攻者对围攻所必需的运输已经总是担心和感到困难了，如果攻城部队的规模比较大，对攻城辎重的需求量比较大，而敌人在城外的兵力又很多，那么用围攻环线来保护运输就只有在尼德兰那样的条件下才是可以设想的，即由靠得很近的要塞和要塞之间设置的战线组成一个完整的体系，来保护战区的其余部分，从而在很大程度上缩短交通线的长度。在路易十四世时代以前，人们还没有将部署一支部队与战区的概念联系起来，特别是在三十年战争中，部队漫无目的地走来走去，来到正好附近没有敌军的某个要塞前，就停下来对其进行围攻，直到带来的围攻辎重用尽，或者前来解围的敌军靠近。围攻环线在当时是符合事物本性的。

将来大概只有在少数情况下才会又用到围攻环线，也就是说在与上述情况类似时才有可能用到。如果城外的敌人很少，如果战区的概念与围攻本身的概念相比几乎消失，那么进攻者在围攻时保持其力量集中就成为自然的事情，因为这些力量无疑会在很大程度上赢得围攻的能量。

路易十四世时期，在康布雷和瓦朗谢讷附近的围攻环线没起到什么作用，前者由孔戴防守，被蒂雷纳突破；后者由蒂雷纳防守，被孔戴突破[1]。但是人们也不能忽视，在非常多的其他战例中，解围部队对围攻环线是敬而远之的，甚至当被围攻者迫切需要解围，而且其统帅是非常敢作敢为的人物时也是如此。例如1708年，维拉尔就没敢进攻里尔[2]城前围攻环线内的联军[3]。弗里德里希大帝1758年在奥尔米茨以及1760年在德累斯顿附近尽管没有设置真正的围攻环线，但部署了一个与围攻环线基本一致的防御体系，具体说是以同一支部队进行围攻和保护围攻。弗里德里希大帝在奥尔米茨之所以这样做，

---

[1] 孔戴和蒂雷纳都是法国的统帅。1649年起，以孔戴为首的贵族集团与当时的首相马扎林发生冲突。孔戴率部队反抗政府，政府派蒂雷纳讨伐。1655—1657年，双方在法国北部作战，互相围攻，互有胜负，最后孔戴被击败，逃往西班牙。此后孔戴又率西班牙军队同法国政府军作战。1659年，法、西缔结和约，孔戴恢复名誉，返回巴黎。路易十四世亲政后，孔戴又被重用。——译者注

[2] 里尔（Lille），今法国诺尔省一城市，靠近比利时。——译者注

[3] 1708年8月14日，欧仁亲王率奥地利、英国和荷兰联军围攻里尔。马尔伯勒率一支监视部队在围攻环线上保护围攻部队的安全。维拉尔率领法军赶来解围，沿围攻环线运动，意图寻找弱点进攻，但联军工事坚固，维拉尔不敢贸然进攻，结果里尔的守军投降。——译者注

是因为奥地利的部队距离那里较远，但当他在多姆施塔特尔[1]附近损失了运输队以后，他对这种做法后悔了；1760年他在德累斯顿之所以这样做，一方面是因为他轻视帝国军队，另一方面是因为他急于占领德累斯顿。

最后，围攻环线的一个缺点是：围攻者在失利的情况下很难保住攻城用的火炮。而如果双方的决战是在距被围攻地点一日或数日行程的地方进行的，那么一旦失败，围攻者还可以在解围之敌抵达前撤围，即使运输量庞大，也大致能赢得一日行程的时间。

在部署监视部队时，优先要考虑的问题是应将其部署在距被围攻要塞多远的地方。在大多数情况下，决定这个距离的是地形条件或是攻城部队要与之保持联系的其他军团和军的位置。此外显而易见的是，如果监视部队距离要围攻的要塞较远，可更好地保护围攻，而距离较近时（不超过数普里），更便于监视部队和围攻部队之间的相互支援。

---

[1] 多姆施塔特尔（Domstadtl），即今捷克小镇比斯特日采河畔多马索夫（Domašov nad Bystřicí），西南距奥尔米茨约20公里。1758年6月30日，奥军在该地附近攻击普军的补给运输队，迫使弗里德里希二世放弃围攻奥尔米茨。——译者注

★ 第十八章 ★

对运输队的进攻

对一支运输队的进攻和防御是一个战术问题；假如不是在一定程度上先要证明对运输队的进攻和防御是可行的（而这只有根据战略上的理由和因素才能做到），我们在此对这一问题本来是根本没必要谈的。对这个问题可谈的很少，若不是可将对运输队的进攻和防御合在一起谈，而且对运输队的进攻更重要的话，我们在讨论防御时就已经可以谈到这个问题了。

一个有300～400辆车的中等规模运输队（不管车上装载的是什么）长半普里，一个大的运输队长数普里。人们怎么能够设想以通常指定护送的少量部队能保护这么长的运输队呢？除这个困难外，运送这么大量的物资，行动不便，前进缓慢，而且总要担心发生混乱；最后，关键是要对运输队的每个部分进行局部保护，因为一旦它的某个部分被敌人追赶上了，整个运输队就会立刻堵塞在路上，陷入混乱。如果人们考虑到上述种种困难，自然就会问：怎么可能对这样一支运输队进行保护呢？这样一支运输队怎么可能进行防御呢？或者换言之：为什么不是所有受到进攻的运输队都被制服了呢？为什么不是所有本应受到保护的（也就是敌人可以接近的）运输队都受到了进攻呢？很明显，所有战术上提出来的办法（例如滕佩尔霍夫建议的通过不断地让运输队行进和停顿以缩短队伍长度的极不实用的办法，或者沙恩霍斯特提出的比这好很多的把运输队分成几路以缩短队伍长度的办法），对克服运输队过长这一根本缺点来说，帮助都不大。

对上述问题的回答是，大部分运输队由于其拥有的战略条件就已经得到了普遍的安全保障，远优于其他暴露在敌进攻面前的部队，这一普遍存在的安全保障也使运输队拥有的较少防御手段能够发挥大得多的作用。这一战略条件就是：运输队总是或多或少地在自己军队的后面，或者至少是远离敌军。结果是，敌人只能派出小部队去进攻它们，而且这些小部队还必须有大的预备队保护，以防其翼侧和背后因受到赶来的敌人的其他部队的进攻而损失掉。如果人们再考虑到，正是由于运输车辆十分笨重，进攻者很难把它们弄走，大多只能满足于砍断挽具、牵走马匹、炸毁弹药车等，整个运输队虽然会因此而受阻和陷于混乱，但不会真正失去，那么就会更多地认识到，这样一支运输队的安全更多是依靠这些普遍存在的条件来保障的，而不是依靠其护送部队的抵抗。如果再加上护送部队的抵抗（他们通过果敢地扑向敌人虽然不能直接保护运输队，但是能干扰敌人的进攻步骤），那么对运输队的进攻最后看来并非容易和万无一失，而是相当困难和结果难料的。

还有一个要点，就是敌军或者敌军的一支部队可能报复对其运输队发起进攻的对手，用事后的一场大败来惩罚其行动。人们在很多情况下，正是由于有这种顾虑才未敢进攻运输队，但是大家不知道真正的原因，以至认为运输队之所以未受到进攻，是因为有部队保护，并感到非常奇怪，为什么兵力少得可怜的护送部队会如此令人生畏。人们只要想一想1758年弗里德里希大帝在围攻奥尔米茨后穿过波希米亚的著名的退却，就会明白我们这种说法是正确的。当时，普军有一半兵力分成多支小队，保护一支由4000辆车组成的辎重队。是什么阻止了道恩去进攻这支辎重队呢？是因为他害怕弗里德里希大帝用另一半部队扑向他，将他卷入一场他不希望发生的会战。是什么阻止了劳东在齐施博维茨[1]更早和更大胆地进攻一直在他侧面的普军运输队呢？是因为他害怕受到惩罚。劳东的部队距其主力10普里，而且其与主力的联系已经完全被普军切断，因此劳东认为，如果丝毫没有受到道恩牵制的国王[2]用大部分兵力对

---

[1] 齐施博维茨（Zischbowitz），今捷克奥尔米茨附近一村庄。——译者注
[2] 指弗里德里希二世。——译者注

付他，他就有大败的危险。

只有当一支部队的战略处境使它不得不反常地从侧面甚至从前方运送物资时，这些运输队才确实面临大的危险，从而成为对手的一个有利的进攻目标（如果对手的处境允许他为此派遣部队的话）。同样在1758年战局中，奥地利军队在多姆施塔特尔成功地抢夺了普军运输队，说明这种行动能够取得十分完美的战果。通往尼斯的大路在普军的左侧，国王[1]的兵力用于围攻奥尔米茨和组建针对道恩的部队，以至奥军的分遣队根本不必担心自己的安全，可以从容地进攻普军的运输队。

1712年，当欧仁围攻朗德勒西时，他从布尚[2]经德南，也就是自其战略部署的前面运输围攻所需物资。为了在这种情况下进行十分困难的护送，他采取了哪些手段以及他陷入了哪些困难（这些困难导致战事发生于其不利的骤变），是众所周知的。

因此我们从中得出的结论是：对运输队的进攻无论从战术上看是多么容易，但是出于战略上的原因是难以做到的，只有在敌人的交通线十分暴露的特殊情况下，才有望取得大的战果。

---

[1] 指弗里德里希二世。——译者注
[2] 布尚（Bouchain），历史上法国北部的一个要塞，位于斯海尔德河畔。——译者注

★ 第十九章 ★

对舍营敌军的进攻

我们在《防御》一篇中没有谈这个问题，因为不能把一条舍营线看作是一个防御手段，而只能将其视为部队所处的一种状态，而且是战备程度很低的一种状态。关于这种战备状态，我们就不再谈什么了，因为我们在第五篇第十三章中已经谈过了。

但是我们在此讨论进攻时，应该把舍营敌军看作是一个特殊的进攻目标，因为一来这种进攻是一种很特殊的进攻方式，二来对这种进攻可以看作是一个特别有效的战略手段。因此，我们在这里要谈的不是对敌人单个舍营地或者分驻在数个村落中的一支小部队的袭击（因为为此而进行的部署完全是战术属性的），而是对较大舍营地中一支大部队的进攻，以至进攻目标不再是袭击单个舍营地本身，而是阻止敌军集结。

对一支舍营敌军的进攻就是对一支没有集结的军队进行袭击。这种袭击如果使敌军未能抵达预定的集结地，而是迫使它在后方较远的地方另选一个集结地，那么就可被视为成功。敌军集结地后移的距离，在危机状态下很少在一日行程以内，而是通常可达数日行程，因此由此造成的地段损失并不小，这是进攻者所得到的第一个好处。

这一旨在对整个敌军进行的袭击，当然开始时可以同时是对数个单独舍营地的袭击，但自然不是对所有或很多舍营地的袭击，因为仅后者就需要以进攻部队扩大正面和分散兵力为前提，而这无论如何是不可取的。因此，进攻者只应袭击敌人的那些位于数路进攻部队前进方向最前面的舍营地。即便如此，进攻者对多个单独舍营地的袭击很少能全部取得成功，因为一支大部队的接近是很难不被人察觉的。但是对这种进攻方法是绝不可忽视的，我们把由此而产生的战果算作这种袭击的第二个好处。

第三个好处是能迫使敌人进行局部战斗，并有可能让他受到大的损失。一支较大的部队不是以营为单位在主要集结地集结起来的，而是通常先集结为旅或师甚或军，而这些大部队是无法极其迅速地赶往集结地的，当进攻者的几路部队接近他们时，他们就不得不分别应战。如果进攻者的几路部队兵力不是很大，那么应战者有可能获胜，但是即使是获胜，他们也损失了时间，而且在这种情况下，由于应战者总的趋势是要在后方再找集结地，因此他们也不可能很好地利用这次胜利，这是很容易理解的。应战者的这些部队也可能被打败，而且由于他们没有时间组织有力的抵抗，这种可能性就更大。因此人们完全可以设想，如果进攻者能够很好地计划并实施一次袭击，那么他就可以通过这些局部战斗得到大量战利品，这些战利品将成为总战果中的一个主要部分。

最后，第四个好处（也是整个行动的结果）是使敌军在一定时间内出现混乱和沮丧，从而让敌人很难使用终于集结起来的部队，并且通常会迫使遇袭者放弃更多土地，转而进行另一个行动。

以上就是对敌人舍营地进行一次成功袭击所能取得的特有战果，也就是通过一次袭击使对手无法不受损失地在预定地点集结其部队。不过，成功是有很多程度的，因此战果有时很大，有时几乎不值一提。而且这种袭击即使很成功，取得的战果很大，但毕竟很少能取得一次主力会战获胜时的成就和效果。这部分是由于这种袭击成功后得到的战利品很少像主力会战获胜后得到的那么多，部分是由于这种袭击成功后对士气的影响不会像主力会战获胜后那样被人看重。

我们必须记住这个总的结论，以免对这种袭击有过高的期待。一些人认为它拥有最大的攻势效果，但是正如上述详细考察和战史告诉我们的那样，情况绝非如此。

1643年洛林公爵[1]在图特林根[2]附近对兰曹[3]将军指挥的法军舍营地所采取的行动，是最耀眼的袭击之一[4]。法军有16,000人，损失了指挥官和7000名士兵。这是一次彻底的大败，原因是法军未设任何前哨。

1645年，蒂雷纳在梅尔根特海姆[5]（法国人称之为马林塔尔）附近遇袭[6]。就其结果而言，当然也应该看作是一次大败，因为蒂雷纳的8000人中损失了3000人，但这主要是由于蒂雷纳被误导，用集结起来的部队进行了一次不合时宜的抵抗，因此人们不能经常指望这种袭击取得与1643年洛林公爵类似的战果。1645年梅尔根特海姆之战的战果与其说是袭击本身带来的，不如说是遇袭者对一次小规模会战考虑不周造成的，因为蒂雷纳本可避开战斗，在其他地方与他在较远地方舍营的部队会合。

第三个著名的袭击是1674年蒂雷纳对大选帝侯[7]、帝国将军布农维尔[8]和洛林公爵指挥的在阿尔萨斯的联军进行的[9]。蒂雷纳的战利品很少，联军的损失不超过2000～3000人，这对于一支5万人的部队来说不是决定性的。但是联军认为不能再在阿尔萨斯继续抵抗，于是退过莱茵河。这个战略结果正是蒂雷纳所需要的，但是人们不应从袭击本身去寻找原因。蒂雷纳更多是袭击了对手的计划，而非对手的部队。此外，联军统帅们有分歧以及部队靠近莱茵河是造成这个结果的其余原因。总之，这次袭击值得更仔细地加以研究，

---

[1]又称卡尔四世（Karl Ⅳ., 1604—1675），名义上为洛林公爵（1625—1675），但由于法军的几次占领，实际担任公爵的时间分别是1625—1634年，1641年，以及1659—1670年。——译者注

[2]图特林根（Tuttlingen），今德国巴登-符腾堡州南部一城市，位于多瑙河畔。——译者注

[3]兰曹（Josias Rantzau, 1609—1650），伯爵，法国元帅。三十年战争期间曾在瑞典和神圣罗马帝国军中任职，1635年转入法军任职。——译者注

[4]三十年战争期间，洛林公爵于1643年11月24日袭击图特林根附近的法军，法军统帅兰曹负伤被俘，图特林根的守军于次日投降。——译者注

[5]梅尔根特海姆（Mergentheim），即今德国巴登-符腾堡州东北部城市巴特梅尔根特海姆（Bad Mergentheim），位于陶伯河畔。——译者注

[6]在三十年战争中，梅西伯爵率领巴伐利亚军队于1645年5月5日在梅尔根特海姆附近击败蒂雷纳指挥的法军。法军有四位将军、100名其他军官以及2600名骑兵和步兵被俘。——译者注

[7]指勃兰登堡选帝侯弗里德里希·威廉（Friedrich Wilhelm von Brandenburg, 1620—1688）。——译者注

[8]布农维尔（Alexander Ⅱ. Hyppolite von Bournonville, 1620—1693），公爵，德意志神圣罗马帝国元帅。三十年战争期间曾在多国军队中任职。——译者注

[9]1674年，神圣罗马帝国向法国宣战，蒂雷纳率法军转战于阿尔萨斯，于12月29日袭击米尔豪森附近的帝国军队和勃兰登堡军队，迫使联军退出阿尔萨斯。——译者注

因为人们通常把它理解错了。

1741年，奈佩格[1]袭击舍营地中的国王[2]，但是全部成果仅是使国王不得不用他没有完全会合在一起的兵力并且以相反的正面向他发起莫尔维茨会战[3]。

1745年，弗里德里希大帝在劳西茨袭击舍营地中的洛林公爵[4]。由于他对最大的舍营地之一（亨内斯多夫[5]）进行了真正的袭击，因此赢得了主要战果，奥军损失了2000人。总的战果是迫使洛林公爵穿过上劳西茨返回波希米亚，当然弗里德里希大帝未能阻止他沿易北河左岸又返回萨克森，以致假如没有凯瑟尔斯多夫会战的话，弗里德里希大帝就不会取得大的战果。

1758年，斐迪南公爵[6]袭击法国人的舍营地，其直接结果是法军损失了数千人，不得不部署在阿勒尔河[7]后面。而这次袭击对士气的影响可能更深远一些，也许影响到法军后来让出整个威斯特法伦[8]。

如果我们要从上述不同的战例中得出一个关于这种进攻效果的结论，那么只有前两个例子可以与胜利的会战同等看待。但是在这两个例子中，部队的规模都不大，而且当时作战时一般不设前哨，这十分有利于袭击获得成功。其他四个战例虽然都应该算作完全成功的行动，但是就其战果而言，显然不能与胜

---

［1］奈佩格（Wilhelm Reinhard Graf von Neipperg，1684—1774），伯爵，奥地利元帅。在第一次西里西亚战争期间任西里西亚战区奥军司令。——译者注

［2］指普鲁士国王弗里德里希二世。——译者注

［3］1740年秋冬，弗里德里希二世率普鲁士军队攻入西里西亚。1741年4月，奥军统帅奈佩格进抵格拉策尼斯河畔的尼斯，切断了普军与布雷斯劳和柏林的联系。弗里德里希二世不得不急忙集结分散在各地的部队，于10日在莫尔维茨（Mollwitz，即今波兰村庄穆瓦约维采）向奥军发起会战，最后奥军失败。——译者注

［4］指卡尔·冯·洛林（Karl Alexander von Lothringen，1712—1780），奥地利元帅、奥属尼德兰总督，奥皇弗朗茨一世之弟，曾参加奥土战争，以及对法国、巴伐利亚和普鲁士的战争。——译者注

［5］亨内斯多夫（Hennersdorf），又称卡托利施-亨内斯多夫（Katholisch–Hennersdorf），即今波兰小镇卢班的一部分卢班地区亨利科夫（Henryków Lubański）。1745年11月23日，弗里德里希二世率领普军在此战胜奥地利和萨克森联军中的萨克森军队。——译者注

［6］即布伦瑞克公爵。——译者注

［7］阿勒尔河（die Aller），德国威悉河右岸的一条支流，长260公里。——译者注

［8］威斯特法伦（Westfalen），历史上今德国威悉河与莱茵河之间的地区。在弗里德里希二世时期分为很多小邦。1757年冬，法军在汉诺威选帝侯国境内进入越冬营垒。1758年2月，普鲁士斐迪南公爵袭击法军营垒，法军退过阿勒尔河，由于担心退路被切断，在3月底继而退过莱茵河，放弃了全部威斯特法伦。——译者注

利的会战相提并论。在这些战例中，只是由于对手的意志和性格软弱，袭击者才取得了总的战果，而在1741年的那个战例中，由于遇袭者的意志和性格并不软弱，所以袭击者并未取得总的战果。

1806年，普鲁士军队曾计划以这种方式袭击在弗兰肯的法国人。从当时的情况来看，这次袭击完全可以得到一个令人满意的结果。当时拿破仑不在军中，法军的舍营地拉得很长。在这种情况下，假如普军有很大的决心和很快的速度，就有望让法军多少受到损失，并把他们赶过莱茵河。但普军当时能做到的也就是这些了。假如普军有更多的打算，例如渡过莱茵河，以追求更多好处，或者力求得到大的士气优势，以至法军在这一战局中不敢再出现在莱茵河右岸，那么这些打算是完全没有充分理由的。

1812年8月初，当拿破仑让其部队在维捷布斯克一带做停顿时，俄国人曾想自斯摩棱斯克去袭击法军的舍营地。但是在实施时，俄军失去了这样做的勇气。这对俄军来说是一件幸事，因为法军统帅所率的中央部队兵力不仅比俄军的中央部队兵力多一倍以上，而且这位法军统帅是有史以来最果断的统帅；让法军损失一些普里的空间根本决定不了什么，而且俄军在附近根本没有合适的地带让他们为扩大战果而推进到该地带，从而在一定程度上保障这些战果的安全；法军进行的这个战局也不是一个行将结束的战局，而是一位进攻者欲彻底打垮其对手的第一步计划。因此，袭击法军舍营地可能让俄军得到的小利与俄军的任务相比是极不相称的。这些小利不可能弥补俄军与法军在兵力和态势上的差距。但是俄军的这个企图表明，有关袭击这一手段的模糊观念是如何有可能误导人们完全错误地运用它。

以上我们把进攻舍营敌军作为战略手段进行了阐述。这一手段的本性就在于，其实施不仅是战术的，而且部分又是属于战略的。这种进攻一般在较宽正面上进行，实施进攻的部队在会合以前即可投入作战，而且大多也会成功地投入作战，以至整个进攻行动是由若干战斗组成的，因此我们在这里还要简单地谈谈如何最自然地组织这种进攻。

组织这种进攻的第一个要求：对敌舍营地正面的进攻要有一定的宽度。因为只有这样，才能真正袭击多个舍营地，并切断其他舍营地的退路，从而至少使敌人陷入预期的混乱。至于几路进攻部队的数目和间距，则取决于具体的情况。

第二个要求：各路部队的进攻必须向心状地指向一个预定的会合地点，因为对手或多或少是以一次会合而结束的，进攻者也应该这样。这个会合地点应该尽量就是敌人的连接点，或者是在敌军的退却线上，当然最好是在某一地形障碍切断了敌人退却线的地方。

第三个要求：各路部队在与敌军相遇时，必须坚决、勇敢、大胆地对敌军发起进攻，因为这时总的态势对进攻者有利的，这里正是冒险的用武之地。结论是：各路部队的指挥官在这方面必须拥有大的自由和指挥权限。

第四个要求：针对先于自己部署的敌军，战术进攻计划应该总是立足于迂回，因为只有分隔和切断敌军才有望带来主要战果。

第五个要求：各路部队应由各兵种组成，而且骑兵不可过少，甚至如果把整个骑兵预备队分配给各路部队，也许是件好事，因为如果人们认为骑兵作为预备队在这一行动中能起主要作用，那将是一个大的误解。遇到的第一个防御极佳的村庄、极小的一座桥梁、最不起眼的一片丛林，都会挡住骑兵预备队的行动。

第六个要求：尽管一次袭击的本性在于进攻者不能让自己的前卫部队前进得过远，但这只适用于在接近敌人时。如果战斗确实已经在敌人的舍营线内打响，也就是说，进攻者已经得到了期望从真正的袭击中得到的东西，那么各路部队就应该让各兵种的前卫部队尽可能远地前出，因为这些前卫部队可以通过其较快速的运动大幅增加敌人的混乱。只有这样，进攻者才能在这里或那里截获敌人仓促退出舍营地时通常落在后边的行李辎重、炮兵、差遣人员和掉队人员。这些前卫部队应该成为迂回和切断敌退路的主要手段。

第七个要求：最后必须规定一旦部队失利时的退路和集结地点。

★ 第二十章 ★

牵制性进攻

对"牵制性进攻"的语言上的理解是，为了将敌人的兵力调离主要地点而对其所在地区发起的进攻。只有当这是进攻者的主要意图，而不是借机进攻和攻占敌人所在地区时，这一行动才是特殊的行动，否则它仍是一次普通的进攻。

当然牵制性进攻毕竟还是要有一个进攻目标的，因为只有这个目标的价值才有可能促使敌人向那里派出部队；此外，在行动没有起到牵制作用的情况下，攻占这个目标也是对为此所动用力量的一个补偿。

要塞、重要仓库、富庶和大型城市（特别是首都），征收各种税赋以及得到敌国不满臣民的支持，都可以是牵制性进攻的目标。

牵制性进攻有可能是有利的，对此是容易理解的；但是它肯定不总是有利的，甚至经常是有害的。对牵制性进攻的主要要求是：将敌人从主要战区吸引走的兵力应多于我方用于牵制性进攻的兵力。如果牵制性进攻吸引的敌人兵力仅与自己投入的兵力相等，那么它就没有起到真正牵制性进攻的作用，行动就成了一次从属进攻。甚至对一次由于情况有利、有望以少量兵力取得特别大的战果（例如轻易地占领一处重要的要塞）而部署的从属进攻，也不一定再称之为牵制性进攻。如果一个国家在抵抗另一个国家时受到第三国的进攻，人们当然习惯上也把这来自第三国的进攻称为牵制性进攻，但是这种进攻与一般进攻的区别只是方向不同，因此没有理由给它起一个特别的名称，因为在理论中，人们用专门的名称只应表示专门的事物。

很明显，要想以少量的兵力吸引敌人较多的兵力，必须具备特别的条件，以便让敌人有这样做的动机。因此，随便派出一支部队前往一个迄今未到过的地点，还不足以达到一次牵制性进攻的目的。

如果进攻者派遣一支1000人的小部队前往主要战区以外的敌方某一地区去征收税赋等，那么当然可以预见，如果防御者也向那里派出1000人，那么他是无法阻止进攻者的这一行动的。防御者要确保这一地区不受袭扰，就不得不派去更多的兵力。但是人们要问，防御者是否可以不去保护这一地区，而是同样派出一支这样的分遣队前往进攻者相应的地区，从而取得平衡呢？如果进攻者想从这种行动中得到好处，就必须事先确定在防御者的地区可以比防御者在他的地区得到更多的东西，或者可以对防御者的地区造成更大的威胁。如果情况是这样，那么一次投入兵力很少的牵制性进攻就肯定能牵制比自己多的敌人兵力。相反，投入牵制性进攻的兵力越多，从中获得的好处就越少，这是牵制性进攻的本性使然，因为防御者的5万人在保卫一个中等地区时，不仅能够成功地针对5万人进行防御，而且也能针对更多些的敌人进行成功的防御。因此，如果牵制性进攻的规模较大，那么它能否得到好处是很值得怀疑的。牵制性进攻的规模越大，只要进攻者还是想从中得到些好处，那么就越要求其他条件更确切地有利于牵制性进攻。

这些对牵制性进攻有利的条件可能是：

1. 在不削弱主要进攻的情况下，进攻者拥有可用于牵制性进攻的部队；

2. 防御者的多个地点非常重要，并会受到牵制性进攻的威胁；

3. 防御者的臣民们对其政府不满；

4. 受到这种进攻的是一个可以提供较多战争物资的富饶地区。

如果人们要采取一次符合上述条件、有望成功的牵制性进攻行动，就会发现这样的机会并不多。而且这里还有一个要点：每次牵制性进攻都会给本无战争的地区带来战争，从而总是多少会唤起敌方原本沉寂的作战力量。如果对手拥有民兵和全民武装的手段，而且已经做好战争准备，那么牵制性进攻造成的这种结果就更能让人感受到。如果一个地区突然受到敌人一支部队的威胁并且事先未做任何防御准备，那么这一地区内的所有力量就会围绕在能干的官员们周围，所有人就会提供和利用可能的非常手段抵御这场灾难，这是完全符合事物本性的，也是为经验充分证明了的。这样一来，在这里就产生了新的抵抗力量，而且是那种接近于人民战争并且很容易唤起人民战争的抵抗力量。

每次采取牵制性进攻时都必须注意这一点，以免自掘坟墓。

英军1799年对荷兰北部的行动[1]和1809年对瓦尔赫伦岛[2]的行动[3]，作为牵制性进攻来看，只是由于这些部队除此以外派不上其他用场，才勉强可以说是正确的。然而毫无疑问，英国人的这些行动增加了法国人的抵抗总量。假如英国人在法国本土登陆，也会引起这种后果。以登陆行动威胁法国海岸，当然能给进攻者带来很大好处，因为这毕竟能牵制法军的大量部队去防守海岸。但如果真的用一支大部队登陆，那么只有当登陆者能指望得到一个反对本国政府的地区的支持时，才是可行的。

战争中进行一次大规模决战的可能性越小，牵制性进攻就越是可行，当然从中可能得到的好处也就越小。牵制性进攻只是一个让过于停滞不前的大部队运动起来的手段。

牵制性进攻的实施

1. 牵制性进攻有可能包括真正的进攻，因此伴随实施的特点就是勇敢和快速。

2. 但是牵制性进攻的意图也可以更多是虚张声势，此时它同时是佯动。至于此时应运用哪些特别手段，只有熟悉有关情况和人的特点的智者才能提出。此时必须让兵力非常分散，这是事物的本性所在。

3. 如果实施牵制性进攻的兵力较多，而且退路被限制在一定的地点上，那么部署一支可支援各路进攻部队的预备队就是实施牵制性进攻的一个重要条件。

[1] 在第二次反法联盟战争中，约克率领英俄联军35,000人于1799年8月在荷兰北部登陆，初战告捷，但于9月18日在贝尔根（Bergen，今荷兰北荷兰省一小镇，濒临北海）败于法军，最后从海路撤退。——译者注
[2] 瓦尔赫伦岛（Walcheren），今荷兰泽兰省的一个半岛，在1871年筑坝以前为一岛屿。——译者注
[3] 1809年，在第五次反法联盟战争期间，英军一支部队于7月30日在荷兰的瓦尔赫伦岛登陆，以减轻盟国奥地利的压力并摧毁拿破仑在安特卫普的舰队基地。英军虽一度占领全岛，但由于军中暴发疫病，于12月撤离该岛。——译者注

★ 第二十一章 ★

入侵

关于这个问题，我们所能谈的几乎只限于解词。我们发现近代的著作家们经常使用这个词，甚至自负地认为用它可以表示某个特别的东西——法国人就不停地使用"入侵战争"[1]一词。法国人用这个词来表示每个深入敌国腹地的进攻，并想把这种进攻作为稳扎稳打进攻（仅在边境附近蚕食敌人）的对立面，但这是一种不合逻辑的用词混乱。一次进攻是应该只在边境附近进行，还是应该深入敌国；是应该首先致力于夺取要塞，还是应该首先寻找和不停地追击敌大部队的核心，这不是一个语言表述方式能决定的，而是要取决于当时的情况，对此至少在理论上不会有其他的看法。在某些情况下，深入敌国推进可能比在边境附近的行动更有步骤，甚至更为谨慎，但是在大多数情况下，深入敌国推进无非恰恰是一次有力**进攻**的幸运结果，因此与进攻没有什么区别。

---

[1]"入侵战争"一词，作者用了法语"guerre d'invasion"。——译者注

关于胜利的顶点[1]

胜利者不是在每场战争中都能彻底打垮对手，经常而且大多都会出现一个胜利的顶点，这是为大量经验充分证明了的。由于这个问题对战争理论特别重要，并且几乎是所有战局计划的依据，同时由于这个问题从表面上来看就像一束阳光能反射出奇光异彩，似乎有很多的矛盾，因此对这个问题，我们要更仔细地加以研究并探讨其内在的原因。

胜利通常已经产生于所有物质力量和精神力量的总和所形成的优势。毫无疑问，胜利能增加这种优势，否则人们就不会追求和以大的代价换取胜利了。胜利**本身**毫无疑问能增加这种优势，胜利的后续影响也会增加这种优势，不过胜利的后续影响不会把这一优势增加到最极致，而只是大多能增加到某一点。这一点在胜利过后可能很快就能达到，有时甚至会如此之快，以至一次胜利会战的全部后续影响可能仅限于增加了士气上的优势。我们要研究的就是这之间的联系。

在军事行动的进程中，军队不断遇到增加和减少其力量的因素，因此关键在于拥有力量优势。由于对每个减少一方力量的因素都应视为增加另一方力量的因素，因此双方在前进和退却时，无疑都会遇到由增加力量因素和减少力量

因素组成的这两股洪流。

我们只要研究在其中一种情况下引起这种变化的最主要的原因，也就同时说明了在另一种情况下引起这种变化的原因。

一方在推进时，导致其力量增加的最主要原因是：

1. 敌军受到的人员损失，因为其人员损失通常比我们的大。

2. 敌人在仓库、补给站、桥梁等非有生作战力量方面受到的损失，而我们根本没有这种损失。

3. 从我们踏上敌人国土的那一刻起，敌人就开始丧失国土，因此也就丧失补充新的作战力量的源泉。

4. 而对我们来说则是得到了部分这些源泉，换句话说，得到了以敌养己之利。

5. 敌人的各部分之间失去了内在联系，无法正常活动。

6. 对手的盟友弃之而去，其他盟友则转向我们。

7. 最后，对手丧失了勇气，有的放下了手中的武器。

一方在推进时，导致其力量削弱的原因是：

1. 我们被迫围困、冲击或监视敌人的要塞；或者敌人在我们获胜前虽也采取了这些行动，但在退却时已将这些部队调回大部队。

2. 从我们踏上敌人所在地区的那一刻起，战区的本性就改变了，成了有敌意的地方；我们必须占领它，因为只有我们占领它，它才是属于我们的，但是它毕竟会处处给我军这整部机器带来困难，而这些困难必然会削弱这部机器的运行效果。

3. 我们日益远离自己的作战力量源泉，而对手日益接近其作战力量源泉。这使我们无法及时补充已经消耗的力量。

4. 受到我们威胁的国家面临危险，引起其他强国保护它。

5. 最后，对手由于面临的危险大，会更加努力，而胜利的一方由于已经获胜，其努力程度会降低。

所有这些好处和不利有可能并存，在某种程度上犹如两个路人相遇后继续按相反的方向各走各的路。只是最后一次相遇是真正的对立，无法擦肩而过，是互相排斥的。仅这一点就已经表明，胜利的效果可能非常不同，它们可能把对手压制下去，或者也可能促使对手投入更大的力量。

我们想试着对上述各点做些说明。

1. 敌军在一次大败后的损失可能在最初时刻最大，然后日益减少，直到与我方的损失形成一个平衡点，但是敌人的损失也可能与日俱增，这取决于不同的处境和条件。人们只能泛泛地说，素质较好的军队会更常出现前一种情况，素质较差的军队会更常出现后一种情况；除了军队的素质以外，政府的素质在这方面也是极为重要的。在战争中区分上述两种情况是很重要的，以便不会在真正应该开始行动的时候却停止不前（或者出现相反的情况）。

2. 敌人在非有生作战力量方面的损失同样可能有增减，这取决于其物资储存地的位置和状况。不过这个问题就其重要性来说，在今天已经不再能与其他问题相提并论了。

3. 第三个好处必然会随着部队的前进而增加，但是一般来说，只有当部队已经深入敌国，也就是说已经占领了敌人1/4～1/3的国土时，才应考虑这一好处。此外，这时还要考虑这些地区涉及战争方面的内在价值。

同样，第四个好处也会随着部队的前进而增加。

但是对上述这两个好处要指出，其对正在作战的部队的影响很少能迅速让人感觉到，而是比较缓慢和间接地产生作用，因此不应为得到这两个好处而把弓拉得过紧，也就是说，不应让自己陷于任何过于危险的境地。

至于第五个好处，也是只有当部队已经前进较多距离，同时敌国国土的形状给我们机会将其中一些地区与其主要部分分开时，才应考虑。这时，这些地区就像被捆紧的四肢一样，通常不久就会失去生机。

第六个和第七个好处至少很有可能随着部队的前进而增加。对此，我们下面还要加以说明。

现在我们转而谈谈力量削弱的原因：

1. 对敌人要塞的围困、冲击和包围，在大多数情况下会随着部队的前进而增加。仅是这个原因造成的进攻者的力量削弱，对**部队一时的兵力数量**就有极大的影响，以至在这方面的力量削弱很容易就抵消掉所有的好处。当然，现在进攻者已经开始用很少的兵力冲击要塞，甚至只是用更少的兵力监视它们；敌人也不得不派守军防守这些要塞。尽管如此，要塞仍是一个重要的保障安全的要素。要塞守军通常半数是由此前未参战的力量组成；在防御者交通线沿线的要塞前，进攻者往往不得不留下比守军多一倍的兵力；进攻者只是要正式围攻或者通过绝粮迫使一个大要塞投降，就需要动用一个小的军团。

2. 进攻者在敌国内建立一个战区的必要性必然会随着部队的前进而加大。由此而引起的力量削弱即使对部队一时的兵力数量不会产生大的影响，但对部队的长期状况还是会产生比第一个原因更大的影响。

在敌国国土上，只有我们占领的那部分国土才可以被看作是我们的战区，也就是说，在这些战区，我们要么是在城外留下小部队，要么是在最重要的城市或兵站等地不时留下守军。不管我们留下的守军是多么少，这毕竟较大地削弱了我们的作战力量，但这还是最次要的。

每个军团都有战略翼侧（其交通线两侧的地方）；由于敌人的军团也有战略翼侧，因此我们感觉不到翼侧的弱点，但是只有在本国时才是这样；一旦进入敌国，我们就会感觉到翼侧的弱点，因为在交通线很长而又很少或者根本没有保护的情况下，即使敌人对我翼侧采取最小的行动，他也有望得到一些战果，而在敌人的国土上，我们到处都有可能遇到这样的行动。

我们推进得越远，战略翼侧就越长，由此产生的危险也就越大，因为不仅这种翼侧很难得到保护，而且敌人采取行动的干劲也正是由于我方交通线很长和没有安全保障才被激发出来。我方一旦退却，如果失去交通线，由此可能产生的后果是极其令人担忧的。

所有这一切都使正在前进的部队每前进一步都会增加一份新的负担，以致这支部队如果刚开始前进时没有非常大的优势，就会逐渐感到其计划越来越受阻，其突击力越来越弱，最后感到其处境不安和令人担心。

3. 部队与来源地（自身不断削弱的部队必须从这里不断得到补充）的距离随着部队前进而加大。一支出征的军队就像是煤油灯发出的光亮，滋养它的灯油越少，距我们视线的焦点越远，光亮就越小，直到完全熄灭。

当然，被占领地区的财富可以大幅减少这个难题，但不可能完全消除，一是因为总有大量东西必须自本国补充，例如兵员；二是因为**一般情况下**，敌国提供的不如本国提供的迅速和可靠；三是因为临时产生的需求无法像在本国那样很快得到满足；四是因为各种误解和错误无法像在本国那样可以及早地被发现和得到纠正。

如果一国君主不亲自率领他的军队（这在最近的战争中已经成为一种风气），那么他就远离了军队，于是来回请示所带来的时间损失也是一个新出现的很大的不利，因为一位统帅的权限再大，也无法独自决定其广阔活动范围内的所有事项。

4. 政治关系的变化。如果胜利引起的这些变化变得对胜利者不利，那么胜利者越是前进，其面临的不利变化就越多；同样，如果这些变化对胜利者有利，那么胜利者越是前进，其面临的有利变化也就越多。在这里，一切取决于现有的政治联系、利害关系、习惯做法、前进方向，取决于君主、大臣、宠臣和情人，等等。人们一般只能说，一个有较小盟友的大国被战胜后，这些盟友通常很快会与它脱离关系，然后胜利者在这方面将随着每次战斗获胜而变得更强；但是如果战败的国家比较小，并且其生存受到了威胁，则会有很多国家做它的保护者，此前曾经帮助胜利者撼动这个小国的其他国家，如果认为胜利者这样做太过分，则会反悔。

5. 引起敌人更激烈的抵抗。敌人有时会由于惊恐和慌乱而放下手中的武器，有时又会受控于爆发的情绪，而争先恐后地拿起武器，以至在第一次大败后，其抵抗反而比之前激烈得多。从人民和政府的特点、国土的自然情况以及国家的政治联系中，人们可以推测出很可能出现的情况。仅是后面这第4点和第5点就会使人们在战争中的不同场合制订出非常不同的计划。有的人由于胆怯和所谓按部就班的行事风格而失去最好的时机，有的人则行动鲁莽，好似一个人扑通一下跳入没顶的水中，之后却狼狈不堪和惊恐万状，就像我们见过的刚被别人从水里拉上来那样。

在这里我们还要指出，胜利者在危险过去以后，在为巩固胜利而正需要做出新的努力时，往往会出现懈怠。如果我们总的看一下这些不同的、相互对立的因素，无疑会得出结论：在一般情况下，对胜利的利用和在进攻战争中的前进会使进攻开始时拥有的或者通过胜利取得的优势受到削弱。

这里我们必然会想到一个问题：如果情况是这样，那么此时是什么驱使胜利者继续追求胜利，继续在攻势中前进呢？这还能真的叫作利用胜利吗？在已得到的优势还根本未减少之前就停止行动不是更好吗？

对这些问题当然应该这样回答：拥有兵力优势不是目的，而是手段。目的或是打垮敌人，或是至少夺取敌人的部分国土，以便让自己处于有利地位，这样做**虽然对部队一时的状况没有什么好处**，但毕竟对推动战争和媾和有利。即使我们要彻底打垮对手，也必须想到，也许前进的每一步都会削弱我们的优势，但是从中不是必然就得出"我方优势在对手失败之前肯定消失"的结论。对手有可能在我方优势消失之前失败。如果我们利用最后极小的优势可以做到这一点，那么没有运用这点优势就是一个错误。

人们在战争中拥有的或者赢得的优势只是手段，不是目的，而且必须运用这一手段去达到目的。但是人们必须了解优势能够达到的那个点，以便不超过这个点，否则收获到的就不是新的好处，而是耻辱。

战略优势在战略进攻中会逐渐消失，对此我们无须列举特别的战例加以说明；这方面的大量现象更多是要求我们探寻其内在的原因。只是自拿破仑出现后，我们才看到文明国家之间那种优势可以一直保持到对手失败的战局。在拿破仑出现以前，每次战局都是以胜利的军队试图赢得一个能与对手保持平衡的点而结束的。一旦赢得这个点，胜利的活动就停止了，或者为达到这一平衡点，有时甚至还要退却。胜利的这一顶点接下来还会在所有那些无法以打垮对手为战争目标的战争中出现，而且总会有大多数战争是这样。因此，由进攻到防御的转折点是各战局计划的自然目标。

如果进攻者的行动超出了这个目标，那么这不仅是对力量的一种**无效**运用，不再能带来战果，而且还是对力量的一种**有害**运用，会引起敌人的反击，而且根据一般的经验，这些反击往往能达到超出寻常的效果。进攻者的行动超过顶点的现象是如此普遍，看上去是如此理所当然和容易为人们内心理解，以至我们可以不必详细地论述其原因。无论如何，进攻者在刚占领的地区缺少有关设施和组织，加上其受到的较大损失与期待得到的新战果之间在内心形成的强烈反差，是进攻者的行动超过顶点的最主要的原因。一方面是经常高涨到自负程度的情绪，另一方面是消沉沮丧，精神力量通常在这里不寻常地、活跃地交织在一起。进攻者在退却时的损失会由于这一原因而加大。如果他得以逃脱，只是不得不把夺到的东西归还，而没有丧失自己的国土，通常就已经要谢天谢地了。

在这里我们必须排除一个似乎会出现的矛盾。

有人可能会认为，只要进攻者还在继续前进，只要他还有优势，那么由于其在胜利之路的终点上出现的防御是比进攻更有力的作战形式，因此进攻者此时突然变成弱者的危险应该是更小了。但是这种危险确实是存在的。如果我们看一看历史，就不得不承认，最大的局势骤变的危险往往是在进攻变弱和转入防御的时刻出现的。现在我们要看一下其中的原因。

我们认为防御这种作战形式的优越性体现在以下几点：

1. 可利用地形；

2. 拥有准备好的战区；

3. 有民众的支持；

4. 拥有等待之利。

清楚的是，这些因素并不总是以相同的程度存在，也不总是产生相同程度的效果，因此一次防御与另一次防御也不总是相同的，防御相对于进攻也不总是具有相同的优越性。特别是在进攻力量衰竭后出现的防御，由于其战区一般位于前出很远的攻势三角形[1]的顶点，因此就更是这样。在这种防御中，只有上述四个优越性中的第一个，即"可利用地形"没有变化，第二个优越性大多已经完全不存在了，第三个优越性变成了反面，第四个优越性已经受到很大的削弱。现在我们只对第四个优越性解释几句。

有时多个战局会在一种臆想的均势中毫无结果地拖下去，因为本应采取行动的一方缺乏必要的决心，而另一方认为可从中得到等待之利。如果有一个攻势行动干扰了这一均势，损害了敌人的利益，促使他要采取行动，那么敌人继续无所事事和犹豫不决的可能性就大为减少了。在占领区组织防御和在本国内组织防御相比，前者的特点是面临更多的挑战。这种防御在一定程度上包含了进攻的因素，从而削弱了它的防御本性。道恩可以让弗里德里希二世[2]相安无事地停留在西里西亚和萨克森，但假如是在波希米亚，就不会允许他这样了。

---

[1] 指发起攻势的部队与其出发基地的两端形成的三角形。——译者注
[2] 即弗里德里希大帝。——译者注

　　因此很清楚，对交织于一次攻势行动的防御来说，其所有要素都已经受到削弱，因此已经不再具备它原有的对进攻的优越性了。

　　正如没有一个防御战局纯粹是由防御因素组成的一样，也没有一个进攻战局纯粹是由进攻因素组成的，因为除了每个战局短暂的间隙（这时双方军队都处于防御状态），每一次无法导致媾和的进攻都不得不以防御结束。

　　防御本身以这种方式削弱了进攻。我们把进攻因此而进入的防御更多看作是进攻的最主要的不利。我们这样说并不是闲来无事地钻牛角尖。

　　这样也就解释了在进攻和防御作战形式的力量中原来存在的差别为何会逐渐减少。我们现在还要指出，这种差别为何有可能完全消失，并在短时间内转向相反的因素。

　　如果允许我们借用自然界的一个概念，那么我们就可以更简短地说明问题。

　　在物质世界，任何一个力要发挥作用都需要时间。一个缓慢和陆续运用即足以挡住一个运动物体的力，如果时间不足，就会反被那个运动物体克服。物质世界的这一法则对我们精神生活中的某些现象来说，是一个恰当的说明。一旦我们的思维已经被引到某个方向，那么不是一个自身充分的理由就能改变或中止这种思维的。要改变或中止它，需要时间、平静和对意识的持续作用。在战争中也是如此。一旦人们内心已经有一个明确的方向（或是继续向目标前进，或是回头转向一处避风港），那么很容易发生这样的情况：人们很难完全感受到那些要求他们停止前进或者鼓励他们行动的理由，而且由于他们的行动正在继续，于是他们在运动的洪流中会不知不觉地超过均势的界限，超过顶点线。甚至可能发生这样的情况：尽管进攻者已经筋疲力尽，但是在精神力量的支撑下（在进攻中尤其会有这种精神力量），对他们来说，继续前进反而比停下来更容易，就像驮着重物上山的马匹一样。至此，我们认为已经并未自相矛盾地说明了进攻者为什么会超出胜利的顶点，而如果他在这一点停下并转入防御，他本还是可以取得成果，即保持均势的。因此在拟订战局计划时，无论对进攻者来说，还是对防御者来说，正确地确定这个顶点是很重要的。对进攻者来说，这可以使他不采取超出其能力的行动，不背债务；对防御者来说，这可以使他认识到并利用进攻者一旦超过顶点而对进攻者不利的情况。

现在我们再回过头来看一看统帅在确定胜利的顶点时应该考虑的所有有关问题。我们回忆起，他必须了解很多其他的远近情况，才能从其中最重要的情况中估计出（甚至在某种程度上**猜出**）行动的方向和价值，也就是说要猜出敌军在我第一次打击后是会成为一个更坚固的核心，呈现出越来越紧密的团结，还是会像博洛尼亚瓶[1]那样一旦伤及表面即化为碎片；要猜出封锁和切断敌国内个别补给来源地和交通线会引起多大的削弱和瘫痪；要猜出对手在受到打击后，是会由于火辣的伤痛而无力地瘫软下去，还是会像一头受伤后的公牛反而狂怒起来；要猜出其他强国对此是会恐惧还是会愤怒，政治联系是会解体还是会建立起来，以及哪些政治联系会解体或建立起来。如果说统帅应像射手击中其目标一样，以他的判断力猜中所有这一切以及其他很多情况，那么我们不得不承认，人的这种智力活动是不简单的。千百条歧路会使人的判断迷失方向；即使问题众多以及复杂多面没有难住统帅，但是危险和责任也会使他举棋不定。

于是就会出现以下情况：大多数统帅宁愿停在远离目标的地方，而不愿距目标太近；而具有出色勇敢和高度进取精神的统帅往往又错误地超出了目标，从而未达成其目的；只有那些以较少手段采取较大行动的人幸运地达到了目的。

---

[1] 1716年，阿斯马迪以急速冷却法最早制成一种高约8厘米的玻璃瓶，由于博洛尼亚人巴尔比最先记述了它，故称为博洛尼亚瓶。其特点是瓶身有裂纹，瓶底较厚，瓶底能经受较大外力冲击，但如果向瓶内投下一粒小石子则会引起整个瓶体破碎。——译者注

第八篇
战争计划

★ 第一章 ★

引言

我们在关于战争本性和目的一章[1]中，在某种程度上勾勒出了战争总的概念，并指出了战争与它周围事物之间的关系，以便我们以一个正确的基本概念开始研究战争。当时我们概略地提到了研究战争时会遇到的各种各样的困难，准备以后再详细地加以研究。我们当时得出了"打垮敌人（消灭其军队）是整个军事行动的主要目标"这一结论，之后就停了下来。由于得出了这一结论，使得我们在随后的一章[2]中可以指出，军事行动运用的手段只有战斗。我们认为，这样一来，就先有了一个正确的立足点。

此后我们对军事行动中除了战斗以外最值得关注的关系和形式分别进行了探讨，以便一方面根据事物的本性，一方面根据战史所提供的经验更确切地指出它们的价值，把它们从那些通常与它们联系在一起的不明确和模棱两可的概念中区分出来，并且在探讨过程中仍处处注意让军事行动的真正目标（消灭敌人）作为主要的内容。现在我们再回到战争这个整体，准备探讨战争计划和战局计划，因此不得不再次联系到我们在第一篇中谈过的观点。

以下几章将论述总体问题，包括战略的最本质的、涵盖面最广和最重要的问题。我们不无胆怯地进入了战略领域的最深处，所有其余线索都交汇于此。

---

[1] 作者在本书第一卷中的第一篇第一章和第二章中分别论述了战争的本性和目的。——译者注
[2] 指本书第一篇第二章。——译者注

实际上，有这种胆怯心理是可以理解的。

一方面人们看到，军事行动好像极为简单：人们听到和读到，最杰出的统帅们恰恰是以最简单和最朴实的语言表述它们；在他们的口中，控制和运转这部由千万个部件组成的笨重机器，就像是在谈论他们一个人的行动，以至战争的整个庞大的行动被简化为某种决斗；人们听到和读到，统帅们的行动动机有时是几个简单的想法，有时是某种情感的迸发；人们看到，他们处理问题的方式是轻松的、有把握的，甚至可以说是草率的。可是另一方面人们看到，战争中需要理智探究的情况很多，各个战事的时空延展距离很长，而且往往是不确定的，此外我们还面临无数个行动组合的可能性需要去选择。如果这时我们考虑到，理论的责任就是系统地（清晰和完整地）解释这些事物，并且总是以充分的理由指出行动的必然性，那么我们就会不可避免地感到极大的不安，担心被拖到死板的书呆子的泥潭里去，在令人费解的概念的低矮空间里爬来爬去，而永远不会在轻松统揽全局方面达到杰出统帅的水平。如果这就是理论研究的结果，那就和不研究一样了，或者说，不研究可能反而更好些。这样的研究会使理论低估才能的作用，并让理论很快被人们忘掉。相反，上面所说的统帅的轻松统揽能力、简单的思维方式以及将整个军事行动拟人化的做法，才真正是一次杰出作战指挥的灵魂，以至只有采取这种了不起的方式，自由的思维才是可以想象的。如果人们要支配战事而不是受战事支配，那么这种自由的思维就是不可或缺的。

我们有些惴惴不安地继续前行；只有沿着一开始就规定好的道路，我们才能继续前行。理论应该清晰地阐明大量事物，使人们易于理解它们；理论应该铲除错误见解到处催生出的杂草，应该指出事物之间的相互关系，把重要的事情从不重要的事情中剥离出来。当有关观点自然而然地凝结成一个我们称之为原则的真理结晶时，当它们自然而然地遵守一条形成了规则的底线时，理论就应该把它们指出来。

理论在事物的基本概念之间来回探索。人们从中得到的是什么呢？是人们在心中被唤起多道光束，这就是理论带给人们的收益；理论无法给人们提供解决问题的公式，无法通过在两侧堆砌原则而把人们限制在一条狭窄的、必走的小路上；理论应该使人们快速了解大量的事物及其相互关系，然后放手让人们进入更高级的行动领域，以便人们根据其天赋的大小运用所有集中起来的力量采取行动，并清楚地、唯一地意识到**真正的**和**正确的**事物。这种意识是在上述所有力量的共同作用下脱颖而出的，看上去与其说是思考的产物，还不如说是感觉的产物[1]。

---

[1]原著的原文不同版本中有"感觉的产物"和"危险的产物"两种写法，可能是由于原文字迹不清，有的出版者认为作者用的是"感觉"（Gefühl）一词，有的出版者认为作者用的是"危险"（Gefahr）一词。个人认为，从上下文看，译为"感觉"更符合逻辑。——译者注

★ 第二章 ★

绝对战争和现实战争

　　战争计划是对整个战争行动的概述，使其成为具有一个最终目的的一致的行动。在这个最终目的中，一切特殊目的都得到平衡。如果人们不知道用战争要达到什么，以及在战争中要达到什么（前者是目的，后者是目标），那么人们就不能开启战争，或者说就应该明智地不开启战争。人们通过这个主要考虑[1]规定了战争中一切行动的方向，确定了使用手段的范围和所用力量的大小，并且向下一直影响到行动的最小环节。

　　我们在第一章中说过，打垮对手是战争行动的自然的目标，而且即使人们坚持对这一概念的严格的哲学定义，从根本上讲也不会有另外一个目标。

　　由于打垮对手这一想法必然是交战双方都有的，因此从中本应得出结论：在双方中的一方确实被打垮以前，在战争行动中不会有停顿，不会提前出现平静。

　　在论述《战争行动中的停顿》[2]一章中，我们指出，纯粹的敌对因素是如何作用于这一因素的体现者——人，以及构成战争的一切情况的，还指出敌对因素是如何由于战争机器的内在原因而出现停顿和受到削弱的。

---

[1] 指战争计划。——译者注
[2] 指本书第一卷第三篇第十六章。——译者注

但是这一变化[1]还远不足以让我们将战争的原始概念调整为我们几乎到处可见的战争的具体形态。大多数战争好像只是相互发怒，此时每一方都拿起武器，以保护自己和让对方惧怕，并间或打击对方一下。因此，在这些战争中相遇的不是两个相互摧毁的因素，而是尚彼此分开的敌对因素所形成的紧张关系，这些紧张关系往往在个别的小冲突中得到释放。

那么阻止这些敌对因素全面爆发的绝缘体是什么呢？为什么人们对战争充满哲理的想象没有得到实际的印证呢？绝缘体就是战争在国家事务中触及的大量事物、力量和关系。由于这些事物、力量和关系纠缠在一起，因此人们不可能像在简单的一条线上那样根据几个推论就得出合乎逻辑的结论。这一结论卡在这些纠缠在一起的事物、力量和关系中，而人们习惯于在大事小情上更多地根据个别主导的观点和感觉行事，而不是根据严格的逻辑结论，因此在这里几乎意识不到自己情况不明以及行动不坚决和不彻底。

即使筹划战争的人一刻没忘其目标，确实考虑到了所有这些情况，国内的其他所有有关人士也未必恰好能做到这一点，因此就会产生阻力，就需要有一种力量来克服人们的惰性，而这种力量大多是不足的。

这种不彻底存在于交战双方的这一方或那一方，或存在于双方，使战争成为一个与其概念完全不相符的事物，成为一个半真半假、没有内在联系的东西。

这样的战争，我们几乎到处都可以见到。假如不是人们看到正是在我们这个时代出现了具有绝对完整形态的真正的战争，那么就会怀疑我们关于战争具有绝对本质的观点的现实意义。在法国革命开始后不久，毫无忌惮的拿破仑迅速地把战争带到了这一点上[2]。在拿破仑的指挥下，战争不停地进行着，直到对手倒下；而还击也几乎同样不停地进行着。这一现象把我们带回到战争的原始概念和所有严格的推论，这难道不是自然的和必然的吗？

我们是否应该停在战争的原始概念及其推论，而不管战争离开原始概念多么远，对所有战争都根据这个原始概念及其推论进行判断呢？是否应该从战争

---

[1] 指理论上战争不应出现停顿，而实际上会出现停顿。——译者注
[2] 指让战争体现出了其绝对本质。——译者注

的原始概念和推论中推导出对理论的一切要求呢？

现在我们必须对这些问题做出明确的回答，因为如果连我们自己都不确定战争是只应像其原始概念规定的那样，还是可以有另外的样子，那么我们就无法对战争计划提出任何合理的看法。

如果我们认为战争只能是前一个样子，那么我们的理论就会在各方面更接近逻辑的必然性，就会更是一个清晰和确定的事情。但是这样的话，我们对自亚历山大和罗马人的一些战局以来的一切战争（除了拿破仑进行的战争）又该如何解释呢？我们不得不把它们全部否定掉，但是恐怕不能这样做，否则会为自己的狂妄而感到羞愧。而且糟糕的是，我们不得不说，在今后十年内也许又会出现与我们的理论不相符的那类战争。这一有关战争绝对本质的理论尽管有很强的逻辑性，但是面对具体情况的威力却是非常无力的。因此我们必须清楚，不能用战争的纯概念去构思战争该是什么样的，而是应该让所有掺杂于和作用于战争的奇异之物都有一席之地，包括各部分的所有自然的阻力和摩擦，以及人的行事不彻底、认识不清晰和气馁。战争和人们赋予它的形态是从一时先行出现的想法、感觉和各种关系中产生的，我们必须持这种看法。如果我们要全部讲真话，那么就必须承认，即使是具有绝对形态的战争（拿破仑进行的战争）也是这种情况。

如果我们不得不像上面这样看问题，如果我们不得不承认战争并不是从它所触及的无数关系的最终调整中产生的，也不是从这一调整过程中逐渐具备其形态的，而是产生于这些关系中个别正在起着主导作用的那些关系，那么我们自然就会得出结论：战争是以可能性、盖然性、幸运和不幸运的赌博为基础的。在这种赌博中，严格的逻辑推论往往根本不起作用，往往不过是思维活动的一个十分无用和累赘的工具。此外，我们还可以进一步得出结论：战争有可能是一个有时特别像战争、有时又不大像战争的东西。

理论必须承认上述这一切，但是理论的责任是把战争的绝对形态置于首要的地位，并且把它用作普遍起作用的基准点，以便让那些希望从理论中学到些东西的人习惯于永远记住它，把它视为衡量自己一切希望和担忧的原本尺度，以便**在他们可以**或**必须的场合**使战争接近于这种绝对形态。

　　同样可以肯定的是，作为我们思维和行动基础的一个主要观点[1]，即使最直接的做出决定的原因来自与战争完全不同的其他领域，这个主要观点也会赋予战争一定的基调和特点，就如同一位画家能够通过底色赋予其画作这种或那种色调一样。

　　理论现在之所以能够有效地做到这一点，要归功于最近的几次战争。假如没有这些摆脱了束缚因素的力量为我们提供了起到告诫作用的战例，那么即使理论喊破嗓子也无济于事，今后没有人会相信目前大家所经历的事情是真的有可能发生的。

　　假如普鲁士预料到一旦失败，其所遇到的还击是如此之大，以至欧洲原有的均势不复存在，那它还敢在1798年[2]以7万人攻入法国吗？

　　假如普鲁士权衡到，开第一枪将是引爆弹药库的火星，会使自身毁灭的话，它还会在1806年以10万人对法国开战[3]吗？

[1] 指致力于追求战争的绝对形态。——译者注
[2] 原文如此，疑误。普鲁士并未于1798年入侵过法国，似应为1792年。——译者注
[3] 指普鲁士最终在1806年耶拿会战中大败。——译者注

★ 第三章 ★

一、战争的内在联系

人们对战争形态的看法不同，有的认为它具有绝对的形态，有的认为它具有或多或少不同于绝对形态的现实形态，因此对战争的结果也就有两种不同的看法。

在战争的绝对形态中，一切都是由于必然的原因而发生的，一切都是迅速地交织在一起的，不会出现任何（如果我可以这样说的话）无实质的和中性的空隙。在这一绝对形态中，由于战争内含的多种多样的相互作用[1]，由于严格来讲战争中相继进行的系列战斗的相互联系[2]，由于每次胜利后出现的顶点（超过它就是损失和大败的领域）[3]，总之由于战争具有上述这些自然的关系，因此我说战争只有一个结果，这就是**最终结果**。在取得最终结果以前，没有决出任何胜负，没有赢得任何东西，也没有输掉任何东西。人们在这里必须不断提醒自己：一切都取决于最终结果。在这一观点中，战争是一个不可分的整体，它的各个部分（各个结果）只有与整体联系起来才有价值。1812年

[1] 见第一篇第一章。——编者注
[2] 见第一篇第二章。——编者注
[3] 见第七篇第四章和第五章以及《关于胜利的顶点》一文。——编者注

拿破仑占领了莫斯科和半个俄国，但对他来说，这一占领只有给他带来想要的和约才有价值。这一占领只是其战局计划的一部分，这个计划还缺少一个部分，即消灭俄国的军队。假如拿破仑在取得其他成果时想到并实现消灭俄国军队，那么媾和就会像这类事情自然发展的那样十分有把握。由于拿破仑此前忽视了计划的这第二个部分，就再也无法实现这个部分了，而且这样一来，整个第一部分变得对他非但无用，反而有害了。

对战争中的各个结果之间有联系的这一看法，可以视为一个极端的看法。与这一看法对应的是另一个极端的看法，即认为战争是由各个单独存在的结果构成的，这些结果就像赌博中的局一样，前几局的输赢对接下来的输赢没有任何影响，因此这里关键只是这些结果的总和，而且人们可以把每个结果像筹码一样积攒起来。

第一个看法的正确性源自事物的本性；第二个看法的正确性，我们可以在历史中找到。无须满足什么困难的条件即能获得小的一般好处的情况是很多的。战争的要素越和缓，这种情况出现得就越多。但是正如第一个看法在一场战争中完全正确的情况很少一样，第二个看法到处都适用、而第一个看法全然被漠视的战争也很少。

如果我们遵循上述两个看法中的第一个，那么就应该认识到，对每次战争必须从一开始就把它看作一个整体，统帅在向前迈出第一步时就必须已经有了目标，所有的行动都应指向它。

如果我们赞同第二个看法，那么就可以为次要好处本身而去追求它们，将后续的情况交给后续的战事。

上述两个看法中的任何一个都是会带来结果的，因此理论对它们都要加以考虑。但是理论在运用它们时的区别在于：理论要求人们把第一个看法当作到处都应以它为基础的基本观点，而把第二个看法仅当作是对第一个看法在具体情况下的一个修正。

弗里德里希大帝在1742年、1744年、1757年和1758年从西里西亚和萨克森向奥地利发起新的攻势时[1]，很清楚这一攻势不可能像他对西里西亚和萨

---

[1] 指在第一次西里西亚战争（1740—1742）、第二次西里西亚战争（1744—1745）和七年战争（1756—1763）中，弗里德里希二世进攻奥军的行动。——译者注

克森的攻势那样导致一次新的长期的占领，因此他当时之所以发起这一攻势，是因为他并不想通过这一攻势打垮奥地利，而是想达到一个次要目的，即赢得时间和力量。他可以追求这个次要目的，而不必担心冒存亡之危[1]。然而尽管普鲁士在1806年，奥地利在1805年和1809年为自己设定的目标比上述例子还要小得多（将法国人赶过莱茵河），但是只要它们没有考虑到可能出现的一系列事情（这些事情无论是在胜利还是在失败的情况下都很有可能从行动的第一步就出现，直到媾和），它们就不可能理智地达到目标。无论是确定在不必冒险的情况下可以在多大程度上扩大胜利，还是确定如何以及在何处能阻止敌人扩大胜利，考虑这些事情都是十分必要的。

　　仔细研究历史就可以看出这两种情况有何不同。在18世纪的西里西亚战争时期，战争还只是政府的事情，民众只是作为盲目的工具参加战争。到了19世纪初，交战双方的民众已经是战争中举足轻重的力量了。以往与弗里德里希大帝对峙的那些统帅是受他人之托而行动的，正因为如此，小心谨慎就成为他们的一个主要特征，而现在奥地利人和普鲁士人的对手[2]简直可以说就是战神本身。

　　战争的这些不同情况难道不应引起完全不同的思考吗？这些不同的情况难道不应在1805年、1806年和1809年促使人们注意到在短期内就有可能，甚至非常有可能发生极端的不幸，从而做出完全不同的努力和计划，而不是仅以占领几个要塞和一个不大的地区为目标吗？

　　虽然普鲁士和奥地利这两个强国在备战时已经完全感觉到政治氛围中正在聚积力量，它们可能面临一场暴风雨，但是它们没有做出相应的努力和计划。它们没有能力做到这一点，因为当时对有关情况还没有从历史中如此清晰地总

---

[1] 假如弗里德里希大帝赢得了科林会战，并在布拉格让奥地利的主力连同其两位最高统帅做了俘虏，那么这将是对奥地利的一个沉重打击，以至他可以考虑开赴维也纳，动摇奥地利君主国，并由此直接迫使对方媾和。这对当时来说将是前所未闻的胜利，将与现代战争的结果非常相似，而且仅是由于小大卫战胜了大戈利亚，其战果就一定会更令人称奇和辉煌。这一结果在弗里德里希大帝赢得科林会战后极有可能出现。这与上述已经做出的论断并不矛盾，因为上述论断只涉及普鲁士国王原来的攻势目的，而包围和俘获敌人主力是所有计划以外的事，是普鲁士国王此前未考虑过的，至少奥军在布拉格一带笨拙的部署使这种情况有可能出现以前，他并未考虑过。——作者注
[2] 指1805年、1806年和1809年战争中的拿破仑。——译者注

结出来。正是1805年、1806年和1809年战局以及后来的战局，使我们从中较容易地抽象总结出了具有破坏力的近代绝对战争的概念。

因此理论要求我们在研究一场战争时，首先要根据政治要素和关系体现出来的盖然性把握这一战争的特点和大的轮廓。根据这一盖然性，战争的特点越是接近于绝对战争，战争的轮廓越是更多地包括交战国的民众并将他们更多地卷入战争，那么战事之间的联系就越清晰，就越有必要在未考虑好最后一步时不要迈出第一步。

二、关于战争目的的大小和投入力量的多少

我们给对手施加的压力应该有多大，取决于我们的和对手的政治要求的大小。假如双方都了解对方的政治要求的大小，那么投入力量的尺度就会是相同的。不过，双方政治要求的大小并不总是这样公开的，这就可能是双方所用手段不同的第一个原因。

交战国的位置和情况不同，这有可能成为第二个原因。

交战国政府的意志力、特点和能力也很少相同，这是第三个原因。

上述三个要考虑的问题使人们无法准确地计算出将遇到多大的抵抗，因此也就无法确定应该使用什么手段，以及可以设定什么目标。

由于如果在战争中投入力量不足的话，不但有可能什么都得不到，而且还有可能受到实际的损失，因此这就促使双方力图在力量投入方面胜过对方，从而产生了一种相互作用。

这种相互作用有可能使人们在投入力量方面设定一个极端的目标（如果对这样一个极端目标是可以确定的话）。然而这样一来，人们就会不考虑政治要求的大小，手段就会失去与目的的所有联系，"最大限度地使用力量"这一意图在大多数情况下就会由于自己内在情况的制约而无法实现。于是进行战争的人又回到折中的道路上来，在某种程度上遵循直接管用的原则采取行动，即使用刚好足以达到其政治目的所必需的力量，以及提出刚好足以达到其政治目的的目标。为使该原则得以实现，他必须放弃取得任何成果的绝对必要性，不去考虑那些遥远的可能性。

在这里，智力活动离开了严格的科学、逻辑学和数学的领域而成为艺术（就这个词的广义而言），也就是成为一种通过判断情况时的直觉从大量事物和关系中找出最重要的和决定性的事物和关系的能力。这一直觉无疑或多或少就是下意识地对所有因素和关系进行比较，从而比通过严格的推论更快地排除那些关系不密切和不重要的因素和关系，更快地找出最密切和最重要的因素和关系。

因此，为了解为战争要运用多少手段，我们就必须考虑敌我双方为战争设定的政治目的，必须考虑敌国和我国的各种力量和关系，必须考虑敌国政府和民众的特点、能力以及我方在这些方面的情况，还必须考虑其他国家之间的政治联系以及战争可能给这些联系带来的影响。不难理解，权衡这些错综复杂交织在一起的多种多样事物的利弊是一项大的任务，只有真正的天才的眼力才能从中迅速地找出正确的东西，仅靠呆板的思考是无法驾驭这一复杂性的。

从这个意义上讲，拿破仑说得很对：仅靠呆板思考的话，上述任务就会成为一道代数难题，在它面前即使是一位牛顿式的人物也会被吓退。

如果说复杂和大量的各种情况以及难以正确把握的尺度在很大程度上加大了人们在战争中得到有利结果的难度，那么我们必须看到，由于权衡这些复杂事物的利弊拥有无比和巨大的**重要性**，因此即使这些事物并未加大完成上述任务的复杂程度和难度，但它们毕竟加大了人们一旦完成这一任务所立下的功劳。普通人的思维的自由和活力不会由于危险和责任而提高，而是受到压制；但对少有的伟人来说，危险和责任无疑会使他们的判断更为迅速和准确。

因此我们首先必须承认，只有了解了所有关系的全貌（包括一时非常具体的特点），才能对一场临近的战争以及这场战争可以追求的目标和必要的手段做出判断；这一判断像在军事活动中的任何判断一样，从不可能是纯粹客观的，而是根据君主、政治家和统帅们的思维和性情特点做出的（不管这些特点是否集于一人）。

如果我们考察各国脱胎于其时代和环境的总的情况，那么问题就具有普遍性了，更适合进行抽象的研究。在这里我们不得不快速地浏览一下历史。

半开化的鞑靼人、古代的共和国[1]、中世纪的采邑主[2]和商业城市[3]、18世纪的国王们，以及19世纪的君主和民众，他们都是以各自的方式进行战争，使用的手段不同，追求的目标也不同。

鞑靼部族总是在寻找新的居住地。他们全族外出，携妻带子，因此人数众多，是其他任何军队都比不上的。他们的目标是打垮或赶走对手。假如他们再有较高的文明程度，那么用这些手段很快就可以打垮面前的一切。

古代共和国（除了罗马共和国）的版图都很小，其军队的规模更小，因为它们将大众——底层平民排除于军队之外[4]。这些共和国数量众多，相距又近，以至它们在自然形成的均势中（根据一条完全普遍存在的自然法则，小的单独存在的部分总是处于这种均势状态）总会遇到障碍，无法采取大的行动。因此它们的战争局限于对平原地区进行劫掠和占领个别城市，以便在这些地方确保后续的一定影响。

只有罗马共和国是个例外，但只是在它的后期。为争取战利品和同盟，它长期用小规模的军队同邻国进行小规模的战斗。它逐渐变大，更多是通过结盟，而不是通过真正的征服。在结盟过程中，邻近的民族逐渐与它融为一体。

---

[1]此处指古罗马和古希腊。——译者注

[2]采邑制是中世纪在西欧实施的一种土地占有制度。大封建主对于提供兵役或执行其他任务的臣属，以封赐土地或金钱等作为恩赏，称作采邑，供终身享用，但是不能世袭。此后，这些封臣又分赐采邑给其下属，从而形成一个以土地为纽带的领主与下属之间的关系。作为采邑封赏给下属的主要是土地，但也包括伯爵等国家官职和教会职务。采邑制的一些惯例包括：领主担负保护下属土地的责任，下属则有义务效劳，为领主作战，否则收回采邑；采邑享用期以领主或者封臣的在世时间为限，双方任何一方离世，都应交回采邑。采邑制在当时对于提高国家的战斗力很有帮助，而且通过采邑制逐渐形成了一种封建等级制度。由于得到采邑的封臣都力图把采邑变成自己世袭占有的土地，到了11世纪，采邑制基本上消失。——译者注

[3]10—11世纪，随着手工业与农业的分离和商业的逐渐活跃，在西欧开始出现以手工业和商业为中心的城市。这些城市是在教会或世俗封建主的领地上产生的，受到封建主的束缚和管辖，遭受严重的剥削。11—12世纪，这些城市为了摆脱领主的统治和取得自治，曾进行不同方式的斗争。12世纪，在法国、英国和德意志已有不少城市获得独立和自治，它们设立自己的高等法院，铸造货币，建立军队。——译者注

[4]在欧洲，古代各奴隶制共和国的自由民常按农田收入的多少划分为数个等级，享受不同的政治权利。例如古代雅典共和国的自由民分为四个等级。第一和第二等级享有很大的政治权利，允许服兵役；第三等级享受的权利较小，构成军队的主要组成部分——重步兵；第四等级人数最多，但没有担任任何职务的权利，包括不允许服兵役，只是在后期才用他们组成轻步兵。——译者注

在以这种方式把自己的领土扩展到整个下意大利[1]以后，它才开始进行真正的征服活动。迦太基灭亡了，西班牙和高卢[2]被征服了，希腊屈服了。罗马的统治还扩展到亚洲和埃及。在这个时期，它没有耗费太大的力量就拥有了一支庞大的军队，因为它有充裕的财力。这样一来，它就与古老的共和国不同了，与以往的自己也不同了，而是成了一个独一无二的国家。

同样，亚历山大的战争就其方式来说也是独一无二的。他用一支人数虽少但内部组织完备的军队推翻了亚洲国家的腐朽建筑。他一鼓作气、毫无忌惮地进入辽阔的亚洲，一直推进到印度。一个共和国是无法做到这一点的，只有一位国王才能如此迅速地完成这样的事，因为在某种程度上，他本人就是自己的佣兵队长[3]。

中世纪大大小小的君主国用臣属提供的军队进行他们的战争。在这个时期，所有行动都限制在一个短时期内；凡是在这个短时期内无法完成的事情，就只能看作是无法实施的事情。臣属提供的军队本身是封闭的臣属关系的产物，维系这种臣属关系的纽带一半是法定的义务，一半是自愿的结盟，整体上其实是一个邦联[4]。其武器和战术以体力强者占上风的原则和个人的战斗为基础，因此不大适用于较大规模的军队。总之，在历史上没有一个时期像这个时期，国家的结构是如此松散，每个国民是如此不受约束。所有这些以最确切的方式决定了这个时期的战争特点。这一时期的战争进行得相对迅速，军队很少在战场上停留，战争的目的大多只是惩罚敌人，而不是打垮敌人；人们只是掠夺敌人的牲畜，烧毁敌人的城堡，然后又返回本国。

大的商业城市和小的共和国使用雇佣兵进行战争。这是一种昂贵的、规模

---

[1]下意大利（Unteritalien），又称南意大利，指意大利南部地区，历史上是双西西里王国（那不勒斯王国和西西里王国）所在地。——译者注

[2]高卢（Gallien），古代罗马人将凯尔特人居住的区域称为高卢，大致包括今法国、比利时和德国西部的部分地区。——译者注

[3]中世纪晚期至16世纪中叶，意大利一些城邦国家如威尼斯、佛罗伦萨、热那亚等虽然经济发达，但防卫能力弱，于是为维护其利益而与佣兵签合同，由后者提供保护。佣兵成为一种职业，佣兵的首领称为佣兵队长（Condottiere）。每个佣兵集团的武器装备为佣兵队长所有，给养和薪饷由佣兵队长负责。佣兵队长可以将自己的集团受雇于任何国家甚至个人。——译者注

[4]邦联（Konföderation），多个平等、独立的主权国家结成的一致对外的联盟，例如德意志邦联（1815—1866）。——译者注

受到很大限制的作战力量。从他们的战斗力来看，其价值就更小；至于发挥最大的能量和努力，也根本谈不上，以至他们在作战时大多只是装装样子。一句话：仇恨和敌意不再推动国家直接采取行动，而是成了国家的一个交易品；战争中的危险大部分消失了，战争的本性完全改变了。人们根据战争的本性为战争确定的一切对这种战争已经不适用了。

采邑制逐渐演变成对某块领土的统治，国家的结构变得更密切了，人身义务转变为实物义务，大部分义务逐渐被金钱支付代替，雇佣军代替了臣属提供的军队。佣兵队长制度是其间的过渡，因此在一段时期是较大国家的工具。但是这种情况持续的时间不长，短期雇佣兵变成了**常备雇佣兵**，各国的军队演变成靠国库供养的常备军。

由于军队是缓慢地向常备军这个目标发展的，自然就导致出现这三种类型的军队交织并存的现象。在亨利四世时代，臣属提供的军队、佣兵队长制度和常备军就是同时存在的[1]。佣兵队长制度一直延续到三十年战争，其个别残迹甚至进入到18世纪。

正如这些不同时期的军队各具特点一样，欧洲国家的其他情况也是各不相同的。当时的欧洲实际上分为多个小国，其中有些是内部动荡的共和国，有些是政府权力极为有限的、不稳定的小君主国。一个这样的国家根本不是一个真正的统一体，而只是一个力量松散地联系在一起的聚合体。因此人们也不能把这样的一个国家想象成是一位根据简单的逻辑法则行事的智者。

人们应从这个观点出发考察中世纪的对外政策和战争。我们只需回想一下，德意志的皇帝们在半个世纪期间不断地前往意大利进行远征[2]，但从未彻底征服过该国，甚至都没有过这样的意图。将此视为一个总是反复出现的错误，视为一个源于时代的错误观点，是容易的。但是更为理智的是将此视为上百个重大原因的结果。我们必要时虽然也可以设身处地去设想这些原因，但毕竟不能像与它们处于冲突之中的当事者那样生动地去体会它们。只要脱胎于这

---

[1] 亨利四世在位期间，法国已经建立了常备军（最初建立于1445年），但欧洲其他一些国家，有的还在使用雇佣军（例如意大利的一些城邦），有的则还是由臣属提供军队（如德意志神圣罗马帝国）。——译者注

[2] 10—13世纪，德意志的封建主为了掠夺意大利的城市，对意大利进行了多次远征。后来，尽管德意志神圣罗马帝国逐渐衰落，内部封建割据加剧，但这种远征一直持续到16世纪。——译者注

种混乱的大国需要时间使自己凝聚成一个整体并发展起来，那么它们的力量和努力就只能主要用在**这上面**[1]；因此这些大国较少发动针对外部敌人的战争，发动这样战争的国家一般带有不成熟的国家联合体的印记。

英国人针对法国的战争[2]是最早出现的此类战争，但毕竟法国当时还不能被视为一个真正的君主国，人们只能把它看作多个公国和伯爵领地组成的一个聚合体；英国当时尽管更多地以一个统一体的面目出现，但毕竟是用臣属的军队作战的，而且国内动荡不安。

法国在路易十一世[3]治下向内部统一迈了最大一步，此后在卡尔八世[4]治下它作为征服力量出现在意大利，最后在路易十四世治下，法国的国家和常备军发展到最高程度。

西班牙在"天主教国王"斐迪南[5]治下开始统一，通过众多偶然的联姻，在卡尔五世[6]治下突然出现一个由西班牙、勃艮第[7]、德意志和意大利组成的庞大的西班牙君主国[8]。这个大块头用金钱弥补它在一致性和国家的内部聚合方面的不足，它的常备军首先与法国的常备军交战。卡尔五世退位

---

[1] 指这些大国只能先致力于形成统一的国家，并发展壮大自己。——译者注
[2] 可能是指百年战争（1337—1453）。百年战争是英国、勃艮第同法国、苏格兰进行的战争，断断续续进行了116年。——译者注
[3] 路易十一世（Ludwig Ⅺ.，1423—1483），法国国王（1461—1483）。——译者注
[4] 卡尔八世（Karl Ⅷ.，1470—1498），法国国王（1483—1498），路易十一之子。——译者注
[5] 斐迪南（Ferdinand Ⅱ.，1452—1516），阿拉贡、西西里、撒丁国王，历史上以残酷对待犹太教和伊斯兰教著称，1492年曾下令将所有非天主教民众逐出伊比利亚半岛，故别称"天主教国王"。——译者注
[6] 卡尔五世（Karl Ⅴ.，1500—1558），神圣罗马帝国皇帝（1519—1556），西班牙国王（1516—1556）。——译者注
[7] 勃艮第（Burgund），历史上东日耳曼民族的一个部落，后成为独立的王国（534—843），大致包括今法国中部的勃艮第大区。——译者注
[8] 15世纪，欧洲伊比利亚半岛上有卡斯蒂利亚和阿拉贡两个重要国家。1469年，阿拉贡王子斐迪南（1452—1516）与卡斯蒂利亚公主伊莎贝拉联姻。1474年，伊莎贝拉即位，成为卡斯蒂利亚女王；1479年，斐迪南即位，成为阿拉贡国王。两国合并后形成统一的西班牙王国。1516年，斐迪南死后无嗣，哈布斯堡家族马克西米利安的外孙卡尔（1500—1558）继承西班牙王位，称卡尔一世（1516—1556）。卡尔从母亲方面继承了西班牙王位和那不勒斯王国、西西里、撒丁等领地，以及在美洲的殖民地，从外祖父方面继承了奥地利皇位和所谓"勃艮第遗产"（包括尼德兰、卢森堡和弗朗什孔泰等地区）。1519年，卡尔当选神圣罗马帝国的皇帝，称卡尔五世。后来他又在意大利战争中打败法国，夺取了米兰和其他地区，组成了疆土辽阔的西班牙君主国。——译者注

后，这个庞大的西班牙大块头分裂为西班牙和奥地利两部分[1]。后者由于得到波希米亚和匈牙利而增强了力量，以一个大的强国[2]面目出现，把德意志邦联[3]像小船一样拖在它后面随意摆布。

我们在18世纪看到的常备军在17世纪末（路易十四世时代）已经发展到了顶点。这种军队是在征募和金钱的基础上建立起来的。这时各国已经发展成为完整的统一国家，各国政府将其臣民的各项义务转变为纳税，从而将其全部力量集中表现在其金库上。由于文化迅速发展，行政管理日益健全，这一国家力量与以前的比较起来变得非常强大。法国可以用数十万人的常备军出征，其余强国也可以根据情况派出相应的部队。

各国的其他情况也与以前不同了。欧洲分成了十余个王国和数个共和国。人们可以想象其中两个国家进行一场大规模的战争，而不必像以前涉及十倍于此的其他国家。政治关系仍然可能有多种多样的组合，但对它们毕竟是可以看清楚的，并且有时是可以根据盖然性予以确定的。

几乎各国都成了内部关系十分简单的君主国，各阶层的权利和影响逐渐消失，政府是一个完整的统一体，对外代表国家。因此当时已经达到了这样一种程度：一个有力的工具和一个独立的意志已经能够赋予战争一个符合其概念的形态。

在这个时期又出现了三个新的亚历山大式的人物：古斯塔夫·阿道夫[4]、卡尔十二世和弗里德里希大帝。他们试图借助于数量适中和组织完备

---

[1]神圣罗马帝国皇帝卡尔五世（西班牙国王卡尔一世）于1521年将德意志领地交给弟弟斐迪南（1503—1564）统治，1556年又将帝位让与斐迪南（称斐迪南一世）；将西班牙王位让与自己的儿子菲利普（即位后称菲利普二世）。于是原来的西班牙分为西班牙和奥地利两个国家。——译者注

[2]卡尔五世的弟弟斐迪南之妻安娜是匈牙利国王路易二世的妹妹。1526年路易二世死后无嗣，斐迪南被选为波希米亚国王（1526年10月22日）、匈牙利国王（1526年12月16日）。1556年，卡尔五世将神圣罗马帝国帝位让与斐迪南。于是奥地利成为神圣罗马帝国成员中最大的一个国家。——译者注

[3]1815年6月8日，维也纳会议宣布成立德意志邦联，成员包括奥地利、普鲁士和德意志其他各邦，共35个邦国和4个自由市。1866年德意志战争结束后签署《布拉格和约》（Prager Frieden），该邦联解散。——译者注

[4]古斯塔夫二世（Gustav Ⅱ. Adolf, 1594—1632），瑞典国王（1611—1632），著名统帅。为争夺波罗的海霸权，曾与丹麦、波兰和俄国作战，在三十年战争中屡败天主教联盟和神圣罗马帝国军队。注重进攻，强调机动性，善于灵活运用炮兵。——译者注

的军队把自己的小国家建成强大的君主国，并横扫面前的一切。假如他们只与亚洲的帝国作战，那么就其作用来说，他们与亚历山大就更近似了。无论如何，从他们在战争中敢于冒险这一点来看，人们可以把他们视为拿破仑的先驱者。

不过战争在一方面赢得的力量和结果，在另一方面又失去了。

军队是靠国库维持的，而君主几乎把国库视为他的私人金库，或至少把国库看作是一个属于政府而不属于人民的东西。与其他国家的关系，除了一些贸易品，大多只触及国库或政府的利益而不触及人民的利益，至少这是人们对这些概念的普遍理解。于是政府自视为巨大财产的拥有者和管理者，不断地努力增加财富，可是它的臣民们在这一财富的增加过程中却不能有特别的利益。在鞑靼人出征时，是全体人民参加战争；在古代共和国和中世纪，是人民中的很多人（如果人们将人民这一概念限定于真正的国民的话）参加战争；但在18世纪的这种状态下，人民对战争没有任何直接的影响，而只是通过其总的素养或缺点对战争尚有间接的影响。

这样由于政府脱离了人民并自视为国家，战争也就在同样程度上成为纯粹是政府的一件事了，即政府借助于国库的金钱以及本国和邻国的无业游民进行战争。结果是各国政府所能使用的手段有了相当明确的限度，具体是手段的规模和持续时间都有了限度，而且交战双方彼此都了解对方的这种限度，这就夺走了战争的最危险的一面：努力走向极端以及与此有关的一系列难以估计到的可能性。

人们大体上知道其对手有多少金钱、财富和信贷，也知道对手的军队规模。由于在战争爆发时大规模增加这些东西是不可行的，于是人们就可以了解敌人最多会有多大力量，就可以对自己不至于全部覆灭有相当的把握；在感到自己力量有限的情况下，就会选择一个适当的目标。既然不会受到最极端的打击，人们也就不再需要冒险采取最极端的行动。必然性不再驱使人们采取最极端的行动，只有勇气和抱负能驱使人们这样做，但是勇气和抱负在国家关系中会遇到巨大的阻力。甚至国王自己担任统帅时也不得不谨慎地使用军队这一战争工具。如果军队被粉碎了，国王不可能很快就筹建起新的军队，而除了这支军队以外，他没有任何其他战争工具。这就强烈要求他在采取任何行动时都特别谨慎。只有在人们看来出现了确切的有利时机时，人们才使用战争这一昂贵的手段。创造这一确切的有利时机，是统帅的一种艺术。在这一有利时机没有出现的时候，人们在某种程度上就无事可做，没有行动的理由，一切力量即所有的动机就像是静止了。进攻者最初的动机也就窒息于谨慎和踌躇之中。

这样的战争实质上已经变成一种真正的纸牌游戏，洗牌的是时间和偶然性；战争就其意义来说只是一种稍加强化的外交，是一种更有力的谈判方式。在这种方式下，会战和围攻成了外交照会的主要内容。即使是好胜心最强的人，其目标也只是使自己处于一个适中的有利地位，以便在缔结和约时加以利用。

我们说过，战争之所以有这种受到限制和挤压的形态，是因为它的基础狭窄。但是像古斯塔夫·阿道夫、卡尔十二世和弗里德里希大帝这样出色的统帅和国王率领他们同样出色的军队，却也未能从众多一般现象中脱颖而出，而是不得不满足于取得一般水平的战果，其原因在于欧洲的政治均势。以往欧洲有很多小国，它们之间存在着直接的、完全自然的利害关系，相距近，接触多，有亲戚关系和个人熟络，这些可以阻止个别国家迅速坐大。而现在国家变大了，其中心相距远了，阻止个别国家迅速坐大这一点是由更大规模的外交来做的。政治利益、吸引力和排斥力已经形成一个非常微妙的体系，以至于如果没有所有政府参与，在欧洲就不会燃起战火。

因此，一位新的亚历山大式的人物除了要手执一把利剑，还要手持一支好笔。即便如此，他在征服其他国家方面也还是鲜有进展。

尽管路易十四世意图改变欧洲的均势，而且他在17世纪末已经强大到不在乎对其普遍存在的敌意的程度，但他仍是以既有方式进行战争，因为他的军队虽然是最强大和最富有的君主的军队，但就其本性来说，与其他君主们的军队是一样的。

对敌国进行掠夺和破坏，在鞑靼人、一些古老民族，甚至在中世纪都起过重要的作用，但已经不再符合时代的精神。人们有理由将此视为无益的野蛮行径，这种行为容易受到报复，而且它对敌国臣民的打击甚于对敌国政府的打击，因此没有什么效果，只是用于使有关民族的文化水平永远处于落后状态。因此战争不仅就其手段，而且就其目标来说，都越来越限于军队本身。军队和它的要塞，以及一些建成的阵地构成了一个国中之国，国内其他方面的战争因素就慢慢地消失了。整个欧洲都为这一趋势而高兴，认为这是智慧进步的一个必然结果。尽管这是一种误解，因为智慧的进步绝不会导致自相矛盾，绝不会导致二二得五（正如我们以前说过，而且以后还要说的那样），但是对各国人民来说，这种变化当然还是有好的作用，只是不可否认，这一变化更让战争成了只是政府的事情，更让人民的利益异化了。在这个时期，一个国家如果是进攻者，那么它的战争计划大多在于控制敌国的这个或那个地区；一个国家如果是防御者，那么它的战争计划就是阻止敌人实现这个计划；各战局计划则是攻占敌人的这个或那个要塞，或阻止敌人攻占自己的要塞；只是为此要不可避免地进行会战时，才寻求和进行会战。谁要是在会战可以避免的情况下只是出于求胜心切而寻求会战，谁就会被认为是位鲁莽的统帅。通常一个战局只进行一次围攻，多的话进行两次围攻也就结束了，进驻越冬营地被认为是必然的休战时期。在冬季宿营期间，一方不能利用另一方的不利状态而采取行动，双方的接触几乎完全中断，因此我说冬季宿营成了一个战局中本应采取行动的一个明确界限。

如果双方的力量过于均衡，或者主动行动的一方明显是兵力较少的一方，那么也不会发生会战和围攻，于是一个战局的全部活动就仅围绕着保有某些阵地和仓库以及定期袭扰某些地区来进行。

只要战争普遍都是这样进行的，只要战争的威力受到的自然限制总是这样直接和显而易见，那么就不会有人在其中发现什么矛盾之处，而是认为一切都处于最好的状态。从18世纪开始涉足军事艺术领域的评论针对的是战争的个别问题，没有太关心其开始和结束，于是就出现了各式各样的伟人和完美，甚至连道恩元帅也可以被视为伟大的统帅，其主要功绩在于让弗里德里希大帝完全达到了目的，让玛丽亚·特蕾西娅[1]完全未达到目的[2]。在那时，只是间或出现过精辟的见解，即健全和理智的见解，认为如果人们拥有优势，就应利

---

[1]玛丽亚·特蕾西娅（Maria Theresia，1717—1780），奥地利大公，哈布斯堡王朝皇帝卡尔六世（1685—1740）之女，匈牙利女王、波希米亚女王。——译者注
[2]作者在此显然是在讥讽道恩。道恩在七年战争中担任奥军统帅，屡战屡败，使普鲁士得以长期占有西里西亚。——译者注

用优势达到一些积极的目的，或者认为使用过多的技巧反而打不好仗。

当法国革命爆发时，出现的就是上述这种情况。奥地利和普鲁士试图运用其外交上的军事艺术解决问题，但不久就表明这种军事艺术已经不够了。当时人们按照常见的方式看待事物，把希望寄托在规模不大的军队上，但是在1793年出现了一支人们此前无法想象的军队：战争突然又成了人民的事情，具体来说是成了全部自视为国民的3000万法国人民的事情。在这里我们不去深究当时与这种伟大现象同时出现的其他详细情况，只想明确在这里具有决定意义的结论。由于人民参加了战争，不是一个政府和一支军队，而是全体人民连同其固有的重要性来到了战争的天平上。这时所能使用的手段和所能做出的努力就不再有一定的界限了，所能用来进行战争的能量也就不再有任何能阻止它的力量了，因此给对手带来的危险也是最大的。

如果说整个革命战争在让人充分感到其威力和完全认清它之前就过去了，如果说法国革命的将领们未能不可阻挡地前进到最后的目标，未能摧毁欧洲的众多君主国，如果说德意志的军队还不时有机会能够成功地进行抵抗，挡住对方胜利的洪流，那么造成这些情况的原因确实只在于法国人在技术上的不完善，这是他们应予以改进的地方。这种不完善起初表现在普通士兵身上，后来表现在将军们身上，最后在督政府[1]时期表现在政府自己身上。

当这一切在拿破仑的手中得到完善以后，这支基于全体人民力量的军队就满怀信心和把握地去横扫欧洲，以至只要有旧式的军队与其对峙，法军就毫不犹豫地与之开战。好在反抗拿破仑的力量还是及时地醒过来了：在西班牙，战争自然而然地成了人民的事情；在奥地利，政府于1809年首先做出不寻常的努力，组织了预备队和后备军，这些努力接近了预定目标，超出了该国以前所有被认为可做的事情；在俄国，人们在1812年以西班牙和奥地利的例子为样板，这个帝国由于幅员辽阔，虽较迟进行战争准备但仍产生效果，并且在另一方面还扩大了这种效果。成果是显著的：在德意志，普鲁士率先奋起行动，使

---

[1] 1795年8月22日，法国国民会议（1792—1795）通过新宪法，规定最高立法机构为上下两院，上院称元老院（250名成员），下院称五百人院；规定最高行政机构为督政府，其5名成员由元老院自五百人院提交的名单中选出。10月12日进行首次选举；26日，国民会议举行最后一次会议；31日，第一届督政府宣告成立。至1799年11月9日被拿破仑推翻，存在过七届督政府。——译者注

战争成为人民的事情，在人口只有1806年时的一半、根本没有金钱和贷款的情况下，投入的兵力比1806年时增加了一倍；德意志的其余各邦先后仿效了普鲁士的例子。奥地利所做的努力尽管比1809年时的小，但是也出动了不同寻常的兵力。这样一来，如果把参战的和损失的人员都计算在内，德意志和俄国在1813年和1814年两个战局中针对法国投入了约100万人。

在这种情况下，反法力量在作战指挥方面的魄力也今非昔比了，虽然只是部分达到法军的水平，而且在其他方面仍有胆怯畏缩的主要问题，但是总的来说这两次战局已经不是按照旧的风格，而是按照新的风格进行了。在八个月内，战区从奥得河转到塞纳河，高傲的巴黎不得不首次低下它的头，令人畏惧的拿破仑被捆缚着倒在地上[1]。

自拿破仑以来，战争先是在交战双方中的一方，然后在交战双方中的另一方又变成全体人民的事情，于是战争就有了完全不同的本性，或者更确切地说，战争已经非常接近其真正的本性和绝对完善的形态。战争中可使用的手段已经没有明显的限制，这种限制已经消失在各国政府及其臣民的干劲和热情之中。由于手段增多，可能取得的成果范围扩大，以及人们的情感迸发强烈，于是作战指挥的魄力得到大幅的提高，打垮对手成为战争行动的目标。人们认为只有当对手无力地瘫倒在地时，才可以停止行动并就各自的目的进行沟通。

于是战争要素就从一切传统的桎梏中被解放出来，爆发出其全部自然的力量。原因在于各国人民参与了这一大的国家事务。而各国人民之所以参与，一方面是由于法国革命给各国的内部关系带来了影响，另一方面是由于各国人民受到了法国人的威胁。

那么上述情况是否会永远不变呢？欧洲未来的所有战争是否都将是倾国家全力，从而只是为涉及各国人民的利益而进行呢？或者政府是否又会逐渐脱离人民，单独进行战争呢？对此是很难断定的，而且我们也不想武断地做出这样一种断定。不过人们对我们下面这样的说法是会同意的，那就是：在某种程度

---

[1] 1813年8月，奥地利、普鲁士、俄国、瑞典等国组成第六次反法联盟。10月，联军在莱比锡大会战中取得了对拿破仑的决定性胜利，于次年初进入法国作战，3月底进入巴黎。4月11日，拿破仑退位，之后被流放到厄尔巴岛（die Elba，今意大利的一个岛屿，位于地中海，面积224平方公里）。——译者注

上，只有当人们还没有意识到某种可能性时，才会存在限制，而一旦这些限制被打破，就很难再被恢复起来；至少每当发生大的利害冲突时，双方的敌对关系就得用我们现在这样的方式来解决。

我们对历史的概述就到此为止。我们做这种概述，并不是想匆忙地为每个时代总结出一些作战原则，而仅仅是想指出各个时代有其自己的战争、限制条件和偏见。因此，即使人们早晚会不再根据哲学原理制定战争理论，但每个时代还是会保留其自己的战争理论。由此可见，在评价每个时代的战事时，必须考虑其特点，只有那些不在琐碎的细节上纠缠，而是去洞察总的关系、设身处地去了解每个时代特点的人，才能正确理解和评价当时的统帅们。

但是这种根据国家和军队的特殊条件而采取的战法，想必还是带有某些较为普遍的东西，或者更确切地说，应该带有某些完全具有普遍性的东西。这些是理论必须首先加以研究的。

在距我们最近的时代，战争已经达到了其绝对暴力的程度，有最多的普遍适用性和必要性。然而就像战争一旦突破限制就无法再被完全束缚一样，将来的战争恐怕也不会全都具有这种伟大的特性。因此，面对其本性已经由于外来的影响而发生变化的情况，如果人们运用这种只研究绝对战争的理论，那么它就会把这些情况排斥在外，或者把这些情况当作错误而加以指责。这不可能是理论的目的，因为理论应该是关于现实关系中的战争的学说，而不是关于理想状态中的战争的学说。因此理论在审视、区别和整理事物的时候，总是要考虑从中有可能产生战争的关系的多样性；理论在给出战争的大致轮廓时，应该让时代特点和当时的要求在其中有一席之地。

综上所述，我们必须指出，进行战争的人提出的目标和使用的手段应根据其处境的具体情况而定，但同时又要具有时代和一般情况的特性。最后，它们**还要服从于从战争的本性中必然得出的普遍的结论。**

★ 第四章 ★

对战争目标的进一步规定
——打垮敌人

战争的目标就其概念来说，永远应该是打垮敌人，这是我们的论述所依据的基本观点。

那么什么是打垮敌人呢？为打垮敌人，并不总是要占领敌人的全部国土。假如联军在1792年攻占了巴黎，那么针对革命党的战争非常可能在当时就结束了[1]，根本不需要先击败它的军队，因为这些军队尚不能看作是唯一的战争潜力。相反，1814年只要拿破仑还在统率着一支较大规模的军队，那么即使联军攻克了巴黎，也不会达到所有的目的。但是由于拿破仑的军队在当时已经绝大部分被消灭了，因此联军在1814年和1815年只要占领了巴黎，也就决定了一切。假如1812年拿破仑在占领莫斯科之前或之后能够彻底消灭在通往卡卢加大路上的12万俄军（就像他在1805年消灭奥地利军队和1806年消灭普鲁士军队那样），那么尽管还有大片俄国国土没有被占领，但是他对俄国首都的占领就已经极有可能导致媾和。1805年，决定一切的是奥斯特利茨会战。在这次会战以前，虽然拿破仑占领了维也纳以及奥地利三分之二的领土，但这并未能迫使对方签订和约。从另一方面看，在这次会战之后，即使整个匈牙利的领土得以保持完整，也不足以阻止缔结和约。使俄军大败是拿破仑在缔结和

---

[1] 1792年，普鲁士和奥地利联合反对法国。7月，普鲁士的布伦瑞克公爵率领普奥联军攻入法国，曾抵达沙隆附近。9月，法军在瓦尔米炮战中获胜，普奥联军退至莱茵河东岸。——译者注

约前要完成的最后一击，而亚历山大皇帝在附近并没有其他部队，因此缔结和约就是拿破仑取得这一会战胜利后的必然结果。假如俄军已经在多瑙地区与奥地利人会合，并一同遭到大败，那么拿破仑很可能根本不需要占领维也纳，而是在林茨[1]就可以签订和约了。

也有一些占领了敌国全部国土还不足以解决问题的情况，例如1807年在普鲁士就是这样。当时法军在埃劳[2]对普鲁士的友军俄军取得的胜利是有争议的，不够确切[3]，而拿破仑在弗里德兰[4]取得的胜利[5]是确切无疑的，于是就像一年前他在奥斯特里茨所取得的胜利一样，起到了决定性的作用。

我们看到，在这里战果也不是由一般的原因决定的。起决定作用的往往是一些如果评论者当时不在现场就纵览不到的具体原因，以及很多从未有人提及的士气方面的原因，甚至是一些在历史中只被当作趣闻逸事加以记述的最细小的情节和偶然事件。理论在这里能指出的只是：重要的是要密切注意两国的主要情况。这些情况会形成一个为整体所依赖的重心，即力量和运动的中心。集中所有力量进行的打击都必须指向对手的这个重心。

小的总是取决于大的，不重要的总是取决于重要的，偶然的总是取决于本质的。我们必须遵循这一点来进行考察。

亚历山大、古斯塔夫·阿道夫、卡尔十二世和弗里德里希大帝的重心在于他们的军队，假如他们的军队被粉碎了，那么他们也就完了；被内部的众多派别弄得意见不一的国家，其重心大多是首都；依靠强国的小国，其重心是这些盟友的军队；在盟友中，重心是共同的利益；在民众武装中，重心是主要领

---

[1] 林茨（Linz），今奥地利上奥州首府，位于多瑙河畔，东距维也纳150公里。——译者注
[2] 埃劳（Eylau），即今俄罗斯加里宁格勒州巴格拉季奥诺夫斯克（Bagrationowsk）。——译者注
[3] 1807年战局是普鲁士同法国1806年战局的继续，但普军得到了俄军的支援。当时普鲁士已几乎失去全部领土。在法军的进攻下，普军退至柯尼斯贝格，俄军退至埃劳。2月，法军与俄普联军在埃劳激战，法军损失较俄军大，但俄军于夜间突然撤退。次日，拿破仑占领战场并宣告胜利。克劳塞维茨认为法军这个胜利不是真正的胜利。——译者注
[4] 弗里德兰（Friedland），即今俄罗斯加里宁格勒州城市普拉夫金斯克（Prawdinsk）。——译者注
[5] 即弗里德兰会战。1807年6月14日，拿破仑指挥8万法军，在当时东普鲁士的弗里德兰打败俄国本宁森将军指挥的俄普联军6万人，是第四次反法联盟战争中的最后一次会战。作者认为法军此次会战胜利是真正的胜利，对7月签订《蒂尔西特和约》（Frieden von Tilsit）起到决定性的作用。——译者注

导人个人以及民众的态度。打击应该针对这些重心。如果对手因重心受到打击
而失去平衡，那么就不应让他有时间恢复平衡，而应一直沿着这个方向继续打
击。换句话说，胜利者应该总是全力打击敌人的重心，而不是以整体打击敌人
的部分。人们不应以优势的兵力舒服稳妥地占领敌人的一个地区，不应选择有
把握地占领一个小的地区，而不去争取大的战果。人们应该不断地寻找敌人力
量的核心，针对它投入全部力量，以求获得全胜，只有这样才能真正把对手打
垮在地。

不管我们要打击的对手的重心是什么，战胜和摧毁敌军始终都是最可靠的
第一步，并且在任何情况下都是很重要的一步。

因此我们认为，从大量的经验来看，打垮对手主要可以采取下列办法：

1. 如果敌军在某种程度上构成敌人的主要潜力，那么就应粉碎这支
军队。

2. 如果敌人的首都不仅是国家权力的中心，而且是各政治团体和党派的
所在地，那么就应占领敌人的首都。

3. 如果对手的最主要的盟友比对手还强大，那么就应有效地打击这个
盟友。

到目前为止，我们一直是把战争中的对手当作一个整体来考虑的。在研究
最一般的问题时，是允许这样设想的。可是当我们指出打垮对手在于粉碎他集
中在重心上的抵抗力以后，就必须抛开这一设想，而去探讨另一种情况，即与
我们作战的对手不止一个的情况。

如果两个或多个国家联合起来针对第三国，那么从政治上看，它们所进行
的只是**一场**战争。不过这种政治上的统一体的一致程度是不同的。

问题是这些国家中的每一个国家是都有其各自的利益以及追求这一利益的
独自的力量呢？还是其中只有一个国家是主要的，其他国家的利益和力量只是
依附于这个国家的利益和力量？越是后一种情况，我们就越可以把不同的对手
视为唯一的对手，就越可以把我们的主要行动简化为一次主要打击。只要这种
做法可行，那么它就是取得战果的最有效的手段。

因此我们可以提出这样一个原则：只要我们有能力通过战胜一个对手而战
胜其余对手，那么打垮这个对手就必须是战争的目标，因为一旦我们击中这个

对手，也就击中了整个战争的共同重心。

上述观点在多数情况下都是成立的，也就是说，把多个重心减至一个是现实的。但是在这种情况不成立时，人们当然只能把这样的战争看作是两个或更多的战争，而且各有其自己的目标。由于这种情况是以多个敌人各自独立行动为前提的，同时也是以它们占很大优势为前提的，因此在这种情况下，就根本谈不上打垮对手了。

现在我们要进一步谈谈打垮敌人这个目标何时才是可能的和可取的。

首先，我们的军队必须足以：

1. 使我们对敌军赢得一次决定性的胜利；

2. 经受得起必要的兵力消耗，以便让我们把胜利扩大到敌人无法再恢复均势的程度。

其次，我们的政治处境必须能保证这样一次胜利不至于唤起当即能迫使我们放弃第一个对手的敌人参战。

1806年，法国彻底打垮了普鲁士，尽管这样一来它招致俄国的全部兵力为敌，但是它有能力在普鲁士抵抗俄国。

1808年，法国在西班牙也同样有能力做到这一点，但只是对英国而言，而不是对奥地利而言。1809年，法军在西班牙不得不大幅削减自己的力量，而且假如不是它对奥地利占有过大的物质上的和士气上的优势，恐怕它就不得不完全放弃西班牙了[1]。

因此，人们对上述像三级审判一样的因素都必须仔细地加以考虑，以免在最后一级审判时输掉在前两级审判中已经获胜的诉讼，从而被判承担诉讼费。

在考虑力量以及它们所能发挥的作用时，人们常常有一个想法，即按力学上的类比法将时间视作力量的一个因素，认为以一半的努力，也就是用一半的

---

[1] 1808年2月9日，法军入侵西班牙，3月23日，占领首都马德里。5月5日，拿破仑强迫西班牙刚退位国王的斐迪南七世和即位国王卡洛斯四世均放弃王位，10日立约瑟夫（拿破仑之兄）为西班牙国王。23日，西班牙人民开始全国范围的起义。8月1日，英国派遣约13,000名远征军登陆葡萄牙，之后进入西班牙，支援起义军。5日，拿破仑命令驻德意志的一半法军赶赴西班牙增兵，击退英军。1809年3月2日，奥地利向法国宣战，但在4月的雷根斯堡会战和7月的瓦格拉姆会战中均失败，不得不于10月14日与法国签订《美泉宫和约》，结束第五次反法联盟战争。作者认为，在这次战局中，法军如果不是对奥地利在物质和士气方面占优势，就不得不完全放弃西班牙。——译者注

力量在两年内应该可以完成以全部力量在一年内完成的工作。这种想法是完全错误的，但是它却时隐时现，不时成为制订战争计划的依据。

军事行动像世界上的任何一件事情一样，需要一定的时间。毫无疑问，人们不可能在八天内从维尔纳步行到莫斯科。但是像力学上时间和力量之间的那种相互影响在军事行动中是根本不存在的。

时间是交战双方都需要的，问题在于双方中的哪一方就其处境来看可以首先指望从时间中得到**特别的好处**。显然，如果抵消双方各自处境的特点，那么处于劣势的一方可以首先指望得到这些好处。提出这一观点当然不是根据力学的法则，而是首先根据心理学的法则。忌妒、猜忌、忧虑，或许还有间或出现的宽容心都是失利者的天然说客，它们一方面会给失利者唤来朋友，另一方面会削弱和瓦解胜利者的同盟关系。因此，时间对被征服者比对征服者更有利些。其次，人们应该考虑到（正如我们在别的地方已经指出的那样），利用最初的胜利是需要消耗很多力量的，而且这种力量消耗不是一次就完结了的，而是持续的，就如同要维持一个大家庭一样。国家的力量虽然可以使我们占领敌人的地区，但并不总是足以支付占领敌人地区所多出来的消耗。在这种情况下，国家投入力量会越来越困难，最后投入的力量可能不足，于是时间本身就可能使情况发生剧变。

1812年拿破仑从俄国人和波兰人那里掠得的金钱和其他财富，能给他带来一支为占据莫斯科而必须派往那里的数十万人的军队吗？

但是如果占领的地区十分重要，在这些地区中有一些地点对未被占领的地区很重要，以至占领这些地点以后，对方的灾难会像恶性肿瘤一样自动地蔓延开来，那么在这种情况下，占领者即使不再采取任何其他行动，也可能是得大于失。在这种情况下，如果被占领者得不到外来的支援，那么时间就会完成占领者已经开始了的行动，尚未被占领的地方也许会自然陷落。可见时间也可能成为占领者的力量中的一个因素。不过这种情况只有在下述场合才会发生，那就是失利者已经不可能再进行反攻，局势不可能发生有利于他的逆转，也就是说其力量中的这个时间因素对占领者已经不再起作用了，因为占领者已经完成了主要的事情，最大的危险已经过去，简而言之，对手已经被打垮了。

我们通过上面的论证是要说明，占领完成得越快越好。如果我们完成占领的**时间超过了**这一行动所绝对必需的时间，那么**这不会使占领变得更容易，而是会使占领变得更困难**。如果说这种看法是正确的，那么同样正确的是：只要有足够的力量完成某一占领，就应该一鼓作气地完成这一占领，而不应该有停顿。当然这里所说的停顿不是指集结兵力和采取这种或那种措施所需的短暂的平静时间，这是不言而喻的。

上述观点指出速战速决是进攻战的一个根本特点。我们认为，这种观点已经从源头上打破了**那种**反对不停顿的、持续不断的占领的见解，即打破了那种认为缓慢的、所谓步步为营的占领更有把握和更为谨慎的见解。不过甚至对迄今一直赞同我们的人来说，我们的论断也有可能像是一个似是而非的论断，与人的第一印象有矛盾，而且我们的论断与书本中出现过千百次的根深蒂固的陈旧偏见是格格不入的，因此我们认为最好对那些与我们对立的所谓根据做进一步的探讨。

到达较近的目标当然比到达较远的目标更容易，但是如果较近的目标不符合我们的意图，那么我们还不能认为停顿一下、有一个停歇点就能够让我们更容易地走完下一半路程，而是应该继续前行。一个小的跳跃当然比一个大的跳跃要容易些，但是一个想跳过一条宽沟的人不会因此而先跳一半，因为这样他只会掉进沟里。

如果我们进一步考察一下，什么是所谓步步为营的进攻战，那么我们就会发现这个概念通常包括以下内容：

　　1. 攻占进攻中遇到的敌人的要塞；

　　2. 储备必要的物资；

　　3. 对重要地点如**仓库、桥梁、阵地**等进行加固；

　　4. 部队在冬季进行休整以及在其他时间进入营舍休整；

　　5. 等待次年的人员补充。

人们为达到这些目的，就把进攻进程正式地划分为阶段，确定运动中的停歇点。他们相信这样就可以获得新的基地和新的力量，就好像自己的国家能跟在自己军队的后边一样，就好像军队能随着每一次新战局的开始都可以获得新的活力一样。

所有这些令人钦佩的目的也许使进攻战更便于进行，但是不能使进攻战有更多获胜的把握。这些做法大多不过是用来掩饰统帅矛盾心情或政府缺乏决心的借口。对它们，我们想按相反顺序予以驳斥。

1.不是一方，而是双方都在等待新的力量，而且人们完全可以说，对手更期待得到补充。此外，一个国家在一年内能组建的部队与在两年内能组建的部队，从数量上看是差不多的，这是事物的本性决定的，因为一个国家在第二年实际能增加的力量与总数比起来是微不足道的。

2.在我们休整时，对手在同一时间也在休整。

3.对城市和阵地进行加固，不是军队的事情，因此不是停止不前的理由。

4.从部队目前采取的给养方式来看，部队在停止时比在前进时更需要仓库。只要前进顺利，总是可以占有敌人的物资，可以解决贫瘠地区给养不足的问题。

5.攻占敌人的要塞不能被视为进攻的停顿，它其实是猛烈的进攻。因此，攻占要塞引起的表面上的停顿实际上不是进攻力量的停止和减弱，与我们这里所说的情况不是一回事。但是对某个要塞是进行真正的围攻好，还是仅进行包围，甚至仅进行监视好，是一个根据当时的具体情况才能决定的问题。我们对此只能泛泛地说，要回答这个问题，只有先回答另一个问题，即如果进攻者仅留下部分部队包围要塞，而大部队继续前进，是否会面临过大的危险。如果进攻者这样做不会面临过大的危险，而且还有展开力量的空间，那么最好是把正式的围攻推迟到整个进攻行动的最后。进攻者不应热衷于尽快确保已夺得的东西的安全，因为这样他会错过更重要的东西。

进攻者如果继续前进，从表面上看，自然面临很快失去已获战果的危险。对此我们认为：在进攻战中任何划分阶段、设立停歇点和中间站的做法都是不合理的；当不可避免地出现这些东西的时候，应该把它们看作是迫不得已的，因为它们不会使进攻者更有把握取得战果，而是相反。如果我们严格地遵循普遍真理，那么就必须承认，从中间站出发（在我们力量弱时不得不寻找这样的中间站），通常是不可能向目标做第二次冲击的；如果这第二次冲击是有可能进行的，那么这就说明本无设立中间站的必要；如果一个目标对我们的力量来说一开始就是过远的，那么它始终就是过远的。

我们说，普遍真理就是这样的。我们之所以谈到它，只是想借以消除那种认为时间本身对进攻者最有利的想法。但是由于政治关系在前后两个年份有可能发生变化，因此时常会发生与这种普遍真理相背离的情况。

以上所谈的可能给人一种印象，似乎我们已经丢掉了我们的一般观点，而只注意进攻战了。实际上完全不是这样。那些能够确立以彻底打垮其对手为目标的人当然是不会轻易采取仅以保有已占有的东西为直接目标的防御的。不过我们在这里必须坚持的看法是：没有任何积极因素的防御无论在战略上还是在战术上都是自相矛盾的。因此我们要一再重申：任何防御一旦享尽了防御的好处，就应根据自己的力量寻求转入进攻。因此，防御者在可能的情况下，也应该把打垮敌人列为目标。这一目标可以是防御者转入的进攻的目标，也可以是防御的本来目标（不管这一目标是大还是小）。我们还要指出，也可能出现这样的情况：作战的一方尽管抱有一个远大的目标，但在开始时却更愿采用防御的形式。1812年战局可以证明这种看法并非没有现实意义。亚历山大皇帝也许没有想到他进行的战争能像以后发生的那样完全打垮对手。但是假如他像我们一样做了上述分析，就有可能萌生这样的想法，从而十分自然地坚持认为俄国人应以防御的形式开始进行战争。

★ 第五章 ★

对战争目标的进一步规定（续）
——有限的目标

我们在前一章中说过，如果打垮敌人是可以实现的，那么人们就应该把它看作是军事行动本来的绝对目标。现在我们来探讨一下，如果不具备实现这一目标的条件，还有什么其他的目标。

实现打垮敌人这一目标的前提条件是在物质上或士气上占有大的优势，或者具有卓越的进取精神，即勇于冒险的精神。在不具备这些条件的情况下，军事行动的目标只能有两种：要么是夺取敌国的某一小部分或稍大一部分国土；要么是保住本国的国土，**等待更有利的时机**。后一种目标通常是防御战的目标。

至于何时应确定前一种目标或后一种目标，我们上面对后一种目标说的那句话对我们是有启示的。等待更有利的时机是假设我们可以期待未来会提供这样的时机，因此只有在具有这种前景的情况下，我们才有动机等待，即进行防御战。相反，如果未来不会给我们而是会给敌人带来更好的前景，那么我们就只能采取进攻战，也就是说，应该利用当前的时机。

第三种情况也许是最常见的情况，即双方均不能期待未来会带来什么肯定的东西，也就是说，双方都无法从未来中得到任何行动的依据。在这种情况下，政治上处于进攻的一方（抱有积极动机的一方）显然应该采取进攻战，因为他为这个目的做了战争准备，而没有足够理由失去的所有时间正是**他的**

时间。

我们在这里决定采取进攻战或防御战所依据的理由与作战双方的兵力对比没有任何关系。有些人认为，在做这一决定时，把兵力对比作为主要根据似乎合理得多。然而我们认为，这样做恰恰会偏离正确的道路。对我们这一简单推论的逻辑正确性，是不会有人提出异议的。现在我们想看一下，这种推论在更具体的情况下是否是荒谬的。

首先，让我们设想一个小国与一些非常占优势的力量陷入了利益冲突，而且这个小国已经预见到其处境将逐年恶化。如果它无法避免战争，难道它不应该利用其处境还不太坏的这段时间吗？因此它必须进攻，但并不是因为进攻**本身**能给它带来好处（相反，进攻更有可能加大它在兵力上的差距），而是因为它需要在困难时期到来以前彻底解决问题，或者至少暂时争取到一些好处，以便以后利用。这一观点不会是荒谬的。假如这个小国完全有把握，知道对手们会向它发起进攻，那么它就可以而且应该针对它们进行防御，以便争取得到它的第一个战果，这样它就不会面临损失时间的危险。

其次，我们设想一个小国和一个较大的国家交战，而未来的情况对它们下何决心没有任何影响，如果这个小国从政治上看是进攻的一方，我们也应要求它向其目标开进。

既然这个小国敢于向一个较强的国家提出积极的目的，如果对手拒绝它的话，它就必须行动，即向对手发起进攻。等待是荒谬的，除非这个小国在即将行动时改变了它的政治决心。这种情况是常见的，这在不小的程度上使战争具有某种特点。对此，即使是哲学家也不知道该怎么办。

对有限目标的考察使我们接触到带有有限目标的进攻战，并使我们接触到防御战。我们想用专门的章节来考察这两种战争[1]，但是在此之前还必须先谈谈另一方面的问题。

迄今我们只是从内在的原因来研究战争目标的变化。至于政治意图的本性，我们仅从政治意图是否追求积极的东西这个角度进行了考察。政治意图中的所有其他事物其实与战争本身关系不大，不过我们在第一篇第二章（《战争

---

[1] 见本篇第七章和第八章。——译者注

中的目的和手段》）里已经承认，政治目的的本性、我方或敌方的要求的大小，以及我方的整个政治状况实际上对作战起着最具决定性的影响，因此我们还想在下一章里专门研究一下这个问题。

★ 第六章 ★

一、政治目的对战争目标的影响

人们永远不会看到一个国家在参与另一个国家的事务时，会像处理其本国事务那样认真。它会派出一支兵力不大的援军，如果这支援军失利了，它也会认为已经在相当程度上尽到了义务，并寻求尽可能廉价的脱身之计。

欧洲政治中的一个惯例是，加入攻守同盟的国家承担相互支援的义务。但是一个国家并不因此就必然与另一个国家同仇敌忾、利害一致，它们只是在并未考虑战争的对象和对手使用多少力量的情况下，彼此预先约定派出一定兵力的、通常兵力很有限的部队。在履行这种同盟义务时，盟友并不认为自己与对手已经处于必须以宣战开始和以媾和结束的真正的战争之中，而且同盟这个概念也从来不是十分明确的，在运用时也不是固定不变的。

假如盟友把此前答应提供的这1万、2万或3万人的援军完全交给正在作战的国家，以至它可以根据自己的需要来使用，可以把这支援军看作是雇来的部队，那么事情就会有某种内在联系了，战争理论在这方面也就不致完全陷入窘境了。不过事实上远非如此。援军通常都有自己的统帅，他只听命于本国宫廷，而宫廷给他规定的目标总是和宫廷的意图一样摇摆不定。

甚至当两个国家的确在针对第三国进行战争时，也并不总是意味着这两个国家都必然会把第三国看作你死我活的敌人，而是常常会像做生意那样行事。每个国家根据它要冒的风险和可期得到的好处而投入3万至4万人作为股金，行动时则注意除了这些股金外，不能再有任何损失。

不仅一个国家为一些与己无关的事去支援另一个国家时是这样，甚至当两个国家有很大的共同利益时，支援也是按上述方式进行的，而且还要有外交上的保证。同盟者通常也只提供条约中规定的少量支援，而将其余的军事力量用于追求通过结盟可能会达到的自己的特殊政治目的。

这种考察同盟战争的方式曾十分普遍，只是到了现代，当极端的危险驱使某些国家（例如那些**反抗**拿破仑的国家）走上自然的道路时，当不受限制的暴力让某些国家（例如那些**追随**拿破仑的国家）不得不走上这条道路时，人们才不得不采取自然的方式考察同盟战争。过去那种考察方式是不彻底和不正常的，因为战争与和平从根本上讲是两个无法划分程度的概念。但是这种考察方式并非出于纯粹的、理性可对其佯作不知的外交习惯，而是深深地源于人类固有的局限性和弱点。

最后，即使在一个国家单独对其他国家进行的战争中，政治动机对战争的进行也有强烈的影响。

如果我们只要求敌人做出不大的牺牲，那么我们就会满足于通过战争赢得一个不大的等价物，并认为通过不大的努力就可以达到这个目标。对手大体上也会做同样的考虑。一旦这一方或另一方感到自己的估计有些错了，发现自己不像原来希望的那样比敌人稍强，而是比敌人弱，那么此时他通常就会感到缺少财力和其他各种手段，缺少可激起更多干劲的足够的精神动因，于是他就尽量应付，希望未来发生对他有利的事件（虽然他根本无权抱这种希望）。在这种情况下，战争就像一个久病的患者无力地勉强拖延着。

这样一来，战争的相互作用、超过对方的雄心、战争的暴烈和不可阻挡都消失在微弱动机引起的停滞状态中。双方都在大幅缩小了的、带有某种安全保障的范围内活动。

如果我们允许（而且也必须允许）政治目的对战争具有这一影响，那么这种影响就不再有什么界限了。我们就不得不承认也存在着内容**纯粹是威胁对手和支持谈判**的战争。

如果战争理论要成为而且一直成为一种哲学的思考，那么它显然会在此陷入窘境。在这样的战争理论中，似乎找不到战争概念中的一切必然的东西，因此有失去一切论据的危险。但是不久就显示出一条自然的出路：军事行动中的缓和因素越多（或者更确切地说，行动的动机越弱），行动就越转为一种痛苦，发生的战事就越少，就越少需要指导原则，于是整个军事艺术就变为纯粹的小心谨慎，主要是小心飘摇的均势突然发生于己不利的变化，小心不彻底的战争变成真正的战争。

二、战争是政治的一个工具

到目前为止，当战争的本性与个人的和社会团体的其他利益对立时，我们不得不有时从这一方面，有时从另一方面进行探讨，以免忽视这两个对立因素中的任何一个。这种对立源于人的本身，是哲学思考所无法解决的。现在我们想寻找这些矛盾因素在实际生活中由于部分相互抵消而形成的统一体。假如不是有必要明确地指出这些矛盾和分别考察不同的因素，我们本来在一开始就可以谈这个统一体。这个统一体是这样一个**概念：战争只是政治交往的一部分，因此战争绝不是什么独立的东西。**

人们当然知道，战争只有通过政府与政府、人民与人民之间的政治交往才能引起，但是通常人们是这样想象的：战争一旦爆发，这一政治交往即停止，开始出现一个只受战争自身法则支配的完全不同的状态。

相反，我们坚持认为，战争无非是政治交往以其他手段[1]的继续。我们之所以说"以其他手段"，为的是同时指出这种政治交往并没有因战争本身而停止，没有因战争而变成完全不同的东西。无论政治交往使用什么样的手段，政治交往在本质上继续存在着；战事发展和联系的主线只是政治交往的贯穿战争直到媾和的线条。难道还有其他可设想的吗？难道伴随着宣战的外交照会，不同人民之间和不同政府之间的政治关系就停止了吗？难道战争不过是他们表达思想的另一种文字和语言方式吗？当然，战争有它自己的语法，但是它没有

---

[1] "手段"一词，作者用的是复数。——译者注

自己的逻辑。

因此决不能把战争与政治交往分开。如果离开政治交往来考察战争，就会割断构成它们之间关系的一切线索，只会出现一个毫无意义和目的的东西。

甚至当战争是彻底的战争，完全是敌意因素的恣意发泄时，人们也必须这样看问题，因为所有作为战争基础和决定战争主要方向的因素（如同我们在第一篇第一章中所列举的：自己的力量、对手的力量、双方的盟友、双方人民和政府的特点等），其本性不都是政治的吗？不都是与整个政治交往密切相关，以至于不可分的吗？同时，现实战争并不像战争的概念所规定的那样是一种一贯的、趋向极端的努力，而是一个内部矛盾的、不彻底的东西；这样的战争不可能服从其本身的法则，而是不得不被视为另一个整体的一部分，而这个整体就是政治。如果我们再考虑到这些，就更要像上面那样看问题了。

政治在运用战争这一手段时，总是不管那些产生于战争本性的严密的结论，很少考虑最终的可能性，而只是以最直接的盖然性为依据。如果在整个交往中因此而出现了大量的不确定性，那么它就变成了一种赌博，每个政府在制定相关政策时就都想在这场赌博中以机智和敏锐的眼力超过对手。

这样一来，政治就使战争这个摧毁一切的要素成了一个单纯的工具，使要用双手和全身力气举起做致命一击的可怕的战刀成了一把轻便的剑，有时甚至成了练习用的钝头剑，政治可以用这把剑交替地进行冲刺、虚刺和防刺。

这样一来，"战争能将天生胆怯者卷入"的这一矛盾现象就有了解释，如果这可以算作一个解释的话。

既然战争属于政治，那么战争就具有政治的特性。政治越是宏伟而有力，战争也就越是宏伟而有力，而且可以达到其绝对形态的高度。

因此当我们这样看待战争时，不但没有必要忽视这种具有绝对形态的战争，而且还应该经常在脑海中浮现出这样的战争。

只有这样看待战争，战争才又成为一个统一体；只有这样看待战争，人们才能把所有的战争视为同一类事物；只有这样看待战争，人们才能在做判断时有一个正确和准确的立场和观点，而这一立场和观点是我们在制订和评价大的计划时应该依据的。

当然，政治因素不是深入地渗透到战争的细节，部署骑兵哨和巡逻哨是不需要以政治上的考虑为依据的。但是政治因素对制订整个战争计划和战局计划，甚至往往对制订会战计划，是有更确切的影响的。

因此，我们并未急于在一开始就提出这个观点。在考察个别问题时，这个观点对我们用处不大，反而会在一定程度上分散我们的注意力；但是在制订战争计划和战局计划时，它是不可缺少的。

一般来说，在生活中最重要的莫过于准确地找出理解和判断事物所必须依据的观点并坚持这一观点，因为只有从**一个**观点出发，我们才能对大量的现象有一致的理解，而且也只有观点一致，才能使我们不至于陷入矛盾。

因此，既然制订战争计划时不能有两个或更多的观察事物的立场，不能忽而以军人的视角，忽而以行政官员的视角，忽而以政治家的视角等，那么人们就要问：其他一切都要服从的是否必然是**政治**呢？

我们探讨问题的前提是：政治能够集中、平衡内政和个人的一切利益以及哲学思考所能提出的其他利益，因为政治本身不是别的，对其他国家而言，它无非是这一切利益的纯粹的代言人。至于政治会有错误的方向，会优先为执政者的野心、私利和虚荣服务，不是在这里要讨论的问题，因为在任何情况下，军事艺术都不会被视为政治的导师。我们在这里只能把政治看作是整个社会的一切利益的代表。

因此现在的问题仅是：在制订战争计划时，政治观点是否必须让位于纯粹的军事观点（假设这样的军事观点是可以想象的），即政治观点完全消失或从属于纯粹的军事观点，或者政治观点是否必须仍然是主导的，而军事观点必须从属于它。

只有假如战争是由纯粹的敌意引起的殊死斗争，才可以设想政治观点会随着战争的爆发而完全消失。然而正如我们上面说过的，战争实际上无非是政治本身的表现。将政治观点从属于军事观点是荒谬的，因为战争是由政治产生的。政治是头脑，战争只是工具，而不是相反。因此只可能是军事观点从属于政治观点。

让我们想想现实战争的本性，回忆一下在本篇第三章中讲过的，即**我们首先应该根据由政治因素和政治关系产生的战争的特点和主要轮廓的盖然性来认**

识每场战争[1]，而且时常——现在我们大可断言，在**大多数情况下**——都必须把战争看作是一个各部分不容被分离的、有机的整体，也就是说，各个单独的活动都必须汇集到整体中去，并产生于这一整体的概念。这样我们就会完全确信和明白，指导战争的最高观点（同时也是战争主线的出发点）只能是政治观点。

从这一观点出发制订的战争计划就会像一个铸件那样完整，对它的理解和评价就会更容易和自然，它的说服力就更强，制订它的动机就更令人满意，人们对有关历史也就更容易理解。

从这一观点出发，政治利益与军事利益之间的冲突至少不再是事物的必然了，因此即使出现了这种冲突，也可认为只是认识不完善的缘故。如果政治向战争提出了后者无法达到的要求，那么政治就违背了"政治应该了解它要使用的工具"这一前提，也就是违背了一个自然的、完全不可或缺的前提。而如果政治正确地判断了战事的进程，那么确定哪些战事和战事的哪个方向是符合战争目标的，就完全而且只能是政治的事情。

简而言之，军事艺术如果到了它的最高境界，就成了政治，当然此时的政治不是书写外交照会的政治，而是发起会战的政治。

根据这一观点，对一个大的战事或它的计划进行**纯军事的评价**是不能被允许的，甚至是有害的。像有些政府那样，在制订战争计划时向军人咨询，让他们从**纯军事的**观点来进行判断，是荒谬的。而更荒谬的是，有些理论家要求把现有的战争手段交给统帅，要统帅根据这些手段制订一个纯军事的战争计划或战局计划。一般的经验也告诫我们，尽管今天的军务部门已经非常多样，也有一定水平，但战争的主要轮廓仍始终是由政府决定的，也就是说（如果我们机械地表述的话）只是由政治当局，而不是由军事当局决定的。

这是完全符合事物本性的。如果对政治关系没有透彻的了解，就无法制订出战争所必需的主要计划。当人们说政治对战争指导的有害影响时（人们经常这样说），说的实际上完全不是他们要说的意思，他们应该指责的其实并不是政治的这种影响，而是政治本身。如果政治是正确的，也就是说，如果政治与

---

[1]这句话在本篇第三章中的表述与这里略有不同。两处均按原文直译。——译者注

其目标是一致的，那么政治就其本意来说只会对战争产生有利的影响。当这种影响与目标不一致时，其原因只能在错误的政治中去寻找。

只有当政治期待从某些战争手段和举措中得到与它们的本性不符的错误的效果时，政治才会连同它的决定对战争产生有害的影响。正像一个人使用未完全掌握的语言，虽然想法正确，却有时说了错话一样，政治也常常会做出不符合其本意的部署。

这种情况不断地发生，让人们感到政治交往的领导人也应对军务有一定的了解。

然而我们在继续论述以前，必须防止一种很容易产生的错误的理解。我们远非认为，当君主本人不出任首相时，一位埋头于公文的国防大臣，或者一位学识渊博的军事工程师，甚或一位能征善战的军人因此就可以成为杰出的首相。换句话说，我们决不认为，熟悉军务应是首相的主要素质。伟大而杰出的头脑和坚定的性格，这些才应是他的主要素质。至于对军务的了解，是大可用这种或那种方式予以弥补的。贝勒艾尔兄弟[1]和舒瓦瑟尔[2]公爵都曾是优秀的军人，但他们对法国军事和政治行动的参谋是最糟糕的。

要让一次战争完全符合政治意图，而政治又完全与战争手段相适应，那么在政治家和军人无法集于一人的情况下，就只有一个好的办法，即让最高统帅成为内阁成员，以便内阁能参与统帅主要行动的决策。但是只有当内阁即政府就在战场附近，不必费很多时间就能决定各种事务时，这才是可能的。

1809年，奥地利皇帝就是这样做的，1813年、1814年和1815年反法联盟的各国君主们也是这样做的，而且证明这种做法是完全可行的。

在内阁中，除了最高统帅的影响外，任何其他军人的影响都是极其危险的，这种影响很少能够导致健康而有力的行动。法国的卡诺[3]于1793年、

[1]即奥古斯特·贝勒艾尔（Louis-Charles-Auguste Fouquet de Belle-Isle，1684—1761）和阿尔芒·贝勒艾尔（Louis-Charles-Armand Fouquet de Belle-Isle，1693—1746）兄弟。前者为法国元帅、政治家，1757年任法国国防大臣；后者为法国中将、外交官。——译者注
[2]舒瓦瑟尔（Étienne-François de Choiseul，1719—1785），公爵，法国将军、政治家。参加过奥地利王位继承战争。曾任法国外交大臣、陆军大臣和海军大臣。——译者注
[3]卡诺（Lazare Nicolas Marguerite Carnot，1753—1823），伯爵，法国军官、数学家、政治家。1795年9月26日成为法国督政府成员，因反对1797年果月18日政变而逃往瑞士，1799年雾月18日政变后回国，历任拿破仑的国防大臣和内务大臣。——译者注

1794年和1795年从巴黎领导战争事务的做法是应完全予以摒弃的，因为恐怖主义的做法只是供法国这样的革命政府使用的。

现在我们想以对历史的考察结束本章的论述。

上世纪[1]90年代，在欧洲的军事艺术中出现了令人瞩目的变革。由于这些变革的出现，一些最优秀的军队看到自己的部分军事艺术失去了作用，同时一些军队在战争中取得了过去难以想象的巨大成就，于是人们自然将此都归咎于军事艺术的失算。军事艺术过去一直被习惯做法局限在众多概念的狭窄范围里，现在在这个范围以外，但又符合事物本性的可能性使军事艺术受到了意外打击，这是十分明显的。

那些视野开阔的观察家们把这种现象归咎于数个世纪以来政治对军事艺术所产生的非常不利的普遍影响，这种影响使军事艺术降为一种不彻底的东西，常常降为一种彻头彻尾的花招。事实也的确如此，然而只把这种情况看作是偶然发生的和可以避免的，却是错误的。

另一些人认为，这一切都可以用奥地利、普鲁士、英国等国各自不同的政策所产生的一时影响来解释。

然而军事艺术感受到的真正的意外打击，果真是来自军事领域而不是政治本身吗？用我们的语言来说就是，这种不幸究竟是产生于政治对战争的影响呢，还是产生于错误的政治本身呢？

很明显，法国革命之所以对外产生巨大的影响，究其原因，与其说是由于法国人采用了新的作战手段和观点，不如说是由于执政和管理艺术以及政府的特点和人民的状况有了彻底的改变。至于其他政府未能正确地认识到这一切，欲以惯用的手段去同新兴的和压倒一切的力量抗衡，这些都是政治犯下的错误。

假如人们以对战争纯军事的理解，是否能认识和改正上述错误呢？不可能的。因为即使真的有一位有哲学头脑的战略家，如果他仅仅根据敌对因素的本性就想推论出一切结果，并由此对未来的可能性做出预言，那么他的这种妄想也是根本不可能有任何结果的。

---

[1] 指18世纪。——译者注

只有当政治正确地评价在法国觉醒的力量和在欧洲政治中新产生的关系时，它才能预见到那些即将呈现出战争大轮廓的情况，也只有这样，它才能确定手段的必要范围和达到目标的最佳途径。

因此人们可以说，法国革命之所以能取得长达20年的胜利，主要是反对这次革命的有关政府的错误政治使然。

当然这些错误只是在战争期间才暴露出来，表现为在战争中出现的现象与政治期望出现的完全相反。但这种情况的出现并不是因为政治没有向军事艺术请教。政治家当时可以相信的军事艺术是当时现实世界的、属于当时政治的军事艺术，是被政治到那时一直作为非常熟悉的工具来使用的军事艺术。**这样的**军事艺术，我认为自然是犯了与当时的政治同样的错误，因此它不可能纠正政治的错误。的确，战争本身在其本质和形式上也发生了一些大的变化，这些变化使战争更接近其绝对形态，但是出现这些变化并不是因为法国政府在某种程度上摆脱了政治的羁绊，而是因为法国革命在法国和全欧洲引起了政治改变。改变后的政治提供了不同的手段和不同的力量，从而使作战具有了在其他情况下难以想象的力量。

因此，军事艺术的真正变化也是政治改变的结果。军事艺术的这些变化远不能证明两者是可以分开的，反而有力地证明了两者之间的密切关系。

我们再重复一遍：战争是政治的一个工具；战争必然具有政治的特性，它必须用政治的尺度衡量有关事物；因此，战争指导就其主要轮廓来说就是政治本身，政治在这里以剑代笔，但并未因此就停止按照其自己的法则思考问题。

★ 第七章 ★

目标有限的进攻战

进攻者即使不能以打垮对手为目标，但仍然可以有一个直接的积极的目标，这一积极的目标只能是占领敌人的部分国土。

占领敌人部分国土的好处是：我们可以削弱敌人的国力，从而也削弱其军队，同时可以增强我们的国力和军队；可以把战争的负担部分转嫁给敌人；此外，在签订和约时可以把占有敌人的地区看作是一个现金盈利，因为我们要么可以继续占有这些地区，要么可以用它们换取其他好处。

这种占领敌人国土的观点是很自然的。假如不是进攻之后必然出现的防御状态常常引起进攻者不安的话，这种观点本身并没有什么自相矛盾的地方。

在《关于胜利的顶点》一文中，我们已经详细地说明了这样的攻势会以何种方式削弱部队，而且在这样的攻势之后可能出现一个令人担心有危险后果的状态。

我军由于占领敌人的地区而受到的削弱在程度上是不同的，这主要取决于所占领地区的地理位置。这个地区越是相当于我国国土的一个补充，被我国国土包围或者与我国国土相毗连，越是位于我军主力行动的方向上，则我军受到削弱的程度就越小。在七年战争中，萨克森是普鲁士战区的一个自然的补充，弗里德里希大帝的军队占领这个地区后，不仅没有使自己受到削弱，反而得到了加强，因为萨克森距西里西亚比距边区近，而且同时又保护着边区。

甚至1740年和1741年弗里德里希大帝一度占领西里西亚[1]时，他的军队也没有受到削弱，因为西里西亚就其形状、位置及其边界的特点来看，只要奥地利人没有控制萨克森，那么西里西亚对奥地利人来说就只是一个窄小的突出部，而且这个接敌的窄小地带还位于双方主要打击必经的方向上。

相反，如果占领的地区伸入到敌国的其他地区中间，位置离心，地形不利，那么部队就会受到显著的削弱，以至敌人不仅更容易取得会战的胜利，而且甚至可以不必进行会战即取胜。

每当奥地利人从意大利试图进入普罗旺斯[2]时，总是不得不未经会战即撤离该地区[3]。法国人在1744年未打一场败仗即得以逃离波希米亚[4]，这真是要感谢上帝。弗里德里希大帝于1757年在西里西亚和萨克森取得辉煌的战果，而在1758年用同一支部队却未能守住波希米亚和摩拉维亚[5]。总之，部队仅由于占领地区而受到削弱，进而未能守住所占地区的例子是常见的，因此我们没必要再举其他例子了。

因此，我们是否应该把占领敌人地区作为目标，取决于我们是否能承诺守

---

[1] 西里西亚在当时本属奥地利，是奥地利国土伸向东北的一个狭窄的突出部分，西邻萨克森，北邻普鲁士，东邻波兰，与波希米亚之间隔有苏台德山脉。普鲁士在第一次西里西亚战争（1740—1742）后，根据《布雷斯劳和约》（ Frieden von Breslau ）占有了西里西亚。——译者注

[2] 普罗旺斯（ die Provence ），地区名称，位于法国东南部地中海岸，在罗讷河谷与意大利之间。——译者注

[3] 普罗旺斯是法国东南部的濒海地区，与意大利北部接壤，阿尔卑斯山脉是其天然屏障。奥地利军队曾多次从意大利北部侵入普罗旺斯，但由于退路被切断，每次都被迫退出。例如1792年，奥地利和皮埃蒙特联军曾占领普罗旺斯地区的尼斯和阿尔卑斯山口。10月1日，法国革命军的一个师渡过瓦尔河后，奥地利和皮埃蒙特联军只好退到萨欧尔热附近。又如1800年5月，梅拉斯指挥的奥军将法军赶过瓦尔河，攻入普罗旺斯，但由于拿破仑率另一支法军越过阿尔卑斯山脉，奥军不得不退出普罗旺斯。——译者注

[4] 原文如此，疑误。1744年法军并没有进入波希米亚，这里的1744年可能是1742年之误。在奥地利皇位继承战争中，法军于1741年11月进入波希米亚，占领布拉格。1742年夏，普鲁士单方面与奥地利签订《布雷斯劳和约》，退出战争。法军鉴于自己远离本国孤军作战，危险极大，于是在当年年底前从波希米亚退至莱茵河西岸。——译者注

[5] 摩拉维亚（ Mähren ），历史地域名，位于今捷克共和国东部，面积约占捷克总面积的三分之一。1757年，弗里德里希二世在萨克森的罗斯巴赫会战和西里西亚的洛伊滕会战中均取得胜利，但在1758年率领同一支部队在摩拉维亚围攻奥尔米茨时失败，一直退到西里西亚。——译者注

住这个地区，或者为了对这一地区进行一时的占领（入侵、牵制），是否足以值得投入力量，特别是是否担心一旦受到猛烈的还击会使我们完全失去均势。至于在每个具体场合，在这个问题上应考虑哪些事项，我们在探讨顶点的文章中已经谈过了。

只有一点我们还要补充说明。

这样的攻势并不总是适用于抵偿我们在其他地方受到的损失。在我们忙于占领敌人的部分地区时，敌人可能在其他地点对我们做同样的事。如果我们的行动并不是非常重要的话，敌人就不会因此而被迫放弃他的行动。因此，采取这样的行动时必须考虑周全：我们在一方面受到的损失是否会超过我们在另一方面得到的好处。

即使假设两个地区的价值完全相同，敌人占领我们一个地区使我们受到的损失也总是大于我们占领敌人一个地区所获得的好处，因为占领敌人的地区会使我们的很多力量在某种程度上成为烧尽的火焰[1]而起不到作用。不过由于对手也是这样，因此这一点本不应是更多考虑维持自己地区和较少考虑占领敌人地区的理由，但事实上却正是应该这样做的理由。维持自己的地区总是更现实，只有当报复敌人能够带来显著的，即大得多的好处时，它才能消除或者在某种程度上抵消自己国家遭受到的痛苦。

综上所述，我们可以得出结论：这种只有一个有限目标的战略进攻与针对敌国重心的战略进攻相比，要对其他未受到其直接保护的地点进行更多的防御，因此绝不可能在时间和地点上把兵力集中到像进攻敌国重心所要求的那种程度。为了至少能在时间上集中使用兵力，就有必要在所有多少适于这样做的地点同时进攻。这样一来，这种进攻的另一个"由于对个别地点进行防御而部署少量兵力即可"的好处就没有了。因此，在这种有限目标的进攻战中，一切就更没有轻重之分；整个军事行动就无法再汇成一个主要行动，无法根据主要想法引导该行动；整个军事行动就更加分散，各处的阻力增大，偶然性也就更大。

---

[1]"烧尽的火焰"一词，作者用了法语"feux froids"，直译为"冷却下来的火焰"，比喻进攻者在占领地区不得不留下守备部队等力量，从而使这些力量无法在战争中直接发挥作用。——译者注

　　这是事物的自然趋势。统帅受到这种趋势的牵制，作用越来越小。统帅越是自信，越是拥有内在的辅助手段和外部的力量，他就越会试图摆脱这种趋势，以便让某一点具有特别的重要性，即便为此要冒更大的危险。

★ 第八章 ★

目标有限的防御战

正如我们以前已经说过的那样，防御战争的最终目标绝不能是绝对消极的。即便是最弱的防御者，也应该拥有一个可以影响和威胁对手的目标。

虽然人们可以说，这个目标就是拖垮对手，因为对手追求的是积极的目标，因此他的每个失利的行动即使除了损失投入的兵力以外没有其他后果，也已经是一种后退了，但是防御者受到的损失不是无谓的，因为他的目标是据守，而这个目标已经达到了。这样一来，人们会说，防御者的积极目标就是单纯的据守。假如人们能够说，进攻者经过一定次数徒劳的尝试后必然会疲惫不堪和放弃进攻，那么这种观点就是成立的，不过这里恰恰缺少进攻者疲惫不堪和放弃进攻的必然性。如果我们看一下双方力量的实际消耗情况，就可以知道，从总的对比来看，防御者**处于劣势**。进攻是受到了削弱，但只是可能出现转折点；在根本不再有可能出现转折点的情况下，防御者受到的削弱当然要比进攻者大。一方面是因为防御者是较弱的一方，即使双方损失相等，防御者的损失也相对比进攻者大；另一方面是因为防御者的一部分国土和补给基地通常会被对方占领。

由此可见，认为进攻者会放弃进攻的观点是没有根据的。这样就只剩下一个观点，即如果进攻者一再进攻，而防御者除抵御进攻外不采取任何其他行动，那么防御者就无法避免对方进攻迟早成功的危险。

因此，即使在现实中不时真的由于较强者力量枯竭，或者更确切地说由于较强者疲惫不堪而导致媾和，那也是战争在大多数情况下具有的不彻底性造成的，在理论上不能把它视为任何防御的总的和最终的目标。防御只能从"等待"这一概念中找到它的目标（等待本来就是防御固有的特征）。"等待"这一概念含有期待情况发生变化和期待处境得以改善之意，而在这一处境根本无法通过内在的手段（通过抵抗本身）得到改善时，就只能期待通过外力实现。这种来自外力的改善无非是指其他的政治关系，要么是防御者有了新的盟友，要么是原来针对他的同盟瓦解了。

因此，等待就是防御者因兵力少而无法考虑进行任何大的还击时的目标。不过根据我们给防御规定的概念，并不是每次防御都如此。按照我们的观点，防御是战争的一个更有力的形式，正因为它有这种优势，如果人们要进行较有力的还击，也可以运用防御。

人们必须从一开始就把这两种情况区分开，因为它们对防御有不同的影响。

在第一种情况下，防御者试图尽量长时间地占有并完整地保有自己的国土，因为他这样可以赢得最多的时间，而赢得时间是他达到目标的唯一途径。此时防御者还不能把在大多数情况下可以实现的，以及让他有机会在媾和时实现自己意图的积极目标列入战争计划。防御者在战略上处于这种被动状态，在某些地点可能得到的好处仅是抵御住敌人的进攻；他在这些地点上取得的优势，不得不被转用到其他地点，因为通常此时各处的情况都是捉襟见肘的；如果他没有机会这样做，那么他往往就只能得到些小的好处，即得到一段喘息的时间。

第二种情况是：如果防御者不是太弱，那么他在不改变防御目标和实质的情况下也可以采取一些小规模的攻势行动，例如入侵、牵制、进攻个别要塞等，但这时的目的是获得暂时的好处，用以补偿以后的损失，而不是永久地占有。

在第二种情况下，在防御中已经含有积极的意图，也带有更多积极的特点，而且条件允许进行的还击越猛烈，防御具有的积极特点就越多。换句话说，防御越是主动采取的，以便将来有把握地进行首次还击，那么就越是允许防御者更大胆地给对手设下圈套。最大胆的、一旦成功效果最大的圈套就是防御者向本国腹地退却，这同时也是与上述防御方法区别最大的一个手段。

人们只要回忆一下弗里德里希大帝在七年战争中，以及俄国在1812年时的不同处境，就可以明白这一点了。

当七年战争开始时，弗里德里希由于已经完成战争准备而占有某种优势，为他夺取萨克森创造了有利条件。而且萨克森是他战区的一个极其自然的补充部分，以至对萨克森的占领非但没有削弱，反而还加强了他的军队。

在1757年战局开启时，弗里德里希试图继续进行战略进攻。在俄国人和法国人尚未抵达西里西亚、勃兰登堡边区和萨克森战区以前，他是有可能进行战略进攻的。这次进攻失败了，他被迫在战局的其他时段进行防御，不得不再次撤出波希米亚，并从敌人手中夺回自己的战区。当时，他是用同一支军队先转攻奥地利人之后才成功夺回自己的战区的[1]。而他能得到这一好处，只能感谢防御。

1758年，当他的敌人已经缩小对他的包围，而且兵力对比已经开始对他非常不利时，他还试图在摩拉维亚发起一次小规模攻势。他想在对手真正准备好之前攻占奥尔米茨，但他不是希望保住这个地方，更不是希望从那里继续推进，而是想利用这个地方作为对付奥地利人的一个外围工事，作为一道反接近壕[2]。这样奥地利人就不得不把本战局的其他时段，甚至第二个战局都用于收复这个地方。弗里德里希的这次进攻也失败了，于是他放弃了发起任何真正攻势的想法，因为他感到攻势只能加大兵力对比的差距。在他各地区的中间（萨克森和西里西亚）收缩兵力部署；利用较短的战线，以便向受到威胁的地点突然增兵；在会战不可避免时进行会战；在有机会时，进行小规模的入侵，除此以外就静候，为有利时机积蓄力量——这就是他此时大致的战争计划。在实施这个计划的过程中，他的目标越来越消极了。由于他看到，即使胜利了，也要付出过多的代价，于是他就试图以较小的代价来应付局势。对他来说，这时的主要问题只在于赢得时间，在于保住他仍占有的地盘。他越来越珍

---

［1］原著有些版本为："……用同一支军队先进攻法国人，后进攻奥地利人才夺回自己的战区的。"这可能是编者根据历史上的实际情况做了修改。——译者注

［2］"反接近壕"一词，作者用了法语"contre-approche"。——译者注

惜地盘，不惜转而进行真正的哨所线防御。海因里希亲王在萨克森的阵地和国王本人在西里西亚山区的阵地都是哨所线防御。我们从弗里德里希大帝致达尔让[1]侯爵的信中可以看出他盼望进入越冬营地的迫切心情，以及当他没有明显损失，得以重新进入越冬营地时是多么高兴。

我们认为，谁要是在这方面指责弗里德里希，认为他如此行动表明他的勇气减弱了，谁就是做了一个十分轻率的判断。

现在在我们看来，崩策尔维茨设防营垒、海因里希亲王在萨克森以及国王在西里西亚山区的哨所线部署已经不再是人们可以寄予最后希望的举措，因为一个像拿破仑那样的人很快就会把这种战术蜘蛛网冲破。但我们不要忘记，这是由于时代改变了；战争已经变得完全不同了，它是由不同于以往的力量进行的；当时有效的哨所线阵地现在已经不再有效了；此外还要考虑到对手的特点。针对帝国军队、道恩和布图尔林[2]，即使使用弗里德里希本人不屑一顾的手段，可能就已经是最高的智慧了。

结果也证明这个观点是正确的。弗里德里希在静候中达到了目的，避开了那些可能让他的力量碰得粉碎的困难。

1812年战局开始时，俄国人对法国人的兵力对比比起弗里德里希大帝在七年战争中与敌人的兵力对比还要不利得多。不过俄国人有望在战局进程中大幅增强自己的力量。对拿破仑来说，整个欧洲都是他暗中的敌人，在西班牙的一场消耗战弄得他手忙脚乱，他的力量已经发挥到最大限度，而幅员辽阔的俄国可使俄军通过上百普里的退却把敌军削弱到极致。在这种特殊情况下，如果法国的行动不成功（在亚历山大[3]皇帝不媾和或者他的臣民不造反的情况下，法国的行动怎么可能成功？），那么人们就不仅要考虑到俄国会进行猛烈的还击，而且还要考虑到这种还击可能导致其对手的毁灭。即使是有最高超的智慧的人恐怕也提不出比俄国人无意中遵循的更好的战争计划。

---

[1]达尔让（Jean Baptiste de Boyer，Marquis d'Argens，1703—1771），侯爵，法国作家、哲学家。曾在普鲁士宫廷供职，任弗里德里希二世侍从官、柏林科学院历史系主任。——译者注

[2]布图尔林（Alexander Borissowitsch Buturlin，1694—1767），伯爵，俄国元帅。1720年任彼得大帝副官。在1760—1761年俄普战争中任俄军司令。——译者注

[3]指亚历山大一世（Pawlowitsch Alexander Ⅰ.，1777—1825），俄国皇帝（1801—1825）。在位期间曾多次与普鲁士和奥地利组成"神圣联盟"，参加对拿破仑的战争。——译者注

当时俄国人并没有提出这样的计划，甚至也许会认为这样的计划是荒谬的，但是这并不妨碍我们现在把它作为正确的计划提出来。如果我们想从历史中学到东西，那么我们就要将确实已经发生过的事情看作是将来也可能发生的事情。任何一个对这样的事情有判断能力的人都会承认，在法军进军莫斯科以后发生的一系列大的战事并不是偶然的。假如俄国人有可能勉强在边境进行防御，那么法国军力虽然仍很有可能受到削弱，对俄国有利的局势转变虽然仍很有可能出现，但这种转变出现得肯定不会那么强有力和那么具有决定性。俄国用牺牲和危险换来了这个巨大的好处。当然这种牺牲和危险对其他任何国家来说太大了，对大多数国家来说是不可能做到的。

由此可见，人们永远只有通过积极的、以**决战**为目标，而不是以单纯的等待为目标的举措，才能取得大的积极的成果。简单说就是，人们在防御中也只有下大的赌注才能获得大的好处。

★ 第九章 ★

以打垮敌人为目标的战争计划

在我们较详细地论述了战争可能具有的不同目标以后，现在想看一下与这些目标相对应的三种不同程度的整个战争的部署。根据我们迄今对这个问题的全部论述，有两个主要原则贯穿于整个战争计划，并且是其余一切的准绳。

第一个主要原则是把敌人的力量归结为尽可能少的数个重心，如果可能就归结为一个重心；把对这些重心的打击归结为尽可能少的数次主要行动，如果可能就归结为一次主要行动；最后，尽量把所有的次要行动保持在从属的地位上。总之，第一个主要原则是尽量集中力量行动。

第二个主要原则是尽可能迅速行动，也就是说，只要没有充分的理由就不要停顿，不要走绕远的路。

能否把敌人的力量归结为一个重心，取决于下列条件：

第一，取决于敌军的政治关系。如果敌军是一个君主的军队，那么找到它的重心大多没有什么困难；如果敌军是结成同盟的国家的军队，其中一国的军队在行动时只是履行同盟的义务，没有它自己的好处，那么找到其重心的困难也不会很大；如果敌军是具有共同目的的同盟国的军队，那么能否找到其重心，取决于它们之间的友好程度。关于这一问题我们在前面已经讲过了。

第二，取决于敌人不同军队所在战区的位置。

如果所有敌军是在一个战区内，那么它们实际上组成了一个整体，因此我们就不必考虑其他问题了；如果敌军是在一个战区内，但分属不同的国家，那么它们的一致性就不再是绝对的，但各部队之间毕竟还有足够的联系，通过坚决打击**一支**部队，还是会一起影响到其他部队；如果敌军部署在毗邻的、没有大的天然障碍相隔的战区，那么其中一个战区仍会对另一个战区产生明确的影响；如果战区之间相距很远，中间还有中立地区、大的山脉等，那么一个战区对另一个战区是否会产生影响，就很难说了，也就是说不大可能产生影响了；如果各战区位于交战国家的完全不同的方向上，以至对这些战区的行动是在离心方向上进行的，那么各战区之间就几乎没什么联系了。

假如俄国和法国同时对普鲁士发起战争，那么从作战的角度来看，这等于是两场不同的战争，它们之间的一致顶多在谈判时能显现出来。

相反，人们应将七年战争中萨克森和奥地利的参战部队视为一支军队。如果其中一支军队受到打击，另一支军队则必然同时受到影响。这一方面是因为两个战区对弗里德里希大帝来说是在同一个方向上，另一方面是因为萨克森在政治上根本没有独立性。

1813年，拿破仑虽然要与很多敌人作战，可是对他来说这些敌人几乎都在同一个方向上，而且敌军所在的战区之间联系密切，相互影响很大。假如拿破仑能够集中兵力在某处击败敌军主力，那么就会由此一并决定所有敌军的命运[1]。假如他打败联军在波希米亚的主力军团，经布拉格向维也纳推进，那么布吕歇尔就无论如何不会继续留在萨克森，因为他会奉命前往波希米亚，去援救主力军团，而瑞典王储[2]甚至不会继续留在勃兰登堡边区。

相反，如果奥地利在莱茵地区和意大利同时针对法国作战，那么它就很难通过在其中一个战区的胜利推进一并决定另一个战区的命运。这一方面是因为瑞士以其群山把两个战区完全隔开了，另一方面是因为两个战区中的道路走向

---

［1］1813年8月，反法联盟同拿破仑的和谈破裂，战争再起。奥地利、普鲁士、俄国、瑞典等国的军队分为三个军团，即波希米亚军团（主力，由奥地利的施瓦岑贝格指挥）、西里西亚军团（由普鲁士的布吕歇尔指挥）和北方军团（由瑞典的贝纳多特指挥），试图以优势兵力合击法军。拿破仑率法军在易北河中游德累斯顿地区试图从内线各个击破联军。——译者注
［2］指贝纳多特（Jean-Baptiste Jules Bernadotte，1763—1844），侯爵，法国元帅，瑞典国王。因他是瑞典国王查理十三的养子，国王去世后，贝纳多特于1810年8月被瑞典国会选为瑞典王储。1813年统率瑞典、俄国和奥地利联军在莱比锡大会战中击败拿破仑。1818年，登基为瑞典国王，即查理十四世（1818—1844）。——译者注

是离心状的。相反，法国更容易通过在一个战区内的决定性的胜利一并决定另一个战区的命运，因为法军对两个战区的方向都呈向心状，均指向奥地利君主国的重心维也纳。而且我们可以说，自意大利出发更容易决定莱茵战区的命运，而不是相反，因为从意大利出发进行的打击更多是击中奥地利军队的中央，而从莱茵地区出发进行的打击更多是击中奥地利军队的翼侧。

从这里可以看出，有关敌军分开和相互联系的概念也是有不同程度的，因此人们只有在具体情况下才能看清其中一个战区的战事对另一个战区会有什么影响，然后根据这一点才能确定在多大程度上能将敌军的不同重心归结为一个重心。

次要行动只有在可以带来**不寻常的好处**的情况下，才可以作为例外，不运用"将全部力量指向敌军重心"这个原则。不过在这种情况下仍然有一个前提，即我们有明确的兵力优势，使我们的主要地点在我们进行次要行动时不至于有过多的危险。

当1814年弗里德里希·冯·比洛将军开往荷兰时，人们可以预料到他3万人的部队不仅能够牵制同样多的法军，而且还会给荷兰人和英国人提供机会，使他们原来根本无法发挥作用的部队参战[1]。

因此人们在拟订战争计划时应遵循的第一个观点是找出敌军的重心，并尽可能把这些重心归结为一个重心。应遵循的第二个观点是把计划针对这一重心的兵力集中用于一次主要行动。

在这个问题上，也许有人会找出一些与我们上述观点相反的理由，作为分兵的根据。这些理由是：

1. 各国军队最初的部署位置，即正在进攻中的各国的位置不适合集中兵力。

如果集中兵力要走弯路和浪费时间，而分兵推进不会面临太大的危险，那么分兵推进是有道理的，因为浪费很多时间去进行不必要的兵力集中，会使首

---

[1] 在1814年战局中，按联军的行动计划，弗里德里希·冯·比洛军从汉诺威出发，经荷兰、比利时向法国北部进军，然后并入西里西亚军团。这一行动不仅帮助了奥兰治公爵回国复位，以及帮助了英军登陆，而且还牵制了迈松（Nicolas Joseph Maison，1770—1840，侯爵，法国元帅、国防大臣）率领的法军。——译者注

次打击失去锐气和速度，这是违背我们提出的第二个主要原则的。在所有人们有望一定程度上出敌不意的场合，均应特别注意这一点。

　　然而一个更应注意的情况是：如果发起进攻的几个盟国不是沿一条线前后面对受到进攻的国家，而是并行地面对。如果普鲁士和奥地利发起对法国的战争，假如两国的军队欲从一个地点出发推进，则是一种非常别扭和浪费时间与力量的做法，因为要直捣法国的心脏，普鲁士人自然应从下莱茵地区出发，奥地利人自然应从上莱茵地区出发。在这种情况下，如果两军先会合，再出发，就会在时间和力量上有所损失，因此在具体情况下要考虑是否有必要付出这样的损失。

　　2. 分兵推进可以取得更多的战果。

　　由于我们这里说的是针对**一个**重心分兵推进，因此这是以**向心**推进为前提的。至于在平行线上或离心线上的分兵推进则属于**次要行动**的范畴，而对此我们已经讲过了。

　　无论是在战略上还是在战术上，向心状进攻都容易取得**更大的**战果，因为如果向心状进攻成功了，其结果就不是简单地打败了敌人，而是或多或少地切断了敌军的退路，从而取得更大的战果。但是由于要分兵和战区更大，向心状进攻也是更冒险的一种进攻。在这一点上，向心状进攻的情况如同进攻与防御的关系一样——较弱的形式能给自己带来最大的战果。

　　因此，问题在于进攻者是否觉得自己强大到可以去追求这个大的目标。

　　弗里德里希大帝1757年进攻波希米亚时，是从萨克森和西里西亚出发，以两路部队进行的。他这样做的两个主要原因是：第一，他的部队在冬季就是这样部署的，如果把这两路部队先集中到一个地点再进攻，就会失去出敌不意的效果；第二，通过这种向心状推进，可使奥地利人的两个战区[1]中的每一个都受到来自翼侧和背后的威胁。这时弗里德里希大帝面临的危险是：他两个军团中的一个可能被优势之敌击败。如果奥地利人**不**明白这一点，那么他们要么只能在中央接受会战，要么面临在这一面或那一面完全失去退路的危险，从而遭到惨败。这正是这种向心状推进有可能给国王带来的超出预期的战果。奥

---

［1］指波希米亚和奥地利本身。——译者注

地利人选择了在中央会战，但是其部队所在的布拉格当时在很大程度上仍受到围攻的影响。由于奥地利人完全是被动应付，普军的这一围攻有时间充分发挥作用，结果奥地利人输掉了会战，而且是一次真正的灾难，因为2/3的军队连同主官被包围在布拉格，这不能不说是场灾难。

弗里德里希大帝在战局一开始即获得这一辉煌的战果，是因为他采取了向心状进攻的大胆行动。如果弗里德里希认为自己的行动准确，他的将领们干劲十足，他的部队占有士气上的优势，而奥地利人行动迟缓，因此认为这些足以让他的计划获得成功，那么谁又能责备他这样行动呢？但是人们在考虑问题时不能忽视这些士气因素，不能把胜利完全归功于进攻的简单几何形式。我们只要回忆一下拿破仑的同样辉煌的1796年战局，就可以明白这一点。在这次战局中，奥地利人因为在意大利进行了向心状进攻而受到了严厉的惩罚。这位法国将领[1]在1796年所拥有的手段也是奥军统帅在1757年所具备的（除了士气上的），而且后者还要多一些，因为奥军统帅当时的兵力不像拿破仑在1796年时少于对手。从这里可以看出，如果我们担心分兵进行的向心状进攻使对手有可能借助于内线而摆脱其兵力较少的不利处境，那么我们就不宜这样做。如果由于部队的位置而不得不这样做，那就只能把这种进攻视为不得已而为之的行为。

如果我们根据这种观点来考察联军1814年制订的进攻法国的计划，那么我们就不会同意这个计划。当时俄国、奥地利和普鲁士的军队位于美因河畔法兰克福[2]附近的一个地点，正是在针对法兰西君主国重心的最自然和最径直的方向上。但是联军把自己的这些军队分开了，以便以一个军团从美因茨攻入法国，以另一个军团穿过瑞士攻入法国。由于敌人的兵力很少，以至无法想象他对边境进行防御，因此即使联军这种向心状推进能够成功，全部好处也只是以其中一个军团占领洛林[3]和阿尔萨斯，以另一个军团占领弗朗什孔泰[4]。

---

[1] 指拿破仑。——译者注

[2] 美因河畔法兰克福（Frankfurt a.M.），今德国黑森州一城市。——译者注

[3] 洛林（Lothringen），位于法国东北部，历史上曾为公国（843—1766），面积23,547平方公里。——译者注

[4] 弗朗什孔泰（Franche-Comté），历史地域名，包括今法国东部索恩河上游和靠近瑞士边境的广大地区。历史上曾是法国的一个省（1678—1790）。——译者注

联军为这点小小的好处，值得向瑞士进军吗？我们很清楚，决定这一进军的还有另外一些同样糟糕的理由，但在此只谈我们正在研究的因素。

另一方面，拿破仑是一位善于对向心状进攻进行防御的人（其1796年的杰出战局已经证明了这一点）。即使对手在数量上大幅超过他，也不得不承认他在士气上占有很大的优势。虽然他抵达位于沙隆[1]的自己的部队时已经太迟，对其对手也过于轻视，但毕竟只差一点就在联军两个军团会合前打败他们。尽管如此，拿破仑在布里昂[2]附近遇到联军这两个军团时，它们已经削弱了很多：布吕歇尔手下只有原6.5万人中的2.7万人，主力军团的原20万人只还有10万人。联军给了对手一个再好不过的机会，而且联军刚一分兵就后悔了，感到没有比重新会合更迫切的事情了[3]。

根据以上考察，我们认为，即使向心状进攻本身是能够带来较大战果的手段，也大多只能在部队原本就是分开部署的情况下采用。为向心状进攻而让部队离开路程最短和行军最便利的方向，只在很少情况下才是正确的做法。

3. 战区扩大可以是分兵推进的一个理由。

当一个进攻的军团从一个地点推进并且成功地攻入敌国腹地时，尽管它能控制的区域并不仅仅局限于它途经的道路，而是会向两侧扩展一些，但是能扩展多少，取决于敌国的紧密度和凝聚力（如果我们可以这样形象比喻的话）。如果敌国的内部联系松散，民众软弱，缺乏战争历练，那么胜利进军的部队不用做很多就能在自己后面占领一个广阔的地区，但是如果敌国的民众既勇敢又忠诚，那么前进的部队在其后面所能控制的地区就会多少成为一个狭长的三角形。

进攻者为避免出现这种不利情况，就有必要在推进时安排出一定的宽度。

---

[1]沙隆（Chalons），即今法国东北部城市马恩河畔沙隆（Chalons-sur-Marne）。——译者注
[2]布里昂（Brienne-le-Château），今法国奥布省一城市，位于奥布河畔。拿破仑少年时期曾在此上过五年军校（1779—1784）。——译者注
[3]1814年战局初，布吕歇尔率领西里西亚军团过莱茵河后，将约克军留在摩泽尔河地区，只带27,000人开赴布里昂，准备与施瓦岑贝格率领的主力军团（波希米亚军团）会合。1月29日，布吕歇尔在布里昂附近与拿破仑率领的4万法军会战，战败后退向特兰。此时，联军波希米亚军团的11万人抵达奥布河畔巴尔，布吕歇尔得以用绝对优势的兵力于2月1日在布里昂附近的拉罗提埃大败法军，但是在会战胜利后并未追击法军，反而分兵。很多评论家认为，如果联军当时集中兵力开赴巴黎，那么拿破仑就无法挽回败局。——译者注

如果敌军集中在一个地点，那么进攻者就只能在未与敌军接触时保持这个宽度。距敌军的部署地点越近，这一宽度就越要收窄，这本身是不言而喻的。

但是如果敌人自己是部署在一定宽度上的，那么进攻的部队均匀分兵本身就没有什么不合理的。我们在这里所说的是一个或多个但彼此毗邻的战区。显然这属于"主要行动一并决定次要地点命运"这一观点所说的情况。

但是人们**总是**能够按这个观点行动吗？如果主要地点对次要地点的影响不够大而出现危险时，人们能冒这个危险吗？战区需要一定的宽度，这一点难道不值得特别注意吗？

在这里像在所有其他地方一样，不可能穷尽各种行动方式，但是我们坚持认为，除少数例外情况，在主要地点的决战会一并决定次要地点的命运。因此，除明显的矛盾以外，在其他情况下都应根据这个原则组织行动。

当拿破仑攻入俄国时，他有理由相信，通过击败俄军主力就会让道加瓦河上游的俄军部队败退。他起初只命令乌迪诺军去对付这部分俄军，不过维特根施坦转入了进攻，拿破仑被迫把第6军也派往那里了[1]。

与此相反，为对付巴格拉季翁，拿破仑一开始就派出了一部分部队，但是巴格拉季翁受到巴克莱所率中央部队退却的影响而一并退却，于是拿破仑得以把这部分部队重新调回到身边[2]。假如维特根施坦不是必须保护第二首都[3]的话，他也会随巴克莱的退却而退却。

1805年和1809年，拿破仑在乌尔姆附近和雷根斯堡[4]附近的胜利一并决定了意大利和蒂罗尔的命运[5]，尽管意大利是一个相当偏远和独立的战

---

[1]1812年战局初，巴克莱率俄军第1军团从德里萨向维捷布斯克撤退时，把维特根施坦留在德里萨一带保护通往彼得堡的道路。拿破仑派乌迪诺率第2军渡过道加瓦河，开往波洛茨克和谢别日，保护主力的翼侧。在克利亚斯蒂策附近，乌迪诺被维特根施坦击败，于是拿破仑派圣西尔率领第6军去支援乌迪诺。——译者注

[2]1812年战局初期，拿破仑率法军主力直逼维尔纳，俄军第1军团退向德里萨，继而退向斯摩棱斯克。法军达武部奉命向明斯克推进，企图切断俄国第2军团的退路，但俄军第2军团在第1军团撤退后已经退却。当俄军的这两个军团在斯摩棱斯克会合后，拿破仑即将达武调回主力。——译者注

[3]指彼得堡（Petersburg），即今俄罗斯城市圣彼得堡，位于波罗的海芬兰湾东岸、涅瓦河口。1703年由俄皇彼得大帝兴建，历史上曾长期为俄国首都。——译者注

[4]雷根斯堡（Regensburg），今德国巴伐利亚州一城市，位于多瑙河畔。——译者注

[5]1805年，拿破仑在乌尔姆会战中获胜，打乱了奥军的行动计划，迫使卡尔大公率领在北意大利的奥军退却。1809年的雷根斯堡会战后，拿破仑派勒费弗尔将军率领第7军进入蒂罗尔。在蒂罗尔的奥军本想阻止法军前进，但由于奥军主力败退，不得不退出蒂罗尔。——译者注

区。1806年，拿破仑在耶拿和奥尔施泰特的胜利[1]决定了在威斯特法伦、黑森[2]和沿通往法兰克福大路的一切针对他的行动的命运[3]。

能影响到次要部分抵抗的情况很多，其中主要有以下两种。

第一种情况：如果防御者在一个幅员辽阔而且力量相对多的国家（例如俄国）可以长时间迟滞进攻者在主要地点上的决定性打击，那么在次要地点进行抵抗的防御者就不必把所有力量都匆忙集中到主要地点。

第二种情况：如果一个次要地点由于有很多要塞而拥有不寻常的独立性，例如1806年的西里西亚。但是拿破仑非常轻视这个地点，尽管他在进军华沙时不得不一开始就把这个地点放在身后，但他只派了弟弟热罗姆[4]率2万人前往该地。

如果有的战例表明，对主要地点的打击很有可能不会撼动次要地点，或者确实没有撼动次要地点，那是因为敌人在这些次要地点部署了较多的部队。在这种情况下，进攻者就不得不把这些次要地点视为无法避开的难题，派其他更适当的兵力去对付它们，因为进攻者不能一开始就完全放弃自己的交通线。

谨慎的人可能还会更进一步，他们可能要求向主要地点的推进与向次要地点的推进完全同步。如果敌人不肯从次要地点退却，这些谨慎的人就会要求把主要行动也停下来。

这个原则与我们"尽量把一切力量集中于一个主要行动"的原则虽然并不完全矛盾，不过这两者的指导精神是完全对立的。如果按这个原则行动，运动就会减缓，进攻力量就会减弱，偶然因素就会增加，以致这一原则与以打垮对手为目标的攻势实际上是完全不相容的。

假如敌在次要地点上的部队能够离心状退却，那么进攻者的困难就会更

---

[1]指第四次反法联盟战争中的耶拿和奥尔施泰特会战。

[2]黑森（Hessen），今德国中部的一个联邦州，历史上曾是多个侯国、公国、边区的所在地。——译者注

[3]1806年，普鲁士在勃兰登堡边区保留了一支3万人的战略预备队，准备在必要时在威斯特法伦另辟战场。黑森选帝侯在战前与普鲁士有协定：若普鲁士获胜，黑森将与普鲁士共同反法；若法国获胜，黑森则严守中立。耶拿会战前夕，普军派魏玛公爵出图林根山区，准备开赴弗兰肯，袭扰法军后方。由于普军在耶拿和奥尔施泰特会战中失败，这些计划均未能实现。——译者注

[4]热罗姆·波拿巴（Jérôme Bonaparte，1784—1860），拿破仑最小的弟弟，威斯特法伦王国国王（1808—1813）。——译者注

大。在这种情况下，我们进攻的一致性将变成什么样子呢？

因此，我们必须明确反对将"是否发起主要进攻，要视次要地点的情况而定"作为一项原则。我们坚持认为，一个以打垮对手为目标的进攻，如果没有胆量像一支箭那样射向敌国的心脏，那么它就无法达到目标。

4. 最后，易于取得给养是分兵推进的第四个理由。

以一个小的军团通过一个富庶地区，当然要比以一个大军团通过一个贫瘠地区舒服得多。但是如果措施得当，而且部队惯于吃苦，以一个大军团通过贫瘠地区并非不可能。因此"以小军团通过富庶地区"的想法绝不能让我们的决心受到影响，以致陷入分兵推进的大的危险之中。

谈到这里，我们已经承认分兵（由此将一个主要行动分为几个行动）的上述理由是有其道理的。如果在清楚地意识到目的和慎重地权衡了利弊的情况下，根据上述理由中的一个进行了分兵，那是无可指责的。

但是如果像常见的那样，计划是由一个学究气十足的参谋部仅按惯例制订的；如果不同的战区像下棋时先摆好棋子再走子那样，先以部队占据后再行动；如果这些行动为一些幻想出来的奇思妙想所左右，以各种复杂的线和几何关系接近目标；如果部队今天分兵只是为了两周后再冒极大的危险会合，以显示这些部队的全部艺术，那么这种为故意陷入极大混乱而离开径直、简单道路的做法，是我们所憎恶的。最高统帅对战争的指导越是无力，越是较少将战争视为以巨大力量武装起来的个人的简单行动（就像我们在第一章中指出的那样），整个计划越是参谋部这个脱离实际的工厂生产出来的，是十几个一知半解的人臆想出来的，那么上面说的愚蠢行为就越容易出现。

现在我们还要研究第一个原则的第三点，即尽量使从属行动保持从属地位。

由于人们力求把整个战争行为归结为一个简单的目标，并且力求尽量通过**一个**大行动来达到这个目标，就使交战国发生接触的其余地点失去了部分独立性，那里的行动就成了从属行动。假如人们能够把一切行动完全归结为唯一的一次行动，那么发生接触的其余地点就完全失去了作用。不过这种可能性是很少的。因此重要的是，要限制这些发生接触的次要地点的数量，以免它们占用过多本应用于主要行动的力量。

首先，我们认为，即使不可能把敌人的全部抵抗归结为一个重心，也就是说，即使像我们已经讲过的那样不得不同时进行两场几乎完全不同的战争，战争计划仍然必须体现出这个原则。我们必须始终把其中的一场战争视为**主要的**，应该首先针对它部署兵力和行动。

根据这个观点，只在这个主要方向上采取**进攻**，而在另一个方向上保持防御态势是明智的做法。只有在特殊情况下，同时在另一个方向上采取进攻才是正确的。

其次，我们应尝试以尽量少的兵力在这些次要地点上进行防御，尝试利用这种抵抗形式所提供的一切有利之处。

如果对手的来自不同国家的部队虽然出现在不同的战区，但从总的重心来看，这些部队会一并受到打击，那么我们的这个观点就更适合这些战区。

根据我们这个观点，在次要战区就不能再对**那个**应给予主要打击的敌人进行防御了。这一主要打击是由主要进攻本身和根据其他考虑而采取的次要进攻构成的，并使未受到它们直接保护的各地点的防御成为多余。这时一切都取决于主力决战，一切损失都会在主力决战中得到补偿。如果兵力足以去理智地寻找这样主力决战的机会，那么"主力决战**可能失败**"就不能再是"无论如何要在其他地点避免损失"的理由，因为**这样做恰恰**会使失败的可能性大增，而且会使我们的行动自相矛盾。

甚至在整个进攻的各个环节上，次要行动也应该服从于主要行动。但是由于这个战区和另一个战区应分别派哪些兵力去进攻共同的重心大多取决于另外一些原因，因此我们在这里指的只能是，必须**力求使**主要行动**居于主导地位**；越是能够使主要行动居于主导地位，一切就会越简单，受偶然性的影响也就越少。

第二个原则涉及部队的快速使用。

任何无谓的时间消耗，任何无谓的绕路，都是浪费力量，因此是战略所憎恶的。而更重要的是要记住，一般来说，进攻的唯一优点几乎就是开战时的出敌不意。突然和势不可当是进攻的最有力的翅膀，在以打垮对手为目标的进攻中，它们是不可或缺的。

因此，理论要求通过考察找到通向目标的最近的途径，而不是要求考察对向左还是向右、向这里还是向那里行动进行无休止的讨论。

如果回忆一下我们在《战略进攻的目标》一章中关于国家心脏的内容[1]以及在本篇第四章中关于时间影响的内容，那么我们相信，不做进一步的说明就可以明白，"快速使用部队"这个原则确实具有我们所要求的那种影响。

拿破仑向来就是这样行动的。他总是最喜欢通过最近的大路直取敌军或敌国首都。

那么我们把一切归结于它并且要求迅速而直接完成的那个主要行动究竟是什么呢？

对于什么叫打垮敌人，我们在第四章中已经从总的方面尽可能地做了论述，已经没必要再重复了。不管打垮敌人最后在具体情况下取决于什么，走向打垮敌人的开端总是一样的，即消灭敌军，也就是说要对敌军取得一个大的胜利，并且粉碎敌军。试图夺取这一胜利的时间越早，也就是说试图夺取这一胜利的地点距我们的边境越近，这一胜利就**越容易**取得；夺取这一胜利的时间越晚，也就是说夺取这一胜利的地点越是在敌国腹地，这一胜利就越具有**决定性**。在这里与在所有地方一样，取得胜利越容易，成果就越小；反之，成果就越大。

如果我们对敌军还不是很占优势，以致没有获胜的把握，那么我们就应尽量去寻找他们（敌军主力）。我们之所以说"尽量"，是因为如果这一寻找敌军主力的行动让我们走了大的弯路，走错了方向，浪费了时间，那么这一行动就容易成为一个错误。如果敌军主力不在我们行进的路上，而我们又不能去寻找它（因为对我们不利），那么我们可以确信以后会找到它，因为它会不失时机地向我们扑来。在这种情况下，正如刚才说的，我们将在较为不利的情况下作战，这种不利是我们无法避免的。如果我们仍能赢得这次会战，那么这次会战就更具决定性。

从中可以得出结论：在我们对敌军的优势还不能保证我们获胜的情况下，如果敌军的主力已经在我们行进的前方路上，而我们却故意从其侧面通过，则

---

[1]原文如此，疑误。《战略进攻的目标》是第七篇第三章，但作者在该章中并未谈到这个问题。——译者注

会犯下一个错误，至少认为这样从其侧面通过能让我们此后更容易获胜是错误的。

相反，从上述结论可以得出的一个结论是：当我军占有非常明确的优势时，为以后能发起一次更具决定性的会战，我们可以故意从敌军主力的侧面通过。

我们以上谈及的是彻底的胜利，也就是使敌人遭到惨败，而不仅仅是赢得一场会战。而要取得这种胜利，就要进行全面进攻或发起变换了正面的会战，因为这两种打法往往能使结局具有决定性。因此，以此为目标进行准备是战争计划的重要内容，包括准备必要的部队数量，以及为他们规定好行动方向。关于这些，我们在《战局计划》一章[1]中还要详细论述。

虽然直接对敌人正面发起会战也有可能使敌人遭到惨败，而且战史上也不乏这样的战例，不过，随着双方军队的训练水平和灵活敏捷程度日益接近，这种情况变得少见了，而且会越来越少。像在布林海姆[2]附近一个村子里即俘获27个步兵营的事，不再可能发生了。

一旦获得大的胜利，进攻者就不应考虑休息或喘口气，不应思前想后和查实确认等，而只应考虑追击，考虑在必要的地方发起新的进攻，考虑占领敌国的首都，考虑进攻敌人的援军或者敌国可作为依靠的任何目标。

当胜利的洪流把我们带到敌人的要塞旁，是否应该围攻这些要塞，取决于我们兵力的大小。如果我们在兵力方面占有大的优势，那么就应尽早控制这些要塞，否则就会损失时间。如果我们对先头部队下一步能否获胜没有把握，那么就只能用尽量少的兵力来对付这些要塞，就无法彻底围攻这些要塞。如果为了围攻要塞而迫使我们不能继续进攻，那么自这一刻起，进攻**一般**就达到了它的顶点。因此，我们要求主力迅速、不停歇地前进和追击。我们已经否定了"在主要地点上的这种前进应该取决于次要地点上的结果"的观点，因此在一般情况下，我军主力迅速前进和追击的结果是在其背后只有一个狭长的地带。

---

[1] 原文如此，疑误。本书并没有这一章。——译者注
[2] 布林海姆（Blenheim），布林德海姆（Blindheim）的英语称谓，今德国巴伐利亚州一小镇，位于多瑙河畔。西班牙王位继承战争期间，英荷联军于1704年8月13日在此重创法国和巴伐利亚联军，迫使其27个步兵营和4个骑兵团投降。——译者注

不管这个地带可以叫作什么，它构成了我们的战区。这样的情况会如何削弱先头部队的突击力，会给进攻者带来哪些危险，我们在前面指出过。这种困难，这种内在的牵制力量会不会达到一个点而阻止部队继续前进呢？当然是会的，但是正如我们在前面已经指出的那样，如果一开始就想避免身后出现狭长的战区，并为此而降低进攻速度，那是错误的。现在我们还要说，只要统帅还没有打垮其对手，只要他相信自己的力量足以达到这个目标，那么他就应该追求这个目标。他这样做，面临的危险也许加大，但战果也会加大。当统帅到了不敢继续前进，认为应该考虑自己的后方，必须向左右扩展的时候，那么这极有可能就是他进攻的顶点。于是进攻者飞翔的力量到头了，如果这时他还没有打垮对手，那么就极有可能无法再打垮对手了。

如果统帅为了步步为营地组织进攻而去占领要塞、山口、地区，那么这些行动虽然还是一种缓慢的前进，但已经只是一种相对的前进，不再是绝对的前进了。此时敌人不再是在逃跑途中，而是也许在准备新的抵抗，因此此时已经有可能出现这样的情况：尽管进攻者还在稳步前进，但是防御者也在行动，而且每天都比进攻者多一点进步。总之，我们再回到前面的那个结论：在一次必要的停顿以后，通常就不可能再进行第二次前进了。

因此理论要求的只是：只要还想打垮敌人，就要不停顿地向着敌人前进。如果统帅感觉这样做太危险而放弃这个目标，那么他停止前进和向两侧扩展就是正确的。理论指责的只是：如果他停止前进只是为了更巧妙地打垮对手。

我们不会愚蠢到宣称没有一个逐步打垮国家的例子。首先，我们提出的这个原则并不是毫无例外的绝对真理，它只是以很可能出现的一般结果为依据的；其次，一个国家的灭亡是逐渐发生的，有个历史过程，还是一下子就是敌人首次战局的目标，对这两种情况必须加以区别。我们在这里谈的只是后一种情况，因为只有在这种情况下力量才处于紧张状态，一方不是打垮对方的重心，就是面临被对方重心打垮的危险。如果人们在第一年得到些一般的好处，第二年在这基础上又得到些一般的好处，就这样逐渐地、缓慢地向目标前进，那么人们虽不会面临严重的危险，但取而代之的是要在很多地点面临危险。在这种情况下，从一个战果到另一个战果之间的每一个空隙都会给敌人以新的希望。前一个战果对后一个战果只有很小的影响或者往往没有影响，甚至还有不利的影响，因为敌人会得到恢复，甚至会由于受到刺激而进行更大的抵抗，或者会得到新的外援。而如果一切行动是一鼓作气进行的，那么昨天的战果就能导致今天的战果，胜利之火就会接二连三地燃烧起来。如果说有些国家确实在逐渐打击下被征服了（也就是说时间这一防御者本来的保护神对防御者起了不利的作用），那么我们要说，进攻者逐渐打击、征服一个国家的企图完全落空的例子要多得多。人们只要回想一下七年战争的结果，就可以明白这一点。当时奥地利人试图步步为营、小心谨慎地达到目的，结果完全没有达到。

根据上述观点，我们根本不能认同"在推进的同时还要注意建立相应的战区，以便在某种程度上与推进保持平衡"的观点。相反，我们认为推进所产生的不利是不可避免的，只有当我们在前面无望再获胜时，才应注意这种不利。

拿破仑1812年的例子远未让我们惊慌地背离这个论断，反而让我们更坚信这一论断。

拿破仑的这次战局之所以失败，不是像一般舆论所说的那样因为他推进得太快、太远，而是因为争取胜利的唯一手段受挫了。俄罗斯帝国不是一个能正式被征服（即保持占领）的国家，至少用现在欧洲国家的军队是征服不了的，用拿破仑为此而统率的50万人也是征服不了的。像俄国这样幅员辽阔的国家，只有利用其自身的弱点和内部分裂所造成的影响，才能使它屈服。而为了击中这些政治上存在的薄弱之处，进攻者就有必要撼动这个国家，直至其心脏。拿破仑只有通过强有力的突进抵达莫斯科，才有望撼动俄国政府的勇气及其民众的忠诚和坚定。他希望在莫斯科缔结和约，这是他在这次战局中能提出的唯一理智的目标。

拿破仑率其主力向俄军主力发起进攻，后者在他面前仓皇退过德里萨营垒，直到斯摩棱斯克附近才停下来。他迫使巴格拉季翁受主力拖累一并退却，打败了巴格拉季翁及其主力，占领了莫斯科。拿破仑在这里的做法与他一向的做法是相同的。他只是采用了这种打法才成了欧洲的统治者，而且也只有采用这种打法，他才能够成为欧洲的统治者。

因此，那些赞扬拿破仑在过去历次战局中是最伟大统帅的人，不应指责他在这次战局中的做法。

根据结果来评论一件事是允许的，因为结果是对一件事的最好评析（参阅

第二篇第五章），但是之后人们对这一仅根据结果做出的评论不必再以人类的智慧去加以证明。寻找一次战局失败的原因，与对这次战局进行评析还不是一回事。人们只有证明了这些失败的原因本不应被忽视，才是真正进行了评析，才可以指责这位统帅。

我们认为，谁要是仅仅由于1812年战局中出现了巨大反弹就认为拿破仑的这次战局是荒唐的，而假如拿破仑这次战局取得胜利的结果，就又认为这次战局是其各种战法组合最卓越的行动，那么这就是一个完全没有评判能力的人。

假如拿破仑像大多数评析者所乐见的那样在立陶宛停下来，以便先确保各要塞的安全（实际上那里除了完全位于法军侧面的里加[1]以外，几乎没有要塞，因为博布鲁伊斯克[2]只是一个不重要的小地方），那么他就会不得不在冬天转入可悲的防御。这时，同样这些人又会首先叫起来：这已经不再是以往的那个拿破仑了！这个惯于通过奥斯特利茨和弗里德兰会战那样的胜利，在敌国的最后几道城墙下确认其占领的人，怎能未经一次主力会战就进入防御呢？他怎能犹豫不决，没有去占领敌国的首都（人去城空、已经准备弃守的莫斯科）呢？这样一来，莫斯科这个抵抗核心就能存在下去，新的抵抗力量就能围绕着它集结起来。他有前所未闻的良机，袭击这个远方的巨人，就像袭击一个邻近的城市一样，或者像弗里德里希大帝袭击近处小小的西里西亚一样，可他没有利用这个良机，在胜利的途中停了下来，难道是凶神绊住了他的双脚吗？——这些人恐怕会做出上述这样的评论，因为大多数评析者的评判都具有这样的特点。

我们认为，拿破仑的1812年战局之所以没有成功，是因为俄国政府保持了稳定，人民保持了忠诚和坚定。也就是说，是因为这次战局不可能成功。也许进行这次战局本身就是拿破仑的一个错误，至少结局表明他的很多考虑是自己欺骗自己。但我们认为，即使是应试图成功进行这一战局，那么恐怕基本上也只能是这样的结局。

---

[1] 里加（Riga），今拉脱维亚首都，位于道加瓦河畔。——译者注
[2] 博布鲁伊斯克（Bobrujsk），今白俄罗斯中部一城市，位于别列津纳河畔。——译者注

　　拿破仑在战区东部没有像他在西部不得不做的那样进行长期的、代价很大的防御战争，而是试图采用唯一的一个手段达到目的：用一次大胆的打击迫使惊慌失措的对手媾和。在这种情况下，他可能面临全军覆灭的危险，这是他在这次赌博中下的赌注，是实现大的希望要付出的代价。如果说他的军队由于他的过错而受到了过大的损失，那么这一过错不在于推进得太远（因为这是他的目的，是不可避免的），而在于战局开始得太迟，在于他浪费人力的战术，在于他对军队的给养和退路考虑不周，最后还在于他离开莫斯科晚了一些。

　　至于俄军得以在别列津纳河设伏，正式阻止拿破仑退却，并不是一个有力的反驳我们的论据。理由如下：第一，这恰好表明，要真正切断敌人的退路是多么困难——被切断退路的敌军在能想到的最不利的情况下，最后还是打开了一条路。俄军这一整个行动虽有助于加大拿破仑的失败，但并非拿破仑失败的根本原因。第二，只是由于很少见的当地地形特点，俄军才得以在如此程度上切断法军的退路。假如没有横亘在大路前面的别列津纳河畔的沼泽地，以及沼泽地周围难以通行的茂密林地，俄军要切断法军退路的可能性就更小了。第三，为防止退路被切断，进攻者只有让自己的军队在一定的宽度上前进，而对这种办法我们以前就驳斥过了，因为一旦人们采用这种办法在中间推进，在左右留下部队保护两侧，那么某一侧部队的任何一次失利，都会迫使先头部队立即往回赶。这样一来，进攻大概也就带不来多少好处。

　　我们决不能说拿破仑忽略了对其侧面的保护。为对付维特根施坦，他留下了一支兵力占优势的部队；在里加城前，他留下了一支兵力适当的围攻部队（这一举措甚至是多余的）；在南方，他有施瓦岑贝格率领的5万人，超过了托尔马索夫的兵力，甚至几乎与契恰戈夫的兵力相当。此外，拿破仑在背后的中心地点还有维克托[1]率领的3万人。甚至在11月，即在俄军已经得到加强，法军已经大为削弱的关键时刻，在进入莫斯科的法军背后，俄军的优势仍不是很大。维特根施坦、契恰戈夫和萨肯[2]共有11万人，而施瓦岑贝格、雷

［1］维克托（Claude Victor-Perrin, 1764-1841），公爵，法国元帅。——译者注
［2］萨肯（Fabian Gottlieb Fürst von Osten-Sacken, 1752—1837），侯爵，俄国元帅。在1812年战局中率预备军团在白俄罗斯、立陶宛、乌克兰一带活动。——译者注

尼尔[1]、维克托、乌迪诺和圣西尔[2]实际上还有8万人。即使是最谨慎的将军，恐怕在前进时也不会比拿破仑派出更多的兵力去保护自己的翼侧。

拿破仑1812年过涅曼河进攻俄国时，兵力是60万人。假如他带回法国的不是与施瓦岑贝格、雷尼尔和麦克唐纳一起退过涅曼河的5万人，而是25万人（如果拿破仑没有犯我们在上面指责他的那些错误，这是有可能的），那么这次战局虽仍是一次失败的战局，但理论就不能对此有任何非难了，因为在这种情况下损失过半并不是什么不寻常的事。如果说这个损失特别引人注意，那也只是因为损失的绝对数量过大。

关于主要行动及其必要的发展趋势，以及它面临的不可避免的危险，就谈这么多。至于次要行动，我们首先要指出：所有次要行动都必须有一个共同的目标，但是这个共同目标不应该妨碍每个部分的行动。假设联军分别从上莱茵地区、中莱茵地区[3]和荷兰出发进攻法国，目标是在巴黎会师，如果计划每个军团在会师以前都尽量保全自己而不冒任何危险，那么我们称这样的计划是**有害的**计划。执行这样的计划，三个军团的行动必然会相互牵制，每个部分在前进时都会迟缓、犹豫和畏缩。较好的办法是给每个军团分配一定的任务，当这些不同的行动自然地成为一个整体时再统一行动。

这种为了行军数天后再会合的分兵几乎在所有战争中都出现，但实际上毫无意义。如果分兵，就必须知道为什么要分兵，这个"**为什么**"必须有充分的理由，不能像跳一圈四对舞[4]那样仅仅是为了以后再会合到一起。

如果军队从不同的战区发起进攻，则应该给每支部队下达各自的任务，任务的内容应使各部队不遗余力地发挥出其突击力。这时的问题**在于各部队均应发挥出其突击力**，而不在于各部队去争得相应的好处。

如果敌人的防御与我们预想的不同，造成我们其中一支部队任务过重，遭到了失败，那么这支部队的失败不应该也不允许影响到其他部队的行动，否则

[1] 雷尼尔（Jean Louis Ebenezer von Reynier, 1771—1814），伯爵，法军将军。在1812年战局中指挥法军第7军团（大多由萨克森人组成）。——译者注
[2] 圣西尔（Laurent marquis de Gouvion Saint-Cyr, 1764—1830），侯爵，法国元帅和军事理论家。在1812年对俄战争中指挥第6军团。1815年和1817—1819年两次任法国国防大臣。——译者注
[3] 中莱茵地区（der Mittelrhein），指今德国宾根与波恩之间的莱茵河两岸地区。——译者注
[4] 拿破仑一世时期在巴黎出现的一种交谊舞。——译者注

一开始我们就会失去整体胜利的可能性。只有在多数部队或者主要部分已经失败的情况下，才允许这支部队的失败对其他部队产生影响（而且也必然会产生影响）。在这种情况下，整个计划也就失败了。

对本来担任防御，但防御成功后可以转入进攻的大小部队来说，如果它们不能把多余的兵力转用于主要的攻势地点（这主要取决于战区的地理位置），那么这条规则也适用这些部队。

然而在这种情况下，整个进攻的几何形状和一致性会有什么变化呢？与一个被击败部队相邻的各部队的翼侧和背后会有什么变化呢？

这正是我们应主要加以批驳的问题。这种把一个大规模进攻与一个几何学上的四边形粘在一起的做法，是陷入了错误的理论体系。

我们在第三篇第十五章中已经指出，战略中的几何因素不像战术中的几何因素那么有效。我们在这里只想重复一下结论：进攻者尤其要重视各个地点上切实的结果，而不必重视在进攻中由于各地结果不同而逐渐形成的几何形状。

在战略的广阔范围内，有关各部分几何位置的考虑和决定自然是最高统帅应该做的，任何次一级的指挥官都无权过问他的友邻部队应该和不应该做什么，而是只应按照指示无条件地努力达成自己的目标，这在任何情况下都是一件确定的事。如果确实由此引起了严重的不协调，那么自上而下总还是有办法及时采取补救措施的。因此，这种分兵行动的主要弊端是可以消除的，包括：介入战事进程的不是真实的情况，而是很多担心和假设；每个偶然事件不仅影响到与它直接有关的部分，而且同时会影响到整体；次一级指挥官的个人弱点和个人仇恨情绪有过大的表现余地。

我们认为，只有当人们还没有充分和认真地研究战史，没有把重要的和不重要的事物区分开，没有估计到人的弱点的全部影响时，才会认为我们上述这个观点是荒谬的。

一切有经验的人都承认，在多路进攻时，通过准确地对各路部队进行协调来取得胜利，在战术范围就已经很困难了，那么在分兵程度大得多的战略范围内，这样做就更困难了，或者确切地说是根本无法做到的。如果说所有部分保持协调一致是取得战果的一个必要条件，那么对这种分兵进行的战略进攻就应该予以彻底否定。但是一方面，我们不能任意地彻底否定这样的进攻，因为一些我们根本无法控制的情况可能迫使我们采取这样的进攻；另一方面，即使是在战术上，所有部分也没有必要在作战过程中的每个时刻都保持协调一致，至于在战略上，正如上面所说，就更没有这个必要了。因此在战略范围，人们更应忽略各部分保持协调一致的问题，更应坚持给各部分分配各自的任务。

我们还要接着这一点做个重要的补充，这涉及如何正确地分配角色。

1793年和1794年，奥地利的主力在尼德兰，普鲁士的主力在上莱茵地区。奥军自维也纳开赴孔代[1]和瓦朗谢讷，与自柏林开赴兰道[2]的普军交叉而过。奥地利人虽然要在尼德兰对其比利时各省进行防御，但是如果他们在法属佛兰德占领一些地方的话，也是很方便的，不过他们对此没有多大兴趣。考尼茨[3]侯爵去世后，奥地利大臣图古特[4]为更好地集中力量而力排众议，完全放弃了尼德兰。的确，奥地利人到佛兰德比到阿尔萨斯几乎还要再远一倍，在兵力受到严格限制、一切都要依靠现金维持的时代，这不是件小事。不过图古特大臣显然还抱有另一个意图，他想通过让尼德兰面临危险来迫使那些对保卫尼德兰和下莱茵地区有兴趣的国家（荷兰、英国和普鲁士）做出更大的努力。他失算了，因为当时的普鲁士政府无论如何是不会上当的。不管怎么说，此事的发展过程始终展示出了政治利益对战争进程产生的影响。

普鲁士在阿尔萨斯地区既没有什么要防御的，也没有什么要夺取的。1792年，普军穿过洛林向香槟地区[5]的进军[6]是在骑士精神的驱使下进行的，因此当形势对这次进军不利时，普鲁士对继续作战的兴趣也就只剩下一半了。假如普军是在尼德兰，那么他们就与荷兰有了直接联系（他们几乎可以把荷兰视为自己的国土，因为他们曾于1787年征服过荷兰），就可以保护下莱茵地区，也就保护了荷兰这一普鲁士君主国距战区最近的部分。此外，普鲁士由

---

[1] 孔代（Condé），即今法国诺尔省城市埃斯科河畔孔代（Condé-sur-l' Escaut）。——译者注
[2] 兰道（Landau），今德国莱茵兰-普法尔茨州南部一城市。——译者注
[3] 考尼茨（Wenzel Anton Kaunitz，1711—1794），侯爵，奥地利首相。主张联合法、俄，反对普鲁士，但未成功。因奥皇弗朗茨二世即位后与普鲁士结成反法联盟，于1792年离职。——译者注
[4] 图古特（Johann Amadeus Franz de Paula Freiherr von Thugut，1736—1818），男爵，奥地利政治家，曾任奥地利外交大臣（1793—1801），推行反普、反法的外交政策，积极推动英、俄、奥结成反法联盟。——译者注
[5] 香槟地区（die Champagne），历史上法国一地区名，今香槟-阿登大区的一部分。——译者注
[6] 指1792年奥普联军进攻法国。——译者注

于得到英国的援助，其与英国的同盟关系也是比较牢固的，在这些情况下，其同盟关系不会轻易地恶化为盟友之间的算计（当时人们认为普鲁士政府是利用盟友关系耍了计谋）。

假如当时奥地利人的主力在上莱茵地区，普鲁士人的全部兵力在尼德兰，奥地利人在尼德兰只留下一支小规模的部队，那么奥普联军就会收到好得多的效果。

1814年，假如人们让巴克莱将军（而非敢作敢为的布吕歇尔）统率西里西亚军团，让布吕歇尔留在主力军团，接受施瓦岑贝格的指挥，那么联军的这一战局也许会彻底失败。

在七年战争中，假如敢作敢为的劳东所在的战区不是普鲁士君主国最牢固的西里西亚地区，而是帝国军队所在的地区，那么整个战争的情况也许就完全不同了[1]。为进一步认识这个问题，我们必须根据主要不同点，对下列情况进行考察：

第一种情况是，我们与其他国家共同作战，而这些国家不仅是我们的盟友，而且有各自的利益。

第二种情况是，盟国的军队前来是为了支援我们。

第三种情况是，只谈将领们的个人特点。

对前两种情况，可能有人提出这样的问题：是应像1813年和1814年那样把不同国家部队完全混编，以至具体一路部队是由不同国家部队组成的？还是应尽量将各国部队分开，以便每支部队能更独立地行动？

显然第一种做法最有利，但前提是要有一定程度的友好关系和共同的利益，而这种情况是很少的。在各国部队混编的情况下，各国政府很难追逐各自的利益，指挥官们各自自私的想法所起的有害影响就只能表现在次一级指挥官们的身上，即只表现在战术范围，而且即使是在战术范围，这种自私的想法也不像在各国部队完全分开时那样可以不受惩罚地、自由地表现出来。而在各国部队完全分开时，这种有害影响就会转而进入战略范围，能够在决定性的步骤

---

[1]在七年战争中，奥地利的劳东将军主要在西里西亚作战。作者认为，假如奥地利将劳东部署到帝国军队所在的萨克森和巴伐利亚地区作战，其获得的战果会大得多。——译者注

中起作用。但是正如我们说过的，要采取第一种做法，政府方面必须具有罕见的奉献精神。1813年，紧迫的形势促使各国政府向这个方向努力。当时派出部队最多并对局势好转贡献最大的俄国皇帝并未出于虚荣心要求俄军独立作战，而是把他们交给了普鲁士和奥地利的指挥官，对此是应该大加赞扬的。

如果各国部队不能这样混编在一起，那么他们完全分开自然比半分半合要好。最糟糕的是不同国家的两个独立的指挥官同在一个战区。例如在七年战争中，俄国人、奥地利人和帝国军队就经常是这样。在各国部队完全分开的情况下，要完成的任务也就更多地被分担了，于是各国部队就受到各自任务的压力，在形势的压力下就会采取更多的行动。而如果各国部队联系较多，或者甚至就在同一个战区内，情况就不是这样了，而且一国部队的不良企图会一并阻挠另一国部队的行动。

在前述三种情况中的第一种情况下，各国部队完全分开不会有什么困难，因为每个国家出于自身的利益通常已经为本国部队规定了不同的目标；在第二种情况下，前来支援的部队可能没有自己的目标，此时受援国的部队通常只能完全从属于前来支援的部队（如果前来支援部队的兵力在某种程度上适合这样做的话）。奥地利人在1815年战局末期以及普鲁士人在1807年战局中就是这样做的[1]。

至于将领们的个人特点，就转而涉及每个人了。但是我们不能不提出一个总的看法，即不要任命最小心和最谨慎的那些人来担任从属部队的指挥官（通常很容易做出这样的任命），而是要让**最敢作敢为的那些人**来担任，因为我们曾经指出，在部队分开行动时要想取得战略上的成果，最重要的莫过于每个部分都积极行动，以充分发挥各自的力量。只有这样，在某一地点可能犯的错误才会被在其他地点的敏捷行动抵消。只有指挥官行动迅速和敢作敢为，受到其内在欲望和内心驱动前进时，人们才有把握看到各部分充分行动起来。仅是客观和冷静地考虑是否有必要采取行动，很难使军队充分行动起来。

---

[1] "1815年战局" 有可能是 "1805年战局" 之误，因为在1815年战局中，反法联军之间并没有支援和被支援的关系。1805年战局中的奥地利和1807年战局中的普鲁士都受到俄军的支援，而且在战局末期都主要依靠援军进行战争。奥地利在1805年奥斯特利茨会战失败后，以及俄普联军在1807年弗里德兰会战失败后，都与法国签订了和约，俄军即退出战场。——译者注

最后我们还要指出，在使用部队和统帅时，只要情况允许，就应该根据其特点和地形情况规定其任务。

常备军、训练有素的部队、数量众多的骑兵、谨慎而理解力强的年长指挥官，应该用于开阔地带；民兵、民众武装、临时组织起来的底层民众、敢作敢为的年轻指挥官，应该用于林地、山地和山口；前来支援的部队应该用于他们喜欢去的富庶地区。

迄今我们从总的方面谈了战争计划，在本章中又专门谈了以打垮对手为目标的战争计划。在所有这些论述中，我们的意图是突出战争计划的目标，并指出为达到目标而准备手段和方法时应遵循的指导原则。我们想通过这样的论述使读者清楚地意识到，在这样的战争中应该追求什么和应该做什么。我们想强调必然的和普遍的东西，同时给特殊的和偶然的东西留下余地，但是我们想去除那些**任意的、无根据的、不严肃的、幻想的或诡辩的东西**。如果达到了这个目的，那么我们就认为已经完成了任务。

谁要是因为我们在这里没有谈到迂回江河、利用控制点控制山地、避开坚固阵地和国土的锁钥等问题而感到非常奇怪，谁就是没有理解我们，而且在我们看来，他还没有从大的方面理解战争。

我们在前几篇中已经总的勾勒出这些问题的特点，并且指出其作用往往比其"名声"小得多。在以打垮敌人为目标的战争中，它们就更不能，也不应起大的作用了，也就是说不应对整个战争计划产生大的影响。

关于最高指挥权的问题，我们将在本篇的最后用专门的一章加以论述[1]。

现在我们以一个例子来结束这一章。

如果奥地利、普鲁士、德意志邦联、尼德兰和英国决定对法国开战，而俄国保持中立的话（这是150年来经常出现的一个情况），那么它们是有能力进行一场以打垮对手为目标的进攻战争的，因为无论法国多么幅员辽阔和强有力，毕竟还是有可能出现下面的情况：它的大半国土被敌军淹没，首都被占领，外援不足（除了俄国以外没有一个大国能够给予它有效的支援），西班牙离得太远，所处位置也极为不利，意大利各邦目前又太腐朽，没有力量。

---

[1]原文如此，疑误。本篇并没有这一章。——译者注

对法作战的上述国家即使不算其在欧洲以外的领地也有7,500万以上的人口，而法国只有3,000万人口。这些国家如果对法国进行一场认真的战争，可以毫不夸张地提供以下军队员额：

奥地利	25万人
普鲁士	20万人
其他德意志各邦	15万人
尼德兰	7.5万人
英国	5万人
	计72.5万人

如果这些军队确实能够投入作战，那么就极有可能远远超过法国能与之对峙的兵力，因为法国在拿破仑统治时期从未有过类似规模的军队。如果我们再考虑到，法军还要分兵用于要塞守备、建立补给站以及海岸线警戒等，那么我们就不会怀疑联军在主要战区很可能占据大的优势，而这个优势正是打垮敌人这一目的的主要基础。

法兰西帝国的重心在于其军队和巴黎。联军的目标应该是在一次或几次主力会战中战胜法军，占领巴黎，并将法军余部赶过卢瓦尔河[1]。法兰西君主国的心脏地带位于巴黎和布鲁塞尔之间。在那里，从边境到首都只有30普里。联盟中的部分国家即英国、尼德兰、普鲁士和北德意志各邦在那里都有其自然的部署地点，有的国家就位于这个地带附近，有的就在这个地带的背后。奥地利和南德意志只有从上莱茵地区出发才便于对法作战。因此，联军最自然的进攻指向是特鲁瓦和巴黎，或者是奥尔良[2]。从尼德兰和上莱茵地区发起的这两路进攻是非常直接、自然、简捷而有力的，都指向敌军重心。全部敌军应是分布在这两个地点[3]的。

只有两点考虑与这个计划的简单性有矛盾。

奥地利人不会全部离开意大利，他们无论如何要对那里的局势保持控制，

[1]卢瓦尔河（die Loire），法国流入大西洋的最大河流，长1,004公里。——译者注
[2]奥尔良（Orléans），今法国卢尔省一城市，位于卢瓦尔河畔，东北距巴黎120公里。——译者注
[3]原文如此。从上文理解，仅指巴黎和特鲁瓦或巴黎和奥尔良。——译者注

因此奥地利人不会同意通过对法国心脏的进攻来间接保护意大利。鉴于意大利的政治状况，对奥地利的这个次要意图也是无可厚非的。但是如果把从意大利进攻法国南部这个已经尝试过多次的陈旧想法与奥地利的次要意图联系起来，并因此而向意大利派去大量部队（而意大利在首个战局中仅为防止出现极端的不利是不需要这么多兵力的），那么此举将是一个十分确切的错误。如果人们不想违背"**计划统一、兵力集中**"这个主要考虑，那么在意大利就只应保留在首个战局中为防止出现极端不利所需的少量兵力，而不应从主要行动中抽出更多的兵力。欲在罗讷河[1]畔征服法国，就像是要用刺刀尖举起一杆步枪，是不可能做到的。对于进攻法国南部，即使作为次要行动也应该加以反对，因为这种进攻只会激起新的力量来反对我们。对遥远地区的每一次进攻，都会把本应沉寂的利害关系和活动搅动起来。只有实际情况表明留在意大利仅为保障该地安全的兵力过多，即无所事事的时候，从那里进攻法国南部才是正确的。

因此我们再重复一遍：留在意大利的部队应该少到情况允许的最低程度，只要保障奥地利人不至于在一次战局中丧失整个意大利就足够了。在我们这个例子中，这个兵力可以假设为5万人。

另一个考虑是法国是一个滨海的国家。由于英国在海上占上风，法国的整个大西洋沿岸很容易受到威胁，因此它或多或少要派兵防守。不管派去的防守力量是多么少，法国要防守的边境长度毕竟会因此而增加两倍，为此肯定要从战区的法军中抽调一些兵力。英国人可调用2万或3万人的部队登陆，用以威胁法国。这些兵力也许会牵制两倍或三倍的法军，而且人们在此不仅要考虑到法军所需的部队，还要考虑到舰队和海岸炮台所需的经费和火炮等。我们假设英国为此投入2.5万人。

这样，我们的战争计划简单说应包括以下内容：

第一，在尼德兰集结：

普鲁士人	20万人
尼德兰人	7.5万人

---

［1］罗讷河（die Rhone），法国第二大河，发源于瑞士南部，流经法国东南部，长812公里。——译者注

英国人	2.5万人
北德意志各邦部队	5万人
	计35万人

其中约5万人用于占据边境要塞，其余30万人向巴黎推进，对法军发起主力会战。

第二，20万奥地利人和10万南德意志各邦部队集结于上莱茵地区，以便与从尼德兰出发的军团同时推进，具体是向塞纳河上游地区，进而向卢瓦尔河方向推进，同样对法军发起主力会战。上述这两个方向上的进攻也许会在卢瓦尔河畔合二为一。

这样，主要的内容就已经确定了。我们接下来要谈的主要与消除错误观念有关：

第一，统帅们应努力寻求进行计划中的主力会战，在拥有兵力优势和能够带来决定性胜利的有利条件下发起主力会战。为了这个目的，统帅们应该不惜一切，而在要塞围攻、包围、守备等方面应该尽量少用兵力。如果统帅们像施瓦岑贝格在1814年所做的那样，一踏进敌国就呈离心状散向四方，就会失去一切。联军在1814年之所以没有在头两周内真的失去一切，只是多亏当时的法国软弱无力。进攻应该像一支用力射出的箭，而不应像一个膨胀到破裂的肥皂泡。

第二，联军应该把瑞士的安全交由其自己的力量去处理。如果瑞士保持中立，那么联军在上莱茵地区就有了一个良好的依托点；如果瑞士受到法国的进攻，那么它可以自卫，瑞士在很多方面是非常适于自卫的。最愚蠢不过的想法就是认为瑞士既然是欧洲地势最高的国家，那么它在地理上就能对战事产生决定性的影响。其实，这样的影响只有在某些特定的、很受限制的条件下才会出现，而瑞士根本不具备这样的条件。法国人在本国的心脏地带受到进攻的同时，不可能从瑞士向意大利或士瓦本发起有力的攻势，因此人们根本不能将瑞士的高海拔位置看作是决定性的情况。战略上拥有制高点所带来的好处首先主要是对防御重要，而对进攻来说，剩下的重要性可能表现在某次突击中。谁不了解这一点，谁就是没有想明白这一问题。如果将来在当权者和统帅主持的会议上出现一位学识渊博的参谋，忧心忡忡地抖搂出这番聪明话来，那么我们现在就可以预先声明，他的这番话是毫无价值的胡说。我们希望在这样的会议上能出现一位经验丰富的军人、一位有健全思维能力的人去堵住这位参谋的嘴。

第三，对这两路进攻部队之间的地区，我们可以不管。当60万人集结在距巴黎30～40普里的地方，准备向法国的心脏发起进攻时，难道还要去考虑保护中莱茵地区，包括柏林、德累斯顿、维也纳和慕尼黑吗？考虑这个问题是违背常识的。联军应该保护交通线吗？这个问题并非不重要，但是之后人们可能从这里做逻辑上的推论，认为保护交通线必须用和进攻一样强大的兵力，并赋予它和进攻一样的重要性，从而不是根据各国地理位置的要求分两路推进，而是不必要地分三路推进，然后这三路也许会变成五路甚至七路，同时相关的陈词滥调就又出现了。

我们所说的两路进攻，每路都有自己的目标。用于两路进攻的兵力极可能显著地超过敌人的兵力。如果每路进攻都十分有力，那么它们只会相互产生有利的影响。如果敌人的兵力分布得很不均衡，我们两路进攻中的一路失利了，那么人们有理由期待另一路进攻的胜利自然地弥补这一失利，这是两路进攻之间真正的内在联系。这两路进攻相距较远，不可能每天就战况相互联系，它们也不需要这种联系，因此直接的，或者更确切地说径直的联系是没有多少价值的。

同时，本国心脏正在受到进攻的敌人也不可能用很大兵力来切断这种联系。更让人担心的是得到袭扰部队支援的居民会切断这种联系，以至敌人不消耗正规部队就能达到这个目的。为对付这种情况，只要从特里尔[1]向兰斯[2]方向派出一支以骑兵为主的1万～1.5万人部队就足够了。这支部队足以击败任何小股部队，并与大部队齐头并进。它不必包围或监视要塞，而只需从要塞之间通过；它不必占领任何牢固的基地，遇到优势之敌，避向任何方向即可；它也不会大败，即使大败，对整体来说也不是大败。在这种情况下，这样一支部队很可能足以构成两路进攻的中间点。

第四，两个次要行动（奥军在意大利的行动和英军登陆部队的行动）有可

---

[1] 特里尔（Trier），今德国莱茵兰–普法尔茨州西部一城市，位于摩泽尔河畔。——译者注
[2] 兰斯（Reims），今法国东北部马恩省一城市，位于马恩河与韦勒河之间，西南距巴黎约130公里。——译者注

能以最好的方式实现其目的。只要不是无所事事，那么从大局来看，他们就已经达到了目的。无论如何，前述两路大规模进攻中的任何一路都绝对不能以任何方式依赖这两个次要行动。

　　我们坚信，如果法国再想采取傲慢态度，像过去的150年里那样压制欧洲，那么我们就可以用这种方式每次都打败和惩罚法国。只有过了巴黎，到达卢瓦尔河畔，我们才能从法国那里获得欧洲安宁所必需的条件。只有这样，3000万人对7500万人的人口自然比例关系才能迅速地呈现出来，而不会像150年来那样，各国军队从敦刻尔克[1]到热那亚[2]虽然像一条带子那样围住法国，但各国追求着四五十个不同的狭隘目的，没有一个足以克服普遍存在的，尤其是在联军中产生并反复出现的惰性、阻力和外来影响。

　　读者自然会注意到，德意志邦联军队目前的部署与这里要求的部署很不相符。在这一邦联中，德意志各邦构成了德意志力量的核心，而普鲁士和奥地利却被这个核心削弱，失去了它们应有的分量。但是一个邦联国家在战争中是一个很脆弱的核心，在那里不可能想象会有什么一致性、能量以及对统帅的理智选用、威信、责任心，等等。

　　奥地利和普鲁士是德意志帝国[3]突击力量的两个自然的中心，它们构成真正的打击力量，是锋利的刀刃，它们是君主国家，惯于征战，有各自明确的利益。它们是独立的强国，领先于其他国家。德意志的军事建设应该以这些自然的线条轮廓为基础，而不应以有关统一的错误主张为基础。在目前情况下，统一是完全不可能实现的，而谁要是因追求不可能的事而错失可能的事，谁就是一个蠢人。

---

[1]敦刻尔克（Dunkerque），今法国诺尔省一海港城市，位于北海沿岸，东距法国和比利时边境10公里。——译者注
[2]热那亚（Genua），今意大利热那亚省省会，位于热那亚湾内。——译者注
[3]此处的德意志帝国指的是德意志民族神圣罗马帝国（962—1806），而非历史上的德意志帝国（1871—1945）。——译者注

作者在1810年、1811年和1812年为王储[1]殿下讲授军事课的材料

一、呈高迪将军审阅的授课计划

我认为，王储殿下从我这里得到的军事艺术方面的知识只应是基础知识，应能够帮助殿下理解近代战史。基于这一观点，我认为重要的是为王储清晰地讲授战争的概念，而且讲授的内容不能太详尽，不能要求殿下付出太多的精力。

要想完全掌握一门科学，必须在一个时期内把自己的精力和时间主要用在这门科学上，而这对王储来说似乎为时尚早。

基于这些考虑，我选择了以下授课方法。我觉得这种方法最适合一个青年人的自然的思考过程。

授课时，我将尽最大努力做到：首先，把内容讲得让王储能够理解，否则即使是这位最好学的学生也很快就会感到无聊，注意力分散，并对课程心生厌恶。其次，在任何问题上，都不能给王储讲授错误的概念，否则就会给以后更详细的讲授或者其自学带来诸多困难。

为了达到第一个目的，我将始终努力把授课内容与人的自然理解力密切地

---

[1] 即普鲁士国王威廉三世（1770—1840）的长子，后来的普鲁士国王弗里德里希·威廉四世（Friedrich Wilhelm Ⅳ., 1795—1861），1840—1861年期间为普鲁士国王。——译者注

结合起来，并且注意摆脱所谓科学的系统性和学校的教学方式。

现在我将仓促拟订的授课计划呈送阁下审阅，如有不合尊意之处，恳请予以订正。

要想理解战史，除了必须具备有关兵器和兵种的基础知识外，主要还要掌握一些所谓应用战术（或称高等战术）和战略的概念。实际上，战术（或称战斗学）是主要的课程，这一方面是因为战斗起决定作用，另一方面是因为大部分要讲授的内容都是战术内容。战略（或称为实现战局目的而综合运用各个战斗的学问）更多的是自然形成的、成熟的判断力的一种活动；但是人们至少必须清楚地说明在战略中出现的一些内容，并且指出它们之间的联系。

在这种概略的讲授中，在讲授战术防御时讲授野战筑垒术，在讲授战略期间或之后讲授永备筑垒术，是最恰当的。

战术本身包含两种不同的内容。其中一种是在不了解整体的战略关联时也可以理解的，例如各种较小规模部队（从步兵连、骑兵连直到由各兵种的旅）在各种地形上的部署和战斗方式；另一种是与战略概念有联系的，例如整个军和军团在战斗中的行动、前哨、小规模战争等，因为在这里出现了位置、会战、行军等概念，而如果不了解整个战局的关联，就无法理解它们。

因此，我将把这两种内容分开讲授，先对战争概念做个非常浅显的描述，然后再讲战术（或较小规模部队在战斗中的行动），在讲到整个军和军团的纯粹的部署（战斗序列）时停下，以便回过来再对战局做一个概述，进一步指出有关事物的关联，然后再讲战术的其他内容。

最后，通过再次介绍一个战局的过程，开始讲解战略，以便从这个新的角度来考察各个问题。

由此得出下面的授课顺序：

武器

火药、滑膛枪、线膛枪、火炮及其附件。

炮兵

关于平射装药和曲射装药的概念。

火炮的操作。

一个炮兵连的编成。

火炮和弹药的费用。

火炮的效应——射程——命中率。

其他兵种

骑兵，轻骑兵、重骑兵。

步兵、轻步兵、重步兵。

编队——任务——特点。

应用战术或高等战术

关于战争、战斗的一般概念。

小部队的部署和战斗方式。

在各种地形上的步兵连（有炮兵时和无炮兵时）。

在各种地形上的骑兵连（有炮兵时和无炮兵时）。

步兵连和骑兵连的共同行动。

步兵连和骑兵连在各种地形上的共同行动。

一个由若干个旅组成的军的战斗序列。

一个由若干个军组成的军团的战斗序列。

（上述最后两点与地形无关，因为否则就会出现位置的概念。）

关于一个战局的较详细的叙述。

战局开始时军团的编成。

军团在行军和占领阵地时需要采取的警戒措施，例如前哨、巡逻、侦察——分遣队——小规模军事活动。

军团选择的阵地应该使军团能够在阵地上进行自卫。

战术防御——防御工事。

从在这样的阵地向敌人发起进攻——战斗中的行动——会战——退却——追击。

行军——江河防御——过河——扼守要地——舍营。

战略

从战略的角度对一次战局和整个一次战争的概述。

决定战争成果的是什么。

行动计划。

行动线——给养制度。

进攻战。

防御战。

阵地——扼守要地——会战——行军——江河防御和渡河。

舍营。

冬季宿营。

山地战。

战争理论，等等。

永备筑垒术和围攻战，不在战略之前讲，就在最后讲。

二、最重要的作战原则

（为王储殿下授课的补充内容）

这些原则虽然是我较长时间思考和不断研究战史的结果，但只是仓促写出来的，在形式上经不起严格的评析。此外，我只是从大量问题中突出了最重要的问题，因为在这里简短扼要是很重要的。因此，这些原则无法使殿下获得完整的教益，更多的是促使殿下自己思考，并为这种思考提供一个主要的思路。

（一）作战的一般原则

1. 战争理论主要是研究怎样能够在决定性的地点得到在物质力量和有利条件方面的优势，即使理论无法做到这一点，也要教导人们考虑到士气要素：考虑到敌人很可能犯的错误，考虑到一次大胆行动给人的印象等，当然也要考虑到我们自己悲观失望的情况。所有这一切绝不是在军事艺术及其理论范围之外的，因为军事艺术理论无非是对人们在战争中的各种可能处境所做的一种理智的思考。人们必须最经常地考虑所有这些处境中最危险的处境，并对它们做好最充分的准备。这样人们就会根据理智的理由做出英勇的决定，此后任何冷漠的仔细推敲者都无法动摇这种决定。

谁要是对殿下就上述内容做出其他的解释，谁就是一个书呆子，其见解只会对您有害处。未来在人生的重要时刻，在会战的混乱中，殿下将清晰地感觉到，在最需要帮助的地方，在枯燥无意义的数字抛弃我们的时候，只有上述这种见解才能帮助我们摆脱困境。

2. 当然人们在战争中无论是指望得到物质上的还是精神上的优势，总是力求使自己拥有获胜的可能性，不过这一点并不是总能做到的。在这种情况下，**如果人们没有什么更好可做的**，就要不时为**加大**这一获胜的可能性而采取些行动。如果此时丧失信心，那么我们就是恰恰在看上去一切正合谋反对我们的时候，在最需要理智思考的时候，却停止了理智的思考。

因此，即使人们获胜的可能性不大，也不应因此就认为采取行动是不可能的或者是不理智的；如果我们没有比采取行动更好的办法，那么在我们拥有手段虽然不多但已经尽量安排好一切的情况下，采取行动就总是理智的。

在战争中，沉着和坚定总是最先受到考验，在上述情况下是很难保持住的，而如果没有它们，人们即使有最灿烂的才智也会一事无成。为了在上述情况下保持沉着和坚定，人们必须树立光荣牺牲的观念，并不断地培育和习惯这一观念。殿下，请您相信，如果一个人没有这种坚定的决心，那么即使他是在最幸运的战争中，也干不成什么大事，更不用说在最不幸运的战争中了。

在弗里德里希二世的首次西里西亚战争中，肯定是这一观念在支配着他的行动。在那个令人瞩目的12月5日，他之所以在洛伊滕[1]附近向奥地利人发起进攻，正是由于他树立了这一观念，而不是由于他算出来用斜向战斗序列极有可能击败奥地利人。[2]

3. 当殿下在某个情况下要选择采取何种行动和何种举措时，您总是可以在最大胆的和最谨慎的之间选择。有些人认为，理论总是建议人们选择最谨慎

---

[1] 洛伊滕（Leuthen），即今波兰下西里西亚省村庄卢蒂尼亚（Lutynia），位于该省首府布雷斯劳附近。——译者注
[2] 指洛伊滕会战。

的行动和举措，这是错误的。如果理论提出什么建议的话，它也是会建议人们选择最具决定性的，即最大胆的行动和举措，这才是符合战争本性的，但是理论在此也会放手让统帅根据他自己的勇气、进取精神和自信心的大小进行选择，因此就请殿下根据这种内心力量的大小进行选择吧！但是请您不要忘记，任何统帅如果没有勇敢精神是不会成为伟大统帅的。

（二）战术或战斗学

战争是由很多单个战斗的组合构成的。尽管这一组合会有明智或不明智之分，而且战争的结局会在很大程度上取决于它，但首先战斗本身毕竟比组合更重要，因为只有胜利的战斗的组合才能给出好的结果，因此战争中最重要的永远是在战斗中战胜对手的艺术。殿下应尽量把注意力和思考运用到这个问题上来。下列原则，我认为是最重要的。

1. 一般原则

（1）防御的一般原则

①防御时应尽量长时间地让部队保持隐蔽。由于防御者除了自己进攻的时刻以外，随时都可能受到进攻，也就是说，他是处于防御状态的，因此他必须始终尽量隐蔽部署。

②不要立即把所有部队都投入战斗，否则指挥战斗时的一切智慧就没有了用武之地。只有手中有可调用的部队，才有可能扭转战斗局势。

③很少或者甚至根本无须考虑正面部队兵力的多寡，因为正面兵力多寡本身是无关紧要的，限制阵地纵深（前后部署的部队的数量）的是正面的宽度。部署在后面的部队是可以调遣的，既可用于在原来的战斗地点恢复战斗，也可用于邻近的其他地点。这一条是从上述第②条中得出的。

④由于敌人在进攻我部分正面时通常同时进行包抄和包围，因此我方部署在后面的部队适合对付敌人的这种行动，从而替代我方所缺的对地形障碍的依托。相比把这些部队部署在防线上延长正面，它们更适合在后面完成上述任务，因为如果把它们部署在正面，敌人可以很容易地迂回它们。这一条也是对上述第②条的进一步说明。

⑤如果人们有很多可以留用的部队，那么只需要把其中的一部分部署在前

线的正后方，其他部队则可部署在侧后方。

部队从侧后方阵地上可以对迂回我各路部队的敌翼侧部队发起进攻。

⑥一个主要原则是：决不要采取完全被动的防御，而是要从正面或侧面进攻敌人，即使是在敌人正进攻我们的时候也要这样做。防御者在一定的战线上进行防御，仅是为诱使敌展开兵力进攻这段防线，然后用自己保留的其他部队转入进攻。正如殿下有一次非常正确地讲过的那样，筑垒术对防御者所起的作用，不应该是让他可以像躲在城墙后面那样更安全地进行防御，而是应该让他可以更有效地进攻敌人。这正是人们对所有被动防御要说的话。防御始终只是一种我们在预先选定的、部署好部队的，并已经做好各种准备的地带对敌进行有利进攻的手段。

⑦这种防御中的进攻，可以在敌人确实向我们发起进攻时进行，也可以在他正开向我们时进行。我们还可以在敌发起进攻时后撤部队，诱敌进入一个对他来说陌生的地段，然后再从四面扑向他。纵深部署（只把2/3或1/2甚至更少的兵力部署在正面，把其余兵力尽量隐蔽部署在正后方或侧后方）对上述所有部署方式都是非常适用的，因此这种部署方式具有无比的重要性。

⑧假如我有两个师，那么比起并列部署，我更愿意将其前后部署；假如我有三个师，那么我会**至少**保留一个师；有四个师时，很可能保留两个师；有五个师时，至少保留两个师，在某些情况下也许会保留三个师；等等。

⑨在被动防御的地点，我们必须利用筑垒术，但要在那些非常坚固的、完全自成一体的工事中进行防御。

⑩在制订战斗计划时，必须选择一个**大的**目的，即进攻敌一路大部队，并彻底战胜它。如果我们选择了一个小的目的，而敌人却在追求一个大的目的，那我们显然就吃亏了。在赌博时要用银币压倒铜钱。

⑪如果防御者在自己的防御计划中预设了一个大的目的（例如消灭敌人的一路部队等），那么就必须以最大的干劲竭尽全力地争取达到这一目的。在大多数情况下，进攻者会在另外一个地点追求他的目的；当我们进攻他的右翼部队时，他会试图用他的左翼部队来赢得决定性的好处。如果我们先敌松懈下来，争取实现意图的干劲小于敌人，那么敌人就会完全达到其目的，夺得全部好处，而我们只能得到一半好处。这样敌人就占了优势，胜利就会是他的，

而我们就不得不放弃刚得到的那一半好处。殿下如果仔细读一读雷根斯堡会战[1]和瓦格拉姆会战的历史，就会发现这个道理既正确又重要。

在这两次会战中，拿破仑皇帝都是以他的右翼部队发起进攻，并试图以左翼部队进行防御。卡尔大公也是这样做的。但是前者在做这一切时非常果断，倾尽全力，而后者犹豫不决，总是半途而废。卡尔大公赢得胜利的部队得到的都是些无足轻重的好处，而拿破仑皇帝在相同时间段的对面地点上赢得的却是**决定性**的好处。

⑫请您允许我把上述最后两个原则再概括一下。这两个原则结合在一起得出的结论在今天的军事艺术中应该被视为全部制胜因素中的首要因素，即"以干劲和坚持不懈去追求一个大的、决定性的目的"。

⑬如果这样做没有成功，那么行动者面临的危险就会因此而增大，这是实情。但是以目的为代价换取更多谨慎不是艺术，因为换来的是一种错误的谨慎，是违背战争本性的，正如我在一般原则中已经讲过的那样。在战争中，为达到大的目的，人们必须敢于做大事。如果人们在战争中敢于采取行动，同时不是出于懒惰、怠慢和轻率而放弃寻找和运用那些手段，而且不会削弱我们追求实现目的，那么这就是正确的谨慎。拿破仑皇帝的谨慎就是如此，他在追求大的目的时还从未出于谨慎而畏缩不前和半途而废。

殿下只要回忆一下历史上为数不多的获胜的防御会战就会发现，其中最漂亮的都是符合这里所提原则的精神的，因为这些原则正是从战史研究中得出来的。

在明登会战[2]中，斐迪南公爵突然出现在一处敌人未预料到的战场，并转入进攻，同时在托滕豪森[3]附近的工事后面进行被动防御。

---

[1] 指1809年4月19—23日，法国和奥地利之间进行的一系列战斗，统称雷根斯堡会战。
[2] 1759年7月，法国和萨克森联军占领普鲁士城市明登（Minden，今德国北莱茵-威斯特法伦州东北部一城市，位于威悉河畔）。斐迪南公爵率英国、普鲁士、布伦瑞克-吕讷堡、黑森-卡塞尔联军在明登附近的托滕豪森和库滕豪森一线占领阵地。8月1日，法国-萨克森联军的右翼部队炮击斐迪南公爵在托滕豪森附近的左翼，但中央和左翼被斐迪南公爵击败。次日，明登守军投降。——译者注
[3] 托滕豪森（Todtenhausen），今德国北莱茵-威斯特法伦州东北部城市明登的一个市区。作者在原作中给出的地点是坦豪森（Tannhausen，今德国巴登-符腾堡州一小镇），应为笔误。——译者注

在罗斯巴赫会战[1]中，弗里德里希二世在敌人未预料到的地点和时刻扑向敌人。

在利格尼茨会战[2]中，奥地利人白天曾查明普鲁士国王[3]在一个阵地上，夜间却在另一个阵地上遭遇到了国王。国王用全部兵力扑向敌人的一路部队，并在其他敌军赶到之前击败了这路部队。

在霍恩林登会战中，莫罗在正面部署了五个师，在后方和侧后方保留了四个师。他对敌人进行了迂回，并在敌右路部队发起进攻之前，先对它发起了进攻。

在雷根斯堡会战中，达武元帅进行被动防御，同时拿破仑以右翼部队对敌第5军和第6军发起进攻，并彻底击败了它们。

在瓦格拉姆会战中，奥地利人本来是防御者，但是由于他们次日以绝大部分兵力对拿破仑皇帝发起了进攻，因此我们也可以把拿破仑视为防御者。拿破仑以其右翼部队对奥军左翼部队发起进攻，迂回并击败了奥军左翼部队；同时他不顾自己在多瑙河畔兵力十分薄弱的左翼部队（只有一个师），利用强大的预备队（纵深部署）使奥军右翼部队的胜利没有对他在鲁斯巴赫河[4]畔的胜利产生不利影响，而且还用这些预备队夺回了阿德克拉[5]。

上面列举的会战并不是每一个都清晰地体现了所有前述原则，但是这些会战都是积极的防御。

弗里德里希二世指挥下的普鲁士军队的机动性对他来说是取得胜利的一个手段，而我们现在不能再寄希望于这种手段了，因为其他国家的军队至少已经

---

［1］1757年11月5日，普鲁士国王弗里德里希二世率领2.2万人，在萨克森选帝侯国的罗斯巴赫（Rossbach，今德国萨克森–安哈尔特州城市布劳恩斯贝德拉[Braunsbedra]的一部分）附近与法国和神圣罗马帝国联军计4.1万人进行会战并获全胜。普方伤亡500余人，联军方面伤亡3000余人，并有7000余人被俘。——译者注

［2］1760年8月15日，普鲁士国王弗里德里希二世率领1.6万人，在下西里西亚的利格尼茨（Liegnitz，即今波兰下西里西亚省城市莱格尼察，位于卡茨巴赫河左岸）附近与劳东率领的奥军3.2万人进行会战，并战胜对方。普方伤亡3300余人，奥军伤亡3800余人，并有4700余人被俘。——译者注

［3］指弗里德里希二世。——译者注

［4］鲁斯巴赫河（der Russbach），多瑙河的一条支流，流经今奥地利瓦格拉姆等地，长约71公里。——译者注

［5］阿德克拉（Aderklaa），今奥地利下奥州一小镇，位于维也纳与瓦格拉姆之间。——译者注

具有和我们同样的机动性。另外，在那个时代，迂回还不是很普遍，因此纵深较大的部署不是很有必要。

（2）进攻的一般原则

①应力求以大优势兵力进攻敌阵地的一点，即敌军的一个部分（一个师，一个军），同时使敌军的其余部分处于不安状态（牵制它们）。只有这样，我们才能在兵力相等或较少的情况下在战斗中占有优势，即有获胜的可能性。如果我们兵力很少，那么就只能用很少的兵力在其他地点牵制敌人，以便在决定性的地点集中尽可能多的兵力。弗里德里希二世之所以能取得洛伊滕会战的胜利，无疑只是因为他把为数不多的部队部署到了一个不大的地方，而在这一地点上，其兵力与敌人相比是非常集中的。

②主攻应该指向敌人的一翼，方法是从正面和侧面进攻这一翼，或者完全对这一翼进行迂回，从背后发起进攻。只有在取得胜利的同时将敌人从其退却线上赶走，才能取得大的战果。

③即使兵力很多，进攻者也只应选择一点作为主攻方向，以便在这一点上集中更多的兵力，因为要正式包围一个军团，只在极少数情况下才是可能的，或者说要有巨大的物质优势或精神优势才行。进攻者也可以从敌翼侧的一点将敌人从其退却线上赶走，这就已经可以带来大的战果。

④有把握地（非常可能地）获得胜利，也就是有把握地把敌人逐出战场才是要事。会战计划必须围绕这一点来制订，因为通过有力的追击很容易使已经取得的、但不确切的胜利成为决定性的胜利。

⑤主力部队在进攻敌翼侧时应该力求对其进行向心状的进攻，也就是说要让其部队四面受敌。即使假设敌人在这里有足够的兵力可以向各方向作战，但在这种情况下还是更容易失去勇气，受到更多的损失，陷入混乱，等等。总之，我们这样做就有望更快地击败敌人。

⑥这样包围敌人时，要求进攻者在正面比防御者展开更多的兵力。

如果a、b、c各部队要向敌军的部队e发起向心状进攻，那么这几支部队自然要相邻部署（如图1）。但是我们在正面展开的兵力决不要大到未保留大的预备队的程度，否则就是我们最大的错误，而且如果对手对迂回已有所准备，那么这一错误将导致我们大败。

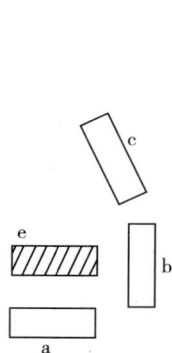

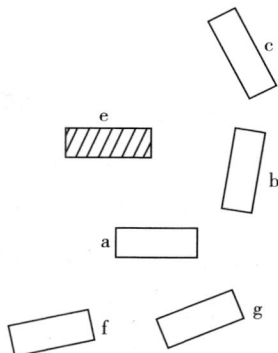

图1　　　　　　　　　图2

如果a、b、c各部队进攻敌军部队e，那么f、g部队就是保留的预备队（如图2）。有了这个纵深部署，进攻者就有能力在进攻地点不断组织新的进攻，而且当进攻者的部队在另一翼被击败时，不至于被迫立即放弃在此的战斗，因为他拥有一些可以迎敌的力量。法国人在瓦格拉姆会战中就是这样。当时法军左翼在多瑙地区与奥军右翼对峙，兵力非常少，而且已被彻底击败。即使是法军在阿德克拉附近的中央部队，兵力也不是很多，在会战首日即被奥军击退。但是这一切都未产生任何影响，因为法国皇帝[1]以其右翼从正面和侧面进攻奥军的左翼，并在这一翼采取了纵深部署，以至他可以用一路强大的骑兵和骑炮兵将奥地利人挤向阿德克拉。在那里，他虽未击败奥军，但毕竟把他们挡住了。

⑦在进攻中，如同在防御中一样，也必须选择敌军的一个部分作为进攻对象，并要求这一部分的大败能给我们带来决定性的好处。

⑧在进攻中，如同在防御中一样，在目的尚未达到，或者手段尚未用尽之前，决不应该松弛下来。如果防御者也是积极行动的，在其他地点向我们发起进攻，那么我们要取得胜利就只能在干劲和胆量方面超过他。如果他是被动的，我们当然就不会有什么大的危险。

⑨应该完全避免将部队部署成很长的相互关联的战线，这种部署只能导致现在已经不再适用的平行进攻[2]。

---

[1]指拿破仑。——译者注

[2]平行进攻（Parallelangriff），与敌军正面完全对峙的正面进攻。——译者注

各师虽然都是按照上级的规定行动的，即是经过协调的，但它们是各自遂行进攻的。现在一个师（8000人～1万人）不再编成一个列阵，而是编成两个或者三个，甚或四个列阵，因此已经不再可能有很长的、相互关联的战线了。

⑩不应试图通过从一个地点指挥正在进攻的各个师和军，不应致力于使其在相距较远甚至被敌人分开时仍保持联系和采取准确的一致行动。这是过于强调共同行动的错误的和拙劣的方式。这种方式会受制于千百次的偶然情况，不可能取得什么大的战果，却肯定会被一个有力的对手击败。

正确的方式是给每个军或师的指挥官规定其行军的主要方向，指出目标是敌人，目的是战胜敌人。

这样，每位指挥官接到的命令就是：在发现敌人时，向敌发起进攻，并且要以全部力量。不能让他对结果负责，因为这会让他犹豫不决，他要负责的是他的部队应全力以赴、不惜代价地投入战斗。

⑪一支组织得很好的独立的部队可以在一段时间内（数小时）抵抗极优势之敌的进攻，不会转瞬之间就被消灭。即使它的确过早地与敌人发生了战斗，而且假设它被打败了，但它的战斗对整体来说并非徒劳无益。敌人为对付这一支部队展开并被占用了兵力，从而为我其他部队发起进攻提供了有利的机会。

应该如何为此组织一支部队，我们以后再谈。

因此，各部队之间协调行动的可靠办法是，让每支部队有一定的独立性，各自寻找敌人，并不惜一切代价地进攻敌人。

⑫进攻战的最重要的原则之一就是出敌不意。进攻越是能以袭击的方式进行，进攻者就越是能取得胜利。防御者可以通过隐蔽其举措和部队部署而做到出敌不意，而进攻者只有通过让防御者未预料到的接敌才能做到出敌不意。

但是这种现象在近代战争中是很少见的。其原因一方面在于现在人们有了更好的警戒措施；另一方面在于战争进行得很快，以至行动中很少出现能使一方松懈下来从而给另一方突然袭击机会的长时间的停顿。

在这种情况下，除了**总是**有可能实施真正的夜袭（例如在霍赫基尔希附近）以外，只有先向敌侧面或后方行军，然后再突然向敌人接近，才有可能造成出敌不意。此外，如果我们距敌较远，能够付出非凡的辛劳，通过迅速的行动突然出现在敌人面前，也能做到出敌不意。

⑬真正的袭击（例如在霍赫基尔希附近的夜袭）是一支很小的部队还能采取些行动的最好手段，但是对不像防御者那样熟悉地形的进攻者来说，这种进攻会受制于很多偶然情况。人们对地形和敌人的部署了解得越不确切，遇到的偶然情况就越多，因此在一些情况下，只能把这种进攻看作是绝望中的手段。

⑭在进行夜袭时，一切部署都应比在白天更简单，更集中。

2. 部队的使用原则

（1）既然人们不能缺少火器（假如可以缺少它们，为什么还要携带它们呢？），那就应该用它们开启战斗。至于骑兵，则应该在我步兵和炮兵已经大量杀伤敌人之后再使用。由此得出以下结论：

①应该把骑兵部署在步兵的后面。

②不要轻易地以骑兵开启战斗。只有在敌人陷于混乱、仓促退却，使我们有了胜利希望的情况下，才应大胆地以骑兵冲向敌人。

（2）炮兵的火力要比步兵有效得多。一个有8门6磅炮的炮兵连所占据的正面还不到一个步兵营正面的1/3，兵力不到一个步兵营的1/8，但其火力效果肯定是一个步兵营的2～3倍。然而炮兵的弱点是不像步兵那样便于机动。一般来说，即使最轻便的骑炮兵也是如此，因为它不像步兵可以用于任何地形。因此人们一开始就应该把炮兵集中在最重要的地点，因为它不像步兵那样可以在战斗过程中再向这些地点集中。在大多数情况下，一个有20～30门火炮的较大的炮兵连对其所在地点的战斗能起到决定性的作用。

（3）根据上述及其他一些明显的特点，可以得出关于使用各兵种的以下规则：

①用炮兵开启战斗，而且一开始就使用绝大部分炮兵；只有在部队规模较大时，才把骑炮兵和步炮兵编入预备队；战斗开始时，人们需要在一个地点上集中较多的炮兵；一个较大炮兵连的20～30门火炮可以防御主要地点，或者轰击我们要进攻的敌人的那部分阵地。

②随后开始使用轻步兵[1]（不管是普通步兵，还是狙击步兵或使用燧发

---

[1] 轻步兵（leichte Infanterie），18世纪时，在步兵列阵前部署的携带轻型装备、便于机动的步兵，目的是在会战正式开始前对敌阵进行不规律的点射，以扰乱敌部署。——译者注

枪的步兵），主要是为了不一开始就投入过多的力量，而是先试探一下当面情况（因为很少能一览无余地看清），观察一下战斗的变化情况，等等。

如果进攻者能以这些轻步兵组成的火力线[1]与敌人保持均势，情况又不紧迫，那么就不应急于使用其余力量，而是应尽量以这场战斗拖垮敌人。

③如果敌人投入战斗的部队很多，以致我们的火力线不得不后撤，或者我们不能再坚持下去，那么我们就应该把整个步兵线调上去，在距敌100~200步的地方展开，并根据当时的情况决定对敌射击或发起进攻。

④以上两点就是步兵的主要任务。但是如果我们的部署纵深大，以至还有一路步兵线可作为预备队，那么我们就可以相当有把握地控制这个地点的战斗。这第二路步兵线应该尽量成纵队部署，用于决战。

⑤在战斗中，骑兵应部署在正战斗部队后面不至于受到大损失的近后方，也就是在敌霰弹和滑膛枪射程以外。但是它必须准备随时投入战斗，以便能够迅速地扩大战斗中呈现出的每个战果。

（4）如果人们或多或少地仔细遵守了上述这些规则，那么就是注意到了以下这个原则（对于该原则的重要性，我无论怎样强调都不为过）：

不要图侥幸地把全部兵力一次投入战斗。

如果把全部兵力一次投入战斗，那么我们就会失去主导战斗的一切手段。应该用少量兵力尽量把对手拖垮，应将具有决定作用的较多兵力保存到最后决定性的时刻再使用。这些具有决定作用的兵力一旦投入战斗，就必须最大胆地使用他们。

（5）必须为整个战局或整个战争确定一个战斗序列，即部队在战斗前和战斗中的部署样式。在没有时间进行专门的部署时，这个战斗序列是可以替代专门部署的，因此确定这一战斗序列时应优先考虑防御的需要。这种战斗序列会使军队的作战样式成为某种程式，而这种程式是很有必要和有效的，因为大部分下级将领和较小部队的指挥官都不具备专门的战术知识（这是不可避免的），而且对于战争大概也没有什么突出的天赋。

---

[1]火力线（die Feuerlinie），处于交火中的散兵或成建制的部队组成的、在战术上距敌人最近的战线。——译者注

由此就产生了某种**习惯做法**[1]，在缺少军事艺术的地方代替军事艺术。据我所知，这种情况在法国军队中已经达到极高的程度。

（6）根据以上我所讲的各兵种使用原则，一个旅的战斗序列大致应该如下：

图3

ab是开启战斗的轻步兵线，在复杂地形，某种程度上可以用作前卫部队；然后是炮兵cd，部署在有利的地点，在进入阵地以前要留在第一步兵线的后面；ef是第一步兵线，其任务是向敌开进和开火，如图3所示是四个步兵营；g、h是两个骑兵团；ik是第二步兵线，是预备队，留在决定战斗胜负时使用；l、m是第二步兵线的骑兵。

同样根据上述这些原则，一个大的军也是类似的部署。只要遵循了上述原则，至于战斗序列是否恰好就是这样还是稍有不同，是无关紧要的。例如，在一般部署时，也可将骑兵g、h一起部署在l、m构成的线上，只在个别情况下，例如当这个位置距前方太远时，才把它们调到前面去。

（7）军团是由若干这样有自己的将军和参谋部的独立的军组成的。根据战斗的一般原则，它们左右相邻或前后部署。在这里还要指出一点：如果骑兵不是很少，则应组成一个专门的骑兵预备队，这个预备队当然应该部署在后面，其任务是：

①当敌人从战场上退却时，对其进行追击，并进攻其掩护退却的骑兵。如果我们能够在这个时刻击败敌骑兵，而敌步兵又创造不出什么英勇的奇迹，那么我们就会取得大的战果。较小的骑兵部队在此不会达到这一目的。

---

[1]　"习惯做法"，德语为"Methodismus"，是作者创的一个词，意为"Ritual"，即"严格的程序"或"习惯做法"。有的中译本将该词译为"方法主义"或"认识论"，似不妥。——译者注

②即使敌人是在没有战败的情况下退却的，或者是在会战失败的次日退却的，也应该更迅速地追击他。骑兵比步兵行进快，而且更能令退却中的敌军望而生畏。在战争中，追击是击败敌人以外最重要的事。

③如果要对敌人进行大规模的（战略）迂回，并且由于绕道而需要使用行进较快的兵种，那么就要用骑兵预备队来完成。

为使这支骑兵预备队在一定程度上具有更多的独立性，应该给它配属较多的骑炮兵，因为只有把几个兵种联系起来使用才能产生较大的力量。

（8）部队的战斗序列是针对战斗的；战斗序列就是部队开进战场时的部署。

行军的序列基本上是这样的：

每支独立的部队（旅或师，不管它叫什么）都有自己的前卫部队和后卫部队，形成自己的纵队，但是这并不妨碍多支部队沿一条道路先后行军，即在某种程度上总地组成一路纵队。

②部队按照一般的战斗序列行军。正如它在停止前进时根据一般战斗序列形成的并列和前后次序一样，行军时也按此次序。

③各部队自己内部的行军序列应始终保持不变：轻步兵（配属1个骑兵团）担任前卫、后卫部队，其次是步兵，然后是炮兵，最后是其余骑兵。

无论是向敌行军（在这种情况下，这种序列本身就是自然的战斗序列），还是与敌平行行军（在这种情况下想必要把本来的前后部署改为并列部署行军），都应保持这种行军序列。如果人们是开进战场，那么人们肯定有时间把骑兵和第二列阵从左边或右边调上去。

3. 利用地形的原则

（1）在作战时，地形（地貌、地区）能提供两个好处。

第一个是妨碍敌人通行，使他要么不可能向这个地点推进，要么迫使他减缓行军速度，只能保持纵队行进，等等。

第二个是使我军能隐蔽部署部队。

这两个好处都很重要，但是我觉得后者比前者更重要。至少有一点是肯定的，就是人们更经常地享受到第二个好处，因为即使是在最简单的地形上，人们在大多数情况下也可以或多或少地隐蔽部署。

以前人们只知道利用第一个好处，很少利用第二个好处。现在由于各国军队都具备了机动性，人们已经较少能利用第一个好处了，正因为如此，势必应更多地利用第二个好处。对第一个好处只有在防御时才能利用，而对第二个好处在进攻和防御时都可以利用。

（2）地形作为妨碍通行的障碍，主要体现在以下两点：① 作为翼侧的依托；② 作为正面的加强。

（3）要想让翼侧可以依托某地形，就要求该地形完全无法通过，例如一条大河、一个湖泊、一片无法通过的沼泽等。但是这些地形很少见，因此完全可靠的翼侧依托是很少有的，而且现在比以往更少，因为现在部队的运动更多，不再长时间地停留在一处阵地上，因此也就不得不使用战区内更多的阵地。

如果通行障碍不是完全无法通过，那么它实际上就不是翼侧的依托点，而只是一个加强力量的点。在这种情况下，部队不得不部署在障碍的后面，于是对这些部队来说，它又成为一个通行障碍。

用这种方式来保障翼侧的安全虽然仍是有利的，因为这样人们在这个地点上就可以少用些兵力，但是必须防止出现两种情况：第一，完全依靠翼侧的这种坚固性，在后面不留强大的预备队；第二，自己的两翼被这些障碍环绕。由于这些障碍不能彻底保障翼侧的安全，因此不排除在翼侧发生战斗的可能性，而这些障碍会导致极为不利的防御，因为这些障碍让防御者自己很难从一翼出击，进行积极的防御。这样，人们就只得采用所有形式中最不利的形式，即以向后延伸的两个翼侧a d和c b进行防御（见图4）。

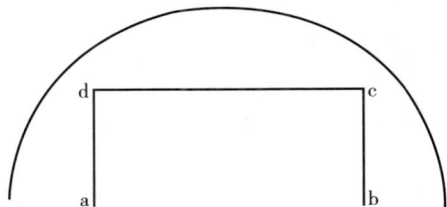
图4

（4）上面的考察又归结到纵深部署了。翼侧的依托越不可靠，就越需要在自己后面留有部队，以便对敌人的迂回部队进行迂回。

（5）所有人们无法从正面通过的地形，所有小的地点，所有由于有众多灌木丛和壕沟而建起的田地的树篱和围墙，所有泥泞的草地，以及所有要费些力气才能登上的山岭，都属于那种虽然能够通过但只有付出辛苦才能缓慢通过的地形障碍。在战斗中，这些障碍能够增强部署在其后的部队的力量。至于森林，只有生长得杂乱茂密，而且地面泥泞时，才算是这种障碍。一片普通的高高的森林与平原一样易于通过。但是林地便于敌人隐蔽这一点却是不可忽视的。如果己方把部队部署在林地里，那么双方都面临这种不利；而如果把部队部署在林地的后面或侧面，则是很危险的，因此是一个大的错误：只有通过林地仅限于几条小路时，才允许这样做。为阻止敌人通过而设置的障碍物所起的作用不大，因此它们很容易被清除掉。

（6）由此得出的结论是：人们应尝试在一个翼侧利用这些地形障碍，以便用少数兵力在这里进行相对有力的抵抗，同时在另一翼侧实施既定的进攻。非常恰当的做法是，把工事与这些地形障碍结合起来使用，因为一旦敌人通过了障碍物，那么兵力不大的部队可以借助工事，用火力保证自己不至于受到过于占优势的攻击，不至于过快地被击退。

（7）正面的每个通行障碍对防御者来说，都有很大的价值。

人们只是出于这种考虑才去占领山岭，并在上面部署部队，而非出于其他考虑，因为位于更高处对武器火力的发挥往往根本没有影响，大多没有重要影响。如果我们位于高处，敌人要接近我们就不得不费力攀登，只能缓慢前进，他的序列就会混乱，到我们面前时就已经筋疲力尽。在双方勇气和兵力相同的情况下，我们的这些优势就会起到决定性的作用。人们尤其不可忽视的是，全力奔跑着进行快速进攻，在精神上产生的影响是很大的。推进中的士兵往往会因此而忘却危险，而站在原地的士兵见状却会失去镇静，因此将最前面的步兵和炮兵部署在山上，总是非常有利的。

如果山很陡，或者山坡起伏不平，以致人们不能对它上面的目标进行有效的射击（这种情况是很常见的），那么人们就没必要把第一线作战人员部署在山的边缘，最多用普通步兵占领山的边缘即可，整线作战人员则部署到对上行到山上并正重新集结的敌人能进行最有效火力打击的地方。

所有其他的通行障碍，例如小河、溪流、隘路等，都可以用来打乱敌人的正面部署；敌人通过这些障碍后，不得不重整队伍，其行动就会因此而受阻，因此应该用最有效的火力控制这些障碍。如果炮兵多，那么最有效的火力就是霰弹（射程400～600步）；如果这个地点的炮兵少，那么最有效的火力就是燧发枪（射程150～200步）。

（8）因此可以得出一条法则：应以最有效的火力控制所有可加强我军正面的通行障碍。但重要的是要指出一点：决不能仅依靠这种火力进行整个抵抗，而必须总是将较多的兵力（1/3～1/2）部署成多路纵队，随时准备上刺刀冲锋。如果兵力太少，那么只需把火力线（步兵和炮兵）部署到能以火力控制障碍的近处，其余部队则应成纵队尽量隐蔽地部署在其后600～800步处。

（9）另一种利用正面前通行障碍的方式是把部队部署在这些障碍后面稍远处，使这些障碍正好在炮兵的有效火力控制之下（1000～2000步），当敌人的纵队通过时，就从各个方向攻击他们。

（斐迪南公爵在明登会战中用过类似的方法。）

这样，地形障碍就有助于实现积极防御的意图，积极防御（关于这种防御我们前面已经谈过了）就可以在正面进行。

（10）在迄今的论述中，主要是把地形障碍看作与较大阵地有关联的线。现在还有必要对单独的地点做一些说明。

对单个孤立地点一般只能利用工事或有力的地形障碍进行防御。这里不谈工事。应孤立扼守的地形障碍只能是：

①孤立的陡峭高地。

在这里，工事同样不可缺少，因为敌人在这里往往能够从多少都比较宽的正面对防御者发起进攻，而防御者最后往往在后面被攻克，因为他几乎不可能总是强大到在各个方向都能构成正面。

②隘路。

隘路指的是敌人只能从一个地点通过的狭窄的路段。桥梁、堤坝、陡峭的峡谷等都是。

对所有这些隘路要指出的是，有些隘路是进攻者根本无法绕开的，例如大河上的桥梁，此时防御者为尽可能有效地以火力控制渡河点，可以大胆地把全部兵力部署在这里；有些隘路不能绝对保证敌人无法绕开，例如小河上的桥梁和大部分的山中隘路，这样防御者就有必要保留较多的兵力（1/3～1/2）以进行围攻。

③集镇、村庄、小城市，等等。

如果部队非常勇敢，作战情绪高昂，那么利用房屋进行防御就有可能以寡敌众（这在其他场合是不可能的）。但是如果防御者对单个士兵的能力没有把握，那么最好还是只用步兵占领房屋、院子等，用火炮封锁入口，把绝大部分部队（1/2～3/4）分成数路各自独立的部队隐蔽部署在该地点内或者其后，以便扑向攻入该地的敌人。

（11）在进行大规模行动时，这些孤立的地点有时可以作为前哨（这时大多不打算进行绝对的防御，而是单纯地迟滞敌人），有时就是那些在军团的行动计划中起重要作用的地点。为赢得时间，以展开既定的积极防御的举措，防御者往往有必要坚守一个偏远的地点。而如果这个地点偏远，那么它自然也就是孤立的了。

（12）关于孤立的地点，还有必要说明两点。第一，在这些地点后面必须备有部队，以接应可能被击退的分遣队。第二，即使地形障碍是很有力的，把这样一种防御纳入其行动计划的人也决不能对此抱过多希望。相反，奉命进行这种防御的人必须定下在最不利的情况下也要达到目的的决心。这里需要有一种坚决果断和不怕牺牲的精神，而这种精神只能源自抱负和激情，因此必须派遣不乏这些宝贵精神力量的人去防守这些孤立的地点。

（13）至于利用地形作为保护我军部署和开赴战场的手段，就无须做进一步说明了。

不要把部队部署在要防御的山上（迄今常发生这样的情况），而是应将其部署在山后；不要将部队部署在林地前面，而是应将其部署在林中或后面，而且只有当我们仍能观察到林地或树丛情况时，才允许这样部署；要使部队保持纵队，以便更容易进行隐蔽部署；要利用村庄、小丛林，以及各种起伏的地形，以便将部队隐蔽在其后；在开赴战场时，要选择最为复杂的地形；等等。

在耕作区，几乎没有一个地方能很容易地被人观察到，因此如果防御者巧妙地利用障碍，就应该可以隐蔽部署他的大部分部队。而进攻者要隐蔽他的行军则比较困难，因为他只能沿道路前进。

如果要利用地形隐蔽部署部队，就必须使这一举措与预定的目的和行动计划相一致，这是不言而喻的。这里最主要的问题是不要完全打乱战斗序列，但小改变是允许的。

（14）如果我们把以上关于地形的论述概括一下，那么对防御者来说，也就是对选择阵地来说，可以得出以下最重要的几点结论：

①一个或两个翼侧要有依托。

②在正面和翼侧要有开阔的视野。

③在正面要有妨碍通行的障碍。

④对部队要隐蔽部署。

⑤在部队背后要有复杂的地形，因为在我方失利的情况下，该地形可以增加敌追击的难度；但不要在背后太近的地方有隘路（例如在弗里德兰会战时），因为这会引起己方行动的停滞和混乱。

（15）如果有人认为，在战争中进入的每处阵地都会具有全部这些有利条件，那就是书呆子的见解。不是所有的阵地都同等重要。在里面受到进攻的可能性越大的阵地，就越重要。只是在最重要的阵地上，人们才试图得到所有这些有利条件；而在其他阵地上的有利条件则可以多些或少些。

（16）进攻者对地形应考虑的主要归纳为两点：一是不要选择过于困难的地形作为进攻点；二是要尽量通过最不容易被敌人观察到的地区开赴战场。

（17）我想用一个原则来结束关于利用地形的论述，这个原则对于防御是极为重要的，应将其视为整个防御理论不可或缺的内容，即：

决不要把一切希望寄托在有利的地形上，因此决不要受到一处有利地形的迷惑而进行被动防御。

因为如果地形确实非常有利，以至进攻者不可能驱逐我们，那么进攻者就会绕过它（这永远是可能的），这样一来，即使是最有利的地形也是多余的了，我们就会被迫在完全不同的情况下，在完全不同的地方进行会战，就好像我们此前根本没有打算利用那处非常有利的地形一样。而如果地形不是这么有利，如果进攻者仍有可能在这种地形上发起进攻，那么这个地形带来的好处绝不会抵消被动防御的不利之处。因此一切地形障碍只应用于局部防御，以便用少量兵力进行相对有力的抵抗，为发起攻势赢得时间。人们通过这一攻势，试图在其他地点取得真正的胜利。

（三）战略

战略为达到战局和战争的目的而把组成战争的各个战斗联系起来。

如果人们懂得如何战斗，如何取胜，那么需要说明的问题也就不多了，因为把胜利的战果联系起来是容易的，只要有熟练的判断力就可以做到，而不像指挥战斗那样需要专门的知识。

因此，我们可以把战略上为数不多的、主要是以国家和军队的状况为基础的原则简要地归纳为几点。

1. 一般原则

（1）作战有三个主要目的：

①战胜并消灭敌人的武装力量。

②夺取敌军有生力量以外的作战力量和其他来源。

③赢得舆论。

（2）为达到第一个目的，就要把主要行动总是指向敌军的主力，或者指向敌军的一个非常重要的部分，因为只有先打败敌人的这部分部队，才能有效地追求其他两个目的。

（3）为夺取敌有生力量以外的力量，应该把自己的行动指向这些力量最集中的地方，例如首都、仓库、大的要塞等。在通往这些地方的路上，人们将遇到敌军的主力或敌军非常重要的一个部分。

（4）通过大的胜利和占领首都，人们会赢得舆论。

（5）为达到上述各目的，必须遵循的第一个原则是：尽最大的努力，动用我们所拥有的**一切**力量。在这方面显露出的任何懈怠都会让我们无法达到目标。即使获胜的可能性本身相当大，如果不尽最大的努力使自己**完全有把握**获胜，那也是极不明智的，因为这种努力绝不会产生不利的结果。假设国家的负担因此而加重了，也不会从中产生不利，因为这种负担会因此而消除得更快。

这些努力产生的士气影响具有无限的价值；取得的战果会让每个人确信这些努力是使民族迅速振兴的最好手段。

（6）第二个原则是：在计划进行主要打击的地点尽量多地集中兵力。为了在这个主要地点有更大的获胜把握，宁愿在其他地点遭受不利，因为在主要地点的胜利会抵消其他一切不利。

（7）第三个原则是：不损失时间。如果我们从推迟行动中不能得到特别大的好处，那么尽可能地快速行动就是很重要的事情。我们行动迅速，就能把敌人的很多举措遏制在萌芽状态，就能首先赢得舆论。

出敌不意在战略上起的作用比在战术上重要得多，是制胜的最有效的因素。法国皇帝、弗里德里希二世、古斯塔夫·阿道夫、恺撒、汉尼拔、亚历山大都是由于行动迅速而赢得极大声誉。

（8）最后是第四个原则：要以最大的干劲来利用我们所取得的战果。

只有对败军进行追击，才能带来胜利的果实。

（9）这些原则中的首个原则是其他三个原则的基础。如果人们遵循了首个原则，那么在遵循其他三个原则时就可以采取最大胆的行动，而不会孤注一掷。首个原则为在我们后面不断形成新的力量提供了手段，而以新的力量可以使任何不利的情况重新好转。

那种可称之为"聪明的谨慎"就表现在这里，而不是表现在小心翼翼的前进上。

（10）在现代，小国家是无法进行征服他国的战争的。但是对防御战争来说，即使是小国家也有无数的手段。因此我坚信，谁能动员自己的一切力量，以便总是可以将新的大部队投入战斗，谁能利用一切想到的手段进行准备，谁能把自己的兵力集中在主要的地点，谁能在做了这些之后坚决而有力地追求一个大的目的，谁就是做了战略指导在大的方面所能做的一切。如果他在战斗中并不是完全不利，而其对手的努力和毅力不如他，那么他获胜的可能性必然会更大。

（11）在遵循这些原则时，最终很少取决于行动的形式。不过我还是想用很少几句话把其中最重要的一点说明一下。

在战术上，人们总是试图包围敌人，即包围我们主要要进攻的那部分敌人，这一方面是因为部队的向心状行动比平行状行动能带来更多好处，另一方面是因为只有这样才能切断敌人的退路。

如果我们把前面关于敌人和阵地的论述运用到敌人的战区（从而也是运用

到敌人的给养）上来，那么受命对敌进行包围的各路部队或军团在大多数情况下相距很远，以致不能同时参加一场战斗，而对手可以处于这些部队或军团的中央，并可以逐个转向他们，以便用同一支部队对他们各个击破。弗里德里希二世进行的战局，特别是1757年和1758年的战局就提供了这方面的例子。

由于此时战斗是主要的、决定性的事，因此采取向心状行动的一方如果没有决定性的兵力优势，就会由于进行多场会战而失去包围原本能带来的所有好处，因为针对敌人给养采取的行动需要较长时间才会有效果，而会战胜利的效果产生得很快。

因此在战略上，位于敌人之间的一方比包围他的一方处境更有利，特别是在双方兵力相等，甚至前者比后者兵力少时。

若米尼上校在这一点上是完全正确的；亚当·冯·比洛先生用很多虚构的"真理"论证了相反的观点，其原因仅在于他认为针对敌人给养的行动很快就会产生效果，同时他十分轻率地完全否认会战必然会产生的效果。

战略迂回和战略包围用于切断敌人的退路，当然是非常有效的；但是由于人们必要时通过战术迂回也能达到这个目的，因此只有当自己占有很大优势（物质上的和精神上的），以至在主要地点上有足够的兵力，不会因派出迂回部队而受到影响时，才建议进行战略迂回。

法国皇帝尽管在物质上和精神上往往（几乎是始终）占有优势，但是他从未进行过战略迂回。

弗里德里希二世只是在1757年进攻波希米亚时进行过唯一一次战略迂回。不错，他用这一方法迫使奥地利人直到布拉格附近才发起第一次会战，然而尽管他占领了直至布拉格的波希米亚地区，却并未取得决定性的胜利，这一占领对他又有什么用呢？后来的科林会战[1]迫使他又放弃了这些地方。这就证明，会战决定一切。他在布拉格附近显然面临在什未林到来之前即受到奥军全部兵力进攻的危险，而假如他此前率全部兵力穿萨克森而行，就不会面临这

---

[1] 1757年5月6日，普鲁士国王弗里德里希二世赢得布拉格会战后，率5万普军包围了布拉格，欲围困该城，迫其投降。奥军元帅道恩率6万人前来解围，在布拉格以东60公里的科林（Kolin，波希米亚中部一城市，位于易北河畔）附近与32,000名普军进行会战并战胜普军。弗里德里希二世不得不放弃包围布拉格，退回萨克森。——译者注

种危险，与奥军的第一次会战也许就在艾格尔河畔布丁[1]进行了，而这次会战也会与布拉格会战一样是决定性的。普鲁士军队冬季在西里西亚和萨克森的位置无疑是他们呈向心状进入波希米亚的原因。重要的是要指出，在大多数情况下，人们在决定是否采取战略迂回时，更应考虑上述有关原因，而不应从部署的形状可能带来的好处出发考虑问题，因为行动的便捷性能加快行动的速度，军队这部庞大机器的阻力本来就已经很大了，人们除非迫不得已，不应再去加大这些阻力。

（12）如果人们能遵循我们刚阐明的"在主要地点上尽量集中兵力"这一原则，那么自然就会放弃战略包围的想法，部队的部署也就自然形成了。因此我可以说，这一部署的形状是没什么价值的。但是如果敌人在一个贫瘠的地区十分费力地设置了很多仓库，他的行动完全依赖这些仓库，那么对敌翼侧的战略行动就可以取得与会战相似的大的战果。在这种情况下，我们甚至建议不要以主力去迎向敌人主力，而是以主力直捣敌人的基地。不过这需要有两个条件：

①敌人距其基地很远，以至他因我们对其基地的行动而被迫进行远距离的退却。

②在敌主力的行进方向上，我方能够利用天然的和人为的障碍，以少量部队加大敌人前进的难度，以至他在此无法以占领我们的土地来补偿其基地的损失。

（13）给养是部队作战的一个必要条件，因此对行动有很大的影响，主要表现在只允许大部队集中到一定程度，并在选择行动线方面与其他因素一道决定战区有关情况。

（14）只要所在地区的条件允许，部队的给养就应以就地征用的办法解决。

在现代战争样式中，军队作战的区域比过去大得多。

组成若干独立行动的部队，就有可能就地征用给养，就可以避免按照老办

---

[1] 艾格尔河畔布丁（Budin an der Eger），即今捷克城市奥赫热河畔布德讷（Budyně nad Ohří），东南距布拉格50公里。——译者注

法把部队（7万～10万人）集中在一个地点所带来的不利，因为一支按照现代编制组织起来的独立的部队，对两三倍于己的优势之敌也可以抵抗一段时间，然后其他部队就会赶过来支援。即使这支部队真的被击败了，它所进行的战斗也不是徒劳无益的，关于这一点，我们在另一处已经做了说明。

因此，现在各个师和军都是互相分开的，并列或先后进入战场。如果它们同属一个军团，那么它们的间距只要能保证它们参加同一次会战就可以了。

这样一来，在没有仓库的情况下，部队也有可能得到即刻的给养保障。部队本身的组织，包括其参谋部和供给机关使给养问题变得容易解决了。

（15）在没有比给养更重要的原因（例如敌主力的位置）时，人们应该选择在最富庶的地区行动，因为给养的便利有助于迅速行动。比给养更重要的只能是我们正在寻找的敌主力的阵地位置，以及我们要攻占的首都和要塞的位置。其他一切原因，例如部队部署时的有利形状（关于这一点我们已经谈过）通常是无关紧要的。

（16）尽管有了这种新的给养方式，人们还是远不能没有任何仓库。即使当地有足够的物资，一位睿智的统帅为防备意外，为在单个地点能够集中更多的兵力，也会在后方设置一些仓库。这种谨慎属于那种无损于目的的谨慎。

2. 防御

（1）防御战争在政治上就是人们为维护其独立而进行的战争；在战略上就是在已经为抗击敌人做好准备的战区内与敌人作战的战局。不管在这个战区内的会战是以攻势进行的还是以守势进行的，都不会改变防御战争的含义。

（2）如果敌人在兵力上占优势，那么人们就主要选择采取战略守势。作为战区主要设施的要塞和设防营垒自然能够为防御者提供很好的有利条件。此外，熟悉地形和拥有完善的地图也应该被看作是有利条件。**有了**这些有利条件，一支较小的军队，或者一支基于一个较小国家和较少后援力量源泉的军队比没有这些辅助条件会更有能力抵抗对手。

此外，还有以下两个原因可能促使人们选择防御战争。

①如果我们战区周围的地区在给养方面使行动非常困难。在这种情况下，我们可以避免这种不利，而敌人却不得不忍受这种不利。例如现在（1812

年）俄军的情况就是这样[1]。

②如果敌人在作战方面占优势。在一个我们了解的、做好了准备的、各种条件都对我们有利的战区作战是比较容易的，不会犯太多错误。在我们的部队和将领因作战能力差而选择防御战争的情况下，人们通常愿意把战术防御与战略防御结合起来，也就是在我们准备好了的阵地上进行会战，这同样是因为可以少犯错误。

（3）与在进攻战争中一样，在防御战争中也必须追求一个大的目的。这个目的只能是消灭敌军。为达到这一目的，可以通过一次会战，也可以通过让敌人的给养出现极大的困难，使敌人沮丧，不得不退却，而他在退却中必定会受到大的损失。威灵顿的1810年和1811年战局[2]就是这样的例子。

因此，防御战争并不是无所事事地等待事情的发生；只有从等待中能够得到明显的、决定性的好处时，才可以等待。进攻者集结新的兵力，准备进行大规模战斗时出现的那种犹如暴风雨前的平静，对防御者来说是极其危险的。

假如奥地利人在阿斯旁会战[3]后像法国皇帝那样把兵力增加三倍（当然这是他们能够做到的），那么直到瓦格拉姆会战前的一段平静时间对他们来说就是有益处的，但是只有在这一假设条件下才是这样。由于他们没有这样做，因此他们就失去了这段时间。当时如果奥地利人利用拿破仑的不利处境去收获阿斯旁会战的果实，本是更聪明的做法。

（4）要塞的任务是通过让敌军围攻来牵制其一大部分兵力，因此防御者必须利用这个时机打击敌军的其余部分。由此可见，防御者应该在自己要塞的后面，而不是在其前面进行会战，但是不能无所作为地坐视要塞被攻占。但

---

[1] 在1812年战局中，处于守势的俄军在给养方面较法军占优势。——译者注

[2] 1810年，拿破仑命马塞纳率法军攻入葡萄牙，试图将威灵顿率领的英葡联军逐出葡萄牙。英葡联军退入托里什—韦德拉什营垒进行防御，法军屡攻不下，因粮食缺乏和疾病流行，不得不于1811年3月退往西班牙。——译者注

[3] 第五次反法联盟战争期间，1809年5月21—22日，拿破仑所率法军与卡尔大公所率奥军在阿斯旁（Aspern，今奥地利首都维也纳城区的一部分）和埃斯灵（Essling，今维也纳城区的一部分）一带进行会战，法军战败。卡尔大公满足于打破拿破仑不可战胜的神话，未追击法军。——译者注

泽[1]被围攻时，本宁森[2]就是坐视其被攻占[3]。

（5）大的江河，也就是架桥非常困难的江河，例如自维也纳起的多瑙河下游河段和下莱茵河[4]，都是天然的防线。但是防御者不应为绝对阻止敌人渡河而沿江河均匀地部署兵力（这是危险的），而是应该对江河进行监视，在敌人渡过江河的地点，在其尚未把全部兵力集结起来，还被限制在靠近江河的一个窄小地带的时候，从各方面进攻他们。阿斯旁会战就提供了这样的范例。在瓦格拉姆会战中，奥地利人毫无必要地给渡过河的法国人留出了过多地方，以至法军渡河原本面临的不利消失了。

（6）山地是可以用来构成良好防线的第二种地形障碍。一种方法是把防线设置在山地的后面，只用轻装部队占领山地，以便某种程度上把山地视为敌人必须过的一条河流，一旦敌人的几路部队从山口中出来，就用全部兵力进攻其中一路部队；另一种方法是将部队部署在山地中。在后一种情况下，防御者只应以小部队对各山口进行防御，而把较大部分部队（1/3～1/2）留作预备队，以便以优势兵力对突入我方阵地的一路部队进行攻击。因此防御者不要为绝对阻止敌各路部队突入其阵地而把这支大的预备队分散开，而是应从一开始就决定用它进攻其认为最强的那路部队。如果防御者用这种方法击败了正在进攻的一支大部队，那么已经突入其阵地的其他几路部队就会自行退却。

大多数山地的形状是：在群山的中央或多或少有一些高的平地（台地），山地面向平地的一面有很多陡峭的山谷穿过，这些山谷就形成通道。因此防御者在山中可以找到迅速向左右运动的地方，而进攻者的各路部队则被陡峭的、不便通行的山脊隔开。只有在这样的山地，才能进行良好的防御。如果整个山地内部荒凉，不便通行，以致防御者的部队不得不分散部署，缺少互相联系，那么防御者以主力在这种山地进行防御就是危险的举措，因为在这种情况下，

---

[1]但泽（Danzig），即今波兰城市格但斯克（Gdańsk）。——译者注
[2]本宁森（Levin August Theophil von Bennigsen，1745—1826），伯爵，俄国将军。出生于布伦瑞克，曾在汉诺威选帝侯国军队任职。——译者注
[3]1807年2月8日，俄普联军取得埃劳会战胜利后未乘胜追击法军，而是进入海尔斯贝格防御，导致法军于3月19日开始围攻但泽。5月中旬，部分英军和俄军部队试图从海上解围未果，本宁森则根本未去解围，结果但泽守军于25日向法军投降。——译者注
[4]下莱茵河（der Niederrhein），指莱茵河由波恩至莱茵河三角洲的河段，位于今德国北莱茵－威斯特法伦州境内。——译者注

一切有利条件都为进攻者所有，他可以用大的优势兵力进攻各个点。任何山口和某个地点都不会坚固到进攻者以优势兵力在一天内无法攻克的程度。

（7）关于山地战，我们必须总的指出，在山地战中，一切都取决于部下和各级指挥官的机智，但更多取决于士兵的精神状态。这里不要求有大的机动能力，但是要求有勇于作战的精神和对事业的热忱，因为在这里每个人多少都要独自行动。因此民众武装特别适合山地战，他们虽然缺少勇于作战的精神，但具备对事业的极大热忱。

（8）最后，关于战略守势，我们必须指出，由于守势本身比攻势有力，因此战略守可以应用于夺取最初的大的战果。如果这个目的已经达到，但随后未能立即缔结和约，那么进一步的战果就只能通过攻势取得了。谁要是总停留于守势，谁就会总是陷入消耗自己的力量的不利境地。任何一个国家这样做，都只能支撑一时。如果一个国家受到对手进攻而总是不还击，那么最后它极可能衰弱和失败。人们以守势开始，是为了能够更有把握地以攻势结束。

3. 进攻

（1）战略进攻直接追求战争的目的，直接以摧毁敌军为目标，而战略防御在某种程度上只是试图间接地达到这个目的，因此在战略的一般原则中已经包含了进攻的原则。只有两个问题还需要进一步说明。

（2）第一个问题是部队和武器的不断补充。这个问题对防御者来说，由于他靠近补充来源地，相对更容易。进攻者尽管在大多数情况下是一个较大的国家，但他多少不得不从远方把其军队调上来，因此在这方面就有困难。为了不缺少兵员和武器，他必须在需要使用它们以前很早就采取措施，征召新兵和运输武器。在他的行动线的各条道路上必须不断有开赴战场的士兵和前送的必需品；在这些道路上必须建立兵站来加以运输。

（3）即使在最顺利的情况下，在精神上和物质上都占有极大优势时，进攻者也必须考虑到有可能出现大的不利情况，因此必须在行动线上设置一些自己一旦失败可以前往的地点，例如带有设防营垒的要塞或者单纯的设防营垒。

大的江河是把追敌阻挡一段时间的最好手段，因此必须确保这些大江河的渡口（由一系列坚固多面堡环绕的桥头堡）的安全。

为据守这些地点，为据守最重要的城市和要塞，进攻者不得不根据敌人的袭扰情况和当地居民的敌对程度或多或少地留下一些部队。这些守备部队与前来增援的部队一起组成新的部队，在前方部队取得胜利战果时，这些新的部队就可以跟随前进；在前方部队失利时，则可以部署在经过加固的地点，保障退却的安全。

法国皇帝在其部队的后面一直是非常谨慎地采取这些措施的，因此他进行的最大胆的行动并不像看上去的那样冒险。

（四）关于既定原则在战争中的运用

军事艺术的各项原则本身是极其简单的，很容易被理解力健全的人理解。即使这些原则在战术上比在战略上更需要专门的知识作为基础，这种知识包括的范围也是很小的，几乎无法在复杂多样和内在联系方面与其他科学相比，因此这里根本不要求有渊博和高深的学问，甚至不要求有很高的理解力。如果说除了训练有素的判断力以外，还需要一种特殊的才能，那么可以断言，那就是狡诈或机智。长期以来，有人坚持完全相反的看法，但是这种看法只是出于对军事艺术的错误崇拜，出于撰写军事艺术的著作家们的虚荣心。只要我们毫无偏见地思考一下，就会认识到这一点，而且经验也让我们对这一点更加确信无疑。在革命战争期间，就有很多人以事实证明自己是机智的统帅，而且往往是一流的统帅，但他们并没有接受过军事教育。至少孔戴、瓦伦斯坦[1]、苏沃洛夫[2]以及其他很多人很让人怀疑是受过军事教育的。

指挥作战本身是很困难的，这是毫无疑问的，但困难不在于要求有专门的学识或大的天赋才能理解真正的作战原则；每个头脑清楚、没有成见、对军事不是一窍不通的人都能理解这些原则；甚至在地图或纸上运用这些原则，也不是什么难事，拟订一份好的行动计划也还不是什么伟大的杰作。指挥作战的全部困难在于：

在实施中始终遵循既定的原则。

---

[1] 瓦伦斯坦（Albrecht Wenzel Eusebius von Wallenstein，1583—1634），波希米亚贵族，公爵。三十年战争期间曾两次出任神圣罗马帝国军队统帅。——译者注
[2] 苏沃洛夫（Alexander Vasilyevich Suvorov，1730—1800），俄国军事家、军事理论家、战略家、统帅，俄国军事学术的奠基人之一。指挥过60余次会战和战斗，战功显赫。代表作《苏兹达尔团条令》《制胜的科学》。——译者注

提请殿下注意到这一困难，是最后这段论述的目的。我认为，使殿下对此有一个清晰明确的概念，是我要通过这篇文章达到的所有目的中最主要的。

整个作战如同一部带有莫大阻力的复杂机器的运转，以至在纸上很容易就制订出来的计划，在实施时只有付出大的努力才能实现。

这样，统帅的自由意志和行动时的一些考虑，时刻都会遇到阻力，于是一方面要求统帅有独特的精神力量和理解力去克服这种阻力，另一方面一些好的想法还是会由于这种阻力而无法实现，因此即使统帅在指挥作战时以更复杂的方法能获得更大的效果，他还是应该采用更简单、更易行的方法。

要把产生这种阻力的原因一一列举出来，也许是不可能的，但是最主要的原因是：

1. 我们对敌人状况和举措的了解总是比制订计划时设想的少得多。因此当我们要实施定下的决心时，会有无数的疑虑，怀疑自己的设想一旦有很多错误会造成危险。人在实施大的行动时容易产生的畏惧心理就会支配我们，而从这种畏惧到犹豫不决，从犹豫不决到不彻底的行动，只有很小的、不引人注意的一步。

2. 我们不仅对敌人的兵力**不确定**，而且传闻（通过前哨、间谍或者偶然从敌人处得到的一切情报）往往会夸大敌军的兵力。很多人天生就是胆怯的，因此通常会夸大危险，于是所有这些影响就会促使统帅对他面前的敌人的兵力做出错误的估计。这是犹豫不决的另一个根源。

这种对敌人的兵力不确定的程度，是人们怎么想象都不为过的，因此一开始就要对此有准备，这是很重要的。

即使人们事先已经冷静地思考过一切，即使人们已经毫无偏见地寻找并找到最有可能发生的情况，人们也不应立即就准备放弃先前的看法，而是应该对新收到的情报进行仔细的分析，对多个情报进行比较，并派人搜集新的情报，等等。如此一来，错误的情报往往当场被否定，最初得到的情报经常得到证实。在这两种情况下，人们就可以得到确切的情况，并据此定下决心。如果缺少确切的情况，那么人们应该懂得，在战争中凡事总是要冒险的；战争的本性根本不允许人们总是看清前进的方向；可能的事情尽管不是马上就能感性地让人看到，但毕竟是可能实现的；在其他举措理智的情况下，即使出现一个错误也不会立即毁灭。

3. 我们不仅不能确切地了解敌人每时每刻的情况，而且也不能确切地了解自己军队每时每刻的情况。自己的军队也很少能够集中到随时都可以让统帅清楚地看到各部分情况的程度。如果我们此时有所胆怯，就会产生新的疑虑。我们就会等待下去，不可避免地造成整个行动的停滞。

因此我们必须对自己总的举措有信心，相信它们能够达到预期的效果，特别是要信任自己的下级将领。我们必须选择信得过的人担任下级将领，其他任何考虑都是次要的。如果我们采取了适当的措施，并且考虑到了可能出现的失利情况，即做好了准备，以至在实施中即使遇到不利也不会立即毁灭，那么我们就要像穿过黑夜那样在情况不明的情况下勇敢地前进。

4. 如果统帅要部队付出艰辛的努力进行战争，那么下级将领，甚至部队（特别是战争历练较少的部队）往往会遇到在他们看来不可克服的困难。他们会觉得行军路程太远，太劳顿，给养无法维持。如果我们听信所有这些困难（弗里德里希二世就是这样称呼它们的），那么很快就会完全屈从于它们，就不会采取有力的行动，而是软弱地无所作为。

要抵制住这一切，就要求信赖自己的见解和信念，这在当时看来往往是固执，但实际上是我们称之为坚定的那种理解力和性格的有力表现。

5. 人们设想的战争中的一切行动，从不像一个本人没有留意观察过战争、未习惯于战争的人所想象的那样精确。

一路部队的行军时间往往会延误很多小时，却说不出停滞的原因；往往会出现无法预计到的障碍；往往设想率领部队抵达某一地点，却不得不在距该地点数小时行程的地方停下来；我们布设的小哨所发挥的作用往往比预期的小得多，而敌人的小哨所发挥的作用却大得多；一个地区的人力、物力往往并没有我们想象的那样大；等等。

对所有这些阻力，不付出很艰辛的努力是无法克服的，而统帅只有通过近乎冷酷的严格，才能使部队付出艰辛的努力。只有这样，只有确信部下总是会尽力去做，他才能有把握认为这些小困难不会对行动产生大的影响，他才不会距离可能达到的目标过远。

6. 可以肯定，一支军队在战争中所处的状况绝不会像那位在室内跟进其行动的人所设想的那样。如果他对这支军队有好感，就会把它估计得比实际情况要强和要好1/3～1/2。统帅在最初制订行动计划时处于这种情况，后来出乎意料地看到其兵力逐渐减少，骑兵和炮兵变得毫无用处等，这是相当自然的。甚至在战局开始时，在观察者和统帅看来可能和容易做到的事情，在实施中往往会变得困难和无法做到。如果统帅此时在炽烈的荣誉心驱使下仍能大胆而坚定地追求自己的目的，那么他就会达到目的，而一个平庸的人就会把军队的这种状况当作放弃既定目标的充分理由。

马塞纳在热那亚和葡萄牙的行动就是大胆而坚定追求自己目的的例子。在热那亚，他的坚强性格（可以说是他的冷酷）驱使部下付出十分艰辛的努力，因此获得了成功[1]；在葡萄牙，他至少比任何一个处于同样情况下的人都撤退得晚得多[2]。

在大多数情况下，敌军也处于类似的状态。瓦伦斯坦和古斯塔夫·阿道夫在纽伦堡附近[3]，法国皇帝和本宁森在埃劳会战后的情况就是如此。人们看不到敌人的状况，但能看到自己的状况，因此自己的状况较敌人的状况对一般人的影响更大，因为对一般人来说，感性的印象总是比理性的语言更强烈。

7. 部队的给养，无论是通过仓库供给还是就地征收解决，总是有很多困难的，以至它在统帅选择举措时是一个很具决定性的因素。部队的给养问题往往与最有效的行动相矛盾，迫使部队在本应追求胜利和辉煌战果的时候去筹集给养。整个机器尤其因给养而变得笨重，其运转效果远落后于宏大计划设定的速度。

一位严酷地要求其部队付出最艰辛的努力和忍受最极端困苦的将领，一支在长期战争中惯于做出这些牺牲的军队，他们会领先对手多少啊！他们会不顾这些障碍比对手快多少去追求其目标啊！同样是好的计划，但结果是多么不同啊！

---

[1]1800年，马塞纳奉命在北意大利对梅拉斯将军指挥的奥军进行牵制，以等待拿破仑率主力越过阿尔卑斯山脉。4月4日，梅拉斯以优势兵力向马塞纳发起进攻；16日，马塞纳退入热那亚，在前有奥军攻城、后有英国舰队炮轰的情况下坚守月余，后虽因弹尽粮绝于6月4日投降，但为拿破仑越过阿尔卑斯山脉赢得了时间，为法军在马伦戈会战中取得决定性胜利奠定了基础。——译者注

[2]1810年，马塞纳远征葡萄牙，至托里什-韦德拉什防线，进攻受挫。虽然给养缺乏，疾病流行，但他一直坚持到次年3月才退往西班牙。——译者注

[3]三十年战争期间，瓦伦斯坦率神圣罗马帝国军队于1632年同瑞典国王古斯塔夫·阿道夫作战。7月3日，瑞典军队在纽伦堡西南占领一处坚固阵地，瓦伦斯坦军队构筑营垒与之对峙两个月。此后阿道夫数次向帝国军队发起进攻，但均未成功，最后放弃阵地，退往巴伐利亚。——译者注

8. 总的来说，对所有上述情况，我们应该时刻注意以下这一点。

在实施中得到的直观的印象比此前通过深思熟虑所形成的观点更鲜活，但是直观的印象只是事物的初步表象。我们知道，这种表象很少与事物的本质完全一致，因此人们会面临注重直观印象而轻视此前的深思熟虑的危险。

这种最初的表象通常使人变得胆怯和过于谨慎，这是人的胆怯天性决定的，而胆怯的人看一切问题都是片面的。

因此我们应该警惕这一点，应该对自己此前深思熟虑得出的结论有充分的信心，使自己有力量去克服那些让人动摇的一时印象。

由此可见，能否克服在实施中遇到的这种困难，关键在于自己的信念是否牢固和坚定，因此研究战史才如此重要，因为通过研究战史可以使人在某种程度上仿佛身临其境，好似亲历事件的进程。从理论课中能学到的原则只适于帮助我们研究战史，提醒我们注意战史中最重要的东西。

因此，殿下应该抱着这样一种意图去熟悉这些原则，即在阅读战史时检验这些原则，并且看一下这些原则在哪些地方是与战争进程相符的，在哪些地方是为战争进程所修正甚至推翻的。

但是在缺乏亲身经历的情况下，研究战史只适于让人对我在此称为"整个机器的阻力"的概念有一个形象的想象。

当然人们不应满足于得出的主要结论，更不应一味遵循历史著作家们的论断，而是应该尽可能地研究细节。这是因为历史著作家很少以记述最真实的情况为目的，他们通常要美化本国军队的行为，或者要证明事件与虚构的规则是一致的。他们不是写历史，而是造历史。为研究历史的细节，人们并不需要读很多历史。详尽地了解数场战斗比泛泛地了解很多战局更有益处。因此，多读一些杂志上刊载的有关报告和日记比阅读真正的史书更有益处。沙恩霍斯特将军在其回忆录中关于1794年梅嫩保卫战[1]的叙述，就是这种报告的无与伦比

---

[1] 在第一次反法联盟战争期间，反法联军于1794年4月自尼德兰进入法国北部，包围了朗德勒西要塞。为了解围，皮舍格吕率法军分三路进攻联军右翼。梅嫩（Menen，即今比利时西佛兰德省城市梅宁）是联军右翼的一个重要据点，由布伦瑞克-吕讷堡选帝侯国的哈默施泰因少将率2500人防守。26日，莫罗率2万法军包围梅嫩。29日夜间，守军成功突围，损失很小。当时沙恩霍斯特任哈默施泰因的参谋长。——译者注

的范例。这一叙述，特别是关于出击和突围的描述，给殿下提供了一个应该如何撰写战史的标准。

世界上没有任何一次战斗像这次战斗让我确信：在战争中，直到最后时刻都不应对成功有所怀疑；好的原则不可能像人们想象的那样永远有规律地发挥作用，在人们认为这些原则已经完全不起作用的最不利的场合，它们往往又出人意料地发挥出作用。

一定有某种大的情感会激发统帅的巨大力量。这种情感可以是恺撒的虚荣心，可以是汉尼拔的对敌仇恨，也可以是弗里德里希大帝的宁愿光荣战败的豪迈。

殿下，请您敞开胸襟，来接纳这种情感吧！在制订计划时，您要大胆而有计谋，在实施时要坚决而顽强，要抱定宁愿光荣战败的决心。这样命运就会在您年轻的头上加上光荣的桂冠，它是君主的饰品，它的光芒将把您的形象镌刻到子孙万代的心中。

★ 附录2 ★

关于军队的有机划分
（可作为对第二卷第五篇第五章的说明）

当人们看到实际出现的部队的无数队形，就应该已经能推断出，对一支部队因基本战术而形成的不同部分进行划分并确定兵力大小的理由并非十分严格，而是允许有很大的余地。但是我们无须多加思考即可确信，根据这些理由是无法做出比较精确的规定的。至于在这方面通常提出的一些看法，例如，如果一位骑兵军官提出，一个骑兵团的兵力越多越好，**否则它就没有能力采取什么行动**，是不值得认真予以考虑的。与基本战术有关的小部队（步兵连、骑兵连、步兵营和骑兵团）的情况就已经如此，而规模较大部的情况就更复杂得多。基本战术在这里已经根本不够用了，要高等战术（或称之为部署战斗的学问）与战略一起才能解决。现在我们要研究一下这些较大的部队：旅、师、军和军团。

首先，我们用一点时间谈谈这个问题的哲理。究竟为什么要把大量人员有序地分为多个部分呢？这显然是因为一个人只能直接指挥一定数量的人。一位统帅不可能把5万名士兵中的每一个都部署和控制在适当的位置，并且指示他该做什么和不该做什么。假如这是可能的，那显然是最好不过了，因为这样一来，无数的下级指挥官中就不会有哪位再给统帅的命令加上些什么（至少这将是反常现象），但部队分为多个层级会使每个人在执行上级命令时或多或少地削弱其原有的力量，减少上级原有想法的准确性。此外，如果部队有多个层级，那么一个命令就需要很长时间才能传达到受命者。由此可见，部队的层层划分形成一个传达命令的阶梯，是**一件避免不了的苦恼事**。我们的哲理就谈到这里为止，现在开始从战术和战略方面来谈这个问题。

作为一个大的或小的独立整体来与敌人对抗的完全独立的部队有三个主要部分。如果没有这三个部分，这支部队几乎是不可想象的：一个是这支部队前出的部分a，一个是这支部队为应对意外情况而保留的部分c，以及在这两部分之间的主力部分b：

a

b

c

如果在对较大的整体进行划分时要着眼于各部分的独立性，如果要使固定的划分与经常的需要相适应（这一点当然应该是统帅的意图），那么这个整体就从不应该少于三个部分。但是不难看出，即使是这三个部分也还不能构成很自然的序列，因为谁也不会愿意让他前出的和保留的部分与主力部分的兵力一样多，因此设想主力部分至少由两个部分组成，也就是整体由四个部分组成，按abcd的顺序，会更自然：

a

b　c

d

但是这显然还不是最自然的序列。尽管现在采取了纵深部署，但在战术和战略上使用部队的方式仍然是横线式的，因此就自然需要有右翼、左翼和中央。这样分为五个部分可以说是最自然的了，形式是abcde：

a

b　c　d

e

这种部署已经允许把主力的一个部分（在紧急情况下甚至是两个部分）派向右面或左面。如果有人与我一样主张保留强大的预备队，那么他也许认为保留的部分与整体相比兵力太少，因此再增加一个部分，使预备队的兵力占总兵力的1/3。于是整个划分的顺序是abcdef：

a

b　c　d

e　f

如果是一支兵力很大的部队，是一个较大的军团，那么我们从战略上必须指出，这个军团几乎经常需要向左右派出部队，因此还可以增加两个部分，于是就形成下列abcdefgh的战略形状：

a

b　c　d　e　f

g　h

由此可见，人们在划分一个整体时，不应少于三个部分，同时不应超过八个部分。不过这似乎是很不确定的，因为人们可以设想一下，如果把一个军团分为军、师和旅三个层级，每个层级有三个同级部队单位（3×3×3），计27个旅，或者把一个军团分为可以允许的18个因数的任何一个可能的结果，那么就会产生很多不同的组合。

我们还要考虑到一些重要问题。

我们没有谈到步兵营和骑兵团的兵力问题，因为我们想把它留到谈论基本战术时再论述。根据以上所述应该只会得出结论说，我们希望一个旅不少于三个步兵营。当然我们也必须坚持这一点，而且也看不到其中有什么不合理之处，但是要限定一个旅可以有的**最多**兵力却比较困难。旅通常被视为尚可以和应该由一个人直接（在他的口令范围内）指挥的部队。如果我们坚持**这一点**，那么一个旅自然不能超过4000～5000人，即根据步兵营不同的兵力，可以由6～8个营组成。但是我们在此必须同时把另一个问题作为一个新的因素纳入这一研究中来，这就是各兵种的结合。现在欧洲国家一致认为，在军团以下的部队就应该进行这种结合，只是有些人主张只在军一级，即2万～3万人的部队进行这种结合，有些人则主张在师一级，即8000～12,000人的部队就已经应该进行这种结合。我们暂且不想参与这个争论，只想指出一点（大概不会有人反对这一点）：一支部队之所以能够独立行动，主要是三个兵种相结合的缘故，因此对那些在战争中经常要独立作战的部队来说，至少是非常希望有这种结合的。

　　不过我们不仅要考虑三个兵种的结合，而且也要考虑到两个兵种，即炮兵和步兵的结合。虽然近代炮兵在骑兵先例的鼓舞下，几乎也要独立起来，单独组成一个小规模的炮兵军团，但是按照一般的习惯，炮兵和步兵的结合很早就已经出现了。迄今炮兵不得不同意分配到旅里去，因此炮兵和步兵的这种结合以另一种方式构成了旅的概念。问题仅在于，人们首先要确定将一个炮兵连经常与之结合在一起的步兵部队的兵力应该有多大。

　　确定这个问题比人们初看上去认为的要容易得多，因为能为每千人带到战场上去的火炮数目很少是我们能随意决定的，而是由其他一些原因（部分原因和我们的关系很小）决定的。有关一个炮兵连应该有多少门火炮的规定，比任何其他类似的规定都有更充分的战术依据，因此人们不问这部分步兵（例如一个旅）应该有多少门火炮，而是问应该有多少步兵与一个炮兵连编在一起。例如，如果在军团一级每千人有三门火炮，并且其中一门留在炮兵预备队，那么可以分配给部队的就是两门火炮，于是一个有8门火炮的炮兵连就可配属4000名步兵。由于这里所讲的比例也是最常用的比例，这就表明，我们在这里大体上得出了相同的结果。关于确定一个旅的人数，我们就不想多谈了。根据上述，一个旅由3000～5000人组成。部队的划分尽管一方面因此而受到限制，另一方面又因军团的兵力是一个既定数而已经受到限制，但总还是可以进行很多种组合的。严格地让部队遵循"划分的部分应该尽量少"的原则，为时尚早；我们还有一些一般性的问题需要考虑，而且也应该允许具体情况有特殊考虑的权利。

　　首先我们必须指出，较大的部队应比小部队有更多的部分，因为它们必须更灵活一些（上面已经提到），而如果将小部队分成太多的部分，则不便于指挥。

　　如果人们以两个主要部分组成一个军团，而每个部分有其专门的指挥官[1]，那么这就等于说人们要取消军团指挥官。每个了解这方面问题的人，

---

　　[1]指挥官的总人数是划分的真正根据。如果一位元帅统率10万人，将其中5万人交给专门一位将军指挥，同时元帅将另外5万人分为五个师亲自指挥（这种情况是常见的），那么整个部队实际上不是分成两个部分，而是立即分成了六个部分，只是其中一个部分的兵力是其他各部分的五倍而已。——作者注

无须进一步解释都会明白这一点。把军团分为三个部分也好不了很多，因为不把这三个部分再加以划分，就不可能进行灵活的运动和形成合适的战斗序列，而继续划分很快就会引起这些部分的指挥官不满。

部分的数目越多，最高指挥官的权力就越大，整个部队的灵活性也越大，这是人们把部队分成尽可能多的部分的一个原因。由于人们在较大的大本营中（例如军团的大本营）比一个军或一个师的较小的参谋部有更多的传达命令的手段，因此根据普遍存在的理由，划分一个军团最好不要少于八个部分。如果其他情况允许，可以把划分的数目增至九或十。而如果超过十个部分，要想总是十分迅速而完整地传达命令就会有困难，因为我们不应忘记，在这里不单纯是传达命令的问题（否则一个军团拥有的师的数量就可以与一个连的人数一样多了），而是还有与命令相关的大量的部署和检查问题，对六个或八个师进行这些工作当然要比对12个或15个师更容易。

相反，如果一个师的绝对兵力少，即假设它是一个军的一部分，那么它总是可以分成比说过的标准数目更少的部分：分为四个部分是非常恰当的，必要时可分为三个部分，而分为六个和八个部分恐怕就有困难，因为这个师迅速传达命令的手段较少。

对我们提出的标准数目的这一修正给了我们一个结论：一个军团不应少于五个部分，最多可以划分为十个部分；一个师不应超过五个部分，可以少到四个部分。在这两者之间是军，至于一个军的兵力应该有多少，以及到底应不应该有军存在，则取决于军团和师的数量关系结果。

如果把20万人分为十个师，一个师分为五个旅，那么一个旅就有4000人。就是说，把这样一支军队划分成几个师也就足够了。

人们当然也可以把这支军队分为五个军，每个军再分为四个师，每个师分为四个旅，这样每个旅就有2500人。

我认为第一种分法更好，因为第一，在指挥层级上少一个层次，因此命令抵达较快；第二，一个军团分为五个部分太少，不够灵活；一个军分为四个部分也是这个问题，而且一个2500人的旅太小。采取后一种划分方法，一个军团就有80个旅，而采取第一种划分方法只有50个旅，更为简便。然而人们为了直接指挥五位而不是十位将领，就放弃了第一种划分方法的这些优点。

一般性的考察就到此为止。但是根据具体情况确定如何划分部队是无比重要的。

在平原上指挥十个师是容易的，而在复杂的山地阵地中就有可能变得完全无法指挥。

如果一条大的江河把一个军团分开，那么在河的另一岸就需要派一位专门的指挥官。一般规则遇到这些实际情况是无能为力的。要指出的是，随着这些实际情况的出现，有些划分方法在其他情况下会引起的不利绝大部分会消失。当然这里也会出现滥加划分的情况，例如为满足某种不成熟的虚荣心，以及出于个人考虑而进行不恰当的划分。但是经验告诉我们，不管具体情况的需求到了何种程度，对部队的划分通常仍是要根据一般的理由进行。

★ 附录3 ★

战术或战斗学授课计划

一、引言　战略和战术概念界限的确定

二、战斗的一般理论（战斗——舍营——野营——行军）

1. 战斗的本性。战斗中的有效要素。仇恨和敌视——变化——其他情感力量——理解力和才能。

2. 对战斗的进一步规定——独立的战斗——部分战斗——部分战斗是怎样产生的。

3. 战斗的目的：胜利——胜利的程度、色彩和分量。

4. 胜利的原因，即敌人退却的原因。

5. 根据兵种划分战斗——白刃战——火力战。

6. 战斗的不同行动。破坏行动和决战行动。

7. 根据积极或消极原因划分战斗。进攻和防御。

8. 战斗计划。战斗的战略目的——战斗的目标——手段——战斗方式的确定——时间的确定——空间的确定——相互作用——指挥。

此外，第一部分的授课提纲应该根据上述划分来制订。

三、不结合具体情况的特定部队的战斗

（队形——战斗序列——基本战术）

（一）各兵种

1. 步兵
2. 炮兵 ｝各自的作用以及由此产生的进攻
3. 骑兵 和防御时的队形和基本战术

（二）进攻和防御时的兵种结合

1. 兵种结合的理论

（1）步兵与炮兵的结合

（2）步兵与骑兵的结合

（3）骑兵与炮兵的结合

（4）三个兵种的结合

2. 由三个兵种组成的某些部队

（1）旅

（2）师 ｝其 战 斗 序 列 —— 阵

（3）军 地——运动——战斗

（4）军团

四、结合地形地貌进行战斗

1. 关于地形对战斗的总的影响

（1）在防御时的影响

（2）在进攻时的影响

此外，如果这里的考察不符合逻辑，那么这是因为出于实际的考虑。对地形应该尽早加以考察，但是如果人们没有一开始就从进攻或防御这两种形式中的一种来设想战斗，那么就不可能考察地形，因此要把地形和战斗融合起来进行考察。

2. 防御的一般理论

3. 进攻的一般理论

4. 特定部队的防御战斗

（1）一支小部队的防御战斗

（2）旅防御战斗

（3）师防御战斗

（4）军防御战斗

（5）军团防御战斗

5. 特定部队的进攻战斗

（1）一支小部队的进攻战斗

（2）旅进攻战斗

（3）师进攻战斗

（4）军进攻战斗

（5）军团进攻战斗

五、有特定目的的战斗

（一）防御

1. 安全举措

（1）哨兵

（2）巡逻哨

（3）用于支援的小部队[1]

（4）小哨所

（5）前哨线

（6）联络哨

---

[1] 原文为法语"soutenir"，指隐蔽部署在步兵线后面不远处的单独的小部队，其任务是跟随所属的作战部队，随时为其提供支援。——译者注

（7）前卫部队

（8）后卫部队

（9）前出部队

（10）行军时的侧面保护部队

（11）联络分遣队

（12）监视分遣队

（13）侦察

2. 保护

（1）对单独哨所的保护

（2）对车队的保护

（3）对征集粮草的保护

3. 不同目的的部署

（1）在山地

（2）在河岸

（3）在沼泽地旁

（4）在林地中

4. 不同目的的会战。消灭敌军——占领一地区——单纯士气上的影响——军队的荣誉

（1）无准备的防御会战

（2）在有准备的阵地上的防御会战

（3）在有防御工事的阵地上的防御会战

5. 退却

（1）在敌人面前一次退却（撤退）

①在一次战斗前

②在战斗过程中

③在一次战斗后

（2）战略退却（保持战术部署的多个相继实施的退却）

（二）进攻

1. 根据防御的目标划分和论述的进攻

2. 根据进攻本身的目标划分和论述的进攻

（1）袭击

（2）突破

六、关于野营和舍营

七、关于行军

★ 附录4 ★

战术或战斗学概论

一、战斗的一般理论

战斗的目的

1. 战斗的目的是什么?

（1）消灭敌军。

（2）占有某个目标。

（3）单纯为了军队荣誉而争取胜利。

（4）同时抱有以上两个或全部三个目的。

胜利的理论

2. 所有上述四个目的只有通过胜利才能达到。

3. 胜利就是敌人退出战场。

4. 敌人只有在下述情况下才会退出战场:

（1）如果他损失过大，因此害怕对方的优势，或者他感到要达到目的会付出过大的代价。

（2）如果他的序列已经受到很大的干扰，即整个部队的作用已经受到很大的破坏。

（3）如果他已经陷入地形带来的不利，担心继续战斗会受到过多的损失（这里也包括阵地的损失）。

（4）如果其部队的部署形状非常不利。

（5）如果他受到小规模甚或大规模的袭击，即没有时间部署和展开适当的举措。

（6）如果他察觉到对手在数量上对自己的优势过大。

（7）如果他察觉到对手在精神力量方面对自己的优势过大。

5. 在上述所有情况下，统帅都有可能放弃战斗，因为他认为没有局势好转的希望，担心局势每况愈下。

6. 假如上述原因中一个都没有就退却，那么退却就是没有理由的，也就是说统帅或指挥官不能定下这样的决心。

7. 但是退却可能违背统帅或指挥官的意志而实际发生：

（1）如果部队由于缺乏勇气或参战的意愿而逃避战斗。

（2）如果部队由于惊慌失措而溃退。

8. 在这些情况下，部队有可能违背指挥官的意志而承认对手胜利。甚至当上述第4条第（1）～（6）项提到的各种情况产生对我们有利的结果时，部队也有可能承认对手胜利。

9. 这种情况在小部队中可能而且想必会经常出现，因为小部队的整个行动持续时间短，几乎不会给指挥官留有定下决心的时间。

10.

（1）但是在大部队中，这种情况只会部分发生，基本上不会在整体中发生。不过如果有多个部分都让对手轻而易举地取得了胜利，那么就会使整体面临在第4条第（1）～（5）项中所述的情况，并出现一种不利的结果，由此促使统帅定下退却的决心。

（2）在大部队中，第4条第（1）（2）（3）（4）项所说的不利情况，并不是以各个不利之和的形式呈现给统帅，因为统帅从不会看得这样全面。当这些不利集中在一个狭小的空间内，形成一个可观的数量，出现在部队主力或者一个重要部分时，这些不利才呈现出来。统帅就是要根据整个行动中的这种主要情况来下定决心。

11. 最后，与战斗无关的外部原因（例如一些导致取消战斗目的或者显著改变战略关系的消息）也能促使统帅放弃战斗，即下定退却的决心。这可以说是战斗的一种中断，不属于这里论述的范围，因为它不是战术行为，而是战略行为。

12. 放弃战斗就是承认对手目前占有优势（不管是物质上的还是精神上的），就是**在意志上屈服**。胜利的第一个精神上的力量就表现在这里。

13. 由于只有离开战场才能放弃战斗，因此退出战场就是**承认对手目前占有优势的标志，就是降下军旗**。

14. 但是**胜利的特征**还没有决定胜利的大小、重要性和辉煌。这三点往往同时发生，但绝不是相同的。

15. 胜利的大小取决于战胜敌军和战利品数量的多少（缴获的火炮、俘虏、夺得的辎重、敌人的伤亡）。因此对一支小部队不可能取得大的胜利。

16. 胜利的重要性取决于要达到的目的的重要性。占领一处重要的阵地可以使一个本身不重要的胜利变得重要。

17. 胜利的辉煌表现在以较少的部队取得较多的战利品。

18. 因此，胜利有不同的样式，尤其是有很多层次。严格来说，任何一场战斗都不会没有胜负，即都是有胜利的，但是语言上的习惯和事物的本性却让人们只把那些付出巨大努力后取得的战斗结果视为胜利。

19. 如果敌人只采取必要的行动，以查明我方的真正意图，一旦查明意图后就让步了，那么我们就不能把这称为我们的胜利。如果他采取了更多的行动，那么这就表明他想成为真正的胜利者；而如果他在这种情况下放弃了战斗，我们就可以认为他已经被战胜。

20. 由于只有双方中的一方或双方把交战的部队后撤一些，才能放弃一场战斗，因此严格来说，"双方均保住了战场"这一说法是不成立的。不过，如果人们按事物的本性和语言上的习惯仅把战场理解为主力部队所在的阵地（因为只有当**主力部队**退却时，胜利的最初结果才出现），那么当然就有完全未决出胜负的会战了。

战斗是达到胜利的手段

21. 战斗是达到胜利的手段。由于在第 4 条第（1）～（7）项中所指出的各种情况是胜利的前提条件，因此战斗也就以达到这些条件作为自己的直接目的。

22. 现在我们必须从战斗的各个方面来认识战斗。

什么是单个战斗

23. 从物质角度看，每场战斗都可以分成与战斗人数一样多的单个战斗，但是单个人只有单独地（独立地）战斗时，才是一个专门的要素。

24. 战斗的单位从单个的战斗人员起，随着指挥层级的上升，成为新的单位。

25. 这些单位通过战斗的目的和计划联系在一起，但并不是密切到各部分没有一定独立性的程度。等级越高，这种独立性就越大。至于各部分的这种独立性是如何产生的，我们将在后面论述（见第97条和第98条）。

26. 因此每个整体战斗是自上而下由各级单位（直到最后一个独立行动的单位）的大量单个战斗组成的。

27. 但是一个整体战斗也可以是由陆续进行的单个战斗组成的。

28. 我们把所有单个战斗称为部分战斗，把所有部分战斗称为整体战斗；不过我们把整体战斗的概念与个指挥这一条件联系在一起，以至于只有由**一个**意志指挥的战斗才可以算作**一个**战斗（在部署哨所线时，这种界限是根本无法确定的）。

29. 这里所说的战斗理论既适用于整体战斗，也适用于部分战斗。

战斗的原理

30. 每个斗争都是仇恨的表达，这种仇恨本能地转为斗争。

31. 这种攻击和消灭敌人的本能是战争的真正要素。

32. 即使是在最野蛮的人身上，这种仇恨的冲动也不是一种单纯的本能，而是还有思考和理智，无意图的本能从而变成有意图的行动。

33. 情感力量就以这种方式服从于理智。

34. 但是人们决不能认为情感力量已经完全被排除了，不能以纯粹的理智的意图来取代情感力量，因为即使情感力量真的完全消失在理智的意图之中，在斗争过程中还是会重新迸发出来。

35. 由于我们现在的战争不是个人对个人表达仇恨，因此战斗看似不包含任何真正的仇恨，似乎纯粹是理智的行为。

36. 然而事实并非如此。一方面，双方绝不会缺少集体的仇恨，这一集体仇恨在个人身上或多或少会产生作用，以至于个人也会仇恨和敌视对方中的个人；另一方面，在斗争过程中也会在个人身上或多或少燃起真正的仇恨。

37. 在没有敌意的地方，对荣誉的渴望、虚荣心、自私和团队精神[1]与其他情感力量一起代替仇恨起作用。

38. 因此在战斗中，仅是指挥官的意志，仅是既定的目的，很少或者绝不会成为战斗者行动的唯一动机，而总是有很大一部分情感力量在起作用。

39. 由于斗争是在危险的领域中进行的，而所有情感力量在这个领域中更为重要，因此情感力量的这种动机作用就更大。

40. 但是即使是指导斗争的智慧也绝不可能是纯粹的理智的力量，因此斗争绝不是单纯的可计算的对象。

（1）因为斗争是有生的、物质的和精神的力量的相互冲撞，人们对这些力量只能做一般的估计，无法做精确的计算；

（2）因为参与斗争的情感力量可能使斗争成为某种激情的活动，并由此而成为一种需要较高判断力的活动。

41. 因此与理智的计算相反，斗争有可能是运用才能和天赋的活动。

42. 人们在斗争中表现出来的情感力量和天赋应该被视作独特的精神力量。这些力量彼此很不同，伸缩性也很大，不断地超出理智计算的范围而产生作用。

43. 军事艺术的任务就是在理论上和实施中考虑到这些力量的作用。

44. 越是能充分地利用这些力量，斗争就越有力，战果就越丰富。

---

[1]　"团队精神"一词，作者用了法语"esprit de corps"。——译者注

45. 军事艺术的一切发明，例如武器、组织机构、熟练的战术和在战斗中使用部队的原则等，对自然的本能是一种限制，旨在间接地使这种本能力量得到更有效的使用，但是情感力量是不受这种支配的，如果人们过于要把它们变成工具，就会夺走其活力和力量，因此不论是在理论的规定中，还是在其常见的习惯做法上，都应处处给情感力量留下一定的活动余地。要做到这一点，就要在理论上有高瞻远瞩的立足点和见解，在实施中有杰出的判断力。

两种战斗样式　白刃战和火力战

46. 在人类的才智所发明的所有武器中，那些使战斗者相距最近的、最近似粗鲁搏斗的武器是最适合发泄本能的最自然的武器。比起梭镖、矛、投掷器，匕首和战斧更属于这类武器。

47. 从远处就已经能打击敌人的武器更多的是理智的工具；它们使情感力量和本来的斗争本能几乎完全不起作用，而且这些武器的有效距离越大，情况就越是这样。在使用投掷器时，人们还可以想象投掷者在投掷时会有某种冲天的愤怒情绪，而在用线膛枪射击时，这种情绪就会少一些了，在用火炮射击时就更少了。

48. 尽管在此也有一些武器处于上述两类武器的过渡阶段，但还是能看到所有近代武器分为两大类，即劈刺武器和射击武器，前者导致白刃战，后者导致远距离战斗。

49. 因此产生了两种战斗样式：白刃战和火力战。

50. 两者都以消灭对手为目的。

51. 在白刃战中，消灭对手是毫无疑问的目的；在火力战中，消灭对手只是或多或少的可能的目的。由于有这个区别，这两种战斗形式的意义就很不同了。

52. 因为在白刃战中消灭对手是毫无疑问的目的，所以有利条件或勇气稍占优势就是决定性的因素，处于不利境地或勇气较差的人就会试图逃走，以摆脱危险。

53. 在所有多人进行的白刃战中，这种情况通常有规律地很早就会出现，以至这种战斗本来应有的歼灭力大为减弱，使其主要效果更多地表现为驱逐敌人，而非消灭敌人。

54. 因此，如果人们看一下白刃战在现实世界中的实际效果，那么人们就必须把**驱逐**敌人，而不是把**消灭**敌人当作它的目的。消灭敌人成了手段。

55. 正如白刃战的本来目的是消灭敌人一样，火力战的本来目的是驱逐敌人，而消灭敌人只是为达到此目的的手段。人们对敌射击是为了把他赶走，避免进行自己感到无法胜任的白刃战。

56. 但是火力战带来的危险不是一个完全不可避免的危险，而是一个或多或少有可能出现的危险。对单个人的感性印象来说，这种危险不是很大，而是要经过一段时间和累积效果（这种效果不会造成感性上的印象，即不会造成直接有效的印象），才会变得大起来，因此双方中的一方不是一定面临要逃避这种危险的情况。由此可见，驱逐某一方不是立刻就能做到的，在很多情况下是根本无法实现的。

57. 如果情况是这样，那么通常在火力战结束时，就必须用白刃战来驱逐敌人。

58. 火力战的歼灭力随着战斗的持续而增长，而白刃战的歼灭力由于迅速决出胜负而消失。

59. 这样一来，火力战的一般目的就不再是驱逐敌人，而是使所用的手段直接产生效果，即消灭敌人，在集体战斗中就是摧毁或削弱敌军。

60. 如果白刃战的目的是**驱逐**敌军，火力战的目的是**摧毁**敌军，那么就应该把白刃战视为**决战**的真正工具，把火力战视为**准备**决战的真正工具。

61. 但是白刃战和火力战仍保留了对方要素的某些作用。白刃战不是没有摧毁力的，火力战不是没有驱逐力的。

62. 白刃战的摧毁力在大多情况下是微不足道的，甚至常常等于零；假如不是在某些情况下通过白刃战可以俘虏敌人，从而使白刃战的摧毁力又有很大提高的话，白刃战的摧毁力几乎不会引人注意。

63. 但是必须指出，俘虏敌人大多在火力战已经产生效果的情况下才能做到。

64. 因此，在今天的兵种比例下，没有火力战的白刃战恐怕只有微不足道的歼灭力。

65. 火力战的歼灭力可以由于战斗的持续而增加到最大限度，也就是达到撼动或摧毁敌人勇气的程度。

66. 结果是，消灭敌军的绝大部分作用是火力战起到的。

67. 通过火力战削弱敌人的结果是：

（1）要么敌人主动退却；

（2）要么为接下来的白刃战做好了准备。

68. 通过驱逐敌人这一在白刃战时欲达到的目的，就能够得到真正的胜利，因为把敌人逐出战场就是胜利。如果敌人的整个军队规模很小，那么这个胜利就有可能囊括整个敌军，并决定结局。

69. 如果白刃战只是在整体的各部分之间进行的，或者整个战斗是由多个陆续进行的白刃战组成的，那么对单个的白刃战的成果就只能视为**部分战斗**中的一次胜利。

70. 假如这个部分是整体的一个重要部分，那么整体有可能因此而一起失败，也就是部分的胜利直接导致了对整体的胜利。

71. 但是即使白刃战的结果不是一个对整体的胜利，那么它仍会带来以下好处中的一种：

（1）夺占敌人的地区。

（2）摧毁敌人的精神力量。

（3）破坏对手的序列。

（4）破坏敌人的物质力量。

72. 因此对部分战斗来说，应该把火力战看作是破坏行动，把白刃战看作是决战行动。至于对整体战斗来说应该如何看待它们，我们以后再考察。

两种战斗形式与进攻和防御的关系

73. 另外，战斗是由进攻和防御组成的。

74. 进攻是积极的意图，防御是消极的意图。进攻是要驱逐敌人，防御只是要据守。

75. 但是据守不是单纯的坚持，因此不是忍受，而是取决于能否进行积极的还击。这种还击就是消灭敌进攻部队。因此只能把防御的目的视为消极的，不能把防御的手段视为消极的。

76. 由于在防御中守住阵地的结果自然是对手不得不退让，因此尽管防御的目的是消极的，但是对防御者来说，对手退却（退让）也是胜利的标志。

77. 由于白刃战与进攻有相同的目的，因此白刃战原本是进攻的要素。

78. 但是由于白刃战自身拥有的歼灭因素很弱，因此仅仅采用白刃战的进攻者在大多数情况下几乎不能被视为一个战斗者，无论如何这是很不相称的战斗。

79. 只有在小部队中，或者在单一的骑兵中，白刃战才有可能构成整个进攻。部队越大，参战的炮兵和步兵越多，仅是白刃战就越不够。

80. 因此进攻也要根据需要运用火力战。

81. 在火力战中，就双方与这一战斗样式的关系而言，可将双方视为相同。火力战对白刃战所占的比例越大，进攻与防御的原有差别就越小。进攻者最后不得不进行白刃战的尚存的不利情况，不得不通过白刃战特有的有利条件和兵力优势来弥补。

82. 火力战是防御者的自然因素。

83. 如果防御者通过火力战已经取得了有利的结果（进攻者退却了），那他就不需要进行白刃战了。

84. 如果防御者没有得到有利的结果，而且进攻者转入白刃战，那么防御者也必须运用白刃战。

85. 当白刃战的好处比火力战更大时，防御者决不能排斥白刃战。

两种战斗形式中的有利条件

86. 现在我们必须对两种战斗的本性做总的进一步考察，以便了解那些能在这两种战斗中形成优势的因素。

87. **火力战**

（1）在武器使用上的优势（这种优势在于部队的组织和素质）。

（2）作为固定部署，在编组和基本战术方面的优势。

在战斗中使用训练有素的军队时，无法考虑有关因素，因为它们是这些军队已经具备了的，但是人们可以而且必须把它们视为**最广义的**战斗学的研究对象。

（3）数量。

（4）在第（2）项中未包括的部署形式。

（5）地形。

88. 由于我们只谈**训练有素的军队**的使用，因此上面第（1）和第（2）两项不属于这里要论述的内容。我们在实际考察时，某种程度上只能把它们视为既有条件。

89.

（1）数量上的优势。

如果两支数量不等的步兵和炮兵部队在同样大的空间内平行相对部署，那么假如所有的射击都是以单个人为目标的**精确射击**，那么命中的数量与射击的人数将是相同的。假如是向一个整靶射击，即目标不再是单个的人，而是一个步兵营、一条线等，那么命中的情况也是相同的。对战争中，甚至散兵战斗中的**射击**，大多数确实是可以**这样**看待的。然而这个靶子实际上并不是一个实体靶，而是由人和他们之间的空隙组成的。空隙是随着同一空间内的战斗者的**增加**而**减少**的。因此，两支数量不等的部队之间的火力战的效果，取决于射击者的人数和受到射击的敌军的人数。换句话说，数量优势在火力战中不起决定性作用，因为一方利用大量射击所赢得的好处，会由于对方射击命中率更高而被抵消。

假设我方50人与敌一个500人的步兵营在同样大的区域内对峙。如果50发子弹中有30发中靶，即命中对方所在的正方形区域，那么敌500发子弹中就有300发命中我50人所在的区域。但是由于500人的密度是50人密度的10倍，因此我方的命中率是对方命中率的10倍，从而我方50发子弹命中的人数恰好与敌方500发子弹命中我方的人数一样。

尽管这个结论不会完全符合实际，而且数量上的优势总会带来小的好处，但是可以肯定，这个结论基本上是对的，即一方在火力战中取得的效果还远不能与数量优势完全成正比，而是几乎不受数量优势的影响。

这个结论极为重要，因为它构成了在准备决战的破坏行动中节约用兵的基础，而节约用兵可以被看作是取得胜利的最可靠的手段之一。

（2）我们不认为这个结论会导致一种荒谬的想法，比如认为，假设两个人（这是能够占据一个在这里想象为靶子的较长区域的最少人数）的间距与2000人的间距一样大，那么这两个人的射击效果与2000人的射击效果会是一样的。假如那2000人总是径直向前方射击，那么情况当然是这样，但是如果人数较少一方的人数是如此少，以至人数较多一方可以把他的火力集中地对准每个人，那么想必自然会出现极为不同的效果，因为此前我们做的单纯以整个区域为靶子射击的假设已经不存在了。同样，一道由过少兵力组成的火力线根本不可能迫使对手接受火力战，而是立刻会被对手赶走。由此可见，人们不能把上述结论延展得过多。尽管如此，这个结论仍然是十分重要的。人们已经上百次地看到一道火力线与拥有双倍兵力的敌火力线相抗衡。不难看出，这对节约用兵会产生什么样的效果。

（3）因此可以说，双方中的每一方都能够加强或减弱对方的（总的）火力效果，这取决于他是否把更多的战斗者投到火力线上去。

90. **部署的形式**可以是：

（1）正面正对、宽度相同。这样的部署形式对双方来说利弊相同。

（2）正面正对、宽度较大。这样的部署形式是有利的，但是不难理解，由于射程的原因，很难做出这种部署。

（3）包围式的。由于此时的射击效果加倍，而且展开自然较大，因此这种部署形式是有利的。

与（2）和（3）相反的部署形式自然是不利的。

91. **地形**在火力战中起到以下有利作用：

（1）防护（像一道胸墙）。

（2）隐蔽，即妨碍敌人瞄准。

（3）妨碍敌通行，从而将敌置于我火力打击之下，长时间阻止其前进，但也会更多地妨碍自己射击。

92. 在白刃战中起作用的有利条件，就是那些在火力战中起作用的有利条件。

93. 第87条中的（1）（2）项不属于这里要考察的。但是应该指出，在白刃战中武器使用方面的优势不可能产生火力战中那样大的差别。相反，勇气在白刃战中扮演着决定性的角色。由于大部分的白刃战是由骑兵进行的，因此第87条第（2）项中所谈到的问题就变得尤其重要。

94. **数量**在白刃战中的决定性比在火力战中大得多；它几乎是主要问题。

95. **部署的形式**在白刃战中的决定性同样比在火力战中大得多，具体是在正面相对时，宽度小反而更有利。

96. **地形**

（1）作为通行的障碍。这是地形在白刃战中起的主要作用。

（2）利于隐蔽。隐蔽自己有利于出敌不意，而出敌不意在白刃战中是特别重要的。

战斗的分解

97. 我们在第23条中已经看到，每个战斗都是一个分成很多部分的整体，在这个整体中各部分的独立性是不同的，越是向下，独立性就越小。现在我们就来进一步研究这个问题。

98. 实际上，我们可以把在每个战斗中可以用**口令**指挥的部队（例如一个步兵营、一个炮兵连、一个骑兵团等，如果这些大量人员确实是集结在一起的话）看作是**一个部分**。

99. 当口令指挥不到时，则用命令（不管是口述的还是书面的）取代。

100. 口令是无法分出层次的，它已经是实施的一部分，但是命令是有层次的，从接近于口令的最确切的内容直到最一般的内容，它不是实施本身，而只是一个委托。

101. 所有受口令指挥的部分都不能有自己的意志；而如果命令取代了口令，那么各部分就开始有一定的独立性，因为命令具有一般的特性，如果它有不足的地方，指挥官就必须根据自己的意志对它加以补充。

102. 假如人们对战斗中同时和先后出现的部分和事件能够准确地预先确定和判断，也就是说假如在制订战斗计划时能够像安装一台无生命的机器那样一直考虑到最细微的部分，那么命令就不会有这种不确切性了。

103. 但是战斗者始终是一群人或单个人，绝不可能成为无意志的机器，而且他们战斗的地方很少或者绝不会是一块对战斗毫无影响的完美和空旷的平地，因此完全不可能事先计算出所有活动。

104. 计划的这种不足随着战斗的持续和参战人数的增加而加大。一方面，一支小部队的白刃战几乎完全可以事先就列入其计划；相反在火力战中，即使是小部队的火力战也会由于它持续的时间长和发生的偶然事件多，而无法像对白刃战那样计划得那么具体。另一方面，对大部队（例如一个有2000或3000匹战马的骑兵师）的白刃战，最初的计划也不可能把一切都规定好，因此单个指挥官经常需要根据自己的意志对计划进行补充。至于一次大会战，除了开始阶段，计划只能规定出主要的轮廓。

105. 由于计划（部署）的这种不足是随着战斗所用时间和空间的加大而增加的，因此通常要给较大部队留出比较小部队更多的余地；部队的级别越低，对它的命令就越要具体，直到可以用口令指挥的部队。

106. 此外，部队的各部分因所处的情况不同，其独立性也有所不同。同一支部队，其独立性必然会由于空间、时间、地形特点、任务本性的不同而减小或加大。

107. 整体战斗除了这样有计划地分为独立的部分战斗以外，在下述情况下也可能出现计划外的分解：

（1）准备进行的分解比计划中的更细。

（2）在根本不应分解，而是应用口令指挥的地方出现了分解。

108. 这种分解是由无法预计到的情况引起的。

109. 结果是同属整体的各部分取得的战果不同（因为各部分可能处于不同的情况）。

110. 这样一来，个别部分就需要进行一种在整体的计划中没有的改变，这主要是由于：

（1）这些部分要避开地形、数量和部署方面的不利。

（2）这些部分在这些方面得到了它们想利用的有利条件。

111. 结果是一场火力战不时无意地，不时或多或少有意地转变为一场白刃战；或者反过来，后者转变为前者。

112. 部队接下来的任务是要使这些变化符合整体的计划，其方法是：

（1）在出现不利情况时，通过某种方式对这些变化进行补救。

（2）在出现有利情况时，只要不会有逆转的危险，就应尽量利用这些变化。

113. 因此是整体战斗有意和无意地分解为或多或少独立的部分战斗，使整体战斗中交替出现各种战斗形式（白刃战和火力战，进攻和防御）。

114. 现在在这方面还有必要对整体进行一下考察。

战斗是由两种行动即破坏行动和决战行动组成的

115.

（1）根据第36条[1]所述，对局部战斗来说，从带有摧毁因素的火力战和带有驱逐因素的白刃战中产生出两种不同的行动：破坏行动和决战行动。

（2）部队规模越小，这两种行动就越简单，由一个火力战和一个白刃战组成。

116. 部队规模越大，就越不得不一同采取这两个行动，以至破坏行动由一系列同时和先后进行的火力战组成，决战行动也同样由多个白刃战组成。

117. 战斗分解不仅以这种方式继续下去，而且作战的兵力越多，战斗分解的层次也越多，于是破坏行动和决战行动在时间上相隔得就更远了。

破坏行动

118. 敌整体越大，在肉体上消灭敌人就越重要，因为这样一来：

（1）指挥官的影响就越小，而这种影响在白刃战中比在火力战中重要得多。

（2）士气上的差别就越小。在双方大的部队中，例如在整个军团中只有民族的不同，而在小部队中就会有各部队和各个人的不同，最后还会发生特殊的偶然情况，而这些不同和情况在大部队中是相互**抵消**了的。

（3）部署的纵深就越大，也就是说用来恢复战斗的预备队就越多（这一点我们在后面会看到），因此单个战斗的数量就会增加，整体战斗的持续时间也就增加，在驱逐敌人方面总是起很大决定作用的最初时刻的影响就会减少。

---

[1]原文如此，疑误。应为第72条。——译者注

119. 从上面这一条得出的结论是：敌整体越大，就越需要从肉体上消灭敌人，以准备决战。

120. 这种准备表现在双方作战的人数减少，而兵力对比变得对我方有利。

121. 如果我们在士气或物质上占优势，那么做到双方作战人数减少就够了；如果我们在这方面不占优势，那么就要求兵力对比变得对我方有利。

122. 摧毁敌军表现在：

（1）使敌军失去战斗力，包括敌军的伤亡人员和俘虏。

（2）使敌军在体力和士气上筋疲力尽。

123. 如果一支部队在数小时的火力战中受到了很大的损失，例如损失了1/4或1/3的兵力，那么剩下的部分暂且就几乎只能被视为燃尽的煤渣，因为：

（1）这些人员在体力上已经筋疲力尽。

（2）他们的弹药已经打光。

（3）枪管已经被火药残渣堵住。

（4）很多并未负伤的人与伤员一起离开了战场。

（5）余下的人会觉得他们已经尽了这一天的义务，一旦被调离险境，就不愿再回去。

（6）原有的勇气已经削弱，战斗的欲望已经得到满足。

（7）原有的组织和序列已经部分受到破坏。

124. 上述第（5）（6）两项结果出现的多少，要根据战斗成败而定。一支夺占了一个地区或者成功地守住了让他守住的地区的部队，与一支被击退的部队相比，可以更早地重新投入战斗。

125.

（1）第123条中有两个结果需要加以考察。

第一个结果是**兵力的节省**。这个结果是由于在火力战中使用的兵力比对手少而产生的，因为在火力战中不仅由于部分人员失去战斗力，而且也由于所有参战人员的体力受到削弱，而使部队受到影响，于是在火力战中使用兵力较少的一方，自然受到的削弱也较少。

如果500人能够在战斗中与1000人抗衡，假设双方损失都是200人，那么前者剩下的300名士兵都是疲惫不堪的，而后者剩下的800名士兵中有300名是疲惫不堪的，有500人则是新锐力量。

（2）第二个结果是对手被削弱即**敌军被摧毁**的范围远超敌军伤亡和被俘的人数。敌军伤亡和被俘的数量也许只是整个兵力的1/6，剩下的还应该有5/6，但是在这5/6中，实际上只有完全**未受损的预备队**和那些虽然参加了战斗但损失很小的部队可以被看作仍能使用的部队，其余的（也许 4/6）只能被视为废人[1]。

126. 这种减少有效兵力是破坏行动的首要意图，因为决战只能以较少的兵力进行。

127. 构成决战的一个障碍的并不是部队的**绝对数量**（尽管部队的这一绝对数量也是起了一些作用的；50人对50人可以立即进行决战，而5万人对5万人就不可能了），而是**相对数量**。如果整体的5/6兵力已经在破坏行动中互相较量过了，那么即使双方仍然完全保持着均势，双方的统帅还是更接近于下定最后的决心。这时只要一个相对较小的推动就可以引起决战。事实就是这样，剩下的1/6兵力可能是一个3万人的军团里的5000人，或者是一个15万人的军团里的25,000人。

128. 双方在破坏行动中的主要目的是为决战行动创造优势。

129. 这种优势可以通过从肉体上消灭敌军得到，也可以通过第4条中所列举的其他条件来得到。

130. 因此在破坏行动中，在情况允许的范围内尽量利用一切可以利用的有利条件，是一种很自然的追求。

131. 现在较大部队的战斗总是分成多个或多或少独立的局部战斗（第23条），因此如果我们想利用在破坏行动中得到的好处，那么这些局部战斗往往就必须包括一个破坏行动和一个决战行动。

132. 通过这样巧妙而成功地间或运用白刃战，主要可以得到挫败敌人勇气、破坏敌人序列以及夺占敌人地区等好处。

133. 这样做甚至还可以大幅增加对敌军肉体上的摧毁，因为人们只有通

---

[1]　"废人"一词，作者使用了拉丁语"caput mortuum"。——译者注

过白刃战才能俘虏敌人。

因此，如果我方的炮火已经使敌人的一个步兵营受到了重创，如果我们上刺刀的进攻已经把这个营从其有利阵地上赶了出去，并且派出了两三个骑兵连去追击逃敌，那么人们就会懂得这个局部胜利将如何为我们的总体态势带来各种大的好处。当然这要有一个条件，那就是这支获胜的部队不至于因此而陷入困境，因为假如我们的步兵营和骑兵连在行动中落入优势之敌的手中，那么这就说明这一局部决战是不合时宜的。

134. 对这些局部胜利的利用，由下级指挥官就可以决定，因此如果一个军团拥有经验丰富的师长、旅长、团长、营长、炮兵连长等，那么这个军团在利用局部胜利方面就有大的优势。

135. 于是双方统帅在破坏行动中就已经在力求创造对决战有利的条件，至少借此准备决战。

136. 在这里，所有条件中最重要的始终是缴获火炮和占领地区。

137. 如果敌人正在防守一处坚固的阵地，那么占领地区的重要性就增加了。

138. 于是双方的破坏行动，特别是进攻者的破坏行动已经就是在小心翼翼地向着目标前进了。

139. 由于兵力数量在火力战中不起决定性的作用（第53条[1]），因此人们自然就力求以尽量少的兵力进行火力战。

140. 由于火力战在破坏行动中居主要地位，因此人们在破坏行动中也力求最大限度地节约兵力。

141. 由于兵力数量在白刃战中非常重要，因此在破坏行动中，各局部战斗的决战往往不得不依靠优势兵力。

142. 但是一般来说，节约兵力这一原则在这里也应该起主要作用。通常只有那些不需要很大优势兵力自然就能进行的决战才是合适的。

143. 不合时宜地追求决战的后果是：

（1）如果这一决战是根据节约兵力的原则进行的，就会陷入优势之敌的

---

[1]原文如此，疑误。应为第89条。——译者注

包围。

（2）或者，如果使用了足够的兵力，就会过早地使自己疲惫不堪。

144. 发起决战是否合适？这一问题在整个破坏行动中往往会反复出现。对破坏行动结束时进行的主力决战来说，这个问题也会出现。

145. 因此，破坏行动在一些地点有转为决战行动的自然趋势，因为在破坏行动过程中得到的每个好处只有通过决战才能得到充分的体现。

146. 在破坏行动中使用的手段越有效，或者在物质上或精神上的优势越大，整体的这种自然趋势就越大。

147. 但是如果在破坏行动中取得的战果不多或者是消极的，或者如果对手占优势，那么这种趋势在个别地点也有可能极为少见和非常微弱，以致对整体来说，这种趋势根本不存在。

148. 对部分和整体来说，这种自然的趋势都有可能导致不合时宜的决战，但它远不会因此就是件坏事，而更多是破坏行动的一个完全有必要存在的特性，因为如果没有这种趋势就会耽误很多事情。

149. 每个地点的指挥官和为总体负责的统帅必须判断现有的时机对决战是否有利，也就是说要判断这个时机是否会引起敌人的还击，从而导致**消极的**结果。

150. 就决战的准备来说（或者更确切地说，就一次战斗本身的准备来说），战斗指挥的任务就是部署一个火力战（从广义来说，就是部署一次破坏行动），并使它持续合适的时间，也就是说，当人们认为破坏行动已经充分到了起作用时再进行决战。

151. 但是这种判断不是根据钟表上的时间得出的，也不是从单纯的时间关系中得出的，而是从已经发生的情况中，从已经赢得优势的标志中得出的。

152. 如果破坏行动一直有好的战果，已经开始追求决战本身，那么对指挥官来说，更重要的是判断自己何时何地应让破坏行动转入决战。

153. 如果破坏行动中的转入决战的趋势很弱，那么这已经就是一个不可能取得胜利的相当可靠的标志。

154. 因此在这种情况下，指挥官和统帅大多不会发起决战，而是接到对方决战的挑战。

155. 如果在这种情况下仍然发起决战，那么进行这一决战一定是为了执行严格的命令。指挥官在发布这一命令的同时，必须利用自己所掌握的一切手段来鼓舞士气和持续影响部下。

决战行动

156. 决战是促使一方统帅定下退却决心的事件。

157. 我们在第4条中已经列举了退却的原因。这些原因可以是逐渐形成的，小的不利在破坏行动中就已经一个个地累积起来，因此统帅在没有真正决定性事件的情况下也会定下退却的决心。在这种情况下，就不会发生一个专门的决战行动了。

158. 但是在此前一切尚勉强保持均势的情况下，一个单独的、十分不利的事件也能引发，即突然引发退却的决心。

159. 在这种情况下，另一方应该把对手引起这一事件的**那个**行动视为已经发起的决战。

160. 但最常见的情况是，决战的时机在歼灭行动的过程中逐渐成熟，而战败者退却的决心是在一个特殊事件的最后推动下确定的，因此在这种情况下也应该认为决战已经进行过了。

161. 如果决战已经进行过了，那么它必然是一个积极的行动。

（1）它可能是一次进攻。

（2）但也可能只是一直隐蔽着的新的预备队的一次推进。

162. 对小部队来说，一次进攻中的白刃战往往就足以形成决战。

163. 对较大的部队来说，借助于单纯的白刃战发起进攻也还是足以形成决战的，但是可能要进行多次白刃战进攻。

164. 如果部队规模更大，那么就还要进行火力战，例如大的骑兵部队在进攻时，要有骑炮兵参加。

165. 对各兵种组成的大部队来说，决战绝不会只是一次白刃战，而是有必要成为一次新的火力战。

166. 但是这一火力战应具有进攻本身的特点，即以较密集的人员投入这一火力战，因此是一个在时间上和空间上都很集中的行动，是在短时间内为真正的进攻做准备。

167. 如果决战不再是由一次白刃战组成，而是由一系列同时和逐步进行的白刃战和火力战组成，那么决战就成为整体战斗中的一个专门行动，就像第115条及其以后两条中已经总的说过的那样。

168. 在这个专门行动中，白刃战将处于主导地位。

169. 这时在个别地点虽然也可能出现防御，但是进攻将处于主导地位，并且与白刃战居于主导地位的程度相当。

170. 一场会战临近结束时，对退路的考虑越来越重要，因此针对这一退路的行动就成为决定胜负的一个重要手段。

171. 因此只要情况许可，一开始制订会战计划时就应考虑到这一点。

172. 会战或战斗的进展越是符合计划的这种设想，对敌退路采取行动这一手段也就越成形。

173. 另一个导致胜利的重要手段是打乱敌人的序列。部队进入战斗时的人为结构在双方长时间较量的破坏行动中会受到很大的破坏。如果这种撼动和削弱到了一定程度，那么一方集中兵力快速攻入另一方的行动线，就有可能使对手产生极大的混乱，使他不可能取得胜利，而只能占用其全部力量，以保全各部分和恢复整体的必要联系。

174. 根据上述内容可以得出结论：如果说在准备行动中最大程度地节约兵力是主要的，那么在决战行动中以优势兵力去战胜敌人就必须是主要的。

175. 正如在准备行动中耐心、坚定和冷静是主要的一样，在决战行动中，大胆和激昂就应该是主要的。

176. 双方统帅中通常只有一方统帅发起决战，另一方统帅是应战。

177. 如果一切还处于均势，那么发起决战的一方可能是：

（1）进攻者。

（2）防御者。

178. 由于进攻者抱有积极的目的，因此他发起决战是最自然的，这种情况也是最常见的。

179. 而如果均势已经受到显著破坏，那么发起决战的可能是：

（1）处于有利地位的统帅。

（2）处于不利地位的统帅。

180. 显然前一种情况是比较自然的。如果这位统帅同时是进攻者，那就更自然了，因此决战大多是由这样的统帅发起的。

181. 而如果是防御者处于有利地位，那么他发起决战也是自然的，以至逐渐形成的兵力对比比最初的进攻和防御的意图更具决定性。

182. 一个已经明显处于不利地位，但仍发起决战的进攻者，是把决战看作实现其最初意图的最后尝试。如果处于有利地位的防御者让他有时间这样做，那么进行这种最后尝试当然是符合进攻者积极意图的本性的。

183.

（1）一个已经处于明显不利地位，但仍然要发起决战的防御者，其所做的完全违背事物的本性，应该被视为一个出于绝望的行动。

（2）决战行动中的战果是根据上述情况而定的，因此通常只有根据自然的情况发起决战的一方才能取得决战的战果。

184. 在一切还处于均势的场合，通常是发起决战的一方能够取得胜利，因为发起会战所包含的积极因素在会战已经成熟到可以发起决战的时刻（双方兵力已经相互消耗殆尽的时刻），比在会战开始时具有大得多的作用。

185. 接到决战挑战的统帅可能因此而很快决定退却，避免后续的战斗，或者他也可能继续战斗。

186. 如果他继续战斗，那么这个战斗只能是：

（1）作为退却的开始，通过战斗赢得准备退却的时间。

（2）作为一次真正的战斗，还有望在这一战斗中取得胜利。

187. 如果**接受**决战的统帅处境非常有利，那么他也可以在决战时保持防御。

188.

（1）但是如果发起决战一方的处境是自然的（有利的），那么接受决战的统帅也必须或多或少转入一种积极的防御，也就是以进攻对付进攻，这部分是因为防御的自然优势（**阵地、有序的序列、出敌不意**）在战斗的过程中已经逐渐消耗，最后已经所剩无几，部分是因为进攻这一积极因素的作用将越来越大（正如我们在第184条所说的那样）。

破坏行动和决战行动在时间上的区分

（2）前面提出的"每个战斗分为两个单独行动"的见解，初看上去包含很多矛盾。

189. 之所以会有这些矛盾，一方面是由于人们对战斗有习惯的错误看法，另一方面是由于人们过于呆板地看重被分开的事物的概念。

190. 人们把进攻与防御之间的对立想象得太大了，过于认为这两种活动是截然相反的，或者更确切地说，在实施中并不存在这种对立的场合，而人们仍认为这种对立是存在的。

191. 结果是人们想象进攻者始终都是均匀地、不间断地力求前进，而把前进运动的减弱总是只想象成完全被迫产生的，是**直接**由抵抗引起的。

192. 按照这种观点，每次进攻只有以最猛烈的冲锋开始才是最自然的。

193. 即使人们有这样的观点，但还是习惯于炮兵要有一个准备行动，因为否则的话，炮兵绝大部分就会无所事事，这是**太**显而易见了。

194. 但是除炮兵外，人们认为那种单纯的力求前进是如此合乎自然，以至人们将一枪不发的进攻视为一种理想的前进。

甚至弗里德里希大帝在措恩多夫会战[1]以前也一直将进攻中使用火力视为是不合适的。

195. 即使后来人们的这种观点有所改变，但是现在仍有很多人认为进攻者应**尽早**控制一个阵地的最重要的那些点。

196. 即使是那些仍十分重视火力的人，也认为应立即发起进攻，在距离很近的地方进行一些步兵营齐射，然后就上刺刀冲上去。

197. 但是只要看一看战史，看一看我们的武器就会知道，在进攻时绝对排斥火力是荒谬的。

198. 对战斗有了更多了解，特别是亲历过战斗以后，人们就会知道，一支部队交过一次火后，很少能再用它进行一次有力的冲锋，因此第196条提及

---

[1] 在七年战争期间，1758年8月25日，普鲁士国王弗里德里希二世率普军主力36,800人与弗尔莫率领的俄军44,300人，在措恩多夫村（Zorndorf，即今波兰西波莫瑞省村庄萨尔比诺沃，[Sarbinowo]）附近展开会战，结果普军获胜。——译者注

的那种重视火力的做法没什么价值。

199. 最后，在战史上有大量因轻率推进而损失惨重，不得不又放弃所得好处的例子，因此第195条中主张的原则也是不成立的。

200. 因此我们断言，在这里谈到的所有关于进攻单纯本性（如果人们允许我们这样表述的话）的见解都是错误的，因为这一本性只适用于极少数非常特殊的情况。

201. 既然在较大规模的战斗中一开始就进行白刃战和决战是不符合事物本性的，那么战斗自然就分为决战的火力**准备和决战**，也就是分成我们前面研究过的两个行动。

202. 我们已经承认，在很小的战斗中（例如骑兵小部队进行的战斗）可能没有这种区分。现在产生的问题是，如果部队的规模大到一定程度，是否最后也没有这种区分。不是说是否会停止使用火力（假如是这样，这个问题本身就自相矛盾了），而是说两个行动之间明显的区分是否会消失，以至人们无法再把它们视为两个分开的行动。

203. 人们也许会说，一个步兵营在冲锋之前应该先射击；由于一个行动必须在另一个行动之前进行，因此就产生了两个不同的行动。但这仅对步兵营来说是这样的，对更大的部队就不是这样了，例如旅。旅并没有为所有步兵营规定要有火力准备阶段和决战阶段。旅从一开始就力求实现上级给它规定的目标，而把划分阶段的事交给各营。

204. 这样，统一的规定当然就没有了，谁还会看不到这一点呢？当一个营在另一个营旁边很近的地方战斗时，其中一个营的胜败必然影响到另一个营。在我们的燧发枪射击效果不大，要产生射击效果就需要持续很长时间的情况下，这种影响必然更大和更具决定性。出于这个原因，即使是在旅里，也还是应该在时间上对破坏行动和决战行动做出某种笼统的划分。

205. 但是更重要的一个原因是，人们为决战而喜欢使用新锐部队，至少是使用那些未在破坏行动中使用过的部队，可这些部队是要从预备队中抽调的，而预备队就其本性来说应用于共同行动，不能事先一营一营地分配出去。

206. 正如对战斗笼统划分阶段的需要从各营转到旅一样，这种需要也会由旅转到师，由师再转到规模更大的部队。

207. 由于整体越大，整体的各部分（各第一层级部队）就越有独立性，整体的一致性对各部分的限制也就越少，于是整体越大，在一次部分战斗中就越有可能而且一定会出现更多的决战行动。

208. 因此，一个较大部分进行的多个决战不会像一个较小部分进行的决战那样汇聚成一个唯一的整体决战，而是在时间和空间上有更多的划分。尽管如此，决战准备和决战这两种不同活动的显著区别在开始和结束时仍是非常明显的。

209. 各部分可能变得很大，彼此分开的距离可能变得很大，以至它们在战斗中的活动尽管仍来自统帅的意志（战斗的独立性就是受此限制的），但是这种指挥只限于对战斗做出最初的规定，或者最多是对整个战斗过程做出两三点规定。在这种情况下，这样的一个部分几乎就要完全自己组织战斗了。

210. 一个部分根据其情况所进行的决战规模越大，这些决战就越能一起决定整体的决战。人们可以这样想象部分的情况：在它们进行的决战中已经包含了整体的决战，已经不再有必要为整体而专门采取决战行动了。

211. **举例**。一个旅在一次大会战（参加会战的第一层级部队是军）中有可能一开始领受攻占一个村庄的任务。该旅为此要自行采取破坏行动和决战行动。占领这个村庄可能对整体的决战多少有些影响，但是如果说它在很大程度上决定了整体的决战，或者甚至它本身就已经构成整体的决战，则是不符合事物本性的，因为一个旅在会战的开始阶段只是整体的一个很小的部分；相反，我们完全可以认为，即使该旅完全占领了这个村庄，这仍是破坏行动的一部分，只是为了削弱和动摇敌军。

相反，如果我们设想一个较大的军（其兵力大致占整个兵力的1/3，甚或1/2）奉命占领敌阵地的某个重要部分，那么这个部分很容易变得十分重要，以至它能够决定整体的胜负，如果这个军达到了目的，就无须再进行其他决战了。现在可以想象，由于距离和地形的原因，在会战过程中也许只能给这个军下达很少的指示，因此一开始就必须把决战准备和决战的任务一并交给它。这样一来，共同的决战行动就可能完全没有了，而是分解为几个大部队的独立的决战行动。

212. 这种情形在大的会战中是常见的，因此假如人们呆板地把战斗**划分**

为两部分，则会与这种会战进程相矛盾。

213. 我们确定和重视战斗活动中的这种区别，完全**不是为了**要人们重视**经常区别和划分**这两种活动，并把这作为一个务实的原则，而只是想把本质上不同的事物在概念上也加以区分，并且指出，这种内在的区别自然也决定着**战斗的形式**。

214. 战斗的形式上的划分在规模很小的战斗中表现得最明显，因为在很小的战斗中，简单的火力战和白刃战相互对峙很明显；而进行战斗的部队规模越大，这种划分就越不明显，因为在这里，产生两种行动的两种战斗形式在这两种行动中又交织起来了；但是这两种行动本身的规模更大了，占用的时间更多了，因此在时间上相隔得更远了。

215. 一旦决战已经交由第一层级部队进行，也可以不为整体做这种划分。然而即便如此，大体上还是会出现这种划分的痕迹，因为人们不管是认为各部队有必要同时进行决战，还是认为各部队有必要按照一定的顺序进行决战，总是力图从时间上把这些不同部队的决战联系起来。

216. 因此对整体来说，这两种行动的区别也绝不会完全消失，而对整体来说消失了的那部分区别在第一层级部队中又会重新出现。

217. 对我们的观点应该做**上述这样的**理解，这样才能使我们的观点一方面不缺少现实性；另一方面使一场战斗（不管这个战斗是大是小，是部分战斗还是整体战斗）的指挥官注意我们的观点，让两个行动各得其所，以免过早行动或者贻误战机。

218. 如果没有给破坏要素足够的空间和时间，如果仓促地做出决定，那么就会过早地行动。其后果是决战失败，这种后果要么根本无法抵消，要么成为一种严重的不利。

219. 如果由于缺乏勇气或者认识错误而没有进行本已成熟的决战，那就是贻误战机。其后果无论如何都是兵力的浪费，也可能是一个很实际的不利，因为决战的成熟不完全仅取决于破坏持续的时间，而且也取决于其他条件，也就是取决于时机是否有利。

战斗计划的定义

220.

（1）战斗计划使战斗有可能一致起来；每一个共同进行的行动都需要这种一致性。这种一致性无非就是战斗的目的。各部分为了以最好的方式达到目的所必需的规定就是根据战斗目的做出的，因此计划就是确定目的，并根据这一目的做出有关规定。

（2）我们在这里把计划理解为给战斗做出的一切规定，不管这些规定是在战斗前、战斗开始时，还是在战斗过程中做出的，也就是理解为智慧对物质的整个作用。

（3）有些规定必须而且是可以事先做出的，有些规定是要当场做出的。这两种规定之间显然有很大的区别。

（4）前一种规定是本来意义上的计划，后一种规定可被称为**指挥**。

221. 由于这些当场的规定大多是根据敌对双方的相互作用做出的，因此只有当我们研究到这种相互作用时，才能确定和进一步考察这种区别。

222. 计划的一部分已经固定地体现在军队的编队中，因此大量部队可以归并为少数几支部队。

223. 这种编队在部分战斗中比在整体战斗中更为重要。在部分战斗中，编队往往构成整个计划，部队越小，就越是如此。在一场大的会战中，一个步兵营除了根据条例和训练的规定做出部署外，不会做很多其他的部署；但是对一个师来说，这些就不够了，就更有必要做出适合各部队的规定。

224. 而在整体战斗中，即使是最小的部队，编队也很少等于全部计划，相反为了自在地进行适合各部队的部署，计划往往要改变原来的编队。一个骑兵连在对敌一处小哨所进行袭击时，往往要像大的军团那样分为多路部队。

战斗计划的目标

225. 战斗的目的使计划一致起来。我们可以把战斗目的视为计划的目标，也就是一切行动应遵循的方向。

226. 战斗的目的是胜利，也就是第 4 条所列举的决定胜利的各种情况。

227. 第4条所列举的各种情况在战斗中只有通过消灭敌军才能达到，因此消灭敌军对所有情况来说都是手段。

228. 但是在大多数情况下，消灭敌军本身就是主要目的。

229. 在消灭敌军本身就是主要目的的情况下，计划就应该立足于尽量多地消灭敌军。

230. 如果第1条所列举的其他三个目的比消灭敌军更重要，那么消灭敌军就作为手段而居于次要地位。这时就不要求尽量多地消灭敌军，而只要求充分地消灭敌军，此后就可以选择最近的道路前往目标。

231.

（1）在有些情况下，完全不采用消灭敌军这一手段也能够达成第4条第（3）至第（7）项所说的使敌人退却的前提条件，这就是通过机动，而非战斗制服敌人。然而这不是胜利，因此这种方法只有当人们追求的不是胜利，而是其他目的时才可以使用。

（2）当人们追求的是胜利以外的其他目的时，使用军队虽然仍以战斗的概念（消灭敌军的概念）为前提，但是这个战斗只是**可能发生**，而不是**很可能发生**。因为当人们的意图不是消灭敌军，而是其他事物时，其前提是实现这些意图会产生效果，而且不会引起激烈的抵抗。如果人们不能设这样的前提，那么人们也就不能选择这些事物作为其意图；如果人们所设的前提有误，那么计划就是一个错误的计划。

232. 从上面第231条可以得出结论：在所有以大量消灭敌军作为胜利条件的场合，消灭敌军也必须是计划的主要事项。

233. 由于只是当机动不成功时才进行战斗，因此机动本身不是战斗，整体战斗的法则也就不适用于机动，在机动中起作用的特殊因素也不能帮助战斗理论确立任何法则。

234. 当然在实施中往往会出现两者混杂在一起的情况，但是这并不妨碍人们在理论上把本质不同的事物区分开；如果人们知道了每个部分的特性，那么以后就可以再把它们结合起来。

235. 因此，消灭敌军在任何情况下都是意图，第4条第（2）项至第（6）项所说的情况都只是由此才出现的，之后它们自然作为独立因素与消灭敌军这一意图产生相互作用。

236. 对在这些情况中总是反复出现的（不是特殊情况所引起的）结果，也只能视为消灭敌军所产生的一个结果。

237. 因此，如果说要对战斗计划做一些完全具有普遍性的规定，那么其内容只能涉及如何最有效地使用自己的军队去消灭敌军。

战果大小与获胜把握之间的关系

238. 由于人们在战争中（从而也是在战斗中）必须与不能确切加以计算的精神力量和作用打交道，因此对所用手段的结果始终是很不确定的。

239. 军事行动所接触到的大量的偶然事件使这一结果的不确定性更大了。

240. 凡是有不确定性的场合，冒险就成为一个重要的因素。

241. 就一般的意义来说，冒险就是在不可能性大于可能性的情况下采取行动；就最宽泛的意义来说，冒险则是以没有把握的事物为前提采取行动。在这里，我们应该从后一种意义上来使用这个词。

242. 假如在出现的各种情况中，在可能性和不可能性之间有一条线，那么人们就有可能设想它是冒险的界线，从而认为不应超出这条界线去冒险（狭义的冒险）。

243. 不过，首先，这样的一条线只是一种幻想；其次，斗争不仅是需要思考的一种行动，而且也是需要激情和勇气的一种行动。人们不能排除这些东西。如果人们过于限制它们，就会使自己的力量失去最有力的要素，从而陷入始终不利的境地：因为我们经常不可避免地停留在冒险这条线的后面，在大多数情况下只有通过偶尔超出这一界线的办法来弥补。

244. 人们把条件设置得越有利（越是想冒险），那么人们以同样手段可以期待得到的战果就越大，即人们事先设定的目的就越大。

245. 人们越冒险，获胜的把握即确定性就越小。

246. 因此在使用同样手段的情况下，战果的大小与获得战果的确定性成反比。

247. 现在会出现的第一个问题是：对这两个对立要素中的某个要素应该

重视到什么程度？

248. 对此人们无法做出任何一般的规定，这更多的是整个战争中最具特殊性的问题。首先，这要根据具体情况决定，在有些情况下，有必要做最大的冒险；其次，敢作敢为的精神和勇气是某种纯主观的东西，是不能预先加以规定的。人们可以要求一位指挥官以专业知识对其手段和面临的情况做出判断，并且要求他不要高估其作用；如果他做到了以专业知识判断其手段和面临的情况，那么至于他要借助其勇气，利用这些手段和情况做什么，就应该留给他自己去决定。

战果大小与代价之间的关系

249. 有关要消灭敌军的第二个问题涉及人们愿意为此付出的代价。

250. 当我们抱有消灭敌军的意图时，当然通常都会考虑消灭的敌军人数要超过自己在这一过程中牺牲的人数，但是这个条件并不是绝对必要的，因为在有些情况下（例如当敌人占很大的兵力优势时），即使是我们以更大的牺牲换来的，能使敌人兵力减少对我们就是一个好处。

251. 然而，即使我们的意图肯定是使消灭的敌人的兵力超过我们在这一过程中牺牲的兵力，有关这一牺牲的大小问题依然存在，因为胜利的大小当然是随着牺牲的大小而增减的。

252. 由此可见，这个问题的答案取决于我方军队对我们的价值，即取决于具体情况。人们应该根据这些具体情况来解决这一问题。我们既不能说尽可能地爱惜自己的军队是法则，也不能说毫无顾忌地消耗自己的军队是法则。

对各部分的战斗方式的规定

253. 战斗计划规定各部分应在何时、何地，以及如何进行战斗，也就是说，计划规定战斗的**时间、空间和方式**。

254. 在这个问题上和在其他问题上一样，一般情况（从纯概念中产生的情况）是可以与具体条件下产生的情况区别开的。

255. 人们应找出特别的有利条件和不利条件，发挥有利条件的作用，消除不利条件的作用，因此战斗计划就必然由于具体情况不同而千差万别。

256. 然而一般情况也会给出某些结论。即使这些结论为数不多，而且形式很简单，但由于它们关系事物的真正本质，是做出其他决定时的基础，因此它们就更为重要。

进攻和防御

257. 涉及战斗的方式只有两种区别，这两种区别到处都会出现，因此是普遍存在的：第一种区别源于积极的或消极的意图，从而产生了进攻和防御；第二种区别源于武器本性的不同，从而产生了火力战和白刃战。

258. 假如严格来看，那么防御就是单纯的抵御进攻，因此它应有的武器只是盾牌。

259. 但是假如真是这样，防御就成了一个纯粹的被动行动，一种绝对的忍受。然而作战不是忍受，因此防御绝不能以持续被动的概念为基础。

260. 仔细考察的话，即使是武器中最被动的武器——火，也还是具有某些积极因素和主动因素的，而且防御和进攻一样是使用同样武器的，也同样运用火力战和白刃战这两种战斗形式。

261. 因此，人们必须把防御视为一种斗争，就像看待进攻一样。

262. 这一斗争只能是为胜利而进行的，胜利既是进攻的目的，也是防御的目的。

263. 人们没有任何理由把防御者的胜利想象成什么消极的东西。如果防御者的胜利在个别情况下是消极的，那么这是具体条件造成的。不**允许**将这种消极性纳入防御的**概念**，否则这种消极性就必然反过来影响到斗争的整个概念，使概念出现矛盾，或者在严格的前后一致的情况下，又得出应绝对忍受的荒谬结论。

264. 然而进攻和防御之间毕竟有一个极为重要的区别，这也是唯一的原则性的区别，即进攻者想要并发起行动（战斗），而防御者是在等待行动。

265. 这个原则性的区别贯穿于整个战争，因此也贯穿于整个战斗领域，进攻和防御之间的一切区别都源于这个原则性的区别。

266. 想要行动的一方必然是想以此来达到某个目的，这个目的必然是**积极的**，因为抱着**什么都不发生**的意图是不会引起行动的，因此进攻者必然抱有一个积极的意图。

267. 这种积极意图不可能是胜利，因为胜利只是手段。甚至当人们完全为自己，纯粹为军队荣誉或者为以胜利的精神力量对政治谈判产生影响而追求胜利时，目的也始终是实现这种影响，而不是胜利本身。

268. 要取得胜利的意图对防御者和进攻者来说都是必然会有的，但是这个意图的来源在双方是不同的：在进攻者方面，这个意图源自胜利所要达到的目的；在防御者方面，则纯粹源自战斗这一事实。进攻者欲取得胜利的意图是自上而下确定的；防御者欲取得胜利的意图则是自下而上形成的。谁作战，谁就只能是为胜利而战。

269. 那么防御者为什么要作战呢？也就是说，他为什么要应战呢？因为他不允许进攻者实现积极的意图，也就是说，他想维持现状。维持现状是防御者最直接和最必需的意图。至于防御者在此之后要达到的，都不是必需的。

270. 因此，防御者的必需的意图，或者更确切地说，防御者意图中的必需部分是**消极的**。

271.

（1）任何存在防御者这一消极性的地方，也就是说，任何时间和地点，只要防御者希望不发生任何事情，而是保持现状，那么他就必然会不采取行动，而是等待，直到对手行动。但是从对手采取行动的那一刻起，防御者就无法再通过单纯的等待和不行动来实现他的意图了；这时他也会像对手一样行动起来，于是进攻者和防御者之间的区别也就消失了。

（2）如果人们首先把这一点仅用于整体战斗，那么进攻与防御之间的全部区别就在于防御者等待进攻者行动，但是战斗进程本身不再受这种区别的限制。

272. 但是人们也可以把防御的这一原则用于部分战斗；整体的各部队（部分）也可能希望不发生任何变化，可能因此而决定等待。

273. 不仅防御者的各部队（部分）可能等待，而且进攻者的各部队（部分）也可能进行这种等待。双方也确实都有这种情况出现。

274. 防御者进行等待的情况比进攻者要多一些，这是事物的本性决定的。这一点只有考察了与防御原则有关的具体情况后才能阐述清楚。

275. 在一次整体战斗中，人们越是想把防御原则贯彻到最小的部队，越是想把这个原则普遍推广到所有部队，整个抵抗就越被动，防御就越接近于绝对忍受的那条线，而我们认为绝对忍受是荒谬的。

276. 至于在这个方向上，等待的好处何时对防御者来说已经消失，也就是说，等待的效果何时消失，何时在某种程度上出现了饱和点，我们以后才能做进一步的考察。

277. 现在我们从上述中只能得出一个结论，即进攻或防御的意图不仅对战斗的开始会起到一些决定作用，而且也会贯穿于整个战斗过程，从而确实会出现两种不同的战斗方式。

278. 因此，战斗计划在任何情况下都必须对整个战斗做出规定，明确它应该是进攻战斗还是防御战斗。

279. 对那些执行与整体不同任务的部分，战斗计划也必须规定它们的战斗应该是进攻战斗还是防御战斗。

280. 如果我们现在尚不考虑所有可能决定选择进攻还是防御的具体情况，那我们就只能得出一条法则，即要阻止决战的一方应进行防御，而寻求决战的一方应采取进攻。

281. 我们马上就要把这个原则与另一条原则联系起来进行考察，从而进一步认识这个原则。

火力战和白刃战

282. 此外，战斗计划必须明确选择何种战斗形式（火力战和白刃战）。战斗形式的不同缘于武器的不同。

283. 不过这两种形式与其说是战斗的分支，不如说是战斗的原始组成部分。它们是由武器决定的，相互从属，共同在一起才构成完整的战斗力。

284. 单个战斗者可以很好地使用多种武器，各兵种的内在联系已经成为一种需求，这些均证明上述这一见解是真理。当然这种真理只是一种近似的、囊括大多数情况的真理，而不是绝对的真理。

285. 但是把这两个形式分开，只使用其中的一种而不使用另一种，这不仅是可能的，而且是很常见的。

286. 针对这两种战斗形式的相互从属，以及它们之间自然形成的序列，一场战斗的计划没有什么可规定的，因为这些问题已经总的由概念、队形和日常训练确定了，因此它们像队形一样属于战斗计划中固定不变的部分。

287. 关于分开使用这两种形式的一般法则是，分开使用这两种形式仅是一种迫不得已的做法，即是一种较弱的行动方式。人们有可能使用这种较弱行动方式的一切场合，都属于具体情况的范围。例如当人们要袭击敌人，却没有进行火力战的时间，或者预计自己的部队在勇气方面占很大优势时，就需要单纯运用白刃战，这显然是个别现象。

时间和空间的规定

288. 对时间和空间的规定，首先对两者共同要指出的是，就整体战斗而言，只对防御做出空间规定，只对进攻做出时间规定。

289. 但是就部分战斗而言，无论是进攻战斗计划还是防御战斗计划，都必须对时间和空间做出规定。

时间

290. 战斗计划中对部分战斗的时间规定，初看上去好像只触及部分战斗的几个点，但是进一步考察后就完全不是这样了，而是以一个极具决定性的重要考虑从一端到另一端贯穿于部分战斗，这一考虑就是尽可能逐步用兵。

逐步用兵

291. 众多单独的力量要共同发挥作用，同时就是一个基本条件。在战争中，特别是在战斗中也是如此。由于军队的数量是军队行动结果的一个因素，因此在其他条件相同时，同时使用一切兵力（在时间上高度集中兵力）的一方，就能战胜未同时使用一切兵力的敌人，而且首先是战胜敌人已经使用的那部分部队。由于战胜了敌人的这部分部队，胜利者的精神力量必然有所增加，战败者的精神力量必然有所下降，因此即使双方的物质力量损失相等，也可以得出结论，这个**部分胜利**可使胜利者的整体力量超过战败者的整体力量，因此也就有助于胜利者取得整体战斗的胜利。

292. 但是上面的结论是以两个不存在的条件为前提的：一是同时使用的军队的数量没有最大限度，二是同一支军队的使用（只要它还有余力）没有限度。

293. 关于第一点，空间就已经限制战斗者的数量了，因为凡是不能发挥作用的，就不得不被视为多余的。这样一来，所有应同时发挥作用的战斗者的部署纵深和正面宽度就受到限制，战斗者的数量也随之受到限制。

294. 但是限制战斗者的数量是火力战的本性，而且是一个重要得多的限制。我们在第89条第（3）项中已经看到，在火力战中，在一定界限内使用较多的兵力只会起到加强火力战中双方的即总的效果的作用。由于对一方来说，当这种加强已经不能带来好处时，数量对这一方就不起作用了，因此这时数量就容易达到最大限度。

295. 这种最大限度是完全由具体情况，由地形、部队的士气情况和火力战的进一步的目的决定的。在这里只说明有这种最大限度就够了。

296. 因此，可以同时使用的军队数量有一个最大限度，超过这个限度就会出现兵力的浪费。

297. 同样，同一支军队的使用也有其限度。我们已经看到（第123条），在火力战中使用的兵力会逐渐变成不能使用的兵力。在白刃战中也会出现这种情况变差的现象。如果说军队在白刃战中物质力量的损耗比在火力战中的损耗小，那么当军队在白刃战中失利时，其精神力量的损耗却大得多。

298. 由于部队的所有余下部分一经投入使用也会经历这种情况变差，因此一个新的要素就进入到战斗中，即新锐兵力比使用过的兵力具有的内在优势。

299. 但是这里还需要考察另一个问题，就是使用过的部队状况暂时变差，即部队处于引起每次战斗的危机之中。

300. 白刃战实际上没有什么持续时间。在一个骑兵团向另一个骑兵团猛冲的一瞬间，胜负就已经决定了，真正挥刀劈砍的几秒钟在时间上是不值一提的；在步兵和大部队中，情况也没有多大不同。但是问题并未因此而完全解决。在决战中释放出的危机状态尚未随着决战的结束而完全过去，放开马缰、对战败的骑兵团进行追击的胜利的骑兵团，与以封闭的序列在战场上固守的骑兵团是不同的；它的精神力量当然是提高了，但是它的体力，以及它良好的序列所产生的力量通常已经受到很大的削弱。只是由于对手的精神力量受到了削弱并且同样处于混乱状态，才使胜利者保持着优势。如果这时来了另外一个对手，其精神力量还未受到削弱，序列也还完整，那么毫无疑问，在双方部队素质相同的情况下，这个后来的对手将击败此前的胜利者。

301. 在火力战中也有这样的危机，以致由于其火力猛烈而刚刚获胜和击退对手的一方，在这个时刻处于秩序和力量受到显著削弱的状态。这种状态将一直持续到陷入混乱的一切又恢复到正常状态为止。

302. 我们在这里关于小部队所谈的一切，也适用于较大的部队。

303. 在较小的部队中，危机本身会更大，因为危机会更均衡地贯穿整个部队，但是危机在较小部队中持续的时间较短。

304. 整体的，特别是整个军团的危机最小，但是持续的时间也最长。在较大的军团中，危机往往持续多个小时。

305. 只要胜利者的战斗危机还在持续，如果战败者能调来合适数量的新锐部队，就可以从胜利者的危机中找到恢复战斗（扭转局势）的手段。

306. 因此，以这第二种方式逐步使用兵力，作为一个有效的要素开始为人们使用。

307. 既然在一系列先后进行的战斗中逐步使用兵力是有可能的，既然同时使用兵力是有限度的，那么自然就可以得出结论：同时使用时无法发挥作用的兵力在逐步使用时有可能变得可以发挥作用。

308. 通过这一系列**先后**进行的部分战斗，整体战斗持续的时间就延长了很多。

309. 整体战斗持续时间的这一延长，给人们逐步使用兵力带来了一个新的理由，因为持续时间延长给计算增加了一个新的要素，即**预料外的战事**。

310. 即使逐步用兵是可能的，但我们不了解对手是怎样使用其兵力的，因为我们能判断的只是对手同时使用的兵力，而无法判断其他用兵情况，我们对此只能进行一般的准备。

311. 但是仅是行动的持续也会使纯粹的偶然性增加，而根据事物的本性，这种偶然性在战争中比在其他任何地方都大得多。

312. 因此，这种预料外的战事要求我们有个总的考虑。这一考虑无非是保留适当的兵力，即真正的预备队。

部署的纵深

313. 所有应逐步进行的战斗，根据其产生的原因，都要求有新锐兵力。这些新锐兵力可以尚是完全新锐的（未使用过的），或者是已经使用过，但经过休整或多或少从削弱状态中恢复过来的兵力。不难看出，新锐兵力的新锐程度是很不同的。

314. 无论是使用完全新锐的兵力，还是使用重新恢复过来的兵力，前提条件都是暂时不让其参战，即部署在敌火力杀伤范围以外。

315. 部署在火力杀伤范围以外也是有不同程度的，因为火力杀伤范围不是骤然截止的，而是逐渐消失，直到最后完全截止的。

316. 燧发枪和霰弹的射程是明显不同的。

317. 保留一支部队的位置越远，它在投入使用时表现得就越新锐。

318. 曾在燧发枪和霰弹枪有效射程内的部队，不能再视为新锐部队。

319. 对于保留一定兵力，我们有三个理由：

（1）替换或增援已经疲惫不堪的兵力，特别是在火力战中。

（2）利用胜利者获胜后随即所处的危机状态。

（3）针对预料外的战事。

320. 所有保留的兵力都属于这个范围，不管它是哪个兵种，不管它叫第二列阵还是叫预备队，也不管它是属于一个部分还是属于整体。

同时用兵和逐步用兵的对立性

321. 由于同时用兵和逐步用兵是互相对立的，而且各有各的好处，因此应该把它们视为两极。统帅在下决心时应权衡这两极的利弊，并使这一决心在用兵方式上达到平衡点，前提是这一决心正确地估计了双方的力量。

322. 现在的问题是要了解这一对立性的法则，即这两种用兵方式的好处和条件，从而也了解它们之间的关系。

323. 同时用兵在以下情况可以忍受对方增兵：

（1）当双方正面相同时，而且是

①在火力战中。

②在白刃战中。

（2）当正面较大时，即进行包围时。

324. 只有同时发挥作用的兵力才能被视为同时使用的兵力，因此在正面相同时，部队发挥作用的可能性不大，同时使用兵力也就受到限制。例如三列队伍在火力战中勉强还可以同时发挥作用，而六列队伍就不可能了。

325. 我们已经指出（第89条），两条兵力**不等**的火力线可以保持均势；一方减少兵力（如果不超过一定限度）只会**削弱双方的行动效果**。

326. 火力战的破坏力越弱，想得到应有效果所需要的时间就越长，因此希望尽可能减弱火力战总的破坏力（双方火力的总和）的，是主要想赢得时间的一方（通常是防御者）。

327. 此外，兵力明显较少的一方也是这样，因为在双方损失相等的情况下，他的损失相对总是更大。

328. 相反的条件将引起相反的利害关系。

329. 在没有特别兴趣加快行动的情况下，双方都想用尽量少的兵力，也就是像我们在第89条第（2）项中已经说过的那样，只使用不至于少到使对手立即转入白刃战的兵力。

330. 这样一来，在火力战中，同时用兵由于**缺少好处**而受到了限制，于是双方就转为逐步使用预留的兵力。

331. 在白刃战中首先是数量上的优势起决定性的作用，于是人们尤其愿意**同时**用兵，而非**逐步**用兵，以致逐步用兵几乎完全被排除在白刃战这个概念之外，只有在出现一些次要情况时，逐步用兵才又成为可能。

332. 因此白刃战是一种决战，而且是一种几乎没有什么持续时间的决战，这是排斥逐步用兵的。

333. 但是我们已经说过，白刃战的危机状态是非常有利于逐步用兵的。

334. 此外，如果多个单独的白刃战是一个较大整体的部分战斗，那么这些白刃战的胜负就不是绝对的，因此在使用兵力时，必须一开始就一并考虑到以后可能发生的战斗。

335. 这同样促使人们在白刃战中也不同时使用过多的兵力，而只是使用有把握获胜所必需的兵力。

336. 在白刃战中，如果出现了使行动难以发挥作用的情况（例如敌人的士气高涨、地形险要等），则有必要使用较多的兵力。除此以外，没有其他普遍的法则。

337. 但是对一般的理论来说，指出以下一点仍然是重要的：白刃战中的兵力浪费从不像在火力战中那样不利，因为部队在白刃战中只是在危机出现的时刻才不能使用，而非持续不能使用。

338. 因此在白刃战中同时用兵的前提条件是：兵力在任何情况下都必须足以取得胜利；逐步用兵以任何方式均无法弥补兵力的不足，因为在白刃战中不像在火力战中那样，成果可以一个个地累积起来；但是如果已经达到兵力足以取得胜利的程度，那么同时使用更多的兵力就会是一种浪费。

339. 以上我们考察了在火力战和白刃战中如何通过加大兵力密度来使用大量兵力，现在我们要研究一下在一个**较大的正面**，即在包围形式中如何使用大量兵力。

340. 通过扩大正面使双方同时将大量兵力投入战斗，有以下两种方式是可以想象的：

（1）一方通过较大的正面迫使对手也延伸其正面。此举在这种情况下并不会给我们带来对敌人的优势，但是可以使双方同时将更多的兵力投入战斗。

（2）通过包围敌人的正面。

341. 这种使双方同时投入较多兵力的行动只在少数情况下有可能对双方中的一方有利，而且一方对于敌人是否同样延伸其正面，是没有把握的。

342. 如果敌人不延伸其正面，那么我们正面的一部分，即一部分部队要么无事可做，要么我们不得不利用正面过剩的部分去**包围**敌人。

343. 能够促使敌人同样延伸其正面的唯一因素，是他对我们这种包围的恐惧。

344. 不过要想包围敌人的话，显然更好的办法是一开始就做这样的准备，应该只从这个角度出发考虑扩大正面。

345. 在使用兵力时采取包围形式有一个特点：它不仅能够增加双方同时

使用的兵力总数，而且还可以使我方比对手投入更多的兵力。

346. 例如，如果一个正面宽180步的步兵营不得不向四面对抗一个欲包围自己的敌人，而敌人位于该营的步枪有效射程（150步）之外，那么敌人就有够8个步兵营用的空间来对这个步兵营发起行动。

347. 由于包围形式具有上述特点，因此它也属于我们这里讨论的范围，但是我们必须同时考察它的其他特点，即它的其他好处和弊端。

348. 包围形式的第二个好处是，只要子弹的命中率能够增加一倍，那么集中火力的效果就更好。

349. 第三个好处是能够切断敌人的退路。

350. 被包围的兵力越大，或者更确切地说，被包围的正面越大，包围的这三个好处就越小；被包围的兵力越少，这三个好处就越大。

351. 关于第一个好处（第345条），不管部队的兵力是多还是少（如果部队是由同一兵种组成的），射程是不变的，包围线与被包围线之间的差值也是不变的[1]，因此正面长度越大，这个差值的价值就越小。

352. 在相距150步时，8个步兵营能包围1个步兵营；而包围10个步兵营，只要20个步兵营就够了，也就是说不需要8倍的兵力，而是只需要两倍的兵力。

353. 但是很少或者根本不会出现**完全**的包围形式，即不会出现一个满圆的包围形式，而只会出现部分的、通常在180度以内的包围。如果我们设想被包围的兵力是一个大的军团，那就很容易看到，上述的第一个好处在这种情况下将是多么小。

354. 至于第二个好处，情况也是如此，这是显而易见的。

355. 被包围的正面越大，第三个好处必然越显著地减少，这是不言而喻的（尽管在这里还要考虑到其他因素）。

356. 但是包围形式也有一个特别的不利之处，即包围时兵力分散在较大的空间，因此其作用会在以下两个方面受到削弱。

357. 一是包围者用于通过一定空间的时间不能用于战斗；二是包围者所

---

[1] 可参阅第378条。——译者注

有不是恰好垂直于敌人正面的运动，都要比被包围者通过更大的空间，因为被包围者或多或少是在较小的圆半径上运动，而包围者是在较大的圆周上运动，这就会产生很大的区别。

358. 由此就形成了这样一种可能性，即被包围者更容易在**不同**地点使用自己的兵力。

359. 对包围者而言，其整体的一致性也会由于传递情报和命令需要通过更大的空间而受到削弱。

360. 包围的这两种不利之处随着正面的延伸而增加。兵力只有两三个步兵营时，这些不利之处还不明显；但如果是大军团，这些不利之处就很大了。

361. 由于半径与圆周之间的差值是不变的，因此正面越大，二者的绝对差值也就越大，而这里的主要问题正是这种绝对差值。

362. 此外，很小的部队很少或完全没有侧面运动，而部队规模越大，侧面运动就越多。

363. 最后，对传递命令而言，只要是在人们可以一览无余的空间内，包围者和被包围者在这方面就没有任何差别。

364. 既然在正面小时，包围的好处很大，坏处很小，而随着正面的加大，好处就减少，坏处就增加，那么可以得出结论，应该有一个利弊的平衡点。

365. 一旦超过这个点，延伸正面就不能再给逐步用兵带来好处，而是会出现不利之处。

366. 因此，要想使逐步用兵的好处与采取较大正面的好处（第341条）取得平衡，就不能超过这个点。

367. 为了找到这个平衡点，我们必须更确切地考察包围形式的好处。为此，最简单的是采取以下方法。

368. 为避免被包围的前两个不利的影响，必须有一个有一定宽度的正面。

369. 至于火力的向心（双倍）效果，一定的正面长度就可以使之完全消失，具体是在被敌人包围的情况下，如果部队后弯的距离大于敌人的射程，敌人就无法实现向心火力的效果。

370. 但是人们在每个阵地的后面也需要为预备队、指挥机关等在前线后面的部分留有一个敌人射击不到的空间。假如它们三面受到射击，那么它们就不能完成其任务了。

371. 由于这些预备队和指挥机关在较大规模部队中，其自身的规模也较大，需要较大的空间，因此整体越大，在前线后面射击不到的空间也就必须越大，为此正面也就必须随着部队规模的增大而增大。

372. 然而，一支较大部队的后面需要较大的空间，不仅是因为预备队等需要更多的地方，而且还是为增加（提高）部队的安全性。原因一是流弹对较大部队和辎重队的影响要比对两三个步兵营的影响大得多；二是大部队战斗持续的时间要长得多，那些在前线后面并未真正参战的部队所受的损失因此也大得多。

373. 因此，如果人们要为必要的正面长度确定某个数值，那么这个数值必须随着部队规模的增大而增大。

374. 包围形式的另一个好处（因同时行动而形成的兵力优势）也不会为正面长度规定一个确切的数值。我们在此只能得出一个主要的结论：这个好处将随正面长度的增加而减小。

375. 但是为了进一步说明问题，我们必须指出，较多的兵力同时发挥作用主要是与**燧发枪射击**有关；对火炮来说，只要它能单独发挥作用，那么即使被包围者在较小的圆周上像对手在较大圆周上那样部署同样多的火炮，也绝不会缺少空间，因为人们的火炮绝不可能多到可以构成一条相互关联的线。

376. 由于对手的火炮部署得不是那么密集，其被击中的可能性较少，因此他总还是能够得到空间较大所带来的好处，对此人们没有异议，因为人们不可能针对对手把自己的炮兵连以单炮为单位平均部署在广大的区域。

377. 在单纯的炮兵战斗或者以炮兵为主要兵种的战斗中，较大的包围正面带来的好处当然是存在的，而且由于射程较大（双方正面相距很大），这种好处是很大的，例如在包围单个的多面堡时就会出现这种情况。但是对以其他兵种为主、炮兵只占次要地位的部队来说，这种好处就不存在了，因为正如我们已经指出的那样，被包围者此时也不缺少空间。

378. 因此，在较大的正面上同时使用较多兵力带来的好处，主要是表现在步兵进行的火力战中。这时双方正面的差值是燧发枪射程的三倍（如果包围达到180度），即约600步。这对长600步的正面来说是延伸了一倍，因此非常明显；但是对长3000步的正面来说，只是它的1/5，就不能再认为是一个很大的好处了。

379. 因此我们可以说，一旦燧发枪射程所产生的差别消失，正面长度就能在同时用兵方面形成显著的优势。

380. 从以上关于包围的两个好处所做的论述中可以得出如下结论：小部队很难为自己营造出适当的正面长度，这是如此千真万确，以至于小部队大多不得不放弃其队形原有的序列，更多地展开（正如经验告诉我们的那样）。一个独立行动的步兵营极少以它通常的部署正面长度（150～200步）应战，而是分成连，连又分成散兵线，用一部分兵力作为预备队，用其余的兵力占据比它原本应占据的大两倍、三倍或四倍的空间。

381. 但是部队越大，就越容易得到必要的正面长度，因为这一正面长度虽然随着部队兵力的增大而增大（第373条），但**不是等比例**增大的。

382. 因此，大部队无须放弃其队形序列，可以保留更多的部队。

383. 这就导致人们把较大的部队连同其保留的部队也编成固定的序列，就像通常的战斗序列那样编成两个列阵；通常后面还有一个骑兵组成的第三列阵，此外还有一个占总兵力1/8～1/6的预备队。

384. 我们看到，在很大的部队中（10万、15万～20万人的军团），预备队变得越来越大（占总兵力的1/4～1/3），这证明兵力越来越超出正面的需要。

385. 我们现在在这里指出这一点，只是为了通过提及经验，让人们更加注意到我们的论述是正确的。

386. 关于包围的前两个好处，情况就是这样。至于第三个好处，则情况不同。

387. 包围的前两个好处通过增强我们的力量，有助于我们**有把握地**取得胜利，第三个好处则只是在正面很窄的情况下能起到这种作用。

388. 第三个好处通过给敌正面作战部队造成退路被切断的印象（这种印象对士兵总是有很大的影响），来削弱他们的勇气。

389. 但是只有在退路被切断的危险近在咫尺和显而易见，以至危险的印象压倒了纪律和命令的一切约束，将士兵们不由分说地卷走时，才会出现这种情况。

390. 在距离较远，士兵们仅仅由于背后的枪炮声而间接地感到退路有被切断的危险时，也可能产生不安的情绪，但是如果士气不是已经很糟糕，那么这种不安情绪就还不会妨碍他们服从指挥官的命令。

391. 在这种情况下，对包围者所拥有的切断对方退路的这一好处，不应再视为增加获胜**把握**（获胜**可能性**）的一个好处，而应视为一个可以**扩大**已获胜利的好处。

392. 在这一点上，包围的第三个好处也受反比例原则的支配，即敌正面较窄时，这个好处最大，随着正面的加大，这个好处就逐渐减少。这是显而易见的。

393. 但是这并不妨碍较大的部队像小部队那样需要较大的正面，因为退却绝不会在阵地的整个宽度上进行，而是沿个别道路进行，所以大部队退却时比小部队需要更多的时间，这是不言而喻的。这一较长的时间就要求有较宽的正面，以便让包围了这个正面的敌人不能很快地抵达退却一方要通过的地点。

394. 既然（根据第391条）包围的第三个好处在大多数情况下（正面不太窄时）只对胜利的规模而不对获胜的把握产生作用，那么由此可见，这个好处随着战斗者的情况和意图的不同而有完全不同的价值。

395. 当获胜的可能性本来就不大时，必须首先设法增大这一可能性。在这种情况下，就不能过多考虑主要涉及胜利大小的好处。

396. 假如这个好处与获胜的可能性根本是背道而驰的（第365条），那么这个好处在这种情况下就会变为切实的坏处。

397. 在这种情况下，逐步用兵带来的好处会比较大正面带来的好处更早地保持双方的平衡。

398. 由此可见，**同时**用兵和**逐步**用兵这两极之间，以及**延展**和**纵深**这两极之间的平衡点，不仅因部队的大小而异，而且也因双方的情况和意图不同而异。

399. 兵力较少和谨慎的一方想必更愿意逐步用兵，兵力较多和大胆的一方想必更愿意同时用兵。

400. 不管是由于统帅的性格，还是出于必要性，进攻的一方一般**兵力较多**或者**比较大胆**，这是符合事物本性的。

401. 因此战斗的包围形式（要求我们和对手同时使用最多兵力的形式）对进攻者来说是自然和适用的。

402. 而被包围的形式（寻求最大限度地逐步用兵，从而有被包围危险的形式）则是防御者的自然形式。

403. 在包围形式中蕴含着迅速决战的倾向，在被包围形式中蕴含着赢得时间的倾向，而这两个倾向与这两个战斗形式的目的是一致的。

404. 但是在防御的本性中，还有另一个促使防御者寻求纵深部署的理由。

405. 防御的最重要的好处之一就是可以利用地形地貌，而局部防御是利用这种地利的一个重要因素。

406. 于是有人认为，这会导致尽量延伸正面，以尽量利用这种好处（这种片面的观点确实可以被看作吸引统帅占据延伸了的阵地的最主要的动机之一）。

407. 不过迄今我们对延伸正面的目的始终是这样设想的：要么是为迫使敌人同样延伸正面，要么是**超过**敌人正面，即包围敌人的正面。

408. 只要人们把双方设想为同样积极的，也就是还没有从进攻和防御的角度去考虑他们，那么为包围而运用较大的正面也就没什么困难。

409. 但是只要局部防御与正面战斗或多或少地联系在一起（在防御时就是这种情况），那么就无法运用超出对手的那部分正面；这种局部防御根本不能，或者很难与超过敌人正面统一起来。

410. 为正确估计这一困难，人们必须总是想到实际情况，那就是地表的天然遮蔽物使敌人的举措很难一览无余，因此一场佯攻战斗很容易迷惑奉命进行局部防御的部队，从而使它无所作为。

411. 由此可见，在防御中，如果防御者的正面大于进攻者展开兵力所必需的正面，则应视为一个非常明确的不利之处。

412. 进攻者的正面需要有多大，我们以后再谈。这里我们只想指出，如果进攻者占据的正面**过小**，那么防御者要想惩罚进攻者，并不需要一开始就用更大的正面，而是可以采取**积极包围的反措施**。

413. 因此可以肯定的是，防御者为了不在任何情况下陷入正面太大的不利境地，就要在允许的情况下采用最小的正面，因为这样他就可以保留更多的兵力，而这些兵力决不会像正面过大时的部队那样无事可做。

414. 只要防御者满足于最小的正面，并寻求最大的纵深，也就是遵循其战斗形式的自然倾向，那么进攻者就应遵循相反的倾向：尽量**延伸**正面，也就是尽量对对手进行大的包围。

415. 但是这是一种**倾向**，不是**法则**，因为我们已经看到，这种包围的好处是随着正面的延伸而减少的，超过一定限度就不能在某些点上享有逐步用兵的好处。进攻者和防御者都受这一法则的支配。

416. 这里必须对两种不同的正面延伸加以区别：一种是由防御者的部署产生的，另一种是由进攻者超出对手的部署产生的。

417. 如果上述第一种正面即防御者的正面已经延伸得很长，以至进攻者超出防御者的部署的一切好处都已消失或者变得无力，那么进攻者就应停止这样做，并在此后通过其他途径去寻求好处，这一点我们很快就要谈到。

418. 但是如果防御者的正面已经小到不能再小，以至进攻者有理由通过包抄和包围对手来寻求得到好处，那么就必须重新确定这一包围的界限。

419. 确定这个界限，就是要看这个包围是否会有第356条至第365条所列举的过度包围所带来的不利。

420. 如果不顾敌人正面延伸过大仍试图包围敌人，就会出现上述不利；如果过度包围体现在对敌人的窄小正面进行过大的包围，那么这些不利就会**更多**，这是显而易见的。

421. 如果进攻者面临这些不利，那么防御者由于其正面窄小而得到的逐步用兵的好处想必就更有意义。

422. 从表面上看，采用窄小正面和纵深部署的防御者因此而不能单方面享有逐步用兵的好处，因为如果进攻者采用同样窄小的正面，而且不包围防御者，那么双方就在同样程度上享有逐步用兵的好处。可是如果进攻者包围防御者，那么防御者就必须处处对进攻者形成正面，也就是不得不在同样大的正面上进行战斗（在这里不考虑两个向心圆在大小方面的少许差别）。不过这里有四个问题需要考察。

423. 第一，即使进攻者同样缩短其正面，防御者也还是享有由宽正面速决战斗转为集中的持久战斗所带来的好处，因为战斗持久就是防御者的利益所在。

424. 第二，防御者被对手包围时，并不总是被迫在平行的正面上与包围自己的各部分敌军作战，而是可以进攻这些部队的翼侧和背后，而双方所处的几何位置关系恰好为此提供了绝佳的机会。不过这已经是逐步用兵了，因为这种用兵并不一定要求像使用先前的兵力那样来使用后来的兵力，也根本不要求后来的兵力取代先前的兵力，对这一点我们马上就要详细说明。假如防御者没有预留兵力，那么他是不可能这样**对包围者进行包围**的。

425. 第三，如果防御者正面窄小，并预留很多兵力，使进攻者有可能进行过度的包围（第420条），那么防御者正好可以借助预留兵力从中获利。

426. 最后第四点，防御者由于正面狭小并预留很多兵力，就不会由于正面某些部分未受到进攻而犯浪费兵力这一反方向上的错误。这应该被看作是防御者的一个好处。

427. 这些就是纵深部署（逐步用兵）的好处。这些好处不仅能使防御者在某一特定的点上与延伸正面的好处保持平衡，而且对进攻者来说也是如此，也就是说，这些好处促使进攻者不要超过包围的一定的界限，但是它们不能消除进攻者将正面延伸到这个界限的倾向。

428. 而如果防御者的正面延伸得过大，这种倾向就会受到削弱，或者完全消失。

429. 虽然防御者在这些情况下由于缺少预留的大部队而无法惩罚在宽大正面上包围自己的进攻者，但是包围带给进攻者的好处恰恰因此[1]而变少了。

430. 因此，如果进攻者不是由于自己的状况而一定要十分重视切断敌退路的话，那么此时他就不会再去追求包围带来的好处。于是进攻者包围的倾向

---

[1][2] "恰恰因此"一词，作者使用了拉丁语"eo ipso"。——译者注

就减弱了。

431. 如果防御者占据的正面很大，以至进攻者可以让这个正面上的一大部分兵力无事可做，那么进攻者包围的倾向就完全消失了，因为让防御者的一大部分兵力无事可做，对进攻者来说是一个极为有利的好处。

432. 在这种情况下，进攻者就可以根本不再在扩大正面和包围中追求自己的好处，而是通过相反的方法，即通过集中兵力进攻一点来追求好处。显而易见，这与纵深部署具有同等意义。

433. 进攻者允许将其正面缩小到何种程度，取决于：

（1）进攻者的部队规模。

（2）防御者正面的大小。

（3）防御者反攻的准备程度。

434. 如果进攻者的部队较小，那么他就无法让防御者正面上的部分兵力无事可做，并从中渔利，因为这里的一切都一览无余，空间也很小，防御者的部分部队可以立即去其他地方发挥作用。

435. 从中恰恰因此[2]可以得出结论，即使进攻者的部队规模大、正面宽，防御者受到进攻的正面也不可太小，否则至少会由此部分出现上述提及的不利之处。

436. 但是一般来说，如果防御者正面过宽或者消极被动，使进攻者从而有理由通过集中兵力来追求好处，那么进攻者就可以比防御者**更多地**缩小自己的正面，这是符合事物本性的，因为防御者针对包围并未做好积极的反击准备。

437. 防御者的正面越大，进攻者就越是可以让防御者更多的部队无事可做。

438. 同样，防御者局部防御的意图表现得越强烈，进攻者就越是可以让防御者更多的部队无事可做。

439. 最后，一般来说，进攻者的部队规模越大，他就越是可以让防御者更多的部队无事可做。

440. 如果所有这些有利条件（进攻者的部队规模大、对手的正面过宽并在多处进行局部防御）结合在一起，进攻者就能通过集中兵力得到最多的好处。

441. 这个问题要在论述有关空间的规定时才能得到充分的说明。

442. 我们已经（在第291条及其以后数条中）说明了逐步用兵的好处。我们在此只是还要再提醒一点，就是促使人们追求这种好处的原因不仅在于可使用新锐部队恢复**同一个**战斗，而且也在于可以后使用兵力。

443. 在这种**后**使用兵力中有一个**主要的好处**，这一点将在下面说明。

444. 通过以上这些论述，我们可以看出，由于**部队大小、兵力对比、态势和意图**，以及**大胆和谨慎**程度是不同的，同时用兵和逐步用兵之间的平衡点的位置也就不同。

445. 地形和地貌对这个平衡点的位置也有很大影响，这是不言而喻的。我们在这里不谈对地形和地貌的各种利用，只是触及一下。

446. 由于关系如此之多，情况如此复杂，因此我们无法确定绝对的标准数值，但是想必还是会有某种统一的依据可以作为这些复杂和可变关系的固定点。

447. 这样的依据有两个，即两个方向上各有一个。**第一个**依据是，可将一定的纵深视为同时用兵所需的纵深。于是只能将为扩大正面而采取较小的纵深视为迫不得已而为之的做法。这一依据决定**必要的**纵深。**第二个**依据是预备队的安全，关于这一点我们已经谈过了。这一依据决定**必要的**宽度。

448. 上面提到的必要的纵深是所有常见队形的基础，以后我们在论述各兵种的具体序列时[1]，才能确定这个结论。

449. 但是在利用这个结论使我们的一般考察得出一个最终结论以前，我们还必须阐述一下对空间的规定，因为它同样对此有影响。

对空间的规定

450. 对空间的规定回答整体和部分应在**何处**战斗的问题。

451. 对整体的战斗地点的规定是一个战略上的规定，与我们这里要谈的没有任何关系。我们在这里只谈论战斗的构思，因此必须以双方相互靠近为前

---

[1] 作者在附录中并未论述这一问题。——译者注

提，也就是说战斗的一般地点不是敌军所在的地方（**在进攻时**），就是我们可以等待敌军的地方（**在防御时**）。

452. 至于对整体的各部分的空间规定，其中包含着双方军队在战斗中应该采取的几何形状。

453. 在这里我们不谈在常用编队中包含的形式，以后再考察它们。

454. 整体的几何形状可以归纳为两种：一种是直线的形状，另一种是向心圆的形状。所有其他形状都可以归纳为这两个形状中的一种。

455. 双方确实要作战的部队，其基线必然是平行的。因此如果一个军团垂直地开向另一个军团的基线，那么它在战前要么必须**完全**改变正面，与后者平行部署，要么至少必须以一部分部队这样做。而如果后者要想发挥作用，就必须自己变换其没有敌人部队对之变换正面的那部分部队的正面。这样，就形成了向心圆或多边形的部署。

456. 显然人们可将直线形状视为对双方利弊相等，因为双方的情况完全相同。

457. 但是人们不能说直线形状只出自垂直和平行进攻（初看起来似乎是这样）。如果防御者平行地抵御斜向进攻，也能形成直线形状。在这种情况下，双方的其他条件当然不总是相同的，因为新阵地往往欠佳，往往没有全部筑成，等等。我们在这里之所以预先推定这一点，只是为了防止混淆概念。我们认为，在这种情况下对双方利弊相同的只是部署的形式。

458. 至于向心圆（或多边形，在这里对我们来说总是一样的）部署形式的特点，我们在上面已经做了详细的说明，那就是包围和被包围形式。在这方面，我们没什么要说的了。

459. 假如我军不得不到处与敌军对峙，那么由于众多基线拥有不同的几何形状，似乎就要没完没了地对各部分规定空间，而这是没有必要的，因此每次都会产生这样的问题：**应该与敌军的所有部分作战吗**？如果不应该，那么应该与敌军的**哪些部分作战呢**？

460. 如果我们可以不与敌军的一部分作战，那么我们不管是同时用兵还是逐步用兵，都能更有力地打击敌军的其他部分。这样我们就可以用**全部**兵力打击敌军的**一个部分**。

461. 这样我们就能在那些需要大部队的地点要么比敌军占优势，要么至少比双方总的兵力对比数值大。

462. 在**可以**不和其他地点的敌军作战的前提下，我们可以把上述与敌军作战的地点视为一个**整体**。这样我们就可以通过在空间上集中更多的兵力来人为地增加自己的力量。

463. 不言而喻，这一手段是一切战斗计划中极为重要的一个因素，是最常用的手段。

464. 因此，问题的关键是进一步考察这个问题，以确定敌军那些可以在这个意义上视为一个整体的部分。

465. 我们在第4条中指出了促使一位战斗者退却的几个动机。产生这些动机的事实显然要么与整个军队有关，要么至少与它的一个十分重要的部分有关。这个部分比其余所有部分更为重要，能够一并决定其余部分的命运。

466. 对小部队来说，这些事实与其整个部队有关，这是不难想象的；但对大部队来说，情况就不是这样了。在大部队中，第4条第（4）（6）（7）项列举的动机虽然也与整个部队有关，但是其余各项（尤其是**损失**一项）始终只与某些部分有关，因为在较大的部队中，各部分极少受到同样的损失。

467. 其状况成为退却原因的那些部分自然是整体的**重要**部分。为简便起见，我们把这样的部分称为战败的部分。

468. 这些战败的部分可能位置相邻，也可能或多或少地均匀分布在整个部队。

469. 想象上述两种情况中的一种比另一种影响更大，是没有根据的。如果一个军团的一个军被彻底击败，而其余所有各军完好无损，那么比起这个军的损失均匀地分布在整个军团，在某种情况下可能更糟，在某种情况下则可能更好。

470. 第二种情况是以**均匀**使用与敌对峙的兵力为前提的。但是我们在这里研究的是**不均匀**（在一个或一些地点更加集中地）使用兵力的效果，因此我们只研究第一种情况。

471. 如果战败的部分是相邻的，那么人们可以把它们一起视为一个整体。如果我们谈到受到进攻的或者被战胜的**部分**或**地点**，就应该做这样的理解。

472. 如果我们能够确定敌支配并拖拽其整体前行的这个部分应该具备什么特点，那么也就确定了我们真正进行战斗的力量应该指向敌整体的哪个部分。

473. 如果撇开地形的各种影响不谈，那么就只需根据敌军的位置和数量确定要进攻的部分。我们想首先研究敌军的数量问题。

474. 有两种情况要加以区分。第一种情况是，我们集中兵力针对敌军的**一个部分，根本不以任何兵力与其余敌军对峙**；第二种情况是，我们仅以**较少的兵力**与其余敌军对峙，以牵制他们。这两种情况显然都是兵力在空间上的集中。

475. 我们在第一种情况下必须要打击的那部分敌军应该有多大，显然与**我们的正面可以小到什么程度**这一问题同样重要。而这个问题，我们在第433条及其以后几段内容中已经论述过了。

476. 为进一步了解在第二种情况下我们必须要打击的那部分敌军应该有多大的问题，首先要设想对手是与我们一样积极主动的，由此可以得出结论，如果我们以整体的一个较大部分击败敌军整体的一个较小部分，那么敌军针对我们也会这样做。

477. 因此，如果我们要取得对我们有利的总的结果，就必须做到我们击败的敌军那部分兵力在其整体中所占的比例大于我军所付出的那部分兵力在我们整体中所占的比例。

478. 例如，如果我们打算用3/4的兵力进行主要战斗，用1/4的兵力牵制未受进攻的敌军，那么我们要认真打击的那部分敌军的兵力应该占其总兵力的1/4以上，即约1/3。如果在这种情况下，双方互有胜负，那么我们用3/4的兵力打败了敌军1/3的兵力，而敌人用其2/3的兵力打败了我们1/4的兵力，这显然对我们有利。

479. 假如我们对敌人**非常占优势**，以至我们3/4的兵力就足以让我们对敌军1/2的兵力赢得可靠的胜利，那么总的结果对我们就会更具决定性。

480. 我们在数量上越占优势，我们认真打击的那部分敌军就可以越大，我们取得的成果也就越大；我们的兵力越少，我们认真进攻的那部分敌军就应该越小，这是符合**兵力少的一方必须更集中其力量**这一自然法则的。

481. 但是不言而喻，这里是要有一个前提的，即敌人击败我们较少部分所需要的时间，与我军战胜敌军较少部分所需要的时间大致相同。假如情况不是这样，而是双方所需要的时间有很大差别，那么敌人就会把他用来进攻我军较少部分的那部分部队又用于进攻我军主力。

482. 然而双方兵力相差越大，通常取得胜利也就越快。从中可以得出结论，我们不能随意减少我们准备牺牲的那部分兵力，而是必须使这部分兵力与它应牵制的敌方兵力保持一个适当的比例。因此兵力少的一方集中兵力是有限度的。

483. 但是第476条所设的前提在实际中是极为少见的。通常防御者的一部分兵力用于局部，而这部分兵力没有能力像需要的那样迅速对进攻者实施报复。这样进攻者在集中兵力时还可以稍稍超出上述的比例。例如，如果进攻者用其2/3的兵力击败了敌军1/3的兵力，那么他就仍有一些可能性，赢得有利的总结果，因为他余下的1/3兵力不大可能像防御者的部分兵力那样在时间上陷入同样程度的窘境。

484. 但是如果有人想把这个推断引申，得出结论说，如果防御者对进攻者兵力较少的部分根本未采取任何积极行动（这种情形是很常见的），则进攻者必然会因此而取得胜利，那么这就是一个错误的结论。因为受到进攻者之所以未在进攻者兵力较少的部分寻求补偿，主要是由于他还有办法把他未受到进攻的一部分兵力用于针对进攻者的主力的战斗，从而使进攻者获得的胜利变得勉强。

485. 受到我们进攻的敌军的部分越小，这种情况就越有可能出现，这一方面是由于空间小，另一方面尤其是由于对小部队取得的胜利在士气上的影响要小得多；对敌人一小部分的胜利不容易使敌人失去头脑和勇气，他还会运用恢复战斗的现有手段。

486. 只有当敌人这两点都做不到，也就是说既不能通过对我军兵力较少部分的实际胜利得到补偿，也不能用未受到进攻的富余兵力与我军的主要进攻对峙时，或者当敌人由于犹疑不决而未能做到这一点时，进攻者才能指望即使以一支兵力相对说来很少的部队也能通过集中兵力的办法战胜敌人。

487. 但是理论不能只是描述防御者处于不利的境地，说他无法适当地报复敌人集中兵力的做法，而且还必须指出，无论是进攻者还是防御者，**双方中的一方通常**会出现这种情况。

488. 之所以出现这种情况，是因为人们在一个地点上过多地集中兵力，以便在这个地点上取得兵力优势的同时，总是希望以此**一并**实现**出敌不意**，使对手既无时间把同样多的兵力调到这个地点上来，又无法准备报复行动。人们认为，这种出敌不意之所以会成功，是因为实施者有**一个**有利于自己的原因，那就是他**早于**对手定下了决心，即采取了主动。

489. 而采取主动所带来的这个好处也还是有它相反的一面的，这一点下面会谈到。在这里，我们只是指出，这个好处不是一种在任何情况下都必然产生效果的**绝对的**好处。

490. 但是，即使撇开出敌不意成功的原因（采取主动）不谈，并且不考虑其他任何客观原因，以至出敌不意成功无非是一种侥幸，人们在理论上也不能对此有所非难，因为战争是一种赌博，不可能排除**冒险**。因此在缺少其他一切动机的情况下，应允许幸运地集中一部分兵力，以期达到出敌不意。

491. 如果这一方或那一方成功地做到了出敌不意，不管成功的是进攻者还是防御者，对另一方来说，某种程度上就几乎不再可能通过报复来弥补其损失。

492. 以上我们论述了要打击的部分或地点的大小问题，现在谈谈要打击的部分或地点的位置问题。

493. 如果撇开一切地形和其他具体情况，那么我们只能对两翼、翼侧、背后和中央作为各有特点的位置加以区分。

494. 之所以区分两翼，是因为人们可以在那里**包围**敌军。

495. 之所以区分翼侧，是因为人们可以有望在一处敌人没有准备的地段打击敌人，并使他难以退却。

496. 之所以区分背后，原因同翼侧，只是这里更注重使敌人难以退却或者完全切断其退路。

497. 但是我们出现在敌翼侧和背后，必须有一个前提，就是能够迫使敌人在那里针对我们部署部队。如果我们出现在敌翼侧和背后，却没有把握能产生这种效果，那么我们就会面临危险，因为我们的部队在没有敌人可打击时就是无事可做，而假如是我们的主力遇到这种情况，那么毫无疑问，我们就不会达到目的了。

498. 对手这样放弃翼侧和背后的情况虽然极为少见，但是毕竟还是有的，而且当对手通过进攻性的反击行动可以补偿损失时，最容易出现这种情况。瓦格拉姆会战、霍恩林登会战、奥斯特利茨会战就是这方面的例子。

499. 我们所理解的中央无非是正面的非两翼的部分，其特点是，占据它可分割敌军各部分，这一行动通常被称作**突破**。

500. 突破显然与包围相对。两者在胜利的情况下都能对敌军产生极大的破坏作用，但方式不同，具体是：

（1）包围通过削弱对手的勇气而对其士气产生影响，为加大胜利把握做出贡献。

（2）中央突破通过使我方的兵力更加集中，为加大胜利的把握做出贡献。这两点我们已经谈过了。

（3）如果包围是以很大的优势兵力实施并成功，那么就可能直接导致消灭敌军。如果包围导致了胜利，那么其最初几天的成果无论如何都比突破所取得的成果大。

（4）突破只能间接导致消灭敌军，难以在当天就表现出大的效果，更多是在接下来的几天在战略上表现出它的效果。

501. 但是通过集中我们的主力针对一点突破敌军，是以敌人正面过宽为前提的，因为以我们较少的兵力去牵制敌人的其余兵力要困难得多，原因是在我军主攻附近的敌军很容易用来抗击我军的主攻。在我军进攻敌军中央时，两面都有这样的敌军，而进攻其一翼时，仅在一面有这样的敌军。

502. 结果是，这样的中央进攻有以下危险：受到敌人集中兵力后的反击，从而使我军陷入一种非常不利的战斗形式。

503. 因此人们必须根据当时的情况来选择进攻的地点。正面的宽度、退却线的状况和位置、敌人部队的价值和统帅的特点，最后还有地形，这些在选择进攻地点时都会起决定性作用。我们以后才能进一步考察这些问题。

504. 我们已经考察过将主力集中于一点进行真正战斗的问题，当然这一集中也可以在多个地点进行，在**两个**，甚至**三个**地点进行，这仍是**集中力量**进攻敌军的**一个部分**。只是这一做法的力量将随着进攻地点数目的增加而减弱。

505. 到现在为止，我们只关注了这种集中兵力的客观好处，即为主要地点带来一个于己更有利的兵力对比。但是指挥官或统帅也就有了**一个主观理由**，即将其兵力的主要部分更多地掌握在自己手中。

506. 尽管统帅的意志及其智慧在一次会战中引领着整体，但是这种意志和这种智慧毕竟只能以很弱的程度贯彻到下面部队，而且部队距统帅越远，就越是这种情况。这时下级指挥官的重要性和独立性增加了，而这是以削弱统帅意志为代价的。

507. 指挥官在情况允许的范围内保有最大的权限不仅是自然的，而且只要没有反常现象，也是非常有利的。

相互作用

508. 至此，根据军队的本性，关于在战斗中使用军队所能阐明的一般问题，我们都已经论述过了。

509. 只有一个问题我们还需要考察，这就是双方计划和行动的相互作用。

510. 由于一次战斗的真正计划只能对行动中可预见的事项做出规定，因此它大多局限于以下三个事项：

（1）战斗的大致轮廓。

（2）战斗准备。

（3）战斗初始的具体行动。

511. 因此，只有战斗的初始确实可以完全由计划确定，而战斗的过程则要通过新的、根据具体情况发出的指示和命令来确定，也就是要通过**指挥**来确定。

512. 人们在制订计划时所遵循的原则，显然最好在指挥时也能同样遵循，因为其目的和手段都是相同的。如果人们无法处处都做到这一点，那么只将此视为不可避免的缺陷即可。

513. 但是不可否认，**进行指挥**与**制订计划**的本性是完全不同的。计划是在没有危险、从容不迫的情况下制订出来的，而指挥始终是在紧迫的情况下进行的；计划总是从**较高的**立足点出发，以**比较开阔**的视野来决定问题的，而指挥则是为**最近的**和**最具体的**情况所左右，而且经常是为其所**裹挟**。我们想以后再谈计划和指挥这两种智力活动在特点上的区别，这里先不谈它们，只满足于把它们作为不同阶段的活动区分开来。

514. 如果人们设想双方都不知道对手的部署情况，那么每一方就只能根据理论的一般原则进行其部署。这些原则的一大部分存在于军队的编队和所谓的**基本战术**，而基本战术自然只是以一般情况为根据的。

515. 而只根据**一般情况**进行的部署，显然无法具有根据具体情况部署的效果。

516. 因此如果**晚于**敌人、针对敌人的部署进行部署，想必是一个很大的有利之处，就如同玩牌时的后手之利。

517. 当人们部署一场战斗时，极少能不考虑或者说从来不能不考虑具体的情况。第一个具体情况就是**地形**，对它的了解从来就不能缺少。

518. 更了解地形的是防御者，因为只有他**准确**和**事先**知道战斗将在哪个地方发生，从而有时间对这个地方进行适当的探究。有关阵地的全部理论（只要它属于战术范围），其根源就在这里。

519. 进攻者在战斗开始前也会了解地形，但只是不完整的，因为防御者占据着这个地方，不允许他进行详细的探究。进攻者从远处大致了解到一些地形情况，以进一步确定其战斗计划。

520. 如果防御者不仅想单纯地运用对地形的了解，而且还想以其他方式利用地形，想利用地形进行局部防御，那么从中就或多或少呈现出防御者**使用**其部队的**明确的**、**具体的**方法。这样进攻者就可以了解这一使用方法，并在制订其计划时考虑到这一点。

521. 这里出现的是对手要考虑的第一个问题。

522. 在大多数情况下，这个节点可以看作是双方结束制订计划的时刻，接下来发生的则开始属于指挥的范畴了。

523. 在战斗中，如果双方中的任何一方都不能被看作是真正的防御者，如果双方是相向开进的，那么队形、战斗序列和基本战术作为固定部署，根据地形稍做调整后，就可以代替真正的战斗计划。

524. 这种情况在整体的兵力较小时很常见，在整体的兵力较大时很少见。

525. 但是如果行动分为进攻和防御，那么从两者的相互作用来看，进攻者在第522条所说的那个节点上显然处于有利的地位。进攻者虽然先采取了行动，但是防御者由于要做防御准备，从而不得不暴露出其行动的大部分意图。

526. 正是出于**这一原因**，迄今在理论上把进攻视为一种主要是有利的战斗形式。

527. 把进攻视为更有利的，或者表达得更确切些，视为**更有力的**战斗形式，将得出荒谬的结论，就像我们接下来要指出的那样。迄今人们忽视了这一点。

528. 这个结论的错误在于人们高估了第525条指出的进攻者的有利地位。从进攻与防御的相互作用来看，这一有利地位是重要的，但是相互作用并不是**一切**。防御者利用地形作为一种辅助力量，在某种程度上使自己的力量倍增，这个好处在很多情况下有更大的意义，而且只要部署得当，在大多数情况下都会有更大的意义。

529. 但是如果防御者错误地利用了地形（阵地正面过宽），采取了错误的防御方法（满足于纯粹被动），当然就会使进攻者**在制订计划和采取举措时有后手之利**这一好处具有很大的重要性，以至进攻者可以把他在实践中取得的、超出其自然限度的全部效果几乎完全归功于这一点。

530. 但是才智的作用并不是在有了真正的计划之后就停止了，我们必须跟踪了解相互作用贯穿**指挥领域**的变化情况。

531. 指挥所在的领域就是战斗的**过程**或**持续时间**。对兵力的逐步使用越多，战斗持续的时间就越长。

532. 因此，要想对指挥抱有很多期待，就必须有大纵深的部署。

533. 首先产生的问题是：是更多地依靠计划好呢，还是更多地依靠指挥好呢？

534. 假如人们故意无视某个既有情况，而且当这一情况对预定的行动有某种价值时，仍不一并考虑该价值，那么这显然是荒谬的。但是这无非是说，计划应该在现有情况的基础上尽量详细地规定行动，只有当计划不足以这样做时，才是指挥领域开始起作用的时候。因此，指挥只是计划的一个代理，可以视为一个**避免不了的苦恼。**

535. 但是要明白，我们这里说的只是有根据的计划。一切有针对具体情况倾向的规定都不能以随意的**假设**为根据，而必须以实际情况为根据。

536. 因此在没有出现实际情况时，计划也必须停止做出具体规定，因为**对某事不做具体规定**，也就是说根据一般原则处理某事，显然比以不符合后来实际情况的方式做出规定要好。

537. 任何对战斗过程做过多详细规定的计划，必然是错误百出和糟糕有害的，因为细节不仅取决于一般的根据，而且还取决于事先无法知道的具体情况。

538. 如果人们考虑到，具体情况（偶然的和其他的情况）的影响是随着时间和空间的增加而增加的，那么人们就会得出结论，范围非常广泛和复杂的运动很少能够成功，而且往往是糟糕有害的，其原因就在于此。

539. 一切非常复杂的、玩弄技巧的战斗计划的危害性的根源就在这里。这些计划（往往无意识地）都是以大量琐碎的、大部分不符合实际的假设为根据的。

540. 因此，与其**过度**扩展计划内容，不如更多地交给**指挥**来处理。

541. 但是这样做是以纵深部署（大规模的预备队）为前提的（根据第532条）。

542. 我们已经看到（第525条），从进攻与防御的相互作用方面来看，进攻者的计划规定的内容更多。

543. 防御者则由于地形的原因有大量的理由事先对其战斗进程做出规定，也就是说，他的计划可以深入到战斗中去。

544. 如果我们坚持这个观点，那么就会说，防御者的计划比进攻者的计划有力得多，而进攻者不得不更多地依靠指挥。

545. 但是防御者的这种优越只是假象，实际上并不存在。我们不应忘记，根据地形进行的部署只是一些**准备**，这些准备是以假设而不是以对手的实际举措为根据的。

546. 只是因为这些假设通常非常有可能是正确的，而且**只有**在这些假设是正确的情况下，它们以及根据它们进行的部署才是有价值的。

547. 防御者在做出假设和根据假设做出部署时所必须具备的这个条件自然使防御者的部署受到很大的限制，并迫使防御者谨慎地进行部署和制订计划。

548. 如果防御者的部署和计划做得**过分**，那么进攻者就有可能避开它们。这样一来，防御者的力量立刻就成了无用的力量，就是说造成了**力量浪费**。

549. 阵地延伸过大以及过多运用局部防御都属于这种过分的情形。

550. 正是这两个错误往往反映出防御者由于过分增加计划内容而产生的坏处，以及进攻者由于计划自然得当而得到的好处。

551. 防御者只有具备**从所有角度来看**都非常强有力的阵地，其计划的内容才能比进攻者的计划内容更多。

552. 但是如果防御者的阵地不是很好，或者根本没有阵地，或者防御者没有时间在其中做适当的准备，那么防御者就只能在进攻者之后制订计划和做出规定，并且更多地依靠指挥。

553. 这个结论又表明，防御者应首先寻求逐步用兵。

554. 但是我们以往看到，只有大部队才能得到短小正面带来的好处，因此我们现在不得不说，防御者要想避免**由于地形因素而过分增加计划内容**，从而**有害地分散力量**，就更应寻求辅助力量源泉的支援，而这一源泉是存在于指挥部署中的，即大规模预备队。

555. 从中显然可以得出结论：部队规模越大，防御就越比进攻有利。

556. 因此，战斗的**持续时间**，即**大规模的预备队和尽量逐步使用预备队**是**指挥**的第一个条件。不管指挥官的造诣如何，在这些方面的优势必然会带来指挥上的优势，因为即使是最高超的艺术，如果没有手段也无法发挥作用。一个技巧不是很熟练但尚有更多手段的人，在战斗过程中将占有优势，这是很容易想象到的。

557. 此外，还有第二个客观条件一般来说能使指挥占优势，而这种优势完全为防御者所有。这就是熟悉地形。在情况紧急、无法全面了解就要迅速定下决心的**那些**场合，熟悉地形能带来哪些好处是显而易见的。

558. **计划**做出的规定更多涉及**层级较高**的部队，**指挥**做出的规定更多涉及**层级较低**的部队，这是事物的本性决定的；因此，指挥做出的每个具体规定的意义较小，但是这些规定的数量自然是大很多，这样一来，计划和指挥之间在重要性上的差别也就部分地得到了平衡。

559. 此外，指挥是相互作用的真正领域。在指挥中，相互作用是永远不会停止的，因为双方是当面对峙，所以双方的绝大部分规定要么是根据相互作用做出的，要么是根据相互作用修改的。这是事物的本性决定的。

560. 既然已经指明防御者**尤其**应注意为指挥而节约兵力（第553条），既然一般来说他在指挥领域使用兵力是有利的（第557条），那么由此可以得出结论：防御者不仅可以通过他在指挥的相互作用方面所占的优势弥补在计划的相互作用方面的劣势，而且还可以在双方总的相互作用方面占得优势。

561. 不管在具体情况下双方在这方面的关系如何，双方必然在一定程度上都努力让对方先采取措施，以便针锋相对地采取自己的措施。

562. 这种努力就是近代大部队保留较以往规模大很多的预备队的真正想法。

563. 我们毫不怀疑，对所有大部队来说，除了地形以外，预备队这一手段是防御的最佳有效力量。

指挥的特性

564. 我们说过，战斗计划做出的规定与战斗指挥做出的规定在特性上是不同的，原因在于这两种才智发挥作用时的情况是不同的。

565. 这种情况的不同表现在三个方面：掌握实际情况不足的程度、缺少时间的程度以及面临危险的程度。

566. 有些事物，当人们全面了解局势和大的内在联系时会成为主要的事物，而当人们缺乏这种全面了解时，可能就不再是主要事物了，其他一些事物即距眼前更近的事物自然就变得特别重要。

567. 因此，如果说战斗计划更多是一张几何图，那么战斗指挥就更多是一张直观图；前者更多是一个平面图，后者更多是一幅透视图。至于应该如何补救这个缺陷，我们以后会谈到。

568. 此外，缺少时间除了对了解不全面有影响外，也会对考虑问题产生影响。一个反复比较、权衡、评析式的判断可能不如纯粹的**直觉**（已经成为一种习惯的**判断操作**）有效。这也是我们必须看到的。

569. 如果一个人直接感觉到面临大的危险，那么这对自己和他人纯粹的理智判断会产生干扰，这是人的天性。

570. 因此，如果理智的判断在任何方式上都受到限制和削弱，那么它可以求助于谁呢？——只有求助于勇气。

571. 这里显然要求有一种双重勇气：第一重是不畏个人安危的勇气，第二重是考虑到不确定的因素并准备行动的勇气。

572. 对第二重勇气，人们通常称之为有智之勇（courage d'esprit），对第一重勇气还没有一个符合对偶法的名称，原因是对第二重勇气的叫法本身并不正确。

573. 如果问勇气在其最初的意义中要求人们做到什么，那就是要求人们在危险中做出**自我牺牲**。我们必须从这一点出发来考察，因为一切勇气最后的基础都是这一点。

574. 这种自我牺牲的情感可能有两个完全不同的源头。第一个源头是对危险满不在乎，不管是天生如此，还是出于对生命无所谓，或是由于已经习惯危险；第二个源头是积极的动机：荣誉心、对祖国的热爱，以及各种激情。

575. 只有出自第一个源头的勇气才可被视为真正的、天生的或者已经成为本性的勇气，其特点是已经与人成为一体，因此永远不会缺少。

576. 出自积极情感的勇气则不是这样。这些情感与危险带来的感受对峙能否产生勇气，自然取决于两者的对比情况。这些情感在一些情况下比单纯的对危险满不在乎所发挥的作用要大得多，在其他情况下又小得多。后一种情况让人在判断时更为清醒冷静，导致**坚定**；前一种情况让人在判断时更敢作敢为，导致**大胆**。

577. 如果对危险满不在乎与这样的激情结合起来，那就会产生最完美的个人勇气。

578. 以上考察的这种勇气完全是主观的东西，只与个人牺牲有关，因此可以称之为个人勇气。

579. 对本人牺牲不在意的人，对由于其职位而受其意志支配的其他人的牺牲自然也不会在意。他把这些人视为一种可以用平静的心情进行处置的物品，就像对待他自己一样。

580. 同样，一个由于某种积极的情感而被拽入危险的人，要么也会给其他人灌输这种情感，要么会认为自己有权利要求其他人服从他的这种情感。

581. 通过上述两种方式，勇气拥有了一个**客观的影响范围**。它不再只是影响到一个人自己的牺牲，而且影响到其所属部队的使用。

582. 如果勇气能将危险带来的所有过于强烈的感受从人们的内心排除出去，那么它就对理智的活动产生了影响。这时理智的活动就成了自由的活动，因为它们已经不再处于忧虑的压力之下。

583. 但是此前不存在的理解力当然不会由于上述这一点就产生，更不会产生洞察力。

584. 因此，在缺少理解力和洞察力的情况下，勇气往往导致非常错误的步骤。

585. 人们称作有智之勇的勇气则有完全不同的来源。它源自确信有必要冒险，或者确信有一个更高的见解，这一见解认为冒险并不像其余事物那样危险。

586. 没有个人勇气的人也可能产生这种信念，但是只有当这种信念反过来影响到人的情感，激发和提高情感的更高尚的力量时，这种信念才成为勇气，也就是说才成为一种力量，使人在危急关头保持镇静和平衡。因此，**有智之勇**的表述不完全正确，因为这种勇气从不会从理智本身产生出来。至于思想能够产生情感，以及这些情感在思考能力的持续作用下能够得到提升，则是任何人根据经验都知道的。

587. 一方面，个人勇气支撑并由此提高了理解力；另一方面，对理解力的确信又激发和鼓舞了情感力量。这样二者就相互接近，并且有可能汇聚在一起，也就是说有可能在指挥中产生**相同的**结果。但是这种情况毕竟是很少见的。通常在勇气支配下进行的行动都带有一些勇气根源中的特性。

588. 在大的个人勇气与大的理解力结合起来的地方，指挥当然一定是最完美的。

589. 由于内心确信而产生的勇气主要涉及那种相信不确定的事物和好运而进行的冒险，较少涉及个人的危险，这是事物的本性决定的，因为这种个人的危险不容易成为大的理解力活动的一个内容。

590. 因此我们看到，在战斗指挥中（即在紧急和危险关头），情感力量在支持理解力，而理解力必然激发情感力量。

591. 在不了解全面情况，没有充裕时间，而且各种现象纷至沓来的情况下，要想通过判断定下恰当的决心，就要求有这种得到了升华的内心状态。人们可以把这种内心状态称作军事天赋。

592. 如果人们考察一个由很多大小部队进行的战斗，以及由这一战斗派生出的诸多行动，那么就会注意到，出于个人牺牲精神的勇气在下级部队中是主要的，也就是更多是支配小部队，而另一种勇气则更多是支配大部队。

593. 越是在下级部队，行动就越简单，简单的理解力就越是能满足需要，但个人面临的危险就越大，因此就越需要有个人的勇气。

594. 一个人的级别越高，其个人的行动就越重要，造成的后果就越多，因为他决定的事项或多或少与整体有根本的联系，因此要求有更广阔的视野。

595. 职位较高者虽然总是有更广阔的视野，比职位较低者能更好地了解各种大的关联，但是在一场战斗中需要掌握的全面情况恰恰主要是职位较高者所不掌握的，而且主要也是在具体战斗中不得不依靠好运和纯粹的判断情况时的直觉来处理很多事情。

596. 战斗越是发展，指挥的这种特点就越明显，因为战斗状况距我们最初完全了解的状况越来越远。

597. 战斗持续的时间越长，偶发事件（也就是出乎我们意料的事件）也就越多，一切也就越偏离其常规，这里和那里也就显得越发混乱和纷杂。

598. 战斗越是发展，做出的决定就越来越多地堆积在一起，其间隔越来越小，用于思考的时间也就越来越少。

599. 于是层级较高的部队也逐渐（特别是在个别地点和个别时刻）陷入个人勇气比深思熟虑更重要和几乎决定一切的境地。

600. 这样一来，在每次战斗中，各种战术组合就越来越不起作用，最后就几乎只有勇气还在独自战斗和发挥作用。

601. 由此可见，能够克服指挥中的困难的是勇气和为勇气所提升的智慧。但问题的关键并不是**因此**就要去问，勇气和智慧在多大程度上能或者不能克服这些困难（因为对手的情况与我们是一样的，我们的错误和失策一般会为对手的错误和失策所抵消），而是关键在于在勇气和智慧方面（尤其是在勇气方面）**不要次于**对手。

602. 但是还有一点在这里是非常重要的，**这就是判断情况时的直觉**。这除了源自天生的才干以外，主要是来自训练，训练能使人熟悉各种现象，使发现真理（正确地判断）**几乎成为一个习惯**。战争经验的主要价值以及战争经验能给予军队的大的优势就在这里。

603. 最后我们还要指出，在战斗指挥中，各种情况总是让人认为距眼前较近的事物比较高或远处的事物更重要。要弥补这个在观察事物方面的错误，只能是行动者在对自己决策是否正确没有把握时，努力使其行动成为**决定性的行动**。只要他确实致力于得到由此可能取得的成果，他就能做到这一点。人们永远应该从一个高的立足点引导一个整体，但是如果不能得到这种高的立足点，那么通过上述方式，从一个从属的立足点出发，也能够把整体一并拖拽到既定的方向上去。

我们想举一个例子来说明这个问题。如果一位师长在一次大规模会战的混乱中无法了解整体的关联性，没有把握是否应该再发起一次进攻，那么如果他决定进攻，就要不仅力求将进攻进行到底，还要力求取得一个可以弥补其他地点在这期间有可能发生的不利情况的战果，这样才能使自己和整体稳定下来。

604. 这样的一种行动就是人们在狭义上称之为果断的行动。我们在此提出的这个观点（只有通过这种方式才能控制住"大概其"的观点）使人**果断**。果断可以防止半途而废，是人们指挥一场大规模战斗时的最卓越的素质。

图书在版编目（CIP）数据

战争论：全三册 /（德）卡尔·冯·克劳塞维茨
（Carl Von Clausewitz）著；陈川译 . -- 北京：民主
与建设出版社，2021.5
ISBN 978-7-5139-3476-3

Ⅰ . ①战… Ⅱ . ①卡… ②陈… Ⅲ . ①战争理论
Ⅳ . ① E8

中国版本图书馆 CIP 数据核字（2021）第 064692 号

战争论
ZHANZHENG LUN

著　　者	［德］卡尔·冯·克劳塞维茨（Carl Von Clausewitz）
译　　者	陈　川
责任编辑	郭丽芳　周　艺
监　　制	秦　青
策划编辑	康晓硕
营销编辑	杜　莎
封面设计	崔浩原
版式设计	李　洁
内文排版	麦莫瑞
出　　版	民主与建设出版社有限责任公司
电　　话	（010）59417747　59419778
社　　址	北京市海淀区西三环中路 10 号望海楼 E 座 7 层
邮　　编	100142
印　　刷	三河市兴博印务有限公司
开　　本	700mm×995mm　1/16
印　　张	55
字　　数	877 千字
版　　次	2021 年 5 月第 1 版
印　　次	2021 年 5 月第 1 次印刷
书　　号	ISBN 978-7-5139-3476-3
定　　价	168.00 元（全三册）

注：如有印、装质量问题，请与出版社联系。

战争论

ON WAR

II

★ ★ ☆

［德］卡尔·冯·克劳塞维茨（Carl Von Clausewitz） 著

陈川 译

民主与建设出版社

·北京·

博集天卷
CS-BOOKY

Carl Von Clausewitz

HINTERLASSENE WERKE ÜBER KRIEG UND KRIEGFÜHRUNG

Zweiter Band

Vom Kriege

Zweiter Teil

Erste Auflage

Ferd. Dümmler's Verlagsbuchhandlung, Berlin, 1833

本卷据费迪南德·迪姆勒出版社 1833 年版译出

目录

CONTENTS

★ 第六篇 ★
防御

第五篇
军队

★ 第一章 ★

概要

我们将从以下四个方面考察军队：

1. 军队的兵力和编成。

2. 军队在战斗以外的状态。

3. 军队的给养。

4. 军队与地形、地貌的总的关系。

也就是说，本篇要研究的只是军队的可被视为**战斗的必要条件**的几个方面，而不是战斗本身。它们与战斗或多或少有密切的联系和相互作用，因此我们在谈到战斗的运用时还要常常提到它们。但是在谈到它们的本质和特点时，我们必须把每个方面都作为一个整体来加以考察。

★ 第二章 ★

战区、军团、战局

要对这三个表示战争中的空间、数量和时间的不同事物下一个精确的定义，实际上是不可能的，但是我们必须努力使这些在大多数场合惯用的术语更明确些，以免有时引起完全错误的理解。

一、战区

人们对战区实际上理解为四面有保护，从而具有一定独立性的整个战争空间的一部分。这种保护可以是要塞或大的地形障碍，也可以是该部分距战争空间的其余部分明显较远。这样的一个部分不是整体的一个简单的组成部分，而是它本身就是一个小的整体，因此多少会出现这样的情况：在其余战场空间发生的变化对这一部分没有直接影响，而只有间接影响。如果人们想要在这里找出一个明确的标志，那么这个标志只可能是：在一个空间里，部队在前进，而在另一个空间里，部队可能在后退；在一个空间里，部队在防御，而在另一个空间里，部队可能在进攻。我们并不是到处都能进行这种区分，做这种区分只是为了指出各战区本来的行动重点。

二、军团

借助战区这个概念，我们很容易说明什么是军团：所谓军团就是在同一战区内的战斗人员。不过这显然没有包括我们使用这个术语的全部含义。1815年，布吕歇尔和威灵顿[1]虽然在同一个战区，但是他们统率的却是两个军团[2]。因此，拥有一位最高指挥官是军团这一概念的另一个标志。其间，这个标志与上述军团的定义有很大的共同点，因为在同一个战区只应有一位最高指挥官，这才是组织得当的表现，而且一个专门战区的指挥官一定要有适度的独立性。

然而仅是部队的绝对人数并不像人们一眼看上去以为的那样可以决定是否使用军团这一名称。**在同一个战区内**和在共同的最高指挥官指挥下行动的数个军团，之所以用军团这个名称，并不是因为它们的兵力，而是因为它们保留了过去的名称（例如1813年的西里西亚军团和北方军团[3]）。此外，人们虽然可以将确定留在一个战区内的大部队分为数个军，但决不能将其分为不同的军团，否则至少是不符合军团这个看上去切合实际的惯用术语的含义。另一方面，假如把每一个在遥远地区单独行动的分遣队都叫作军团，固然是书呆子式的做法，但是我们不得不注意到，当人们把法国革命[4]战争时期旺代人的部

---

[1] 威灵顿（Arthur Wellesley Wellington，1769—1852），公爵，英军统帅和政治家。曾任英军总司令、英国外交大臣和首相。1813年曾在西班牙的维多利亚打败法军，1815年在滑铁卢会战中与普鲁士的布吕歇尔共同击败拿破仑。——译者注
[2] 1815年3月，英、俄、普、奥等国结成第七次反法联盟。联军从比利时、中莱茵、下莱茵以及意大利等方向进攻法国。其中威灵顿指挥的英国军团和布吕歇尔指挥的普鲁士军团均部署在比利时南部地区，后在滑铁卢会战中共同击败拿破仑。——译者注
[3] 在1813年秋季战局中，第六次反法联盟的联军分为三个军团：主力军团，也称波希米亚军团，由联军总司令、奥地利元帅施瓦岑贝格兼任司令，部署在波希米亚；北方军团，由瑞典王储贝纳多特任司令，部署在柏林附近；西里西亚军团，由普鲁士新晋元帅布吕歇尔任司令，部署在西里西亚。1814年联军转入法国境内作战时，仍保留了这些军团的名称。——译者注
[4] 指1789年开始的法国革命（对法国革命结束时间有多种说法，一种观点认为是1794年7月雅各宾派统治的结束，另一种观点认为是1799年雾月政变）。这次革命摧毁了法国封建专制制度，促进了法国资本主义的发展，也震撼了欧洲封建体系。——译者注

队[1]称为军团时，尽管他们的人数并不多，却没有任何人对此感到奇怪。因此军团和战区这两个概念通常是互有联系、互为补充的。

三、战局

尽管人们往往不假思索地把一年中所有战区内发生的军事活动叫作战局，但是更普遍和更确切的是将战局理解为**一个**战区内发生的军事活动。而如果人们简单地以一年为界限来确定战局，就更不妥当了，因为战争已经不再因为部队进驻固定和长时间的越冬营地而自然分成若干年度的战局了。由于一个战区内的军事活动自然地分为若干较大的阶段，因此，如果一方或大或小的失利产生的直接影响消失，即将开始新的冲突，那么就必须一并考虑这些自然形成的阶段，以便把属于某一年（战局）的全部军事活动都划归这个年度。任何人都不会因为俄、法两军1813年1月1日在梅梅尔河[2]畔，而认为1812年战局是在该河畔结束的，也不会把法军此后继续退过易北河划归1813年战局，因为这一退却显然只是自莫斯科[3]开始的整个退却的一部分[4]。

以上这几个概念即使确定得不十分准确，也根本不会带来什么害处，因为它们不像哲学定义那样可以作为其他定义的某种依据。确定这些概念，只是为了使我们的用语更加清晰和明确。

---

[1] 法国革命战争期间，中央政府与西部保王派势力于1793—1796年进行了旺代战争。法国革命后，旺代（Vendée，法国西部的一个省，濒临大西洋）民众起初拥护革命的原则，但对外战争的惨烈、对王族的残杀，以及宗教迫害令不少民众难以接受，尤其在旺代这样一个日常生活与宗教密不可分的地区。1793年3月，法国革命后的第四年，共和政府在旺代征召青年赴边疆打仗，成了旺代战争的导火索。博卡什、莫日和布列塔尼沼泽地区的民众发起大规模暴动，一度蔓延到邻近的下卢瓦尔、马恩-卢瓦尔等省，并与里昂、马赛等地的暴动相呼应，对中央政府构成严重威胁。中央政府派军队镇压。战争持续三年，直到1796年3月，天主教保王派军队的首领之一沙雷特被处决。此后小规模暴动仍持续多年，直至1800年才基本被镇压下去。——译者注
[2] 梅梅尔河（die Memel），即涅曼河，在今白俄罗斯和立陶宛境内，长937公里。——译者注
[3] 莫斯科（Moskau），今俄罗斯首都，历史上曾是莫斯科公国和俄国首都，位于俄罗斯平原中部。——译者注
[4] 1812年10月19日，拿破仑率法军开始从莫斯科退却，12月底退至涅曼河畔，1813年1月渡过维斯拉河，3月退至易北河西岸，至此1812年战局才全部结束。——译者注

★ 第三章 ★

兵力对比

我们在第三篇第八章中已经说过数量优势在战斗中的价值，以及总的占有优势在战略上的价值。人们从中已经可以看出兵力对比的重要性。对这个问题，我们在这里还要再做一些考察。

如果我们不抱任何偏见地研究现代战史，那么就必须承认数量优势越来越起到决定性的作用，因此现在必须把"在决战中尽可能多地投入兵力"这一原则提到比过去更重要的位置。

军队的勇气和精神力量在以往的各个时期都曾使军队的物质力量倍增，今后仍将是这样。但是在历史上也有些时期，在军队组织和装备上的巨大优势造就了士气上的显著优势；还有些时期，在军队机动性方面的巨大优势造就了士气上的显著优势；此后新出现的战术体系造就了士气上的显著优势。然后军事艺术陷于追求巧妙地、按照大而全的原则利用地形[1]，而且有的统帅在这方面不时能够从其他统帅那里争得大的好处，但是这种追求本身已经过时，不得

---

[1] 18世纪下半期英国军事理论家劳埃德的学说就是一个例子。劳埃德认为：统帅如果熟悉地形，即使使用一支小的军队也可以与超过自己几倍兵力的军队作战；熟悉地形就像学会几何学一样，可以准确地计算作战活动，而且往往不通过战斗就可以解决战争；任何作战如果不与地形条件相适应，就是毫无意义的和可笑的；地形是一本伟大的、独一无二的兵书，无论何人，如果他不会读这本书，那他充其量只能是一名勇敢的士兵，而不可能成为将军。普鲁士的格拉韦特和马森巴赫在自己的著作中也曾着重论述过这些观点。作者曾批评他们的这些观点。——译者注

不让位于更自然的和更简单的行动方法。如果我们不先入为主地考察最近几次战争的经验，那么就应承认，在这几次战争中，无论是在整个战局，还是在决定性的战斗中，特别是在主力会战中，上述这些现象已经很少见了。关于这一点，读者可以参阅前一篇的第二章。

如今各国军队在武器、装备和训练方面都已经很接近，以至最好的和最差的军队之间在这些方面已经没有什么明显的差别了。当然在科学水平方面可能还有显著的差别，但这种差别大多只是造成一国在更好地组织军队方面是发明者和领先者，而另一些国家则是紧随其后的模仿者。甚至像级别较低的统帅，例如军、师一级的指挥官，在军事活动中也都抱持相当雷同的见解，采用大致相同的方法，以至除了最高统帅的才干（统帅的才干很难与国民和军队的教育程度形成固定的关系，其水平高低完全是偶然的），只有一国军队的实战经验还能造成显著的优势。交战双方在上述各方面越是处于均势，兵力对比就越起到决定性的作用。

现代会战的特点就是上述均势的结果。人们只需客观地读一读博罗季诺会战史，就能了解这一点。在这次会战中，举世无双的法国军队与在组织、训练等方面远落后于它的俄国军队进行较量。在整个会战中，双方没有表现出任何高超的技巧或计谋。这是双方的一次单纯的力量较量。由于双方力量几乎相等[1]，结果无非是胜利的天平缓缓倾向于指挥官毅力更大和军队实战经验更多的一方。我们之所以选择此次会战作为例子，是因为双方在这次会战中的兵力几乎相同，而在其他会战中很少有这种情况。

我们并不是说所有的会战都是这样，但是大多数会战基本上是这样的。

在一次会战中，如果双方缓慢而有条不紊地进行较量，那么兵力多的一方获胜的把握肯定要大得多。事实上，要想在现代战史中找到一场战胜兵力多一倍的对手的会战是徒劳的，但在过去更常见一些。拿破仑这位近代最杰出的统帅，除1813年德累斯顿会战[2]以外，在历次获胜的主力会战中，他

---

　　[1]　在这场会战中，俄军投入12.2万人，法军投入12.4万人。——译者注
　　[2]　1813年8月26—27日，拿破仑在德累斯顿（Dresden，今德国萨克森州首府）附近率领12万法军，与施瓦岑贝格所率22万联军展开会战并获胜（联军伤亡3万人，2万人被俘；法军伤亡约1万人，此前投靠反法联盟的原法军将领莫罗在此次会战中阵亡），但由于法军旺达姆将军在库尔姆会战中失利，拿破仑并未实现围歼联军的意图。——译者注

总是集中优势兵力，或者是使自己的兵力至少不明显少于敌人。每当他做不到这一点时，例如在莱比锡会战、布里昂会战、拉昂会战[1]和"美好姻缘"会战中，他就会失败[2]。

不过兵力的绝对数量在战略上大多是一个既定数，是统帅无法再改变的。我们考察的结果并不是说以一支兵力显著少于敌人的军队就不能进行战争了。战争并不总是由政治随意做出的决定，在力量悬殊的情况下，战争是很少出现的，因此在战争中任何兵力对比都是可能出现的。一个战争理论如果在最需要它的时候却不能起作用，那它就是一个奇怪的战争理论。

因此，不管理论是多么希望兵力适当，当它面对最不适当的兵力时，也不能说不允许有这样的兵力运用。在这里是无法确定兵力界限的。

兵力越少，预设的战争目的就应该越小。此外，兵力越少，战争持续的时间也应越短。因此，兵力较小的一方在战争目的和持续时间这两方面是有回旋余地的（如果我们可以这样表述的话）。在作战时，兵力的大小到底会引起哪些变化，我们只能在以后遇到此类问题时再逐步说明，在这里只要说明总的观点就够了。但是为了使这个总的观点更为完整，我们还是想做以下一点补充。

被卷入一场力量失衡的战争中的一方越是缺乏兵力，其在危险挤压下出现的内心紧张，就越要更多地成为其斗争的能量。如果情况相反，这一方没有表现出视死如归的英雄气概，而是丧失了勇气，那么任何军事艺术都是无济于事的。

如果能把确定目的时的明智和节制与军队的这种努力结合起来，那么就会出现既有辉煌打击又有谨慎节制的行动。这就是我们不得不钦佩弗里德里希大帝在几次战争中的表现的地方。

但是节制和谨慎所能起的作用越小，紧张和努力就必然越重要。如果兵力对比悬殊，无论怎样限定自己的目的也不能保证免于毁灭，或者危险可能持续

---

[1]1814年3月初，拿破仑将布吕歇尔赶过埃纳河，布吕歇尔退守拉昂（Laon，今法国埃纳省首府，西南距巴黎130公里）。9日傍晚，法军马尔蒙部在拉昂附近击败普军约克部，但在夜间受到约克袭击后败退。——译者注

[2]拿破仑在德累斯顿会战中以12万人对联军22万人，结果获胜。但在莱比锡会战中以16万对联军28万，在布里昂会战中以4万对13万，在拉昂会战中以5万对12万，在滑铁卢会战中以13万对22万，均以失败告终。——译者注

很长时间，以致即使最节制地使用兵力也不能达到目的，那么就应该把力量尽量集中到一次殊死的战斗中去。一个陷入绝境的人，当他几乎不可能获得任何援助时，就会把他全部和最后的希望寄托在士气的优势上，因为士气优势可以使每个勇敢的人奋不顾身。他会把无比的英勇看作最高的智慧，在必要时还会求助于冒险的诡诈。即使这些努力都不能奏效，在光荣的毁灭中仍有望在未来获得重生。

★ 第四章 ★

各兵种的比例

我们只谈三个主要兵种：步兵、骑兵和炮兵。

我们在下面所做的分析基本上属于战术范畴。这要请大家原谅，因为要使我们的思想更加明确，就有必要做这样的分析。

战斗是由两个根本不同的部分组成的：毁灭性的火力战和白刃战（或单兵战斗）。后者有可能是进攻，也有可能是防御（进攻和防御在这里作为两个要素被提出来，应该将其理解为完全绝对的进攻和防御）。炮兵显然只通过火力的毁灭性发挥作用，骑兵只通过单个战斗发挥作用，步兵则通过上述两个途径发挥作用。

在进行单兵战斗时，防御的实质是像树扎根一样固守，进攻的实质则是运动。骑兵完全没有前一种特性，但完全具备后一种特性，因此骑兵只适用于进攻；步兵尤其具备固守的特性，但也不是完全没有运动的能力。

从不同兵种所具备的基本战斗性能中可以看出，步兵比其他两个兵种更占优势，而且更全面，因为步兵是唯一具备三种基本战斗性能[1]的兵种。而且还可以清楚地看出，三个兵种结合起来，在战争中可以更充分地发挥力量，因为人们通过各兵种的结合，可以根据需要来加强步兵所固有的战斗

---

[1] 指火力战、固守和运动。——译者注

特性。

在现代战争中，火力的毁灭性原则显然起着重大的作用，但是除此以外，同样明显的是应该把一对一的单兵战斗看作构成战斗的真正的独立的基础。因此在战争中，如果整个部队仅仅由炮兵组成，是不可思议的；一支仅仅由骑兵组成的部队虽然是可以想象的，但是它的作战力量很小；而仅仅由步兵组成一支部队，不仅是可以想象的，而且其作战力量也较前两种可能性的力量强得多。因此，就单独作战的能力来说，三个兵种的次序应该是步兵、骑兵、炮兵。

然而当一个兵种与另外两个兵种结合使用的时候，每个兵种的重要性的次序就不是这样了。由于火力比运动起的作用更大，因此一支部队如果完全没有炮兵，其受到的削弱会大于一支完全没有骑兵的部队。

一支仅由步兵和炮兵组成的部队与一支由三个兵种组成的部队作战，虽然会处于不利的地位，但是如果有**相应**数量的步兵代替缺少的骑兵，并在战法上稍做改变，就仍然可以完成自己的战术任务。当然（由于缺少骑兵），它在前哨勤务方面会有相当多的困难，也永远不能畅快地追击溃败的敌人，而且退却时也会更为艰难，但是这些困难本身还不至于使这支部队完全退出战场。相反，这样一支部队在与只由步兵和骑兵组成的部队作战时，能表现得很好。而后者要抵抗住三个兵种组成的部队是难以想象的。

上面关于每个兵种的重要性的考察，不言而喻，是从所有战争案例中彼此相似的一般情况中抽象出来的，因此不能把这个真理运用于各个战斗的每一个具体情况。一个担任前哨或正在退却的步兵营，也许宁愿配给它一个骑兵连，也不愿带着数门火炮行进；在迅速追击或迂回正在溃逃的敌人时，骑兵和骑炮兵[1]可以完全不需要步兵，等等。

如果我们把这些考察的结果概括起来，那就是：

1. 步兵是各兵种中独立作战能力最强的兵种。

---

[1] 骑炮兵是一种骑兵与炮兵相结合的兵种。为了使炮兵与骑兵的推进速度相适应，18世纪中叶，普鲁士国王弗里德里希二世让其一部分炮兵连的炮手骑马，从而建立了骑炮兵这样一个新兵种。骑炮兵主要用于支援骑兵，就像步炮兵支援步兵一样。这一新兵种兼具骑兵的速度和炮兵的火力，具有强大战斗力，因此后来被英、法、奥等很多国家效仿。在奥地利军队中，骑炮兵不是乘马，而是乘坐特制的车辆。——译者注

2. 炮兵是完全没有独立作战能力的兵种。

3. 几个兵种结合作战时，步兵是最重要的兵种。

4. 缺少骑兵的影响最小。

5. 三个兵种结合，能够发挥最大的威力。

既然三个兵种结合能够发挥最大的威力，那么人们自然要问，什么样的比例才是绝对最佳的呢？然而对这个问题几乎是无法回答的。

如果能够比较一下建立和维持每个兵种所要消耗的各种力量，然后再比较一下每个兵种在战争中发挥的作用，那么也许可以得出一个表示各兵种最佳比例的完全抽象的结论。然而这不过是个概念游戏。这个比例的第一项就很难确定。虽然其中的一个因素，即财力消耗是不难算出的，但是另一个因素，即人的生命的价值却是谁也无法用数字来表示的。

此外，三个兵种中的每一个兵种都是以国家的其他力量为基础的，例如步兵是以人口数量为基础的，骑兵是以马匹数量为基础的，炮兵是以现有财力为基础的。这种情况给确定各兵种比例带来了陌生因素。人们只要概略地看看不同民族和不同时期的历史，就可以清楚地看到这些因素能起主要的作用。

由于种种原因，我们不能完全没有可用于比较的标准，因此我们不得不用可计算的一个因素，即所需费用来整个代替这个比例的第一项。在这方面，一般来说，人们可以相当精确地指出：根据一般经验，一个有150匹战马的骑兵连，一个800人的步兵营和一个有8门6磅火炮[1]的炮兵连，其装备费和维持费差不多是一样的。

至于各兵种比例的另一项，即每个兵种的作用比另一个兵种的作用大多少，就更难得出准确的数值了。如果这个数值仅仅是由火力决定的，那么也许还有可能把它求出来，但是每个兵种都有自己专门的使命，因此都有各自的活动范围，而且它们的活动范围也不是那么固定的，而是可大可小的，而且活动范围的大小所能引起的仅仅是战法的某些形式上的变化，并不会带来什么严重

---

[1]在滑膛炮时期和使用线膛炮的初期，欧洲各国火炮的大小是以炮弹的重量区分的，使用6磅炮弹的火炮称6磅炮。——译者注

的不利之处。

　　人们也许常常谈到经验在这方面提供的根据，认为从战史中可以找到足够的根据来确定各兵种的比例。但是任何人都不能不承认，这只是一种空谈，因为它不是以事物的本质和必然性为依据的，因此在研究性的考察中可以不去考虑它。

　　即使现在能够为各兵种最恰当的比例设想出一个肯定的数值，这个数值也是一个无法求出的 X，因此这样做兵不过是概念游戏而已。尽管如此，我们还是可以说明，当同一个兵种在数量上较对方占很大优势时，或处于很大劣势时，将会产生什么样的影响。

　　炮兵可以增强火力，是各兵种中最可怕的兵种。部队如果缺乏它，就会显著地削弱自己的威力。从另一方面来看，它又是最不便于运动的兵种，会使部队变得不灵活。此外，炮兵因为不能进行单个战斗，所以经常需要部队保护。如果炮兵过多，导致配属的用于保护它的部队无法处处抗击敌军的进攻，炮兵往往就会落入敌人之手，从而带来一个新的不利（三个兵种中唯有炮兵有这种不利）：炮兵的主要装备——火炮和弹药车可能很快被敌人用来**对付**我们。

　　骑兵可以提高部队的运动能力。如果骑兵过少，一切行动就会变慢（徒步），对各种行动就必须更为谨慎地加以组织，从而使战争要素的燃烧速度变慢。这样，胜利的丰硕果实就不能用大镰刀，而只能用小镰刀来收割了。

　　骑兵过多，固然不能被视为对部队的直接削弱，也不能被视为部队的内部比例失调，但是会增加部队在给养方面的困难，从而使部队受到间接的削弱。要知道，少用1万名过多的骑兵，就可以多用5万名步兵。

　　因某个兵种过多而产生的上述特点，对狭义的军事艺术来说尤为重要，因为狭义的军事艺术就是教导如何运用**现有**军队的学问。而且将现有的军队交给一个统帅指挥时，通常各兵种的比例是既定的，统帅个人在这方面无法再发挥多大作用。

　　因此，如果我们要研究因某个兵种比例过多而使作战特点发生的变化，那么这种变化就是：

　　炮兵过多必然导致作战带有更多的防御性和被动性。在这种情况下，必须更多地利用坚固的阵地和大的地段，甚至是山地阵地，以便让地形障碍来防卫和保护大量炮兵，让敌军前来自取灭亡。整个战争将以生硬而又拘谨的小舞步进行。

相反，在炮兵不足时，我们将主要遵循进攻的、积极的和运动的原则。行军和吃苦耐劳成为我们特殊的武器。于是战争变得更多样、更活跃、更曲折，大的军事行动化为很多小的军事行动。

在骑兵特别多的情况下，我们将寻找广阔的平原并乐于采取**大规模**的运动。我们可以与敌人保持较远的距离，使自己得到较长时间和较为舒适的休息，而不让敌人有这样的条件。由于我们拥有空间，因此敢于进行比较大胆的迂回和比较冒险的运动。只要牵制性进攻和奔袭还是有用的辅助手段，我们就能够很容易地运用它们。

如果骑兵严重缺乏，则会像炮兵过多那样削弱部队的运动能力，但不会像炮兵过多时能增强部队的火力。在这种情况下，小心和慎重就成了战争的主要特点：应始终接近敌人，以便可以一直监视敌人；避免做快速的，尤其是紧急的运动；处处以集中的兵力缓慢推进；偏重防御和选择复杂的地形，必须进攻时就直捣敌军的重心。上述这些都是在这种情况下的自然倾向。

以某一兵种为主的作战样式所形成的上述不同的变化很少会变得全面和彻底，因此人们无法仅凭这些变化或以这些变化为主即决定整个行动的方向。采取战略进攻还是防御，在这个战区还是在那个战区，进行主力会战还是采取其他作战手段，这些也许应取决于其他更重要的条件。如果人们认为不是这样，那么至少应该非常担心自己可能把次要问题当成主要问题。即便是这样，如果主要问题已经出于其他原因而定下来了，数量占优的兵种仍会有产生影响的一定空间，因为在战争的各个阶段和各个具体活动中，人们在进攻时也可能是小心的和慎重的，而在防御时也可能是大胆和富于进取的，等等。

另一方面，战争的天性也能对兵种的比例产生显著的影响。

第一，依靠后备军[1]和国民军[2]进行的人民战争，自然只能组建大量的步兵，因为在这种战争中，装备比人员缺乏，而且装备也只能是一些最必需的东西。因此，人们很容易想到，组建一个炮兵连（8门火炮）的费用不只可以组建一个，而是两三个步兵营。

第二，弱小的一方与强大的一方作战时，如果不能求助于民众武装或与此近似的后备军制度，那么增加炮兵自然就是使其数量较少的军队接近均势的最快捷的手段，因为这样既增加了人员，又提高了其军队最重要的因素，即消灭敌人的因素。兵力少的一方本来就大多受限于一个小的战区，因此炮兵这一兵种更适合兵力少的一方。弗里德里希大帝在七年战争的最后几年就曾采取过这种手段。

第三，骑兵是适合运动和大规模决战的兵种。因此，在战区辽阔、需要广泛机动以及意图进行大的决定性打击时，使骑兵数量超过一般的兵种比例是很重要的。拿破仑在这方面提供了一个范例。

进攻和防御本身对兵种比例并无影响，我们以后讲到军事行动的这两种形式时，才能阐述清楚这一点。在这里我们只先说明一点，即进攻者和防御者通常都是在一个空间内行动的，而且在很多情况下，他们都可能有同样的决定性的意图。关于这个问题，我们可以回忆一下1812年战局。

人们通常认为，在中世纪，骑兵相对于步兵要多得多，到今天才陆续减

---

[1] 后备军（Landwehr）出现在16世纪的欧洲，由正规军以外适合服兵役的男性公民组成。在中世纪的欧洲战争中多用于预备队，尤其用于修筑防御工事和城防。在拿破仑战争期间，奥皇于1808年6月9日颁布敕令，成立后备军，作为对常备军的补充，并于1809年和1813—1814年投入作战。普鲁士后备军中的军官和士官大多为正规军的退役军人。1813年3月17日，普鲁士政府颁布由沙恩霍斯特拟定的《后备军组织法》（*Verordnung über die Organisation der Landwehr*），规定17—40岁未编入正规军的男子一律编入后备军。后备军的军饷和给养由所属省政府发给，如果枪支不足，每人则装备8尺长矛一支、短斧一把，服装为便服，由士兵自备。1859年取消后备军。——译者注

[2] 国民军（Landsturm）是19世纪末20世纪初在奥地利、普鲁士、荷兰、瑞典和瑞士等国出现的一种地方民众武装形式，首次出现在1797年的蒂罗尔。普鲁士在19世纪初的军事改革中，于1813年4月21日颁布《国民军组织法》（*Landsturm-Edikt*），规定所有未编入正规军和后备军的17—60岁男子一律编成国民军，实际上是国家最后的预备队。国民军用叉子、斧子、镰刀装备自己，当敌人侵入家乡时展开抵抗，主要任务是帮助民众转移，转移或毁掉粮食及其他可能被敌人利用的必需品，破坏桥梁和渡船，帮助部队抢护伤员，押送俘虏等，此外还应利用一切手段袭扰敌人，削弱敌方力量。——译者注

少，但这是一种误解。如果人们仔细看一下中世纪军队的比较详细的资料，那么就会确信，当时骑兵所占的比例从数量上平均来说并不是很大。我们只要回忆一下构成十字军[1]的大量步兵或者跟随德意志皇帝[2]远征罗马[3]的大量步兵就够了。但是当时骑兵的**重要性**大得多。骑兵是一个**较强的**兵种，由民族中最优秀的一部分人组成，以至其数量虽然始终比步兵少很多，但仍然被视为主要兵种，而步兵却不受重视，几乎无人提及，因此就产生了当时步兵很少的印象。当然，当时在德意志、法国和意大利等国国内发生的一些小规模军事冲突中，一支小规模的军队纯粹由骑兵组成的情况比今天常见得多。由于骑兵是主要兵种，因此这并没有什么矛盾。不过如果考虑到普遍性的话，那么我们就无法确定，规模大些的军队何时也能照搬上述这种纯粹由骑兵组成的做法。只是当战争中废止了一切依附义务[4]，战争开始由募兵、佣兵和接受军饷的军人来进行，也就是说当战争开始建立在金钱和招募基础上时，即在三十年战争[5]和路易十四世的战争时期，才停止大量使用用处较少的步兵。假如不是火器训练的显著改进使步兵的重要性提高，使步兵在某种程度上保持了数量上的优势，那么人们也许就又回到完全依靠骑兵的过去了。在三十年战争和路易十四世的战争时期，步兵与骑兵的比例在步兵较少时为1∶1，在步兵较多时为3∶1。

此后，随着火器的不断改进，骑兵越来越失去其以往的重要性。这本身已经够清楚的了，只是火器的这一改进想必不仅是指武器本身和使用武器的技能的改进，而且也是指以这些武器装备起来的那部分部队在使用方面的改进。在

---

[1] 1096—1291年，西欧大封建主、天主教会和意大利商人为侵占东方国家，垄断地中海的贸易并加强和扩大宗教统治，对巴勒斯坦、叙利亚、埃及和突尼斯等伊斯兰国家以及拜占庭帝国先后进行了八次远征，史称十字军东征。——译者注
[2] 指德意志民族神圣罗马帝国（962—1806）的皇帝。——译者注
[3] 951年，后来的德意志皇帝奥托一世首次远征罗马，从这时起到1250年止，德意志民族神圣罗马帝国对意大利的远征达43次。——译者注
[4] 依附义务（Lehnsverbindlichkeit），指欧洲中世纪时普通民众对采邑主的，以及采邑主对给予其封地的国王或皇帝的纳税、出兵等义务。——译者注
[5] 三十年战争是17世纪上半叶德意志新教（基督教）诸侯同天主教诸侯和神圣罗马帝国皇帝之间进行的内战，后来由于丹麦、瑞典、法国等国加入，演变为欧洲战争。战争从1618年捷克反对哈布斯堡王朝统治的起义开始，以1648年《威斯特伐利亚和约》（Westfälischer Friede）的签订告终，前后历时30年。——译者注

莫尔维茨会战[1]中，普鲁士人的射击技能达到了最高的水平[2]，而且至今还没有谁能够超过这个水平。相反，在沟壑纵横的地形上使用步兵和在步兵战中使用火器，是在这以后才发展起来的，应被视为歼灭行动中的一大进步。

因此我们认为骑兵所占的比例在数量上变化很小，但在重要性上有很大的变化。这看上去是矛盾的，但实际上并不矛盾。如果说在中世纪军队中步兵的数量很多，那么这并不是步兵与骑兵的内在比例使然，而是因为人们将那些无法编入花费要大很多的骑兵的人都编入了步兵，因此这些步兵纯粹是应急充数的；而骑兵，假如只根据其内在的价值来确定其数量的话，那么肯定是多多益善。这样就可以理解，为什么尽管骑兵的重要性在不断下降，但它仍有足够的重要性，得以维持其迄今一直保持着的比例数。

事实上，至少自奥地利王位继承战争以来，骑兵与步兵的比例根本没有什么变化，始终在1∶4、1∶5和1∶6之间摇摆，这是值得人们注意的。这种情况似乎表明，这样的比例正好满足了自然的需求，正是那个人们无法直接探究出来的数值。但是我们对这一点表示怀疑，认为骑兵的数量之所以在那些最著名的战例中那么多，显然是其他原因造成的。

俄国和奥地利就是可以说明这个问题的国家，因为它们的国家制度中还有鞑靼制度的残余。拿破仑为了实现自己的目的从不嫌兵力多。当他利用征兵制征兵到最大限度以后，就只有以增加辅助兵种[3]兵力的办法来加强其军队，这些辅助兵种更多是以钱而不是以人为基础。此外，不容忽略的是，在拿破仑军事行动规模巨大的情况下，骑兵的价值势必比在一般情况下更大。

弗里德里希大帝以精打细算而著称，以便为他的国家省下每一个新兵。尽量利用外国的力量来保持其军队的规模是他主要致力于做的。如果人们考虑

---

［1］莫尔维茨会战是第一次西里西亚战争中的首次会战，也是弗里德里希二世进行的首次会战。1740年12月16日，弗里德里希二世率领普鲁士军队攻入西里西亚。1741年4月，奈佩格率领奥地利军队直逼普军后方，弗里德里希二世回头迎击。双方于4月10日在莫尔维茨（Mollwitz，即今波兰奥波莱省村庄穆瓦约维采）发生激战，普军获胜。——译者注
［2］18世纪欧洲各国使用的步枪非常简陋和笨重，装弹非常复杂，需要高超技巧。最初，火药和裹着浸油丸衣的弹丸要分别装进枪管，每分钟最多只能发射一次。后来，普鲁士步兵在装弹时采用铁通条，大大提高了装弹和射击速度，单发射击每分钟可达4—5发，小队按口令齐射每分钟可达2—3排子弹，在当时这种水平是其他军队望尘莫及的。——译者注
［3］指骑兵和炮兵。——译者注

到，当时他的国土本来就很小，再除去普鲁士[1]和威斯特法伦[2]各省[3]，那么人们就会理解，他这样做完全是有原因的。

骑兵除了本来需要的人就比较少以外，通过征募也更容易补充，再加上弗里德里希大帝的战法是以运动优势为基础的，因此直到七年战争末期，虽然他的步兵数量减少了，但骑兵数量仍在不断增加。即便如此，在七年战争结束时，他在战场上的骑兵数量也只勉强达到战地步兵数量的四分之一强。

在刚讲到的时期里，也不乏骑兵数量非常少的军队获胜的战例。最著名的例子是大格尔申会战。如果只计算参战的师，那么拿破仑当时有10万人，其中骑兵5000人，步兵9万人；联军有7万人，其中骑兵2.5万人，步兵4万人。也就是说，拿破仑比联军少2万名骑兵，只多5万名步兵，而按理说他应该多10万名步兵[4]。既然拿破仑以如此优势的步兵取得了会战的胜利，那么人们也许会问，假如当时拿破仑的步兵与联军的步兵兵力对比是14万对4万，那么他是否根本不可能输掉会战。

当然，联军骑兵优势的巨大作用在会战后立即就显现出来了，拿破仑几乎没有收获到胜利后的战利品。因此，赢得会战并不是一切——但是赢得会战不一直是主要的事情吗？

如果我们进行了上述这些考察，那么我们就很难相信骑兵和步兵在过去80年所面对和保持的比例是自然的，是完全从其绝对价值中得出的。相反，我们更多地认为这两个兵种的比例经过多次变动以后，将来还会像目前一样继续变化，而且骑兵的绝对数量最后将会明显地减少。

至于炮兵，自从发明了火炮以后，火炮的数量自然是随着其重量的减轻和

---

[1]指东普鲁士（Ostpreussen），历史上是普鲁士王国及后来德意志帝国的一个省，位于波罗的海东南海岸。——译者注

[2]威斯特法伦（Westfalen），历史上今德国威悉河与莱茵河之间的地区。弗里德里希二世时期这里分为很多小邦。——译者注

[3]弗里德里希二世即位初期，普鲁士国土的面积约为121,000平方公里，居欧洲第10位；人口约300万，居欧洲第13位；但军队达8.5万人，居欧洲第4位。远离本土的东普鲁士和威斯特法伦地区的面积共约58,000平方公里，几乎占全国总面积的一半。这两个地区在七年战争期间曾分别被俄军和法军占领。——译者注

[4]在当时，建立一个骑兵连的费用可以用来建立一个步兵营，因此作者按骑兵和步兵1：5的比例计算，认为拿破仑少2万名骑兵，按比例应该多出10万名步兵。——译者注

构造的完善而增加的。但是自弗里德里希大帝时代以来，炮兵与步兵的比例基本保持在每千人两门或三门火炮。这当然是战局开始时的比例。由于在战局进程中，炮兵的损失不会像步兵那样大，因此在战局结束时，火炮的占比会显著增大，可能达到每千人三门、四门，乃至五门。至于这个比例是否自然，火炮的数量能否在不影响整个战法的情况下继续增加，那就只有交由经验去决定了。

现在我们把整个考察的主要结论归纳如下：

1. 步兵是主要兵种，其他两个兵种是从属于它的；

2. 当骑兵和炮兵不足时，可以在作战指挥上通过更高超的艺术和更积极的活动得到一定程度的弥补，但前提是步兵比对方多得多，而且这些步兵越是精良，就越有可能弥补其他两个兵种的不足；

3. 炮兵比骑兵更加不可或缺，因为炮兵是主要的消灭敌人的因素，而且炮兵战斗是与步兵战斗更多地融合在一起的；

4. 总之，由于炮兵在消灭敌人的行动中是最强有力的兵种，而骑兵是最弱的兵种，因此人们必须经常考虑：在不至于产生不利影响的前提下，炮兵可以多到什么程度，以及骑兵可以少到什么程度。

★ 第五章 ★

部队的战斗序列

战斗序列是使各兵种成为整体的各个部分的划分和编组，以及其在整个战局或战争中应保持的标准的部署形式。

因此，战斗序列在一定程度上是由一个算术要素和一个几何要素，即**划分**和**部署**构成的。划分是基于部队固定的平时编制进行的，以某些部分（例如步兵营、骑兵连、骑兵团和炮兵连）为单位，根据具体情况的需要，把它们编组成更大的单位，直至整体。同样，部署是基于部队平时学习和受训的基本战术进行的，这一基本战术应被视为战时也不会再有根本改变的该部队的一个特性，再结合战争中使用部队大致要求的各种条件，总体上规定出部队进行战斗部署时应该遵循的标准。

过去大部队开赴战场时都是这样，甚至有些时期把这种形式看作战斗的最主要的部分。

在17世纪和18世纪，火器的改进使步兵的数量大幅增加，使步兵在作战时向两边拉长为纵深很小的长横队。虽然当时做出战斗序列的计划因此而变得更简单了，但同时实施变得更困难和复杂了。由于当时这样一来，人们除了将骑兵部署在对手射程以外并有骑行空间的两翼，不知道还有什么其他部署骑兵的方法，因此战斗序列往往使部队成为一个封闭和不可分的整体。如果人们将这样的一支部队从中间截为两段，那么它就会像一条被切断的蚯蚓，两翼虽然还活着，还能活动，但已经失去了其原有的机能。因此部队受到整体的某种束缚，如果要分开部署其中的某些部分，每次都必须进行小规模的组织和重组。整个部队不得不进行的行军，某种程度上处于无规则状态。如果敌人就在附近，就必须以最高超的技巧组织行军，以便某一列阵或某一翼能够始终与另一列阵或另一翼保持可以忍受的距离而越过种种险阻。这种行军经常要在敌人不注意时悄悄进行，而且只有在敌人也同样受到整体的这种束缚时，才会不受到其惩罚。

因此到了18世纪下半期，人们想出了把骑兵部署在部队后面（而不再是顺着部署在部队两翼）的办法，这样骑兵同样能够很好地保护两翼，而且除了与敌人的骑兵单独对决外，也许还可用于完成其他任务，这是一个很大的进步。这样，部队在其主要展开的正面上，也即其部署的宽度上，就完全由同一兵种的各部队组成了，人们可以把它们任意分成多个部分，而且各部分之间，以及各部分与整体都很相似。于是部队不再是唯一的一块了，而是成了一个由很多部分组成的整体，从而变得伸屈自如和灵活了。各部分可以毫无困难地从整体中分开，并再回到这一整体中去，而战斗序列保持不变。这样就产生了由各兵种组成的部队，就是说，出现这样的部队有了可能，因为人们很早以前就感到有这种需求。

很自然，所有这一切都是从会战的需求出发的。以前，会战就是整个战争，而且将来会战也永远是战争的主要部分。但是一般来说，战斗序列更多是属于战术而不是战略范畴的。我们通过这一推论，只是想说明战术是如何通过把整体部署成较小的整体而为战略做准备的。

部队的规模越大，分布的空间越广，其各部分交织在一起的行动越是多样，战略的作用也就越大。这样一来，按我们的定义所说的战斗序列势必与战略产生某种相互作用。这种相互作用主要表现在战术与战略相互接触的终点上，即部队从一般分布转换为战斗特殊部署的时刻。

现在我们从战略的观点来研究**划分、兵种的结合**，以及**部署**这三个问题。

1. **划分**。在战略上，人们从来不该问一个师或一个军应该有多少兵力，而应问一个军团应该有几个军或几个师。一个划分为三部分的军团是笨拙的，而一个只划分为两部分的军团就更笨拙了，因为此时统帅就几乎起不到什么作用了。

无论是出于基本战术，还是出于较高级战术的理由，在确定大小部队的兵力时，都可能有很大的令人难以置信的随意性，天知道出自这个随意性的判断是否理智。相反，为有一个独立的整体而需要有一定数量的部分，这是一件既清楚又明确的事情，因此这一想法为确定较大部队的数目并进而确定其兵力提供了真正的战略上的理由。至于确定小部队（例如连、营等）的数目及其兵力，则是战术范围的事情。

即使是一个最小的独立存在的整体，如果不把它区分为三个部分，除了中间部分外，使一个部分可以前出，一个部分可以在后行动，也几乎是不可想象的。当然，如果把它区分为四个部分，那就更合适了，只要人们考虑到中间那部分作为主力应该比其他两部分中的每个部分兵力更多，自然就会明白这一点。如果经常需要把整体的一个部分作为前卫部队，三个部分作为主力（右翼、中央和左翼），两个部分作为预备队，一个部分用于向右派出，一个部分用于向左派出，那么人们就可以一直把一个整体分成八个部分。在我们看来，将一个军团分为这样的八个部分是最恰当的。我们并没有书呆子式地重视这些数字和形式，但我们认为这些数字和形式反映出了最常见的和总是反复出现的战略部署，因此是一种合适的划分。

对军团（以及任何一个整体）的指挥官来说，如果他只需向不超三个或者四个人下达命令，当然看上去要方便很多。不过为了得到这种方便，统帅要在两方面付出很大的代价：第一，命令下传的层次越多，其速度、效力和准确性损失得就越多，例如在统帅和师长中间设有军长，就会产生这种情况。第二，统帅的直接下属的影响范围越大，统帅自己原有的权力和影响就越小。一位统帅如果借助于八个师级单位指挥10万人，他的权力比假如这10万人分为三个师要大得多。这里面原因很多，但最重要的是，一名指挥官往往认为对其部队的所有部分拥有某种所有权，因此如果要从他那里抽调一部分部队，不管时间长短，他几乎每次都反对。凡是有些战争经验的人都会明白这一点。

但是另一方面，为了不造成混乱，也不能把一个整体分为过多的部分。自一个军团的大本营指挥八个部分已经不容易了，因此人们大概不能让划分的数目超过十个。而在师一级，由于传达命令的手段少得多，因此划分的数目也应少一些，分为四个，最多五个部分，是比较合适的。

如果认为一个军团分为十个师，一个师分为五个旅还不够，也就是说认为旅的人数过多，那么就要增加军一级指挥部。但是人们必须考虑到，这样一来，就增加了一级新的**权限**，它会使其余各级的权限一下子大为减小。

但是什么才是一个人数过多的旅呢？通常人们把一个旅的人数控制在2000～5000人。一般守住5000人这一上限的原因有两个：第一，人们想象一个旅是一支能由一个人直接，即在他的声音范围内指挥的部队；第二，如果一支步兵部队的兵力超过5000人，就要配备炮兵，而人们往往不愿出现这种情况，因为这样有两个兵种联系在一起的部队自然会成为一支特殊的部队，不易指挥。

我们不打算迷失在这些战术上的细枝末节里，也不打算争论全部三个兵种应该何时，以及以什么样的比例结合在一起，是应该在8000～12,000人的师里，还是应该在2万～3万人的军里实现。不过即使是最坚决反对这一结合的人也不会责怪我们的论断：只有这样的结合才能使**一支部队具备独立性**，因此对那些在战争中经常受命独立行动的部队来说，至少是非常希望有这种结合的。

一个20万人的军团分为十个师，每个师又分为五个旅，则每个旅为4000人。在这里，我们看不出任何不协调。当然人们也可以把这个军团分为五个军，每个军分为四个师，每个师分为四个旅，从而使每个旅有2500人。但是抽象地来看，我们认为还是第一种划分更好，因为采取第二种划分，除了多一个指挥层级外，分为五个军对一个军团来说太少，使军团不灵活；分为四个师对一个军来说，也是同样的问题，而且一个2500人的旅，兵力太少。采取这种划分，整个军团将有80个旅，而采取第一种划分只有50个旅，更简单。人们放弃第一种划分的所有这些优点，只是为了使统帅要指挥的将领减少一半。显然，兵力较少的军团分为军就更不合适了。

以上是对划分的抽象的看法，在具体情况下可能有理由做出其他决定。首先人们必须承认，如果说对八个或十个集中在平原上的师还是可以指挥的，那么在非常大的山地阵地中，对它们也许就无法指挥了。如果一条大河把一个军团分成两半，那么一个指挥官就无法指挥另一半。简而言之，最具决定性作用的局部和具体情况数不胜数，抽象的规则必须服从它们。

但是经验教导我们，这些抽象的规则仍然是最常用的，其受到局部和具体情况排斥的情况比我们也许以为的要少得多。

现在我们把上述考察的内容做一个简单的概括，并为此而把各个重点罗列出来。

我们所理解的**一个整体的各个部分**只是**第一次**划分出来的部分，即**直接部分**[1]，因此我们说：

（1）如果一个整体划分出的部分太少，那么整体就不灵活；

（2）如果一个整体的各部分太大，那么最高指挥官的权力就会受到削弱；

（3）每增加一个新的下传命令的层次，就会从两方面削弱命令的效力，一是每经过一个层次，命令的准确性就会受到损失，二是传达命令就需要更长的时间。

所有这一切都要求尽量增加平行部分的数目和尽量减少上下的层次。而为迎合这一要求，就只有：在军团，便于指挥的部分不超过8～10个；在较小的部队，便于指挥的部分不超过4～6个。

2. **兵种的结合**。对战略来说，战斗序列中兵种的结合只对于那些按一般序列经常分开部署、有可能不得不独立作战的部分才是重要的。受命分开部署的是**第一级序列**的部分，而且主要**只是这些部分**，这是事物的本性决定的，因为正如我们将在另一处看到的那样，分开部署大多是由一个整体的概念和需要引起的。

因此严格地说，战略只要求在军的范围内（如果没有军这一级，则要求在师的范围内）一直进行兵种的结合，而对一个较低序列中的各部分，只要求根据需要进行临时的结合。

但是人们也许看到，如果一个军的人数比较多（即3万～4万人），那么它很少不分开部署。因此在兵力这样大的军里，各师就需要有兵种的结合。否

---

[1]举例说的话，如果一个军团分为若干个师，则直接部分是师；如果一个军团分为若干个军，则直接部分是军。——译者注

则如果需要先从另外一个地点（也许是相当远的地点）匆忙调一部分骑兵来配属给步兵，则必然会延误时间，更不用说会造成混乱了。如果有谁认为这种延误没什么，那么只能说他是没有任何战争经验的人。

至于有关三个兵种结合的更具体的问题，例如应该在多大范围内结合，内部应该结合到什么程度，应该按什么比例结合，以及每个兵种应该保留多少预备队等，所有这些都是纯粹的战术内容。

3. **部署**。一支部队的各部分之间在战斗序列中应该按什么样的空间关系确定部署，同样完全是战术问题，只与当次会战有关。虽然也有一个战略上的部署，不过它几乎仅取决于当时的任务和要求，而其中相宜实用的内容不是一并包括在战斗序列这个词义内的，因此我们将在另一处——《部队的部署》一章[1]中研究。

因此，部队的战斗序列就是对**一支准备会战的部队**的划分和部署。对各部分的部署应使每个部分从这一大部队中抽调出去后，在运用时既能满足当时的战术要求，又能满足当时的战略要求。如果没有了即时的需要，那么抽调出去的各部分就要回归原位。这样战斗序列就成为有效的习惯做法[2]的最初环节和主要基础，这一习惯做法在战争中就像钟摆一样调节着机件。对此我们已经在第二篇第四章中讲过了。

---

［1］指本篇第六章《部队的一般部署》。——译者注
［2］"习惯做法"（Methodismus）是作者自创的一个词，意为"Ritual"，即"严格的程序"或"习惯做法"。以往有的中译本从字面理解，将该词译为"方法主义"或"认识论"，似不妥。——译者注

★ 第六章 ★

部队的一般部署[1]

从部队开始集结到战斗决心成熟（战略已经把部队带到了关键地点，战术已经给每个部分规定了位置和任务），中间这段时间在大多数情况下是很长的；从一次决定性的惨败到另一次决定性的惨败也是这样。

以往这中间的时间在某种程度上根本不属于战争。关于这一点，我们只要看一下弗朗索瓦·卢森堡是如何设营和行军的就可以了。我们之所以提到这位统帅，是因为他以野营和行军而闻名，可被视为他所在时代的代表人物，而且我们从《佛兰德[2]战争史》[3]中对这位统帅的了解比对当时其他统帅的了解更多些。

当时营地的背面通常紧靠河流、沼泽或者深谷，这在今天看来也许是一种荒谬的做法。当时营地的正面很少是根据敌人所在的方向决定的，以至于经常出现背向敌方、面向本国的情况。对当时采取这种在今天看来不可思议的做

---

[1] 一般部署（die allgemeine Aufstellung），指军队在没有具体的战斗任务之前各部队的部署。作者认为，军队根据特殊目的（有了具体任务）进行的部署，即战斗部署是战术范围的问题。——译者注

[2] 佛兰德（Flandern），欧洲西部的一个地区，今分属比利时、法国和荷兰。——译者注

[3] 指法国地理和测绘学者博兰（Jean de Beaurain，1696—1771）所著《1690—1694年佛兰德战争史——卢森堡元帅的几个战局》（*Feldzüge des Marschalls von Luxemburg oder Militärgeschichte von Flandern 1690—1694*），由滕佩尔霍夫译自法语，五卷，1783—1786年在波茨坦出版。——译者注

法，是完全可以理解的，因为当时人们在选择野营的位置时，主要（甚至仅仅）考虑是否舒适。他们把在营垒中的状态看作军事行动以外的一个状态，一定程度上就像是剧院的后台，人们在这里可以无拘无束。至于说人们在设营时总是背面紧靠一道屏障，应视为人们在设营时采取的唯一的安全举措，当然这是就当时的战法而言的。如果在这样一处营地中可能被迫进行战斗，那么这种举措就完全不适用了。人们在当时不必太担心这一点，因为那时的战斗差不多都是在经过双方同意后才开始的，就像决斗要在双方抵达一个约定好的、合适的地点以后才进行一样。在当时，一方面由于部队的骑兵很多（处在其全盛时代末期的骑兵仍然被视为主要兵种，特别是在法国），另一方面由于部队的战斗序列很不灵活，因此部队不是在任何地形上都能够作战，于是部队在复杂的地形上就几乎感觉是受到了一个中立区的保护。由于部队自己很少能够利用复杂的地形，因此宁愿出去迎击前来会战的敌人。我们清楚地知道，正是弗朗索瓦·卢森堡指挥的弗勒吕斯[1]、施泰因凯尔克[2]和内尔温登[3]会战是以另一种观念进行的[4]。但是这一观念当时还只是刚刚在这位伟大统帅的影响下逐渐摆脱以往战法的影响，还没有反过来影响到设营的方法。军事艺术中的变革总是从某些有决定性意义的行动开始，并通过这些行动再逐渐扩展到其余行动的。以往人们很少把在营地中的状态看作真正的作战状态。当时当有人离开营垒去观察敌人动静时，人们往往说"他打仗去了"[5]，这句话就证明了当时的这种情况。

---

[1]弗勒吕斯（Fleurus），今比利时埃诺省一小镇，历史上多次成为战场。——译者注

[2]施泰因凯尔克（Steinkerque），即今比利时埃诺省城市斯滕凯尔克（Steenkerque），东北距布鲁塞尔50公里。——译者注

[3]内尔温登（Neerwinden），今比利时佛兰德布拉班特省城市兰登（Landen）的一部分。——译者注

[4]在路易十四世第一次发动对外战争时期（1667—1668），作战以机动为主，会战只能在一定的地形上进行，通常不进攻营垒。而在奥格斯堡联盟战争（1688—1697年，即路易十四世的第三次对外战争）中，战法出现了新的趋势，战争变得更加激烈。这里列举的三次会战是弗朗索瓦·卢森堡在奥格斯堡联盟战争中进行的主要的会战：1690年7月1日，弗朗索瓦·卢森堡在弗勒吕斯率4.5万名法军向神圣罗马帝国、西班牙、瑞典等国联军的左翼和背后进行迂回，同时在正面发起猛烈进攻，击败联军，随后以优势骑兵进行追击，给联军带来很大损失；1692年8月3日，弗朗索瓦·卢森堡又在施泰因凯尔克战胜由英国国王威廉三世统率的联军；1693年7月29日，弗朗索瓦·卢森堡在内尔温登再次挫败威廉三世，取得决定性胜利。——译者注

[5]"他打仗去了"这句话，作者用了法语"il va à la guerre"。——译者注

当时人们对行军的看法与对设营的看法也没有多少不同。行军时，炮兵为了沿着较为安全和易走的道路行进，完全与大部队分开，两翼的骑兵则为了轮流享受担任右翼的荣誉，经常互换位置。

现在，也就是说主要是自西里西亚战争[1]以来，军队在战斗以外的状态已经与战斗有了极为密切的联系，它们之间产生了最密切的相互作用，以至如果人们不考虑其中一种状态，就不能全面地考虑另一种状态。如果说以往战斗是战局中的真正的武器，战斗以外的状态只是武器的握柄，即前者是钢刀，后者只是镶在钢刀上的木柄，整体是由两个本性不同的部分构成的，那么现在则应该把战斗看作是刀刃，而战斗以外的状态是刀背，整体是一块锻接在一起的金属，已经分辨不出从哪里开始是钢，到哪里为止是铁了。

今天战争中的这种战斗以外的状态，部分是由军队平时的组织和勤务规则决定的，部分是由战时的战术部署和战略部署决定的。军队可能处于的战斗以外的三种状态是：舍营、行军和野营。这三者都是既属于战术范畴，又属于战略范畴的，而且战术和战略在这里往往很接近，看上去是交织在一起的，或者实际上就是如此，以至很多部署既可以看作是战术部署也可以看作是战略部署。

现在，在我们还没有把这三种状态与特殊目的结合研究以前，我们想总的谈谈这三种状态。为此我们必须首先研究部队的一般部署，因为它对野营、舍营以及行军来说是一种更高和更全面的部署。

如果我们一般地考察军队的部署（不考虑特殊目的），那么只能把军队作为一个单位，即**作为一个受命共同打击敌人的整体**来考虑，因为对"一个单位"这一最简单形式的任何偏离都要有一个特殊目的为前提。这样就产生了一支军队的概念，无论其规模大小。

此外，在还没有任何特殊目的的时候，唯一的目的就是**维持军队**和**保障军队的安全**。使军队在没有特别不利的情况下保持存在，使军队在没有特别不利

---

[1] 指1740—1763年的三次西里西亚战争，普鲁士国王弗里德里希二世与英国、汉诺威及数个小侯国为一方，奥地利、法国、俄国和瑞典为另一方。双方主要是为争夺西里西亚省和格拉茨边区。其中第一次西里西亚战争（1740—1742）和第二次西里西亚战争（1744—1745）是普鲁士参与奥地利王位继承战争（1740—1748），第三次西里西亚战争（1756—1763）又称七年战争。——译者注

的情况下能够集中起来打击敌人，这是两个条件。如果把这两个条件与涉及军队存在和安全的内容进一步结合起来，那就必须考虑以下几点：

1. 便于取得给养；

2. 便于部队住宿；

3. 背后安全有保障；

4. 前面有开阔地带；

5. 阵地本身位于复杂地形上；

6. 有战略依托点；

7. 合理的分兵。

对上述各点，我们分别说明如下：

前两点要求我们寻找耕作区、大城镇和大路，更多是对军队的一般部署，而非特殊部署[1]。

至于如何理解"背后安全有保障"，我们将在《交通线》一章中论述。在处理这一问题时，最迫切和最重要的是，部队的部署地应垂直于其附近的主要退却大路。

关于第四点，一个军团平时对一个地带当然无法像它在做出会战的战术部署后那样一览无余。但是前卫部队、小规模的前出部队[2]和暗探等都是战略上的眼睛，对他们来说，在开阔地上进行观察当然要比在复杂地形上容易。

第五点则与第四点正相反。

战略依托点有两点与战术依托点不同：一是它们无须与部队直接相连，二是它们的展开范围必须大得多。原因在于，就事物的本性来说，战略本来就在比战术更大的时空范围内活动。如果一个军团部署在距海岸或者一条大河河岸1普里[3]处，那么这个军团在战略上就是以这个海岸或大河为依托的，因为敌人不会有能力利用这个空间进行战略迂回。敌人不会深入这个空间数日或数周，数普里或数日行程。相反，一个湖岸线长数普里的湖泊在战略上几乎不能

---

[1] 指部队的战斗部署。——译者注

[2] 前出部队（das vorgeschobene Korps），指在部队前方担负警戒、侦察等任务，并可独立作战的部队。——译者注

[3] 1普里=7532.48米。——译者注

被看作是障碍；在战略活动中，向左或向右数普里，很少能起到决定作用。要塞只有在本身和影响范围较大时，才能成为战略依托点。

部队或是根据特殊的目的和需要，或是根据一般的目的和需要而分兵部署。在这里我们只研究后一种情况。

第一个一般的需要是，将前卫部队连同其他观察敌人所需要的小部队前出部署。

第二个一般的需要是，规模很大的军团通常把预备队部署在其后数普里远的地方，从而造成分兵部署。

最后，为保护部队的两翼，通常需要部署专门的部队。

对于这种保护，不能将其理解为抽调部队的一部分去防御两翼所在的空间，以使敌人无法接近这个所谓的薄弱点。这一普遍存在的看法是完全错误的。如果这样理解，那么谁去防御两翼的两翼呢？两翼本身并不是一支部队的薄弱部分，因为敌军也有两翼，敌军要威胁我军的两翼，也会使其两翼受到同样的威胁。只有当情况变得不同时，当敌军比我们占优势时，当敌军的交通线比我方更有利时（参阅《交通线》一章），我军的两翼才会成为比较薄弱的部分。但是我们在这里不谈这种特殊情况，也不谈一支位于两翼的部队受命与其他部队一起确实要防御我们两翼空间的问题，因为这个问题已经不再属于一般部署的范畴。

即使两翼不是特别**薄弱的**部分，但它们毕竟是特别**重要的**部分，因为两翼一旦被敌人迂回，我们在这里的抵抗就不会像在正面那样简单，要采取的举措就会变得更复杂，要求有更多的时间和准备。因此在一般情况下，人们总是有必要特别注意保护两翼免受敌人的意外行动的打击。而要做到这一点，就应在两翼部署比单纯观察敌人所需的更多的兵力。部署在两翼的兵力越多，即使他们不进行顽强的抵抗，敌人为击退他们也需要更长的时间，敌人展开的兵力也就越多，也就越容易暴露其意图。这样我们也就达到了目的：根据当时的具体情况来确定下一步该做什么。因此人们可以将位于两翼的部队看作是侧面的前卫部队，他们可以迟滞敌人进入我们两翼以外的空间，为我们赢得时间，以便采取对策。

如果这些部队奉命调回主力部队，但不是同时做向后的运动，那么这些部队自然就不应与主力部署在同一条线上，而是应部署在前出一些的位置，因为部队即使是在不必进行一场激烈战斗的情况下开始退却，毕竟也不会完全退向部署地的侧面。

于是出于这些分兵部署的内在原因，出现了一个依预备队是否与主要部分部署在一起而由四个或五个单独部分构成的自然体系。

正如给养和舍营会影响到部队的部署，给养和舍营也会影响部队的分开部署。给养和舍营的因素与上述分开部署的内在原因是联系在一起的，我们不应为满足这一方面的要求而忽视另一方面的要求。在大多数情况下，一支部队分为五个单独部署的部分以后，舍营和给养方面的困难就已经被克服了，不需再为此做大的变动了。

现在我们还要研究一下，这些单独部署的部分相距多远仍能保证相互支援，即还能共同作战。在这里，我们可以回忆一下在《战斗持续的时间》和《战斗胜负的决出》两章[1]中讲过的内容。由于绝对兵力和相对兵力、兵种和地形等有很大的影响，因此无法对此做出绝对的规定，而只能做一个最一般的规定，就像得出一个平均数一样。

前卫部队的距离是最容易确定的。由于前卫部队退却时是向主力运动的，因此派出前卫部队的距离最多是其不至于被迫独立作战的一日强行军的行程。但是人们不应向超出大部队安全所需的地方部署前卫部队，因为前卫部队退却时的距离越远，大部队就越不安全。

至于侧面部队的距离，如前所述，一个由8000～1万人组成的普通师一般要持续战斗数小时，乃至半天，才能决出胜负，因此人们可以毫无顾虑地将这样的师部署在距大部队数小时行程，即1～2普里的地方。出于同样的理由，一个由3～4个师组成的军，可以部署在距大部队一日行程即3～4普里的地方。

这样，这种基于事物本性的主力部队的一般部署，即把主力部队分为4～5个部分，并按上述距离进行部署，就成了某种习惯做法。只要没有特殊目的更具决定性的要求，往往就按这种习惯做法机械地划分部队。

---

[1] 即本书第一卷第四篇第六章和第七章。——译者注

　　尽管我们一开始就假设分开部署的每个部分都适于独立作战，而且每个部分的确有可能被迫独立作战，但是绝不能从中得出结论认为分开部署的**本来意图**就是独立作战。部队之所以必须分开部署，大多是暂时的，是当时部队的处境要求的。如果敌人已经向我军接近，以便通过一场全面的战斗决定胜负，那么战略部署的阶段即告结束，一切就都要集中到会战的这一时刻上来，分开部署的目的就已经达到和不存在了。如果会战开启，就不能再考虑宿营和给养问题了；在正面和两侧监视敌人，以及通过适当的阻击减缓敌人的运动速度等任务也已经完成。这时一切就都要转向主力会战这一大的整体。是否把分开部署只视为条件，视为迫不得已而为之的下策，而将其目的视为集中力量作战，是判定这种部署价值大小的最好标准。

★ 第七章 ★

前卫部队和前哨部队

    前卫部队和前哨部队是两个既属于战术又属于战略的问题。一方面，它们是使战斗具有一定形态和保证实现战术意图的部署；另一方面，它们又往往导致独立的战斗，而且往往部署在距离主力部队较远的地方，因此又可以把它们看作是战略链条中的一个环节。正是由于它们是这样的一种部署，我们才对它们做进一步的考察，作为对前一章的补充。

    任何一支没有完全做好战斗准备的部队，为了能在敌人发现自己之前知道和查明敌人正在接近，都需要有一支先头部队，因为目力所及通常比火器的射程远不了多少。假如一个人的目力所及还没有其胳膊伸得远，那他算是个什么人呢？前哨部队犹如大部队的眼睛，人们早就这样说了。但是大部队在这方面的需求并不总是相同的，而是有不同的程度。兵力和展开程度、时间、地点、环境、战争样式，甚至巧合都会影响大部队对前哨部队的需求程度。因此当我们看到战史中关于使用前卫部队和前哨部队的记载都不是简单而明确的，而是杂乱无章的情况时，并不感到奇怪。

    我们看到，部队的安全有时被托付给前卫部队的某支明确的部队，有时被托付给由单个前哨组成的长长的前哨线，有时两者并用，有时既不用前者，也不用后者，有时数路前进的部队共同派出一支前卫部队，有时每路部队各有自己的前卫部队。我们想先尝试对这个问题做一个清楚的概念定义，然后再看看能否归纳成几条可以实际运用的原则。

如果部队处于运动中，那么一支兵力或多或少的小部队构成其先头部队，即前卫部队，它在部队反方向运动时则成为后卫部队；如果部队在舍营或营垒中，那么由兵力不大的哨所[1]组成的一条线就构成其先头部队，即**前哨部队**。部队停下时，可以而且必须保护比运动时更大的一个地域，这是事物的本性决定的，因此在部队停下时，自然会出现前哨线[2]的概念，在部队运动时自然会出现"一支兵力集中的部队"[3]的概念。

前卫部队和前哨部队的内在兵力各不相同，可以从一个轻骑兵团到一个由各兵种组成的较大的军，也可以从仅仅是向营垒周围派出警戒哨和值班分队[4]到一条由各兵种防守、带有防御工事的坚固防线。因此这种先头部队的行动可以从单纯的观察直到进行抵抗。这种抵抗不仅可使宿营部队赢得做好战斗准备所需的时间，还可使敌人提前暴露其举措和意图，从而显著地提高观察的作用。

因此，部队越是需要时间以完成战斗准备，它的抵抗越需要根据敌人的特殊部署来加以计划和组织，它就越需要一支比较大的前卫部队和前哨部队。

弗里德里希大帝在所有统帅中称得上是行动最机敏的了，而且他几乎只用口令就率领他的部队投入会战，因此他不需要大的前哨部队。我们看到他总是在敌人眼皮底下设营，有时用一个轻骑兵团，有时用一个轻步兵营，或者从宿营地派出警戒哨和值班分队负责部队安全，而不用大的警戒部队。在行军时，数千骑兵（大多是属于第一列阵两翼的骑兵部队[5]）组成前卫部队，行军结束后再回到大部队。用一支固定部队担任前卫部队的情况极为少见。

一支兵力不大的部队要想总是以其全部力量非常迅速地行动，以发挥其训

---

[1]作者所用的"哨所"（Posten）概念涵盖的范围远大于一般的哨所，不仅指"哨兵或警戒分队所在的处所"，有时也指一处要塞或一座城市。——译者注
[2]指由前哨部队哨所构成的哨所线。——译者注
[3]指前卫部队。——译者注
[4]值班分队（Piketts），尤指担负夜间警戒任务的小部队，在营垒可能受到敌人进攻的情况下，负责快速支援和加强警戒哨，也担负营垒入口警戒以及保持营垒之间联系的任务，多由骑兵组成。——译者注
[5]弗里德里希二世的战斗序列大多是前后两个列阵（Treffen），间距数百至千余米，每个阵内是数列士兵组成的横队，步兵居中，骑兵在两翼。——译者注

练更有素和指挥更果断的特点，那就必须像弗里德里希大帝针对道恩作战时那样，几乎所有行动都在敌人的眼皮底下[1]进行。如果是部署过于谨慎，前哨体系过于烦琐，则会使这支部队的优势完全失去作用。至于弗里德里希大帝由于判断错误和做得过分而招致其在霍赫基尔希会战[2]中失利，并不能证明这种做法本身不对。相反，由于在全部西里西亚战争中，像霍赫基尔希会战这样的失败，国王只有一次，因此我们恰恰应该从中认识到国王的卓越才能。

但是我们也看到，既不缺乏精锐部队，又不缺乏果断指挥的拿破仑，在前进时几乎每次都要派出强大的前卫部队。有两个原因促使他这样做。

第一个原因是战术有了变化。这时人们已经不再把部队作为一个简单的整体，只用口令指挥它投入会战了，不再像约定一次大决斗那样，以技巧和勇敢去解决问题，而是让部队更多地适应地形和情况的特点，使战斗序列和相应的会战成为一个由多个部分组成的整体。这样一来，就要以复合的计划取代简单的决心，以较长的部署取代口令。为此就需要时间和情报。

第二个原因是近代军队的规模变大了。弗里德里希率领3万～4万人，而拿破仑则率领10万～20万人投入会战。

我们之所以选择了这两个例子，是因为我们可以肯定，这样的统帅采取某种有力的方法一定是有其道理的。一般来说，前卫部队和前哨部队的运用在近代已经很完善了，但是在西里西亚战争中，并不是所有人都像弗里德里希大帝那样行动。在奥地利人身上我们就可以看到这一点，他们的前哨系统要强大得多，而且更经常地向前派出一支前卫部队。就当时奥军的处境和情况来说，这样做是有充分理由的。在最近的几次战争中，也出现了很多不同做法。甚至法国的一些元帅在率领6万～7万人的部队前进时，我们并未看到他们派出一

---

[1] 此处原文为法语"sous la barbe de l'ennemi"，直译为"在敌人的胡须下"。——译者注

[2] 1758年10月14日夜间，弗里德里希二世在霍赫基尔希（Hochkirch，今德国萨克森州一小镇）附近遭到奥军元帅道恩的袭击而战败。这是他在西里西亚战争中少见的一次失败。会战前，弗里德里希二世认为道恩素以优柔寡断闻名，应该不敢对他发起进攻，于是不顾部下的劝告，在敌营附近设营。——译者注

支前卫部队，例如麦克唐纳[1]在西里西亚，乌迪诺[2]和奈伊[3]在勃兰登堡边区。

至此，我们根据前卫部队和前哨部队的不同兵力，讲述了有关问题。但是这里我们还必须阐明另一个不同点，那就是一支大部队在一定的宽度上前进或后退时，可以为所有并列而行的各路部队配备一个共同的先头部队和殿后部队，或者为每路部队配备一支专门的先头部队和殿后部队。为了在这方面得出一个明确的概念，我们必须做如下思考。

如果指定一支专门的部队担任前卫部队，那么它的任务说到底只是确保在中央行进的主力部队的安全。如果主力是沿多条相距较近的道路行进，这支前卫部队自然是控制了这几条道路，因此也就保护了这些道路，那么侧面的几路部队当然就不需要专门的保护了。

但是在距离主力较远的道路上行进的真正独立的部队则必须自己解决其先头部队的问题。甚至位于中央的主力的那些恰好由于道路位置而距中央太远的部队，也会遇到同样问题。于是一支大部队分为几路部队并列前进，就会有几支前卫部队。如果每支前卫部队的兵力比有一支共同的前卫部队的兵力小很多，那么它就更多地属于战术部署，在大部队的战略列表上就根本不会出现前卫部队。而如果中央的主力有一支兵力大很多的部队用作其先头部队，那么这支部队就是作为整个部队的前卫部队出现的，而且在很多方面确实也是这样。

给中央配备比两翼强大得多的先头部队的可能理由有以下三个：

1. 在中央行进的通常是一支人数较多的大部队。

2. 一支大部队根据其宽度所占领的地段，其中心点显然总是最重要的部分，因为一切行动计划大多是针对中心点制订的，因此战场距中心点通常也比其距两翼近。

3. 一支在中央前出的部队，即使不能作为一支真正的先头部队直接保护

---

[1]麦克唐纳（Jacques Etienne Joseph Alexandre Macdonald, 1765—1840），公爵，法国元帅。——译者注

[2]乌迪诺（Charles Nicolas Herzog von Reggio Oudinot, 1767—1847），公爵，法国元帅。——译者注

[3]奈伊（Michel Ney, 1769—1815），公爵，法国元帅。作战骁勇，被拿破仑称为"勇敢者中最勇敢的人"。——译者注

两翼，但毕竟能间接对两翼的安全做出很大的贡献。也就是说，敌人在一般情况下无法在一定距离内从这样一支部队的侧面通过，去对两翼中的一个采取大的行动，因为敌人不得不担心其翼侧和背后会受到进攻。即使中央的前出部队对对手的威胁不足以完全保障两翼部队的安全，但这种威胁还是适合消除两翼部队所担心的很多不利情况。

因此，如果中央的先头部队比两翼的先头部队强大得多，即是由一支专门的前卫部队组成，那么它就不再是简单地完成一支先头部队确保后面部队不受袭击的任务，而是作为一支前出部队在更广泛的战略关系方面发挥作用。

使用这样一支前出部队可以达到以下几个目的（这些目的也决定如何使用前出部队）：

1. 在我们需要很多时间部署战斗的情况下，派出一支前出部队可以进行更有力的抵抗，迫使敌人在推进时更谨慎，也就是说可以提升一支普通先头部队的行动效果。

2. 如果部队的主要部分很庞大，可以把这一行动不便的主要部分部署在稍靠后的地方，把一支灵活的部队留在敌人附近。

3. 即使有其他原因迫使我们部队的主要部分远离敌人，但仍有一支部队在敌人附近对其进行观察。

有人认为，一个小的观察哨或者一支小部队同样可以很好地完成这种观察任务。但是如果我们考虑到这种观察哨或小部队是多么容易被敌人击退，而且与大部队相比，它们的观察手段又是多么有限，那么就会知道这种想法是错误的了。

4. 在追击敌人时，用一支专门的、配属了绝大部分骑兵的前卫部队，比起用整个部队来，可以更快地运动，晚上可以迟一些宿营，早晨可以早一些出发。

5. 最后，在退却时可将这支部队用作后卫部队，用于险要地区的防御。在这种情况下，中央仍然是特别重要的部分。尽管初看上去，这样一支后卫部队总是有两翼被迂回的危险，不过人们不应忘记，即使敌人向我们的两翼推进了一些距离，但如果他真的要威胁我军的中央部分，就必须走完通往中央的那段路程，而后卫部队此时总是可以为中央进行较长时间的抵抗，并且在退却时可以留在后面。相反，如果中央比两翼退却得快，情况马上就会令人担忧，就会立刻出现被突破的印象，而这个印象本身就已经是很可怕的了。在退却时，人们对集中和团结在一起的需求是最迫切的，对此的感受也是最鲜活的，因此一般规定两翼最后仍到中央会合。如果给养和道路条件迫使部队以相当大的宽度退却，那么退却通常仍要以在中央的一个集中部署来结束。此外，如果我们再考虑到，敌人通常的确是以主力向我军中央推进的，主要是对我军中央施加压力，那么我们就不能不承认，后卫部队对中央来说是特别重要的。

由此可见，在出现上述任何一种情况时，派出一支专门的前卫部队都是合适的。但是如果中央的兵力并不比两翼大，那么一般就不应派出这种前卫部队了。例如，1813年麦克唐纳在西里西亚迎击布吕歇尔，以及布吕歇尔开赴易北河时就是这样。当时他们都是三个军，一般分成三路，沿不同的道路并列前进，因此这些部队也没有派出大的前卫部队。

但是这种将大部队部署成三路兵力相同的部队的做法，是不值得推荐的，部分原因在于这种部署就像把整个部队划分为三个部分一样，会使整个部队很不灵活，这一点我们在第三篇第五章^[1]中已经讲过了。

部署整个部队时，如果分为中央部分和独立的两翼（我们在前一章中曾经说过，只要部队还没有特殊任务，这就是其最自然的部署方式），那么按照最简单的想法，前卫部队应该在中央部分的前面，因此也是在两翼线的前面。但是由于侧面部队对两侧所承担的任务实际上与前卫部队对正面所承担的任务是相似的，因此侧面部队经常与前卫部队位于同一线，有时甚至根据具体情况的需要把侧面部队部署得比前卫部队更靠前。

至于前卫部队的兵力，对此没有多少要讲的，因为现在人们一般已经不无道理地将整体分成的一个或多个部分用于前卫部队，并给它加强一部分骑兵。因此如果一支部队分为若干军，那么前卫部队就由一个军组成，如果一支部队分为若干师，那么前卫部队就由一个或几个师组成。

不难看出，如果部队分出的部分多一些，那么在这方面也是有利的。

至于前卫部队的前出距离，则完全视具体情况而定。在有些情况下，前卫

---

[1]原文如此，疑误。应为本篇第五章。——译者注

部队距离主要部分超过一日行程；在有些情况下，前卫部队就在主要部分前面很近的地方。在大多数情况下，前卫部队距离主力1～3普里，这虽然证明部队经常需要这样的距离，但还不能成为一条必须遵循的规则。

我们在上面的考察中根本没有谈到**前哨部队**，现在我们还要再回来谈谈这个问题。

在一开头我们说过，前哨部队适用于停下来的部队，前卫部队适用于行进中的部队，那是为了追溯这两个概念的起源而暂时把它们分开的；但是很明显，如果我们死板地按这句话来区分它们，那只能是书呆子的做法。

如果一支行进中的部队在傍晚停了下来，以便次日晨继续前进，那么前卫部队当然也要这样做，而且每次都要派出哨兵担任自己和整个部队的警戒，但它并不因此就从一支前卫部队变成一支纯粹的前哨部队。只有先头部队的大部分已经分散成单独的哨所，仅剩下很少或者根本未集中的部队时，也就是说，一条长长的哨所线[1]的概念已经大于一支集中的部队的概念时，才能把担任警戒的部队看作与前卫部队相对应的前哨部队。

部队休息的时间越短，就越少需要完善的保护。在一夜之间，敌人根本没机会弄清我军哪里有保护，哪里没有保护。部队休息的时间越长，对所有接近地的监视和保护就必须越完善。因此当部队停留时间较长时，先头部队通常会逐渐展开，成为一条哨所线。至于先头部队应该完全展开成哨所线，还是应该以集中的部队形式为主，主要取决于两方面的情况：一是双方接近的程度；二是地形的特点。

第一是双方接近的程度。如果双方之间的距离比其展开的宽度小得多，那么一般在两军之间不再部署专门的前卫部队，而只能通过部署一系列小规模的哨所来保障其安全。

由于集中的部队较少能直接保护接近地，因此一般来说，它需要较多的时间和空间以发挥作用。这样，在部队占地很大的情况下（例如在舍营时），要

---

[1] 对于"哨所线"（Kordon）这一概念，作者在本卷第六篇第二十二章有专门论述。哨所线多沿边境或越冬营地设置，主要起到警戒和防护的作用，需要时也可用于进攻，常被形象地称为"拉长了的要塞"。以往有的中文译文将该词译为"单线式防御"，这是不准确的，因为在重要地段也可设置多重哨所线（作者就曾以中国长城为例），而且哨所线也不只是用于防御。——译者注

想用一支集中的常备部队对接近地进行警戒，就要求与敌人保持较大的距离，例如部队的冬季舍营地就大多由一条前哨哨所线来保护。

第二是地形的特点。如果哪里有大的地形障碍提供机会，以少量兵力即可组成强大的哨所线，那么人们当然应该利用这种地形障碍。

最后，部队在冬季舍营时，前卫部队也可能因气候严寒而分散成哨所线，因为这样做可使前卫部队本身便于宿营。

在1794—1795年冬季战局[1]中，英荷联军在尼德兰[2]运用得到了加强的前哨线，达到了最完善的地步。当时的防线由多个各兵种组成的旅所设置的独立哨所组成，并得到一支预备队的支援。当时在英荷联军中任职的沙恩霍斯特把这种方法带回东普鲁士，并于1807年在帕萨尔格河[3]畔的普鲁士军队中加以运用[4]。除此以外，近年很少使用这样的警戒方法了，主要是因为战争中的运动增加了。但有时也错过了本可运用这种方法的机会，例如缪拉[5]在塔鲁季诺会战[6]中就是这样。当时，假如他把自己的防线拉长一些，恐怕就不至于在一次前哨战中损失30门左右的火炮了。

不可否认，在适当的情况下，用这种方法还是有很大好处的，关于这一点我们在其他地方还要谈到。

---

[1]1794—1795年冬季战局包括莱茵和尼德兰两个战区的军事行动，这里指尼德兰战区的军事行动。此前，法国于1793年2月1日向英、荷宣战。1794年11月，法国北方军团在皮舍格吕指挥下挫败英荷联军，占领瓦尔河以南全部奥属尼德兰地区，12月20日进占阿姆斯特丹，次年1月，法军占领荷兰全境。——译者注
[2]"尼德兰"一词意为"低地"，指莱茵河、默兹河、斯海尔德河下游以及北海沿岸的低洼地区，包括今荷兰、比利时、卢森堡三国和法国北部的一小部分，面积7万余平方公里。——译者注
[3]帕萨尔格河（die Passarge），即今波兰北部的帕斯文卡河，长145公里。——译者注
[4]沙恩霍斯特早年曾在汉诺威军队任职，1793年在英荷联军中任骑炮兵连连长，1801年转赴普鲁士军队任职，1807年任普鲁士罗斯托克军的参谋长，在埃劳会战中支援俄军。埃劳会战后，法军退至帕萨尔格河左岸休整，与俄普联军隔岸对峙。——译者注
[5]缪拉（Joachim Murat，1767—1815），大公，法国元帅，那不勒斯国王（1808—1815），拿破仑的妹夫。率领那不勒斯王国1万余人参加1812年战局，并任法军骑兵司令，同年12月5日，在拿破仑因战局失利而先行回国后，代拿破仑指挥法军退却。法军在莱比锡大会战失败后，缪拉转投反法联军，以换取英、奥承认其对那不勒斯的统治。英、奥食言后，缪拉再次投靠拿破仑，后被西西里国王斐迪南一世下令处死。——译者注
[6]1812年10月18日，缪拉指挥的2万名法军在距莫斯科西南67公里处的塔鲁季诺村附近与本宁森指挥的3.6万名俄军展开会战，法军损失2000人和38门火炮，缪拉败退。这次会战的失败促使拿破仑决定早日撤出俄国。——译者注

★ 第八章 ★

前出部队的行动方式

我们刚刚谈过前卫部队和侧面部队对迫近之敌所产生的作用如何决定着大部队的安全。当这些部队与敌军主力发生冲突时，人们能想象出，它们是很弱的。因此我们需要专门探讨一下，它们如何才能既完成自己的任务，又不必担心由于兵力悬殊而受到严重的损失。

这些前出部队的任务是监视和迟滞敌人。

如果前出的是一支小部队，那么连第一项监视任务也是永远无法完成的，一方面是因为它很容易被敌人击退，另一方面是因为它的工具——眼睛看不到那么远。

此外，监视的程度也应该更高些。这些前出部队应该了解当面之敌的全部兵力情况，不仅比较清楚地了解其兵力，而且还有其计划。

如果前出部队的规模较大，那么仅是它的存在就可以起到这种作用，它只要等待敌人做好击退它的准备，就可以了解到有关情况，然后就可以开始后撤了。

但是前出部队还有迟滞敌人前进的任务，为此已然需要进行认真的抵抗。

前出部队如何做到既能等到最后的时刻，又能进行抵抗，而且不至于有受到重大损失的危险呢？主要是由于以下情况：敌人前进时也派出一支前出的前卫部队，并不是立即以整个部队的压倒性力量前进的。即使敌人的前卫部队一开始就比我方的前出部队占优势（敌人自然会这样部署），即使敌军主力距其前卫部队比我军主力距我们的前出部队更近，而且由于敌军主力正在前进，很快就能赶上来全力支援其前卫部队进攻，但我方前出部队仍然能够在与敌前卫部队（双方的兵力差不多）接触的第一阶段赢得一些时间，并有能力对对手前进的情况监视一段时间，而且不至于让自己在退却时有什么危险。

前出部队即使在适于抵抗的阵地上进行一些抵抗，也不至于带来在其他情况下由于兵力悬殊而可能产生的各种不利结果。在抵抗优势之敌时，主要的危险永远是抵抗者有可能被敌迂回，受到围攻，从而陷入非常不利的境地。但是前出部队在适于抵抗的阵地上进行抵抗时，面临的这种危险往往很小，因为行进中的敌人从来不可能清楚我军主力距我前出部队有多远，因此会顾虑其派出的几路部队会受到两面夹击。结果是，行进中的敌军总是尽量使其各路部队齐头并进，只有在确实查明我方情况以后，才开始小心谨慎地迂回我军的这一翼或那一翼。由于敌军到处这样摸索和小心谨慎地行动，使得我方前出部队有可能在真正的危险到来以前回撤。

至于说允许这样一支前出部队对敌人的正面进攻或者敌人刚开始的迂回抵抗多长时间，则主要取决于当地地形的特点和自己援兵的远近。如果由于缺乏理智，或者由于大部队需要时间而使前出部队付出牺牲，从而使前出部队抵抗的时间超过了自然允许的限度，那么结果总是前出部队受到很大的损失。

只有在极少数的情况下，也就是有大的地形障碍可以利用的时候，通过认真的战斗进行抵抗才有意义。但是前出部队能进行的这种小规模会战的持续时间就其本身来看是很短的，很难为大部队赢得足够的时间。要赢得足够的时间，更多是要通过下列三种方式，这是事物的本性决定的：

1. 使对手前进时更为谨慎，从而更为缓慢；
2. 进行一段时间认真的抵抗；
3. 退却本身。

这种退却应该在保证安全的前提下尽可能缓慢地进行。如果有地形利于退却部队做出新的部署，则应加以利用，以迫使敌人再次为进攻和迂回做准备，从而为自己再次赢得时间。退却的部队甚至可以在这个新的阵地上接受一次认真的战斗。

人们可以看到，通过战斗进行的抵抗与后撤在内部是融合在一起的；如果战斗持续的时间不够，则应通过反复战斗来赢得时间。

这就是一支前出部队的抵抗方式。其效果首先取决于这支部队的兵力大小和地形的特点，其次取决于它退却路程的远近，以及它得到的支援和接应的情况。

一支小部队即使兵力比例与一支大部队相同，也无法像这支大部队那样进行长时间的抵抗，因为兵力越大，为完成其活动（不管是什么样的活动）所需要的时间就越长。在山地，仅是单纯的行军就已经缓慢得多，在每个阵地上进行抵抗的时间也更长，也会更安全，而且到处都有机会做出这样的部署。

一支部队前出得越远，其后撤的路程就越长，其通过抵抗所赢得的绝对时间就越多，但是由于这种部队从位置来看，其抵抗能力较弱，得到的支援较少，因此其退却的速度较快（与距离主力较近、退路较短时相比）。

前出部队能得到接应和支援，当然肯定对它能抵抗多久产生影响，因为退却时本应有的小心和谨慎往往用于了抵抗，而这种情况应通过得到接应和支援有所改变。

如果敌人在下午才出现在我前出部队的前面，那么前出部队通过抵抗赢得的时间就与在其他时间段所赢得的时间显著不同。在这种情况下，由于敌人很少利用夜间继续前进，因此我们通常可以多赢得一个夜间的时间。例如，1815年，齐滕[1]将军率领普鲁士第1军约3万人与拿破仑的12万人对抗，在从沙勒罗瓦[2]到利尼[3]这段还不到2普里的短短的路程上，为普鲁士大部队的集结赢得了24个小时以上的时间。齐滕将军是在6月15日上午约9时受到进攻

---

[1] 齐滕（Hans Ernst Karl von Zieten，1770—1848），伯爵，普鲁士元帅。参加过利尼会战和滑铁卢会战。——译者注
[2] 沙勒罗瓦（Charleroi），今比利时一城市，位于桑布尔河畔，北距布鲁塞尔约50公里。——译者注
[3] 利尼（Ligny），今比利时那慕尔省城市松布雷夫（Sombreffe）的一部分。——译者注

的，而利尼会战[1]是16日下午约2时开始的。当然，齐滕将军受到了很大的损失，伤亡和被俘5000～6000人。

根据经验可以得出下面的结论，作为考察这个问题时的依据。

一个得到骑兵加强的10,000～12,000人的师，前出一日行程（3～4普里），在一般地形上能够阻挡敌人的时间（包括该前卫部队退却的时间），大约是单纯穿过退却地区所要求行军时间的一倍半；但是如果这个师仅前出1普里，那么敌人停留的时间可能是单纯行军时间的2～3倍。

以一个前卫师前出4普里为例（一般行军的时间可估计为10小时），从敌人在该师面前出现，到敌人有能力向我军大部队发起进攻，该前卫师大约可阻挡敌人15小时。相反，如果前卫部队距离大部队仅1普里，那么到敌人可能向我大部队发起进攻要超过3～4小时，而实际上可以估计在6～8小时以后（因为对手为针对我前卫部队而展开最初举措，同样需要3～4小时）。也就是说，这支前卫部队在其最初的部署中抵抗敌人的时间甚至比在一处前出很多的阵地中抵抗的时间更长。

结果是：在第一种情况下，敌人要在击退我军前卫部队的当天就进攻我军大部队是不容易的，在实际经验中大多也的确如此。甚至在第二种情况下，敌人不得不至少在上午就击退我军前卫部队，才有可能在当天还有时间与我军会战。

在第一种情况下，由于黑夜对我军有利，因此可以看到，一支前出较远的前卫部队会赢得很多时间。

关于一支大部队的侧面部队的任务，我们已经讲过了。它们的行动方式在大多数情况下或多或少取决于具体运用时的情况。最简单的是把它们视为部署在大部队侧面的一支前卫部队，应该稍前出些，退却时斜向前往大部队。

这些侧面部队不是在大部队的正前方，不像一支真正的前卫部队那样，可由大部队方便地从两面接应它，因此如果不是敌军在两翼最外端的进攻力量一

---

[1] 1815年6月15日，拿破仑击退齐滕率领的普军的前卫部队之后，进占沙勒罗瓦，命奈伊元帅继续向北推进，牵制威灵顿指挥的英军，命旺达姆向松布雷夫前进，拿破仑本人率领预备队居后策应。此时，布吕歇尔的三个军部署在圣阿芒、利尼和松布雷夫一线。16日下午，旺达姆率第3军进攻普军右翼，攻陷圣阿芒；热拉尔率第4军进攻利尼，遇到顽强抵抗；格鲁希则攻普军左翼。下午6时半，拿破仑将近卫军投入战斗，最后击败了普军。——译者注

般会减弱一些，而且我们的侧面部队即使是在最糟糕的情况下也有退避空间的话（它们退却时不至于像前卫部队逃跑时那样会直接给主力带来危险），侧面部队就会面临较大的危险。

对前出部队的接应，最喜欢用的和最好的方法是以大量骑兵进行。这就使得人们在前出部队距大部队较远时，往往将骑兵预备队部署在大部队与前出部队之间。

最后的结论就是：前出部队的作用较少是通过它们固有的力量，而更多是通过它们切实的存在发挥出来的，较少是通过它们真正进行战斗，而更多是通过它们可能进行的战斗发挥出来的。前出部队在任何情况下都无法阻止敌人的行动，而只能像摆锤减缓和节制钟摆的行动一样，减缓和节制敌人的行动，使我们有能力正确地估计敌人的动向。

★ 第九章 ★

野营[1]

对军队在战斗以外的三种状态[2]，我们只从战略的角度来考察，也就是说对这三种状态涉及单个战斗地点、时间和兵力的因素进行考察。至于所有涉及战斗的内在部署和向战斗状态过渡的问题，则属于战术范畴。

我们所说的在野营地内的部署，指的是在舍营以外的各种宿营地内的部署，包括幕营、厂营或者露营。野营部署与受其制约的战斗在战略上是完全一致的，但在战术上未必总是一致，因为人们基于某些原因所选择的野营地并不一定是预计的战场。有关军队部署（军队的各部分应进入的地点）要谈的问题，我们已经谈过了，因此现在只是对野营做一历史的考察。

以往，即从军队的规模再次加大、战争持续的时间更长、战争的各部分相互关联更紧密的那个时候起，直到法国革命为止，部队始终是在帐篷中宿营的。这是当时的正常情况。舒适的季节一到，部队就离开营地，直到冬季来临，才又回到营地。进入越冬营地在某种意义上应该被看作是非战争状态，因为部队在越冬营地里，就像停摆的钟表一样不再起作用。部队在进入真正的越冬营地以前，为休整而进行的舍营，以及在窄小空间和短时间内进行的其他宿

---

[1]"野营"（Lager），与"舍营"（在屋舍中宿营）相对，指利用帐篷、棚盖宿营（分别称幕营和厂营），或露天宿营（露营）。——译者注
[2]根据作者前文所述，这三种战斗以外的状态是野营、行军、舍营。——译者注

营，都是过渡和特殊状态。

至于部队这样有规律和自愿地停止活动，在过去和现在是如何尚能与战争的目的和本质协调一致的，由于这里不是研究这个问题的地方，因此我们以后再谈这一问题。在此我们只是说，当时的情况就是如此。

自从法国革命战争[1]以来，很多国家的军队完全不再用帐篷了，因为运送帐篷必须有庞大的辎重队。一方面，人们认为，如果在一支10万人的部队中，能省下运送帐篷的6000匹马，转而增加5000名骑兵或者200门火炮，当然更好；另一方面，在部队大规模迅速运动时，这样庞大的辎重队只能是一种累赘，而且也没多大用处。

但是取消使用帐篷，反过来产生了两个影响，即部队受到更大的损失，地方受到更大的破坏。

不管质量低劣的粗麻布帐篷顶的保护作用是多么小，人们都不能忽视，部队长时间没有帐篷会感到很不适。一天使用或不使用帐篷，差别是微小的，因为帐篷几乎不能抵风御寒，也不能完全防潮。但是如果在一年里有两三百次宿营都不能使用帐篷，那么微小的差别就变成很大的差别。部队由于疾病而减员，就是十分自然的结果。

至于部队如何由于缺少帐篷而加大对地方的破坏，就无须加以说明了。

因此人们有理由相信，取消帐篷想必会由于上述这两个影响而以另一种方式削弱了战争的激烈程度，因为部队不得不更长时间地和更经常地舍营，而且由于缺乏宿营必需品，也许就只好放弃一些本可借助于幕营而进行的部署。

如果不是战争在这同一时期发生了极大的变化，从而抵消了这些微小和次要的影响，那么确实可能会出现上述情况。

战争的原始火焰变得如此不可抑制，战争的威力变得如此异乎寻常，以至上述有规律的休整时段[2]消失了，双方都以无法阻挡的力量寻求决战。关于这一点，我们将在第九篇中详细论述[3]。在这种情况下，也就谈不上部队因缺少帐篷而使部队的运用发生变化。部队厂营或露营，完全不考虑气象、季节

---

[1] 也称革命战争，指第一次和第二次反法联盟与法国之间的战争（1792—1802）。——译者注
[2] 指进驻越冬营地。在拿破仑战争以前，军队在冬季一般都要进入越冬营地休整。——译者注
[3] 原文如此，疑误。本书并没有第九篇。——译者注

和地形因素，而这些本是整个行动的目的和计划所要求考虑的。

　　至于战争是否在所有时代和所有情况下都会保持这样的威力，我们以后再讲。战争的威力如果没有这样大，不使用帐篷当然会对作战产生一些影响。不过，如果说这种影响大到足以促使军队再进行幕营，那是值得怀疑的。这是因为战争要素一旦冲破很多限制，那么它只是在某些特定时段和条件下才会回到以前那种狭小的范围中去，但很快又会以其不可抑制的本性再次冲出这个范围。因此军队保留哪些制度和装备，只能根据战争的这一本性来确定。

★ 第十章 ★

行军

行军只是部队从一个部署地点向另一个部署地点的移动，其中包含两个主要要求。

第一个要求是部队的舒适性，以避免无谓地消耗本应有效使用的力量；第二个要求是运动的准确性，以便部队准确无误地抵达目的地。如果让一支10万人的部队成唯一一路，并沿着**一条**大路不间断地行军，那么这路部队的首尾绝不可能在同一天抵达目的地。在这种情况下，部队要么不得不非常缓慢地前行，要么像落下的水柱溅成很多水滴一样，四下散开，加上这路部队很长，会使最后的部分过度劳顿，使全军很快陷入混乱状态。

与这种极端情况相反，一路部队的人数越少，行军就越容易和越准确。于是就产生了**分兵**的需求，这种分兵行军的需求与分兵部署所引起的那种分兵毫无关系，因此虽然在一般情况下，部队分为若干路行军是根据部队部署的需要进行的，但并不是在每个具体情况下都是如此。要把一支大的部队集中部署到某一地点，在行军时就有必要分兵。但即使是分兵部署导致分兵行军，在行军过程中也可能有时以满足部署的要求为主，有时以满足行军的要求为主。例如，如果一支部队的部署目的只是休息，而不是在休息中等待战斗，那么行军时满足行军的要求就是主要的，而这些要求主要就是选择路况良好、已经开辟出来的大路。考虑到这些不同情况，人们有时要根据舍营和野营的情况选择道

路，有时则根据道路的情况选择舍营和野营的地点。如果人们预期要进行一次
会战，问题的关键是要以一支大部队抵达合适的地点，那么必要时就得毫不犹
豫地让这支部队通过最难走的小道前往。相反，如果大部队尚在通往战区的途
中，那么就应该为各路部队选择最近的大路，并尽量在大路附近寻找舍营和野
营地点。

　　不管是上述两种行军方式中的哪一种，近代军事艺术的一个总的原则是：
在可能发生战斗的任何地点，即在真正作战的整个范围内，组织行军时必须使
每路部队能够独立作战。为满足这个要求，就要把三个兵种结合起来，就要对
整体进行有机的划分，而且要任命合适的总指挥官。由此可见，主要是行军促
使产生了新的战斗序列，并且从新的战斗序列中得到了最大的好处。

　　在18世纪中叶，特别是在弗里德里希二世的战区中，人们开始把运动视
为作战的一个专门要素，开始利用出敌不意的运动来赢得胜利。当时还没有出
现有机的战斗序列，因此部队在行军时就不得不进行极为复杂和困难的部署。
部队要想在敌人附近实施运动，就必须时刻做好战斗准备，而如果整个部队没
有集中在一起，是做不到这一点的，因为只有整个部队集中在一起，才能形
成一个整体[1]。翼侧行军[2]时，第二列阵为保持与第一列阵不太远的距离，
即不超过1/4普里，必须特别熟悉当地地形，不顾艰辛地越过各种险阻前进，
因为人们在1/4普里的距离内很难找到两条开辟好的并行小路。当部队垂直开
向敌人时，两翼的骑兵就会遇到这样的情况。在行军队列中有了炮兵（它需
要有步兵保护的单独的大路），就会产生新的困难，因为步兵列阵必须由多条
连续的散兵线组成，而炮兵会使本来已经拉得很长的步兵纵队拉得更长，从而
打乱纵队内步兵各部分的间隔。人们只要读一读滕佩尔霍夫的译著《七年战争
史》中列出的行军部署，就可以了解这些情况，并知道战争因此而受到的种种

---

[1] 弗里德里希二世时，采用列阵式战术，作战时整个部队往往分成两至三个机械的、完整的
战斗队形，依据正面之敌距离不同，分别称作第一列阵或第二列阵，第三列阵往往用作预备队。
行军时，每个列阵的部队成纵队，进入战前又成横队，而且各列阵的士兵不能打乱原来的相
对位置，因此行军部署非常复杂。同时，各部分不能独立作战，要集中在一起才能组成战斗序
列。——译者注
[2] 翼侧行军（Flankenmarsch），部队改变原垂直行进的方向，向左或向右转向翼侧的行军。请
注意与侧面行军（Seitenmarsch，在另一行军队伍侧面的行军）的不同。——译者注

束缚。

　　然而近代军事艺术允许部队进行有机的划分，各主要部分可被视为小的整体，在战斗中能发挥大的整体所能发挥的一切作用，唯一的区别是小的整体的活动持续的时间较短。自那以来，各路部队在行军时不必再靠得很近，以达到在战斗开始以前就能够集中的程度，而只要在战斗过程中集中起来就够了。甚至为了进行一次集中兵力的打击行动也不必事先在行军时集中了。

　　一支部队的人数越少，就越便于运动，就越不需要为避免大部队行动不便而进行分兵（这里指的不是为分兵部署而事先进行分兵）。一支小部队沿一条大路行进时，如果要成数条散兵线前进，会很容易在附近找到数条小路，完全可以满足这支小部队的需要。但是部队的人数越多，就越需要分兵，行军纵队的数目就越多，就越需要有开辟好的小路甚至大路，各路部队的间隔也就越大。这种分兵需求与分兵带来的危险，用算术术语来说就是成反比。分兵越多，各部分就越需要相互支援；分兵越少，各部分独立行动的时间就越长。我们只要回忆一下前一篇涉及该问题的有关论述，并考虑到在耕作区内距主要大路数普里的范围内，总可以找到几条平行的开辟好的小路，那么我们就很容易了解，在组织行军时，没有什么非常大的困难会使部队的**迅速前进、准确抵达**与适当的**兵力集中**发生矛盾。在山地，虽然平行的大路最少，各条大路之间的联系也最困难，但是每路部队的抵抗能力也大得多。

　　为使这个问题更加明确，我们想举个具体例子说明一下。

　　根据经验，在一般的情况下，一个8000人的师连同其炮兵和其他一些车辆行进时所占道路长度相当于1个小时的行程。因此如果两个师沿一条大路前进，第二个师将在第一个师抵达1小时后抵达指定地点。我们在第四篇第六章中已经说过，一个兵力这样大小的师即使对一个优势之敌也应该有能力抵抗数小时。因此甚至在最不利的情况下（第一个师被迫立即开始战斗），第二个师在1个小时后抵达也不算太晚。而且在欧洲中部的耕作区，在大路1小时左右的行程内，部队大多能够找到可供行军用的**小路**，而不必像七年战争时期那样常常需要穿越田野行军。

　　此外，经验告诉我们，对一支由4个步兵师和一个骑兵预备队组成的部队来说，即使在不好走的小路上行军，其先头部队通常在8小时内也可以行军3

普里。如果每个师的行军长度按1小时行程计算，骑兵预备队和炮兵预备队的行军长度也同样按1小时行程计算，那么整个行军时间将是13个小时。这个时间并不算太长，但在这种情况下，还是有近4万人要沿同一条道路行进。当然对这支大部队来说，他们也可以寻找和利用其他小道，从而很容易缩短行军的时间。假如沿一条大路上行进的部队比上述部队还多，那么整个部队就不一定都要在当天抵达目的地，因为现在这样的大部队绝不可能在遭遇敌人后立即进行会战，而是通常要到次日。

我们谈到上述这些具体情况，并不是为了穷尽这类情况，而只是为了把问题阐述得更清楚一些，并根据经验说明：在现在的战争中，组织行军已经不再那么困难了；现在组织最迅速和最准确的行军，已经不像弗里德里希大帝在七年战争中那样需要专门的技巧和精确的地理知识了；现在借助于部队的有机划分，行军几乎可以自动进行，至少不需要拟制大的计划了。以往单凭号令就可以指挥会战，而组织行军却需要制订长长的计划；现在确定会战序列需要制订长长的计划，而组织行军却几乎只凭号令就可以了。

众所周知，行军分为垂直行军和平行行军。平行行军又称翼侧行军，会改变部队各部分的几何位置：并列部署的各部分在行军时就成了前后部署，反之亦然。尽管此时直角内的所有角度都可能成为行军的方向，但毕竟要根据行军的样式来确定行军的序列。

只有在战术上才有可能彻底改变各部分的几何位置，也只有在战术上进行所谓"三人并排行进"[1]时才能做到这一点，而大部队是不可能做到三人并排行进的，在战略上更不可能这样做。在以往的战斗序列中，只有在两翼的部队和列阵可以变换其几何关系；在近代的战斗序列中通常是第一层级部队，即军、师或旅（视整体的划分而定）可以变换其几何关系。不过我们在前面谈到近代战斗序列时所得出的结论对此也是有影响的。由于现在已经不需要像以前那样，在战斗开始前把整个部队集中在一起，因此人们更加关心的是使已经集中在一起的各部分自成整体。假如有两个师，其中一个师在另一个师的后面，作为预备队，现在要求这两个师沿两条道路开向敌人，那么没有人会让其中一

---

[1] 原文"Rottenmarsch"，即每三名士兵一排组成纵队行进。——译者注

个师分开沿两条道路行进，而是会毫不迟疑地让两个师各沿着一条道路并列行军，并且让每个师长各自组织预备队以备发生战斗时使用。统一的指挥比部队原来的几何位置关系重要得多。如果两个师在行军中未经战斗就抵达了指定的阵地，那么它们仍然可以恢复原来的位置关系。如果两个并列的师沿两条道路**平行**行军，那么人们就更不会让每个师后面的列阵或预备队沿后面的道路[1]行进，而是会让每个师沿一条道路行进，也就是说在行军过程中把其中一个师视为另一个师的预备队。如果一支大部队由4个师编成，其中3个师部署在前面，1个师作预备队，并以这样的序列开向敌人，那么人们自然应该给前面的三个师各规定一条道路，而让预备队跟在中间那个师的后面。如果这三条道路之间的距离不合适，部队也可以毫不犹疑地沿两条道路行进，这并不会带来什么明显的不利。

在与平行行军相反时，也是这样。

另一个问题是行军纵队应向右还是应向左开始行军。在平行行军时，这个问题自行就解决了。任何人欲向左面运动时，都不会向右开始行军。部队在向前或向后行军时，其实应该根据道路与未来开进线的位置关系来确定行军序列。在战术上，这在很多情况下也是能够做到的，因为战术上的空间较小，对几何关系更容易一览无余。在战略上，这就完全不可能了。如果我们仍不时看到有人把战术上的东西照搬到战略上去，那么这纯粹是书呆子的做法。由于过去部队在行军时也保持为一个不可分的整体，而且只设想进行**一次**整体战斗，因此整个行军序列纯粹是个战术问题，尽管如此，当什未林[2]在1757年5月5日从布兰代斯[3]地区出发时，还是无法知道未来的战场是在他的右边还是左

---

[1]指两条道路中距部队较远的那条道路。——译者注
[2]什未林（Kurt Christoph von Schwerin，1684—1757），伯爵，普鲁士元帅。弗里德里希二世最主要的统帅之一。1757年5月6日，在七年战争初期的布拉格会战中阵亡。——译者注
[3]布兰代斯（Brandeis），波希米亚一城市，位于布拉格东北，在伊泽拉河与易北河的汇合处附近。——译者注

边，因此最后不得不进行著名的"四对舞式的行军"[1]。

如果一支按照旧战斗序列的部队成四路开向敌人，那么第一列阵和第二列阵两翼的骑兵就构成靠外的两路，两个列阵两翼的步兵就构成中间的两路。这样这四路部队就可以整体向右或者向左出发，或者右翼向右、左翼向左出发，或者左翼向右、右翼向左出发。对最后一种情况，人们可称为"出自中央"的出发。尽管所有这些形式应与未来开进战场的队形有关，但实际上恰恰是在这方面并没有什么关系。弗里德里希大帝进入洛伊滕会战战场时，以每一翼成四路向右出发，从而非常轻松地过渡为成列阵出发（这一做法受到所有历史著作家们的赞叹），因为国王要进攻的恰好是奥军的左翼。假如当时他要迂回奥军的右翼，那么他就不得不像在布拉格附近那样进行一次"四对舞式的行军"了。

如果说这些形式在当时就已经不适应行军的目的了，那么今天看来，这些形式对行军的目的来说纯粹是一种儿戏。人们现在同样不了解未来的战场与行军道路的位置关系，即使由于出发时的次序有误而损失了一些时间，也远不像以前那样重要了。在这方面，新的战斗序列同样起到了好的作用。哪个师应先抵达，哪个旅应先投入战斗，已经完全没有什么差别了。

在这种情况下，部队向右和向左出发的作用，只是通过左右交替开始行军，平衡各部队的疲劳程度。这就是大体上仍保持这两种出发次序的唯一的且非常重要的理由。

在这种情况下，"自中央出发"只能偶尔采用，自然就不再是行军的一种固定次序了。而且从战略上来看，一路纵队从中央出发已经是不合理的了，因为这种出发是以有两条道路为前提的。

其实，行军次序更多属于战术范围，较少属于战略范围，因为它只不过是

---

[1] "四对舞式的行军"，原文"Kontremarsch"。1757年布拉格会战前，弗里德里希二世与什未林在奥军阵地前会合，因敌阵地在布拉格东面的高地上，难以从正面进攻，于是弗里德里希二世决定对奥军右翼进行迂回。这样普军必须向右展开，而什未林是以左翼开始行军的，左翼在后，根据当时对战斗序列的要求，只能向左展开。因此什未林不得不命令部队在行进中，排在纵队尾部的士兵逐个出列，前往排头位置，从而使左翼在前，右翼在后，然后向右展开。由于整个过程形似跳四对舞，非常耗时，故作者在此形象地将此次行军称为"四对舞式的行军"。——译者注

把整体分为若干部分，行军结束后这些部分又重新成为一个整体。但是由于人们在近代军事艺术中已经不再注重各部分必须完全集中在一起，而是愿意各部分在行军过程中相距更远些，并独立行动，这样就更容易出现各部分单独进行的战斗，而且每一个这样的战斗都应被视为整体战斗。因此我们认为有必要对这个问题做上述这么多的说明。

另外，我们在本篇第二章[1]中已经看到，在没有特殊目的的情况下，三个部分并列部署是最自然的，因此行军时采用三路大的纵队也是最自然的。

现在我们在这里仅还需要指出，一路部队的概念不仅是指沿一条道路行进的一支部队，而且人们在战略上也把在不同日期沿同一条道路行军的部队称为一路部队，因为人们将大部队分为数路部队的目的主要是缩短行军时间和便于行军，因为小部队总是比大部队行军更快和更方便。如果大部队不是沿不同的道路，而是在不同的日期沿同一条道路行军，也可以达到行军更快和更方便的目的。

---

[1]　原文如此，疑误。应为本篇第五章。——译者注

★ 第十一章 ★

行军（续一）

对一次行军的行程和走完这一行程所需要的时间，自然应遵照一般的经验来确定。

对于我们现在的军队来说，一般一日行程为3普里，这是早就明确了的；长途行军时，为了在途中有一些必要的休息日进行休整，一日行程甚至要减至2普里。

一个8000人的师，在平坦地形上沿中等路况道路行军时，走完一日行程需要8～10小时，在山地则需要10～12小时。如果数个师编成一路行军纵队，即使不算后面数个师的出发时间，行军时间也要多出数个小时。

由此可见，走完这一行程几乎要占用一整天；士兵负重行军10～12小时的劳顿程度是不能与平常徒步行走3普里相比的（单个人沿着普通的道路步行3普里只要5小时就够了）。

在不是连续行军的情况下，一日行程5普里，最多6普里；在连续行军的情况下，一日行程4普里。这些都属于强行军。

一次5普里的行军，中间就已经需要停下来休息数小时了，而一个8000人的师要走完这一行程，即使有状况良好的道路，也不会少于16小时。如果行程为6普里，而且是数个师在一起行军，那么至少需要20个小时。

这里所说的行军是指集中在一起的数个师从一个营垒到另一个营垒的行

军，因为这样的行军是战区内常见的形式。如果多个师以一路纵队行军，那么应该让最前面的数个师提前一些集合和出发，它们也会同样提前一些进入目的地的营垒。但是提前的这段时间毕竟从来不能达到一个师走完其行军长度所需要的时间，即不能达到法国人很形象地说的"流过"[1]一个师所需要的时间，因此通过这种行军方法减轻不了多少士兵的劳顿，而且部队数量的增多会使行军时间延长很多。一个师也用类似的方式让它的各个旅在不同的时间集合和出发，只在极少数情况下是可行的，这就是我们把师作为行军单位的原因。

部队分为小部队，在不设集结点的情况下从一个舍营地向另一个舍营地长途行军时，其行程当然可能增加，事实上，仅由于绕道去舍营，其行程就已经增加了。

如果部队每天都要以师，甚至以军为单位集结在一起，而且还要行军去舍营，那么这种行军花费的时间最多。只有在富庶的地区和部队人数不太多的情况下才建议这样行军，因为部队在这种情况下容易得到较好的给养和舍营地，足以补偿长途行军带来的劳顿。1806年，普鲁士军队在退却途中为了取得给养，每夜都进行舍营，这无疑是一种错误的做法。其实部队如果野营（露营），同样能够搞到给养，部队就不至于在过度疲惫的情况下在14天内行军大约50普里。

在难走的道路和山地行军时，上述关于时间和行程的一切规定就会有很大的改变，以至在某一特定情况下，人们难以有把握地估算出一次行军所需要的时间，更不用说做出一般的规定了。因此理论只能提醒人们注意有犯这种估计错误的危险。为避免犯这种错误，必须特别谨慎地进行计算，为无法预料的耽搁多留出一些时间。同时还要考虑到天气和部队状况对行军的影响。

自取消帐篷以及自部队采取就地强征粮秣的给养方式以来，部队的辎重显著减少了。这一情况的最大影响自然首先表现为部队的运动加快了，也就是说部队的每日行程加大了。当然只是在一定的条件下才这样。

战区内的行军很少因为辎重减少而得到加快，众所周知，在行军的目的要求行军速度超过一般标准的所有情况下，人们或者把辎重留在后边，或者让其

[1] "流过"一词，作者用了法语"dècollement"。——译者注

先行，通常在整个运动过程中总是与部队保持一定的距离。因此辎重一般来说对部队的运动没有什么影响，而且只要辎重不再是部队的一个直接的累赘，不管它在部队运动过程中可能受到多大的损失，人们一般不再去考虑它。因此在七年战争中有几次行军的速度是很快的，就是在今天也很难超过。我们可以用拉齐1760年的行军[1]来证明这一点。他当时是为支援俄国人对柏林的佯攻而进行这次行军的。他从施韦德尼茨[2]出发，穿过劳西茨，抵达柏林，在10天内行军45普里，平均每天4.5普里。一支1.5万人的大部队能够达到这样的行军速度，就是在今天也是很不寻常的。

　　从另一方面来看，正是由于给养方式的改变，近代军队的运动又有了一个**迟缓的**因素。部队不得不自己解决一部分给养，这是经常出现的，而这比起从面包供应车上领取现成的面包自然要花费更多的时间。此外，在长途行军时，为了更容易让部队得到休整，不能让大量部队在一个小地方宿营，而是必须让各师分开设营。最后，经常遇到的情况是，一部分部队，具体说就是骑兵，是必须舍营的。所有这一切总的来说会导致行军速度显著减慢。因此我们看到，1806年拿破仑追击普鲁士军队和欲切断其退路时，以及1815年布吕歇尔带着同样的意图追击法军时，在10天之内都只走了约30普里。而弗里德里希大帝自萨克森前往西里西亚，再返回萨克森时，尽管携带着全部辎重，其行军也达到了这一速度。

　　其间，由于辎重的减少，大小部队在战场上的机动性和便捷性（如果我们可以用这两个词表述的话）还是显著增加了。一方面，在骑兵和火炮数量不变的情况下，马匹数量减少了，不必经常担心饲料不够了；另一方面，人们不必总是顾及拖在后面的长长的辎重队了，在阵地中不是那么受困了。

---

[1]1760年秋，托特列宾率俄军经奥得河向普鲁士首都柏林进军。奥地利为支援俄军，派拉齐率1.8万人从西里西亚的施韦德尼茨出发，连续行军，于10月2日抵达柏林以南7公里的滕佩尔霍夫村，10天行军320多公里。——译者注
[2]施韦德尼茨（Schweidnitz），即今波兰城市斯韦德尼察（Swidnica），东北距布雷斯劳50公里。——译者注

1758年，当弗里德里希大帝放弃围攻奥尔米茨[1]后率领部队行军时，曾带有4000辆辎重车。他把一半军队分散成单独的营和排，以保护这些辎重车。在今天，这样的行军即使碰上最胆小的敌人，也不会再成功。

在长途行军时（例如从塔霍河[2]直至涅曼河），由于辎重减少了，部队当然感到轻快。由于要携带余下的辎重，部队仍只能维持日行军的一般里程，但在紧急情况下毕竟可以以较小的代价行军，超出一般的日行军里程。

总之，辎重减少的意义更多在于节省力量，较少在于加快运动。

---

[1] 1758年5月1日，弗里德里希二世率普军从西里西亚攻入摩拉维亚，11日在奥尔米茨（Olmütz，即今捷克城市奥洛穆茨）附近占领阵地，因缺乏攻城辎重，推迟至22日才开始围攻。奥地利统帅道恩为营救在奥尔米茨的奥军，于7月1日突然出现在奥尔米茨附近。此前一天，奥军一部在奥尔米茨东北截获普军大批弹药辎重。弗里德里希二世因后方交通线受到威胁，被迫停止围攻，向波希米亚退却。普军退却时因携带大量辎重，速度极慢，7天只走了60公里，但奥军并未进行追击。——译者注
[2] 塔霍河（der Tajo），比利牛斯半岛上最长的河流，横穿西班牙和葡萄牙中部，在里斯本附近流入大西洋，长1007公里。——译者注

★ 第十二章 ★

行军（续二）

现在我们来研究一下行军对部队的损害作用。这种作用是如此之大，以至必须把它当作一个除了战斗以外对部队造成损害的专门因素。

一次适度的行军并不会使军队这一工具受到什么损害，但是连续数次这样的行军就会使军队受到损害，如果是连续数次困难的行军，那么对军队的损害自然就更大。

在战争这个舞台上，缺乏给养和宿营地，道路条件差或破损严重，部队不幸地要一直做好战斗准备，这些都会造成部队力量的过度消耗，从而使人员、牲畜、车辆和被服受到损失。

人们习惯说，长时间的休息并不利于一支部队保持体力，此时的病员人数比采取适当行动时的病员人数更多。当然，如果让士兵挤在狭小营舍的上下铺里，可能而且必然会使他们患病，但是士兵在行军途中的营舍里也是会患病的，缺少新鲜空气和运动从来不是患这些疾病的原因，因为人们行军时是很容易得到新鲜空气和运动的。

人们只需要考虑一下，一个士兵在野外泥泞的道路上冒雨负重行军时生病，与在营房里生病相比，身体受到的损害和削弱会有什么不同。一个士兵即使是在营垒中生了病，也还是可以很快被送到附近村镇的，不至于完全得不到医治。但如果他在行军中生了病，则先要在路旁无助地躺倒数个小时，然后成为掉队者，拖着病体行走数普里。在这种情况下，有多少小病被耽误成了重病，又有多少重病导致了丧生！请再想一想，在尘土飞扬的道路上和夏日灼热的阳光下，即使是一次适度的行军也会使士兵感到酷热难当，使他们在极度口渴的折磨下扑向生水而狂饮，从而患病甚至死亡。

我们做这一考察的意图，不是要减少战争中的活动。工具就是为了使用的，而使用就会造成损耗，这是事物的本性决定的。我们只是想看到一切都做得恰如其分。我们反对那些理论上的空谈，这些理论宣称，高度的出敌不意、最迅速的运动、毫不停歇的行动不会付出任何代价，把这些运动描述成丰富的矿藏，称统帅们由于懒惰而未利用它们。这些理论家对待挖掘这些矿藏的态度，就像对待金矿和银矿一样，只看到产品，而不问开采这些矿藏要付出多少劳动。

在战区外长途行军时，尽管行军的条件通常比较好，每天的损失比较小，但是即使是最轻的病号通常也会长时间地落在后边，因为初愈的人不可能赶上不断前进的部队。

在骑兵方面，受鞍伤的马匹和蹶马会不断增多；在车辆方面，会有一部分因损坏而无法前行，出现混乱。因此我们经常看到，一支部队行军100普里或者更远，抵达目的地时已经受到很大的削弱，特别是马匹和车辆。

如果部队必须在战区内，即在敌人的眼皮底下长途行军，那么战区行军和长途行军的两种不利情况就会同时出现。在人数较多，而且其他条件不利时，部队的损失就可能达到令人难以置信的程度。

现在我们只举几个例子，来证明上述论点。

当拿破仑于1812年6月24日渡过涅曼河时，他准备接下来攻打莫斯科的庞大的中央部队有30.1万人。8月15日，他在斯摩棱斯克[1]附近向其他地方派出了1.35万人，按理说他还应该有28.75万人，而他当时实际只有18.2万人，也就是说已经损失了10.55万人[2]。我们知道，在这之前只发生过两次著名的战

---

[1] 斯摩棱斯克（Smolensk），今俄罗斯西部一城市，靠近白俄罗斯边境，位于第聂伯河畔，西北距维捷布斯克130公里。——译者注
[2] 所有这些数字都摘自尚布雷（Georges de Chambray，1783—1848，侯爵，法国炮兵将军和军事理论家，著有《远征俄国史》[Histoire de L'Expedition de Russie]）的著作。——作者注

斗，一次是达武与巴格拉季翁[1]之间的战斗，另一次是缪拉与奥斯特曼－托尔斯泰[2]之间的战斗[3]，这样我们对法军在这两次战斗中的损失顶多可以估计为1万人，也就是说法军在52天内径直推进约70普里的情况下，仅因病员和掉队就损失了9.5万人，占了总兵力的1/3。

三周之后，在博罗季诺[4]会战时，法军的损失已经达到14.4万人（包括在战斗中的损失）。又过了8天，在法军抵达莫斯科时，其损失已经达到19.8万人。法军中央部队在当时每天的损失大体是：在第一时段[5]占初始总兵力的1/150，在第二时段占初始总兵力的1/120，在第三时段占初始总兵力的1/19[6]。

拿破仑从渡过涅曼河直到莫斯科的运动当然可以称得上是连续行军，但是我们不应该忘记，这一行军用了82天，只走了约120普里，而且法军在途中还正式休整了两次：一次在维尔纳[7]附近，约14天，另一次在维捷布斯克[8]附近，约11天。在休整期间，一些掉队的士兵就有时间重新归队。在这14周的推进期间，季节和道路不能算是最坏的，因为当时是夏天，所走的道路大多是沙土路。但是庞大的部队集中在一条道路上，给养不足，而且对手虽在退却，但并不是在溃逃，这些是造成法军行军困难的因素。

---

[1] 巴格拉季翁（Pyotr Ivanovich Bagration，1765—1812），亲王，俄军统帅。曾多次随著名统帅苏沃洛夫出征。在1812年战局中任西线第二军团司令，在博罗季诺会战中阵亡。——译者注
[2] 奥斯特曼－托尔斯曼（Aleksandr Ivanovič Ostermann-Tolstoi，1770—1857），伯爵，德裔俄国将军，曾参加俄国对波兰和土耳其战争，在1812年战局中任第四军长。——译者注
[3] 这两次战斗发生在1812年战局的初期。1812年7月20日，拿破仑为切断巴格拉季翁军团和巴克莱军团会合的去路，派达武指挥法军前进到莫吉廖夫。23日，达武与巴格拉季翁指挥的俄军进行战斗，俄军退却。25日，缪拉指挥的法军在奥斯特罗夫诺与俄军前卫部队遭遇，激战两日，俄军败退。——译者注
[4] 博罗季诺（Borodino），今俄罗斯西部一村庄，东距莫斯科约100公里，位于莫斯科河右岸。——译者注
[5] 作者在本书第七卷中将1812年俄国战局分为两大部分，分别是法军的推进和退却。其中第一部分又分为两个阶段，而每个阶段又分为两个时段。第一时段从法军推进至维尔纳附近到第一次停顿（6月24日—7月中）；第二时段从第一次停顿结束到第二次停顿（7月中—8月8日）；第三时段从俄军主力试图进攻到莫斯科失守（8月8日—9月15日）；第四时段从法军攻下莫斯科到退却（9月15日—10月23日）。——译者注
[6] 详见本书第七卷。——译者注
[7] 维尔纳（Wilna），即今立陶宛首都维尔纽斯（Vilnius）。——译者注
[8] 维捷布斯克（Witebsk），今白俄罗斯北部一城市，位于道加瓦河畔。——译者注

　　关于法军退却，或者更准确些说，关于法军从莫斯科**推进**到涅曼河的情况，我们就根本不想谈了，但是我们也许可以指出，追击法军的俄军从卡卢加[1]地区出发时为12万人，抵达维尔纳时是3万人，而众所周知，俄军在这一时期的战斗伤亡是很少的[2]。

　　现在我们再从1813年布吕歇尔在西里西亚和萨克森的战局中举一个例子。这次战局不是以长途行军，而是以多次往返运动著称的。布吕歇尔的约克军于8月16日以约4万人开始这次战局，10月19日抵达莱比锡[3]附近时还有1.2万人。根据最可靠的著作家们的记载，该军在戈尔德贝格[4]、勒文贝格[5]、卡茨巴赫河[6]畔、瓦尔滕堡[7]和默肯[8]（莱比锡）的主要战斗中，大约损失了1.2万人，其余的非战斗减员在八周内达到1.6万人，占总兵力的2/5。

　　因此如果人们想要进行一场频繁机动的战争，那就必须做好自身兵力因此将受到大量损失的准备，并据此制订其余的计划，首先要制订好后续的增援计划。

---

[1]卡卢加（Kaluga），今俄罗斯卡卢加州首府，北距博罗季诺150公里，东北距莫斯科约190公里，位于奥卡河畔。——译者注

[2]作者的意思是，在俄军损失的9万人中，有相当一部分是因追击途中患病或掉队损失的。——译者注

[3]莱比锡（Leipzig），今德国萨克森州最大城市，位于莱比锡盆地中心，白埃尔斯特河、普莱瑟河、帕尔特河交汇处。——译者注

[4]戈尔德贝格（Goldberg），即今波兰城市兹沃托雷亚（Złotoryja），位于卡茨巴赫河畔。——译者注

[5]勒文贝格（Löwenberg），即今波兰希隆斯克地区勒武韦克（Lwówek），位于布布尔河畔。——译者注

[6]卡茨巴赫河（die Katzbach），即今波兰卡什扎瓦河，下西里西亚境内奥得河的一条支流，流经兹沃托雷亚、莱格尼察，长84公里。——译者注

[7]瓦尔滕堡（Wartenburg），今德国萨克森-安哈尔特州城市肯姆贝格（Kemberg）的一部分，位于易北河畔。——译者注

[8]默肯（Möckern），今德国萨克森州首府莱比锡的一个城区，东南距市中心5公里。——译者注

★ 第十三章 ★

舍营

在近代军事艺术中，舍营又成为必不可少的了，因为无论是帐篷还是一个完备的运输体系都不能使部队放弃舍营。而厂营和露营，不管改进到何种程度，毕竟不能成为一种常用的宿营方法，如果常用这种方法，部队迟早（这取决于气候变化的情况）要发生疾病，从而过早地消耗力量。在1812年俄国战局中，法军在十分恶劣的气候条件下，整整6个月几乎完全没有进行舍营，这是出现这种情况的少数战局之一。但是这种可说是狂妄的努力（当然，说这个行动的政治意图是狂妄的更恰当）又得到了什么样的后果呢！

有两种情况妨碍部队舍营，即敌人就在附近，以及自己的快速运动。因此只要临近决战，部队就不得不放弃舍营，而且不到本次决战结束，就不能再舍营。

在近年的战争中，也就是在我们过去25年来所看到的全部战局中，战争要素以其全部能量发挥了它的威力。凡是在战争中可能进行的活动和可能发挥的力量，在这些战局中大多都发生了。但是这些战局持续的时间都不长，很少有达到半年的，大多只需数月就达到了目的，也就是说失败者很快就被迫停战甚至媾和了，或者是胜利者很快就用尽了力量。在这样高度紧张的几个月期间，很少谈得上什么舍营，因为即使是在乘胜追击的过程中，如果不再有什么危险，部队运动速度就会很快，不可能进行这种舒适的舍营。

　　如果战事的进程由于某种原因不是很激烈，如果双方力量更多是在进行较平稳的较量，那么把部队安顿在屋舍内，就成为人们关注的一个主要问题。这种对舍营的需求对于作战指挥本身也有一些影响：一方面，部队在舍营时会试图部署兵力较强的前哨系统，以及前出更远和规模更大的前卫部队，以赢得更多的时间和安全；另一方面，部队在舍营时会更多倚重当地的富庶和农作物，而较少倚重战术上的地形优势或者线和点的几何关系。一座有两三万居民的商业城市，一条沿途有很多大村庄和繁华城市的大路，是如此地便于大部队集中部署，而这种集中部署给部队提供的便捷性和活动余地又是如此之大，以至其足以抵得上一个有更好位置的地点所能带来的好处。

　　关于舍营部署的形式，我们只做几点说明，因为这一问题大多属于战术范畴。

　　部队的住宿分为两类：一类是作为部队的主要事务，另一类是作为部队的次要事务。如果部队在战局中仅仅是出于战术和战略上的原因进行部署，并为便于这一部署而要求部队在部署地点附近舍营（特别是经常要求骑兵一同舍营），那么舍营就是次要事务，是用来代替野营的，因此部队必须在能够保证及时抵达部署地点的范围内舍营。如果部队是为了休整而舍营，那么住宿就是部队的主要事务，其他举措（当然也包括部署地点的选择）就必须以这个主要事务为准。

　　这里需要考虑的第一个问题是整个舍营区的形状。它通常是一个拉得很长的矩形，等同于把战术上的战斗序列扩大了；部队的集结点设在舍营区的前面；大本营设在它的后面。但恰恰是这三项规定非常妨碍整个部队在敌人到来之前进行可靠的集结，几乎是与之对立的。

　　舍营区越是接近正方形乃至圆形，部队就越能迅速地集中到一个点即中心点。集结点越靠后，敌人抵达这个点就越迟，留给我军用于集结的时间就越多。设在舍营区后面的一个集结点是绝不会陷入危险的。而反过来，大本营越是前移，我军就越能早一些得到情报，指挥官就越能更好地了解各方面的情况。尽管如此，上面讲的三项规定也不是没有根据的，也还是多少值得考虑的。

　　有人主张通过扩大舍营区的宽度来保护可能被敌人用于征用物资的地区。不过，这一理由既非完全正确，又非很重要。这一理由对舍营部队的最外翼来说还是正确的，但是如果各部队大多在集结点周围舍营，那么对两个部队之间出现的中间地带来说，这个理由就站不住脚了，因为敌军的小部队是不敢进入这个中间地带的。我们之所以说这个理由不是很重要，是因为要防止敌人在我们附近地区征用物资，有比分散部署部队更简单的方法。

把集结点设在舍营区前面的意图是保护舍营区。这与下述理由有密切联系：首先，如果把集结点设在舍营区的后面，那么当部队匆忙拿起武器跑向集结点时，总会在舍营区留下一个很容易落入敌手的尾巴，即掉队的士兵、病员、辎重、物资等等；其次，舍营部队应防备，如果敌人以骑兵绕过其前卫部队，或者干脆突破了前卫部队，那么敌人就会攻入其分开舍营的团和营。而如果敌人遇到的是一支部署好的部队，那么即使这支部队人数少，最后肯定会被敌人打垮，但它毕竟可以阻挡住敌人，赢得一些时间。

至于大本营的位置，人们认为，怎么保障其安全也不为过。

根据上述不同的考虑，我们认为，舍营区的形状最好是一个接近正方形或圆形的矩形，集结点设在中央，当兵力较大时，大本营设在第一线。

我们在《部队的一般部署》中谈到的关于保护翼侧的一些问题，在舍营时也是适用的，因此主力部队派往左右两侧的部队，如果意图和主力共同作战，那么其舍营时集结点的位置应与主力所在位置平行。

如果我们考虑到，地形的本性一方面通过有利的地段决定着部队自然的部署地点，另一方面通过城镇和村庄的分布情况决定着部队舍营的位置，那么我们就可以知道，在确定部署地点和舍营位置时，几何形状极少能起到决定性作用。但是我们还是要提请注意几何形状的影响，因为它和所有的一般法则一样，时而突出、时而不怎么突出地贯穿于一般事务。

至于对舍营地的有利位置还有什么要说的，我们可以指出，部队应该选择一个有保护作用的地段，以便在它的后面舍营，同时可派出很多小部队监视敌人；或者在要塞后面舍营，在这种情况下，敌人无法摸清要塞守军的兵力，必然会对要塞更加敬畏和小心。

对于得到加固的冬季舍营地，我们将在专门的一章中进行论述[1]。

---

[1] 参阅本书第二卷第六篇第十三章。——译者注

一支常驻部队舍营与一支行军部队舍营的不同在于，为避免多走路，行军部队的舍营很少展开，而是沿着行军道路舍营，只要舍营地的规模不超过一日短行军的舍营要求，并且对迅速集结没有不利影响即可。

在距敌很近的情况下（术语所说的"敌前"），也就是在双方前卫部队之间相距不远的情况下，舍营区的大小和部队集结所需要的时间决定前卫部队和前哨部队的兵力与位置；或者，如果前卫部队和前哨部队的兵力与位置是根据敌情和其他情况决定的，那么舍营区的大小反过来应根据先头部队抵抗能赢得多少时间来决定。

至于应该如何设想前出部队的抵抗，我们在本篇第三章[1]中已经谈过。从前出部队的抵抗时间中，必须减去后传敌情和舍营部队准备出发的时间，剩下的时间才是舍营部队可用于开赴集结点的时间。

最后，为了在这里也把我们的观点概括成为一个符合一般情况的结论，我们想指出，如果舍营区的半径相当于前卫部队的派出距离，而且集结点基本上就在舍营区的中央，那么即使前卫部队不用烽火和信号弹等类似手段，而是用递骑[2]（只有这种方法才是可靠的）后传敌情，其抵抗敌人所赢得的时间中，可以用来后传敌情和舍营部队准备出发的时间在大多数情况下也是够用的。

因此，当前卫部队前出3普里时，约30平方普里的区域可供舍营。在中等人口密度的地区，这样大的面积上大约有1万户人家。一支5万人的大部队，减去前卫部队，平均每户人家大约要容纳4人，是很舒适的。部队的人数如果多一倍，平均每户要容纳9人，也还不是很拥挤。相反，如果前卫部队无法前出1普里以上，那么舍营区的面积就只有4平方普里，这是因为，尽管前卫部队赢得的时间不会随着其前出距离的缩短而同比例减少，大部队在距前卫部队1普里时，仍可指望赢得6小时的时间，但是在距敌如此近的情况下，不得不加强戒备。在这样的一个区域内，一支5万人的部队只有在人口密度很大的地区才能勉强找到住处。

---

[1] 原文如此，疑误。应为第八章。——译者注
[2] 负责传递命令和敌情的骑兵小分队，一般由1名士官和4—8名士兵组成。——译者注

　　从这里可以看出，大的或者至少比较大的城镇对部队舍营起着怎样的决定性的作用。它们可以让1万～2万人几乎在同一个地点舍营。

　　根据这个结论，我们可以说，如果我们距敌不是过近，而且派出了适当的前卫部队，那么即使针对敌人一支集结在一起的部队也可以停留在舍营区中。1762年初弗里德里希大帝在布雷斯劳附近，1812年拿破仑在维捷布斯克附近都曾这样做过。不过即使由于我们距集结在一起的敌人有适当的距离，并且已经采取了适当的举措，从而不必担心自己部队集体舍营时的安全，但我们毕竟不能忘记：我们这样一支随时准备紧急集结的部队做不了什么其他事情，没有能力迅速利用可能出现的有利时机，因此我们的行动能力是大打折扣的。由此得出的结论是，只有在下述三种情况下，一支大部队才能完全进入舍营区：

　　1. 如果敌人也在舍营；

　　2. 如果部队的状况要求必须舍营；

　　3. 如果部队接下来的任务仅限于防守一处坚固阵地，因此只要求部队能够及时集结在该阵地。

　　关于舍营部队集结的问题，1815年战局提供了一个十分值得注意的例子。齐滕将军率布吕歇尔的3万人的前卫部队在沙勒罗瓦附近，距军团预定的集结地点松布雷夫[1]只有2普里。该军团大部队最远的舍营区距松布雷夫约8普里，即舍营区的一端过了锡奈[2]，另一端直到列日[3]方向。尽管如此，过了锡奈舍营的部队在利尼会战开始前数小时还是已经集结在了松布雷夫附近，向列日方向舍营的部队（弗里德里希·冯·比洛[4]军）如果不是因为偶发情况和组织得错误百出的通联，本来也是会及时抵达的。

　　普鲁士军队这样舍营，对其大部队安全的考虑无疑是不够的。但是我们必须说明的是，当普鲁士军队这样舍营时，法军舍营的区域也很大；普鲁士军队

---

[1] 松布雷夫（Sombreffe），今比利时那慕尔省一城市。——译者注

[2] 锡奈（Ciney），今比利时那慕尔省一城市，西北距松布雷夫53公里。——译者注

[3] 列日（Lüttich），今比利时列日省省会，西距松布雷夫78公里，西南距锡奈60公里。——译者注

[4] 弗里德里希·冯·比洛（Friedrich Wilhelm Freiherr von Bülow，1755—1816），男爵，普鲁士将军。普鲁士军事理论家亚当·冯·比洛之兄。多次参加反对拿破仑的战争，从未打过败仗，有"福将"之称。——译者注

的错误只是在于，当他们接到情报，知道法军已经开始运动和拿破仑已经抵达军中时，没有立刻改变原来的舍营部署。

但是普鲁士军队在敌军开始进攻前本还是有可能在松布雷夫附近完成集结的，这始终是值得我们注意的。布吕歇尔在14日夜间，即在齐滕将军确实受到敌进攻之前12小时，就接到了敌人推进的情报，并开始集结他的部队。但是当齐滕将军于15日9时已受到敌猛烈进攻时，在锡奈的蒂尔曼[1]将军才接到向那慕尔[2]开进的命令，于是蒂尔曼不得不先以师为单位集结他的军，然后在24小时之内行军6.5普里，抵达松布雷夫。假如弗里德里希·冯·比洛将军能适时接到命令，他也是可以在同一个时间抵达的。

而拿破仑却未于16日下午2时以前对利尼发起进攻，因为他担心一面要对付威灵顿，另一面要对付布吕歇尔，换句话说，力量不对称使他行动迟缓了。由此可见，在较为复杂的情况下，甚至最果断的统帅也难免要谨慎地试探着行动，从而导致行动迟缓。

这里提出的一些思考显然有一部分更多属于战术范围，而非战略范围，但是为了避免论述不清，我们宁愿超出战略范围多讲一些。

---

[1]蒂尔曼（Johann Adolf Freiherr von Thielmann，1765—1824），男爵，普鲁士将军。——译者注

[2]那慕尔（Namur），今比利时那慕尔省省会，东南距锡奈28公里。——译者注

★ 第十四章 ★

给养

在近代战争中，给养的重要性比以往大得多，其原因有两个。第一个原因是，军队的规模总的来说毕竟比中世纪甚至法国旧制度[1]时的军队规模大得多。尽管历史上偶尔有一些国家的军队在规模上等同或者远超过近代军队，但这毕竟是很少见的、暂时的现象，而自路易十四世以来的近代战史中，各国军队的规模一直都十分庞大。第二个原因更为重要，而且更是近代特有的，这就是我们的战争的内在联系更为紧密，进行战争的军队必须经常处于临战状态。在古代，大多数的战争是由一些单个的、没有联系的军事行动构成的，各次军事行动之间都有停顿。在这些停顿中，战争要么实际上已经完全停止，仅在政治上存在；要么双方军队至少相隔很远，以至各自可以只顾从事自己要做的事情，而不必顾虑对方。

---

[1] "法国旧制度"（die alte Welt），指1789年法国革命前的路易十四统治时期。当时法国陆军人数接近40万，是欧洲规模最大的陆军。——译者注

由于各国政府的努力，近代战争，也就是自《威斯特伐利亚和约》[1]以来的战争已经变得更有规则、更有内在联系了。战争的目的高于一切，因此要求在给养方面建立能够处处满足战争需要的制度。17世纪和18世纪的战争虽然也有接近完全停战的长时间的休战状态，即有规律地进驻越冬营地，但进驻越冬营地仍旧是从属于战争目标的。当时这样做并不是为了部队的给养，而是因为季节不好。随着夏季的到来，照例要结束冬季宿营，因此至少在良好的季节中，要求采取不间断的军事行动。

在这方面，也像在其他任何方面一样，从一种状态和行为方式向另一种状态和行为方式过渡，总是逐步实现的。在针对路易十四的战争中，联军为便于取得给养，尚习惯让部队到较远的省份去进驻越冬营地，而在西里西亚战争中，已经不再有这种现象了。

军事行动主要是在各国以雇佣兵取代封臣提供的军队[2]后，才开始有可能变得有规则和有联系。这时封臣所承担的提供军队的义务已转变为税赋，人身服役或者完全取消，代之以募兵制，或者仅存于很少的民众层级，贵族将其入伍视为一种税赋，视为一种人头税（像目前在俄国和匈牙利还实行的那

---

[1]《威斯特伐利亚和约》是三十年战争（1618—1648）结束后一系列和约的总称，签约双方是统治西班牙、神圣罗马帝国、奥地利帝国的哈布斯堡皇室和法国、瑞典以及神圣罗马帝国内勃兰登堡、萨克森、巴伐利亚等邦国。双方自1643年7月在威斯特法伦谈判，1648年5月15日至10月24日签订和约。和约条款繁多，主要涉及三方面内容：首先，和约保证了胜利者获得大片领土。同时，条约正式承认瑞士脱离神圣罗马帝国，成为独立国家；正式承认40年前荷兰从西班牙获得的独立。其次，和约确定了德意志的宗教关系，规定路德和卡尔文教与天主教具有平等的地位和权利。最后，和约削弱了神圣罗马帝国皇帝的权力，承认各诸侯国有独立的外交权。总之，该和约削弱了哈布斯堡皇室的统治，加深了德意志政治上的分裂，改变了欧洲政治力量对比。法国实力大增，为后来称霸欧洲打下基础；瑞典获得波罗的海和北海沿岸重要港口，成为北欧强国。此外，该和约创立了以国际会议解决国际争端的先例，确定了国际关系中应遵守的国家主权、国家领土与国家独立等原则，对近代国际法的发展具有重要促进作用。一些史学家也将1635年的《布拉格和约》和1659年的《比利牛斯和约》视为《威斯特伐利亚和约》体系的一部分。——译者注
[2]封臣提供军队是采邑制的主要内容。采邑制是中世纪在西欧实施的一种土地占有制度。大封建主对于提供兵役或执行其他任务的臣属，以封赐土地或金钱等作为恩赏，称作采邑，供终身享用，但是不能世袭。此后，这些封臣又分赐采邑给其下属，从而形成一个以土地为纽带的领主与下属之间的关系。作为采邑封赏给下属的主要是土地，但也包括伯爵等国家官职和教会职务。采邑制的一些惯例包括：领主担负保护下属土地的责任，下属则有义务效劳，为领主作战，否则收回采邑；采邑享用期以封君或封臣在世时为限，双方任何一方离世，采邑都应交回。采邑制在当时对于提高国家的战斗力很有帮助，而且通过采邑制逐渐形成了一种封建等级制度。由于得到采邑的封臣都力图把采邑变成自己世袭占有的土地，到了11世纪，采邑制基本上消失。——译者注

样）。我们在别处已经说过，不管怎样，这时的军队已经成为政府的一个工具，其开销主要靠国库或政府的财政收入。

随着军队的部署和不断的兵员补充所出现的变化，军队的给养也必然发生同样的变化。如果某些阶层的人为免除兵役已经缴纳了赋税，那么就不能简单地再让他们负担军队的给养了，因此政府、国库必须负担军队的给养，在本国内不能让地方负担军队的维持费用。政府必须把军队的给养完全看作是自己的事情。这样，军队的给养在两方面变得更加困难了，一方面，给养已成为政府的事情；另一方面，军队又总是面临敌人的威胁。

这样，不仅形成了专门从事战争的军队，而且形成了专门的军队给养制度，而且这种制度正在尽可能地趋于完善。

给养所需的粮食，无论是采购来的还是国家的领地提供的，不仅要由远方运来，储存在仓库里，而且还要借助专门的运输队从仓库运送到部队，在部队附近由专门的面包房烤成面包，然后再借助部队自己的另一支运输队从面包房取走。我们之所以考察这种制度，不仅是因为它可以说明实行这种制度的战争的特点，而且也是因为这种制度绝不会完全废止，其中的个别部分还会一再出现[1]。

这样，军事组织就趋于减少对国家和民众的依赖。

结果，战争虽然因此而变得更有规则，更有内在联系，更加从属于战争目的，也就是更加从属于政治目的，但它的运动却受到更大的限制和束缚，其威力受到极大的削弱，因为这样一来，部队受到物资库和运输队活动范围的限制，在整个活动中很自然地要考虑尽量节约给养。只能吃到可怜的一小块面包的士兵，经常虚弱得像个影子般晃来晃去，在这一挨饿的时刻，没有任何改变这种状况的希望来安慰他们。

如果有人认为士兵得到这样可怜的给养是件无所谓的事，只看到弗里德里希大帝依靠这种缺乏给养的士兵也成就了很多事，那么他就是没有公正地看待

---

[1] 仓库供给的给养方式是在17世纪后半叶路易十四时代产生的，当时实行所谓的"五日行程制度"，作战部队一般距仓库不超过五日行程，只有建好新的仓库以后，部队才继续前进。面包房设在部队与仓库之间，距部队两日行程，距仓库三日行程。部队每五日领取一次新鲜面包。据说，到18世纪末欧洲各君主国干涉法国革命时，普鲁士将军布伦瑞克公爵仍坚持实行这种制度。——译者注

这一问题。能忍饥挨饿的确是士兵的最重要的素质之一，如果没有这种素质，军队就谈不上有什么真正的尚武精神。但是忍饥挨饿必须是暂时的，只能是迫于环境，不能成为一种可怜的供给体系或对部队必需品抽象和苛刻计算的结果。否则每个士兵的身心一定会不断地受到削弱。我们不能把弗里德里希大帝用他的军队所获得的成就作为标准，这一方面是因为与之对峙的一方采用的也是这种给养制度；另一方面，假如条件允许他像拿破仑那样供给军队，不知道他能多做多少事情。

人们只是从来不敢把这种复杂的给养制度用到马料的供应上，因为马料的量大，在运输上有更多的困难。一日份饲料比一日份口粮重约10倍，而军中马匹的数量不是人数的1/10，而是仍占到人数的1/4～1/3，在以前更是占到1/3～1/2，也就是说马料要比口粮重3倍、4倍或者5倍。因此人们力图用最直接的方法，即就地自行收割鲜饲料或掠走干饲料的方法来满足这种需要。但是这种方法以另一种方式使作战受到很大的限制：一方面，统帅在制订行动计划时，由于受到这种方式的限制，就要考虑尽量在敌占区作战；另一方面，由于采用这种方式，部队就不能在一个地方久留。其间，在西里西亚战争时期，已经很少采用这种方法了，因为人们发现用这种方法会使部队所在地区受到很大的破坏和消耗，远不如通过供货和征用的方法能更好地满足需要。

当法国革命一下子又把一支民众力量带上战争舞台时，各反法政府的手段就显出不足了。有关国家脱胎于这些有限手段、同时又以这些有限手段为保障的整个战争体系被粉碎了。我们在这里讨论的**这个部分**即给养体系，也随着整个战争体系崩溃了。革命的领导者们不怎么关心物资库建设，更不会考虑建立这种像钟表一样复杂的给养体系（这一体系就像钟表的齿轮一样，推动着运输体系中不同的运输队前行）。他们把士兵们送上战场，驱使将军们进行会战，通过征用、劫取和掠夺其所需的东西来供给、加强、鼓舞和刺激军中的一切。

拿破仑进行的和针对拿破仑进行的战争均处于上述两种极端之间的中间位置。也就是说，在这些战争中，两种方法中的任何手段只要适用就被采用。今后大概仍会如此。

近代军队在取得给养方面，尽量利用当地所能提供的一切，而不考虑它的所有权。方法共有四种：屋主供给、部队强征、定期征用以及仓库供给。这四种方法通常是综合使用的，通常以某一种方法为主，但有时也只采用其中的一种。

1. 屋主或村镇供给，这两者是一样的。 如果考虑到，一个村镇即便像大城市那样居住的都是消费者，也一定会存有几天的粮食，那么就不难看出，即使是人口最稠密的城市，无须特别准备也能供给几乎与居民人数相等的部队一天，如果部队的人数少很多，就可以供给好几天。这样，在大城市中可以取得令人非常满意的结果，因为一支大部队可以在一个地点取得给养。然而在较小的城镇甚或农村中，是不能取得令人满意的结果的，因为在这里平均每平方普里有3000～4000居民已经相当稠密了，但只能供给3000～4000名军人，这就要求人数多的部队分散到很广的范围，以至部队很难顾及其他条件。不过在平坦的地区，甚至在小城镇中，战争中极为需要的给养的数量却比大城市多得多。一般来说，一位农民的面包储量平均起来可供其全家食用8～14天，肉类每天都能得到，蔬菜通常可以吃到下季收获期。因此在还没有驻过部队的地方，居民供给相当于自己3～4倍的部队数日是没有困难的，这又是个令人非常满意的结果。由此可见，一路3万人的部队如果不能在较大的城镇宿营，那么它在每平方普里平均2000～3000人口的地方宿营时，大约需要4平方普里的地区，即每边宽2普里。因此，如果一个9万人的军团（其中约7.5万人是战斗人员）分三路并列前进，在有三条道路的情况下，只要有6普里的宽度就够了。

如果随后有多路部队进入这一舍营区，那就需要地方当局采取特别的举措，但这对增加一天或两天的必需品供应并不是什么难事。因此，即使驻9万人后又有同样多的部队在第二天抵达，后来的部队也不会有什么困难，而这已经是一支有15万战斗人员的大部队了。

至于马匹的饲料，困难就更少了，因为饲料不需要磨碎和烘焙。在乡下，农民为自己的马匹储存的饲料可以一直用到下季收割期，因此即使部队在厩舍饲养牲畜很少的地方宿营，也不会缺饲料。当然，只是应注意要求村镇，而非屋主提供饲料。此外，在组织行军时人们显然要考虑到地区的特点，不要恰恰让骑兵到商贸、工厂所在地和地区去舍营。

从上述粗浅的考察中可以得出结论：在中等人口密度的地区（每平方普里

约2000～3000居民），一支拥有15万战斗人员的大部队在展开很小且不排除要共同战斗的情况下，通过屋主和村镇供给就可以取得一两天的给养。也就是说，这样一支大部队在连续行军时，即使没有物资库和其他给养准备也是可以维持的。

法国军队在革命战争时期和在拿破仑指挥下的行动，就是以这个结论为依据的。他们自阿迪杰河[1]推进至多瑙河[2]下游，自莱茵河推进至维斯瓦河[3][4]，几乎只采用了屋主供给的方法，但在给养上并没有出现什么困难。由于他们的行动是建立在物质和精神优势基础上的，伴随着确定无疑的胜利，至少在任何情况下都没有因优柔寡断和小心谨慎而迟疑不前，因此他们在胜利道路上的运动大多是由不间断行军形成的运动。

如果环境不是很有利，当地居民并不是很多，或者手工业者比农民多，土地贫瘠或者已经多次驻过部队，那么取得给养的结果当然会差一些。但是如果我们考虑到，把一路部队的舍营区每边从2普里提高到3普里，舍营区的面积就立刻可以增加1倍以上，即不再是4平方普里，而是9平方普里，而且这种营区的大小在一般情况下仍可保证共同进行战斗，那么就可以知道，即使在不间断运动的不利情况下，这种取得给养的方法仍然是有可能继续存在的。

但是如果部队要停留多天，而又没有采取其他方法早做准备，那就会发生极大的困难。即便是现在，一支较大的部队如果不采取下列两项举措早做准备，也是无法停留多天的。第一项举措是给部队配属运输队，携带数天（3～4天）最必需的给养——面包或面粉。这样，再加上士兵自己携带的3～4天的口粮，那么8天最必需的给养总是可以得到保障的。第二项举措是设置适当的军需机关，以便任何时刻都能从远方给正在休整的部队运来粮食，以至部队可以随时由屋主供给的方法改用另一种给养方法。

---

[1] 阿迪杰河（die Etsch），意大利北部一条河流，流入亚得里亚海，长415公里。——译者注
[2] 多瑙河（die Donau），欧洲第二大河，流经今德国、奥地利、斯洛伐克、匈牙利等国，流入黑海，长2858公里。——译者注
[3] 维斯瓦河（die Weichsel），波兰最长的河流，发源于喀尔巴阡山脉，流入波罗的海，长1,047公里。——译者注
[4] "自阿迪杰河推进至多瑙河下游"，指1797年拿破仑从北意大利向奥地利施泰尔马克的进军；"自莱茵河推进至维斯瓦河"，指1806年普法战争中，拿破仑率法军从莱茵河出发，在耶拿和奥尔施泰特会战中击败普军，并一直追击到维斯瓦河。——译者注

屋主供给这种方法有很多优点，因为它不需要任何运输工具，而且在最短的时间内就能做到。当然，这要以部队一般都进行舍营为前提。

2. **部队强征**。如果一个单独的步兵营要进驻一处营垒，那么它应尽量选在一些村庄附近，这样就可以指定这些村庄为其提供给养。从这一点看，这种取得给养的方法实质上与前一种方法没有什么不同。但是像常见的那样，如果在一个地点设营的部队人数非常多，那么为了供给一个较大的整体（如一个旅或一个师）所需要的给养，除了集体从一些地区强征，然后再分配外，没有别的办法。

人们一眼就可以看出，用这种方法不可能为较大规模的部队取得必要的给养。在一个地区强征到的粮食比部队在该地区舍营时所能得到的粮食要少得多，因为在舍营时三四十个士兵进入一户农民家，必要时能够把农民家最后一点粮食都弄到手；可如果派一名军官带领几个士兵去强征，他们既没时间，也没办法把一切存粮都搜出来，而且经常缺乏运输工具，因此只能搞到现有粮食中的很少一部分。从另一方面来看，如果大量部队如此密集地在一个地点野营，那么对整个部队的需要来说，很快能够征到给养品的那些地区就显得太小了。一支3万人的部队，在半径为1普里的范围内，也就是在3～4平方普里的面积内强征给养品会有多少收获呢？即便是这样的强征，他们也很难做到，因为大多数邻近村庄已有零星部队宿营，他们是不会让村民把给养交出来的。最后，这种方法造成的浪费是最严重的，因为个别的部队得到的东西超过了他们的需要，很多东西没有食用就扔掉了，等等。

我们因此可以得出这样的结论：用这种强征的方法解决给养问题，只有在部队不太大时（大体上对一个8000～1万人的师来说），才能收到成效。即使是在这种情况下，强征也只能当作一种迫不得已而为之的办法。

一切直接在敌前行动的部队（例如前卫部队和前哨部队），在向前运动时，通常不可避免地要采用这种方法，因为在他们要抵达的地点根本不可能事先准备好粮秣，而且他们通常距为其余大部队所征集的粮秣太远。此外，独立行动的小规模袭扰部队也只能采用这种方法。最后，在碰巧没有时间和手段采用其他给养方法的一切情况下，也不可避免地要用这种方法。

部队越是适于采取定期征用给养的方法，时间和环境越是允许采用这种方法，取得给养的结果就越好。但是部队大多没有时间定期征用给养，而部队用强征的方法直接取得给养可以快得多。

3. **定期征用**。无可争辩，这是筹备给养的最简单和最有效的方法，也是一切近代战争的基础。

这种方法与前一种方法的区别主要在于，定期征收是在地方当局参与下进行的。这时，部队不再是恰好找到存粮后即以暴力强取，而是借助于合理的分派，要民众有序地交出存粮。这种分派只有地方当局能做好。

这里一切都取决于时间。时间越多，分派范围就越广，压给民众的负担就越轻，征收的效果就越理想，甚至也可以把现金采购作为辅助手段。这样一来，这种定期征用就接近于第四种方法了。在本国内集结部队时，采用这种方法是没有困难的，一般在部队后撤时也不会遇到什么困难。相反，部队在进入一个尚未占领的地区时，留给这种征用的时间就很少。前卫部队通常只比大部队先到一天。前卫部队对地方当局提出要求，要求其在这里和那里准备多少份粮秣。由于这些粮秣只能从附近地区，即某地周围数普里的范围内筹集和征收到，因此对人数较多的部队来说，如果自己不携带数天的给养，而只靠在匆忙中征收的粮秣，是远远不够用的。因此，军需机关的任务就是掌管这些粮秣，把它们只分发给那些没有任何粮秣的部队。但是困难是会逐日减少的，因为随着能够征收到粮秣的距离一天天地扩大，地区的面积也随之扩展，收获也会随之增加。如果可以提供粮秣的地区在第一天只有4平方普里，那么在第二天可能有16平方普里，在第三天可能有36平方普里。也就是说，第二天比第一天增加了12平方普里，第三天又比第二天增加了20平方普里。

当然，这里所谈的只是大致的情况，因为能提供粮秣的地区的扩大受到很多情况的限制，其中最主要的是大部队刚刚宿营过的地区不可能像其他地区那样提供很多粮秣。但从另一方面来看，人们也应考虑到，能提供粮秣的地区的半径每天有可能扩大2普里以上，也许能扩大3～4普里，有些地方还可能更多。

为了能把分派的粮秣（至少是其中的大部分）确实征收到手，当然需要配属给地方当局的征粮队行使权力，但更重要的是要使全体民众担心承担责任，以及害怕受到惩罚和虐待。部队在这种情况下一般会把这一切当作普遍的压力压向全体民众。

我们不可能叙述军需机关和给养制度的复杂的全部细节，我们只关注结果。

这一结论是正常人的理智对一般情况进行考察后得出的，并为法国革命以来历次战争的经验所证实，即使是一支规模较大的部队，如果它自带几天的粮食，采用这种抵达某地后才开始征用的方法无疑是可以解决给养问题的。部队首先在附近地区采用，然后随着时间的推移，扩大征收地区的范围，而且由越来越高的当局负责安排。

除非当地的力量已经枯竭、非常贫困或受到严重破坏，否则这种方法总是可以使用的。部队驻留的时间较长时，对给养的征用要求可以一直提到地方最高当局，它在安排时自然会尽力让负担尽量平均分配，还可以通过收购粮秣来减轻压力；而且即使是交战国的部队，如果它较长时间在我们的国土上，通常也不会那么粗暴和肆无忌惮地把给养的全部负担压在当地民众身上。于是这种征收方法逐渐自行接近于仓库供给的方法，但不会因此就完全变为另一种方法，它对军事活动的影响也不会有显著的变化。这是因为以下两种情况是截然不同的：一是尽管人们可以从较远的地方运来粮秣，对一地进行补充，但是当地政府仍是部队得到给养的真正的源泉；二是如果部队如同在18世纪战争中一样，自行解决给养，地方政府一般与之毫无关系。

它们的主要区别在于：前一种征用给养是利用地方的运输体系和地方的面包房。由此，军队运输体系中那一庞大的总是妨碍作战的辎重队就消失了。

尽管现在任何一支大部队仍不能完全没有给养运输体系，但是规模已经小多了，多半只是用来运输当日剩余的、供第二天使用的粮食。即使是在近代，特殊情况（例如1812年俄国战局中的情况）仍会迫使部队使用庞大的辎重队和携带野战面包房。不过首先这是一个例外，因为30万人几乎沿着一条大路推进130普里，而且是在波兰和俄国这样的国家，又是在青黄不接的时期，这是很少有的；其次，即使在这种情况下，对部队本身采取的一些举措也只能视为辅助手段，而就地征用则始终应被视为全部给养的基础。

自法国革命战争最初的几次战局以来，这种提供给养的体系始终是法国军队解决给养的基本体系，甚至与之对峙的联军也不得不改用这种方法，而且看来将来也很难废除这种给养体系。无论从便于战争发挥威力的角度来看，还是从保证军队轻便作战的角度来看，任何其他体系都不能像这种体系取得这样的结果。由于不管部队转向哪个方向，在最初的三四周，给养通常是不会遇到困难的，而此后就可以依靠仓库供给，因此可以说，战争通过这种给养方法可以获得最充分的自由。尽管部队在一个方向上遇到的困难会比在另一个方向上遇到的困难大，这在考虑选择方向时是会起一定作用的，但是这种困难绝不会大到绝对不能选择该方向的程度，对给养问题的考虑绝不会起决定性的作用。在这方面只有一种情况是例外，那就是在敌国退却。此时，很多对给养不利的条件叠加在一起。部队的退却是连续的，通常不会专门停留下来，因此也就没有时间征粮；部队在敌国退却时，面对的情况大多已经非常不利了，部队不得不始终保持集中，通常根本谈不上分开舍营或分为几路纵队；敌国的环境不允许部队只通过分派而没有行政机关支持即能征收到粮食；最后，在这种退却的时刻尤其能够引起当地民众的反抗和恶意。所有这一切通常都会把退却中的部队限制在已经建成的交通线和退却线上。当拿破仑1812年准备开始退却时，他确实只能沿着来时的道路退却，就是因为给养问题。假如他沿着任何其他道路退却，其失败会来得更早和更为肯定。因此所有对他在这一点上的责难，甚至是法国著作家们的责难都是极不合理的。

4. **仓库供给**。这种给养方法，只有当它与17世纪最后30年和18世纪实行过的给养制度一样时，才不同于前一种给养方法。这种制度还会再次出现吗？

如果人们想到，在尼德兰、莱茵地区[1]、上意大利[2]、西里西亚以及萨克森等地，有关国家以大量的部队在同一地点进行了7年、10年和12年之久的战争，那么人们当然就很难想象还能用什么别的方法筹集给养。在这样长的时间中，哪个地区能够始终是双方军队给养的主要来源而不枯竭，不逐渐失去承担这一任务的能力呢？

但是，这里自然会产生一个问题：是战争决定给养制度，还是给养制度决

---

[1] 莱茵地区，泛指中莱茵河（由宾根至波恩）和下莱茵河（由波恩至莱茵河三角洲）两岸地区。——译者注

[2] 上意大利（Oberitalien），又称北意大利，即亚平宁山脉以北的内陆地区，包括阿尔卑斯山区和波河平原，是意大利物产丰富的地区。——译者注

定战争呢？我们的回答是：只要战争所依赖的其他条件允许，开始是给养制度决定战争；但当这些条件开始越来越多地抵触时，战争就反过来对给养制度发生影响，在这种情况下，战争就决定给养制度。

以就地征粮这种制度为基础的战争，比单纯采用仓库供给制度的战争更有优越性。相比之下，后一种战争好像是另外一种工具了。因此现在没有一个国家敢用后一种战争对抗前一种战争。即使一个愚昧无知的国防大臣无视这些关系的普遍的必然性，在战争开始时仍让部队用旧的给养方法，现实情况的威力也会迫使统帅放弃这种方法，就地征用的方法会自然而然地出现。如果人们再考虑到仓库供给制度需要巨额的开销，则必然会缩小军备的规模，减少军队的人数（因为任何国家的财力都不是绰绰有余的）。除非交战双方在外交上达成协议（这只能看作是想象的游戏），否则这种给养制度几乎是不可能实现的。

因此今后的战争在开始时大概都要采取征用的给养方法。至于某个政府愿意做多少，以便用复杂的给养制度作为这种方法的补充，减轻本国的负担等，我们可以不去探讨，因为政府能做的事情不会太多，在这样的时刻，政府首先考虑的总是最迫切的需要，而复杂的给养制度不再是这种最迫切的需要。

但是如果一场战争取得的成果并未像其本性所应有的那样具有决定性，其运动并未像其本性所应有的那样走得很远，那么征用制度将使部队所在地区的资源枯竭，以至不得不缔结和约，或者不得不采取措施，以减轻地方负担，使部队的给养独立。拿破仑统率的法国人在西班牙时就是后一种情况。但是人们更常见的还是第一种情况。在大多数战争中，国家的力量急剧消耗，以至这些国家不愿进行花费巨大的战争而宁愿媾和，因此这也是促使近代战争缩短时间的一个原因。

虽然如此，我们并不想一概否认用旧式给养制度进行战争的可能性。如果交战双方情况的本性要求采取旧式制度，而且有其他有利的条件，那么这种旧式制度也许会再度出现。但是我们决不能认为这种给养方式是自然合理的制度，它更多只是在特殊环境下的一种不正常的状态，绝不是从战争的本义中产生出来的。我们更不能因为这种办法比较仁慈一些，就认为它使战争趋向完美，因为战争本身就不是什么仁慈的行为。

无论采用何种供给方法，在富庶和人口稠密的地区总比在贫瘠和人烟稀少的地区更容易取得给养，这是很自然的。我们在此提到人口疏密的问题，是因为它与当地现有的存粮有两方面的关系：首先，人口多、粮食消耗大的地方，存粮也一定多；其次，人口多的地方，通常产出也比较多。当然在这方面，以工人居多的地区是例外，特别是位于山谷之中、周围土地十分贫瘠的工人居多的地区更是如此（这种情况还不少）。但是一般情况下，人口稠密的地区总比人烟稀少的地区更容易满足部队的给养需求。住有40万人口的400平方普里的地区，即使土地非常肥沃，也一定不如住有200万人口的400平方普里的地区更容易为10万人的部队提供给养。再加上在人口很多的地方，陆路和水上交通也更发达和便利，运输手段也更丰富，商贸联系也更容易和可靠。一句话，在佛兰德供给一支部队，比在波兰要容易得多。

结果是，拥有四个吮吸器官[1]的战争最喜欢沿交通要道、人口众多的城镇、富饶的河谷或者沿通航的海岸进行。

由此可以清楚地看到，部队的给养问题对作战的方向和形式，对战区和交通线的选择是有普遍影响的。

至于这种影响的程度有多大，筹备给养的难或易对作战能起多大影响，当然取决于进行战争的方式。如果战争是按其最固有的精神进行的，也就是说，战争要素发挥了它的不可抑制的威力，双方迫切要求和需要进行战斗和决定胜负，那么部队的给养固然重要，但却是从属的问题。如果双方形成均势，双方大部队多年来在同一地区进进出出，那么给养往往就成为主要问题了，统帅成了军需官，指挥作战成了管理辎重车辆。

这样在很多战局中，往往什么事情也没有做，任何目的也没有达到，无谓地消耗了力量，却把一切都归咎于缺乏给养品。相反，拿破仑习惯说："不要跟我谈给养问题！"[2]

当然，这位统帅在俄国战局中的做法清楚地表明，人们有可能过于忽视给养问题。虽然他的整个战局不仅仅是由于缺乏给养而失败的（因为这毕竟只是一种推测），但是他的部队在推进时之所以遭受前所未闻的损失，在退却时又

---

[1] 指部队给养的四种方式。——译者注
[2] 作者引用拿破仑的这句话，用的是法语"qu'on ne me parle pas des vivres"。——译者注

之所以几乎全军覆灭，无疑是他忽视给养的缘故。

尽管人们不能否认拿破仑是一个经常敢于走向疯狂极端的狂热的赌徒，但是还是要说，是他和他以前的革命军统帅们在给养问题上破除了顽固的偏见，并指出给养问题只应被视为一个**条件**，即决不应被视为目的。

此外，在战争中，缺乏给养与劳顿和危险一样，统帅在这方面可能对部队提出的要求，是没有固定界限的。一位性格强硬的统帅会比一位柔弱而重感情的统帅提出更多的要求而且部队的表现也是不同的，这是因为士兵的意志和力量不同（这取决于战斗习性、作战精神、对统帅的信赖和爱戴或者对祖国事业的热忱）。但是以下这一点大可作为一条原则提出来：无论给养的缺乏和困苦有多么严重，永远只应将此视为暂时的状态，这种状态应促使人们给部队提供充足的给养，甚至要提供绰绰有余的给养。如果我们想到，成千上万的士兵穿得破破烂烂，背负三四十磅重的行李，不顾天气和道路的好坏，一连数天拖着疲乏不堪的脚步行军，冒着健康和生命的危险，为此却无法以干面包充饥，还有比这更令人感动的事吗？人们即使知道，这在战争中是屡见不鲜的，但实际上几乎无法理解，为什么这种情况没有更多地引起意志和力量的衰竭，为什么单凭人们心中的一种理想就能够长久地激发和支持这样不懈的努力。

凡是为了伟大的目的而不得不要求士兵忍受给养极度缺乏的人，无论是出于感情或出于明智，随时都应该想到在有其他机会时给予他们补偿。

现在我们还要谈一谈给养在进攻和防御中的区别。

防御者在防御行动中可以不断地利用事先为部队所做的给养方面的各种准备。因此防御者应该不会缺乏必需品，在自己国土上这一点特别明显，即使是在敌国国土上也是这样。而进攻者则远离其给养源头，只要他继续前进，甚至在停下来的最初数周内，每天都不得不筹备必要的给养，在这种情况下，很少能不感到缺乏或困难。

这种困难在下述两种情况下会变得特别严重。

第一，进攻者在胜负未分前的推进途中。这时，防御者的给养都在他自己手里，而进攻者却只能把自己的给养放在后面，进攻者必须将其大量部队集中在一起，因此不能占据大的地区，而且只要会战行动一开始，甚至无法让自己的辎重队再跟上来。此时如果事先没有做好准备，就容易出现部队在决定性的会战开始前几天缺乏给养的情况，这对于部队进入会战可不是件好事。

第二，进攻者在即将抵达胜利的终点时。此时，交通线开始变得过长，特别是当战争在贫瘠、人烟稀少，而且民众或许怀有敌意的国家中进行时就更是如此。从维尔纳到莫斯科的交通线，与从科隆[1]经列日、勒文[2]、布鲁塞尔[3]、蒙斯[4]、瓦朗谢讷[5]、康布雷[6]到巴黎的交通线相比，其区别是多么大啊！在前一条线上，取得每一车粮食都必须动用武力，而在后一条线上只要一份商业合同或一张汇票，就可以得到数百万份日需给养。

这种给养困难的后果往往是，即使是最伟大的胜利，其光芒也会消失，力量耗尽和退却成为不可避免的事，此后真正大败的各种症候陆续显现。

至于饲料，正如我们说过的那样，在开始时很少会感到缺乏，但在当地的力量枯竭时，首先缺乏的就是饲料，因为饲料的需要量很大，最难从远方调运，而在缺乏粮秣的情况下，马匹比人死得更快。出于这一原因，过多的骑兵和炮兵可能成为一支大部队真正的负担和一个真正削弱力量的因素。

---

[1] 科隆（Köln），今德国北莱茵—威斯特法伦州一城市，位于莱茵河畔。——译者注
[2] 勒文（Löwen），今比利时佛兰德布拉班特省省会。——译者注
[3] 布鲁塞尔（Brüssel），今比利时王国首都，位于比利时中部斯海尔德河的支流桑纳河畔。——译者注
[4] 蒙斯（Mons），今比利时艾诺省省会。——译者注
[5] 瓦朗谢讷（Valenciennes），今法国诺尔省一城市，位于斯海尔德河畔。——译者注
[6] 康布雷（Cambrai），今法国诺尔省一城市，史上为要塞，位于斯海尔德河畔。——译者注

★ 第十五章 ★

行动基地

如果一支大部队从它组建的有关地点出发行动，无论是进攻敌人及其战区，还是到本国的边境进行部署，它都会保持对这些地点作为力量源泉的必要的依赖性，从而必须保持与这些地方的联系，因为它们是这支大部队存在和延续的条件。这支大部队的人数越多，对这些地点的这种依赖性的程度和范围就越大。但是这支大部队既不可能也没有必要总是与整个国家保持直接的联系，而是只要与正好位于其后方，从而也受到其阵地保护的那部分地区保持联系即可。在这部分地区内，必要时可为存放物资建立专门的设施，并为部队经常性的人员补充采取一些措施。这一地区就是部队及其所有行动的基地，应把它和部队看作一个整体。如果为了更安全而把物资存放在筑有防御工事的地点，那么一处基地的概念就会因此而得到加强，但基地这一概念并不是因此才出现的，因为在很多情况下，基地是没有防御工事的。

敌国的一块领土也能构成一支大部队的基地，或至少成为基地的一部分，因为一支大部队进入敌国以后，很多必需品要从占领的地区取得。但这时必须具备一个条件：这支大部队必须确实控制了这个地区，也就是说，要确定这个地区会服从这支大部队的摆布。但是这种服从通常相当有限，不过是用多个小规模的驻军和来回巡逻的小部队维持对当地民众的震慑而已。结果是，就部队的需要而言，在敌国国土上能够取得各种必需品的地区是很有限的，大多是不能满足需要的，于是本国就必须提供大量必需品。因此人们必须考虑将部队背后的那部分本国地区作为基地的一个不可缺少的组成部分。

人们必须将一支大部队的需要区分为两类，一类是任何耕作区都能提供的，另一类是只能从部队组建的源头地区运到部队的。第一类主要是给养，第二类主要是各种补充。第一类也可由敌国提供，第二类则通常只能由本国提供，如人员、武器，往往还有弹药。尽管这种区分在个别情况下有例外，但这种例外的情况很少见，是无关紧要的。这种区分总是非常重要的，并再次证明部队与本国的联系是必不可少的。

无论在敌国还是在本国，给养大多存放在不设防的地方，因为一方面没有那么多的要塞用于接纳大量的不时在这里或那里需要、而且消耗很快的给养；另一方面给养即使有了损失，也比较容易得到补充。相反，各类补充品，例如武器、弹药和装具不能轻易存放在战区附近不设防的地点，而是宁可从较远的地方运来，但在敌国境内则只应存放在要塞内。这一情况也说明，基地对补充品的重要性大于对给养品的重要性。

这两类必需品在运抵使用地以前，越是集中到大的仓库里，从各方面来的补给品越是汇集到大的储存地，这些储存地就越可以被视为整个国家的代表，基地这个概念指的就越是这些大的储存地。但是人们决不能因此就认为这些储存地本身就是基地。

如果补充品和给养品的来源十分丰富，也就是说，如果有些地区广阔而富庶；如果为使这些补充品和给养品更快地发挥作用，已将其集中到几个较大的补给点；如果这些补给点受到某种方式的保护；如果补给点距大部队很近，有良好的道路通达，而且分布在大部队的后面，甚至部分就在大部队的周围，那么这样一方面可以给部队带来更大的生命力，一方面可以给部队的运动带来更大的自由。有人曾想用唯一的一个概念，即行动基地的大小来概括部队的这一有利位置，想以基地与行动目标的位置关系，即基地两端与这个目标（把目标想象为一个点）所形成的角度，来表达给养品和补充品来源地的位置和特点等给一支部队带来的全部有利条件和不利条件[1]。然而很明显，这种几何学上

---

[1] 指普鲁士军事理论家亚当·冯·比洛（Adam Heinrich Dietrich Freiherr von Bülow，1757—1807）的理论，可参阅本书第一卷第二篇第二章《关于战争理论》中的"基地"一节。——译者注

的奥妙不过是一种游戏，因为它是以一系列的概念替换为基础的，而这些替换是以损失真理为代价的。正如我们已经看到的，一支大部队的基地依该部队所处位置分为三个层次：当地的补给物资，在各个地点上建立的物资库，以及这些物资出自的**地区**。这三个层次就其地点来说是分开的，不能合而为一，更不能用一条代表基地展开宽度的线来表示，因为这条线大多数情况下完全是随意想出来的，要么是从一个要塞到另一个要塞，要么是从一个省城到另一个省城，要么是沿国境线，等等。而且这三个层次之间的关系也是无法确定的，因为它们的本性实际上总是或多或少地混合在一起的。有时一些原本只能从远方运来的补充品在部队周围地区就可以获得；而有时甚至连粮食都不得不从远方运来。有时部队附近的一些要塞是大规模的点兵场、港口和商埠，可以容纳整个国家的部队；而有时要塞不过是一个物资匮乏、几乎不能自给的土墙围子。

结果人们从行动基地和行动角的大小所得出的全部结论，以及根据这些结论建立的整个作战理论，只要它们是几何学本性的，则在实际的战争中从未受到过任何重视，在理论界也只是导致一些错误的研究方向。但是由于这些概念的基础是真实存在的，错的只是研究过程和结论，因此这种见解往往很容易反复出现。

因此我们认为，人们在此必须承认基地对部队行动的影响，不管基地**是大是小**，以及**以什么方式**产生影响。但没有一个手段除了提供几个概念外，还能把这一影响简化成有用的规则，而是应在每个具体情况下**同时**考虑我们列举过的几个方面。

如果人们在某一特定地区已经为部队某一特定方向的行动做了补充和给养准备，那么即使是在本国境内，也必须只将该地区视为大部队的基地。由于变换基地总是要花费时间和精力的，因此即使是在本国境内，大部队也不可能在一天之内即变换基地，因此大部队的行动方向也总是或多或少受到限制的。在敌国境内行动时，如果想把本国毗连敌国的全部边疆视为部队的基地，那么一般只有在到处都能够建立各种设施的情况下才是可能的，但是边疆并不是到处都有这样的设施，因此并不是在任何时候都可以成为部队的基地。在1812年战局初期，当俄军在法军的进攻面前退却时，由于俄国幅员辽阔，部队转向任何方向都有辽阔的区域，因此当然可以把整个俄国视为俄军的基地。这种设想并不是幻想，当后来其他俄军大部队从数个方向反击法军时，这一设想也的确成了事实。但是就战局的每一个具体时间段来说，俄军的基地并没有那么辽阔，而是主要位于部队来往运输物资的大路上。俄军由于受到这种限制，在斯摩棱斯克附近交战三天后不得不继续退却时，除了向莫斯科退却外，无法退向其他方向，无法像人们此前建议的那样突然转向卡卢加，以便把敌人从莫斯科引开。只有早就预做准备，才有可能如此突然地改变方向。

我们说过，部队的规模越大，其依赖基地的程度和范围就越大，这是不言而喻的。部队好比是一棵树，从它借以生长的土壤中汲取生命力。如果是棵小树，或者只是一簇灌木，那么要移植它还是很容易的；但是树长得大，移植它就很困难，而且越大越困难。一支小部队也有其生命源泉，但在任何地方都容易生根，而一支人数众多的大部队就不是这样了。因此在谈到基地对行动的影响时，所有设想都必须总是考虑到部队规模所给出的尺度。

此外，就部队眼前的需要来说，给养更为重要，但就较长时间的维持来说，补充则更为重要，因为后者只能从特定来源获得，而前者可以通过多种方法取得，这是存在于事物的本性之中的。这又进一步确定了基地对行动的影响。

无论这种影响能有多大，人们毕竟不可忘记：这种影响需要很长时间才能产生决定性的作用，而在这段时间内有可能发生很多事情。行动基地的价值很少一开始就对人们选择什么样的行动有决定性的影响，而只是当人们要求做不可能成功的事情时，它就会有决定性的影响了。对这方面可能产生的困难，人们应将其与其他有效的手段列在一起做个对比；在要争取决定性的胜利时，这些阻碍的作用往往就消失殆尽了。

★ 第十六章 ★

交通线

从部队所在地到部队给养和补充源主要汇集地点的那些道路，在一般情况下也是部队前往其退却点所选择的道路。因此这些道路有双重意义：首先，它们是**交通线**，用于不断地补给部队；其次，它们是**退却路**。

我们在前一章中说过，虽然按照目前的给养方式，部队主要是在当地取得给养，但是仍应将部队及其基地视为一个整体。交通线是这个整体的一部分，构成基地和部队之间的联系，应该被看作是部队的生命线。这些道路沿线布满各种补给品、弹药车、来往的分遣队、驿车和信使、医院和物资库、弹药库、行政机关，它们总的价值对部队有决定性的重要意义。

这些生命线既不能长时间中断，也不能过长和难以通行，因为路途过长总会使力量受到一些损失，结果就会使部队处于一种虚弱的状态。

就交通线的第二重意义，也就是作为退却大路来说，交通线实际上形成了部队的战略后方。

这些道路在其两种意义中的价值大小取决于它们的**长度、数量、位置**（它们总的方向和它们在部队附近时的方向）、**状况**，以及**地形上通行的难度、当地民众的情况和情绪**，最后还取决于它们有无要塞或地形障碍**保护**。

然而并不是所有从部队所在地通往其生存和力量源的道路都是其真正的交通线。当然这些道路必要时可以用作交通线，可被视为交通线体系的辅助，但

第五篇
089 军队

是这一体系只限于那些为此建有专门设施的道路。只有那些设有物资库、医院、兵站和邮局，指定了负责沿线警备的指挥官，派有宪兵队和守备部队的道路，才可被视为真正的交通线。在这个问题上，部队的交通线是在本国境内还是在敌国境内，这之间有一个十分重要但却容易被忽视的区别。部队在本国境内固然也有专门设置的交通线，但它根本不受这些交通线的限制，必要时可以离开这些道路，选用任何其他现有的道路，因为部队在本国境内到处都像在自己家里，到处都有自己的政府机关，到处都可以得到善意的帮助。即使其他道路不太好，对部队不太适用，但仍然是可以选用它们的，因此如果部队认为被敌人迂回，必须转向时，也不会认为**不可能**利用这些道路。相反，部队在敌国境内通常只能将自己推进时走过的那些道路视为交通线。在这方面，一些微小的、至少是不起眼的原因可能就会导致极其不同的结果。在敌国境内推进的军队，只能在大部队前进过程中和在大部队的保护下设置一些构成交通线的设施，使当地民众出于害怕军队的心理而产生一种印象，觉得这些设施是不可改变和无法避免的，甚至使他们把这些设施看作是对普遍存在的战争灾难的一种减轻。大部队沿途不时留下小规模的守备部队，以支援和维持整个交通线。相反，如果大部队把它的军需官、兵站指挥官、宪兵、战地邮局，以及其他维持秩序的机构派往大部队没有到过的偏远的道路上去，那么当地民众就会把这些设施和人员看作是原本完全可以摆脱的负担。如果敌国还没有彻底失败，还没有陷入惊慌失措的状态，那么这些派出的官员就会被当作敌人对待，就会头破血流地被赶走。因此要想控制新的道路，首先要有守备部队，而且在这种情况下，守备部队的规模要比一般情况下更大，但守备部队仍然面临当地民众反抗的危险。总之，在敌国境内推进的部队没有能使当地民众服从的任何工具，必须首先设置自己的行政机关，具体是通过以武力树立起来的权威，但它无法随时随地做到这一点，也不是没有牺牲和困难的。由此可见，大部队在敌国境内比起在国内更不能通过变更交通线体系来变更基地（在国内必要时还是可能的）；一般来说，大部队在敌国境内运动时会受到更大的限制，更担心被敌人迂回。

即使是选定交通线和沿交通线建立设施，也从来就是有很多条件限制的。作为交通线的道路一般来说不仅要比较宽阔，而且从很多方面的要求来看，道路越宽阔，沿线人口稠密和富裕的城镇越多，可提供保护的要塞越多，就越为合适。此外，作为水路的河流和作为渡河点的桥梁，对交通线的选择也起到很大的作用。因此交通线的位置和大部队进攻时选择的道路只在一定程度上有选择的自由，其具体位置则受到地理条件的限制。

上述因素共同决定一支大部队与它的基地之间的联系是否紧密。如果我们把得出的结论与敌军和基地之间的联系程度做一个对比，就可以看出，交战双方中哪一方更有可能切断对方的交通线甚至退路，那么用常用的术语来说，谁就更有能力**迂回**对方。除了精神上或物质上的优势以外，只有交通线比对方优越的一方，才能有效地迂回对方，因为否则的话，另一方就会以迂回进行报复，从而以最快捷的方式确保自己的安全。

由于道路有双重的意义，因此这样的迂回也可以有双重的目的：一是可以袭扰或切断敌交通线，以削弱和困绝敌军，迫其退却； 二是可以切断敌退路。

关于第一个目的，应该指出，在现行给养制度下，如果只是让敌人的交通线暂时中断，则很少会让敌人感到难受。要让敌人难受，必须在一段时间内这样做，使敌人遭受一系列零星的损失。在采用复杂的给养制度的时代，成千上万辆面粉车往返运输，一次翼侧行动就可以使对方受到决定性的打击。但是现在即使翼侧行动很成功，也起不到什么作用，因为它顶多中断一次运输，使敌人受到一些削弱，但不会迫使敌人退却。

结果是，本来就是在书本中比在现实中更为流行的翼侧行动，现在看上去更不切合实际了。因此人们可以说，只有很长的交通线在情况不利时（特别是随时随地都有可能受到**民众武装**袭击时），才会给交通线带来危险。

至于切断退路，人们也不应该夸大退路因受到限制和威胁而出现的被切断的危险，因为最近的作战经验告诉我们，切断一支由大胆的指挥官指挥的优良部队的退路并俘房他们比突破这支部队**更困难**。

缩短较长的交通线，以及确保较长交通线安全的手段极少。在部队部署地点附近，以及沿着部队退却路占领一些要塞（如果没有要塞，可对适当地点进行加固），善待当地民众，在古罗马人修建的军用大路上执行严格的军纪，在沿线配备高素质的警察，努力整修道路，这些是仅有的手段。用这些手段可以减少不利，但自然不会完全消除不利。

　　此外，我们在谈给养问题时所说的关于部队如何优先选定道路的内容，也特别适用于选择交通线。经过最富庶的城镇和通过耕作区最多省份的宽阔道路是最好的交通线。即使部队为利用这些道路要走很多弯路，也值得优先选择，而且在大多数情况下，这些道路对进一步确定大部队的部署有影响。

★ 第十七章 ★

地形和地貌

地形和地貌与部队的给养是有关系的，这是一方面。此外，它们与军事行动也有十分密切和从来不可或缺的关系，即它们无论是对战斗过程本身，还是对战斗的准备和运用都有决定性的影响。现在我们根据它们与军事行动的关系，也就是说从法语"**地形**"[1]这个词的全部词义上来研究这个问题。

地形的作用绝大部分体现在战术领域，仅其结果体现在战略领域。一场山地战斗就其带来的结果来看，与一场平原战斗是完全不同的。

但是只要我们还没有把进攻和防御分开，还没有转而对二者做进一步的考察，就还不能考察地形的主要组成部分的影响，而只能谈谈这些组成部分的一般特点。地形和地貌通过其三个特点影响军事行动，即妨碍通行、妨碍视线和对敌方火力的防护。地形和地貌的一切影响都可以归结到这三个特点。

地形的这三重影响无疑会带来一个趋势，使军事行动变得更加多样，更加错综复杂和更需要技巧，因为它们显然是影响军事行动各要素中又增加的三个要素。

在现实中，只有对很小的部队来说，才存在纯粹的、绝对开阔的平原的概念，也就是说才存在对军事行动毫无影响的地形的概念，而且即使是这样的小

---

[1] "地形"一词，作者用了法语"Terrain"。——译者注

部队，也只是对它的某一时刻的行动来说才存在这样的地形概念。对较大部队和持续时间较长的行动来说，地形的各个组成部分必然会混合在一起影响到它们。对一整支大部队来说，即使是在某一时刻，例如在会战时，地形不发生影响的情况几乎是不可想象的。

地形的这种影响始终存在。当然，根据一地特点的不同，地形的影响或大或小。

如果观察一下大量的现象，那么我们就会发现，开阔和无障碍的平原以外的地形主要通过三种方式表现出其与平原的不同：首先是通过地貌，也就是通过地势的高低；其次是通过林地、沼泽和湖泊等自然物；最后是由于耕作带来的地形变化。地形在这三个方面与平原不同的程度越大，对军事行动的影响就越大。如果我们对所有这三个方面进行一定程度的探讨，那么就会发现有三种地形：山地，很少耕作的林地和沼泽地，以及深度耕作地。在所有这三种地形上，战争变得更加复杂和更加需要技巧。

至于耕作地，当然并非所有类型的耕作地对作战的影响都一样大。对作战影响最大的是那些在佛兰德、霍尔施坦因[1]和其他地区所常见的耕作地。在这些地区，土地被很多沟渠、栅栏、围篱以及土堤断开，到处散布着住户和小灌木丛。

平坦和耕作适度的地区最便于作战。不过这只是就一般情况而言，而且完全没有把防御者利用地形障碍的情况考虑在内。

这三种地形中的每一种都在通行、监视和对敌火力的防护三方面产生影响，而且是以自己的方式。

林地主要是妨碍视线，山地主要是妨碍通行，深度耕作地则取两者中间。

在一个多林地的地区，大部分地带都不便于运动（因为除了通行困难以外，还完全不能进行监视，不能利用每一个通过的手段），这一方面使行动简单了，但另一方面也给行动造成了同样多的困难，因此在这种地形上，统帅很难在战斗中充分地集结兵力，但也不必像在山地和极其复杂地形中常见的那样过于分兵。换句话说，在这种地形上，分兵是不可避免的，但分散的程度比较小。

---

[1] 霍尔施坦因（Holstein），历史上德国北部的一个公国（1474—1864）。——译者注

在山地，主要是通行受到妨碍，这表现在两个方面：不是到处都能通行；即使在可以通行的地方，部队的运动也一定比较缓慢，比较费力。因此在山地，各种运动的速度受到很大的限制，整个行动要花费更多的时间。但是山地地形也具有一个其他地形没有的特点，即从某一地点可以瞰制另一地点。我们将在下一章中专门谈论制高，在这里只是指出，正是山地的这种特点促使统帅在山地中很分散地用兵，因为有些地点不仅是由于其自身而重要，而且也由于它们能够对其他地点产生影响而重要。

正如我们在别处所说过的那样，所有这三种极具特点的地形和地貌都会起到一个作用，即使最高统帅对战斗结果所起的作用降低，同时使下属军官直至普通士兵的作用提高。不言而喻，分兵程度越高，观察越困难，每个行动者就越要独立行动。在部队层级划分比较多、行动方式比较多样、情况比较复杂的时候，智者的影响一般来说虽然是应该增加的，而且最高统帅此时也应该有能力展示其较他人更强的判断力，但是在此我们也要回到此前说过的一点：在战争中，各个成果的总和比这些成果相互联系的形式更有决定意义。因此，如果我们把这里的考察一直进行到最大限度，设想一支大部队分散成一条长长的散兵线，每一位士兵都在发起他的小会战，那么这支大部队能否取胜，更多地取决于每位士兵所取得的单个胜利的总和，而不是这些胜利相互联系的形式，因为良好的综合举措只能从积极的结果中产生效果，而不能从消极的结果中产生效果。因此，在这种情况下，个人的勇气、机敏和士气能决定一切。只有在双方军队的素质相同，或者双方军队的特点不相上下时，双方统帅天分和判断力的高低才又有可能变得具有决定性的作用。这样一来的结果是：民族战争和民众武装等（在这里尽管每个士兵在勇敢和机敏方面并不一定占优势，但是他们每个人的士气至少总是十分高昂的）在兵力十分分散，即地形非常复杂的情况下往往拥有优势，但他们也只有在这种地形上才会是这样，因为这类武装通常缺乏一支较大部队集中作战时所不可或缺的一切特点和素养[1]。

---

[1]"素养"，原文"Tugenden"，在此应取其来自"taugen"一词的基本词义，即"能力""素养"，而不应取其引申词义"品德"或"德行"。以往有的中文版本将此译为"武德"，可能是参考了日文译法。"武德"在中文里意为"习武之人应有的品德"，显然与作者原意不符。——译者注

军队的属性从一个极端到另一个极端也是经过很多层次逐渐变化的，因为在保卫本国的情况下，一支大部队即使完全是一支常备军，也会带上一些民族武装的特点，因此也就更多地适合于分兵作战。

一支军队越是缺乏这些特点和条件，对手在这些方面越是优越，那么这支部队就越害怕分兵，就越要回避复杂地形。不过能否避开复杂地形，很少能够由它自己选择，人们不能像挑选一件货物那样试来试去地挑选战区。我们常常看到，一些根据其特点，在集中兵力作战上具备优势的部队总是千方百计地尽量按自己的这一战法作战，**而违背地形的特性**。这时，他们不得不忍受其他方面的不利，例如给养不足和困难，宿营条件差，在战斗中经常受到来自各方面的进攻等。不过，如果他们完全放弃自己本来的长处（集中兵力作战），则会带来大得多的不利。

集中兵力和分散兵力是两种相反的倾向，其程度取决于部队的特点是倾向这一方面还是那一方面。然而即使在最紧要的情况下，适于集中兵力的部队也不能始终集中在一起，适于分散兵力的部队也不能单靠分散行动取得成果。即使是适于集中兵力的法国人，其在西班牙也不得不分兵，而西班牙人借助民众起义的方式保卫国土时，也曾有必要集中一部分兵力进行大规模的战斗。

除去地形地貌与军队的一般特性的关系，尤其是与军队的政治特性[1]的关系外，地形地貌与兵种比例的关系就是最重要的了。

在所有很难通行的地区，无论是山地、林地，还是耕作区，都不便使用大量的骑兵，这是显而易见的。同样，密林区不适于使用炮兵，因为这里往往缺乏充分发挥炮兵威力的空间，缺乏可供拖炮通行的道路和缺乏马匹所需的饲料。深度耕作区对炮兵来说，不利的因素要少一些，而山地对于炮兵的不利因素最少。山地和深度耕作区这两种地形虽然针对火力可以提供保护，从而对主要靠火力发挥作用的兵种是不利的，而且这两种地形也使处处畅行无阻的步兵得以让笨重的火炮常常陷于进退两难的境地，不过在这两种地区从不缺乏可供大量使用炮兵的空间，而且炮兵在山区有一个很大的好处：敌军运动较慢，从

---

[1] 此处指军队既是民众武装也是常备军的双重特性。——译者注

而加大了炮兵的使用效果。

不可否认，在每一种难以通行的地形上，步兵都比其他兵种拥有明确的优越性，因此在这种地形上，步兵的比例可以显著超出一般的兵种比例。

★ 第十八章 ★

制高

"支配"这个词在军事艺术中有其独特的魅力。地形对部队使用的影响，有很大一部分，也许有一半以上实际上是受到"支配"这个因素的影响。军事学识中的一些法宝，诸如控制性阵地、关键位置、战略机动等，究其根源都是欲通过它们而使自己处于支配地位。我们要仔细而又不至于烦琐地考察这个因素，来辨明它的真假虚实。

任何自下而上的发力，都比反向困难。同理，战斗想必也是如此，这有三个明显的原因：第一，任何一处高地都可视为通行的障碍；第二，自上向下射击虽然不会显著地加大射程，但是从各种几何关系来看，明显比反向射击时**更容易**命中目标；第三，自上向下更便于观察。至于这一切在战斗中如何结合在一起，不是我们这里要谈的问题，我们只是把由于制高而得来的战术上的全部好处归纳为一个，并把它看作是战略上的第一个好处。

但上述有利条件中的第一个和最后一个，在战略上必然还会再出现一次，因为与在战术上一样，人们在战略上也是要行军和观察的。如果说较高的位置对低处的部队构成了通行上的障碍，那么这就是战略可以从制高中获得的第二个好处，而从中得到的便于观察就是第三个好处。

正是这些因素构成了支配、制高和控制的力量，这也正是一支在山顶的部队看到敌人在自己下面时产生优越感和安全感的源泉，同时也是在下面的部队感到处于劣势并为自己担忧的源泉。这一给人的总的印象甚至可能比它实际本应有的印象更强烈，因为制高带来的好处比形成这些好处的环境更多地与人的感觉交织在一起，也许超过了实际情况。因此在这种情况下，人们必须把想象力的作用看作增加制高效果的一个新的因素。

当然，便于运动这一好处并不是绝对的，较高处的部队不是总拥有这一好处，只是当敌人想接近它时，它才拥有这一好处。如果一个大的谷地把双方隔开，那么在高处的一方就没有这一好处了。如果双方想从山地下到平原进行会战（霍恩弗里德贝格会战[1]），那么对较低处的部队来说，它甚至更拥有这一好处。同样，观察也有其很大的局限：位于部队下方的一片林地，以及部队所处的山脉本身，都很容易妨碍观察。人们按照地图选定瞰制阵地，在现地寻找其有利之处，但往往是徒劳的，甚至找到的反而是不利之处，这种情况不胜枚举。不过这些局限和条件并不能抵消高处的部队在防御和进攻中所具有的优越性。下面我们只想简略地谈谈处于高处的部队在防御和进攻时是以什么方式拥有这种优越性的。

制高在战略上有三个有利方面：**战术上更具优势**、敌人**难以抵近**，以及自己**便于观察**。其中前两个有利方面实际上只是对防御者而言的，因为只有谁停下来，谁才能利用它们，而另一方在其运动中是无法带走并利用它们的。至于第三个有利方面，则是进攻者和防御者都可以利用的。

由此可见，制高对防御者是多么重要。由于显然只有在山地阵地上才能获得制高，因此防御者尤其偏爱山地阵地。至于说这一点由于其他情况的影响而有了变化，我们将在《山地防御》一章中阐述。

在这里有一点要区别清楚，即我们谈的不只是一个点（例如一处阵地）的制高问题，否则战略上的有利方面就几乎只表现为一次有利的会战这样一个战术好处了。如果人们把一片较大的地区（如整个省）想象为一个斜面，就像是

---

[1] 第二次西里西亚战争中的一次著名会战。1745年6月2日，弗里德里希二世率普军进至施韦德尼茨以北，统率奥地利、萨克森联军的洛林亲王误认为普军向普得河畔的布雷斯劳运动，因此走出山区，进入霍恩弗里德贝格（Hohenfriedeberg，即今波兰下西里西亚省村庄多布罗米尔茨[Dobromierz]）东北部平原，企图监视普军的动向。3日午夜，普军突然接近联军，并于4日凌晨2时发起进攻，首先击溃联军左翼的萨克森军，然后以优势的骑兵击败奥军主力。联军遂向霍恩弗里德贝格以南退去。——译者注

常见的分水岭的斜坡一样，人们可以在上面行军数日而始终瞰制前面的地区，那么战略上的有利方面就加大了，因为这时制高不仅有利于单个战斗中的兵力运用，而且有利于多个战斗的综合运用，而防御往往就是由多个战斗组成的。

至于进攻，它同样可以享用防御从制高得到的某些有利方面，因为战略进攻不像战术进攻那样只是一次单独的行动。进攻者的推进进程不像齿轮运转那样连续不断，而是通过多次行军实现的，各次行军之间都有或长或短的停顿，而在每次停顿时，进攻者与他的对手一样是处于防御状态的。

在便于观察方面，无论是在防御中还是在进攻中，制高都能产生一定的有利效果，这种效果也是我们必须加以考虑的。它体现在便于派出小部队行动这一点上，因为整个部队从这一制高阵地中可以得到的好处，其每个部分也是可以得到的。因此，一支大的或小的派出部队有这种好处时比没有时更有力，而且人们在部署这些部队时，也会比在没有这种控制性阵地时更敢于部署。至于这些派出的小部队能带来什么好处，我们将在其他地方研究。

如果我方既在制高方面，又在其他地理条件方面比对手有利，而对手除了没有制高外，其运动还由于其他原因而受到限制（例如距一条大河很近），那么其位置带给他的不利条件就有可能变得很严重，以至他会尽快离开。任何一支部队，如果没有占领大河河谷两侧的高地，都不可能扼守住这个河谷。

由此可见，制高有可能成为真正的控制，而且这一看法的现实意义也是不容否认的。但是这并不妨碍，如果**控制性的地区**、**保护性的阵地**、**国土的锁钥**等名词只是根据地势高低确定的，那么它们大多只是一个空壳，缺少了一个健康的内核。为了给军事行动看上去平凡的外表添些佐料，人们总是倾向于抓住这些理论上的高贵因素，于是这些名词成了那些博学军人们津津乐道的话题，成了战略魔法师们手中的魔杖。但是这种空洞的概念游戏和它们与实际经验的种种矛盾未能使作者和读者们相信，他们这样做无异于达那伊得斯往无底桶里注水[1]。人们把条件当成了事物本身，把工具当成了使用工具的手；认为占

---

[1] 希腊神话中的一个典故。为避免子女们争夺遗产，阿拉伯王埃伊吉普图斯（Aigyptos）向孪生兄弟、利比亚王达那阿斯（Danaos）建议，由自己的50个儿子娶他的50个女儿（均名达那伊得斯）。后者认为其中有诈，于是命女儿们在新婚之夜将其新郎刺死。除大女儿助新郎逃走外，其他49个女儿都杀死了自己的丈夫，因此被罚在地狱中不停地往无底桶里注水。后比喻无意义的付出。——译者注

据这样一个地区和阵地是力量的表现，就像是劈砍或前刺；认为这样一个地区和阵地本身是一个真实的要素。其实占据这样一个地区和阵地只不过是为了戳刺或击打而抬起胳膊，地区和阵地本身无非是一种毫无生机的工具，不过是一种只有在某个客体上才能体现出来的特性，是一个还缺少数值的正号或者负号。而这种戳刺和击打，这个客体，这个数值就是**胜利的战斗**，只有它才真正算数，人们只有用它才能计算。无论是对书本中的内容进行评判，还是在战场上行动，人们都必须永远记住这一点。

因此，既然只有胜仗的数量和重要性才起决定作用，那么显而易见，首先要考察的还是双方军队及其指挥官的素质对比情况，而地形影响所起的作用只能是次要的。

第六篇
防御

★ 第一章 ★

进攻和防御

一、防御的概念

　　防御的概念是什么？是抵抗一次进攻。防御的特征是什么？是等待这一进攻。这一特征常常使军事行动成为一次防御行动，在战争中仅根据这一特征就能将防御与进攻区别开来。然而由于绝对的防御与战争的概念是完全矛盾的（因为在绝对防御时将只有一方在进行战争），因此在战争中的防御也只能是相对的，防御的这个特征只能用于防御的总概念，而不应扩大到防御的所有部分。在一次局部战斗中，如果我们等待敌人的冲锋，那么它就是防御战斗；在一次会战中，如果我们等待敌人的进攻，即等待敌人出现在我们的阵地前面，进入我们的火力打击范围，那么它就是防御会战；在一次战局中，如果我们等待敌人进入我们的战区，那么它就是防御战局。在所有这些情况中，等待和抵御的特征均符合防御的总概念，并未因此而与战争的概念相矛盾，因为等待敌人迎着我们的刺刀冲锋，等待敌人向我们的阵地和战区进攻，我们从中是可以得到好处的。但是我方要真正进行战争，就必须还击，于是在防御战争中的这种进攻行动某种程度上是在防御这一大的主题下进行的，也就是说，我们所运用的攻势是在阵地或战区的概念内进行的。因此人们在防御战局中可以有进攻行动，在防御会战中可以用某些师发起进攻。最后，在一个简单的针对敌人冲锋的部署中，甚至也可以在进攻中用子弹迎击敌人。因此，作战的防御形式不是单纯的盾牌，而是由多个巧妙的打击组成的盾牌。

二、防御的好处

防御的目的是什么？是**维护现状**。维护现状比夺取更容易，因此人们从中就已经可以得出结论：假设使用同样的手段，防御比进攻更容易。为什么维护或保持现状更容易呢？因为进攻者所有未利用的时间，防御者都可以利用。防御者可以坐享其成。凡是进攻者由于估计错误、畏惧或懈怠而没有利用的时机，都会给防御者带来好处。在七年战争中，防御的这个好处不止一次使普鲁士这个国家免遭覆灭。这个在防御的概念和目的中得以体现的防御的好处是符合一切防御的本性的。这一好处在现实生活的其他领域，特别是在与战争非常近似的法律事务交往中，也已经为"先占者得利"[1]这一拉丁谚语固定下来了。另一个纯粹由战争本性带来的好处是当地地形之利，它是防御者可以优先享用的一个好处。

明确了这些一般概念后，现在我们想转而更多地谈谈防御本身。

在战术范围，凡是我们把主动权留给敌人，等待敌人在我们阵地前出现的战斗，无论规模大小，都是**防御战斗**。从敌人出现在我们阵地前的这一刻起，我们就可以运用一切进攻的手段，而且不会失去防御的上述两个好处，即等待之利和地形之利。在战略范围，战局先是取代了战斗，战区取代了阵地；之后则是整个战争取代了战局，整个国家取代了战区。在战略范围这两种情况下的防御和战术上的防御是一样的[2]。

防御比进攻容易，这一点我们已经泛泛地谈过了。但是由于防御具有消极的目的——**维护现状**，进攻具有积极的目的——**占领**，而占领可以增加进攻者的作战手段，维护现状不能增加防御者的作战手段，因此为了表达确切，人们

---

[1]"先占者得利"，原文为拉丁语"beati sunt possidentes"，系古罗马律法中的一条原则，规定当两人就一件物品的所有权产生争议时，目前占有者不必证明自己占有该物品的合法性，而另一方主张其权利时，则需证明对方占有该物品的非法性。作者借此比喻防御者占据阵地，相对于进攻者拥有地形熟悉、以逸待劳等有利条件。——译者注

[2]指如果防御者在战略上运用进攻手段，其仍不会失去防御的两个好处。——译者注

应该说：**作战的防御形式本身比进攻形式更有力**。这就是我们要得出的结论。尽管这个结论完全符合事物的本性，而且得到了经验的千百次证明，但流行的说法却完全与这个结论相反。这证明肤浅的著作家们能够给概念造成很大的混乱。

　　既然防御是一种更有力的、但带有消极目的的作战形式，那么人们自然可以得出结论：只有因力量弱小而需要运用这种形式时，人们才不得不运用它，一旦力量大到足以追求积极目的时，就应该立即放弃防御。由于人们借助于防御成为胜利者，通常可以导致出现对自己更有利的兵力对比，因此以防御开始和以攻势结束也就成了战争的自然进程。如果人们不仅认为防御总体上具有被动性，而且认为防御的各个部分均具有被动性，那么这与战争的概念是相矛盾的。同样，如果人们认为防御是最终目的，则也是与战争的概念相矛盾的。换句话说，如果人们在战争中将其取得的胜利仅用于抵御，根本不想反攻，那么这场战争就是荒谬的，就如同人们在会战中让最绝对的防御（被动性）在一切举措中占主导地位一样，这种会战也是荒谬的。

　　有人也许会举出很多战例，想证明上述总的看法是错误的。在这些战例中，防御的目的一直到最后仍是防御性的，并未考虑反攻。他们之所以有可能这样做，是因为他们忘了，我们在这里谈的仅仅是一个总的看法，而且在他们用于反驳这一看法的那些战例中，反攻的可能性尚未出现。

　　例如，在七年战争中，弗里德里希大帝至少在这场战争的最后三年没有想要发起一次攻势。我们甚至认为，他在这场战争中只是将攻势视为一种较好的防御手段。他的整个处境迫使他这样做。一位统帅只准备做最符合他当时处境的事，这是十分自然的。尽管如此，如果我们不把有可能对奥地利进行反攻的想法视为他整个行动的基础，如果我们不认为反攻的时机只是直到那时尚未出现，那么我们就无法从总体上考察这一防御战例。双方最终缔结和约，表明上述这一总的看法在这一战例中也是具有现实性的。正是国王的防御使奥地利人认识到，仅以他们的力量无法与这位国王的才干相抗衡，认识到他们无论如何还要付出比到那时更大的努力，而且只要他们有丝毫放松，就有可能再丧失领土，也就是说正是国王的防御才促使奥地利人缔结和约的。而且实际上，如果弗里德里希大帝当时不是部分兵力被俄国、瑞典和帝国军队牵制住，他一定会尝试在波希米亚和摩拉维亚[1]再次战胜奥地利人。对于这一点，没有人会怀疑。

在我们明确了在战争中应如何理解防御这一概念，以及给出了防御的界限以后，现在我们再回过头来，谈一谈防御是**更有力的作战形式**这一论点。

对进攻和防御做进一步考察和比较后，这一论点已经十分清晰了。现在我们只想指出，与之相反的论点是如何自相矛盾，并且与经验相矛盾的。假如说进攻是更有力的作战形式，那么人们就不会再有任何理由去采取防御这种作战形式了，因为防御终究只有消极的目的；假如说进攻是更有力的作战形式，那么每个人想必都要进攻，防御就不存在了。反过来，追求较高的目的是要付出更大代价的，这是十分自然的。谁认为自己的力量足够强大，可以采取进攻这种比较弱的作战形式，谁就可以追求较大的目的；谁要是给自己设定了较小的目的，谁就可以享用防御这种较强作战形式带来的好处。如果我们看看过去的情况，就会发现，大概从来没有听说过，人们在有两个战区的情况下，以一个兵力较少的军团在一个战区进攻，而以一个兵力较多的军团在另一个战区防御。如果说自古以来的情形到处都与此相反，那么这就很好地证明了，即使是那些非常喜欢进攻的统帅，也认为防御更有力。我们在接下来的几章里还要阐明几点问题。

---

[1] 摩拉维亚（Mähren），历史地域名，位于今捷克共和国东部，约占捷克面积的三分之一。——译者注

★ 第二章 ★
进攻和防御在战术上的关系

首先我们必须探讨一下在战斗中导致胜利的因素。

我们在这里不谈部队的优势、勇敢、训练有素或其他特点，因为一般决定它们的东西不包括在我们在这里所说的军事艺术的范围之内，而且它们在进攻和防御时将起到相同的作用。即便是对**总的数量上的**优势，在这里也不能加以考虑，因为部队的数量同样是一个既定的东西，而不是统帅可以任意决定的。上述这些东西对进攻和防御也没有特别的关系。在我们看来，极有利于取得胜利的只有三个因素：**出敌不意、地利**和**多面进攻**。出敌不意是通过在某一点部署远出乎敌人意料的兵力来达到效果。这种局部的数量优势与总的数量优势十分不同，它是军事艺术中最重要的有效手段。至于地利如何有助于取得胜利，对此是十分容易理解的，只有一点需要加以说明，那就是这里所说的地利不仅是指进攻者在前进时遇到的障碍（例如陡峭的谷地、高山峻岭、两岸泥泞的河流、成片的灌木丛等等），而且也指那些给防御者机会，让防御者能隐蔽部署的地形。甚至一个极为普通的地形，我们也可以说，谁熟悉它，谁就能从中得利。多面进攻包括所有战术上的大小迂回，它之所以起作用，一方面是因为敌人受到火力夹击，一方面是因为敌人害怕退路被切断。

那么在考虑到上述因素的情况下，进攻和防御的关系又是怎样的呢？

如果我们想起上面所说的导致胜利的三个因素，那么这一问题的答案是：

进攻者只能利用第一和第三这两个因素的一小部分，而防御者则可以利用这两个因素的大部分，以及第二个因素的全部。

进攻者只拥有以全部部队对敌全部部队进行真正袭击所可能带来的好处，而防御者在战斗中有能力通过强度和样式不一的进攻不断地对进攻者采取出敌不意的行动。

进攻者比防御者更容易包围对方的全部部队，并切断其退路，因为防御者已经停下，而进攻者相对于防御者的停止状态仍在运动。进攻者的这种迂回依旧只是针对防御者的整个部队而言。在战斗中以及对部队的各个部分来说，则是防御者比进攻者更容易进行多面进攻，**因为如前所述，防御者比进攻者更有能力通过其进攻的样式和强度对敌采取出敌不意的行动。**

防御者优先享受到地利，这本身是很清楚的。至于防御者能够通过进攻的强度和样式在出敌不意方面占有优势，是因为进攻者不得不沿着大小道路行进，容易被观察到，而防御者可以隐蔽部署，在决定性的时刻到来之前，进攻者几乎发现不了防御者。自从普遍采用了正确的防御方式以来，对防御者的侦察已经完全过时了，也就是说对防御者已经不大可能进行这样的侦察了。虽然进攻者不时还进行这种侦察，但是能带回去的收获很少。防御者为部署部队可以选择地形，在战前即充分熟悉它，这给防御者带来的好处很大；防御者隐蔽在这种地形中，必然比进攻者更能对对手采取出敌不意的行动，这个道理也很简单，但人们现在仍不能摆脱陈旧的观念，似乎接受一次会战就等于已经输了一半。这种旧观念来自20年前流行的防御方式（部分在七年战争中仍流行）。当时人们期望从地形方面获得的好处无非是占有一个难以接近的正面（例如陡峭的山坡等）。当时部队的部署没有纵深，而且翼侧运动不便，从而出现很大一个弱点，以至部队总是从一座山延伸部署到另一座山，导致情况越来越糟。这时如果部队在翼侧找到某种依托，那么一切就都取决于这支像一块绷在刺绣框架上的部队，任何一点都不能被敌人突破。部队所占地形的任何一点都有直接的价值，因此必须对这一地形进行直接防御。这样一来，在会战中就既谈不上运动，也谈不上出敌不意了。这样一种防御与可称之为良好的防御（在近代也确实成为现实）是完全相反的。

实际上，人们之所以轻视防御，往往是因为一个时代有了变化，某种防御方式过时了。我们上面所谈的防御方式也是这种情况，过去有一个时期这种防御方式确实优于进攻。

如果我们看一下近代军事艺术的形成过程，就可以知道，起初（在三十年战争和西班牙王位继承战争期间），部队的展开和部署是会战中最主要的事情之一，是会战计划中最占篇幅的内容。这种情况通常对防御者十分有利，因为他已经完成部署和展开。随着部队机动能力的增强，防御者的这个有利条件不复存在，进攻者在一段时间取得了优势。对此，防御者设法在河流、深谷后面以及山上寻求保护，再次取得明确的优势，直到进攻者变得十分机动和灵活，敢于进入地形复杂的地区并分多路进攻，即能够**迂回**对手时，防御者才又失去优势。由于进攻者敢于这样行动，防御者就把正面部署得越来越宽，这必然使进攻者想到把兵力集中在数个点上，以突破对方纵深不大的阵地。于是进攻者第三次取得优势，防御者不得不再次改变防御方法。在最近几次战争中，防御者已经在这样做了：防御者将其兵力集结成数支大部队，通常不预先展开，而是尽量隐蔽部署，也就是只做好行动的准备，等进攻者的举措进一步暴露后再采取行动。

这种防御方法并不完全排斥在部分地区进行消极防御，这种消极防御的优点极为明显，因此在一次战局中，人们成百次地运用它。但是这种被动防御目前一般已经不占主要地位了，我们在这里要指出的正是这一点。

如果进攻者再发明某种新的有效的方法（但是现在一切都趋向简单，一切都以事物的内在必然性为依据，恐怕难以期待出现什么新的方法），防御者也就必须改变自己的方法，然而地形肯定总是有利于防御的。由于地形和地貌的特点对军事行动的影响现在比过去任何时候都大，因此一般能确保防御者拥有其天然的优势。

★ 第三章 ★

进攻和防御在战略上的关系

我们首先还是要问：

在战略上能带来成果的因素有哪些？

如前所述，在战略上没有胜利[1]。战略上的成果，一方面是指为战术胜利做好了准备（这一成果越大，战斗中的胜利就越有把握），另一方面是指运用已经取得的战术胜利。战略越是有能力在一场胜利会战后通过各种综合运用使胜利产生大量效果，越是能够从被会战动摇了基础的敌军那里夺取大量战利品，越是能够大手笔地弄到很多那些在会战中本来不得不费尽力量逐个取得的成果，那么战略的成果就越大[2]。那些尤其能够导致或便于取得这种成果的主要条件，也就是在战略上起作用的主要因素有下述几个：

1. 地利；

2. 出敌不意（要么通过进行真正的袭击，要么通过在某些地点出敌意料地部署较多力量）；

3. 多面进攻。

（上述三个因素与战术范围的三个因素是相同的。）

---

[1] 根据作者的观点，"胜利"指战斗（会战）的结果，而战斗是战术范围的问题，因此作者认为在战略范围没有"胜利"这一概念。——译者注

[2] 参阅本书第一卷第四篇第十二章。——译者注

4. 战区由于拥有要塞和一切有关设施所具有的支援作用；

5. 民众的支持；

6. 对巨大的精神力量的利用[1]。

那么在考虑到上述因素的情况下，进攻和防御的关系又是怎样的呢？

防御者占有地利，进攻者占有袭击之利，这在战略范围和在战术范围都是一样的。但对于袭击，我们要指出的是，它在战略上是一个远比在战术上有效和重要的手段。在战术范围，人们很少能将一次袭击扩展为大的胜利，相反在战略范围，一次袭击一举结束整个战争的情况并不少见。但是我们还要指出，使用这个手段是以对手犯了**严重、确切和罕见的**错误为前提的，因此这一手段并不能给进攻的天平一端加上很重的砝码。

通过在某些地点部署优势兵力，造成出敌不意，这又与战术上的情况非常相似。假如防御者将其兵力分开部署在其战区的多个接近点上，那么进攻者显然就有以全部兵力打击防御者某一部分的有利条件。

不过，新的防御艺术在这里也采取了另一种行动方式，在不知不觉中带来了与以往不同的防御原则。如果防御者不用担心对手沿着未设防的大路扑向一处大的物资库（或补给站），或扑向未做好防御准备的要塞或首都；如果防御者不用担心失去退路，因此不必沿着进攻者选定的道路去迎击对手，那么他就没有任何理由分兵，因为如果进攻者在一条道路上发现防御者后转而选择另一条道路，那么防御者仍可在数天后以全部兵力沿着进攻者选择的道路去搜寻他。在大多数情况下，防御者甚至可以确信，他会荣幸地受到进攻者的拜访。而如果进攻者认为有必要分兵前进（因为给养的关系，分兵往往几乎是不可避免的），那么防御者显然就处于有利地位，因为防御者能够以自己的全部兵力打击对手的一部分兵力。

在战略范围，翼侧进攻和背后进攻涉及战区的背后和侧面，其本性有很大程度的改变。

---

[1] 从亚当·冯·比洛先生那里学到有关战略知识的人不会理解，为什么我们在这里不多不少地恰好全部略去了（亚当·冯·比洛的）战略。但这不是我们的过错，亚当·冯·比洛先生谈的净是次要的事情。一个商店学徒在浏览了全部算术书的目录之后，如果既没有看到比例运算法，也没有看到多倍比例运算法，那么他同样会感到诧异。而亚当·冯·比洛先生的见解连这样实用的规则都不如，因此我们在这里做这个比喻，是出于其他原因。——作者注

1. 火力夹击不存在了，因为人们不可能从战区的一端射击到另一端。

2. 一方受到迂回时，其对于失去退路的恐惧要小很多，因为空间在战略范围不像在战术范围那样会被人封锁。

3. 在战略范围，由于空间较大，内线（较短的路线）的效果增大，这对抵抗多面进攻极为有利。

4. 交通线脆弱是一个新的因素，也就是说交通线一旦被切断，影响就很大。

在战略范围内，由于空间较大，通常只有掌握主动权的一方（进攻者）才能进行包围（多面进攻）；防御者无法像在战术范围那样，在行动过程中对包围者进行反包围，因为他既无相应的纵深，也无法隐蔽部署他的部队。这些当然都是由事物的本性决定的。如果包围不能带来什么好处，尽管包围是容易的，但对进攻者又有什么帮助呢？因此，假如不是考虑到围攻对交通线的影响，人们在战略范围就根本不会把围攻作为一个致胜的因素。不过这个因素在最初的时刻，即在进攻者和防御者相遇但还在各自阵地对峙时，很少能起到大的作用。只是在一个战局的进程中，当进攻者在敌国逐渐成为防御者时，这一因素的作用才会变大。这时，这个新的防御者的交通线变得脆弱了，原来的防御者作为进攻者能够利用这个弱点了。但是新进攻者所具有的这种优越性总的来说不能算到进攻上，因为它实际上是从防御的较高关系中产生的[1]，谁还看不出这一点呢！

第四个因素，即**战区的支援作用**自然是在防御者一边。当进攻的部队开启了战局，他们也就离开了自己的战区，并因此而受到削弱，也就是说，他们把要塞和各类仓库留在后方了。他们需要通过的行动区域越大，他们受到的削弱也就越多（因为行军和派出占领军），而防御者的部队则保持着与各方面的联系，也就是说，他们享用着自己的要塞提供的支援，不会受到任何削弱，而且距其人员补充和物资补给地更近。

民众的支持作为第五个因素，并不是在每次防御中都能得到的，因为一个防御战局也有可能在敌国进行，但是这一因素终究只是从防御的概念中产生出

---

[1] 意思是说，这种优越性是在防御转为进攻的情况下产生的，而不是单纯的进攻造成的。——译者注

来的，在大多数情况下都是适用的。此外，这里所说的民众支持主要是（但并不只是）指国民军和民众武装的作用，同时也是指部队遇到的阻力较小，人员补充和物资补给地都比较近，补充和补给比较丰富等。

1812年战局使我们像透过放大镜一样清晰地看到第三个和第四个因素中提到的那些手段的效果：法军渡过涅曼河时有50万人，打博罗季诺会战时只有约13万人，抵达莫斯科时就更少了。

人们可以说，拿破仑这次庞大的试图征服俄国的行动失利所带来的后果是如此之大，以至俄国人即使没有继而进行反攻，也可以长时期确保不再会受到入侵。当然，除瑞典以外，没有一个欧洲国家与俄国的情况相似，但是起作用的因素是相同的，只是起作用的程度不同。

对第四个和第五个因素还需做一点说明：有利于防御的这两个因素是就最初的防御，即在本国境内进行的防御而言的，当部队在敌国进行防御，而且与进攻行动交织在一起时，这两个因素的作用就会被削弱。当我们考虑到这一情况时，就会发现这两个因素大体像上述第三个因素一样，从中又会产生对进攻的一个新的不利因素，因为正如防御不仅仅由抵御要素构成一样，进攻也不是完全由积极要素构成的，甚至每个不能直接导致媾和的进攻最终都不得不以防御结束。

既然在进攻中出现的一切防御因素都由于进攻的本性（防御因素是进攻的一部分）而受到削弱，那就不得不将此视为进攻的一个普遍存在的不利之处。

这并不是闲来无事的吹毛求疵，相反，一切进攻的主要弱点正是在这里，因此人们在制订每个战略进攻计划时，都必须一开始就特别注意这一点，即特别注意进攻过后的防御。关于这一点我们将在《战局计划》[1] 一篇中详细阐述。

巨大的精神力量不时像真正的酵素一样渗入战争的要素，因此在某些情况下，统帅能够运用它们来加强自己的力量。可以想象，防御者和进攻者都有可能拥有这些精神力量。精神力量在进攻时起的作用尤其显著，例如造成对手混

---

[1] 指本书第三卷第八篇《战争计划》。作者在第七篇的附录《关于胜利的顶点》一文中也论述了这一问题。——译者注

乱和恐惧，但由于它们通常只在决定性打击以后才能呈现出来，因此对决定性打击本身很少能起到决定其方向的作用。

至此，我们认为已经充分论证了**防御是比进攻更有力的一种作战形式**这一论点，但是还剩下一个迄未谈到的小的因素需要提一下，这就是勇气，即部队中源于意识到自己是进攻者而产生的占有优势的感觉。这种感觉本身确实是真实存在的，只是它很快就会被淹没在部队由于胜利或失败、由于指挥官有才或无能而产生的更普遍和更强烈的感觉中。

第四章

进攻的向心性和防御的离心性

　　进攻的向心性和防御的离心性这两个概念，这两种在进攻和防御时使用部队的形式，在理论和实践中经常出现，以至不知不觉地造成一种印象，似乎它们分别是进攻和防御的固有形式。但是人们只要稍加思索就知道，事实上并非如此。因此，我们想尽早考察它们，一劳永逸地得出明确的概念，以便今后在进一步考察进攻和防御的关系时可以完全撇开它们，以免不停地受到它们所造成的有利或有弊的假象的干扰。因此我们在这里把它们视为纯粹抽象的东西，像提炼酒精似的把概念总结出来。至于这一概念在实际中的作用，则留待以后再做研究。

　　无论是在战术范围还是在战略范围，人们都可以想象防御者是处于等待状态的，也就是说是处于停止状态的；而进攻者则是运动着的，而且是针对防御者的停止状态进行运动的。人们从中必然会得出结论：只要进攻者在运动，而防御者处于停止状态，那就只有进攻者可以随意进行包围和合围。进攻者这种根据利弊决定是否向心进攻的自由，想必是进攻的普遍优点。不过进攻者只是在战术范围才有这种自由，在战略范围并不总是有这种自由。在战术范围，防御者两翼的依托点几乎从不会有绝对的安全，而在战略范围，当防线从一个海岸径直延伸到另一海岸，或由一个中立区延伸到另一中立区时，两翼的依托点则常常是安全的。在这种情况下，进攻不可能向心进行，进攻者的选择是受到限制的。而当进攻者**不得不**向心推进时，这种选择受限的情况就更让他难受。如果俄国和法国进攻德意志，那么他们就只能以合围形式进攻，而不能集中兵力进攻。如果我们可以假设，在大多数情况下，向心形式对发挥兵力作用来说是较弱的形式，那么进攻者因在选择方面有较大自由而获得的好处，很有可能被他在没有选择自由的情况下被迫采用这种较弱的形式完全抵消掉。

现在我们想进一步考察这两种形式在战术范围和战略范围的作用。

部队从圆周向圆心做向心运动时，兵力在前进中越来越集中，人们认为这是一个重要的优点。兵力越来越集中，固然是事实，但所谓的优点并不存在，因为双方的兵力都在集中，因此双方是保持均势的。在分兵进行离心行动时，也是这样。

但另一个（而且是真正的）优点是：做向心运动的各路部队是在向一个**共同的**点采取行动，而在做离心运动时不是这样。那么向心运动能产生哪些作用呢？要回答这个问题，我们必须分别从战术和战略两个方面来谈。

我们不想做过多的分析，仅提出下列几点作为向心运动的有利作用：

1. 当所有部队都向某一点推进并接近它时，对这一点的火力效果就可以增加一倍，或至少有所增加。

2. 可以对敌人的同一个部分进行多面进攻。

3. 可以切断敌人的退路。

切断退路在战略范围也是可能的，不过显然要困难得多，因为空间大，不容易封锁。至于对敌人的同一个部分进行多面进攻，一般来说，敌人的这一部分越小，越是接近部队建制的最低限度（单个士兵），这种进攻就越有效，就越具有决定性。一支大部队可能有理由经得住同时来自多面的打击，而一个师要做到这一点就已经比较困难了，一个步兵营只有集结在一起时才能做到这一点，单人则根本不可能做到这一点。但是战略是占用大量人员、空间和时间的领域，战术则相反。由此可见，多面进攻在战略上不可能取得它在战术上的结果。

火力效果根本不是战略范围内的问题，但取而代之的有另外的问题，就是基地受到威胁。当敌人在自己背后或远或近的地方取得胜利时，任何军队都会或多或少感到自己的基地受到威胁。

因此可以肯定，部队在采取向心行动时有一个优点，那就是对甲产生作用的同时对乙产生作用，而且并未因此而削弱对甲的作用；对乙产生作用时，又同时对甲产生作用。因此部队向心行动的总的作用，不是对甲的作用加上对乙的作用，而是还会更大一些。这一优点在战术范围和战略范围虽然有所不同，但都是存在的。

那么部队在采取离心行动时，相应地有什么优点呢？显然是部队相距较近和在内线运动这两点。至于这两点以什么方式成了力量的倍增器，以至对手没有大的兵力优势就不敢在这种不利情况下向它发起进攻，对此已经没有必要再展开加以论证了。

尽管防御者的运动开始得比进攻者晚，但他总是可以及时地摆脱停滞的被动状态的束缚。只要防御者开始运动，那么更为集中和处于内线这两个优点比起进攻者的向心形式，对于取得胜利就更具决定性，而且通常也能起更大的作用。而要取得成果，势必先要取得胜利。在考虑切断敌人退路以前，必须先战胜敌人。简而言之，向心形式与离心形式的关系大体上与进攻和防御的关系相类似。向心形式能导致辉煌的成果，离心形式则更有把握取得成果；前者是较弱的形式，但具有更积极的目的；后者是较强的形式，但具有消极的目的。在我们看来，这两种形式由此得到了某种平衡。如果我们现在再说明一点，即防御不是任何时候都不可能向心使用兵力（因为防御不总是纯粹的防御），那么人们至少不再有理由认为单是向心的运动方式就足以使进攻相对防御拥有普遍的优势。同时这也可以使人们摆脱这一看法每每对判断所产生的影响。

我们以上所说的包括战术和战略方面。现在我们还要强调指出一个只涉及战略的极为重要的一点。内线的好处是随着与之有关空间的扩大而增大的。在数千步或者半普里的距离上，人们赢得的时间自然不会与数日行程甚至20～30普里的距离上赢得的时间相同。在前一种情况下，空间较小，属于战术范围；在后一种情况下，空间较大，属于战略范围。即使人们要在战略范围内达到目的，当然比在战术范围内需要更多的时间，战胜一个军团不可能像战胜一个步兵营那样快，但是在战略范围内这些时间也只能增至某一点，即只能增至一次会战持续的时间，必要时可增至既可避免会战，又不至于带来重大后果的那么几天。此外，人们在这里或那里赢得的先机在战略范围与在战术范围相比，也有更大的差别。在战术范围，在会战中，距离比较小，一方的运动几乎在另一方的视野内进行，处于外线的一方大多可以迅速发觉其对手的运动。在战略范围，距离比较大，一方的运动一天都瞒不过另一方的情况极少，如果只是一部分部队在运动，而且是派遣到较远的地方，那么数周不被敌人发现也是常有的事。如果一方处于最适合利用隐蔽之利的位置，那么隐蔽之利给他带来多么大的好处，是很容易被看清的。

关于兵力的向心方向运动和离心方向行动，以及它们与进攻和防御的关系，我们就考察到这里，以后在谈到进攻和防御时，我们还要谈到这方面的问题。

★ 第五章 ★

战略防御的特点

前面已经谈了防御究竟是什么。防御无非是战争的一种更有力的形式，人们欲借助这种形式赢得胜利，以便在取得优势后转入进攻，也就是转向战争的积极目的。

即使战争的意图只是维持现状，单纯的击退进攻也是与战争的概念相矛盾的，因为作战无疑不是忍受。当防御者取得很大的优势时，防御就已经完成了它应做的事情。如果防御者不甘某种程度上的消沉，就应该利用这一优势进行反攻。聪明的做法是趁热打铁，利用取得的优势，防备敌人再次进攻。至于应该怎样以及在何时何地反攻，当然取决于很多其他条件，我们将在以后加以阐述。我们在这里要说的是：必须把转入反攻设想为防御的一个趋势，即防御的一个基本组成部分；只要是在军事上对通过防御形式所取得的胜利未以某种方式利用，而是听任它像花朵一样凋谢，那就是犯下了一个大错。

迅速而有力地转入进攻（这是闪亮的复仇之剑），是防御的最亮的闪光点。谁要是在防御时没有考虑到这一点，或者更确切地说，谁要是没有一开始就把它纳入防御的概念，谁就永远不会理解防御的优越性，就会只想到人们通过进攻摧毁敌人的那些手段，以及通过进攻为自己赢得的那些手段，但是这些手段并不取决于打结的方式，而是取决于解结的方式^[1]。此外，如果人们认为进攻总是出敌不意的，因此想象防御无非是迫不得已和混乱的，那就是完全混淆了概念。

征服者进行战争的决心自然比善意的防御者下得早，如果征服者懂得很好地保守其举措的秘密，那么他大概就经常可以或多或少出敌不意地进攻防御者。但这对战争本身来说是件完全陌生的事情，因为实际情况不会是这样。战争与其说是随着征服者出现的，不如说是随着防御者出现的，因为入侵引起了防御，而有了防御才引起了战争。征服者总是自称爱好和平的（正如拿破仑一贯声称的那样），他非常想在一片宁静之中进入我们的国家。而为了不让征服者这样得逞，我们就不得不要进行战争，也就是说要准备战争。换句话说，正是那些被迫进行防御的弱者，应该总是做好战争的准备，以免受到袭击。这正是军事艺术所要求做到的。

至于谁先出现在战区，这在大多数情况下并不取决于抱有进攻意图还是抱有防御意图，而是取决于另外的完全不同的因素。因此进攻和防御意图不是谁先出现在战场上的原因，而往往是谁先出现在战场上的结果。谁先做好准备，而且突然进攻带来的好处足够大，谁就可以出于**这个**原因而以进攻方式推进；而准备较迟的一方，就只能通过利用防御的优点来多少弥补一下因自己准备较迟而带来的不利。

对于进攻者能够利用较早做好准备这一点，一般说来应该将其看作进攻的一个优点（这在第三篇中也已经得到肯定），但这个一般的优点并不是在每个具体情况下都必然出现。

因此，如果我们设想一下防御应该是什么样的，那么防御应该是：尽可能地准备好一切手段，有一支能征善战的军队，有一位不是心中无数和提心吊胆地等待敌人，而是主动进取和沉着冷静的统帅，有不怕围攻的要塞，最后还有不怕对手而是让对手害怕的坚强的民众。有了这些条件，面对进攻，防御大概就不会再像某些人模糊想象的那样只是扮演糟糕的角色，而进攻也

---

[1] 可能是指双方作战手段的多寡并不取决于激化矛盾（打结）的方式（例如进攻），而是取决于解决矛盾（解结）的方式（例如媾和）。——译者注

不会再像某些人模糊想象的那样轻而易举和万无一失了。这些人在谈到进攻时，就只想到勇敢、意志力和运动，而在谈到防御时则只想到软弱无力和丧失行动能力。

★ 第六章 ★

防御手段的范畴

在防御中，除了部队的绝对兵力和质量以外，决定战术和战略结果的还有地利、出敌不意、多面进攻、战区的支援作用、民众的支持、对巨大精神力量的利用等因素。防御者在运用这些因素方面是如何自然地比进攻者更优越，我们在本篇第二、三章里已经谈过了。我们认为，在这里再谈一下防御者尤其喜欢使用的那些手段是有益的，这些手段可以被看作支撑防御这座大厦的不同支柱。

1. **后备军**。在近代，后备军也被用于在国外进攻敌国，而且不容否认，从一些国家（例如普鲁士）后备军的组织样式来看，几乎应将其视为常备军的一部分，因为它不仅用于防御。但是也不能忽略，人们在1813年、1814年和1815年非常广泛地使用后备军，是从防御战争开始的；后备军只在极少数地方是像在普鲁士那样组织的，而那些组织不完善的后备军想必更适合用于防御，而不是进攻。此外，在**后备军**的概念中总是包含着这样一种考虑，即全体民众在战时以他们的体力、财力和精神不同寻常地、或多或少志愿地共同作战。人们在组织后备军时越是远离这种考虑，他们组建起来的队伍就越成为一支换了名称的常备军，就越具有常备军的优点，但也就越缺乏真正后备军的优点。真正后备军的优点就是其力量涵盖范围比常备军广泛得多，受到的约束少得多，更容易因精神和信念的作用而力量大增。后备军的本质就表现在这些方面。人们应通过组织后备军，为全体民众留出共同参战的余地，否则期待**后备军**有什么特别的表现就只能是幻想。

显而易见，后备军的这种本质与防御的概念有非常密切的关系。同样不可否认的是，这样的后备军更适于防御，而不是进攻，后备军挫败进攻的那种效果主要体现在防御中。

2. **要塞**。进攻者能发挥助攻作用的要塞仅限于边境附近，而且帮助不大；防御者的要塞所能发挥的辅助作用则深入国土，能使很多要塞发挥作用，而且这种作用本身的强度大得多。一个能促使敌军进行真正的围攻，而自己又能顶得住的要塞，比起一个凭借其工事只是使敌人打消占领这一地点的想法，即并未能真正牵制和消灭敌军的要塞，在战争的天平上自然占更重的分量。

3. **民众**。尽管战区内单个居民对战争的影响在大多数情况下并不比一滴水在整个河流中的作用更大，但是即使在根本谈不上是民众暴动的场合，全国民众对战争的**总的影响**也绝不是无足轻重的。在本国进行一切活动都更容易，前提是民众服从本国政府。而敌人要让被占地区民众尽的任何义务，无论大小，都只有公然使用暴力强迫才能得逞，而使用暴力就必须动用军队，这将占用敌人大量兵力和增加很多劳顿。防御者却可以得到这一切，即使民众没有像在热情奉献的情况下那样真正出于自愿，但通过公民长期养成的服从性（这种服从性已成为民众的第二天性），以及通过一些不是来自军队的、与军队相距甚远的其他威吓和强制手段，防御者可以得到这一切。而且民众出于真正忠诚的自愿协助在任何情况下也是非常多的，在一切不需要流血牺牲的事情上，这种协助总是不会少的。我们只想提出其中一项对作战有重要意义的事情，这就是情报。这里指的不是个别重大的、需要通过侦察获取的情报，而是指一支大部队在日常勤务中遇到的无数让人心里没底的和细小的情况。与民众的关系使防御者在这方面普遍占有优势。最小的侦察队、每个小哨和哨兵、每位外出执行任务的军官都应向当地民众了解关于敌、友和对手的情报。

如果我们在考察了这些普遍存在的、从不会缺少的情况之后，再研究一下特殊的情况，即民众开始参与斗争，并且发展到这些特殊情况的最高阶段，像在西班牙那样主要通过人民战争进行斗争[1]，那么人们就会懂得，在此已经不单纯是民众的支持增加了，而是出现了一种崭新的力量，因此我们可以提出：

4. **民众武装**或国民军是一个独特的防御手段。

5. 最后，我们还可以把**盟友**称为防御者的最后支柱。我们在这里指的当然不是进攻者也有的一般的盟友，而是指那些**实质参与**维持一个国家生存的盟友。我们只要看一看目前欧洲各国的情况，就会发现各国之间的均势实际上并不存在（顶多是对力量和利益进行系统调节后形成某种均势），因此各国经常并且不无道理地否认均势，但不可否认的是，国家和民众的大大小小的利益是以最复杂和最可变的方式交汇在一起的。每一个这样的交汇点都是一个起固定作用的结，因为在这个结里，一个趋向对另一个趋向来说就是一种平衡力量；通过所有这些结，显然又组成整体中较大的联系；在每一次出现变化时，都不得不部分地克服这一联系。因此，各国之间总的相互关系更多是有助于维持整体的现状，而不是引起它的变化，也就是说，维持现状的**倾向**是普遍存在的。

我们认为，对政治均势应做上述这样的理解。在这个意义上，凡是多个文明国家有多方面接触的地方，都自然会产生政治均势。

至于要求维持现状的这种整体利益的倾向能起多大作用，是另外一个问题。当然我们可以设想，个别国家之间的关系会发生变化，有的变化便于整体发挥这种维持现状的作用，有的变化则使整体难以发挥这种作用。在第一种情况下，这种变化是形成政治均势的力量，由于它们的倾向与共同利益的倾向相同，因此它们也会得到这些利益中的大部分。但是在另外一种情况下，这种变化是一种回避，是个别部分在积极活动，是一种真正的病态。在由大大小小很多国家结成的松散整体内出现这种病态，是不足为奇的。在所有生物的排列非常精巧的有机整体内，毕竟也是会出现这种病态的。

因此，如果有人向我们指出，历史上有个别国家能够施加影响，实现只对自己有利的重大变化，而整体并未尝试阻止这种改变，甚至单个国家能够高居

---

[1] 1808年拿破仑诱西班牙国王斐迪南七世赴法国并加以囚禁，立约瑟夫（拿破仑之兄）为西班牙国王，以防止英军在西班牙登陆为由，派军队继续占领西班牙。西班牙人民群起反对，起义遍及全国。起义军和英国远征军一起对法军作战，最后赶走了法军。——译者注

于其他国家之上，几乎成了整体的绝对统治者，那么我们的回答是：这绝不证明整体利益要求维持现状的倾向不存在，而只证明这个倾向的作用在当时不够强大；追求达到某一目标与向这一目标运动是有所不同的，但决不能因此就说这种追求不存在。这个道理我们在天体力学中看得再清楚不过了。

我们说，均势的倾向是保持现状，当然这是以现状中存在着平静状态（均势）为前提的；因为当平静状态已经受到干扰，已经出现了紧张，那么均势当然也可能趋于变化。但是如果我们看事物的本性，这种变化总是只涉及个别少数国家，永远不会涉及大多数国家，因此可以肯定，大多数国家都认为其生存权始终得到了所有国家整体利益的代表和保证；还可以肯定，每一个与整体未处于紧张状态的国家在进行防御时，支持它的国家会比反对它的国家多。

谁嘲笑这些考察是乌托邦式的空想，谁就是抛弃了哲学上的真理。这一哲学上的真理让我们认识了事物的基本要素之间的相互关系，但是如果我们绕过一切偶然现象，欲从这些相互关系中推论出能够支配每个具体情况的法则，当然也是欠考虑的。不过谁要是**不能超越逸事趣闻**（一位著名的著作家曾如此表述），而是用这些逸事趣闻堆砌全部历史，处处从最个别的现象和事件最浅显的地方开始研究，而且研究的深度只限于刚好找到原因，从来不去探究深藏着的起支配作用的总的关系，那么他的见解也就永远无法对一个以上的情况研究有什么价值。在这种人看来，哲学对情况的普遍性的研究，自然是乌托邦式的梦幻了。

假如那种普遍追求平静和维持现状的努力不存在，那么大量文明国家就绝不可能长时期地并存，而是必然会合并成一个国家。如果说现在的欧洲已经存在了一千多年，那么我们只能把这种结果归功于整体利益要求维持现状的倾向。如果说整体的保护并不总是足以维持每一个国家的存在，那么这是这一整体生活中的不规律现象，但是这些不规律现象并没有破坏整体，而是最终被整体克服了。

有些过于干扰均势的变化会被其他国家或多或少公开的反对所阻止或恢复原样。人们只要浏览一下历史，就可以明白这一点，因此罗列大量这样的事件将是非常多余的。我们在这里只想谈一个事例，因为那些嘲笑政治均势这一想法的人总是提到它，而且在这里谈一个无辜的防御者走向灭亡而没有赢得任

何外国支援的事例，看来也是尤其适合的。我们说的是波兰。一个拥有800万
人口的国家灭亡了，被另外三个国家瓜分了[1]，而其余国家没有一个拔刀相
助。这初看上去似乎足以证明政治均势一般是不起作用的，或者至少表明政治
均势在个别情况下不起作用到何种程度。这样一个规模的国家会灭亡，成为几
个最强大国家（俄国和奥地利）的掠夺物，这似乎是一种极为特殊的情况。如
果这样一种情况都不能引起欧洲国家整体利益的任何反应，那么人们就会说，
这种整体利益对维护各个国家生存所应起的作用是虚构的。然而我们仍然坚持
认为，个别事件无论它多么引人注意，都不能成为否定普遍性的论据；其次，
我们认为波兰灭亡一事并不像看上去的那样难以理解。难道真的可以把波兰看
作一个欧洲国家，一个在欧洲各国中具有同等水平的成员吗？不能！它曾是一
个鞑靼人的国家，只是不像克里米亚半岛[2]的鞑靼人那样位于黑海[3]之滨，
位于欧洲国家的边缘，而是位于欧洲国家之间的维斯瓦河畔。我们这样说既不
是蔑视波兰人民，也不是为瓜分这个国家辩解，只是实话实说。百年来，这个
国家说到底没再起什么政治作用，对其他国家来说，它只是引起纷争的祸根。
就其状况和结构来说，波兰不可能在其他各国之间长期保持存在；而要根本改
变这种鞑靼人的状态，即使波兰人的领袖们有这种愿望，也是一件需要半个或
一个世纪才能完成的工作。但这些领袖本身的鞑靼人习气很重，很难产生这
种改变的愿望。他们漫不经心的政治生活和他们无可比拟的轻举妄动相互助
长，就这样跟跟跄跄地坠入深渊。在波兰被瓜分以前的很长一段时间里，俄
国人在那里就如同在自己家里一样。波兰作为一个独立的、对外自成一体的
国家的概念根本不复存在。完全可以肯定，即使波兰不被瓜分，也一定会变
成俄国的一个省份。假如情况完全不是这样，假如波兰是个有防御能力的国
家，那么三个强国就不会如此轻易地瓜分它；同时那些最希望波兰保持存在
的强国（如法国、瑞典和土耳其）就有可能以完全不同的态度来协助维护波
兰的存在。但是如果一个国家的生存完全依靠外国的力量来维护，这自然是一

---

[1]波兰在18世纪时成为邻国争夺的对象，分别于1772年、1793年、1795年三次被普鲁士、俄国
和奥地利瓜分。——译者注
[2]克里米亚半岛（Krim），位于黑海与亚速海之间，面积26,100平方公里。——译者注
[3]黑海（Schwarzes Meer），欧亚大陆的一个陆间海，位于欧洲、高加索和安纳托利亚半岛之
间，面积约461,000平方公里。——译者注

个过分的要求。

　　瓜分波兰在一百多年以前就已经多次成为话题。从那时起，人们就不把这个国家看作门禁森严的住宅，而看作一条外国军队经常往来的公路。难道要其他各国来制止这一切吗？难道要其他国家经常拔出剑来维护波兰国界在政治上的神圣不可侵犯吗？这无异于要求其他国家做一件道义上根本不可能做到的事情。这个时期的波兰从政治上看就像是一片荒无人烟的草原；人们没有能力始终保护这片位于其他国家之间的未设防的草原不受这些国家的侵犯，同样也无法保证这个所谓国家的不可侵犯性。出于所有这些理由，人们对波兰的悄无声息的灭亡，如同对克里米亚鞑靼国[1]的默默无闻的灭亡一样，不应该感到惊讶。无论如何，土耳其人对保持波兰的独立，比任何一个欧洲国家都有更大的兴趣，但是他们同样认识到，保护一片毫无抵抗能力的草原是徒劳无益的。

　　我们再回到讨论的问题上来。我们认为已经证明，防御者一般比进攻者更能指望得到外部的支持；防御者的存在对所有其余国家越是重要，也就是说它的政治、军事状况越是健全和有力，它就越有把握得到外部的支持。

　　我们在这里提出的主要供防御者使用的手段，并不是每次防御都能运用的，可能有时缺少这几种，有时缺少那几种，这是不言而喻的，但是这些手段都是属于防御的总概念的。

---

　　[1]克里米亚鞑靼国是14世纪末金帐汗国解体时在克里米亚半岛上建立的汗国，是土耳其和俄国争夺的对象。在第五次俄土战争（1768—1774）以前臣服于土耳其，此后名义上独立，不久便为俄国所吞并。——译者注

★ 第七章 ★

进攻和防御的相互作用

现在我们准备最大限度地对进攻和防御分别加以研究。出于以下理由，我们从防御开始研究。制定防御的规则时，以进攻的规则为基础；建立进攻的规则时，以防御的规则为基础——这虽然是十分自然和必要的，不过要使这一系列概念有一个开端，也就是说，要使这些概念能够成立，就必须在进攻和防御两点之外再有一个第三点。现在要谈的第一个问题就是这个点。

如果我们从哲学角度来考虑战争的发生，那么真正战争的概念不是随着进攻，而是随着防御产生的，因为进攻的绝对目的与其说是斗争，不如说是占有，而防御则是以斗争为直接目的的，因为抵御和斗争显然是一回事。抵御只是针对进攻的，因此必然以对方的进攻为前提；但进攻不是针对抵御的，而是为了别的东西，是为了占有，所以并不一定以对方的抵御为前提。因此，首先将战争要素带入行动，首先从战争的角度考虑对立双方，并为战争制定最初法则的是**防御者**，这是符合事物本性的。这里谈及的不是个别情况，而是理论为了确定其研究方法而设想的普遍的、抽象的情况。

由此我们知道，应在哪里去寻找在进攻与防御相互作用以外的固定点，那就是在防御方面。

如果上述结论是正确的，那么即使防御者对进攻者将要采取的行动还一无所知，他也要有自己行动的基本规定，而且这些基本规定必须包含对战斗手段的部署。相反，只要进攻者不了解其对手的情况，他想必也就没有确定其行动的基本规定（包括战斗手段的运用）。进攻者能做的只是带上这些战斗手段，也就是借助于一支军队去实行占领。实际情况也正是如此，因为创建战斗手段还不等于使用战斗手段。进攻者带上战斗手段，是基于一种完全普遍存在的假设，即他可能要使用这些战斗手段。如果进攻者不是以派遣官员和发表宣言的方式，而是以军队占领别国的土地，那么其实他还没有采取任何积极的战争行动。而防御者不仅集中了他的战斗手段，而且还按照他进行战斗的意图对战斗手段进行了部署，是防御者首先采取了真正符合战争概念的行动。

现在的第二个问题是：在不考虑进攻本身之前，如果首先在理论上为防御提出确定其行为时应注意的事项，那么在确定这些事项时应考虑的进攻的本性有可能是什么呢？显然是为占领而进行的推进。人们应将这一推进想象成是战争以外的东西，但这一推进是战争行为最初一批行动的基础。防御要阻止的就是这一推进，因此人们应联系到国土来考虑进攻者的推进问题，于是就产生了有关防御的最初的、最普遍的规定。这些规定一旦确立，进攻者就针对它们采取对策；而针对进攻者运用的手段进行研究后，又产生新的防御原则。这样就出现了相互作用。只要理论认为不断产生的新结果值得注意，它就可以持续研究这种相互作用。

为了使我们今后所有的考察更为清晰和更有根据，上述这一简短的分析是必要的。我们的这一分析不是为战场，也不是为未来的统帅所做，而是为一群迄今过于轻率地对待这些问题的理论家们所做。

★ 第八章 ★

抵抗的方式

　　防御的概念是抵御，在这种抵御中有等待，而在我们看来，这种等待是防御的主要特征，同时也是防御的主要长处。

　　由于防御在战争中不能只是忍受，因此等待也不能是绝对的，而只能是相对的。等待所涉及的对象，就空间来说，或是国土，或是战区，或是阵地；就时间来说，或是战争，或是战局，或是会战。我们非常清楚，这些对象不是固定不变的单位，只分别是某些相互交织的领域的中心。不过在现实世界中，我们往往不得不满足于对事物只是分类，而不是严格地加以区分，而这些概念经由现实世界中的使用已经十分明确了，以至我们可以方便地根据它们来确立其余的概念。

　　因此，国土防御只是等待敌人进攻国土，战区防御只是等待敌人进攻战区，阵地防御只不过是等待敌人进攻阵地。防御者在这一时刻以后实施的任何积极的（从而或多或少带有进攻样式的）活动，都不会消除防御的概念，因为防御的主要特征和主要长处——**等待之利**已经出现了。

　　属于时间范畴的战争、战局和会战等概念与国土、战区和阵地等概念是相对应的，因此与我们考察对象的关系是相同的。

　　因此，防御是由等待和行动这两个本性不同的部分组成的。我们将等待与一定的对象联系到一起，即在行动之前先等待，这样就使两者有可能结合成为一个整体。但是一次防御行动，特别是一次大的防御行动（例如战局或者整个战争）在时间上不能由两大阶段组成（不能在第一大阶段只是等待，在第二大阶段只是行动），而是由等待和行动这两种状态交替组成的，以至等待能够像一条长线贯穿于整个防御行动。

我们之所以赋予等待如此大的重要性，只是因为事物的本性要求我们这样做。迄今还没有任何一个理论把等待作为一个独立的概念突出出来，但是它在现实世界中一直是行动的主导，尽管这往往是不自觉的。等待是整个战争行动的一个基本组成部分，以至战争行动没有等待就几乎不可能成为战争行动。因此我们以后还将不时回到这一点，会提请读者注意等待在双方力量激烈较量的过程中的作用。

现在我们想谈谈等待这一要素是如何贯穿于防御行动的，以及由此产生了哪些程度不同的防御方式。

为了用较为简单的对象来说明我们的看法，我们打算把国土防御留到《战争计划》一篇去研究，因为在国土防御中，政治关系更为复杂，影响也更大。另外，阵地和会战中的防御行动是一个战术问题，它们只有作为一个**整体**才构成战略活动的起点。因此，最能让我们说明防御情况的是**战区**防御。

我们说过，等待和行动（行动常常是反攻，也就是还击）是防御的两个十分重要的部分。没有等待，防御就不成其为防御；没有行动，防御就不成其为战争。这个见解此前已经使我们得出了这样一个观点：防御无非是**一种可以更有把握战胜对手、更有力的战争形式**。我们必须彻底坚持这一观点，一方面是因为最后只有它能保护我们不犯错误；另一方面是因为这一观点越是有活力，越是为人们所掌握，它就越是能强化整个防御行动。

如果有人要把还击这一构成防御的第二个必要的组成部分加以区分，只把狭义的抵御（自国土、战区和阵地抵御）看作是**必要的**部分（这部分行动仅够保障国土、战区和阵地的安全），而把**转入真正战略进攻**领域的进一步还击的可能性看作是与防御无关的、可有可无的东西，那么这种看法是**违背**我们上述观点的。因此，我们不能把这样一种区分视为一种本质上的区分，而是应坚持主张每个防御均要有**报复**进攻者的想法，因为无论防御者最初的还击在顺利时能使其对手受到多大损失，进攻与防御的力量对比毕竟还是失衡的。

　　因此我们说，防御是更容易战胜对手的更有力的战争形式，至于这个胜利能否超过防御的原来的目的，则要视具体情况而定。

　　但是由于防御是与等待这个概念联系在一起的，因此**战胜敌人**这一目的只有在一定条件下，即只有在敌人发起进攻后才能存在。不言而喻，如果敌人没有发起进攻，防御者就只能满足于维持已有的东西。维持已有的东西是防御在等待状态中的目的，也是它最直接的目的。同时，防御只有在满足于这一较低的目标时，才能得到它作为更有力的战争形式的那些长处。

　　如果我们现在设想一支大部队受命防守其战区，那么防御可能以下列方式进行：

　　1. 敌人一旦进入战区，这支大部队即向他们发起进攻（例如莫尔维茨会战、霍恩弗里德贝格会战）。

　　2. 这支大部队在靠近战区边缘的地方占据一处阵地并等待，直到进攻的敌人出现在该阵地前，然后对敌人发起进攻（例如恰斯拉夫会战[1]、索尔会战[2]、罗斯巴赫会战[3]）。防御者在这里显然更为被动，等待的时间更长。在敌人确实发起了进攻的情况下，即使采取这种防御方式与前一种方式相比，赢得的**时间**很少或者相同，但是在前一种情况下肯定会发生会战，而在这种情况下不一定发生会战，因为敌人可能没有足够的决心发起进攻，因此等待所带来的好处也就更大。

　　3. 这支大部队在靠近战区边缘的阵地上不仅等待敌人定下会战的决心

---

[1] 又称霍图西茨会战。1742年5月17日，弗里德里希二世率领的普军与洛林亲王指挥的奥军在恰斯拉夫和霍图西茨之间进行会战，普军获胜。这是第一次西里西亚战争中最后一次会战。——译者注

[2] 在第二次西里西亚战争（1744—1745）期间，1745年8月，弗里德里希二世攻入波希米亚，企图迫使奥地利签订和约。奥地利不听英国斡旋，命令洛林亲王迎击弗里德里希二世。当时，普军处境非常困难，急需补充给养，后方交通线受到奥地利和萨克森联军的威胁。9月，弗里德里希二世决定率1.9万名普军从波希米亚撤退。30日，卡尔亲王率3.2万名联军在索尔（Soor，今捷克小城哈伊尼茨的一部分）附近本想袭击普军，但由于奥军行动迟缓未果。弗里德里希二世成功组织反击，取得胜利，10月6日得以撤到西里西亚。——译者注

[3] 1757年8月，弗里德里希二世率普军向西迎击法国和神圣罗马帝国联军。10月，奥军进入柏林，弗里德里希二世回师救援。当奥军退出柏林后，弗里德里希二世又回到莱比锡迎击联军。11月5日在罗斯巴赫（Rossbach，今德国萨克森—安哈尔特州城市布劳恩斯贝德拉［Braunsbedra］的一部分）进行会战。会战中，联军企图迂回普军左翼，弗里德里希二世及时调转了正面，并派骑兵袭击联军，结果联军大败。——译者注

（等待敌人出现在我们阵地前），而且等待敌人发起真正的进攻（为引用同一位统帅的战例，可以崩策尔维茨营垒为例）。在这种情况下，防御者将进行一次真正的防御会战；然而正如前面我们说过的，这种防御会战还有可能包括部分进攻行动。像第二种情况一样，这里还根本未考虑赢得时间的问题，但是敌人的决心却要受到新的考验。有的进攻者为进攻而推进到前面以后，由于他认为对手的阵地过于坚固，于是在最后时刻，或者在进行第一次进攻尝试时便放弃了进攻。

4. 这支大部队退入本国腹地进行抵抗。这一退却的目的是使进攻者受到极大的削弱，或者等待进攻者受到极大的削弱，进攻者要么不得不停止前进，要么至少无法再击破我们在其进攻路程的终点进行的抵抗。

如果防御者能够在退却中留下一个或多个要塞，迫使进攻者不得不对其进行围攻或者包围，那么这种情况就会表现得最为直截了当和清晰明确。很清楚，进攻者的部队会因此而受到很大的削弱，会给防御者机会，以大的优势在一个地点上对进攻者发起进攻。

即使防御者在退却时没有留下要塞，向本国腹地的退却也能使防御者逐渐取得他所需要的均势或优势（而在战区边缘附近，他是得不到这种均势或优势的），因为在战略进攻中，任何推进都会受到削弱，这种削弱一方面是绝对的[1]，另一方面是必要的分兵造成的。关于分兵，我们在研究进攻时再做详细的阐述。在这里，我们之所以先提出这个真理，是因为我们认为这是历次战争充分证明了的事实。

对于这第四种情况，首先应该把可以赢得时间看作一个大的好处。如果进攻者围攻我们的要塞，那么我们就赢得了要塞很可能陷落之前的时间，这段时间有可能长达数周，在有些情况下有可能长达数月。如果进攻者力量的削弱（其进攻力量趋于枯竭）只是由推进和占领必要的地点造成的（只是路程漫长造成的），那么我们赢得的时间在大多数情况下还会更多，我们的行动就不会被限定在一定的时刻了。

除了考虑进攻者和防御者在进攻者路程的终点所出现的力量对比变化，我

---

[1]指这种削弱是进攻者由于推进而不可避免和不得不忍受的。——译者注

们还要再次考虑到防御者因等待而拥有的**加大了的好处**。即使进攻者确实没有因推进而被削弱到无法向我们停下来的主力发起进攻的地步，但他此时也许已经缺少发起进攻的决心了，因为在这里发起进攻往往比在战区边缘附近发起进攻需要有更大的决心。这一方面是因为他的部队已经受到削弱，不再是新锐部队了，同时危险已经增大了；另一方面是因为对一些犹豫不决的统帅来说，占领了抵达的地区，往往就足以使其完全放弃会战的想法，他们要么确实相信没必要再进行会战了，要么是以此为借口而放弃会战。由于进攻者放弃了进攻，防御者自然无法得到像在边境附近那样通过消极等待所能得到的成果，但毕竟可以赢得很多时间。

显而易见，在上述四种情况下，防御者都享有地利。同样十分明显的是，他在行动中还能利用要塞和得到民众的帮助，而且这些因素的作用是随着上述四种防御方式的次序递增的，在第四种防御方式中使敌人力量削弱的主要就是这些因素。由于等待带来的好处也是按这四种防御方式的次序递增的，因此不言而喻，人们应将上述四种防御方式的递增视为防御的真正的依次增强，而且防御这一作战方式越是与进攻不同，它就越是有力。我们并不担心人们因此而指责我们，说我们认为所有防御中最消极的防御却是最有力的。抵抗行动并未随着上述四种防御方式的不同而受到削弱，仅仅是**推迟**和**换了地点**。如果人们退却到一处坚固和适当的设防阵地中进行更有力的抵抗，如果这一抵抗能使敌人的兵力损失一半，使防御者有可能对敌进行更有效的反击，那么这肯定是合理的。假如道恩没有进入科林附近的有利阵地，他恐怕就不会取得那次会战的胜利；假如在弗里德里希大帝率领不超过1.8万人撤离战场后，道恩能对他进行更猛烈的追击，那么这次胜利就可能成为战史上最辉煌的胜利之一。

因此我们断言，防御者的优势（或者更确切地说，防御者所能得到的抵抗力量）将会依上述四种防御方式的次序而递增，防御者的反击强度也会随之加大。

但是这些递增的防御力量所带来的好处是可以凭空得来的吗？绝不是。得到这些好处的代价也是相应增加的。

如果我们在自己的战区内等待敌人，那么无论在距战区边缘多近的地方进行决战，敌军总是要进入这一战区的，这就肯定会给战区带来损失。而如果我们采取进攻，就可以让敌人遭受这种损失。如果我们不是一开始就迎向敌人，对其发起进攻，我们的损失就会更大一些；敌人占领的空间越大，接近我们阵地所需要的时间越长，我们的损失就越大。如果我们想要进行一次防御会战，也就是说等待敌人定下会战决心和选定会战时刻，那么敌人就有可能长期占据他们所占领的地方。这就使我们因敌人下不了决心而赢得的时间又因敌给我造成很大损失而被抵消掉了。如果我们向本国腹地退却，这种损失就更大。

防御者因退却而受到的所有这些损失大多会导致他缺少兵力，这只会**间接地**（也就是在以后，而不是直接地）影响他的部队，而且往往是如此间接，以至这种影响变得不是很明显。也就是说，防御者会试图以今后的人员补充为代价，进行当前的人员补充，他会像每个过于贫穷的人不得不做的那样：借贷。

如果我们现在要考察这些不同抵抗方式的效果，那么就必须看一看**进攻的目的**。敌人进攻的目的是占领我们的战区，或者至少占领我们的大部分战区，因为至少是大部分才能理解为整体，而占领数平方普里的一块地方，在战略上通常没有什么独立的重要性，因此只要进攻者还没有占领我们的战区，也就是说，只要他由于畏惧我军而根本未向我战区发起进攻，或者还没有来寻找我们的阵地，或者是避开了我们欲发起的会战，那么我们就达到了防御的目的，各种防御举措的效果就是圆满的。当然这种效果仅仅是消极的，不能直接为真正的还击提供力量，但是它能够**间接地**为真正的还击提供力量，也就是说，这种效果正在为还击做准备，因为**进攻者正在损失**时间，而任何时间上的损失都是一种不利，必然会以某种方式削弱损失时间的一方。

因此，在采用前三种防御方式时，即当防御在战区边缘进行时，**不进行决战就已经是防御的一个成果**。

但是在采用第四种防御方式时，情况不是这样。

如果敌人围攻我们的要塞，那么我们就必须适时为这些要塞解围，也就是说，我们应该通过积极行动发起决战。

如果敌人没有围攻我们的任何要塞，而是尾随我们进入国土腹地，也是同样。虽然我们在这种情况下有更多的时间，可以等到敌人极度削弱的时刻，但是我们最终转入行动这一前提是不变的。敌人此时虽然也许占领了构成其进攻目标的整块地方，不过这只是"借"给他的，紧张仍在持续，决战尚待开始。只要防御者的力量日益增强，进攻者的力量日益削弱，不进行决战就符合防御者的利益；但是只要必然到来的进攻的顶点一出现（即使这个顶点是由于防御者[1]整体损失最后产生的影响才出现的），防御者就应该采取行动和进行决战，此时应认为等待给防御者带来的好处已经完全用尽了。

当然对于这个时刻并没有普遍适用的标准，因为它取决于很多情况和条件，但我们还是必须指出，临近的冬季通常可以被看作一个非常自然的转折点。如果我们不能阻止敌人在其占据的地方过冬，那么通常就应该认为我们已经放弃了这个地方。不过只要人们想一想托里什-韦德拉什[2]这个例子[3]就可以知道，这个规律并不具有普遍的意义。

那么到底什么是决战呢？

我们在思考问题时总是把决战想象为会战的形式。当然决战并不一定要采取会战形式，也可以是分兵进行的、导致态势骤变的一系列战斗。这些战斗之所以能导致态势骤变，要么是因为最后确实进行了血战，要么是因为这些战斗一旦进行而很有可能产生的效果就已经足以迫使对手退却。

除上述两种形式外，在战区本身不可能以其他方式进行决战。根据我们提出的有关战争的观点，得出这个结论是必然的，因为即使一支敌军仅仅是由于缺乏粮食才退却的，那也是因为我们手中的利剑限制了他们的行动。假如我军根本不存在，敌军一定会设法解决粮食问题。

因此，即使敌人在进攻路程的终点，此前已经在进攻过程中被种种困难弄得疲惫不堪，由于分兵、饥饿和疾病而受到削弱和消耗，但促使他们退却和放弃已经得到的一切的，仍然永远只是他们对我们手中利剑的畏惧。不过这样的决战与在战区边缘进行的决战当然还是有很大区别的。

---

[1]本书原文第一版在此并未写明是"进攻者"还是"防御者"。此后德语不同版本有的加上了"进攻者"，有的加上了"防御者"。现参考德国迪姆勒出版社1980年第19版《战争论》，使用"防御者"。从逻辑上看，使用"防御者"也更恰当。——译者注

[2]托里什-韦德拉什（Torres Vedras），今葡萄牙一城市。1809年，英军统帅威灵顿下令在该市附近构筑约40公里长的同名防御工事。——译者注

[3]1810年，拿破仑派马塞纳率法军攻入葡萄牙，企图将威灵顿率领的英葡联军逐出葡萄牙。1810年年底到1811年年初的冬季，英葡联军曾退入该防御工事抗击拿破仑。法军屡攻不下，后因粮食缺乏和军中疾病流行，不得不自行退却。——译者注

在战区边缘进行的决战中，只有我们的部队与敌人的部队对峙，只有我们的部队限制或者摧毁敌人的部队，而当敌军在进攻路程的终点时，其由于自身的劳顿已经损失了一半，此时我们的部队所起的作用就完全不同了。即使我军是决定胜负的最终因素，但已不再是决定胜负的唯一因素，因为敌军在前进中所受到的损失已为胜负的决出做了准备。这种损失可以达到这样的程度，以至仅是由于我们有可能进行反攻就已经足以促使敌人退却，也就是说可以引起双方态势的骤变。对这种情况，决定胜负的原因实际上只能被归于敌人在前进中的劳顿。当然在任何情况下，防御者手中的利剑是一并起到决定胜负作用的。对提出务实观点来说，区别两个因素中哪一个起主要作用，是进攻者的途中劳顿，还是防御者手中的利剑，是很重要的。

在这个意义上，我们认为，在防御中，根据进攻者是**由于防御者的利剑**，还是**由于进攻者自己的劳顿**而崩溃，存在着两种决定胜负的方式，也就是说防御者有两种对进攻做出反应的方式。

不言而喻，第一种决定胜负的方式主要用于前三种防御方式，第二种决定胜负的方式主要用于第四种防御方式。而且在大多数情况下，只有在向本国腹地做深远的退却时，才能以第二种方式决定胜负；同时，只是因为以这种方式能够决定胜负，人们才愿意进行这种会带来大的牺牲的退却。

这样，我们就知道了两种不同的抵抗原则。在战史上的一些战例中，这两个原则是纯粹的和分别出现的，就像在现实生活中某个基本概念一样清晰可辨。1745年，当弗里德里希大帝在霍恩弗里德贝格附近向奥地利人发起进攻时，后者正要从西里西亚的山上下来，其力量既不可能由于分兵，也不可能由于劳顿而受到显著的削弱。与这个战例完全不同的是：威灵顿在托里什-韦德拉什的设防阵地上等待，直到马塞纳[1]的部队由于饥寒交迫而不得不自行退却。在这个战例中，防御者的利剑实际上并未参与削弱进攻者。而在另一些战例中，这两种抵抗原则是错综复杂地交织在一起的，但其中一种原则肯定是主要的。1812年的情况就是这样。在这一著名战局中尽管发生了那么多浴血战斗

---

[1] 马塞纳（André Masséna，1758—1817），公爵，法国元帅。1810年在葡萄牙与英葡联军作战时，因给养缺乏，疫病流行，不得不自行退却。——译者注

（如果在其他场合，发生这么多浴血战斗，双方也许就已经可以用武力彻底决出胜负了），但仍然没有一个战例能像这个战例更清楚地说明进攻者是怎样由于自己的劳顿而可能走向覆灭的。组成法军中央部队的30万人抵达莫斯科时只剩下不到9万人，由于其派出的分遣队不过约1.3万人，因此法军中央损失了19.7万人，其中战斗减员肯定不超过1/3。

在以所谓拖延而著称的一切战局中，例如在著名的"拖延者"法比尤斯进行的那些战局中，防御者主要是指望对手由于其自身的劳顿而崩溃。

总之，这一抵抗原则在很多战局中起了主要的作用，可是人们没有认真地谈及。我们只有抛开某些历史著作家们杜撰的原因，转而深入研究战事本身，才能找到这个决定很多胜负的真正原因。

说到这里，我们认为已经充分阐明了防御的一些基本概念，清楚地指出了防御的各种方式和这些方式中的两个主要抵抗原则，并且说明了等待这一因素是如何应贯穿于整个防御设想，并与积极行动紧密相连，以至积极行动迟早要出现，之后人们就可以认为等待的好处已经利用殆尽了。

我们认为，至此已经从总的方面分析并研究了防御问题。当然防御中还有一些十分重要的问题，它们可以构成专门的章节，也就是说可以成为专门思考的中心问题，这些也是我们必须探讨的，包括要塞、设防营垒、山地防御、江河防御和翼侧行动等的本质和影响，我们将在以下各章加以论述。但是我们认为所有这些问题并没有超出上述一系列看法的范围，不过是这些看法在具体地形和情况下的进一步运用而已。上述系列看法是我们从防御的概念以及防御与进攻的关系中得出来的。我们把这些简单的概念与实际联系起来，从而可以指出从实际再回到简单看法的方法，也就是指出如何能够脚踏实地，以便让人们在讨论问题时不必去求助那些本身尚飘浮在空中的论据。

战斗的组合是多种多样的，武力抵抗会因这一多样性（尤其是在浴血战斗实际上并未发生，只是由于有可能发生就已经产生效果的情况下）而在形式和特点上有很大的变化，以至人们很容易认为这里一定还能找到另外一个产生效果的因素。在一场简单的会战中浴血击退敌军与根本不会让战事发展到如此程度的战略计谋所产生的效果之间是有很大区别的，以至人们必然会揣测在两者之间还有一种新的力量，就像天文学家由于火星与木星之间空间广大而认为在这一空间还有其他行星存在一样。

如果进攻者发现防御者在一处坚固的阵地中，并认为自己无法攻克该阵地；如果进攻者发现防御者在一条大河的后面，并认为自己无法渡过此河；甚至如果进攻者在继续推进时担心自己的给养得不到保障，那么能引起这些效果的始终只是防御者手中的利剑。进攻者之所以停止行动，是由于他害怕在主要战斗中或者在一些特别重要的地点上被防御者的利剑击败，只是他根本不会或者至少不会坦率地说出这一点罢了。

即使人们同意我们的观点，承认甚至是在未经浴血战斗而决出胜负的场合，最终起决定作用的还是那些未真正进行而**只是威胁要进行的**战斗，但他们还是会认为在这种情况下，应将这些战斗的**战略计谋**视为最有效的因素，而不应将这些战斗在战术上的胜负视为最有效的因素，而且他们认为只有考虑使用武力以外的其他防御手段，才能使战略计谋起到这种突出的作用。我们承认有这种情况，但这正是我们要讨论的问题。我们认为，如果一切战略计谋必须以战斗中的战术成果为**基础**，那么总有可能发生以下令防御者担心的情况：进攻者一定会针对这个基础采取有力措施，首先力求赢得这些战术上的成果，以便随后彻底粉碎防御者的战略计谋，因此**决不应把战略计谋视为什么独立的东西**，只有人们出于这种或那种理由有把握取得战术成果时，战略计谋才有可能发挥作用。为简单说明这一点，我们在这里只想提一下，一位像拿破仑那样的统帅之所以能不顾一切地冲破其对手的全部战略计谋，去寻求战机，是因为他在这场斗争中几乎从未怀疑过结局将有利于自己。由此可见，只要战略没有竭尽全力在这场战斗中以优势兵力压倒拿破仑，而是致力于玩弄比较精巧的（无力的）计谋，那么它就会像蜘蛛网一样被撕破。但是一位像道恩这样的统帅，就容易被这样的战略计谋所阻止。**因此**，如果人们认为以普鲁士军队在七年战争中对付道恩及其军队的办法可以对付拿破仑及其军队，那么这是愚蠢的。为什么呢？因为拿破仑非常清楚，一切都取决于战术成果，并且有把握取得战术成果，而在道恩那里并非如此。因此，我们认为指出以下两点是值得赞扬的：任何战略计谋都只能以战术成果为基础；在所有情况下，无论是通过流血的还是不流血的途径解决问题时，战术成果都是决定胜负的真正的根本原因。只有在人们不用担心胜负时（无论是由于对手的特点或情况，还是由于双方军队在士气和体力上处于均势，甚至是由于我军占有优势），才可以指望从战略计谋**本身**得到些好处。

在全部战史中，我们看到有很多战局，其中进攻者没有经过浴血决战就放弃了进攻，可以说是防御者的战略计谋发挥了很大的作用。这就有可能让人认为这些战略计谋至少本身就有巨大的力量，认为在进攻者没有明确优势以取得战术成果时，防御者的战略计谋大多可以单独解决问题。对于这一点，我们必须回答说，即使上面所谈的现象究其原因在于战场，也就是说这些现象更多属于战争本身，但这一观点仍是错误的；大多数进攻之所以没有发挥作用，其原因在于战争的较高的、政治方面的因素。

从中产生战争，因此构成战争基础的总的关系，也决定着战争的特点。关于这一点，我们在以后研究战争计划时还要详细阐述。这些总的关系使大多数战争变成了似是而非的东西。在这种战争中，本来的敌意不得不迂回地穿行于诸多冲突关系，以至它成了一个非常微弱的因素。这一点在**采取积极行动的一方**，即进攻者一方当然表现得更为明显和突出，因此如果防御者稍加压力就使这种软弱和忙乱的进攻停了下来，自然是不足为奇的。针对进攻者无力的、为重重顾虑所羁绊的、几乎已不存在的进攻决心，防御者往往做出抵抗的样子就足够了。

因此，防御者之所以能用不流血的方法多次取得成功，不是因为到处都有坚不可摧的阵地，不是因为横贯战区的山脉或宽阔的江河让进攻者害怕，也不是因为防御者能轻易地通过某些战斗瓦解敌人用于进攻的力量，而是因为进攻者意志薄弱，导致他踌躇不前。

我们可以而且必须考虑上述那些阻止进攻者的因素，但是应该以它们的本来面目认识它们，并且不应该把它们产生的作用归因于我们这里所谈的事物。我们不能不强调指出，如果评论界不从一个修正的角度出发，那么战史中关于这方面的叙述就很容易成为不断说谎和骗人的东西。

现在我们来考察一下众多没有采用流血方式解决而失败了的进攻战局的肤浅形态。

进攻者进入敌国，迫使对手后退一段距离，但对于进行一次决定性的会战顾虑重重；于是他在对手面前停下来，好像已经完成了占领，除了保护已经占领的地方就没有其他任务了，好像寻求会战是对手的事情，好像他每天都可以和对手进行会战，等等。这一切都是统帅对他的部队、宫廷、世人，以及他自己所做的**托词**。他停下来的真正原因是认为对手过于强大。我们这里所说的进攻者放弃进攻，不是因为他无法扩大战果，不是因为他在进攻路程的终点已经没有足够的力量来开始一次新的进攻。出现这样的情况，是以已经有一次成功的进攻，即真正的占领为前提的。我们这里所说的进攻者放弃进攻，是他还没有达到预定的占领目的就停止不前。

这时进攻者就观望等待，以便利用有利的情况，但通常这种有利的情况是不可能出现的，因为进攻者现在只是计划进攻，这已经证明他在最近的将来不会比现在有更大的希望，因此这又是一个新的错觉。如果这次行动像常见的那样，与同时进行的其他行动有关联，那么这支部队就会把自己不愿承担的任务推到其他部队身上，以支援不足和协调不够为自己的不作为找理由。它会诉说种种不可克服的困难，并在各种复杂微妙的关系中寻找理由。进攻者的力量就这样在不作为中消耗殆尽，或者更确切地说，消耗在力量不足的、因此毫无成果的活动之中。防御者赢得了自己主要关心的时间，气候恶劣的季节临近，进攻者返回自己的战区，进驻越冬营地，进攻也就随之结束了。

这一整套虚假现象都被载入了战史，掩盖了进攻者未取得战果的非常简单和真实的原因，即**畏惧敌人的武力**。如果评析者想研究这样的战局，那么他就会被很多相互矛盾的原因弄得头昏脑涨，这些原因给不出令人信服的结论，因为这些原因都是飘浮在半空中的，而人们又没有俯下身去研究真理的真正基础。

这种欺骗不仅是一种恶劣的习惯，而且还是由事物的本性所决定的。那种尤其削弱战争基本威力（进攻）的牵制力量大部分存在于国家的政治关系和意图中，人们总是把这些关系和意图隐藏起来，不让世界、本国人民和军队知道，在一些情况下甚至不让统帅知道。例如没有人能够和愿意承认，他决定停止或放弃行动是因为担心自己的力量不足以坚持到底，或者是怕树起新敌，或者是不愿让自己的盟友变得过于强大，等等。对所有这类事情，人们都长期甚至也许永远保持缄默。但是面对世界，又要对行动的前因后果有所交代，于是统帅就不得不为他自己或者他政府的过错编造一套虚假的理由。在军事问题上进行辩论时反复出现的这种欺骗手法在理论上已经僵化成一些体系，这些体系当然同样没有什么真理。理论只有像我们力图做到的那样沿着事物内在联系的简单线索，才能回到事物的本质。

如果人们以这种怀疑的眼光来观察战史，那么那些只存在于说来说去的大量关于进攻和防御的空洞理论就会不攻自破，而我们提出的有关这方面的简单的研究方式就会自然而然地显现出来。因此我们认为，这个简单的研究方式适用于整个防御领域；人们只有牢牢地把握这种简单的研究方式，才能够以清晰的眼光了解大量的战事。

现在我们还要研究一下各种防御形式的使用问题。

由于这些防御形式越来越有力量，是用越来越大的代价换来的，因此在没有其他条件一同产生作用的情况下，仅仅这一点就足以决定统帅选择何种防御方式。他会选择适当的防御方式，既能使他的部队具有所需的抵抗能力，又能使他不过度防御，不带来任何无谓的牺牲。不过我们要看到，统帅在选择这些不同的防御方式时，大多受到很大的限制，因为在防御中出现的其他重要因素必然会迫使统帅选择这种或那种防御方式。例如，向本国腹地退却要求有辽阔的国土，或者具有像1810年时的葡萄牙那样的条件，当时有一个盟国（英国）做它的后盾，而另一盟国（西班牙）则以其辽阔的国土较大地削弱了敌人的进攻力量[1]。要塞的位置是更多在边境附近，还是更多在本国腹地，同样可以决定是否采取这样的计划，而国家的地理和地形、民众的性格、习俗和信念则起到更大的决定作用。选择进攻会战还是防御会战，应根据对手的计划、双方军队和统帅的特点来决定。最后，是否占有有利的阵地和防线也可以导致采取这种或那种防御方式。总之，列举这些因素已经足以让人感觉到，选择防御方式在很多情况下更多是取决于这些因素，而不是取决于单纯的兵力对比。对于这里提到的最重要的因素，我们还要做进一步探讨，因此它们对选择防御方式的影响也要在以后才能更明确地加以阐述。最后在《战争计划和战局计

[1]拿破仑在1806年对英国实行封锁政策，禁止欧洲大陆与其通商。葡萄牙受到英国的支持，拒不执行法国这项政策。拿破仑于1807年占领葡萄牙，1808年进军马德里。1808年英军在葡萄牙登陆，赶走了驻葡法军，西班牙也爆发了反法斗争。拿破仑亲征西班牙，并于1809年再次派兵攻入葡萄牙。1810年，拿破仑专门组建一个军团，由马塞纳率领，在葡萄牙与葡英联军作战，但由于兵力已在西班牙受到削弱，最终没有战胜葡英联军，被迫于1811年退出葡萄牙。——译者注

划》[1]那篇里，我们再把这一切总括起来探讨。

但是这种影响大多只在兵力对比不悬殊的情况下才起决定性作用。在兵力对比悬殊以及一般情况下，兵力对比起着主要的作用。战史充分证明，在并没有一套我们在这里阐述的观点的情况下，即**在情况不明中只是根据判断情况时的直觉**[2]（如同在战争中大多数情况下所做的那样），根据兵力对比选择了防御方式。同一位统帅，同一支军队，在同一个战区，一次发起霍恩弗里德贝格会战，另一次却进驻崩策尔维茨营垒。甚至所有统帅中最喜好进攻会战的弗里德里希大帝在兵力悬殊时也不得不先去进驻一处真正的防御阵地；拿破仑以往像一头野猪似的撞向其对手，可是在1813年8月和9月，当兵力对比的变化对他不利时，他却像笼中困兽一样来回转动，并未不顾一切地继续扑向联军中的某个对手。难道我们没有看到这一点吗？在同年10月，当兵力悬殊达到极点时，他就像一个人在房间里背靠墙角那样，在莱比锡附近，在帕尔特河[3]、埃尔斯特河[4]和普莱瑟河[5]构成的角落里寻求保护和等待敌人[6]。难道我们没有看到这种情况吗？

我们不能不指出，本章比本篇其他任何一章都更清楚地表明，我们的目的不是要提出作战的新原则和新方法，而是研究早已存在的事物的最内在的联系，并弄清其最基本的要素。

---

[1] 指本书第三卷第八篇《战争计划》。——译者注
[2] "判断情况时的直觉"，原文"Takt des Urteils"，直译为"判断情况时的分寸感"。——译者注
[3] 帕尔特河（die Parthe），今德国境内白埃尔斯特河的一条支流，流经莱比锡。——译者注
[4] 埃尔斯特河（die Elster），又称白埃尔斯特河，德国萨勒河的一条支流，流经莱比锡，长245公里。——译者注
[5] 普莱瑟河（die Pleisse），白埃尔斯特河的一条支流，流经莱比锡，长90公里。——译者注
[6] 1813年秋季战局开始时，反法联盟的军队约为49万，拿破仑的法军为44万，双方兵力相差不大。10月中旬，法军退过易北河，据守莱比锡附近的帕尔特河、普莱瑟河和白埃尔斯特河地区，当时的兵力约为16万人，而联军的兵力有28万（也有资料称莱比锡会战开始的16日当天，法方有19万人，联军有20.5万人，到19日结束时才出现兵力悬殊，联军达到了36.5万人）。——译者注

★ 第九章 ★

防御会战

　　我们在前一章中说过，如果防御者在对手一进入战区就寻找和进攻敌人，那么他在防御中就可以进行一次从战术上来看纯粹是进攻的会战；防御者也可以等敌人来到自己的阵地前，然后转入进攻，在这种情况下从战术上看会战仍会成为一次进攻会战，尽管它已经是一次带有某种条件[1]的进攻会战；最后，防御者还可以在自己的阵地上等待对手发起进攻，之后既可以通过局部防御，也可以一部分兵力发起进攻来抵御对手。我们在这里当然可以设想有不同程度和规模的防御，从积极还击的做法下至局部防御的做法。尽管我们在这里无法说这种防御可以到什么程度，以及积极还击和局部防御这两个做法成什么样的比例会最有利于取得决定性的胜利，但是我们坚持认为，只要想取得决定性的胜利，那么在防御会战中就决不能完全没有进攻，而且我们确信，这一进攻部分就像纯粹的战术进攻会战一样，能够而且必然会带来决定性胜利所拥有的一切效果。

　　从战略上来看，战场仅仅是一个点。同样，一次会战的时间从战略上看只是一瞬间。在战略上起作用的因素不是会战的过程，而是会战的结束和结果。

　　假如任何防御会战中都含有的进攻要素真的可以导致彻底的胜利，那么对

---

　　[1]指防御者要有从防御转入进攻的条件。——译者注

战略运用来说，进攻会战与防御会战之间其实就没有什么区别了。我们也确信是这样，但是表面上看当然不是这样。为了弄清这一问题，为了阐明我们的观点，从而消除表面上的假象，我们不妨简略地描绘一下我们想象的防御会战。

防御者在一个阵地上等待进攻者，为此选择了适当的地方，并做了准备，也就是说，他仔细了解了这个地方，在几个最重要的地点构筑了坚固的工事，开辟并平整了交通线，部署了炮兵连，在村落中构筑了防御工事，为自己的部队找好了适于隐蔽部署的场所，等等。如果防御者的阵地正面比较坚固有力，筑有一道或数道平行的壕沟，或者设有其他障碍物，或者有坚固的、可以控制周围地区的制高点，使敌人难以接近，那么在争夺核心阵地以前的各个抵抗阶段，当双方在一些接触点上消耗兵力时，防御者就可以利用这种阵地正面，**以少量兵力杀伤敌人大量兵力**。防御者两翼的依托点可以保障他不至于受到来自多方面的袭击。防御者为部署部队所选择的隐蔽地形，使进攻者小心翼翼，甚至畏缩不前，使防御者有手段进行若干小规模的成功的进攻，让这场向核心阵地收缩的、后撤的战斗延长时间。于是防御者满意地注视着眼前不断燃烧着的、但并不猛烈的战火。当然，防御者不会认为他在正面上的抵抗力是无穷无尽的，不会相信其翼侧是牢不可破的，也不会指望数个步兵营或者骑兵连的成功进攻会使整个会战局势发生剧变。防御者的阵地是**有纵深的**，因为战斗序列中的每个部分（从师向下至营）都有用于应对意外和恢复战斗的预备队。此外，防御者把占总兵力四分之一到三分之一的一支大部队部署在远离会战战场的地方，部署在根本不会受到敌方火力杀伤的地方，并尽量部署在进攻者的迂回线以外（进攻者可能对我们阵地的这一翼或那一翼进行包围）。防御者准备用这部分部队保护自己的两翼免遭敌人较深和较大规模的迂回，以及应付意外情况。在会战的最后三分之一阶段，当进攻者的计划已经全部暴露，他的绝大部分兵力已经投入战斗时，防御者就可以用这支大部队扑向进攻者的一支部队，针对它展开较小规模的进攻会战，并使用攻击、袭击、迂回等所有进攻手段。在会战胜负未定的关键时刻，通过这样的施压行动就会引发整个态势的逆转。

这就是我们通常设想的建立在当前战术水平上的防御会战。在这样的会战中，防御者用局部包围来回应进攻者的全面包围（进攻者欲以全面包围来增加其进攻成功的可能性并同时扩大战果），即防御者用自己的部队去包围敌人进行迂回的那部分部队。这种局部包围能达到使敌人的包围不起作用的目的，但不可能发展到类似进攻者那样的全面包围，因此在进行这两种包围时，部队运动的形式往往是不同的：在进攻会战中，包围敌军时，是向敌军的中心点行动；而在防御会战中，则或多或少是从中心点沿半径向四周运动。

在战场范围内和在追击的最初阶段，应认识到包围是比较有效的形式，但这不是因为它的形状，也不是因为一旦成功就能够进行最严密的包围（在会战时就已经能够极大地限制敌军的退却）。而防御者积极的反击行动正是针对这一最严密的包围的。在很多情况下，这种反击行动即使不足以使防御者获得胜利，却足以使防御者不至于受到最严密的包围。但是我们必须承认，在防御会战中，这种危险（退却受到极大限制的危险）大多是存在的。如果防御者不能摆脱这一危险，那么进攻者在会战中和在追击的最初阶段所取得的战果就会大幅增加。

但是通常只有在追击的最初阶段，也就是直到天黑以前会出现这种情况；次日包围行动结束，交战双方在这一方面就又处于均势。

当然防御者可能丧失最好的退却路，从而在战略上继续处于不利的态势，但是除了少数例外，进攻者对他的包围本身总是会结束的，因为只是打算在战场范围内进行，不会超出战场很远。如果**防御者**获得胜利，另一方会出现什么情况呢？被击败的进攻者会被分成几部分，这种情况在最初时刻是有利于退却的，但在**次**日人们迫切需要**将所有部分集中起来**。如果防御者取得的胜利十分确切，并且进行有力的追击，那么战败者往往不可能进行这样的集中，其兵力分成几部分的状况会导致极严重的后果，可以逐渐发展到崩溃的地步。假如拿破仑在莱比锡会战中获胜，那么其后果将是联军完全被分割，他们的战略地位就会一落千丈。在德累斯顿附近，拿破仑虽然没有进行真正的防御会战，但是他的进攻却具有我们在这里所说的那种几何形式，即由圆心指向圆周[1]。众所周知，联军当时被其分开后的处境是多么困难，只是普军在卡茨巴赫河畔的

---

[1] 1813年秋季战局开始时，拿破仑所率法军的主力部署在德累斯顿附近，处于内线，反法联盟的军队分别部署在波希米亚、西里西亚和柏林，处于外线。因此法军从德累斯顿附近发起的出击是由圆心向圆周的运动。——译者注

胜利才使他们摆脱了这一困境（因为拿破仑得到这一消息后，率领近卫军返回德累斯顿了）。

卡茨巴赫河会战本身也是一个类似的战例[1]：防御者在最后时刻转入进攻，并因此而离心状地采取行动；法军各部队由此受到挤压，四外散开，皮托[2]师在会战后数日落入联军之手，成为联军胜利的一个果实。

由此我们得出结论，进攻者能够利用在本性上与进攻相适应的向心方向行动作为扩大胜利的手段，防御者也同样可以利用在本性上与防御相适应的离心方向行动作为扩大胜利成果的手段。防御者用这种手段取得的战果比他与进攻者成平行部署时，向敌正面垂直行动所取得的战果要多，而且我们认为，这两种手段的价值至少是相同的。

我们在战史上很少看到防御会战取得进攻会战那样大的胜利，但这丝毫不能证明我们关于"防御会战本身同样适合取得大胜利"的看法是错误的。防御会战之所以没有取得进攻会战那样大的胜利，原因在于防御者所处的情况与进攻者相比非常不同。防御者大多是较弱的一方，不仅在兵力上，而且从总的情况来看也是这样。他大多不能或者认为不能让自己的胜利有大的战果，于是只满足于消除危险和挽回军人的荣誉。由于防御者力量较弱且条件不利，他无疑会在很大程度上受到束缚。但是人们往往认为这种不得不出现的结果是防御者这种角色所带来的结果，于是对防御形成了一种实在是愚蠢的基本看法，认为防御会战只应立足于抵御，而不应立足于消灭敌人。我们认为这是最有害的谬误之一，认为它完全把形式与事物本身搞混了。我们一定要坚持：采用我们称作防御的这种作战形式，获胜的可能性不仅更大，而且胜利的规模和效果可以和进攻时一样大。只要具备适量的力量和意志，那么不仅在构成战局的所有战斗的**总的战果**中是这样，而且在**单个会战**中也是这样。

---

[1]1813年8月布布尔河战斗后，布吕歇尔为避免与拿破仑会战，向东撤退。拿破仑派麦克唐纳追击。26日，布吕歇尔趁法军渡过卡茨巴赫河后立足未稳，分三路发起进攻，将法军击溃。29日，联军在追击中歼灭了属于法军第5军的皮托师，重新推进至布布尔河。——译者注
[2]皮托（Jacques-Pierre-Louis-Marie-Joseph Puthod，1769—1837），法国少将。——译者注

★ 第十章 ★

要塞

　　在大规模常备军出现的时代之前，要塞（城堡和设防城市）只是为保护当地民众而设置的。贵族在受到各方威胁时，就进入自己的城堡避难，以赢得时间，等待有利的时机；城市则力图凭借其防御设施使自己不至于受到掠过的战争风暴的侵袭。这是要塞最原始和最自然的防御设施的使命，但它并未就此止步。要塞所在的这样一个点与整个国土以及与在国内各处作战的民众是有关系的，这些关系很快使要塞具有了更大的重要性，具有了超出其城墙以外的意义，对占领或保卫国土，对整个斗争胜利或失败的结局都有了影响，并以这种方式甚至成了一个将战争更多地联结成一个相互关联的整体的手段。于是要塞就有了战略意义，这种战略意义有一个时期受到高度重视，以至要塞对战局计划的基本轮廓起着决定性的作用，使战局计划更多的是以夺取一个或数个要塞为目的，而不是以消灭敌军为目的。后来，人们想到当初使要塞具有这种战略意义的原因，即想到一个设防地点与地区和军队的关系，于是就认为，在确定应设防的地点时，把要塞的使命想象得再全面、细致和抽象也不为过。要塞有了这种抽象的使命以后，它本来的使命就几乎被完全忘掉了，于是人们就产生了在没有城市和居民的地方设置要塞的想法。

　　另外，仅加固城垣而不建设其他军事设施就可以完全保护一个地点，不让它被席卷全国的战争洪水淹没的时代已经过去了。加固的城垣以前之所以能起到这个作用，部分是由于以前各民族分为一些小的国家，部分是由于当时进攻的间歇特性。在当时，或是由于封臣急于回家[1]，或是由于经常付不出要支付给佣兵队长[2]的钱，进攻几乎像季节那样有一定的、十分有限的持续时间。自从庞大的常备军能够用强大的炮兵像机器一样碾碎各地的抵抗以来，就不再有任何城市和其他小团体愿意以自己的力量做赌注了，因为它们只是使城市推迟数周或数月失守，之后却会受到更加严厉的惩罚。而对军队来说，如果把兵力分散到无数的要塞中只是使敌人的前进稍微变缓，最终却只能以屈服于敌人而结束的话，则不是军队的兴趣所在。军队不得不始终在要塞留有足够的兵力，以便与要塞以外的敌人抗衡，除非要塞守军可以指望有一个盟友抵达，为我们的要塞解围并解救我们的军队。因此这种情况又要求人们大幅减少要塞的数量，使人们从利用要塞直接保护城市居民和财产的想法变为另一种想法：把要塞视为对国土的一种**间接**保护，使要塞通过其作为战略枢纽的战略意义而起到这种间接的保护作用。

这就是有关要塞的想法的演变过程，不仅是在书本中，也是在实际生活中的演变过程；但是像常见的那样，书本中的演变过程自然会更抽象。

尽管事情必然会这样发展，可上述关于要塞的想法还是发展得太过分了，臆想的和空洞的东西挤掉了自然的和人们急需的东西。当我们列举要塞的使命和条件时，将只考虑这些简单的和人们急需的东西。我们将先谈简单的，再谈复杂的，并在下一章看一看，从中能为确定要塞的位置和数量而得出什么结论。

要塞的效果显然是由两个不同的因素构成的，一个是被动的因素，一个是主动的因素。要塞通过被动的因素保护某地点和该地点内的一切，通过主动的因素对要塞炮火射程以外的周围地区产生一定的影响。

---

[1] 在中世纪，西欧封建领主将土地及土地上的农民分给封臣作为采邑，封臣则对领主负一定的义务，主要是提供军队的义务。一旦战事发生，领主即召集封臣的军队作战。这种军队往往以完成某一战事为期限，战事告一段落，封臣的军队就返回家乡。——译者注
[2] 中世纪晚期到16世纪中叶，意大利一些城邦国家，如威尼斯、佛罗伦萨、热那亚等，虽然经济发达，但防卫能力弱，它们为维护其利益而与佣兵签合同，由其提供保护。佣兵成为一种职业，佣兵的首领称为佣兵队长（Condittiere）。每个佣兵集团的武器装备为佣兵队长所有，给养和薪饷由佣兵队长负责。佣兵队长可以使自己的集团受雇于任何国家甚至个人。——译者注

　　这个主动因素体现在要塞守军能够对接近到一定距离的任何敌人发起进攻。守军的规模越大，可以用于出击的部队规模就越大；出击部队的规模越大，其出击的范围通常就越广。由此可见，与小要塞的主动影响程度相比，大要塞的主动影响程度不仅更强有力，而且影响的范围也更大。但是主动因素本身一定程度上又是由两部分组成的：一是要塞本身守军的行动，二是其他不属于守军，但与守军有联系的大小部队可以实施的行动。这些要塞之外的大大小小的部队力量较弱，无法单独对抗敌人，但是有了要塞的保护（在紧急情况下他们可以退入要塞），他们就能够在要塞周围的地区立足，并在一定程度上控制这个地区。

　　一个要塞的守军所能实施的行动总是相当有限的。即使要塞很大，守军兵力多，其能够派出去行动的部队与野战部队相比大多还是比较小的，它们活动范围的直径很少超过两日行程。如果要塞很小，那么派出的部队就会非常小，其活动范围大多限于邻近的一些村庄。然而那些不属于守军的部队由于不必返回要塞，其受到的束缚要小得多；当其他条件有利时，通过这些部队就可以极大地扩展一个要塞主动影响的范围。因此当我们谈到要塞一般所具有的主动影响时，必须特别注意这部分主动因素。

　　但是即使是最弱小的守军所起的最小的积极效果，对要塞要完成的一切使命来说，也仍然是一个十分重要的部分；因为严格地说，即使是要塞所有活动中最消极的活动（进攻时的防御），如果没有上面所说的积极效果也是不可想象的。同时，显而易见，在要塞一般的或者某一时刻所能完成的不同的使命中，有的更多要求发挥消极效果，有的则更多要求发挥积极效果。这些使命有些是简单的，有些是复杂的，在前一种情况下，要塞的效果在一定程度上是直接的；在后一种情况下，要塞的效果则或多或少是间接的。我们准备先谈前者，再谈后者，但是先要说明一点，即一个要塞自然可以同时或至少在不同时刻担负多个或全部使命。

　　因此我们说，要塞是防御首要的和最大的支柱，具体是通过以下方式：

　　1. **作为有安全保障的仓库**。进攻者在进攻期间只需考虑其一两天的给养，而防御者通常必须提前做好准备，也就是说他不能仅从其所在地区获取给养，因为这本来是他欲保全的地方，因此仓库对防御者来说是非常需要的。进攻者在前进时，其各种物资留在后面，这些物资因此不会面临战区内的各种危险，而防御者的物资是在战区内的。如果防御者的各种物资不是存放在**设防地点**，那么这想必会对野战行动产生极为不利的影响，也就是说，为保护这些物资，部队往往不得不进入非常迫不得已选定的、范围极大的阵地。

一支没有要塞的防御部队就像一个未穿铠甲的人，有无数的部位会被击伤。

2. **用以保护富庶的大城市的安全**。这一使命与前一项使命非常接近，因为富庶的大城市，特别是商业中心，是部队的天然仓库。作为这样的仓库，其得失对部队有直接的影响。此外，花费一些力量来保护这部分国家财产毕竟总是值得的，因为一方面，从这里可以间接地汲取力量；另一方面，一个重要的地点本身在媾和谈判时就是一个非常重要的砝码。

要塞的这一使命在近代没有得到应有的重视，但它毕竟是最起作用的、最少招致失误的最自然而然的使命之一。如果一个国家不仅在所有富庶的大城市筑有工事，而且在每个人口稠密的地点也筑有工事，由当地的民众和附近的农民来防守这些地方，那么进攻者的战争运行速度就会受到很大的减弱，受到进攻的民众就会以其很大一部分力量投入到战争中去，以至敌方统帅的才智和意志力下降到微不足道的程度。我们提出这种全国设防的理想，只是为了让要塞的使命能得到应有的重视，希望人们时刻不要忽视要塞提供**直接**保护的重要性。此外，这一想法与我们这里的考察并不矛盾，因为在全部城市中必然会有一些城市的设防程度比其他城市更高，被视为武装力量的真正支柱。

要塞在完成上述第一项和第二项使命时，几乎只需要发挥其被动因素。

3. **作为真正的堡垒**。要塞可以用来封锁道路，在大多数情况下也可以用来封锁流经要塞的江河。

进攻者要找到一条可以用来迂回要塞的小路，并不像人们通常想的那样容易，因为这种迂回不仅必须在要塞炮火射程以外进行，而且由于守军可能出击，因此还必须在距要塞较远的范围以外进行。

如果地形稍难通行一些，那么即使进攻者稍微离开大路也往往会使其行动迟缓，可能耽误一整天的行程。如果这是一条必须经常使用的大路，这种耽误就可能是非常严重的问题。

　　至于利用要塞封锁江河上的航行如何妨碍进攻者的行动，则是不言而喻的。

　　4. **作为战术上的依托点**。由于一个不算太小的要塞的火力控制范围通常就已经达到数小时行程，而出击的活动范围无论如何还要更大些，因此永远可以把要塞看作一处阵地某一翼的最好的依托点。一个数普里长的湖泊肯定可以算是极好的依托点，但是一个中等要塞能起到更大的作用。阵地的一翼不必靠近要塞，因为进攻者不会在阵地这一翼与要塞之间行动，否则他将失去退路。

　　5. **作为兵站**。如果要塞位于防御者的交通线上（大多数情况下是这样的），那么对于往来这条路上的一切，要塞就是便利的兵站。交通线受到的威胁往往来自敌方袭扰部队，其影响只是短暂的。一支重要的运输队在这种彗星般的袭扰部队接近时，只要加快前进或迅速返回要塞，就得救了，等危险过去后就可以再次行动。此外，一切来来往往的部队都可以在这里休息一天或数天，由此更会加快余下的行军速度。而休息期间恰恰是部队受到威胁最大的时候。因此一条长30普里的交通线，如果中间有一个要塞，这条交通线在某种程度上就缩短了一半。

　　6. **作为弱小部队或败退部队的避难地**。任何一支部队在一个不太小的要塞的炮火保护下，即使没有专门构筑设防营垒，也不至于受到敌人的袭击。当然这样一支部队如果想留驻在这里，就不得不放弃继续退却。但是在有些情况下，不能继续退却并不会带来大的损失，因为继续退却也许只能以全军覆灭而告终。

　　但是在很多情况下，要塞可以保障部队停留数日，而且不会让部队因此而失去退却的可能性。特别是对那些早到的战败部队中的轻伤员和溃散的士兵来说，要塞是他们的避难地，他们可以在那里等候自己的部队。

　　在1806年，假如马格德堡[1]位于普鲁士军队的径直退却线上，假如这一退却线没有在奥尔施泰特[2]附近就已经被切断，那么普军自然就可以在这个大要塞中停留3～4天，从而集结并重新组织起来。即使是在当时那样的情况

---

[1] 马格德堡（Magdeburg），今德国萨克森–安哈尔特州首府，历史上是普鲁士一处要塞，位于易北河畔，东北距柏林130公里。——译者注
[2] 奥尔施泰特（Auerstedt），今德国图林根州一小镇，北距马格德堡约115公里。——译者注

下，马格德堡还是成为霍恩洛厄余部的集结地，这支部队在那里才又重新组织起来[1]。

人们只有通过在战争中的鲜活体验，才能对情况不利时附近一处要塞所起的良好作用有一个正确的概念。要塞中有弹药、枪支、燕麦和面包，使病员有住处，使健康者有安全，使受到惊吓的人恢复镇静。要塞就是荒漠中的旅店。

要塞在完成上述后四项使命时，需要更多地发挥其主动作用，这本身是很清楚的。

7. 作为抵挡敌人进攻的真正盾牌。防御者设置在自己前方的要塞就像大冰块一样断开敌人进攻的洪流。敌人不得不包围这些要塞。如果要塞守军作战勇敢，那么敌人为达成包围，大致需要比守军多一倍的兵力。此外，大部分要塞的守军几乎一半可以或者就是由那些如果不用于要塞就根本无法带上战场的人员组成的，例如未经充分训练的后备军、半残军人、武装民众、国民军等等。在这种情况下，敌军因包围我要塞而被占用的兵力大概为我军的四倍。

敌军受到这种不成比例的削弱，是受到围攻的要塞通过其抵抗带给我们的第一个和最重要的好处，但这并不是唯一的好处。从进攻者突破我们的要塞线的那一刻起，他的一切运动都受到很大的制约；他的退路受到限制，而且总是不得不考虑如何直接保护他所进行的围攻。

因此，要塞在这方面对防御行动起着巨大的和决定性的作用。我们必须把这一点看作一处要塞能具有的所有使命中最重要的使命。

尽管如此，我们在战史上很少看到这样使用要塞，特别是很少看到经常这样使用要塞，这是由过去大多数战争的特点所决定的。对这些战争来说，使用这一手段某种程度上过于坚决和强硬了。对这一点，我们以后再做进一步的说明[2]。

要塞的这个使命从根本上来说，主要是要求要塞发挥其进攻力量，至少要塞在这种情况下的效果是来自这种进攻力量的。假如要塞对进攻者来说只是一

---

[1] 在1806年耶拿会战开始前，普鲁士军队部署在耶拿和魏玛一带。10月14日，普军霍恩洛厄部在耶拿和奥尔施泰特被法军击溃后，绕道经奎德林布克向北方退却，于20日抵达马格德堡，在这里等待和集结溃散的部队。——译者注

[2] 作者在本篇第二十八章和第三十章中谈及类似的问题。——译者注

个无法占领的地点，那么它对于进攻者虽然碍事，但绝不会达到使进攻者感到必须加以围攻的程度。然而由于进攻者不能让6000，8000乃至1万名敌军在他背后任意活动，因此他不得不用适当的兵力去冲击要塞，而且为了不总是要这样冲击要塞，就不得不占领要塞，也就是不得不围攻要塞。从要塞被围攻的那一刻起，要塞主要是通过其被动因素发挥作用。

对于所有上述使命，要塞都是以相当直接和简单的方式完成的。与此相反，对于以下两项使命，要塞发挥作用的方式更为复杂。

8. **用以保护延展较大的舍营地**。一个中等的要塞可以封锁通向它身后舍营地的接近地，宽度可达3～4普里。这是由于要塞的存在而产生的一个很简单的效果。但是至于说这样一个要塞能够保护一条长15～20普里的舍营线（在战史上经常谈到这一点），如果确有其事，则需要加以探讨，而如果只是幻想，也需要加以指出。

在这里需要考察以下几种情况：

（1）要塞本身可以封锁一条主要道路，并确实可以保护宽3～4普里的地区。

（2）可将要塞视为防御者的一个非常强大的前哨，或者它能使人们更全面地了解当地的情况。由于一个大城镇与周围地区之间的社会关系，防御者还可以通过秘密情报的途径增加这种了解。人们在一个6000、8000到1万人口的城镇，自然比只在一个村庄（一个普通前哨经常利用的舍营地）能更多地了解到周围地区的情况。

（3）一些较小的部队可以依托要塞，得到要塞的保护和保障；他们不时可以对敌出击，以获取情报，或者在敌途经要塞的情况下，在其背后采取些行动。因此，尽管要塞是固定的，但它在某些方面可以起到一支前出部队的作用（见第五篇第八章）。

（4）防御者集结其部队后，正好可以在要塞后面进行部署，以致进攻者无法推进到防御者的这一部署地，否则其背后就会受到防御者要塞的威胁。

当然，任何对一条舍营线的进攻都可被视为带有袭击特点的进攻，或者更确切地说，这里说的进攻就是袭击。袭击与对战区的进攻相比，会在短得多的时间内达到效果，这是显而易见的。如果说，进攻者在进攻战区时，有必要对不得不经过的要塞进行冲击和控制，那么他在袭击一条舍营线时，就没必要对要塞这样做了，因此要塞也就不会像削弱敌人进攻那样削弱敌人的袭击。这当然是事实。距要塞6～8普里的两翼的舍营地也不会因此而得到要塞的直接保护。不过，这样一种袭击的目的也并不是攻击几个舍营地。至于这样一种袭击的真正意图是什么，以及袭击者可以期待得到些什么，我们在《进攻》一篇[1]中才能做更详细的说明，但在这里我们就已经可以指出：袭击取得的主要成果不是通过真正袭击几个舍营地得来的，而是通过追赶，迫使敌方一些部队应战得来的（敌方这些部队状态不佳，更多是准备赶往某些地点集合，而不是准备战斗）。但是进攻者的这种推进和追赶必须总是或多或少地指向敌舍营地的中心。而此时一个位于该中心前面的大要塞当然会给进攻者造成很大的困难。

我们认为，如果考虑到上述四个方面的综合效果，那么就可以看出，一个大要塞能以直接的和间接的方式在一定程度上为一个超出人们最初想象的、延展更大的舍营地提供一些安全保障。我们之所以说"一些安全保障"，是因为要塞所有那些间接的效果并不能阻止敌人前进，只能使敌人在前进时的困难和顾虑更多，从而使其前进的可能性小些，对防御者的危险少些。然而人们对要塞所能要求的，以及要塞在这种情况下所能提供的保护也就是这些了。真正的、直接的安全必须通过部署前哨和正确地安排舍营来获得。

因此，如果人们认为一个大的要塞有能力保护它后面的延展很大的舍营线，并非不现实。但是我们也不能否认，在这个问题上，人们在实际的战争计划中，尤其是在历史著作中常常遇到空洞的言辞或者虚幻的观点。既然只有多种条件共同起作用，要塞才能产生上述保护作用，而且即使有了这种作用，也只是减少一些危险而已，那么人们就不难看出，在有些情况下，由于特殊原因，特别是由于对手勇敢，要塞的这种保护作用有可能化为泡影。因此在战争中，人们不能满足于笼统地假设要塞有这种作用，而是必须深入细致地考虑到各种具体情况。

9. **用以保护未设防的地区**。如果在战争中某个地区根本没有军队驻守，

---

[1] 参阅本书第三卷第七篇第十九章。——译者注

或者没有大部队驻守，多少有受敌袭扰的危险，那么人们就会把位于这个地区的一个较大的要塞看作对该地区的保护，或者，如果愿意的话，把它看作对该地区的安全保障。人们当然可以把要塞看作对这个地区的保障，因为敌人在攻占要塞以前是控制不了这个地区的，这样我们就赢得了时间，可以赶来对这个地区进行防御。但是人们对这种保护当然只能理解为一种非常间接的保护，不是**本来意义上的**保护，因为要塞只能通过它的主动作用在一定程度上限制敌人的袭扰。如果人们只靠要塞的守军来发挥这一作用，就不会收到很大的效果，因为这种要塞的守军大多兵力薄弱，通常只是由步兵组成的，而且还不是精锐的步兵。如果有一些小部队在要塞周围活动，同时与要塞保持联系，把要塞作为它们的支撑和基地，那么要塞发挥保护作用的现实性就会更大些。

10. **作为民众武装的中心**。在一场人民战争中，给养、武器和弹药不可能有正规的供应，而是由民众尽自己所能在这方面想办法，并且通过这种方式去唤醒数以千计的、点点滴滴的、如果没有人民战争就将始终沉睡的抵抗力量，这正是人民战争的本性。不过，如果有一个储存这类物资可供救急的大要塞，就会使整个抵抗更加严密和可靠，更有相互联系和连续性，这是不言而喻的。

此外，要塞是伤员的避难地，是领导机关的所在地，是贵重物品的保管库，是较大行动的集结地等，最后是抵抗的中心，使敌军在其围攻期间处于一种容易受到民众武装袭击的状态。

11. **用于江河和山地防御**。大江大河沿岸的要塞比其他地方的要塞能达成更多的目的，扮演更多的角色。在这里，要塞可以随时保障我军安全渡河，阻止敌军在要塞附近数普里的范围内渡河，控制江河上的运输，收纳一切船只，封锁桥梁和道路，使防御者有可能以间接的方法，即在对岸敌占区进入一处阵地来防守江河。显然，要塞通过这种多方面的作用，大幅减轻了江河防御的难度，应被视为江河防御的一个重要环节。

与上述情况类似，在山地的要塞也是重要的。山地要塞构成路网的枢纽，控制着整个路网，并因此而控制着这些道路所通过的整个地区。因此，山地要塞应该被看作山地防御体系的真正支柱。

★ 第十一章 ★

要塞（续）

我们已经谈了要塞的使命，现在谈一谈要塞的位置。这个问题初看上去似乎很复杂，因为要塞的使命很多，而每个使命又因地形不同而可能有变化。但是如果我们把握住事物的本质，注意避免多余的枝节问题，那么就没必要顾虑这些了。

显然，如果人们在那些可被视为战区的地区内把位于连接两国的大路上的最大、最富庶的城市，尤其是优先把靠近港口、海湾以及大江河沿岸和山地中的城市都构筑成要塞，那么就能同时满足所有那些对要塞提出的要求了。大城市和大路总是在一起的，两者与大的江河和海岸也有天然的密切关系。因此，这四者很容易共处，不会产生矛盾。相反，山地很难与之共处，因为大城市很少位于山地。因此，如果某一山地的位置和走向适于作为防线，那就有必要通过一些小堡垒封锁该山地的道路和隘口。这些小堡垒应专门用于此目的，构筑时应尽量少花费用。同时，大的要塞设施应继续用于平原上的大城市。

我们还没有谈到在边境设置要塞的问题，也没有谈到整个要塞线的几何形式，以及要塞位置的其余地理因素，因为我们认为前一章所谈的是要塞最重要的任务，并且认为在很多情况下，尤其是对小国来说，构筑要塞时只考虑这些使命已经足够了。当然就那些幅员更为辽阔的国家来说，有的拥有很多大城市和大路，有的则相反，几乎完全没有大城市和大路；有的非常富有，在既有

的很多要塞之外还想构筑新的要塞，有的则相反，非常贫穷，不得不以很少的
要塞勉强应付。总之，如果要塞的数目与需要构筑要塞的大城市和大路的数目
不是很协调，大城市和大路不是特别多就是特别少，那么选择构筑要塞的地点
时，就可以而且需要考虑另外一些依据。我们只是简单地谈一谈这个问题。

余下的主要问题涉及以下几点：

1. 当连接两国的主要道路很多，不能沿每一条道路都设置要塞时，应该
选择沿哪条大路设置要塞？

2. 要塞应该仅仅设置在边境附近，还是应该分布在全国？

3. 要塞应该平均分布，还是应成组分布？

4. 设置要塞时应考虑当地的哪些地理条件？

就要塞线的几何样式来说，还有很多其他问题，例如：要塞线应设置成一
排，还是多排，也就是说，要塞前后分布时的作用大，还是左右分布时的作用
大；应该设置成棋盘状，还是直线式，或者要塞线是否应像工事本身的形状那
样有一些凹凸的部分。我们认为这些都是空洞的细枝末节问题，也就是说，
是一些不必加以考虑的问题，当人们考虑更重要的问题时，是决不会谈论它们
的。我们在这里之所以触及这些问题，只是因为在有些书本中不仅谈到它们，
而且赋予这些内容贫乏的东西过大的重要性。

说到第一个问题，为了把它讲得更清楚些，我们只想提一下南德意志[1]
对法国，即对上莱茵地区[2]的关系。如果我们不去考虑构成南德意志的各个
邦国的情况，只把这块土地看作一个整体，从战略上来考虑如何构筑其要塞的
问题，那么想必会出现一个很大的不确定性，因为自莱茵河畔有无数漂亮的大
路通往弗兰肯、巴伐利亚[3]和奥地利的腹地。虽然在这些大路上并不缺少比

[1]南德意志（Süddeutschland），一般指今德国包括巴登–符腾堡州、巴伐利亚州、黑森州自美
因河畔法兰克福以南的部分、萨尔州和莱茵兰–普法尔茨州在内的地域。——译者注
[2]上莱茵地区（der Oberrhein），指巴塞尔和宾根之间的莱茵河中游两岸地区，大致包括今法
国阿尔萨斯大区、德国巴登–符腾堡州、莱茵兰–普法尔茨州，以及瑞士北部部分地区。——译
者注
[3]巴伐利亚（Bayern），今德国东南部的一个州，历史上曾是德意志的公国、选帝侯国和王
国。——译者注

一般城市大得多的城市，例如纽伦堡[1]、维尔茨堡[2]、乌尔姆[3]、奥格斯堡[4]、慕尼黑[5]等，但是如果不打算在所有这些城市中都构筑工事，那就必须有所选择。此外，即使人们根据我们的观点，认为主要应该在最大和最富庶的城市中构筑工事，也还是不得不承认，由于纽伦堡距慕尼黑较远[6]，其战略意义与慕尼黑相比显然也不同，因此始终存在着这样一个值得考虑的问题：是否应该取代纽伦堡，而在慕尼黑地区的一个地点（即使是比较小的地点）设置要塞。

至于在这种情况下如何做出决定，也就是说，如何回答第一个问题，请读者参阅我们论述一般防御计划和选择进攻点的那几章。哪里是最自然的进攻点，哪里也就是我们应该优先构筑防御设施的地方。

因此，在敌国通往我国的多条大路中，我们应优先在那条最径直通往我国心脏的道路上构筑要塞，或者在那条由于穿过富饶的地区或靠近通航的河流而最便于敌人行动的道路上构筑要塞，然后我们要确定，敌人或者会遇到这一要塞的阻拦，或者当敌人欲绕过要塞时，要塞会为我们提供一个自然和有利的从翼侧向其采取行动的手段。

维也纳是南德意志的心脏，仅从与法国交战的角度来看（假设瑞士和意大利是中立的），慕尼黑或奥格斯堡作为主要要塞所起的作用显然会比纽伦堡或维尔茨堡更大。如果人们同时再考虑到从瑞士经过蒂罗尔[7]，以及从意大利过来的道路，对这一点就更有感触了，因为慕尼黑或奥格斯堡对这两条道路总可以起到一些作用，而维尔茨堡和纽伦堡对它们来说就像不存在一样。

现在我们来谈谈第二个问题：要塞应该仅仅设置在边境附近，还是应该分布在全国。首先我们必须指出，对小国来说，这个问题是多余的，因为在战略

---

[1] 纽伦堡（Nürnberg），今德国巴伐利亚州一城市，位于佩格尼茨河畔。——译者注
[2] 维尔茨堡（Würzburg），今德国巴伐利亚州西北部一城市，位于美因河畔。——译者注
[3] 乌尔姆（Ulm），今德国巴登-符腾堡州一城市，位于多瑙河左岸。——译者注
[4] 奥格斯堡（Augsburg），今德国巴伐利亚州一城市，位于莱希河畔。——译者注
[5] 慕尼黑（München），今德国巴伐利亚州首府。——译者注
[6] 两者相距约170公里。慕尼黑位于从法国直接通往维也纳的道路上，而纽伦堡则位于另一条绕道较远的道路上。——译者注
[7] 蒂罗尔（Tirol），历史上欧洲中部阿尔卑斯山脉中的一个地区，包括今奥地利西部和意大利北部的部分地区。——译者注

上可以称之为边境的地方，在小国几乎就是整个国土。而国家越大，就越有必要考虑这个问题。

对这个问题的最自然的回答是：要塞应该设置在边境附近，因为要塞应该用于保卫国家，而只要守住了边境，也就保卫住了国家。这一观点一般来说是正确的，但是以下的考察表明，这个观点会有很大的局限性。

凡是主要依靠外援的防御，都尤为重视赢得时间。这种防御不是强有力的还击，而是一种缓慢的推进。在这一过程中，它主要是赢得时间，而不在于削弱敌人。假设其他一切情况相同，敌人攻占分布在全国的、相隔很远的要塞比攻占密集在边境附近一线上的要塞要用更长的时间，这是符合事物本性的。此外，凡是在欲通过使敌人拉长交通线和出现生存困难而战胜敌人的一切场合，也就是说在那些可以优先考虑这种抵抗方式的国家，如果它们仅在边境附近设置防御设施，则与其具备的这种抵抗方式是完全矛盾的。最后，如果我们再考虑到以下因素，那么就可以看出，人们或多或少总是有在腹地设置要塞的理由。这些因素是：只要条件允许，在首都构筑防御设施是首要的事情；根据我们的原则，各省的首府和商业中心也需要构筑这种防御设施；横贯一国的江河、山脉以及其他地形障碍有利于设置新的防线；有些城市因自然的固定位置，需要构筑防御设施；最后，某些军事设施（例如所有兵工厂）设置在腹地，比在边境附近更好，因为它们很重要，的确值得要塞工事保护。我们认为，即使那些有很多要塞的国家有理由将较多要塞设置在边境附近，但如果它们在腹地完全不设置要塞，就仍是犯了一个大的错误。我们认为，法国在很大程度上就是犯了这样的错误。如果一个国家在边境地区完全没有大城市，只是在深远的后方才有大城市（例如在南德意志这种情况就特别明显，在士瓦本[1]几乎没有大城市，而在巴伐利亚却有很多大城市），那么是否只应该在边境附近设置要塞就更值得怀疑了。我们认为，没有必要根据一般的论据来一劳永逸地排除这一怀疑。我们说，在这种情况下要得出结论，就必须让论据符合具体情况，但我们还是请读者注意本章最后的结论。

---

[1] 士瓦本（Schwaben），历史上曾是德意志的一个公国（911—1268），包括符腾堡、黑森、巴伐利亚西部和巴登的一部分，后主要指德国境内说士瓦本方言的地区。——译者注

第三个问题是，要塞更应平均分布，还是更应成组分布。如果人们对各方面的情况都进行了考虑，那么很少会出现这一问题。但是我们并不因此就认为这是毫无意义的枝节问题，因为由两个、三个或四个要塞组成的要塞群，距一个共同的中心只有数日行程，当然能极大地加强这一中心和在该地的部队的力量，以至只要其他条件在一定程度上允许，人们必然会力图组成这样的战略棱堡[1]。

最后一点涉及选择要塞地点时应考虑的其余地理因素。要塞设置在沿海、大江河的两岸和山地，能加倍发挥作用。这一点，我们在前面已经谈过，因为这是人们要考虑的主要问题，但还要考虑到其他一些地理因素。

如果一个要塞不能设置在江河畔，那就最好不要把它设置在江河附近，而是设置在距江河10～12普里的地方，因为江河在我们上面提到的一切方面都会分割和干扰要塞的作用范围[2]。

在山地就没有这种情形，因为山地不会像江河那样把大小部队的行动限制在个别点上，但是在山地迎向敌人的一面（距敌人较近处）设置要塞是不利的，因为这样的话，自己的援军很难为该要塞解围。而如果把要塞设置在山地背向敌人的一面，则会加大敌人围攻的难度，因为山地切断了敌人的交通线。我们请读者注意1758年围攻奥尔米茨的例子[3]。

难以通行的大片林地和沼泽地的情况与江河类似，这是不难理解的。

位于难以通行的地形上的城市是否应该设置要塞，也是一个人们经常提出的问题。由于这种城市以少量的费用就可以构筑工事进行防御，或者与其他城市相比，付出同样多的力量即可成为坚固得多而往往难以被攻克的城市，同时由于要塞的作用更多是被动而非主动产生的，因此人们似乎不必太重视那种认为这种城市容易被封锁的意见。

---

[1]“棱堡”，原文为法语“Redan”，指要塞、堡垒等工事突出的部位，以便于观察和防御，有V字等形状。——译者注

[2]菲利普斯堡就是要塞位置选择不当的一个典型，它就像一个白痴把鼻子紧紧贴在墙上。——作者注

[3]奥尔米茨是18世纪奥地利的一个要塞，位于苏台德山脉南面，即背向普鲁士一面。普军想要围攻奥尔米茨，必须经过苏台德山脉，交通线易被切断。1758年5月22日，普军围攻奥尔米茨要塞。6月30日，奥地利统帅道恩派出袭扰部队在普军通过苏台德山脉的交通线上截获大批辎重，迫使普军停止围攻，退向波希米亚。——译者注

　　最后，如果我们回过来再看一下我们提出的有关在全国构筑要塞的非常简单的理论体系，可以说：这一体系是以直接关系到国家根基的重大而持久的事务和因素为基础的，其中不可能含有任何早晚会过时的有关战争的时髦观点、空想出来的战略妙计，以及只适合眼前的极个别的需要。这些时髦观点和妙计对为使用五百年，甚至一千年而构筑的要塞来说是错误的，会引起无法挽回的后果。弗里德里希二世在西里西亚的希尔博贝格[1]要塞构筑在苏台德山脉[2]的一个山脊上，在情况完全变化后，几乎失去了它的全部意义和作用；而假如布雷斯劳是一个坚固的要塞并且能保持这样，那么在任何情况下，无论是针对法国人，还是针对俄国人、波兰人和奥地利人，它都能保持其原来的意义和作用。

　　请读者不要忘记，我们的这些考察并不是针对一个国家完全从头构筑要塞的那种情况提出的，如果是那样的话，这些考察就没有用处了，因为从头构筑要塞的情况基本没有出现过。我们的这些考察在设置每个具体要塞时可能是有用的。

---

[1]希尔博贝格（Silberberg），即今波兰下西里西亚省村庄斯雷布诺戈拉（Srebrna Góra）。三次西里西亚战争后，普鲁士国王弗里德里希二世于1765年下令在该地附近构筑要塞，1778年建成。——译者注

[2]苏台德山脉（die Sudeten），位于欧洲中部，在西里西亚和波希米亚之间，连接埃尔茨山脉和喀尔巴阡山脉，长310公里，宽30～50公里。最高峰斯涅日卡山，海拔1603米。——译者注

★ 第十二章 ★

防御阵地

任何一个我们利用地形作为一种防护手段而在其中接受会战的阵地都是一处防御阵地。至于我们当时的行动是以防守为主还是以进攻为主，是没有区别的。从我们关于防御的总的看法中就已经可以得出这一结论。

人们可以进一步把一支迎向对手的部队在对手挑战而被迫应战时所处的任何阵地，也叫作防御阵地。实际上，大多数会战都是这样发生的。在整个中世纪，就没有其他的会战。在战争中，大多数阵地都是这类阵地，但我们这里要谈的不是这类阵地。对于这样的阵地，我们只要指出**阵地**的概念与**行军途中的宿营地**不同就够了。一个专门被称作**防御阵地**的阵地与这类阵地相比，想必还是有不同的地方。

在一处普通阵地上进行决战时，时间的概念显然是主要的：双方部队相向运动，以期相遇，而地点是次要的，人们只要求它合适就行了。但是在选择真正的防御阵地时，**地点**的概念却是主要的，因为决战只应在这一地点进行，或者更准确地说，决战应主要利用这一地点进行。这里说的只是这一阵地。

地点在此的意义表现在两个方面：一方面，部署到这一地点上的部队将对整个防御起到一定的作用；另一方面，这个地点的地形可以作为保护和加强这支部队力量的手段。简而言之，前者是战略方面的意义，后者是战术方面的意义。

如果我们要说得确切，那么**防御阵地**这个术语只是源于地点在战术方面的意义，因为地点在战略方面的意义（部署在该地点的部队通过其存在影响到国家的防御）也适合一处带有进攻性质的阵地。

上述两个意义中的第一个意义，即一个阵地在战略上的作用，以后在研究战区防御时才能得到充分的说明，我们在这里只想谈现在可以谈的问题。为此我们必须先弄清楚两个近似的、经常被混淆的概念，即对阵地的迂回和从阵地的侧面通过。

对阵地的迂回是指绕过阵地的正面，要么是为了从侧面甚至从背后进攻这一阵地，要么是为了切断这一阵地的退却和交通线。

前一种情况，即从侧面和背后发起进攻，是有战术特性的行动。当今部队的机动性很强，一切战斗计划都或多或少地准备进行迂回和包围打击，每个阵地都应对此有所准备。一个名副其实的坚固阵地不仅应该有牢固的正面，而且当侧面和背后受到威胁时，至少还能在那里组织对己有利的战斗。这样阵地就不会因**迂回**所具有的旨在从侧面或背后进攻它的意图而失去作用，在这个阵地上进行的会战成败才是阵地的意义所在。阵地应给防御者带来它通常所能提供的好处。

如果阵地受到进攻者旨在威胁其退却和交通线的迂回，那么这就是战略问题了，这时的问题在于阵地能坚持多久，以及阵地在退却和交通线方面是否优于对手，而这两点都取决于阵地的位置，也就是说主要取决于双方交通线与阵地的关系。任何好的阵地都应该保障防御的部队在阵地里占有优势。无论如何，阵地不应因受到迂回而失去作用，而是应该让忙于对付阵地的对手至少失去一些进攻的锐气。

但是如果进攻者不理睬在防御阵地中等待他的敌军，而是以主力沿另一条道路推进，去追求其目的，那么这就是从阵地**侧面通过**。如果进攻者能够不受惩罚地这样做，那么当他真的这样做了以后，就随时可迫使防御者放弃这个阵地，也就是说使这个阵地失去作用。

仅就"从阵地侧面通过"的字面意义来看，在世界上几乎没有不能从侧面通过的阵地，像彼列科普地峡[1]那样的情况由于极为少见，因此几乎可以不

---

[1] 彼列科普地峡（Landenge von Perekop），连接陆地与克里米亚半岛的狭长通道，宽5～8公里。——译者注

予考虑。进攻者不能从阵地侧面通过，一定是由于他会因此而陷入不利。至于这些不利究竟是什么，我们在第二十七章[1]将有更好的机会予以阐明。这些不利有大有小，但无论如何它们补偿了阵地未能发挥的战术效果，与阵地一道构成防御阵地的目的。

从上述内容可以看出防御阵地在战略上的两个特点：

1. 敌人无法从其侧面通过；

2. 在争夺交通线的斗争中使防御者处于有利地位；

（现在我们还要补充另外两个战略上的特点）

3. 交通线与阵地的位置关系对防御者的战斗进程也应该产生有利的作用；

4. 地形的一般影响应该对防御者有利。

双方交通线与阵地的位置关系不仅对进攻者能否从阵地侧面通过，以及能否切断阵地上的给养供应有影响，而且也影响到会战的整个进程。防御者的斜向退却线在会战中便于进攻者进行战术迂回，同时妨碍防御者自己的战术运动。但这种斜向部署并不总是战术上的过失，而往往是错误选择战略地点的结果。例如，如果道路在阵地附近改变方向，那么斜向部署就是根本不可避免的（1812年的博罗季诺会战）。在这种情况下，进攻者**不改变其垂直部署**，就已经处于可以迂回防御者的方向上。

此外，如果进攻者有很多退路，而防御者只有一条退路，那么进攻者就会享有大得多的战术自由所带来的好处。在所有这些情况下，防御者即使用尽了一切巧妙的战术，也无法消除战略错误所造成的不利影响。

至于最后的第四点，地形也可能在某些方面对防御者十分不利，以至即使精心地选择了并且非常巧妙地运用了战术手段，也不能消除这一不利情况。在这方面，应该注意的最主要的情况是：

1. 防御者首先必须争取有利条件，使自己能够清楚地观察对手，并能够在自己阵地所处地带内迅速扑向对手。只有在那些地形通过障碍与这两个条件结合的地方，地形才对防御者特别有利。

---

[1] 原文如此，疑误。应为本篇第二十八章。——译者注

所有受到制高点制约的地点，所有或者大多数山地阵地（这一问题在有关山地战的那几章中还要专门论述），所有侧面依托山地的阵地（在这种情况下，山地虽然增加了进攻者从阵地**侧面通过**的难度，但却便于他**迂回**），所有前面不远处有山地的阵地，以及所有不符合上述地形要求的地点对防御者都是不利的。

在与上述不利情况相反的情况中，我们只想提出阵地背后有山地这一情况。这种情况可以带来很多好处，以至一般来说可以把它看作对防御阵地最有利的情况之一。

2. 地形应该多少与部队的特点和编成相适应。一支很占优势的骑兵部队当然应该去寻找开阔地，而一支缺少骑兵和炮兵，但经过战争历练、熟悉地形和勇敢的步兵部队，则最好去利用非常难以通过的复杂地形。

在这里，我们没有必要详细论述一处防御阵地所在的地形对部队的战术意义，而只谈防御阵地所在地形的总的影响，因为只有这种影响才是具有战略分量的一个因素。

毫无疑问，部队完全为了等待敌人进攻而进入的阵地，应该为这支部队提供非常有利的地形条件，以至这些条件可以被看作部队的力量倍增器。在大自然提供了很多，但仍未能满足我们愿望的地方，就要由筑垒术来帮忙。用这种方法往往可以使阵地的某些部分**变得坚不可摧**，在某些情况下甚至可以使整个阵地**变得坚不可摧**。显然，在整个阵地变得坚不可摧的情况下，防御举措的整个性质就起了变化。这时我们寻找的不再是在有利条件下进行会战和通过这种会战取得战局的成果，而是不经过会战就取得成果。如果我们让部队在坚不可摧的阵地上固守，就等于断然拒绝会战，迫使对手采用其他决出胜负的方法。

因此我们必须把这两种情况完全区别开来。我们将在以**坚固阵地**为题的下一章中探讨后一种情况。

我们这里所谈的防御阵地，应是一个对防御者更为有利的战场。而要使防御阵地成为一个战场，防御者的有利条件就不宜**过多**。这样一处防御阵地究竟应该加强到什么程度呢？显然，我们对手进攻的决心越大，阵地的坚固程度也要越大，这一点取决于对具体情况的判断。对抗拿破仑这类人物与对抗道恩或施瓦岑贝格这类人物相比，可以而且必须退到更坚固的防御工事后面。

如果阵地的某些部分是坚不可摧的（例如正面），那么就应该把这些部分视为阵地全部力量的一个因素，因为在这些地点省下来的兵力可以用到其他地点。但是我们也必须指出：敌人由于无法突破这些坚不可摧的部分，就会完全改变其进攻形式，这时我们必须首先弄清楚，敌人改变进攻形式对我们是否有利。

例如，如果我们在一条大河后面很近的地方部署部队，以至可以把这条大河看作对我们正面的加强（这是有可能发生的），但实际上这一部署不过是使这条河成为我们右翼侧或左翼侧的依托点，因为敌人自然不得不在右方或左方更远的地方渡河，之后变换正面，向我们发起进攻。因此这时的主要问题是，这种做法会给我们带来哪些利弊。

我们认为，防御阵地的坚固程度越隐蔽，我们通过战斗组合达到出敌不意效果的机会越多，防御阵地就越接近其理想状态。正如人们顾及自己的部队，要设法向对手隐瞒其真正的兵力和真正的动向一样，人们同样应该力求向对手隐瞒自己想从地形方面获得哪些好处。当然，这只能做到一定程度，而且也许需要一些特别的、迄今还较少运用的办法。

任何一个位于大要塞（不论它在哪个方向）附近的阵地都可以使部队在运动和运用方面较敌人占大的优势。适当地使用野战工事可以弥补某些地点天然坚固程度的不足，可以使我们随心所欲地预先确定战斗的大体轮廓，这些就是人为加强阵地的方法。如果我们把这些方法与善于选择地形障碍结合起来，增加敌军的行动难度，但又不至于让其不能动，如果我们尽量利用环境带来的一切好处（例如我们熟悉战场而敌人不熟悉，我们能够比敌人更好地隐蔽自己的各种举措，以及在战斗过程中能够比敌人更好地运用出敌不意的手段），那么这些条件结合在一起就能使地形产生一种强有力的、决定性的影响，使敌人由于这种影响而失败，却不知道其失败的真正原因。这就是我们所理解的防御阵地。我们认为这是防御战的最大优点之一。

如果不考虑特殊情况，人们可以认为中等耕作程度的起伏地可以提供大部分这样的阵地。

★ 第十三章 ★

坚固阵地和设防营垒

我们在前一章已经说过，如果一个阵地经天然条件和人为的加强，坚固到坚不可摧的程度，那么它就已经完全超出了一个有利的战场的意义，从而具有了专门的意义。我们准备在本章中考察这种阵地的特点，并且由于它具有近似要塞的本性而把它称为**坚固阵地**。

这种阵地单靠防御工事是不容易有突出的表现的，除非作为要塞附近的设防营垒，而单靠天然障碍就更不容易有突出的表现了。这种阵地是天然条件和人工加强相结合的产物，因此它们常常被称为设防营垒或设防阵地。实际上任何一个或多或少筑有工事的阵地都可以称作设防阵地，这样的阵地与我们在这里所谈的阵地的本性是完全不同的。

构筑一处坚固阵地的意图是使其中的部队坚不可摧，从而要么**确实**直接保护一个地区，要么只是保护部署在这一地区的**部队**，以便之后用这部分部队以另外的方式间接地保护国土。以往战争中的防线（尤其是法国边境一带的防线）要起到的作用是前一种，而向四周都形成正面的营垒和在要塞附近设置的设防营垒要起到的作用是后一种。

如果阵地的正面由于工事和阻止敌人接近的障碍物而坚固到敌人无法进攻的程度，那么敌人就会被迫迂回，以便从侧面或背后发起进攻。为了使敌人不容易进行这种迂回，人们为这些防线寻找从侧面支撑它们的依托点。莱茵河和孚日山脉就是这样从侧面对阿尔萨斯[1]的防线提供支撑。这种防线的正面越长，就越容易防止敌人迂回，因为任何迂回对迂回者说来总是有些危险的，而且部队迂回时越是不得不偏离它原来的行动方向，这种危险就越大。如果防线有一个可以做到坚不可摧的宽大正面和良好的依托点，就有可能直接保护一个较大地区，使之免受敌人的入侵。以往的防御设施至少是出于这种想法构筑的。以右翼依托莱茵河，以左翼依托孚日山脉的阿尔萨斯防线，以及以右翼依托斯海尔德河[2]和图尔奈[3]要塞，以左翼依托大海的15普里长的佛兰德防线，都是为起到这个作用而构筑的。

　　但是人们在没有这样宽大而坚固的正面和良好的依托点作为手段的情况下，如果还要借助一支有良好防御工事的部队来防守一个地区，那么这支部队就必须使自己和阵地的四面都成为正面，从而保护自己免遭敌人的迂回。在这种情况下，真正受到保护的不是这个地区，因为这样一处阵地在战略上只是一个点。受到保护的只是这支部队，而这支部队因此有可能守住这个地区，也就是说它有可能**在这个地区固守**。这样的营垒是无法再**被迂回**的，也就是说，它不会作为**比较薄弱的**部分在侧面和背后再受到进攻，因为它处处都是正面，处处都同样坚固。但是敌人有可能从这种营垒的侧面通过，而且比从设防防线侧面通过容易得多，因为营垒的正面**没有**延展。

　　要塞附近的设防营垒其实起着坚固阵地的第二种作用，因为它们的使命是保护集结在其中的部队；而它们在战略上的进一步作用，也就是它们对**这支**受到保护的部队的运用所起的作用，与其他设防营垒是有些不同的。

　　谈过这三种不同的防御手段的产生情况，我们想考察一下它们的价值，并且用坚固防线、坚固阵地，以及要塞附近的设防营垒这三个名称来区别它们。

---

［1］阿尔萨斯（Elsass），今法国东北部一个大区，被莱茵河分为上、下莱茵省，与德国的莱茵兰–普法尔茨州、巴登–符腾堡州，以及瑞士的巴塞尔州相邻。——译者注
［2］斯海尔德河（die Schelde），又称埃斯科河，流经法国东北部、比利时和荷兰西南部，长360公里。——译者注
［3］图尔奈（Tournai），今比利时埃诺省一城市，位于斯海尔德河畔。 ——译者注

　　一、**坚固防线**。坚固防线是哨所线战争[1]的最不利的方式。这种防线对进攻者的阻碍，只有在强大火力的保护下，才有价值，而它本身根本毫无价值。而这种火力保护部队能达到的延展程度相对于国土的延展程度总是很小的，因此这种防线肯定是很短的，只能保护很少的国土，或者说，部队将无力确实防守所有的地点。于是人们或许就想到，不去占领这些防线上所有的点，而只是对它们加以监视，需要时则借助于部署好的预备队进行防御（就像防守一条中等江河那样）。不过这种做法是违背防线这一手段的本性的。假如天然的地形障碍大到足以采用这种"监视+防御"的方式，那么防御工事就毫无用处和毫无危险了，因为这种防御方式不是为扼守某地，而防御工事本来只是为了扼守某地而设置的。如果人们把防御工事本身看作阻止敌人接近的主要障碍，那么就很容易理解，一处**未加防守**的防御工事在阻止敌人接近方面的作用是多么小。试问，当成千上万的人一起发起进攻时，如果没有敌方的火力杀伤他们，一条12或15普尺深的壕沟和一道10～12普尺高的城垣又能起到什么作用呢？因此结论是：这种防线如果较短，从而相对来说有较多的部队防守，就**会受到迂回**；而如果它延展较大，并且没有相应的兵力来防守，就很容易被敌人从正面攻占。

　　由于这种防线使部队局限于局部防御而失去任何机动性，因此用它来对抗敢作敢为的敌人是很不合适的。如果说尽管如此这种防线在近代战争中还是存在了很长时间，那只是因为战争要素受到了削弱，表面上的困难往往像真正的困难一样起了作用。此外，这种防线在大多数战局中只是在次一级防御上用于对付敌人的袭扰部队。如果说这些防线用于这些情况还是起到了一些作用，但是我们同时要知道，假如把用于这些防线防御的部队用在其他地点，能够做多少更有用的事情啊！在最近的战争中，根本没有人再采用这种防线，连这种防线的一点痕迹都找不到了。至于说这种防线是否会再度出现，也是值得怀疑的。

　　二、**坚固阵地**。奉命在一个地区进行防御的部队在该地固守多久，该地

---

　　[1]借助一道或多道由一系列哨所构成的哨所线进行防御，是18世纪末欧洲常见的一种防御形式。当时作战部队将很大一部分精力用于寻找和占据合适的哨所阵地，避免进行大的歼灭战。哨所线有纵深小、占用兵力多、易被各个击破等弱点。请参阅作者在本卷第六篇第二十二章和第三卷第七篇第十二章的有关论述。——译者注

区的防御就存在多久（对这一问题，我们在第二十七章[1]中将更详细地论述）。当这支部队离开和放弃这个地区时，防御才终止。

如果一支部队奉命在一块国土上固守，而该国土受到优势很大的对手的进攻，那么一个办法就是将这支部队部署在坚不可摧的阵地中，以保护其免受打击。

正如我们已经谈过的那样，这种阵地不得不把四面都加固成正面，因此在兵力不是**很大**（否则就不符合这里所假设的整个情况了），**采用**通常宽度的战术部署的情况下，这种阵地就只能防守**很小的地区**。这个地区在战斗的整个过程中会面临很多不利因素，即使尽可能利用防御工事来加强，也难以想象进行成功的抵抗。因此这种四周都是正面的营垒，每一面都必须有相应的较大的宽度，而且每一面还都应该是坚不可摧的。尽管宽度很大，每一面还要求具有这样的坚固程度，这是筑垒术所做不到的。因此，人们应利用地形障碍使对手完全无法接近营垒的某些部分，并难以接近其他部分，这是一个基本要求。因此，为了能够运用这一防御手段，必须有一处满足这一要求的阵地。在没有这种阵地的地方，人们只靠构筑防御工事是达不到目的的。

上述考察关系到战术上的结果，只是为了适度地确定坚固阵地这一战略手段的存在。为了清楚地说明这个问题，我们在这里提出皮尔纳[2]、崩策尔维茨、科尔贝格[3]、托里什-韦德拉什和德里萨[4]这些营垒作为例子。现在我们来谈谈坚固阵地在战略上的特点和作用。

这种阵地应具备的第一个条件，当然是部署在这一营垒中的部队的给养在一定时间内能得到保障，也就是说，在需要营垒发挥作用的期间能保障部队的给养。而要做到这一点，只有阵地背后通向某一港口（例如科尔贝格和托里什-韦德拉什营垒），或者与一处要塞有紧密的联系（例如崩策尔维茨和皮尔纳

［1］原文如此，疑误。应为本篇第二十八章。——译者注
［2］皮尔纳（Pirna），今德国萨克森州一城市，位于易北河畔，西北距德累斯顿20公里。——译者注
［3］科尔贝格（Kolberg），即今波兰港口城市科沃布热格（Kołobrzeg），位于波罗的海岸边。——译者注
［4］德里萨（Drissa），即今白俄罗斯城市维尔什尼亚温斯克（Werchnjadswinsk），位于道加瓦河与德里萨河交汇处附近。——译者注

营垒），或者在营垒内部或距营垒很近的地方有大量储备（例如德里萨营垒）。

只有在上述第一种情况下，营垒的给养才能得到相当充分的保障，而在第二、三种情况下，只能得到有限的保障，因此营垒中的部队仅是在给养方面就经常面临缺乏的危险。由此可以知道，保障给养这一条件将很多本来适于做营垒的险要地点都排除在外了，从而使适于构筑这种阵地的地点变得**稀少**了。

为了了解这种阵地的作用，以及它带来的好处和危险，我们必须研究一下进攻者针对这种阵地会采取什么行动。

1. 进攻者可以从坚固阵地的侧面通过，继续他的行动，同时以一定数量的部队监视这个阵地。

在这里，我们必须区别两种情况：设防阵地是由主力部队占据的，还是只由一支次要部队占据的。

在第一种情况下，进攻者只有在除防御者的主力以外还有其他可取得的、**决定性的进攻目标**时（例如攻占一处要塞、首都等），从坚固阵地侧面通过才有一些意义。而且即使进攻者有这样的进攻目标，也只有在其基地的坚固程度和交通线的位置让他不必担心其战略翼侧受到威胁时，才能去追求。

虽然我们根据上述情况可以得出结论说，对防御者的主力来说，坚固阵地是可靠的，并且能发挥作用，但是这只有在下述情况下才是可能的：要么这个阵地对进攻者的战略翼侧能产生确切的影响，以至防御者事先有把握将进攻者牵制在对自己无害的地点上；要么是根本不存在防御者担心的、进攻者可取得的目标。如果存在着这样的目标，同时又不能对敌人的战略翼侧造成足够的威胁，那么防御者的主力要么根本不能占据这样的阵地，要么只能佯做占据，对进攻者进行试探，看他是否认为这个阵地重要。但是在这种情况下始终是有危险的，即一旦进攻者并不认为这个阵地重要，防御者想驰援受到威胁的地点就来不及了。

如果占据坚固阵地的只是次要部队，那么进攻者就肯定会有其他的进攻目标了，因为这一目标有可能就是防御者的主力。在这种情况下，阵地的意义就仅限于有可能对敌人的战略翼侧产生作用，而且取决于能否起到这种作用。

2. 如果进攻者不敢从阵地侧面通过，他就有可能包围这一阵地，迫使阵地上的守军因绝粮而投降。但是进攻者要进行这种包围，必须具备两个条件：

第一，防御者的阵地没有行动自如的后方；第二，进攻者的兵力足以进行这种包围。如果进攻者具备这两个条件，那么他的部队虽然一段时间被这一坚固营垒牵制住了，但是防御者为得到这一好处也付出了代价——占用了防御的兵力。

从以上论述可以得出结论，防御者只有具备下列条件，才能以**主力**占据坚固阵地：

（1）具有十分安全的后方（例如托里什-韦德拉什营垒）。

（2）预料敌人的优势不足以把我们真正地包围在营垒中。如果敌人在优势不足的情况下仍要这样做，那么我们就能够成功地冲出营垒，并各个击破敌人。

（3）可以期待援军解围。1756年萨克森人在皮尔纳附近的营垒就是这样[1]。1755年布拉格会战[2]以后发生的情况其实也是这样，当时的布拉格只能被看作是个设防营垒，假如卡尔[3]亲王不知道摩拉维亚军团能够解救他，他就不会让敌人把自己包围在这个营垒中。

因此，只有具备上述三个条件之一时，才允许以主力占据一处坚固阵地。但人们还是要承认，后两个条件对防御者来说已经近乎于一个大的危险了。

但是，如果占据坚固阵地的是一支为整体利益必要时可以牺牲的次要部队，那么就无须考虑这三个条件了，此时需要考虑的只是通过这种牺牲能否避开确实比这更严重的灾祸。这种情况可能是很少见的，但并非不可设想。皮尔纳的设防营垒就阻止了弗里德里希大帝于1756年对波希米亚发起进攻。当时奥地利人几无准备，以至于波希米亚这一王国的失陷似乎是肯定无疑的了。如果它失陷了，损失的人员也许会超过在皮尔纳营垒投降的1.7万名盟军人员。

3. 如果进攻者不可能像第1和第2两项中所说的那样去行动，也就是说防御者具备我们上面所列出的条件，那么进攻者能做的自然只有在防御者的阵地

---

［1］1756年8月，弗里德里希二世进攻萨克森，企图进而占领波希米亚。萨克森军队在皮尔纳附近构筑坚固阵地进行防御，等待奥地利军队前来支援。直到奥地利的援军被普军击败后，皮尔纳的守军才于10月中旬投降。但弗里德里希二世也由于冬季临近而未能达到占领波希米亚的目的。——译者注

［2］1757年，普军攻入波希米亚，5月初在布拉格附近大败奥军。奥地利统帅卡尔亲王被迫退守布拉格，等待道恩所率的摩拉维亚军团前来解围。6月18日，道恩在科林击败弗里德里希二世，迫使普军放弃布拉格，撤出波希米亚。——译者注

［3］卡尔（Karl Alexander von Lothringen，1712—1780），奥地利元帅，奥皇弗朗茨一世之弟，曾任奥属尼德兰总督，多次参加针对土耳其、法国、普鲁士等国的战争。——译者注

前面停下来，就像一条狗停在一群鸡前面一样，顶多派出一些部队，尽量扩大所占范围，满足于取得这种没有决定意义的小的好处，而把真正的事关占有这一地区的胜负留待将来决出。这时，防御阵地就充分发挥了它的作用。

三、要塞附近的设防营垒。如前所述，如果要塞附近设防营垒的使命不是保护一个地区，而是保护一支部队免受敌人的进攻，那么这种营垒就属于设防阵地。要塞附近设防营垒与其他设防营垒的不同之处，实际上只在于前者与要塞是一个不可分的整体，因此自然具有大得多的力量。

这些营垒还具备下列一些特点：

1. 这些营垒可以担负其他特殊使命，使敌人完全不可能或者很难对要塞进行围攻。如果要塞是一个无法被封锁的港口，那么其附近设防营垒中的部队为了这一目的而受到大的损失是值得的。如果要塞不是一个难以封锁的港口，那么它可能很快就会由于粮秣耗尽而投降，故不值得牺牲大量兵力去保卫它。

2. 要塞附近的这些设防营垒可供开阔地上的小部队使用。4000～5000人在要塞城垣的保护下可能成为不可战胜的力量，而在开阔地上，他们即使是在世界上最坚固的营垒中，也仍然会被消灭。

3. 这些营垒可以用于集结那些内部结构还不够紧密、没有要塞城垣的保护、尚不能接敌的部队，进行战前准备，例如新兵、后备军、国民军等。

对要塞附近的设防营垒，如果无法派兵去驻守，就会或多或少有损于要塞，这是个严重的不足。如果没有这个不足，这种营垒可以说是一个在很多方面都有利、非常值得推荐的手段。然而，总是要求要塞保有足够的守军，以便分出一定兵力准备驻守设防营垒，也是太过强人所难。

因此我们倾向于这样一种看法：只是在海岸要塞附近才建议构筑这种营垒，在所有其他场合构筑这种营垒则弊多利少。

最后，如果我们再归纳一下我们的看法，那就是：

1. 国土越小，可用于避开的空间越小，就越需要坚固阵地和设防阵地；

2. 越是有把握得到帮助和解围（来自其他国家的军队、气候恶劣的季节、民众暴动或进攻者缺乏给养和物资等），坚固阵地和设防阵地面临的危险就越小；

3. 敌人可用于突击的基本力量越弱，坚固阵地和设防阵地的作用就越大。

★ 第十四章 ★

翼侧阵地

我们像编纂词典一样把翼侧阵地单列一章，只是为了使读者更容易在本书中找到这个在一般军事术语中很突出的概念，因为我们并不认为它是一个独立的东西。

凡是在敌人从其侧面通过后仍应固守的阵地都是翼侧阵地，因为自敌人从侧面通过的那一刻起，该阵地除了威胁敌人的战略翼侧外，就没有其他作用了。因此所有的**坚固阵地**必然同时是翼侧阵地，因为它们是坚不可摧的，也就是说对手只能从它们侧面通过，因此这种阵地的价值只在于威胁对手的战略翼侧。至于坚固阵地本来的正面应该如何设置，是应像科尔贝格营垒那样平行于敌人的战略翼侧，还是应像崩策尔维茨和德里萨营垒那样垂直于敌人的战略翼侧，则完全是无关紧要的，因为一处坚固阵地必须在所有方向上都是正面。

但是，即使我们的阵地**不是**坚不可摧的，只要阵地的位置在保障退却线和交通线方面能使我们占有重要的优势，我们仍然可以在敌人从阵地侧面通过后固守这一阵地，以至我们不仅能有效地进攻推进之敌的战略翼侧，而且会使进攻者担心其退路，并且无力彻底切断我们的退路。假如敌人能够彻底切断我们的退路，那么我们就会面临在无退路情况下作战的危险，因为我们的阵地不是坚固阵地，即不是坚不可摧的阵地。

1806年的一个战例向我们说明了这一点。如果部署在萨勒河右岸的普鲁士军队正面朝向萨勒河，并且在这个阵地上静候情况的发展，那么当拿破仑经霍夫[1]前进时，这个阵地就完全可以成为翼侧阵地。

假如当时双方在物质和士气方面不是如此悬殊，假如指挥法军的只是道恩式的人物，那么普军的阵地就会显示出巨大的作用。从这个阵地侧面通过，是完全不可能的，甚至拿破仑也承认这一点，因此他决心进攻这个阵地。至于切断这一阵地的退路，即便是拿破仑也未能**完全**做到。即使双方在物质和士气方面的差别不大，法军要切断普军退路也与从其阵地侧面通过一样，是不可行的，因为普军左翼一旦被攻克所面临的危险比法军左翼一旦被攻克所面临的危险要小得多。即使双方在物质和士气方面差别很大，假如指挥果敢而镇定，普军仍有大的获胜希望。其实没有什么能阻止布伦瑞克公爵[2]在13日做适当的准备，以便在14日拂晓率领8万人与拿破仑在耶拿和多恩堡[3]附近渡过萨勒河的6万人对峙。即使普军的这一兵力优势和法军背靠萨勒河陡峭河谷的处境还是不足以使普军取得决定性的胜利，人们还是要说，这种对峙局面本身对普军是十分有利的。如果普军不能利用这种有利的局面而赢得决战的胜利，那么就根本不应考虑在这一地区进行决战，而应继续退却，以便在退却中加强自己和削弱敌人。

可见在萨勒河畔的普军阵地虽然是可以被攻破的，但对经霍夫而来的那条大路来说，这一阵地还是可以被视为翼侧阵地的。只是像任何可以被攻破的阵地一样，它并不具备翼侧阵地的所有特性，因为只有当敌人不敢进攻它时，它才成为翼侧阵地。

有些阵地在进攻者从其侧面通过时固守**不住**，因此防御者就想从这些阵地出发，从侧面对进攻者发起进攻。如果人们仅仅因为这一进攻是从侧面发起的，就要把这些阵地叫作**翼侧阵地**，那就更不符合翼侧阵地的明确概念了，因为这样的侧面进攻与阵地本身几乎没有什么关系，或者这种进攻至少主要不是

---

[1]霍夫（Hof），今德国巴伐利亚州一城市，位于萨勒河畔。——译者注

[2]即卡尔·威廉·费迪南德（Karl Wilhelm Ferdinand，1735—1806），布伦瑞克-吕讷堡公爵，普鲁士元帅。1787年曾占领尼德兰，1792年率奥普联军进攻法国。1806年在耶拿会战中任普军总司令，被拿破仑击败，双目受伤后阵亡。——译者注

[3]多恩堡（Dornburg），今德国图林根州城市多恩堡-坎姆堡（Dornburg-Camburg）的一部分，位于耶拿以北的萨勒河西岸。——译者注

以翼侧阵地的特性（可以威胁进攻者的战略翼侧）为依据的。

无论如何，从以上可以看出，关于翼侧阵地的特性没有什么新东西可谈了。在这里我们只需简单地谈谈翼侧阵地这一防御举措的特点。

关于真正的坚固阵地，我们完全不必再谈了，因为这个问题已经谈得相当清楚了。

一处并非坚不可摧的翼侧阵地是一种极为有效的工具，但自然也是一种危险的工具，正是由于它并非坚不可摧。如果进攻者被翼侧阵地牵制住了，那么防御者使用少量兵力就产生了大的效果，就像骑手用小指按压反应灵敏的衔铁长柄。然而如果这一翼侧阵地的效果太小，进攻者没有被牵制住，那么防御者就会或多或少失去退路，要么不得不试着急忙绕道逃命，即在非常不利的条件下寻找脱身之计，要么面临在没有退路的情况下作战的危险。针对一个大胆、士气上占优势并且正在寻求真正决战的对手，防御者采取这一手段是极为冒险和不合适的，就像上面所举的1806年的例子所证明的那样。但是针对一个谨小慎微的对手和在双方只是相互监视的战争中，这一手段却是有才干的防御者可以采用的最好的手段之一。费迪南德[1]公爵利用威悉河[2]左岸阵地防守该河，以及著名的施莫特塞芬[3]和兰德斯胡特[4]阵地的利用，都是这方面的例子。不过1760年富凯[5]军在兰德斯胡特的惨败[6]同时也说明错用这种手段所面临的危险。

---

[1] 即卡尔·威廉·费迪南德。——译者注
[2] 威悉河（die Weser），今德国中部的一条河流，长452公里。——译者注
[3] 施莫特塞芬（Schmottseiffen），即今波兰下西里西亚省村庄普瓦夫纳戈尔纳（Pławna Górna），位于布布尔河畔。1759年7月10日，普军在此占领坚固阵地，阻挡奥军前往奥得河与俄军会合。——译者注
[4] 兰德斯胡特（Landeshut），即今波兰西南部城市卡缅纳古拉（Kamienna Góra），位于布布尔河东岸。——译者注
[5] 富凯（Heinrich August de la Motte Fouqué，1698—1774），男爵，普鲁士将军。1760年6月23日在兰德斯胡特附近被奥地利劳东元帅所率优势兵力击败并被俘。——译者注
[6] 1760年6月，普鲁士富凯将军率领1.2万人进入下西里西亚的兰德斯胡特附近阵地，试图凭借丘陵地带中的坚固阵地使奥军不敢贸然进攻，从而阻止奥军通过里森山脉进入西里西亚。23日凌晨2时，富凯受到奥地利劳东元帅所率2.8万人的进攻，伤亡2000人，被俘8000人，富凯本人负伤后也被俘，损失火炮68门，奥军伤亡3000人。——译者注

★ 第十五章 ★

山地防御

山地对作战的影响是很大的，因此对于理论非常重要。由于这种影响是一个减缓军事行动的因素，因此它首先对防御有利。我们在这里研究这种影响，但并不局限于山地防御的较窄的概念。由于我们在考察这一问题时，在某些方面所得出的结论与通常的观点是相反的，因此我们必须对这些方面做深入的分析。

首先，我们要考察这一问题的战术属性，以便能找到与之相联的战略节点。

一路大的部队沿山地小路行军会遇到数不清的困难，而一个小哨所，如果正面有陡峭的山体保护，左右有深谷做依托，却能获得非常强大的力量。毫无疑问，正是这两种情况使人们一向认为山地防御能产生很大的效果和力量，认为只是在某些时期由于武器和战术特点的限制，大部队才未能在山地进行防御。

一路部队蛇行前进，费力地穿过狭长深谷，攀登上山，然后蜗牛般翻过山头继续前行，炮兵和辎重兵边走边骂，抽打着筋疲力尽的骡马通过崎岖不平的山路，每损坏一辆车，都要费尽力气才能清掉。清障期间，后面的一切都会被堵住去路，导致怨声载道，骂声不绝于耳。这时人人都会想：这里只要出现200个敌人，就一切都完了。因此历史著作家们在谈到隘路时，总是把它描绘成一夫当关、万夫莫开的样子。但是每个熟悉战争的人都知道（或者说应该知道），这种穿过山地的行军与**山地进攻**很少有或根本没有共同之处，因此从**这种**山地行军的困难推论出山地进攻会有更大的困难，是错误的。

一个没有战争经验的人很自然会得出这种结论，甚至某个时期的军事艺术几乎也同样自然地陷入这种错误。当时山地作战对有战争经验的人来说就像对新手一样，几乎同样是一种新现象。在三十年战争以前，由于战斗序列具有纵深大、骑兵多、火器不完善以及其他种种特点，因此利用险要地形障碍的做法还很不普遍，几乎不可能进行正式的山地防御（至少是用正规部队进行的山地防御）。大约到了战斗序列展开较大，步兵及其火器占了主要地位时，人们才想到利用群山和谷地。百年以后，也就是到18世纪中叶，山地防御的思想才发展到登峰造极的地步。

上面提到的第二种情况，即一个小哨所部署在难以接近的山地某处，能够由此获得大的抵抗能力，这更容易让人得出山地防御力量强大的结论。有人甚至认为，似乎只要把这种哨所的兵力增加若干倍，就可以使一个步兵营起到一支大部队的作用，使一座山起到一道山脉的作用。

毫无疑问，一个小哨所如果在山地选择了有利的部署地，就可以获得不同寻常的力量。一支小部队在平原上被数个骑兵连追击，这时如果它能迅速逃掉，不被击溃和被俘，就已经是万幸了。而这支小部队在山地却能以一种从战术上来看可以说是狂妄的姿态出现在一支大部队的眼前，迫使后者郑重其事地采取正规的进攻或迂回等行动，从而得到军事上的荣耀。至于这支小部队应该如何利用通行障碍、两翼依托点，以及在退却途中找到的新阵地来赢得这种抵抗能力，那是战术应该阐明的问题。我们认为这些问题通过经验是可以得到解决的。

以往人们有以下想法是很自然的，即如果把很多这种强有力的哨所并列部署，必然就会形成一个非常坚固的、几乎坚不可摧的正面，从而使问题的关键只在于确保自己不被迂回。为此，正面必须向左右延展，直到找到能满足整个防御要求的依托点，或者直到人们认为延展的程度本身足以保证不会被迂回。一个多山的国家尤其容易吸引人们这样做，因为它能提供很多这样的哨所部署地，这些地点似乎一处胜似一处，以至人们竟不知应该延展到何处才算是个头。于是人们在一定的宽度上用小部队占据和防守山地的所有入口，认为用10个或者15个单独的哨所占据一处宽约10普里的地域，就终于可以不必担心受到可恶的迂回了。由于这些单独的哨所之间是难以通过的地形，使这些哨所看似紧密相连，而行军纵队在山地无法离开道路行进，因此人们就认为这是在敌人面前构筑了一道铜墙铁壁。此外，防御者还保留数个步兵营、数个骑炮兵连和十几个骑兵连作为预备队，以防进攻者奇迹般地突破阵地的某一点。

这种看法现在已经完全过时了，这是谁都不会否认的，但谁也不能肯定说，我们已经完全摒弃了这种错误看法。

自中世纪以来，军队人数日益增加，战术也随之发展，同样有助于人们在军事行动中像上面所说的那样利用山地。

山地防御的主要特点是极为确切的被动性，因此部队在具有今天的机动性以前，倾向于山地防御是相当自然的。部队的规模日益加大，为避免对手的火力打击，人们开始将部队部署成长而稀疏的横队，这种横队的相互联系非常复杂，机动非常困难，往往不可能机动。部署这样的横队就像安装一台复杂的机器，常常要花费半天工夫，占去会战的一半时间，几乎构成现在会战计划的全部内容。这种部署一旦完成，就很难再根据新出现的情况做出改变。从而出现的情况是：进攻者比防御者较晚进入战斗状态，因此可以根据防御者的阵地情况进行部署；而防御者却不能采取相应的对策。于是进攻者取得了总的优势，而防御者除了寻求地形障碍的保护之外，就没有什么其他的办法。当然对寻求保护来说，在其他任何地方都不会像在山地那样到处都可以找到有效的地形障碍，因此人们试图在某种程度上把部队与一处险要的地形结合在一起，从而使二者共做一事：部队防守山地，山地保护部队。这样一来，被动防御借助于山地大幅增强了力量，这种做法本身还没有什么害处，只是防御者失去了更多的活动自由，但防御者本来也不知道特意去利用这种自由。

当敌对双方较量时，暴露的侧面（其中一方的弱点）总是会招致对方的打击。如果防御者一动不动像钉子一样守在本身坚固和无法攻克的哨所中，那么进攻者就可以大胆地进行迂回，因为他对自己的侧面就不必再有任何顾虑。这种情况很快就会发生，所谓的迂回包抄不久就会被提到进攻者的日程上来。为了应对迂回，防御者的阵地越来越向两侧延展，于是正面相应地被削弱了，而这时进攻者突然采取相反的方法：不是对防御者展开的阵地进行迂回，而是集中兵力进攻一点，进而突破整个防线。现代战争中的山地防御大体上就处于这样的节点。

于是进攻又取得了完全的优势，这是借助于日益提高的机动性而取得的。防御也只能求助于这种机动性，但是山地就其本性来看是与机动性相反的，因此整个山地防御遭到了一次大败（如果我们可以这样说的话）。那些迷信山地防御的部队在革命战争中就曾多次遭受类似的大败。

但是为了不把好的连同坏的一概否定，为了不至于人云亦云地得出一些在实际生活中已千百次被活生生的现实否定了的论断，我们必须根据各种具体情况来分别研究山地防御的各种作用。

这里首先需要加以解决并有助于弄清其他一切问题的一个关键问题是：打算利用山地防御进行的抵抗是相对的还是绝对的，也就是说这种抵抗只是持续一段时间，还是坚持到取得一次决定性的胜利为止。对相对抵抗来说，山地是再合适不过了，它能极大地增强抵抗的力量；对绝对防御来说，情况则相反，山地通常完全是不合适的，只在少数特殊情况下才是合适的。

在山地，任何运动都更缓慢、更困难，因此耗费的时间也更多。如果运动是在危险的条件下进行的，那么人员的损失也会更多，而时间和人员的损耗量是衡量抵抗强度的标准，因此只要仅是进攻者在运动，防御者就一直拥有明确的优势，而一旦防御者也必须运动，他就会立刻失去这种优势。相对抵抗比起那种导致决定胜负的抵抗允许有大得多的被动性，而且允许这种被动性达到最大限度，也就是说一直持续到战斗结束为止，而在绝对抵抗中这是决不能允许的。这是事物的本性决定的，也就是说，从战术上看是合理的。由此可见，山地这一因素就像大密度的介质一样，给运动带来困难，会削弱一切积极活动，是完全适合相对抵抗的。

我们已经说过，一个小哨所在山地凭借地形可以获得非常强大的力量。虽然我们对这一战术结论并不需要做进一步的证明，但是我们还是要做一点补充，那就是在这里必须区分这个哨所小部队是相对地小还是绝对地小。如果一支随便什么规模的部队把它的一部分单独地部署在阵地上，那么这部分部队就可能受到全部敌军，也就是说受到一支优势之敌的进攻。与这种优势兵力相比，防御者的这支部队的确是比较小的。在这种情况下，防御者部署该部队的目的通常就不能是绝对抵抗，而只能是相对抵抗。这支小部队与它自己一方的全部兵力以及与敌方的全部兵力相比，兵力越小，部署它的目的就越只能是相对抵抗。

但是即使是一支绝对的小部队（当面之敌不比自己多，因此可以设想进行绝对抵抗和追求真正胜利的小部队），其在山地的处境也比一支大部队要优越得多，从险要地形中获得的好处也要大得多。我们以后还要再说明。

因此我们的结论是，一个小哨所在山地具有很大的力量。不言而喻，在**相对抵抗**起决定作用的一切场合，这种小哨所会带来决定性的好处。但是如果一支大部队在山地进行绝对抵抗，是不是能同样带来**决定性**的好处呢？现在我们就来研究这个问题。

我们先进一步提出这样一个问题：由若干个这样的哨所组成的正面防线，其力量是否像人们迄今所想象的那样等同于各哨所力量之和呢？肯定没有，因为以这样的结论，人们会犯以下两个错误：

首先，人们经常会把难以通行的地方与无法通行的地方混为一谈。在辎重队、炮兵和骑兵无法**行军**的地方，步兵大多还是可以通过的，炮兵大概也是能通过的，因为战斗中的运动虽然非常紧张，但是距离短，故不能以行军的标准来衡量。由此可见，认为哨所之间能有可靠联系的想法无疑是一种幻想，因为这些哨所的翼侧是不安全的。

其次，人们会认为，一排正面十分坚固的小哨所，其翼侧同样坚固，因为一处深谷、一道悬崖等对一个小哨所来说是非常好的依托点。但这些险要地形为什么能发挥这样的效果呢？不是因为它们能让敌人无法迂回，而是因为它们能使敌人在迂回中受到与直接进攻哨所差不多的时间和兵力损耗。由于这种哨所的正面是坚不可摧的，敌人就会（而且只得）不顾地形的困难，对哨所进行迂回，而要实施这样的迂回，大概需要半天时间，而且还不可避免地会有人员伤亡。如果这样的哨所此时要依靠援军，或者打算只进行一段时间的抵抗，或者自己的力量足以与敌人的力量相抗衡，那么哨所两翼的依托就起到了应有的作用。因此我们可以说，这一哨所不仅正面是坚固的，而且两翼也是坚固的。但是如果人们说的是一排哨所，那么情况就不是这样了，因为它们是正面展开的山地阵地，上面所说的三个条件就都不存在了。敌人可以优势很大的兵力攻其一点，而防御者从后方可得到的援军数量极为有限，而且还要进行绝对的抵抗。在这些情况下，这些哨所两翼的依托就起不到什么作用了。

进攻者把他的打击指向这一弱点。他以集中的，也就是优势很大的兵力进攻正面的一点，**这时进攻者激起的抵抗就这一点说来是非常激烈的，但就整个防线来说是微不足道的**。进攻者克服了这一抵抗之后，就突破了整个防线，就达到了他的目的。

从以上可以得出结论：**相对**抵抗一般来说在山地比在平原地能发挥更大的力量；如果这种抵抗是由小哨所进行的，那么它的相对力量是最大的，但是这种相对力量并不是随兵力的增加而增加的。

现在我们来谈谈一般的大规模战斗的本来目的，也就是谈谈赢得**积极的胜利**这一问题，赢得这种胜利也应该是山地防御的目的。如果用整个部队或者主力进行山地防御，那么**山地防御**自然变为**山地防御会战**。这时，会战（也就是运用全部兵力去消灭敌军）就成了战斗的形式，赢得胜利就成为战斗的目的。在会战中出现的山地防御是从属于会战的，它不再是目的，而变成了手段。那么在这种情况下，山地地形对赢得胜利这一目的有什么影响呢？

防御会战的特点是在正面进行消极的反应，在后方加速进行积极的反应[1]，但山地地形对这两种反应来说却是一个致命因素。这是由下面两个情况造成的：第一，山地没有供部队从后向前各方向快速行军的道路，甚至战术袭击也会由于地形起伏而受到削弱；第二，视线受到限制，不利于观察地形和敌方的运动情况。因此，山地地形给进攻者提供的好处与在正面给防御者提供的好处是一样的，这就会妨碍抵抗中更好的另一半[2]出现。另外，还有第三个情况，就是防御者的退路有被切断的危险。尽管山地地形有利于防御者在正面受到压力时退却，尽管山地能让欲迂回防御者的敌人损失大量时间，但这些毕竟只是防御者在**相对**抵抗时才能得到的好处，而在决定性会战即坚持抵抗到底的情况下，防御者是得不到这些好处的。尽管在这种情况下，敌人两翼的纵

---

[1]作者所说的"消极的反应"指防御者抵御敌人的进攻，"积极的反应"指防御者为转入反攻而积极做准备。——译者注

[2]指反攻。——译者注

队占领那些威胁甚或封锁防御者退路的地点，其所需的时间也会更多些，但一旦敌人占领这些地点，防御者就没什么补救的办法了。防御者从后面发起的任何攻势都无法再把敌人从威胁防御者退路的这些地点赶走；防御者即使投入全部力量在绝望中发起进攻，也无力突破敌人的封锁。如果有人说这里有矛盾，认为进攻者在山地拥有的那些有利条件也必然对突围者有利，那就是没有看到这两种情况的差别。进攻者派去封锁通路的部队没有**绝对**防御的任务，他们抵抗数小时很可能就够了，因此其处境与哨所小部队是一样的。而他们的对手此时已不再拥有各种战斗手段，而是陷入混乱，缺乏弹药，等等。总之，防御者的胜利希望很小，这种失败的危险使防御者最担心出现这种情况，而这种担心反过来在整个会战中都会有影响，会削弱每位战斗人员的士气。此时，防御者对翼侧会产生一种病态的敏感，进攻者派到防御者后方树木茂密的山坡上的每一小股部队，都会成为进攻者取得胜利的新的杠杆。

假如防御者在山地防御中将整个部队集中部署在广阔的台地上，那么上述不利条件的绝大部分就会消失，而有利条件会保留下来。人们也许想象防御者在这种情况下，正面坚固，翼侧很难接近，而阵地内部和后方又有最充分的运动自由，这样一处阵地可算是最坚固的阵地之一了。不过这几乎只是一个幻想，因为尽管大多数山地沿其山脊行进比翻越其山坡更容易，但是山地的大多数台地对集中部署的大部队来说不是太小，就是名不副实。它们更多是地质学意义上的台地，而非几何学意义上的台地。

此外，正像我们已经指出的那样，对小部队来说，山地防御阵地的那些不利因素会减少，原因是小部队占据的空间较小、所需的退路较少，等等。单独的一座山不是山区，没有山区的那些不利条件。部队越小，就越可以将它的部署局限在一些单个的山脊和山上，而没有必要把它束缚在密林覆盖的陡峭山谷的罗网里，这个罗网是上述一切不利因素的根源。

★ 第十六章 ★

山地防御（续一）

现在我们转而看一下前一章所谈的战术上的结论在战略上的运用。

我们要分别谈以下几个方面的问题：

一、山地作为战场。对这第一点，同时也是最重要的一点，还必须分别谈谈：

1.山地作为主力会战的战场。

我们在前一章已经指出，**山地地形在决定性的会战中**对防御者来说是多么不利，从而对进攻者来说又是多么有利。这种看法与通常的看法恰恰相反。当然人们要知道，持通常看法的人把很多事情都搞乱了，他们很少把极不相同的事情区别开来，看到从属的小部队在山地具有非常强大的抵抗力，便认为一切山地防御都是非常有力的。当有人认为防御中的主要行动（防御会战）在山地不是这样强有力时，他们就会感到惊讶。而另一方面，他们总是把防御者在山地会战中的失败归咎于哨所线防御，而未认识到这是相关事物的本性使然。我们不怕提出与一般人截然不同的看法，而且还要指出，我们非常满意地看到有一位著作家抱有与我们相同的观点。这位著作家对我们来说在很多方面都是值得尊敬的，这就是卡尔大公。他是在论述1796年和1797年战局的著作[1]中提到这种见解的。他是一位优秀的历史著作家、评论家，更是一位优秀的统帅。

如果一个兵力较少的防御者，费尽千辛万苦集中了他所有的部队，欲在一次决定性的会战中让进攻者感受到自己的爱国之情、战斗激情和沉着机智，并且受到人们焦急和殷切的关注，却把部队部署在迷障重重的山地，使自己的一切行动都受到特殊地形的束缚，处于一种可能受到优势之敌千百次袭击的险境之中，那么我们不能不说这种处境是十分令人遗憾的。这时他只能向着一个方面发挥他的才智，那就是尽量利用各种地形障碍，从而使他近乎采取有害的哨所线防御，而这本是他应该竭力避免的。因此在进行一场决定性会战的情况下，我们远不认为山地是防御者的一处避难所，而是更愿意建议统帅们尽量避开山地。

当然，有时人们的确不可能完全避开山地。这样山地会战必然与平原会战有明显不同的特点：阵地要宽得多，在大多数情况下是平原上的2～3倍，部队的抵抗要被动得多，还击会无力得多。这是山地地形带来的无法避免的影响。但是尽管如此，防御者还是不应把这种会战中的防御转变为山地防御。这种会战中的防御的主要特点只应是在山地集中部署部队。在这种情况下，所有的部队置于**一位**统帅的指挥下，进行**一场**战斗，并保持充足的预备队，以便让会战决出的结果更多一些，而不是单纯的抵御，不只是在敌人面前举起盾牌。这一条件是必不可少的，但是人们很难做到这一点。这种防御很容易变成单纯的山地防御，以至经常出现而不足为奇。但这是极为危险的，以至理论要不厌其烦地反复对此发出警告。

关于主力在山地进行决定性会战的问题就谈这些。

2.山地作为从属型战斗的战场。

与上面所谈的情况相反，山地对从属和次要的战斗是极为有利的，因为在这种战斗中不会进行绝对抵抗，也不会带来任何有决定意义的结果。我们只要把进行这种抵抗的目的列举出来，就可以更清楚地理解这个问题了：

---

[1] 指卡尔大公撰写的《由1796年德意志战局论战略原则》（*Grundsätze der Strategie, erläutert durch die Darstellung des Feldzuges von 1796 in Deutschland*）（三卷，1814年维也纳出版）。——译者注

（1）单纯赢得时间。这一目的是极为常见的，每当我们为了解敌情而设置防御线时，就有这个目的。此外，凡是等待援军的场合，也都有这个目的。

（2）抵御敌方的单纯佯动或小的次要行动。如果一个地区有山地保护，山地又有部队防守，那么无论这种防御多么薄弱，总是足以阻止敌人的袭扰和其他为掠夺该地区而进行的小规模行动。假如没有山地，如此薄弱的防线是无济于事的。

（3）展示自己[1]。在人们对山地的作用有正确的认识之前，还有很长的时间。在这期间，总会有对手害怕山地，在山地面前驻足，不敢行动。因此，在这种情况下也可以使用主力进行山地防御。在投入兵力和运动不多的战争中，常常会出现这种情况。但是这样做永远有个条件，那就是既不打算在这一山地阵地中接受主力会战，也不能被迫进行这样的会战。

（4）一般来说，山地适于用来部署那些不准备进行主要战斗的部队，因为各部队在山地中的战斗力比较强，只是整个部队在山地中的战斗力比较弱。此外，部队在山地不大容易受到袭击，不大容易被迫进行决定性的战斗。

（5）最后，山地是真正适合民众武装活动的地方。但是民众武装必须总是得到小股正规军的支援。如果附近有大部队，反而可能对民众武装产生不利的影响，因此支援民众武装通常不能成为派大部队进入山地的理由。

关于山地作为从属战斗的战场问题就谈这些。

二、占据山地对其他地区的影响。如前所述，兵力不大的哨所守军在山地很容易确保较大地区的安全，而在便于通行的地区则无法守住较大地区，会不断遇到危险，这是因为如果对手占领了山地，那么另一方在山地的每一次前行都比在平原慢得多，也就是说无法跟上对手。因此，对同样大小的一处山地和其他地区来说，谁占有山地会重要得多。一个开阔地区，被谁所占有可能每天都有变化，我方战斗力强的部队只要推进，就可以迫使敌军把我们需要的地区让给我们，而在山地就不是这样。在山地，敌人的兵力即使少得多，也有可能进行出色的抵抗，因此如果我们需要山区中的一个地段，就总是要为此采取专门计划的行动，而这往往要耗费很多兵力和时

---

[1] 指故意展示自己的力量，以震慑敌人。——译者注

间。因此，即使山地不是主要军事行动的发生地，我们也不能像在便于通行的地区那样认为山地的得失是取决于主要军事行动的，不能把夺取和占有山地视为我们推进过程中自然会产生的结果。

由此可见，山地具有大得多的自主性，对山地的占有更为确切，较少会发生变化。如果再看到山地就其特性而言，可以使人们从山地边缘很好地俯视开阔地，而山地本身却始终像隐藏在漆黑的夜里一样，那么人们就可以理解，任何一片山地对没有占据它、却位于它附近的一方来说，永远可以被看作一个无法封堵的、产生不利影响的源泉和敌人隐蔽其力量的场所。如果山地不仅为对手所占有，而且还是在其领土上，那么这种情况就更为明显。小股鲁莽的游击队员如果受到追击，可以进入山地躲避，然后平安无事地从另一地点突然冲出；规模很大的几路部队可以在山地中隐蔽前行。我们的军队如果不想陷入受到山地影响的地区，不想卷入一场失衡的战斗，不想受到敌人的进攻和突击而无法还击，就不得不始终与山地保持相当的距离。

每一处山地对一定距离内的较低地区就是以上述方式产生影响的。至于这种影响是很快发生作用，例如在一次会战中（1796年莱茵河畔的马尔什会战[1]），还是过一段时间才对交通线发生作用，这要取决于它们的空间位置关系；至于这种影响能否被在山谷或平原发生的决定性的行动一起克服和消除，则取决于双方兵力的对比情况。

1805年和1809年，拿破仑没怎么考虑蒂罗尔就向维也纳前进了；但是莫罗在1796年不得不离开士瓦本，主要是因为他未控制地势较高的地区，从而不得不投入很多兵力监视该地区。在双方势均力敌而形成拉锯的战局中，我们应该摆脱敌人占领的山地对我们的持续不利影响，因此应该设法占领并守住这一山地中涉及我们进攻主要路线方向上的部分地区。在这种情况下，山地通常成为敌我双方小规模战斗的主要战场，但是人们应该避免高估山地对附近地区的影响，不应在任何情况下都把这种山地看作解决全部问题的关键，不应把占领山地看作主要的事情。当一切取决于胜利时，胜利是主要的事情。而赢得胜

---

[1] 1796年7月9日，莫罗率领的法军和卡尔大公率领的奥军在南德意志黑林山脉附近的马尔什（Malsch，今德国巴登–符腾堡州一小镇）进行会战。当时一部分法军从山上对低处的奥军左翼进行迂回，奥军被迫后撤。——译者注

利后，胜利者就可以根据主要需求来安排其余的一切了。

三、山地作为战略屏障的影响。在这里，我们必须分别谈谈山地作为屏障的两个影响。

一是对决定性会战的影响。人们可以把山脉看成一条河流，是一道带有一定通路的屏障。这一屏障把前进中的敌军隔开，把他们限制在几条小路上，使我们能够用集中部署在山后的大部队袭击敌军的某个部分。这样，这一屏障就给了我们取得战斗胜利的机会。进攻者在穿过山地前进时，即使他想排除其他所有顾虑，也无法保持一路纵队，因为他要避免陷入在只有一条退路的情况下进行决定性会战的极大危险。因此，这种山地防御是以敌军分兵前进这个十分重要的情况为前提的。但是由于山地和山地出口的概念是很不确切的，因此在采用这种山地防御手段时，一切取决于地形本身的情况，只能认为这种手段是有可能被采用的一种手段，而且还应该记住，采用这种手段时还有两个不利之处：第一，敌人在受到进攻时，可以很快在山地中找到保护；第二，敌人占有较高的地势，这对防御者来说虽不是决定性的不利因素，但毕竟是不利的。

除了1796年针对阿尔温齐[1]的会战以外，我们还未曾见过在这种情况下进行的会战。但是拿破仑在1800年翻越阿尔卑斯山脉[2]的行动[3]清楚地表明，这种情况是有可能出现的。当时梅拉斯[4]本应而且能够在拿破仑的各路部队集中起来之前就以全部力量进攻他的。

二是当山地穿过敌交通线时对该交通线的影响。在山地，撇开设置在通路上的工事和民众武装的影响不提，仅是糟糕的山路在恶劣的季节就能使一支部队陷于绝望，它们把部队弄得筋疲力尽，往往迫使其退却。如果再有小股部队

---

[1] 阿尔温齐（Joseph Freiherr von Berberek Alvinzi，1735—1810），男爵，奥地利元帅。曾于1796年11月和1797年1月两次率奥军试图为曼托瓦解围，均被拿破仑击败。——译者注

[2] 阿尔卑斯山脉（die Alpen），欧洲最大的山脉，长1100余公里，宽100～250公里。——译者注

[3] 1799年，北意大利的大部分领土重新被奥地利军队占领，法军仅占领热那亚一地，并被奥军包围。次年5月，拿破仑率法军经瑞士分三路翻越阿尔卑斯山脉，从背后袭击奥军。奥地利的梅拉斯将军没有在法军开出山地之前各个击破敌人，使法军得以集中后在马伦戈附近大败奥军。——译者注

[4] 梅拉斯（Michael von Melas，1729—1806），男爵，希腊裔奥地利元帅。曾参加七年战争，多次在意大利与法军作战。1800年6月14日在马伦戈会战中被拿破仑击败。——译者注

频繁袭扰，甚至出现人民战争，那么敌军就不得不派出大量部队，最后不得不在山中部署固定的哨所守军，从而陷入进攻战中所能有的最不利的境地。

四、山地对部队给养的影响。这个问题很简单，本身很容易理解。当进攻者不得不停留在山地中，或者至少把山地留在自己背后时，山地在给养方面造成的困难对防御者来说有极大的好处。

由于上述对山地防御的考察也折射出山地进攻的一些情况，因此它们实际上是对整个山地战的考察。我们不能因为无法变山地为平原，变平原为山地，以及不能因为战区的选定是由很多其他因素决定的，似乎没有多大的选择余地，便认为这些考察不正确或不切实际。如果是较大范围内的行动，我们就会发现，选择战区的余地并不那么小。如果涉及的是主力的部署和效果，而且是在决定性会战的时刻，那么部队向前或向后多走数日行程，就可以离开山地，进入平原，果断地在平原上集中主力就可以使附近的山地不起作用。

现在我们还想把上面分别论述的各点归纳成一个明确的看法。

我们断言并认为已经证明：无论是在战术上，还是在战略上，山地一般来说对防御不利。我们在这里所说的防御是指**决定性的**，其成功与否涉及国土的得失。山地阻挡了防御者的视线，妨碍其向各方向的运动；山地迫使防御者陷于被动，不得不分兵把守每一条通路，这样一来，这种防御总是或多或少地变成哨所线战争，因此人们应该尽量使主力避开山地，把主力部署在山地的侧面，或部署在山前或山后。

另外，我们认为，对完成从属目的和扮演次要角色的部队来说，山地是一种加强力量的因素。当我们说，山地对弱者（那些无法再寻求绝对决战的部队）来说是真正的避难地，这与我们上面的论点并不矛盾。次要角色可以从山地得到好处，这再次说明不应把主力用于山地。

但是所有这些考察都很难改变人们的印象。不仅没有战争经验的人，而且那些运用过拙劣战法的人，在具体情况下还是会强烈地感到山地就像是一种高密度、强黏性的介质，会给进攻者的一切运动带来困难，以至他们很难不认为我们的见解是最为奇怪的谬论。但是在做过全面考察后，人们就会以18世纪独特的军事艺术史实取代上述印象。例如，他们决不会相信，奥地利在保卫它的各邦时，针对意大利方向并不比针对莱茵河方向容易。相反，法国军队在一位精力充沛、无所顾忌的统帅指挥下作战20年之久，其统帅对这一战法带来的胜利总是记忆犹新，以后还会长期在山地战和其他战斗中，由于熟练的判断力而有出众的表现[1]。

这样说来，好像开阔地比山地更能保护一个国家：西班牙如果没有它的比利牛斯山脉[2]会更强大，伦巴第地区[3]如果没有阿尔卑斯山脉会更难接近，而平原国家（例如北德意志[4]）比山地国家（例如匈牙利）更难征服。针对这些错误推论，我们最后想做一点说明。

我们并未断言，没有比利牛斯山脉的西班牙会比有比利牛斯山脉的西班牙强大，而是认为，如果一支西班牙军队感到自己足够强大，能够进行决定性的会战，那么较好的做法是集中部署在埃布罗河[5]后边，而非分兵把守比利牛斯山脉的15个隘口，但是比利牛斯山脉还远未因此就失去它对战争的影响。我们的这种看法对意大利军队也同样是适合的。假如意大利军队是分散部署在高高的阿尔卑斯山脉，就不会有决战的选择权，而被任何一个果敢的对手击败。假如它部署在都灵平原上，就会像任何其他军队一样有获胜的机会。但是人们不会因此就认为对进攻者来说，通过像阿尔卑斯山脉这样巨大的山体，并把它留在身后是一件轻而易举的事。此外，在平原进行主力会战并不排斥以次要部队在山地进行短暂的防御，在阿尔卑斯山脉和比利牛斯山脉这样的大型山地进行这种防御是很值得建议的。最后，我们远不认为征服一个平原国家比征服一个多山国家容易，[6]除非通过一次胜利就可以完全解除敌人的武装。征服者在对多山国家取得这一胜利后就进入防御状态，这时山地正如过去对原

---

[1] 作者可能是想说明在山地进行防御并不比在其他地区防御容易，即如果奥地利抵抗法国的进攻，在针对意大利的方向上（山地地形）进行防御，并不比在针对莱茵河的方向上（平原地形）进行防御容易。而法军在拿破仑的统率下，有多年战争的经验和胜利带来的信心，将来仍会在各种战斗中有出色的表现。——译者注

[2] 比利牛斯山脉（Pyrénées），位于法国与西班牙交界处，长430公里。——译者注

[3] 伦巴第地区（die Lombardei），历史上指意大利整个西北部地区，包括皮埃蒙特、热那亚和今天瑞士的提契诺州，远大于今天的意大利伦巴第大区。——译者注

[4] 北德意志（Norddeutschland），指北德平原上讲低地德语的地区，主要包括今德国沿北海和波罗的海的一些联邦州。——译者注

[5] 埃布罗河（der Ebro），西班牙东北部的主要河流，长约925公里。——译者注

[6] 原文如此，疑误。从上下文的逻辑来看似应为"我们远不认为征服一个多山国家比征服一个平原国家容易"。——译者注

来的防御者不利一样，对征服者也必然同样不利和更为不利。如果战争持续下去，此前防御者的外来援军纷纷抵达，民众都拿起了武器，那么山地将增强所有这些抵抗的力量。

人们在考察这一问题时，就像透过折光镜看物体一样，当拿着物体向一定方向移动时，物体的影像会越来越清晰，但不能随意地移动下去，而是只能到焦点，一旦超过焦点，就适得其反了。

如果山地中的防御比较弱，那么这可能促使进攻者优先考虑把山地作为他的行进方向。但是这种情况很少发生，因为给养和行路的困难，不确定对手是否恰恰准备在山地接受主力会战，以及对手是否会把主力部署在山地，这一切在很大程度上抵消了进攻者可能有的前述好处。

★ 第十七章 ★

山地防御（续二）

我们在第十五章论述了山地战斗的特性，在第十六章论述了山地战斗在战略上的可能运用。在这些论述中曾屡次遇到真正的山地防御这一概念，但没有停下来论述这种防御举措的形态和部署。我们在此想比较详细地考察一下这些问题。

山脉往往呈条状或带状延伸于地表，使河水在它左右两侧分流而下，从而成为整个水系的分水岭。整个山脉的这种形态在其各部分反复出现，各支脉或山脊从主脉分出，之后又成为较小水系的分水岭。基于这一情况，人们十分自然地想象山地防御的主要形态是一个长度大于宽度、像一道大屏障似的障碍。尽管地质学家对于山脉的形成及其构成的规律至今尚无任何定论，但无论如何，水流总是最直接和最确切地展示出山脉的体系（无论是水流通过冲刷过程参与影响山脉的形成，还是水流是山脉的产物），因此人们在考虑山地防御时，以水流做引导也是很自然的。人们不仅可以把水流看作用于了解总体起伏情况（地表总的断面情况）的天然水平仪，而且还可以把那些由水流形成的谷地看作最容易通往山顶的道路，因为无论如何，水流的冲刷是在致力于将高低不平的山坡变成一些平缓而有规律的弯路。这样一来，人们对山地防御的设想大概是这样的：如果山脉大体是与防御正面平行的，就可以将山脉看作一道大的障碍，类似一道墙，仅有谷地可供出入。这时真正的防御应在这道墙的脊部，即在山上台地的边缘进行，并且横穿各主要谷地。假如山地的主脉更多是垂直于防御正面，那么就应在主脉的一个主要支脉上进行防御，具体是在与主要谷地平行向上、一直延伸到主脉的山脊（这里可以看作防线的终点）上进行防御。

我们在这里谈及按地质结构进行的公式化的山地防御，是因为这种公式化在军事理论界确实风靡一时，并且在所谓地形学中把河水冲刷过程的规律与战法混为一谈。

但是在这种见解中有如此多的错误假设和不准确的概念替换，使这种见解在现实中没剩下什么有用的东西，无法作为制定系统理论的根据。

实际上，山脉的主山脊都难以通行，不适合宿营，因此不能在上面部署大部队；次要山脊往往也是这样，经常不是太短，就是太不规则；而台地并不是所有山脊上都有，即使有，也大多狭窄，不适合宿营。如果我们更仔细地观察一下，就会发现，甚至那种主山脊延续较长、两面大体上是斜坡或者至少是阶梯状山坡的山脉也是很少见的。主山脊蜿蜒曲折，分支众多，大的支脉呈曲线伸入原野，往往恰恰在其终点又高高耸起，形成高出主山脊的高地；山前余脉与这些高地相连，形成与山脉体系不相称的大的深谷。此外，在多条山脉交汇处，或者在多条山脉外延的起点，根本不存在狭长的条状或带状山脉，而是被放射状分布的水流和山脉替代。

由此可见，任何一个人如果像上面所说的那样来观察山地，就能更清楚地认识到，在山地按地质结构系统地部署部队的想法是行不通的，就会认识到坚持以这种想法作为部署部队的基本思想是多么不切实际。但是关于山地的进一步运用还有一个重要的问题值得注意。

如果我们再仔细看一下山地战的战术现象，那么就会看到其中有两个要素：一是对陡坡的防御，二是对狭窄谷地的防御。谷地防御经常**甚至在大多数情况下**能发挥较大的抵抗效果，但这种防御不便与在主山脊上部署力量结合进行，因为这经常要求占领谷地**本身**，而且往往是要占领谷地出山的部分，而非占领谷地在山中的起点，因为谷地出山的部分更深。此外，即使在山脊本身根本无法部署部队，这种谷地防御仍为山地防御提供了一个手段；山体越高，越难以通行，谷地防御所起的作用通常也就越大。

从所有这些考察中可以得出结论：人们应该完全抛弃那种必须沿一条与某一地质线相重合、多少有些规律的线进行防御的想法，而只应把山地看作高低不平和有某些障碍的地面，对这种地面的各个部分，只要情况许可，应尽量尝试加以利用；即使某一地区的地质线对防御者清楚了解山体的形态是不可缺少的，但它们在防御举措中并没有多大的用处。

无论是在奥地利王位继承战争中，还是在七年战争中，或是在革命战争中，我们均未发现部队部署在整个山系，并按山系的主要轮廓组织防御的情况。我们从未见到部队部署在主山脊上，而总是部署在山坡上：有时高些，有时低些，有时在主山脊的这一面，有时在另一面；有时与主山脊平行，有时与它垂直，有时与它斜交；有时顺着水流，有时逆着水流；在一些较高的山地，例如在阿尔卑斯山脉，部队甚至常常是沿着一道谷地部署；在一些较低的山地，例如在苏台德山脉，则会看到一种极为特别的情况，即部队常常部署在自己一方的半山腰，也就是说面对着主山脊部署（例如1762年弗里德里希大帝为保护对施韦德尼茨的围攻而设置的阵地就是这样，他的营垒正面就是面对欧累峰[1]）。

七年战争中著名的施莫特塞芬阵地和兰德斯胡特阵地就是设置在一般的山谷里的，福拉尔贝格[2]境内的费尔德基希[3]阵地的情况也是这样。在1799年和1800年战局中，法国人和奥地利人的一些主要哨所始终都是部署在山谷里的，这些哨所不仅横跨山谷以对其进行封锁，而且还沿整个狭长的山谷分布，同时各山脊要么根本无人占领，要么只部署少量哨所。

较高的阿尔卑斯山脉的山脊既不便通行，又不宜歇宿，以至不可能用大量部队去占领。如果人们为控制山地而一定要派部队去那里，那么只有把部队部署在山谷里。初看起来，这样做似乎是荒谬的，因为根据一般的理论观点，人们会说，山谷处于山脊的控制之下。不过实际情况并没那么糟糕，在山脊上只

---

[1]欧累峰（Hohe Eule），波兰西南部苏台德山脉中的欧伦山脉（Eulengebirge）的最高峰，海拔1015米。——译者注
[2]福拉尔贝格（Vorarlberg），今奥地利最西面的联邦州，与德国、瑞士、列支敦士登接壤。面积2600余平方公里。——译者注
[3]费尔德基希（Feldkirch），今奥地利西部福拉尔贝格州一城市，靠近瑞士边境。在第二次反法联盟战争（1799—1802）期间，奥军曾在此构筑阵地，与法军作战。——译者注

有很少的小路和小径可供通行，除了少数例外情况，只有步兵可以通行，因为所有的车道都分布在山谷里，因此敌人只能用步兵登上山脊的个别点。但是在这样的山地里，双方军队相隔的距离太大，远远超出步枪的有效火力范围，因此实际上把部队部署在山谷里并不像表面看上去那样危险。当然这种山谷防御也有另一种大的危险，即有可能被切断退路。虽然敌人只能用步兵缓慢而非常费力地从几个点下到山谷，也就是说他无法进行袭击，但是由于从山脊通往山谷的小径的出口处没有部队防守，因此敌人可以陆续将优势兵力调下山，然后展开，进而突破防御者单薄的、从这一刻起非常无力的防线。在该防线上，部队除了一道不深的山间河流的多石河床以外，找不到其他任何保护。在这种情况下，山谷防御线上的很多部队就无法撤出，因为防御者在找到撤出山区的出口以前，在山谷只能分批后退。正是由于这个原因，奥地利人在瑞士几乎每次都有1/3或1/2的部队被俘。

现在还要谈一谈进行这种防御[1]时，通常可以分兵到何种程度。

任何一个这样的防御部署，都是以主力在最主要的山间通道上占领的阵地为中心的，这个阵地大致位于整个防线的中央。其他部队从这一阵地向左右派出，去占领最重要的入口，于是整个防御部署就由大致位于一条线上的3个、4个、5个、6个乃至更多的哨所组成。这一防线能够或不得不延展的长度要视具体情况而定。两三日的行程，即6～8普里就非常合适，当然也有延长到20普里和30普里的。

在相距1小时或2～3小时行程的各个哨所之间很可能还有一些人们后来才注意到的次要的通道。这里可能有一些适于部署两三个步兵营的哨位，非常适于联系各主要哨所，这些地方也要派兵占领。当然人们不难设想，兵力还可以进一步划分下去，一直划分到单个步兵连和骑兵连，而且这种情况在过去也是屡见不鲜的。总之，兵力的划分是没有通用限度的。另外，各哨所的兵力大小应视整个部队兵力的大小而定，因此对各主要哨所可能或应该保持多少兵力的问题，就没有什么可谈的了。我们只想提出以下几项根据经验和事物的本性所得出的原则，作为兵力部署的依据：

---

[1] 作者在这里应该是泛泛地指山地防御。——译者注

1. 山越高，越难通行，兵力划分的程度就可以越大，**而且也必须**大，因为一个地区的安全越是较少能通过机动战斗来保障，就越必须依靠直接的保护。对阿尔卑斯山脉的防御与对孚日山脉或者里森山脉[1]的防御相比，兵力划分的程度就必须大得多，因此更接近于哨所线防御。

2. 凡是进行山地防御的地方，兵力上均是这样划分的：主要哨所大多只有一个列阵的步兵，在第二列阵中有数个骑兵连；只有部署在中央的主力才在第二列阵中有数个步兵营。

3. 在正面延展很大的情况下，人们已经觉得处处兵力薄弱，因此只在极少数情况下才留有战略预备队，以增援受到进攻的点，因此受到进攻的哨所的援军，大多是从防线上未受到进攻的哨所中抽调的。

4. 即使兵力划分的程度尚小，各哨所的兵力尚多，这些哨所进行的主要抵抗也总是局部的防御。某一哨所一旦被敌人完全占领，就不能再指望增援部队帮上什么忙了。

根据上面的论述，从山地防御中可以期待得到什么，在哪些情况下可以运用这一手段，防线的延展和兵力的划分能够和允许达到什么程度，理论只能把这一切留给统帅去解决。理论只要告诉统帅这个手段的特点到底是什么，它在两军交战时应该起到什么作用，就够了。

一位在展开过大的山地阵地中被彻底打败的统帅，应该送交军事法庭接受审判。

---

[1] 里森山脉（das Riesengebirge），即克尔科诺谢山脉，是苏台德山脉最高的部分，位于今波兰和捷克边境地带。——译者注

★ 第十八章 ★

江河防御

从防御的角度来看，大的江河和山地一样，同属战略屏障。但是江河与山地有两点不同，第一点表现在对它们的相对防御上，第二点表现在对它们的绝对防御上。

和山地一样，江河能增强相对抵抗的力量，但是江河的表现如同坚硬却易碎的材料制成的工具，特点是要么经得住任何打击，毫不弯曲，要么失去作用，防御完全瓦解。如果江河很大，而且其他条件对防御者有利，那么进攻者要想渡河是绝对不可能的。而任何一条江河的防御，如果有一点被突破，那么整个江河防御就告一段落，不像在山地还能进行后续的抵抗，除非江河本身流过山地。

从战斗的角度来看，江河的另一特点是，相比山地，在某些情况下，它可以使那些为进行决定性会战而采取的部署非常有利，在一般情况下也比在山地有利。

江河和山地又有共同的地方，两者都是危险的、诱人的东西，常常误导人们采取错误的举措，陷于危险的境地。我们在深入考察江河防御时将提醒人们注意这些结论。

尽管战史上有效江河防御的例子相当少，证明江河并不是多么有力的屏障（当时人们认为，一个绝对的防御体系应利用地形提供的所有加强手段），但是江河总体上对战斗和国土防御的有利作用还是不容否认的。

为系统地了解事物的全貌，我们先把考察江河防御时的不同着眼点列举出来。

首先，我们必须把江河防御的战略作用与未加防御的江河对国土防御的影响加以区别。

其次，江河防御本身可能有三种不同的意义：

1. 以主力进行的绝对抵抗；

2. 纯粹的假抵抗；

3. 以次要部分（例如前哨、掩护部队、次要部队等）进行的相对抵抗。

最后，我们必须就江河防御的形态把它区分为三个主要的程度或类型：

1. 直接防御，即阻止敌人渡河；

2. 比较间接的防御，即只把江河及其谷地作为进行更有利会战的手段；

3. 完全直接的防御[1]，即在江河的敌方领土一边固守一处坚不可摧的阵地。

我们就按这三个程度对江河防御进行考察。我们准备先分别了解这三个程度与第一种，也即最重要的江河防御的关系，然后再谈谈它们与其他两种江河防御的关系。现在我们首先研究直接防御，即阻止敌人渡河的防御。

只有大的江河，即水量大的江河，才能谈得上用于这种防御。

空间、时间和兵力的组合必须被视为这种防御理论的要素。这种组合使江河防御变得相当复杂，以至很难得出一个固定的论点。经过更仔细的思考以后，任何人都会得出以下结论。

根据敌人架桥所需的时间，可以确定防御江河的各部队相隔的距离；用防线的整个长度除以这个距离，就得出所需部队的数量；用整个部队的人数除以这个数量，就得出各支部队的兵力。如果把各支防御部队的兵力与敌人在架桥期间能够利用其他手段渡河的兵力比较一下，就可以判断出是否能够进行一

---

[1] 原文如此，疑误。似应为"完全间接的防御"，因为作者曾在本篇第十章中把这种方法称为"间接"的方法（"……使防御者有可能以间接的方法，即在对岸敌占区进入一处阵地来防守江河"）；从递进的逻辑关系来看也应为"完全间接的防御"，因为作者在上面第1点中已经指出过"直接防御"。——译者注

次成功的抵抗，因为只有当防御者在敌人架好桥梁以前有可能以**较大的优势兵力**，也就是以多出敌军1倍左右的兵力进攻已渡河的敌军时，才能认为敌军不可能强渡。现举例说明如下：

如果敌人架桥需要24小时，在这段时间内能够用其他手段渡河的部队不超过2万人，而防御者能够在约12小时内以2万人出现在任何地点，那么敌人就不可能强渡，因为进攻者将其2万人大致渡过一半时，防御者就能够赶到。由于防御者在12小时内（已经算上通报情况和传达命令所需时间）可以行军4普里，故如果防御24普里的河段，每隔8普里需要2万人，共需要6万人。假如防御者有这样的兵力，即使敌人试图同时在两处地点渡河，防御者也足以向任何一地调去2万人；假如敌人只在一处渡河，防御者甚至可以调去4万人。

在这里有三个决定性的因素：

1. 江河的宽度。

2. 渡河手段。这两个因素不仅决定架桥所需的时间，而且也决定架桥期间能够渡河的部队数量。

3. 防御者的兵力。对敌军本身的兵力，这时尚可不加考虑。根据这个理论，我们可以说，这样一个点可以使敌人，甚至使任何优势之敌都不可能强行渡河。

这就是直接的江河防御的简单理论（直接的江河防御就是欲阻止敌人完成架桥和渡河本身），但这里尚未考虑渡河一方可能采取的佯动的效果。我们现在就来考察一下这种防御的详情和必要的举措。

首先，如果抛开地理上的一切具体情况不谈，那么需要指出的只是，防御者根据前述理论所确定的各个部队应该紧靠江河各自集中部署。部队之所以要紧靠江河，是因为任何远离江河的部署都会加大路程，既无必要，也无好处。由于江河的水量可以保障部队不至于受到敌军大的威胁，因此没必要像设置国土防御线那样，把部队留作预备队。其次，江河沿岸的道路通常比从后面到江河任何一点的横向路更便于通行。最后，比起纯粹的哨所链，通过这样的部署无疑能对江河进行更好的观察，主要是因为指挥官都在江河附近。这样部署的各部队必须各自集中，否则的话，整个计算就不同了。凡是知道集中部队要消耗多少时间的人都会明白，防御的最大效果恰恰就是来自这种集中的部署。

利用各个哨所让敌人甚至连漕渡也无法进行，这初看上去当然非常吸引人，但是除了在少数例外的、特别便于渡河的地点以外，采取这种举措是极为不利的。在大多数情况下，敌人自对岸以优势火力就可以击退这种哨所守军，即使不考虑这一点，这样做通常也是白白浪费力量，也就是说，这种哨所除了让敌人另选渡河点以外，达不到任何其他目的。因此，如果防御者没有强大到可以把河流当作要塞沟壕来对待和防守的程度（在这种情况下也就不需要任何规则了），那么这种真正的岸边防御就必然导致偏离目标。除了这些一般部署的原则以外，人们还应该考虑到：第一，江河的具体特点；第二，清除渡河工具；第三，沿岸要塞的影响。

如果将江河视为一条防线，那么其左右两端都要有依托点（例如大海或中立区），或者有其他条件，使敌人无法从防线两端以外渡河。由于这样的依托点和条件只有在江河防线很长的情况下才可能出现，从中可以看到，江河防御总是不得不在很长的距离内展开，因此在现实中，人们不可能把大量部队部署在相对短的河段上，而我们必须总是依据现实情况部署部队。我们所说的**相对短的河段**，是指河段的长度比部队在没有江河的情况下一般展开的长度稍大。我们认为，这样的情况并不存在，而且任何直接的江河防御总是一种哨所线防御（至少就其延展程度来说是这样），因此根本不适合以集中部署时自然会采用的那些方法对付迂回。因此，直接的江河防御（不管它在其他情况下有多么好的结局），只要可能受到敌人的迂回，就总是一种极为危险的行动。

就整条江河来说，不言而喻，不是所有地点都同样程度上适于渡河。对于选择渡河地点，我们虽然可以总体上提出更详细的要求，但并不能明确做出规定，因为即使是当地一些极细的特点也往往比书本着重强调的东西更具决定性。而且做这种规定也是完全没有什么用处的，因为只要观察一下江河，从当地民众那里了解些情况，就几乎可以直观地知道哪里适于渡河了，没必要去回想书本上的东西。

为了更详细地说明渡河要求，我们可以指出，通往江河的道路、流入江河的支流、江河沿岸的大城镇，特别是江河中的洲岛等对渡河都很有利。与此相反，书本上往往认为作用很大的河岸的制高点、渡河点附近的弯曲河道等却很少有什么作用。原因在于这两点的作用是以绝对的河岸防御这一狭隘概念为基础的，而对于大的江河，人们基本上不可能进行绝对的河岸防御。

凡是使江河上某些地点更便于渡河的情况，无论它是什么样的情况，都会对江河防御者的部署产生影响，并少许改变一般的几何法则。但是过于偏离这种法则和过分依靠某些地点给渡河一方造成的困难，是不可取的。因为敌人恰恰会选择那些天然条件不利于渡河的地点渡河，如果他确信在那里与我们遭遇的可能性最小的话。

以尽可能多的兵力占领江河中的洲岛，这是在任何情况下都值得推荐的举措，因为敌人对洲岛的认真进攻会最确切地暴露出他的渡河点。

由于靠近江河部署的各部队必须根据情况需要向上游和下游方向行进，因此在缺少一条与江河平行的大路的情况下，就近整修与江河平行的小路或在短距离内修筑全新的小路都属于重要的防御准备工作。

我们要讲的第二点是清除渡河工具。在江河本身清除渡河工具就已经很不容易，至少需要较长的时间，而要在流入敌方江河的支流上清除渡河工具，困难大多更是无法克服的，因为这些支流通常已经被敌人控制。在这种情况下，利用要塞封锁这些支流的河口很重要。

敌人携带的渡河工具，即浮桥舟，在大江河上渡河时很少够用。因此，很多都取决于能否从江河本身、各支流和岸边的城镇中找到渡河工具，以及在江河附近是否有林地，以用于建造船只和木筏。在这些方面，有时情况对敌人非常不利，以致几乎不可能渡河。

最后，防御者位于江河两岸或者敌岸的要塞，不仅是阻止敌人从要塞左右附近的各个地点渡河的盾牌，而且是封锁各支流和迅速收纳渡河工具的手段。

关于水量丰沛的江河的直接防御，我们就谈这些。如果再有陡峭的深谷或者沼泽较多的河岸，那么它们虽然会增加渡河的困难和提高防御的效果，但是无法替代水量丰沛的江河，因为它们不能构成绝对断绝的地形，而绝对断绝的地形是直接防御的**必要**条件。

如果要问这种江河的直接防御在战局的战略计划中能够扮演什么样的角色，那么人们必须承认这种防御绝不可能导致决定性的胜利，这一方面是因为它的意图仅仅是阻止敌人渡河，击退最先渡河的较多敌军；另一方面是因为江河妨碍防御者通过一次有力的出击将已取得的好处扩大为决定性的胜利。

　　不过这种江河防御常常能够赢得很多时间，而这对防御者来说通常是很重要的。进攻者为了筹集渡河工具，往往要花费很多时间，如果进攻者几次尝试渡河都未成功，那么防御者就能赢得更多的时间。如果敌人因为不能渡河而完全改变了前进方向，那么防御者也许还会得到其他一些好处。最后，在进攻者不是认真推进的一切场合，江河就会使他停止运动，这时江河就成了保卫国土的永久屏障。

　　因此，当江河水量大和条件有利时，对江河的直接防御可以被看作是大部队对大部队的一个非常好的防御手段，能够产生现在人们很少重视的那种结果（之所以很少重视，是因为人们只注意了那些由于力量不足而失败的江河防御）。如果在上述前提条件下（这在莱茵河和多瑙河这样的江河上还是容易找到的），人们能够用6万人在24普里长的地段上对拥有显著优势兵力的敌人进行一次有效的防御，那么当然可以说这是一个值得重视的结果。

　　我们在上面提到了针对**显著优势**兵力的防御，现在我们再来谈谈这个问题。根据我们已经提出的理论，只要企图渡河的兵力不小于进行江河防御的兵力，那么一切就都取决于渡河工具，而不取决于企图渡河的兵力。这种说法看上去很奇怪，但却是事实。当然人们不应该忘记，大多数江河防御，或更实际地说，一切江河防御，都没有绝对的支撑点，即都可能受到敌人的迂回，而如果敌人有兵力优势，就很方便进行这种迂回。

　　这种江河的直接防御，即使被敌人突破了，也不同于一次失利的会战，很少能导致防御者彻底大败，因为他投入战斗的只是一部分部队，而对手只能通过一道桥梁慢慢过河，会受到阻碍，虽然战胜了防御部队，却无法立即扩大战果。如果人们看到这些，就更不会轻视这种防御手段了。

　　对现实生活中的一切事情来说，问题都在于处理得是否恰到好处。人们在进行江河防御时，对各种情况判断得正确与否，其结果将不大相同。一个看似无关紧要的情况会使事情发生重大变化，一个在这里极为明智和有效的举措在那里却可能变成有害的举动。正确地判断各种情况，不认为江河只是简单的江河而已，这在江河防御中也许比在其他场合更难做到，因此我们必须特别提防因错误理解和运用江河防御而带来的危险。但是做了这样的分析以后，我们也不能不直率地指出，有些人的叫嚷是根本不值得重视的，他们根据模糊的感觉和含混的看法，把一切都寄希望于进攻和运动，把轻骑兵在头顶上挥舞马刀向前狂奔看作战争的全部景象。

指挥官即使能够长时间地保持这种看法和感觉，也是不足以解决问题的（关于这一点，我们只要回忆一下显赫一时的独裁官韦德尔[1]在1759年齐利晓会战[2]中的表现就够了）。而最糟糕的是这种看法和感觉很少能够持久，当牵涉面很广的重大而复杂的情况纷纷向指挥官袭来时，这种看法和感觉就会在最后一瞬间在他身上消失得一干二净。

因此我们认为，当防御者满足于阻止敌渡河这一不大的目的时，如果部队人数多，而且条件有利，那么进行直接的江河防御能够取得好的结果，但对较小的部队来说，就不是这样。如果说6万人在一定长度的河段上能够阻止10万和10万人以上的敌军渡河，那么1万人在同样长的河段上将无力阻挡1万人渡河。如果5000人不怕与如此优势之敌在同一河岸上相遇，那么1万人同样会无力阻挡这5000人渡河。这是很清楚的，因为渡河工具没有发生变化。

直到现在我们还很少谈到佯渡，因为在江河的直接防御中很少考虑如何对付佯渡。一方面是因为这种防御的主要问题不在于把部队集中在一点，而在于各部队各自防守一个河段；另一方面是因为即使具备了上述渡河的前提条件，进行佯渡也是非常困难的。如果进攻者的渡河工具本来就很少，也就是说，现有的工具还不足以保障渡河的需要，那么进攻者就不可能，而且也不会愿意把很大一部分渡河工具用于佯渡。无论如何，进攻者在真正渡河点上可以漕渡的兵力会由于佯渡而减少，这样防御者就能够重新赢得因敌情不明而可能耽误的时间。

这种江河的直接防御一般来说仅适用于在欧洲主要江河的中下游进行。

第二种江河防御（比较间接的江河防御）适用于较小的江河，在有深谷

---

[1]韦德尔（Carl Heinrich von Wedel，1712—1782），普鲁士中将，普鲁士首任国防大臣。——译者注

[2]又称凯伊会战。在1759年战局中，弗里德里希二世采取守势。为阻止奥地利和俄国军队会合，弗里德里希二世提拔年轻的中将韦德尔接替多纳任东战区司令官，并赋予他罗马独裁官式的权力，以便指挥资历较深的将军作战。1759年7月23日，韦德尔率2.74万名普军在齐利晓（Züllichau，即今波兰城市苏莱胡夫［Sulechów］）附近的凯伊村与5万余名俄军遭遇。韦德尔由于地形侦察不足、骑兵与步兵的部署过近、炮兵数量少，以及事先没有准备进行防御会战而失利，损失6800人，被迫退却。——译者注

时，甚至适用于很小的江河。这种防御要求防御者在距江河较远的地方部署部队，部队到江河的距离应使防御者在敌军同时在多个地点渡河时，能够分别迎击敌军，或者当敌在某一点渡过河，受限于一座桥梁和一条道路时，能够在江河附近迎击他。进攻者背后紧紧卡在一条大的江河或深谷旁，并被限制在唯一一条退却用的小路上，是一种极为不利的会战处境。防御者在所有中等江河和深谷的防御中均应利用进攻者的这种不利处境。

在进行直接的江河防御时，我们认为最有利的部署是把一个军团分为几支大部队紧靠江河部署，其前提是敌人不可能突然大批渡河，否则防御者的部队就有被分割和各个击破的危险。如果防御者进行江河防御的条件并不够有利，如果敌人已经拥有绰绰有余的漕渡工具，如果江河中有很多岛屿甚至浅滩，如果江河不够宽，如果防御者兵力过小等，那么防御者就不能进行直接的江河防御。在这种情况下，防御者的部队为相互间更好地联系，就必须向后离开江河一段距离。此时防御者唯一可以采取的办法是，在敌渡河时尽快向这一渡河点集中兵力，在敌人还未占领更多的地域和渡口时向其发起进攻。防御者此时应通过前哨链对河流或河谷进行监视，并做些抵抗，而军团大部队则分为多支部队部署在距江河一定距离（通常是数小时行程）的适当地点。

进攻者在这里面临的主要问题是通过江河与其谷地形成的狭窄水道。也就是说这里不仅取决于水量，而且取决于狭窄水道的整个情况，而通常一处深陡的谷地比一段较宽的江河所起的作用大得多。一支大部队通过一条较长的狭窄水道时所遇到的困难，在现实中比纯粹考虑到的要大得多。通过这条水道需要很长时间，而且通过时，敌人有可能控制周围的高地，这一危险会令人非常不安。通过后的首批部队如果前行得太远，就会过早与敌遭遇，有被优势之敌击败的危险；而如果首批部队停在渡河点附近，就要在极为不利的处境下作战。因此进攻者只有在兵力上占很大优势和在指挥上有很大把握时，才能通过这样一处地形到对岸去与敌人较量，否则就是一个冒险的行动。

当然，这样一条防线不可能延展到对一条大江河的直接防御那样长，因为防御者欲集中全部兵力作战，而且即使进攻者渡河很困难，但毕竟无法与渡一条大的江河相比，因此在这种情况下，进攻者进行迂回会更容易。不过这一迂回会使进攻者偏离其自然的行进方向（因为我们自然会假设河谷大体上垂直于进攻者原来自然的方向），而且变窄的退却线所产生的不利影响不是一下子，而是逐渐消失的，以至进攻者即使没有恰好在危急关头遭遇防御者，而且通过迂回赢得了更多一些的活动余地，也不如防御者有利。

我们在谈江河时，不仅谈它们的水量，而且几乎更多地注意到了其深陷的谷地，因此必须事先说明，不能把这里所说的谷地理解为山谷，否则有关山地的论述在这里也要适用了。众所周知，有很多平原地区，在那里甚至极小的河流也有陡峭的深谷。此外，布有沼泽的河岸和其他妨碍接近河流的障碍也属于这种情况。

因此在这些条件下，把一支用于防御的大部队部署在较大江河或者较深河谷的后面是一种非常有利的态势。这种样式的江河防御可算是最好的战略举措之一。

这种防御样式的弱点，即防御者容易犯错误的地方是部队展开过大。在这种情况下，防御者会很自然地将兵力从一个渡河点一直部署到另一个渡河点，却忽略了本应切断的真正的点；而如果防御者不能集中整个部队作战，就收不到这种防御的效果，结果是：即使部队不是抵御到底，但一场失利的战斗、一次必要的退却，以及一些混乱和损失就会使部队近乎彻底大败。

防御者在上述条件下不应把防线拉得过长，并且无论如何要在敌人渡河的当晚把自己的兵力集结起来，对这两点我们说得很多了，因此无须再讨论那些取决于很多当地条件的时间、兵力和空间之间的关系了。

在这些情况下发生的会战必然有其特点，即来自防御者方面的行动肯定非常激烈。进攻者以几个佯渡地点可以使防御者一时弄不清情况，通常让防御者到了最紧急的时刻才出现在真正的渡河地点。防御者在态势方面固有的有利之处在于当面之敌处境不利。如果敌军的其他部队从其他渡河点过来，包围防御者，那么防御者就无法像在防御会战中那样，从后面对这部分敌军通过有力的突击进行打击，否则就会失去其有利的态势。因此，防御者必须在这部分敌军没有威胁到他的时候，先解决正面的问题，就是说，他必须尽量迅速而有力地进攻当面之敌，通过让正面之敌大败来解决全部问题。

但是，**这种**江河防御的目的从来不能是抵御一支优势过大的大部队（而这在大江河的直接防御中必要时还是可以设想的），因为防御者实际上通常要对付的已经是敌这支大部队中的绝大部分，即使这是在对防御者有利的情况下进行的，人们还是容易看出，此时已经必须考虑兵力对比了。

大部队在中等江河和深谷进行的防御就是这样。在河谷边缘进行较多的抵抗会造成阵地分散的不利情况，对大部队来说，不能采用这种方法，因为他们需要的是一个确切的胜利。而如果防御者仅仅是为加强一道次要的防线，这道防线只需进行短时间的抵抗并有望得到援军，那么防御者当然就可以在河谷边缘，甚至在河岸进行直接防御。尽管防御者在这里不能期望得到山地阵地那样类似的有利条件，但是抵抗的时间毕竟总是会比在一般地形上长。只有一种情况会使这种兵力运用变得非常危险，甚至是不可能，即如果河道非常蜿蜒曲折（深谷中的河流往往是这样）。人们只要看一看德意志境内的摩泽尔河[1]的河道就能明白这一点。在这种情况下，前出到河流转弯处的部队在退却时几乎不可避免地会被消灭。

大的江河同样可以给大部队提供在中等江河上适用的防御手段，而且条件有利得多，这是不言而喻的。当防御者要争取彻底的胜利时，总是要运用这个手段（例如阿斯旁会战[2]）。

至于部队为了使江河或深谷成为阻止敌人接近的战术障碍，即**在战术上加强正面**，而**紧靠**江河或深谷部署，则完全是另一种情况。对这个问题的进一步考察是战术范围的事情，不过我们要指出，从结果来看，这说到底完全是自欺欺人。如果陡谷很深，那么阵地正面就因此而变得绝对不会被攻破。这样一来，进攻者从这种阵地侧面通过并不比从任何其他阵地侧面通过而有更多的麻烦，因此防御者这样部署实际上几乎是在给进攻者让路，这显然本不是这样部署的意图。只有当地形对进攻者的交通线十分不利，他一旦离开自己的道路就会招致极为不利的后果时，防御者这样部署部队才可能是有利的。

---

[1]摩泽尔河（die Mosel），莱茵河的一条支流，流经法国、卢森堡和德国，长544公里。——译者注

[2]1809年，拿破仑率法军攻入奥地利，在雷根斯堡附近击败卡尔大公后，于5月13日攻克维也纳。卡尔大公在维也纳附近与拿破仑相隔多瑙河对峙。21日中午，法军渡过多瑙河的部队达4万人，在阿斯旁（Aspern，今维也纳城区的一部分，位于多瑙河左岸）与埃斯灵（Essling，今维也纳城区的一部分，距离阿斯旁半小时行程）之间占领阵地。卡尔大公见时机已到，率奥军向法军发起进攻，经激烈战斗，大败法军。次日，法军在损失2万余人后，被迫退回多瑙河畔的洛鲍滩涂（die Lobau，多瑙河流经维也纳形成的滩涂地，面积22平方公里）。——译者注

采用第二种防御时，进攻者的佯渡会给防御者带来更大的危险，因为进攻者更容易实施佯渡，而防御者的任务却是要把全部部队集结在真正的渡河点。不过在这种情况下，防御者在时间方面并不十分紧迫，因为在进攻者把全部兵力集中起来和占领几个渡河点以前，对防御者有利的条件一直是存在的。此外，进攻者在这种情况下进行佯攻的效果也没有对哨所线防御进行佯攻的效果那么好，因为防御者在哨所线防御中必须保持所有地点都不被攻破，因此在如何使用预备队的问题上更为困难，需要判明哪个地点会首先被敌人攻破，而在这里只要弄清敌主力在哪里就可以了。

关于在大小江河上进行的上述两种防御，我们总体上还必须指出：如果这两种防御是在退却时的紧急和混乱中部署的，没有准备，没有清除渡河工具，没有对当地地形的确切了解，那么当然就得不到上面所设想的结果了。由于防御者在大多数情况下根本不可能指望具备上述有利条件，因此为进行江河防御而把兵力分散在延展的阵地上是极为愚蠢的做法。

总之，正如在战争中凡是在意识不明确和意志不坚定的情况下所做的一切都会失败一样，如果由于没有勇气在一场面对面的野战中与对手进行会战而选择了江河防御，指望利用宽河深谷挡住对手，那么**江河防御**肯定也不会取得好结果。在这种情况下，统帅和部队谈不上对自己的处境有真正的信心，往往是忧心忡忡的，而且担忧的事情通常很快就会变成现实。一场面对面的野战不会像决斗那样以双方情况完全相同为前提。一个防御者如果在野战中不善于利用防御的特点、迅速的行军、熟悉的地形以及自如的运动争取到好处，那么他就无可救药了。江河和河谷对这样的防御者是最无能为力的了。

第三种防御是通过在敌岸占领一个坚固的阵地进行的。这种防御之所以能够产生效果，是因为河流穿过敌人的交通线，从而使敌人的交通线有依赖一座或数座桥梁的危险。显而易见，这里指的只能是水量大的江河，因为只有大江河才能造成这种情况。相反，一条谷深水少的江河一般都有很多渡口，根本不会产生上述危险。

这种阵地必须非常坚固，几乎无法被攻破，否则就会迎合敌人的希望，并使防御者失去有利的条件。如果阵地坚固到敌人不敢进攻的程度，那么在某些情况下，敌人甚至会被束缚在防御者所在的河岸上。假如他渡河，就会失去其交通线，当然他渡过河后也会威胁到防御者的交通线。这时，如同双方相互从侧面通过的所有场合，一切都取决于谁的交通线在数量、位置和其他方面得到的保障更多；谁在这种情况下在其他方面会失去得更多，也就是谁会被对手轻易战胜；最后，取决于谁在自己的军队中保有更多的制胜力量，以便在最紧急的情况下可以依靠这一力量。江河在此的作用无非是加大双方在交通线方面所面临的危险，因为双方的交通线都被限制在桥梁上。通常情况下，防御者的渡河点和各种仓库由于受到要塞的保护，比进攻者的更安全。如果这一点能够确定，那么防御者当然是可以设想进行这种防御的。在其他条件不适于进行直接的江河防御时，也可以用这种防御来代替直接防御。这样，虽然江河没有受到部队的防守，部队也没有受到江河的保护，但是两者结合在一起守卫了国土，而这正是防御者要达到的目的。

　　但是必须承认，这种没有决定性打击的防御就像正负电荷仅简单接触时产生的电压一样，只适于阻挡力量较小的冲击。如果对方统帅是一个谨小慎微、犹豫不决、任何东西都不会促使他猛烈前进的人，那么即使他拥有极大的兵力优势，防御者还是可以采取这种防御。同样，如果双方此前已形成均势，彼此试图争夺的仅仅是小的利益，防御者也可以采取这种防御。但是如果防御者要对付的是一个莽撞者带领的优势兵力，那么采取这种防御就有走向灭亡的危险。

　　另外，这种防御方法看起来是既大胆又科学，可以称得上高雅的防御方法。但是高雅的一般容易流于华而不实，而在战争中不像在社交中可以允许华而不实的作风存在，因此采用这种高雅方法的实例是很少见的。不过，从这第三种防御发展出一种辅助前两种防御的特别手段，即通过控制桥梁和桥头堡，总是以渡口威胁敌人。

　　这三种江河防御中的任何一种防御，除了可以旨在以主力进行绝对抵抗外，还可以旨在进行**假抵抗**。

　　防御者固然可以采取很多其他举措，而且说到底可以以任何一处与行军宿营地有所不同的阵地来造成这种不想真正进行的抵抗假象，不过对一条大江河的假防御确实能起到欺骗作用，因为人们为此多少要采取复杂的举措，其效果通常较其他所有场合更大和更持久。对进攻者来说，在防御者眼皮底下渡河总是一个重要的步骤，往往要考虑很久，或者要推迟到更为有利的时间进行。

因此防御者在进行这种假防御时，要求主力大体上像真防御那样分布和部署在河边。但是由于假防御这种意图本身说明当时的情况不利于进行真防御，因此如果部队真的进行了哪怕只是适度的抵抗，也会由于不得不多少拉长的防线和分散的部署而很容易面临损失惨重的危险。从本来的意义上讲，这是一种不彻底的举措。可见在进行假防御时，一切行动的目的必须是使部队确实能在遥远后方（往往相距数日行程）的某一地点集中，因此在进行假防御时，其抵抗只能以不妨碍这一集中为限度。

为了清楚地说明我们的看法，同时指出这种假防御可能具有的重要性，我们想提一下1813年战局末期的情况。当时，拿破仑率领约4万～5万人退过了莱茵河。联军按照自己前进的方向可以在曼海姆至奈梅亨[1]的区域内轻而易举地渡河，因此拿破仑要以上述兵力防守这一河段实际上是不可能的。他只能考虑大致在法国的马斯河[2]沿岸进行首次认真的抵抗，因为他在那里可以得到一定的增援。假如拿破仑立刻退到马斯河，联军就会紧追到那里；假如拿破仑让部队渡过莱茵河后入营休整，那么很快也会出现同样的情况，因为联军即使谨慎到极为胆小的程度，也会派遣一些哥萨克骑兵[3]和其他轻装部队渡河，而当他们看到渡河如此顺利，一定还会派其他部队接着渡河，因此法军有必要准备在莱茵河进行认真的防御。由于可以预见，一旦联军真的渡河，法军这个防御不会产生什么结果，因此人们可将这次防御视为一次纯粹的佯动。在进行这一佯动时，法军根本不会冒任何危险，因为他们的集结点在摩泽尔河上游。只是麦克唐纳犯了错误：众所周知，他率2万人在奈梅亨附近，一直等到

---

[1] 奈梅亨（Nymwegen），今荷兰海尔德兰省一城市，位于瓦尔河左岸，靠近德、荷边境。——译者注

[2] 马斯河（die Maas），莱茵河第二大支流，发源于法国东部的朗格勒高原，流经法、比、荷，长约874公里。——译者注

[3] 哥萨克骑兵（Kosaken），"哥萨克"的突厥语意为"自由自在的人"，原是生活在乌克兰和俄罗斯南部草原的游牧部落，以骁勇善战和精湛骑术著称。历史上，俄国沙皇通过发给俸禄、分封土地等手段笼络其上层人物，使哥萨克骑兵成为俄国用于扩张的重要力量。现多分布在顿河、捷列克河和库班河流域等地。——译者注

一月月中真的被温岑格罗德[1]军（该军抵达较迟）逐走，从而妨碍了他在布里昂会战以前与拿破仑会合。法军在莱茵河畔的这一假防御使联军的前进运动停了下来，并使其下决心把渡河推迟到援军抵达后进行，也就是说推迟了六周之久。对拿破仑来说，这六周时间想必是极为宝贵的。假如没有法军这次在莱茵河畔的假防御，联军就会挟莱比锡大会战胜利的余威直驱巴黎，而法国人根本不可能在首都的这一边进行一场会战。

采取第二种江河防御，即利用中等江河进行防御时，也可以进行这样的欺骗，只是效果一般说来要差得多，因为这里仅是试图渡河，所做的准备工作远没有真正渡河时的复杂，所以这种戏法很快会被戳穿。

采取第三种江河防御时，估计假防御的效果还要更差些，不会超过临时进入某一阵地后进行防御的效果。

最后，前两种江河防御非常适于在为某一次要目的而部署的前哨线或其他防线（哨所线）上采用，也非常适用于仅仅为进行监视而部署的次要部队。这两种江河防御相比没有江河的场合可以给上述防线和部队带来更多的力量和把握。在所有这些场合都只是进行相对的抵抗，而河流这种地形自然会显著地加强相对抵抗的力量。在这里人们不仅应该想到抵抗在战斗本身中可以持续相对很长的时间，而且应该想到敌人在针对这一抵抗的每次行动之前都会有很多顾虑。在没有紧迫动机的情况下，这些顾虑往往会使其99%的行动不能付诸实施。

---

[1]温岑格罗德（Ferdinand Freiherr von Wintzingerode，1770—1818），男爵，俄国骑兵将军。——译者注

第十九章

江河防御（续）

我们现在还要谈谈本身并未设防的江河在国土防御中所起的作用。

每一条大的江河连同其主流的和支流的河谷，构成一个很大的地形障碍，因此总的来说对防御有利，其特有的影响可以从几个主要方面来进一步说明。

首先，我们必须分清这条大的江河与国境（总的战略正面）是平行的，还是倾斜的或垂直的。如果是平行的，我们还必须分清江河是在我军（作为防御者）的前面，还是在进攻者的前面，并弄清在这两种情况下，我军与江河之间的距离。

如果在一支进行防御的大部队后面不远处（但不少于平常的一日行程）有一条大河，而且在这条河畔有足够数量的安全的渡河点，那么防御者的处境无疑比在没有这条大河时有利得多。这是因为，虽然防御者要顾及各渡河点而在行动上失去了一些自由，但是由于战略后方（主要是交通线）安全了，因此获得的好处更多。不言而喻，我们这里设想的是在本国境内进行的防御，因为在敌国，即使敌军主力在我们前面，但我们作为防御者总还是或多或少地担心在自己背后的江河的另一岸出现敌人。这时，由于江河对道路通行有限制作用，它对防御者处境的影响更多是有害的，而不是有利的。江河在防御部队背后越远，对部队的好处就越少，到了一定距离，它的影响就完全是零。

如果进攻的部队不得不渡过江河前进，那么江河对它的运动只会起到不利的影响，因为江河把部队的交通线限制在个别渡河点上了。1760年，海因里希亲王[1]在布雷斯劳附近的奥得河[2]右岸迎击俄军时，显然是以他背后一日行程远的奥得河为依托的。相反，俄军在切尔尼舍夫[3]的指挥下渡过奥得河后，处境却非常不利，因为他只有一座桥梁，面临失去退路的危险。

如果一条江河或多或少地垂直穿过战区，那么由此带来的好处就又在防御者一边。首先，由于有江河做依托，以及可以利用下沉的横贯河谷，防御者通常可以占据很多有利的阵地来加强正面（例如易北河在七年战争中对普鲁士人所起的作用）；其次，进攻者要么不得不对江河两岸中的一岸不管不问，要么不得不分兵，而分兵对防御者是有利的，因为防御者将比进攻者占据更多的安全的渡河点。人们只要纵览一下七年战争就会看到，尽管普鲁士在整个七年战争中对奥得河和易北河本身并未进行过真正的防御，而且这两条河的走向与敌人的正面在大多数情况下更多是相倾斜或垂直的，很少是平行的，但是这两条河对弗里德里希大帝防守他的战区（西里西亚、萨克森和勃兰登堡边区）是非常有利的，并顺理成章地对奥地利人和俄国人占领这些地区构成了很大障碍。

一般来说，江河只有与战区垂直，并且可以作为运输通道时，才对进攻者有利，原因是进攻者的交通线较长，在运输各种必需品方面困难更大，因此水运可以极大减少运输困难的做法想必主要是给他带来好处。在这种情况下，虽然防御者也有其有利的一面，即自本国边境起可以利用要塞封锁江河，但是江河流入本国边境前的河段给进攻者带来的好处却不会因此而消失。不过，有些从军事上其他角度来看宽度不算小的江河，却并不能通航；有的江河不是四季都可通航；船只在有些江河上逆流航行时非常缓慢，往往十分困难；有些大江河曲折很多，往往使路程增加一倍以上；现在两个国家之间的主要

---

[1]海因里希亲王（Prinz Friedrich Heinrich Ludwig von Preussen，1726—1802），普鲁士亲王，将军，国王弗里德里希二世最小的弟弟。14岁时即成为轻步兵团上校团长，曾参加奥地利王位继承战争和三次西里西亚战争。——译者注

[2]奥得河（die Oder），欧洲中部的主要河流之一，源于捷克，流经波兰的西里西亚地区和今德波边境，流入波罗的海，长898公里。——译者注

[3]切尔尼舍夫（Sachar Grigorjewitsch Tschernyschew，1722—1784），伯爵，俄国元帅。七年战争期间指挥2万俄奥联军攻打普鲁士国王弗里德里希二世，并进占柏林。彼得三世继位后，于1762年5月命切尔尼舍夫与弗里德里希二世结盟。后任俄国防大臣（1763—1774）。——译者注

交通线大多是公路。最后，大部分必需品现在通常是在最近的省份筹集，而不是像商人那样习惯于从远方运来。如果人们考虑到上述这一切，就会清楚地看出，水运对部队给养所起的作用根本不像书本习惯上所描绘的那样大，因此它对战事进程的影响很小并不确定。

★ 第二十章 ★

一、沼泽地防御

像北德意志的布尔坦沼泽地[1]那样的大片沼泽地是很少见的，因此不值得对这样的沼泽地进行论述。但是我们不应该忘记，洼地和泥泞的小河河岸却是常见的，而且它们往往会构成很大的、可以用来进行防御的地段，事实上人们也是常常这样利用这些地段的。

沼泽地防御的举措虽然与江河防御的举措相当一致，但是毕竟还有几个特点应该特别注意。沼泽地的第一个和最主要的特点是，除了堤道以外，步兵在沼泽地中根本无路可走，通过它比渡过任何一条江河都困难得多。这是因为：首先，筑一道堤坝不像架一座桥梁那样快；其次，没有临时的通过沼泽地的手段，无法把保护筑堤的部队先运到沼泽对面去。在江河上，可以用部分船只把前卫部队先运到对岸，再开始架桥，但在沼泽地没有相应的辅助手段。即使只是步兵要通过沼泽地，其最简便的方法也是要铺设木板，但是如果沼泽地有一定的宽度，那么铺设木板这一工作所需的时间比第一批船只渡河的时间要多得多。如果沼泽地中间还有一条没有桥梁就过不了的河，那么把首

---

[1] 布尔坦沼泽地（das Bourtanger Moor），位于德国和荷兰边境地带，埃姆斯河以西，曾是西欧最大的沼泽地，现面积约200平方公里。——译者注

批部队运过去的任务就更困难，因为在只有木板的情况下，单个人也许可以通过，但架桥所必需的沉重器材无法运过去。在某些情况下，这一困难是无法克服的。

沼泽地的第二个特点是，人们通过后不能像毁坏渡口那样彻底地破坏沼泽地上的通路。人们可以断开桥梁，或者将其破坏到根本无法再利用的程度，但对堤坝充其量只能将其挖开，而这起不到什么作用。如果沼泽地中间有一条小河，固然可以拆掉小河上的桥梁，但整个通路并不会因此而像大河的桥梁被破坏后受到那样大的影响。因此，要想使沼泽地对自己有利，就必须用相当多的兵力占领现有的所有堤坝，并且进行认真的防守。

于是在沼泽地防御中，人们一方面不得不进行局部的防御；另一方面，由于堤坝以外的其他地点难以通行，又减轻了这种防御的难度。上述两个特点使沼泽地防御必然比江河防御更局限在一个地点，从而更为被动。

由此产生的一个后果是：人们在沼泽地防御中投入的兵力相对要比直接的江河防御多一些。换句话说，人们无法设置较长的防线，特别是在耕作发达的欧洲。在这里，即使是在对防御最有利的情况下，通道的数目通常也还是很多的。

因此从这个角度看，沼泽地不如大江河有利。认识到这一点很重要，因为所有局部防御都有一些极为棘手和危险的事情。但是如果人们考虑到，这种沼泽地和洼地通常都很宽，欧洲最大的江河也无法与之相比，因此防守通路的哨所绝对没有被对面火力消灭的危险，而哨所本身的火力效果却由于这样一条非常狭长的堤坝提高了很多，而且通过这样一条1/4普里或1/2普里长的隘路比通过一座桥梁要耽搁更多的时间，那么人们就不能不承认，在其通路并不太多的情况下，这种洼地和沼泽地是世界上可能有的最坚固的防线之一。

正如我们在论述江河防御时曾谈到的那样，人们应利用难以通过的地形进行间接防御，于己有利地开始一次主力会战，这一方法同样适用于沼泽地。

但是由于通过沼泽地需要很多时间，而且困难很大，采取在敌岸占领阵地的第三种江河防御的方法在这里就过于冒险了。

有些沼泽地、草地、带树丛的泥沼地，除堤坝以外还有其他能通行的地方，在这些地带进行防御是极为危险的，因为敌人只要发现一个能通行的地点，就可以突破防线，而若防御者进行真正的抵抗，常常会给己方带来重大的损失。

二、泛滥地防御

现在我们还要谈一谈泛滥地。无论作为防御手段，还是作为自然现象，泛滥地无疑都与大的沼泽地最接近。

当然，这种泛滥地是很少见的。荷兰[1]也许是欧洲唯一值得我们研究的有这种现象的国家。而正是这个国家由于奇特的1672年[2]和1787年战局[3]，以及它与德、法两国密切相关的位置，使我们有必要对这一现象进行一些考察。

荷兰的泛滥地与普通泥泞的和通行困难的洼地有以下不同特点：

1. 土地本身是干燥的，或是干燥的草地，或是耕地。

2. 很多深浅和宽窄不一的小的灌溉和排水渠在这片土地上纵横交错，使这些泛滥地一片一片地平行排列。

3. 这里到处都有用于排灌和航行、周围筑有大堤的较大运河，这些运河没有桥梁是无法通过的。

4. 整个泛滥地的地面显著地低于海平面，因此也低于运河的水面。

由此可见，借助于挖开堤坝和开关水闸就可以淹没土地，这时只有较高堤坝上的一些道路还是干燥的，其他道路或者完全淹没在水中，或者至少被水浸泡得松软到无法利用的程度。如果泛滥地水深只有3～4普尺，那么必要时在短距离内还可以涉水，但是当上述第2点所说的那些小排灌渠也淹没在水中，

---

[1] 荷兰（Holland），尼德兰的一个省，因其经济和政治地位重要，所以自16世纪也将尼德兰称为荷兰。——译者注

[2] 17世纪后半期，荷兰成为海外贸易强国，竭力抵制法国的扩张政策，法、荷矛盾十分尖锐。1672年5月，法国国王路易十四世率领法军攻入荷兰，六周内占领半数省份。7月，荷兰总督和陆海军司令奥兰治·威廉三世下令打开阿姆斯特丹水闸，形成洪泛区，使法军的行动受阻。——译者注

[3] 1780—1784年，荷兰因海战失败，丧失大批海外殖民地。奥兰治家族的反对派起而反对威廉五世。1786年，议会决定废止奥兰治家族的总督世袭权利。1787年9月12日，普鲁士国王威廉二世派布伦瑞克公爵率军攻入荷兰，10月初占领阿姆斯特丹，奥兰治·威廉五世复位。——译者注

无法被看见，那么它们就会妨碍涉水。只有当这些沟渠都朝着一个方向，人们可以在它们之间行进而不必跨越它们时，泛滥地才不会成为通行的绝对障碍。不难理解，这种情况常常只能出现在很短的距离内，也就是说只能用于十分特殊的战术需要。

根据上述特点可以得出以下几点结论：

1. 进攻者只能沿有限的几条通道行进，这些通道都在相当狭窄的堤坝上，而且左右两侧通常有水渠，使其成为一条很长的让进攻者面临危险的隘路。

2. 这种堤坝上的任何防御设施可以很容易地加强到难以逾越的程度。

3. 由于防御者如此地受限制（涉及各个点时也是如此），只能进行最被动的防御，从而不得不把自己的全部希望寄托在被动抵抗上。

4. 这里的防御并不是像一道保卫国土的屏障那样的一条单独的防线，而是到处可以利用同样的通行障碍保护自己的翼侧，也可以不断地设置新的防御阵地。第一道防线的某一段失守后，可以这种方式用新的一段来替代。可以说，这里的各种防御部署组合就像是棋盘上的情况，是无穷无尽的。

5. 但是一个国家只有在耕作发达和人口稠密的前提下才可能出现这样的整个状况，因此通道和封锁通道的阵地的数量自然比其他战略部署中的要多得多，从中又可以得出结论：这种防线不应过长。

荷兰最主要的防线自须德海[1]畔的纳尔登[2]起，绝大部分经费赫特河[3]彼岸，直到瓦尔河[4]畔的霍林赫姆[5]，也就是说实际上是沿着比斯博什[6]，长约8普里。1672年和1787年，荷兰人曾用25,000～3万人防守这条防线。如果守军确实能够进行不屈不挠的抵抗，那么肯定会收到很大的效果，至少

[1] 须德海（der Zuidersee），即艾瑟尔湖，位于荷兰西北部。原为深入内陆约100公里的海湾，1932年修筑拦海大坝后成为内湖。——译者注
[2] 纳尔登（Naarden），今荷兰北荷兰省小镇霍伊泽梅伦（Gooise Meren）的一部分，邻近的霍伊湖原为须德海的一部分。——译者注
[3] 费赫特河（die Vecht），又称乌得勒支费赫特河，荷兰西部一条河流，流入古伊湖，长40公里。——译者注
[4] 瓦尔河（die Waal），荷兰境内莱茵河下游的一条支流，流经奈梅亨等城市。——译者注
[5] 霍林赫姆（Gorinchem），今荷兰南荷兰省东南部一城市，位于瓦尔河下游北岸。——译者注
[6] 比斯博什（Biesbosch），今荷兰一自然保护区，面积90平方公里，其中97%位于北布拉班特省，3%位于南荷兰省。——译者注

对防线后面的荷兰省来说是这样。

1672年，这条防线确实抵挡过两位著名统帅（起初是孔戴，后来是弗朗索瓦·卢森堡）指挥的有显著优势的军队。他们本可以率领4万～5万人进攻这条防线，但是他们按兵不动，想等待冬季，结果当年的冬季并不十分寒冷。与此相反，1787年荷兰人在这第一道防线上的抵抗丝毫没起作用，甚至在须德海与哈勒姆湖[1]之间短得多的防线上进行的更强一些的抵抗也在一天内就被粉碎了。这是由于布伦瑞克公爵采取了巧妙的、适合当地情况的战术，尽管真正向这条防线推进的普鲁士军队的兵力并不比防御者的兵力多多少，甚至根本不多。

两次防御结果不同的原因在于最高指挥的不同。1672年，荷兰人在没有备战的情况下受到路易十四世的袭击。众所周知，荷兰步兵平时的战斗精神不是很强，当时绝大多数要塞装备很差，守军很少，而且都是雇佣兵，要塞指挥官不是一些毫无忠诚可言的外国人，就是一些指挥能力差的本国人。因此荷兰军队原来从勃兰登堡手里占领的莱茵河沿岸要塞，以及他们自己在这一防线以东所有的要塞（除格罗宁根[2]以外），大都未经真正防御即很快落入法国人之手。当时，15万法军的主要行动就是占领大量要塞。

但是1672年8月，德·维特兄弟[3]被谋杀，奥兰治公爵[4]执政[5]，在

---

[1]哈勒姆湖（Haarlemer Meer），原荷兰西部的一个湖泊，位于哈勒姆、莱顿与阿姆斯特丹之间。1840—1853年湖水被排干后成为耕地。——译者注

[2]格罗宁根（Groningen），今荷兰北部格罗宁根省省会。——译者注

[3]即科内利斯·德·维特（Cornelis de Witt，1623—1672）和约翰·德·维特（Johan de Witt，1625—1672），荷兰贵族党的领袖，1660年荷兰总督威廉二世去世后，二人掌握政权，后于1672年政变时被杀。——译者注

[4]即威廉三世（Wilhem Ⅲ.von Oranien-Nassau，1650—1702），奥兰治-拿骚公爵，荷兰总督威廉二世之子。1672年7月被选为荷兰总督和陆海军司令。1689—1702年任英格兰、苏格兰和爱尔兰国王。——译者注

[5]16世纪，尼德兰爆发资产阶级革命，反对西班牙的统治。1578年1月23日，尼德兰北方七省（荷兰、泽兰、乌得勒支、弗里斯兰、海尔德兰、上艾瑟尔、格罗宁根）成立乌得勒支同盟，1581年成立联省共和国，因荷兰省最大，经济最发达，而且是政治中心，故又称荷兰共和国。共和国最高权力机构为三级会议，常设行政机构为国务会议。三级会议由各省教士、贵族和资产阶级代表组成。国务会议首脑为总督，由奥兰治家族世袭。1650年，总督威廉二世去世，政权为最高国务秘书约翰·德·维特掌握。1672年，法国路易十四世进攻荷兰，约翰·德·维特因准备割地求和而被推翻，奥兰治·威廉三世成为总督。约翰·德·维特之兄因涉嫌谋杀威廉三世被囚，约翰·德·维特企图放其出狱，后二人皆被杀死。——译者注

防御举措方面有了统一的指挥，还有时间完成上述防线的建设，各种举措相互配合得非常好，以至蒂雷纳[1]和路易十四世率领两支部队离开后，指挥驻荷兰法军的孔戴和弗朗索瓦·卢森堡都不敢对这条防线上的哨所采取行动。

　　1787年的情况就完全不同了。成为进攻者真正敌人和进行主要抵抗的，不是七省联合组成的共和国，而只是荷兰一省。这次进攻者谈不上攻占所有的要塞（这在1672年是主要的事情），荷兰的防御也一开始就仅限于前述防线。进攻者也不是15万人，而只有2.5万人，担任指挥的不是相邻大国的有权势的国王，而是遥远的、在某些方面受到约束的国君[2]派遣的一位统帅[3]。虽然包括荷兰省在内的荷兰全体国民分裂成两派，但是共和派在荷兰省占绝对优势，而且当时民众的情绪确实十分激昂。在这种情况下，1787年的抵抗至少应该取得和1672年抵抗同样的结果。但是防御者在1787年有一个重要的不利情况，那就是没有统一的指挥，这和1672年相比是一个很大的不同。1672年时，指挥全权交给了英明而坚强的威廉·冯·奥兰治公爵[4]，1787年时却交给了一个所谓的防务委员会。这个委员会虽然由四位坚强的人物组成，却没有能力使全部行动一致，未能赢得民众信任，因此整个委员会的工作显得不完善和软弱无力。

　　我们用这么多时间谈这个问题，为的是进一步明确这一防御举措的概念，同时指出，由于整个指挥在统一性和连贯性上的不同，其产生的效果也有极大的差别。

　　尽管这种防线的组织和抵抗方法属于战术问题，但是我们不能不就1787年战局来说明一下这种抵抗方法，因为它已经比较接近于战略。我们认为，尽管各个哨所的防御就其属性来说必然是被动的，但是当对手像1787年那样不占显著优势时，防御者从防线的某一点进行还击并非不可能，而且并不一定没有好的结果。尽管这种出击只能在堤坝上进行，不会有很大的运动自由和特别大的冲击力，但是进攻者毕竟不能占领所有其未在上面推进的堤坝和道路，因

［1］蒂雷纳（Henri de la Tour d'Auvergne Turenne，1611—1675），子爵，法国元帅。以谨慎用兵和重视部队后勤补给著称。1672年曾率法军进攻荷兰。——译者注
［2］指当时的普鲁士国王威廉二世。——译者注
［3］指布伦瑞克公爵。——译者注
［4］即威廉三世（Wilhem Ⅲ.von Oranien-Nassau，1650—1702）。——译者注

此熟悉国土情况并占据坚固阵地的防御者还是有办法用这种方式对推进中的进攻纵队进行真正的翼侧进攻，或者切断它们与储备物资之间的通道。如果人们考虑到进攻者本身的处境极为被动，具体是他比其他一切场合更依赖于交通线，那么就会很好地理解，防御者的任何一次出击即使成功的可能性很小，但作为一种伴动就已经能产生大的效果。如果荷兰军队实施一次这样的伴动（例如自乌得勒支[1]出击），那么我们非常怀疑，小心谨慎的布伦瑞克公爵是否还敢接近阿姆斯特丹[2]。

---

[1] 乌得勒支（Utrecht），今荷兰中部乌得勒支省省会。——译者注
[2] 阿姆斯特丹（Amsterdam），今荷兰首都和重要港口。——译者注

★ 第二十一章 ★

林地防御

首先，我们必须把茂密的、难以通行的野生林与大面积的人造林区别开。人造林一方面非常稀疏，另一方面又有无数道路纵横其间。

防御时，人们应该在人造林的前面建立防线，或者尽可能避开它。防御者比进攻者更需要开阔的视野，这一方面是因为防御者通常是较弱的一方；另一方面，防御位置的天然有利条件使他可以晚于进攻者展开自己的计划。如果防御者在一片林地的后面建立防线，那就会让自己像盲人一样与健全人作战。如果他在林地中间设防，那么双方就都成了盲人，但这种双方利害相同的情况是违背防御者本来的要求的。

因此，防御者除了在这种林地的前面设防，从而借助林地来隐蔽自己后方的一切，并保护和方便退却外，林地给防御者的战斗带不来任何其他好处。

这里谈的只是平原上的林地，因为一个地方如果具有明显的山地特点，那么在那里对战术和战略举措起很大影响的就是山地的特点了，而关于山地特点的影响，我们在前面已经谈过了。

但是难以通行的林地（只能从一定的道路上才能通过的林地），无疑会提供类似间接防御的优越性，使防御者像借助山地那样，利用林地开始一场有利的会战。这时防御者的部队可以在林地后面保持一定程度的集中部署，等到敌人从林中隘路出来时立即向其发起袭击。从效果来看，这种林地更接近于山地，而不是江河，因为林地中的道路虽然很长，通行非常困难，但从退却的角度来看，林地却是利多弊少的。

即使林地再难通行，对林地的直接防御也仍然是一种冒险行为，甚至对最轻装的前哨部队来说也是如此。因为丛林仅仅是想象中的障碍，任何林地的通行难度都不会大到让小部队无法从上百个地点通过，这些小部队对一条防线来说，就像渗透堤坝的头几滴水，很快就可以让整个堤坝溃决。

任何类型的大片林地对民众武装的影响都是极为重要的：大片林地无疑是民众武装活动的正确场所。因此，如果战略防御计划能够让敌人的交通线通过大片林地，那么就等于给防御这部机器加装了一个有力的杠杆。

★ 第二十二章 ★

哨所线

凡是用一系列彼此联系的哨所来直接保护某一地区的防御部署都可以被称为哨所线。我们之所以说"直接",是因为一支大部队的多支部队并列部署时,即使不构成一道哨所线,也有可能保护广大地区免受敌入侵,而这种保护不是直接的,是通过一系列部署和运动的效果实现的。

一条计划直接保护一大片地区的防线必定很长,这么长的防线显然只有很小的抵抗能力。即使在这条防线上部署最多的兵力,如果对方的兵力与防御的兵力差不多,那么这条防线的抵抗力也还是很小的。因此,部署哨所线的意图只能是抵御较弱的进攻,包括战斗意志力较弱或进攻兵力较少的进攻。

中国的长城就是在这个意义上修筑的,它是为抵御鞑靼人的袭扰而修筑的屏障。与亚洲和土耳其接壤的欧洲各国的所有防线和边防设施都具有这样的意义。在这种场合下运用哨所线,既是合理的,也是符合目的的。当然通过这种哨所线并不能阻止每一次袭扰,但是它毕竟能增加袭扰的难度,从而减少袭扰的次数。在亚洲各民族几乎经常处于战争状态的情况下,哨所线的这种作用是非常重要的。

在近代战争中欧洲各国之间也曾出现过的防线(例如法军在莱茵地区和在尼德兰的防线),其作用与哨所线的上述作用最为接近。建立这些防线的目的,说到底只是抵御敌人为征收战争税和以敌养己而发起的进攻。这些防线只应用于抵御敌人的小规模行动，因此只宜使用次要的力量。但是，当敌军以主力前来进攻这一防线时，防御者当然也就不得不以主力防守这一防线，而由此体现出的防御举措并不是最好的。由于有这种不利，以及在一场短暂的战争中防止敌袭扰是非常次要的目的，而为此设置这种防线很浪费兵力，因此这种防线在今天被视为一种有害的举措。战争的威力越大，这一手段就越没用，就越危险。

最后，所有保护一支军队的舍营地，有一定抵抗能力，延展很大的前哨线，也可被视为真正的哨所线。

前哨线的这种抵抗针对的主要是袭扰，以及其他小规模的、对个别舍营地的行动。如果地形有利，这种抵抗在这方面可以发挥足够的威力。而针对推进中的敌军主力，前哨线就只能进行相对的抵抗，即旨在赢得时间的抵抗。而且这样赢得的时间在大多数情况下也不会很多，因此不能将赢得时间视为设置前哨哨所线的目的。敌军本身的集结和推进绝不可能保密到防御者通过前哨报告才得知的程度。如果防御者处于这样的境地，也就太可怜了。

即使在这种场合，哨所线也只能用于抵御较弱力量的进攻。在这方面，哨所线像在其他两种情况下一样，并没有任何自相矛盾之处。

但是本应用于保卫国土的主力部队面对敌军主力分散成一长列哨所，也就是分散成一道哨所线，看上去是如此不合理，以至于我们有必要详细地探讨伴随和引发这种部署出现的情况。

任何山地阵地，即使占据它的意图是集中兵力进行会战，都可以而且必须有比平原阵地更宽的正面。之所以说山地阵地的正面可以更宽，是因为地形条件使抵抗能力大幅提高了；之所以说这种阵地的正面必须更宽，是因为防御者需要有一个更宽的供退却时使用的基地（如同我们在山地防御一章中已经说过的那样）。但是如果无望很快进行会战，如果敌人很可能与我们长时间对峙，只要不出现对他有利的时机，他就不采取行动（这是大多数战争中常见的状态），那么防御者自然可以不局限于占据最必需的地区，而是在确保部队安全的前提下向左右尽可能地多控制一些地区，从而得到一些好处（对这一点，我们还要做进一步的说明）。在便于通行的开阔地区，人们通过**运动**可以比在山地更有效地达到这一目的，因此在开阔地区很少有必要通过扩大阵地正面和分兵来达到这个目的。同时，这样做也危险得多，因为分散后的每个部分只有较小的抵抗能力。

　　但是在山地要想占据任何一个地区，更多是要依靠局部防御；在山地，防御者不可能很快地赶到受威胁的地点；在山地，如果敌人先于防御者抵达某地，那么防御者即使有一些兵力优势，也很难再把敌人赶走。在这种情况下，人们在山地总是愿意采用这种尽管不是真正的哨所线，但多个哨所形成一列，毕竟近乎哨所线的部署。当然这种分散成很多哨所的部署距哨所线还有一大步，但是统帅往往在不知不觉中跨过这一步，因为他们是一步一步被牵着走的：起初他们分兵的目的是保护和占据某个地区，后来是为部队本身的安全。每个哨所的指挥官都希望占领其哨所左右两侧的接近地，以便对自己有利。这样一来，整个部队就在不知不觉中逐渐分散了兵力。

　　因此，如果出现一场以主力进行的哨所线战争的话，不能将其视为为阻止敌军每一次进攻而有意选择的作战形式，而是应将其视为防御者由于追求另一个与此完全不同的目标而陷入的一种状态，这一目标就是针对一个无意采取大行动的敌人，守住和保护某一地区。陷入这种状态总是一种错误，而诱使统帅陆续设立一个个哨所的理由，与一支主力部队应达到的目的相比是无足轻重的。不过我们的上述观点至少说明，统帅有可能犯盲目设置哨所线的错误。人们往往**忽视**这是统帅的错误（错估对手和自己处境）造成的，而认为这只是错误百出的**防御方法**造成的。但是每当采用这种方法取得有利的结果，或者至少没有遭受损失时，人们又默认这种方法是有效的。尽管海因里希亲王在七年战争的几次战局里部署了占用兵力最多和最令人费解的正面极宽的哨所阵地，以至这几次战局比任何其他战局更称得上是哨所线战局，但是由于国王[1]称这几次战局是**无懈可击**的，于是人们也就这样称赞它们。人们当然完全可以为亲王的这些阵地辩解，说亲王是了解其对手的，知道不必担心对手会采取决定性的行动，况且他如此部署的目的始终是占据尽可能大的一片地区，因此只要情况许可，他就会最大限度地去这样做。而假如亲王在这样一张由哨所阵地组成的蜘蛛网中遭到一次失败，受到重大的损失，那么人们又会说：这并不是因为

---

[1]指弗里德里希二世。——译者注

亲王遵循了错误百出的战法，而是因为他的具体举措和运用场合不当。

我们以上述方式努力说明在战区的主力部队中为何会出现所谓的哨所线战法，以及这种战法如何才能是理智和有利的，也就是说不再是荒谬的。同时，我们还想指出，统帅或他们的参谋部有时确实可能忽略了哨所线战法的本来意义，把它的相对价值看成是普遍存在的了，相信它真的适于阻止敌人的任何进攻。这就不是举措不当，而是把举措完全理解错了。我们承认，1793年和1794年，奥普联军在孚日山脉防御中看来就做过这种不折不扣的蠢事[1]。

---

[1] 1793年10月10日，上莱茵地区的奥普联军由奥地利的武姆泽指挥，在孚日山脉中的魏森堡一带击退法军，之后自莱茵河左岸的德鲁森海姆至魏森堡，构筑了37个哨所，形成长达50公里的哨所线，以保护其越冬营地。12月底，法军反攻，在这条哨所线上突破一点后，导致整个哨所线瓦解，联军被迫放弃刚攻占不久的地区，退守莱茵河右岸。——译者注

★ 第二十三章 ★

国土的锁钥

在军事艺术中，没有一个理论概念在评析时能起到我们这里要研究的这个概念那样的重要作用。这个概念是人们记述会战和战局时最爱炫耀的东西，是做出一切论断时最常用的根据，是评析者用来夸耀自己博学的徒具科学形式的、不完整的论据之一。但是这个概念既没有确定，也从未有人清楚地说明过。

我们想尽力把这个概念阐述清楚，并且看一看它对实际行动究竟有什么价值。

我们之所以在这里才研究这个概念，是因为对与它首先有关的山地防御和江河防御，以及坚固阵地和设防阵地等概念，我们必须先于它阐述清楚。

在这个古老的军事比喻词[1]后面隐藏着的概念是不明确的和混乱的，它有时指国土上最不设防的地区，有时又指国土上最坚固的地区。

如果有一个地区，**不占领它，人们就不敢进入敌国**，那么该地区当然有理由被称为国土的锁钥。不过这一简单但内容不很丰富的概念没有让理论家们感到满足，于是他们把它的含义扩大了，把国土的锁钥这一概念想象为**决定是否能占有整个国土的地点**。

---

[1]指人们经常将"国土的关键地区"比喻成"锁钥"。——译者注

如果俄国人想要进入克里米亚半岛，那么他们首先必须控制彼列科普[1]及其防线，这并不是为了取得入口（因为拉齐[2]在1737年和1738年曾两度绕过这些防线[3]），而是为了更有把握地占据克里米亚半岛。这是很简单的一个例子，但是人们在这里通过锁钥这个概念也说明不了多少问题。然而如果人们可以说：谁占有了朗格勒[4]地区，谁就占有或者控制了直到巴黎的法国国土，也就是说，是否占领直到巴黎的法国国土完全取决于是否占有朗格勒地区，那么这显然完全是重要得多的另一件事了。按照前一种思维方式，如果不占领我们称为锁钥的地点，就无法设想占领一个国家，这是只要有普通常识就可以理解的。而按照第二种思维方式，如果我们占有了一个地点，但并未由此而占领了整个国家，那么我们事先就不应去占领这个欲称之为锁钥的地点，这显然是不可思议的。普通常识已不足以理解这种看法，而是需要秘密科学的魔法了。在大约50年前，这种难以理解的神秘教义确实在一些书本里出现过，到18世纪末发展到了顶点。虽然拿破仑引领下的战争史以压倒性的力量明确而坚定地扫除了对这种看法的迷信，但是我们看到，这种难以理解的神秘教义仍然在一些书本中顽固地存在着。

如果抛开**我们**所理解的关键点的概念，那么很明显，任何国家总有一些**特别**重要的点，有很多道路汇合到那里，在那里便于调集给养，从那里便于向各个方向运动，简单地说，占领了这些点就可以满足一些需要，得到一些好处。如果统帅们想用一个词来表示这样一个点的重要性，从而把它称作国土的锁钥，那么似乎只有书呆子才会对此加以反对，我们认为用这个词比喻这样的点是很合适的，是很令人满意的。然而，如果有人想把这朵纯粹的语言修辞上的小花变成一粒种子，欲让它发展成像一棵大树那样有众多枝干的系统的理论，

---

[1] 彼列科普（Perekop），位于彼列科普地峡上的一个城市。俄土战争（1736—1739）期间，俄国元帅拉齐为控制克里米亚半岛曾占领该城。——译者注
[2] 拉齐（Peter von Lacy, 1678—1751），伯爵，爱尔兰裔俄国元帅。早年在爱尔兰军队任职，后在法国、奥地利、意大利和俄国军中任职。一生参加过31个战局、18场会战和18次围攻战。是七年战争期间奥地利元帅拉齐（Franz von Lacy, 1725—1801）之父。——译者注
[3] 1737年7月，俄军统帅拉齐率一支约4万人的部队由亚速海和顿河攻入克里米亚半岛；1738年7月，拉齐渡过锡瓦什湖后，沿阿拉巴特沙嘴进入克里米亚半岛。——译者注
[4] 朗格勒（Langres），今法国上马恩省南部一小城，位于朗格勒高原上。该高原是法国多条重要河流的发源地，如塞纳河、马恩河、奥布河等。——译者注

那么理智健全的人就不得不追溯一下这种表述的真正价值了。

统帅们在谈论他们的军事行动时，在他们的记述中使用"国土的锁钥"这一概念是实用的，但其含义自然是很不确切的。如果人们要把这一概念发展成为一种系统理论，想必会过渡到一个更明确的，但同时也更片面的概念。人们从所有与这个概念有关的内容中选择了"较高地带"这一内容。

如果人们沿着一条穿过山脊的道路抵达了最高点，然后开始下行，那真是要谢天谢地。对单个行人尚且如此，对一支大部队来说更是如此。这时，一切困难似乎都已经被克服，在大多数情况下也的确是这样。下行是件容易的事，这时人们会觉得比任何企图阻挡自己的人都占优势，可以一览无余地看到前面的整个地区，可以先用目视控制整个地区。因此一条通过山岭的道路的最高点经常被看作具有决定性意义的地点，在大多数情况下也的确是这样，但并非在所有情况下都是如此。因此统帅们在记述历史时常常把这样的地点称为关键点，当然他们又是从少许变化了的意义上，而且大多是从狭隘的角度这样称呼的。有一种错误的理论就是主要以这种看法为基础的（劳埃德[1]也许可以说是这种理论的创始人），它把下行至欲进入国家的多条道路的多个起始高点看作这个国家的关键点，看作**控制**这个国家的点。这种看法很自然地与一个与它相近的概念（**系统的山地防御**）融为一体，使问题变得更加玄虚，因为又掺进一些山地防御中起很重要作用的战术要素，很快就离开**山地道路的最高点**这个概念，而干脆把整个山系的最高点（**分水点**）看作国家的"锁钥"。

由于在那个时期，即18世纪的下半叶，恰好正流行着一种比较明确的看法，认为地球表面是冲刷形成的，于是这一地质学理论体系中的自然科学就向战史伸出了援手，使现实真理的每个堤坝都溃决了，当时的各种论断都飘浮在与地质学类比的虚幻理论体系中。因此，人们在18世纪末听到（或者更确切地说是读到）的，除了莱茵河和多瑙河的源头有多么重要以外，就没有别的东西了。当然，这种胡闹大多只是出现在书本里，而书本上的知识能够进入现实世界的永远只是小部分，而且理论越荒谬，进入现实世界的就越少，但是我们

---

[1]劳埃德（Henry Humphrey Evans Lloyd，1720？—1783），英国军事理论家。七年战争期间曾先后在法国、奥地利、普鲁士军队任职，七年战争结束后到俄军任职，晋升将军。著有《七年战争史》《军事回忆录》等。——译者注

谈到的这种理论对德意志并非没有产生过有害于行动的影响，因此我们并不是无的放矢。为了证实这一点，我们提请注意两个事件。一是1793年和1794年普鲁士军队在孚日山脉的两次重要战局。这两次战局都受了格拉韦特和马森巴赫[1]书本的影响，因此学究气很重[2]。二是1814年战局，当时一支20万人的大部队盲目地遵循这种理论，通过瑞士开赴朗格勒[3]。

　　一个地区的较高点即使是所有河流的发源地，大多也不过是一个高的点而已。在18世纪末和19世纪初，人们所写的有关这种高地对战事影响的所有内容，由于夸大和错误地使用了这个本身正确的概念，从而完全成为荒诞无稽的东西。一座山即使是莱茵河、多瑙河以及德意志所有六大河流共同的发源地，除了在它上面设置一个三角标记外，不会有更多的军事价值。要在这座山上设置烽火信号已经是不大适宜，部署一支骑哨部队就更不合适了，而要部署一支大部队，则更是件根本行不通的事。

　　因此，在所谓的**关键地区**（不同支脉的共同的**发端地**和河流的最高**发源地**）寻找一个国家的关键阵地，纯粹是纸上的空谈，与大自然本身是相违背的。大自然并未像迄今所谓的地形学所说的那样，让山脊和谷地自上而下便于通行，而是随意地向四外散布山峰和沟壑，而且极高的群山环绕极低水位湖泊的情况并不少见。人们只要看一看战史就会知道，某一地区地质学上的最高点在军事上所起的作用通常是很小的，而其他地形条件和部队的其他要求比它重要得多，以至人们构筑的阵地防线往往在最高点的侧面通过而没有必要去依托

---

[1] 马森巴赫（Christian von Massenbach，1758—1827），男爵，普鲁士上校，军事著作家。——译者注

[2] 克劳塞维茨在《大难中的普鲁士》（*Preussen in seiner grossen Katastrophe*）一书中曾写道："马森巴赫非常重视地形知识，也就是说非常重视战术-战略和地质学的结合。1793—1794年战局就是由这些糟糕的材料构成的。"克劳塞维茨在该书另一处写道："格拉韦特是地形学大家，很早就从事地形学的研究，因此他特别推崇在18世纪中叶盛行的新作战方法（这种作战方法特别强调军队对地形的依赖关系）就不足为奇了。军队防御山地，山地保护军队。特别是在普鲁士军队中，当时形成了一种运用地形的高人一头的见解，把一个科学原则运用到这个战法中，从而使这种战法博得了很高的声誉。很多有地位的人都受到这个见解的影响。从此，地区和空间这一要素在作战中占有了极重要的地位，以至人们往往只谈阵地、道路、翼侧、背面和交通线等，而从不提军队的数量了。"——编者注

[3] 1814年，反法联盟欲在战场上以较小代价向拿破仑施压，迫其做出政治让步，因此联军尽量避免会战，欲通过翼侧行动达到目的。在这一方针指导下，联军分三路向法国进军。其中，施瓦岑贝格率领的主力取道上莱茵地区，经瑞士向朗格勒和特鲁瓦推进。——译者注

这个最高点。

　　我们之所以用这么长的篇幅来谈这个错误的观点，是因为有一个十分妄自尊大的理论体系是与之相关联的，现在我们离开这一错误观点，再回到我们的观点。

　　我们认为，如果一定要在战略范围内找到一个与关键阵地这个名词相符合的独立概念，那么它只能是不加以占领就不敢进入敌国的地区。但是如果人们想用这个名词来称呼任何一个便于进入敌国的入口，或者这个国家中的任何一个便于接近的中心点，那么它就失去了原来的含义，也就失去了原来的价值，等于是在描述某种程度上到处都能找到的东西。这样，它就成了一个只是让人高兴的华丽辞藻。

　　我们所说的关键阵地当然是很少的。多数情况下，打开一个国家门户最好的钥匙就是消灭敌军；只有具备特别有利的条件时，地形的概念才可能比军队的概念更重要。我们认为，这种特别有利的条件包括下列两种情况：第一，部署在这个地点的部队借助地形能够进行强有力的战术抵抗；第二，这种阵地可以在敌人有效威胁我方交通线以前，有效地威胁敌交通线。

★ 第二十四章 ★

翼侧行动

我们也许不用特别说明：在这里谈的是战略翼侧，也就是战区的侧面。至于会战中从侧面发起的进攻（战术上的翼侧行动），则与这里谈的问题毫无关系。甚至当战略上的翼侧行动在它的最后阶段与战术上的翼侧行动合二为一时，我们还是可以把二者明显地区分开，因为它们其中的一个从来就不是另一个的必然结果。

这种翼侧行动以及与之有关的翼侧阵地也是人们在理论上用以炫耀的东西，但是在战争中很少起到作用。这并不是因为这种手段本身不能产生效果或者是被空想出来的，而是因为敌对双方通常都竭力防止受到这种威胁。无法预防对方翼侧行动的情况是很少的。然而就在这无法预防对方翼侧行动的很少的情况下，这个手段往往能表现出巨大的效果。由于这种手段能够产生这种效果，以及它在战争中常让人产生**顾虑**，因此在理论上对这种手段有一个明确的看法是很重要的。尽管战略范围的翼侧行动不仅可以用于防御，而且同样可以用于进攻，但是它毕竟与防御更接近，因此它是一种防御手段。

在深入探讨这个问题以前，我们必须提出一个简单的原则，然后在考察时从不忽略它，这就是：受命在敌背后和侧面行动的部队不能在敌人的前面对其采取行动；无论是在战略上还是在战术上，如果认为**开赴敌后**本身就已经有什么价值，那就是一种完全错误的观点。开赴敌后这种行动本身还什么都不是，只有当它与其他情况联系在一起时，才能根据这些情况的不同成为有利的或不利的行动。现在我们就主要来探讨一下这些情况。

首先，我们必须把针对战略翼侧的行动区别为两种，一种是仅仅对**交通线**采取的行动，另一种是对**退却线**采取的行动（也可能同时对交通线采取行动）。

当道恩1758年派出袭扰部队去拦截前往围攻奥尔米茨的普鲁士运输队时，显然是无意阻止国王[1]向西里西亚退却，而是希望由此促使国王向那里退却，而且他会乐于为国王让路[2]。

在1812年战局中，俄军主力在9、10两个月派出的所有袭扰部队只有中断敌交通线的意图，并没有阻止敌退却的意图，而契恰戈夫[3]指挥摩尔达维亚军团向别列津纳河[4]推进，以及维特根施坦将军奉命向道加瓦河[5]畔的法军发起进攻，则显然都是为了阻止敌退却。

我们举出这些例子只是为了把有关观点说清楚。

对交通线采取行动就是袭击敌运输队、小股的后续部队、信使、个别来往的人员以及小型仓库等，也就是以敌军维持战斗力和生活所必需的一切作为袭击的目标。这些行动应以这种方式削弱敌军，从而迫使敌军退却。

对敌人退却线采取行动的目的在于切断敌军的退路，因此只有当对手确实决定退却时，这种行动才能够达到目的。当然这种行动如果使敌人感到面临危险，也能促使敌退却。因此，对敌退却线进行伴动也可以获得对敌交通线采取行动那样的效果。不过正如我们已经说过的那样，所有这些行动不能单靠迂回和兵力部署的几何形状产生效果。只有具备了相关的条件，这些行动才能产生效果。

---

[1] 指弗里德里希二世。——译者注
[2] 1758年，普鲁士国王弗里德里希二世围攻奥尔米茨要塞时，奥地利统帅道恩于6月30日派出部队袭扰普军交通线，截获普军的大批辎重。道恩这一行动的目的并不是切断弗里德里希二世的退路，而是欲迫使他放弃围攻并退回西里西亚。——译者注
[3] 契恰戈夫（Pavel Vasilievich Chichagov，1767—1849），俄国海军上将。在1812年俄法战争中任俄军摩尔达维亚军团司令。——译者注
[4] 别列津纳河（die Berezina），第聂伯河的一条支流，长613公里。——译者注
[5] 道加瓦河（die Düna），也称西德维纳河，流经今俄罗斯、白俄罗斯和拉脱维亚，在里加湾注入波罗的海，长1020公里。——译者注

为了更清楚地了解这些条件，我们把这两种翼侧行动完全分开来研究。首先研究对交通线的行动。

在这里首先提出两个主要条件。要对敌交通线采取行动，必须具备这两个条件中的一个。

第一个主要条件是：对敌交通线的行动不需要很大的兵力，抽出这些兵力对自己的正面几乎没有什么影响。

第二个主要条件是：敌人已经处于其进攻路程的末端，已经没有能力再利用对我军的新的胜利，或者说，如果我军退避，敌军已经没有能力进行追击。

我们暂且把后一个主要条件放一放（这一条件绝不像初看上去那样少见），先研究与第一个主要条件有关的一些条件。

这些条件是：第一，敌交通线有一定的长度，无法再仅由几支精良的哨所守军保护它；第二，从位置上看，敌交通线暴露在我军的威胁之下。

敌交通线暴露的情况可能有两种，一种是他的交通线的走向不是垂直于其部署的正面，另一种是他的交通线在我们的领土上通过。如果这两种情况结合在一起，那么其暴露的程度就更大。对这两种情况，人们都需要做进一步的分析。有人会认为，如果进攻者要保护的是一条40或50普里长的交通线，那么在这条交通线末端的部队与交通线的位置是斜向还是垂直，就不是什么重要的问题了，因为部队展开的宽度对这条交通线说来几乎只是一个点，但实际情况并非如此。在进攻者的交通线垂直于其部队的情况下，防御者即使兵力占显著优势，其从大部队派出的袭扰部队也难切断进攻者的交通线。只要人们想到进攻者难以对某一地区进行绝对的保护，那么人们就不会相信能出现这种防御者难以切断进攻者交通线的情况，而会认为对进攻者来说，要在其背后（其后面的地区）抵御优势之敌所能够派出的全部小股部队，一定是很困难的。当然如果人们在战争中能像面对白纸黑字那样洞察一切就好了！那样的话，进攻者负责保护交通线的部队在某种程度上就会像盲人一样，不知道袭扰部队将在哪些地点出现，而袭扰部队却能看见一切。但是如果人们考虑到战争中的一切情报既不可靠又不完整，而且敌对双方都是不断地在暗中摸索，那么就会知道，绕过敌军两翼到敌人背后去的袭扰部队就像一个人在黑暗的房间里与很多人打架一样，时间久了就一定会走向毁灭。因此，当敌军的阵地垂直于其交通线时，对这一阵地进行迂回的部队（在敌军附近而与自己的大部队完全分开的部队）时间久了也一定会走向毁灭。这样，防御者不仅有损失很多兵力的危险，而且大部队本身也很快会失去锋芒。进行迂回的小股部队中只要有一个遭到不幸，其余的就会丧失勇气和信心，于是人们看到的不是勇敢的袭击和大胆的戏弄敌人，而只是不断逃窜的场面。

由于对手有上述困难，因此，如果部队的部署正面垂直于其交通线，部队就能够保护距自己最近的一段交通线。根据部队兵力的大小，这段距离可达2～3日行程。这段交通线也是最容易受到威胁的，因为它距敌军也最近。

相反，如果部队的部署明显地与其交通线相倾斜，那么距部队最近的这一段交通线就无法得到安全保障。即使对手施加最小的压力，进行一次威胁最小的进攻尝试，也会立即击中它的要害。

如果部队的部署正面无法垂直于交通线，那么此时是什么因素决定部署正面的设置呢？是对手的正面。但是人们同样可以设想，对手的正面又是根据我军的正面决定的。于是这里出现了一种相互作用，我们必须探寻这种相互作用的起点。

我们设想进攻者的交通线为ab，防御者的交通线为cd，并设想ab对cd的位置使两线之间形成一个较大的角度，那么很明显，防御者若在两线的交点e处部署部队，那么进攻者从b出发，凭纯粹的几何关系就能迫使防御者采取面向自己的正面，从而使防御者暴露其交通线。

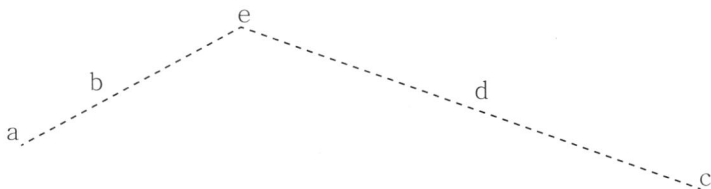

而如果防御者在交点的这一边（例如大致在d点）部署部队，情况就会相反。这时，进攻者就不得不将正面朝向防御者，前提是进攻者的行动线[1]受

---

[1] 行动线（Operationslinie）是英国军事理论家劳埃德于18世纪下半叶提出的概念，常指部队的补给线、交通线，或泛指部队离开行动基地后的运动路线。如果部队的补给或运动依赖唯一一条道路，则沿这条道路形成一条行动线。在有多条道路可选择的情况下，行动线也可是一条泛指的线。行动线有单双、内外、离心、向心之分。——译者注

到地理条件的更多限制，无法随意改变其位置（例如改成ad方向）。由此可见，防御者在这一系列的相互作用中占了有利的先机，因为他只需在两线交点的这边进入阵地。不过我们再次考察这个几何要素，远非由于过分重视它，而只是为了把问题完全弄清楚。我们更确信，当地的尤其是那些具体的情况对防御者的部署起着更大的决定性作用，因此要笼统地说明双方中的哪一方会更多地暴露其交通线，是根本办不到的。

如果双方交通线的方向是相同的，那么斜对其交通线部署的一方当然会迫使另一方也这样，但在几何要素上是得不到任何更多好处的，因为双方得到的利弊是相同的。

因此我们在接下来的考察中只以单方面暴露交通线的情况作为根据。

一条交通线的第二个不利因素是，如果它在敌国国土上通过。在这种情况下，如果敌国的民众已经拿起武器，就不得不认为敌人已经沿我们整个交通线部署了部队，如此一来，交通线暴露到什么程度也就很清楚了。敌方的这些民众力量本身虽然很薄弱，既不集中，也没有强大的实力，但是我们要考虑到，在我方漫长的交通线上，敌方这些民众力量一个挨一个，与他们接触是不会有什么好结果的。这一点是无须进一步分析的。此外，即使敌国的民众**没有拿起**武器，而且这个国家没有后备军和其他军事组织等有利条件，甚至民众非常缺乏尚武精神，但仅是他们与敌国政府的臣属关系，就会对另一方的交通线非常不利。敌军一支小的袭扰部队很容易与民众取得联系，他们熟悉当地的地形和人，能获得各种情报，并得到地方当局的支持。这些有利条件对小股部队的小规模行动是有决定性价值的，而且这些支持无须特别费力就可以传递到任何一支这样的小部队。同时，在一定的距离内总会有要塞、江河、山地或其他庇护地，只要我们没有正式占领这些地方并在那里部署守军，这些地方就永远是属于对手的。

在这种情况下，尤其是其他有利于防御者的条件同时存在时，进攻者的交通线即使垂直于其部署正面，防御者还是有可能对其交通线采取行动，因为防御者的袭扰部队无须每次行动后总是返回大部队，而是只要躲入本国就能得到足够的保护。

由此可知，一支部队的交通线在面临下列三种主要情况时可能被敌方相对小的兵力切断：

　　1. 交通线较长；

　　2. 交通线斜对部队正面；

　　3. 交通线通过敌国国土。

　　最后，要想使敌交通线中断后产生效果，还需要有第四个条件，就是要使敌交通线中断一段时间。关于这一点的理由，请参阅第五篇第十五章里叙述过的有关内容。

　　但是，这四个条件仅仅是概括了这个问题的主要方面，与这四个条件相关的还有很多当地的和具体的条件，而这些条件往往比几个主要条件本身更重要，所起的作用也更大。为了使人们能够注意这些具体条件中最主要的，我们仅列举道路的状况，道路经过地区的特点，可以用作道路保护手段的江河、山脉和沼泽地，季节和气候，个别运输队的重要性（例如运送攻城辎重的运输队），轻装部队的数量，等等。

　　因此，一位统帅能否有效地威胁其对手的交通线，取决于所有上述这些条件。把所有这些条件对双方的影响做一个比较，就可以知道双方交通线状况的优劣。双方统帅中哪一位能在交通线方面胜过对方，就取决于这种状况对比的结果。

　　在这里论述起来极为烦琐的问题，在具体情况下往往一眼就可以决定。当然，要做到这样还需要有娴熟的判断力。有些进行评论的著作家认为，无须说明什么具体理由，仅用迂回和翼侧行动这些词汇就能说明一些问题。为了知道如何反驳他们这种常见的愚蠢看法，我们必须考虑到以上阐述的所有问题。

　　现在我们来谈谈战略翼侧行动所需要的**第二个主要条件**。如果敌军停止继续推进不是由于我军抵抗，而是由于任何一个其他原因（不管是什么原因），那么我军也就不必再担心派出较多部队会削弱自己的力量，因为即使敌军真的想通过进攻来对我们派出较多部队进行惩罚，我们只要避开它就可以了。1812年俄军主力在莫斯科附近的情况就是这样。不过要形成这种情况，并不一定要有1812年战局中那样大的空间和兵力。在前两次西里西亚战争中，弗里德里希大帝在波希米亚或摩拉维亚的边境每次都遇到这种情况[1]。在统帅们及其部队遇到的复杂情况中，有各种各样的原因会使他们不能继续前进，其中特别是政治方面的原因。

由于我方在这种情况下用于翼侧行动的兵力可以大些，因此有关翼侧行动的其他条件就不需要特别有利，甚至我方交通线与敌方交通线的状况对比也不一定要对我方有利，因为在这种情况下，敌人从我们的继续退却中得不到特别的好处，不易对我们进行报复，而是更多地要考虑对其自己的退却进行直接的保护。

因此，当人们不想通过会战（因为人们认为会战过于冒险），而是想通过一种手段取得虽不如一次胜利那样成功和辉煌但危险较小的效果时，这种情况是非常合适的。

在这种情况下，即使由于进入一个翼侧阵地而暴露了自己的交通线，也不会有大的危险，而且进入一个翼侧阵地每次都可以迫使对手斜对其交通线进行部署，因此上述列举切断敌交通线四个条件中的**这个**条件是不难具备的。其他有利情况越是共同起作用，翼侧行动这一手段就越能取得成功；而其他有利情况越少，就越要依靠高超的指挥技巧和迅速准确的行动。

这里是实施战略机动的真正场所。七年战争期间在西里西亚和萨克森，以及在1760年和1762年战局中多次出现过这种战略机动。这种战略机动之所以在原始威力偏弱的战争中频繁出现，当然并非都是由于某一统帅已经处于其进攻路程末端，而是由于他缺乏果敢、勇气和进取精神，以及怕担责任，这些是阻止他前进的真正阻力。关于这一点，我们只需回忆一下道恩元帅的例子。

如果我们把上述考察归纳为一个总的结论，那就是：翼侧行动在以下情况是最有效的：

1. 在防御中；

2. 在战局临近结束时；

---

[1] 1744年8月15日，弗里德里希二世率普鲁士军队攻入波希米亚，9月16日攻克布拉格，随后继续南进，但这里土地贫瘠，居民为天主教徒，反对信仰新教的普军，匈牙利轻骑兵又不断袭扰，普军被迫退却。1741年秋，普鲁士军队攻入摩拉维亚，于12月26日占领奥尔米茨，1742年初继续深入，其轻骑兵甚至抵达维也纳附近，但由于给养困难，不断受到匈牙利轻骑兵的袭击，萨克森军队又有叛离迹象，只得退出摩拉维亚。——译者注

3. 特别是在向国土腹地退却时；

4. 与民众武装相结合时。

关于针对交通线实施这一翼侧行动，我们只简单地说几句。

这些行动应由精干的小部队来实施。它们可以分成若干小队，进行大胆的机动，进攻敌小规模的守备部队、运输队以及来往的小部队。它们可以鼓舞国民军的士气，并与之会合后进行个别的行动。这些小部队主要是数量要多，而战斗力不一定要有多强。组织这些小部队时应注意做到几支小部队集中后，有可能进行较大规模的行动，同时要求各小队指挥官不能自负和专断，否则他们将成为行动的障碍。

现在我们还要谈一谈针对退却线的行动。

在这个问题上，我们必须特别注意在本章一开始提出的那个原则：应在敌背后行动的部队不能用于敌前；对在敌背后或侧面采取的行动本身不能视为力量的倍增，而只能视为力量的使用方式有可能增加；取得成功的可能性增加了，但出现危险的可能性也增加了。

任何一种武力抵抗只要不是直接的和简单的，就都有一种以自身安全为代价追求效果的趋势。从侧面采取的行动就是如此，无论是集中兵力采取的，还是分兵从几面包围敌人。

但是如果切断敌军退路不是单纯的佯动，而是认真的行动，那么只有进行决定性会战或者至少创造决定性会战所必需的一切条件，才是真正解决问题的办法。正是在这种解决问题的办法中包含着更大的成果和更大的危险这两个因素。因此，一位统帅必须有种种有利条件做根据，才有理由采取这种行动。

在研究这种抵抗时，我们必须把前面提到的两种方式区别开。第一种是统帅意图用整个部队从背后进攻对手，这种进攻要么是从为此而占据的侧面阵地发起，要么是通过正式迂回敌人发起；第二种是统帅把自己的兵力分为两个部分，采取包围的部署，以一部分威胁敌军的背后，以另一部分威胁敌军正面。

在上述两种情况下，效果的提高是相同的。要么是确实切断敌退路，从而俘虏或击溃敌大部分兵力；要么是迫使敌军为防止出现这种危险而大幅后退。

但是在这两种情况下，增加的危险是不同的。

如果我们用全部兵力迂回敌人，那么此时的危险在于自己的背后暴露了，因此，这时一切都取决于双方退却线的对比情况，就像在类似情况下，对敌交通线采取行动时，一切取决于双方交通线的对比情况一样。

如果防御者是在自己国内，那么他无论是在退却线上还是在交通线上所受到的限制当然都比进攻者小，因此更有能力进行战略迂回。不过，这一总的情况对比还不足以作为能够有效采取行动的依据，只有具体场合的总的对比才起决定作用。

我们还能补充的只有：宽阔的地区自然比狭小的地区能提供更多有利条件；独立国家比依赖外援的弱国有更多的有利条件，因为后者的部队首先不得不盯住与援军会合的地点不放；最后，在战局临近结束，进攻者的冲击力已经衰竭的时候，情况对防御者最为有利。所有这些大体上又与对比交通线的情况时一样。

1812年，当拿破仑的进攻力量衰竭时，俄国人在莫斯科通往卡卢加的道路上进入的翼侧阵地就非常有利[1]。而假如俄国人不够明智，未在最后时刻改变其计划，而是在战局开始时进入德里萨营垒，那么他们就会陷入十分糟糕的境地。

另一种抵抗方式（借助于分兵进行迂回和切断敌退路）带来的危险是：防御者的部队分开，而对手由于占有内线之利，兵力集中在一起，有能力以优势兵力对我各部队发起进攻。因此，防御者只有在以下三种情况才能让部队不得不处于这种无法消除的不利境地：

1. 兵力最初就是分开的，如果不愿耗费大量时间来改变这种状态，就只得采用这种行动方式；

2. 在物质上和精神上拥有大的优势，可以采用有决定作用的抵抗方式；

3. 对手已经到了其进攻路程的终点，缺乏冲击力。

1757年，弗里德里希大帝呈向心状攻入波希米亚。虽然他的意图不是把

---

[1] 1812年10月18日，拿破仑开始从莫斯科撤退。最初准备取道南方的富饶地区，以便就地取得给养，因此向卡卢加方向退却。当时俄军主力部署在莫斯科通往卡卢加的大路以东（其阵地正面与法军退却方向平行，故称翼侧阵地）。24日，法军在小雅罗斯拉维茨被俄军击退，拿破仑只得仍沿进入俄国时的旧路退却。——译者注

正面进攻与背面战略进攻结合起来（至少这不是他当时的主要目的，对此我们将在其他地方做更多的说明），但是无论如何有一点是清楚的，即他在攻入波希米亚之前不能在西里西亚或者萨克森集中兵力，因为这样就无法做到出敌不意，从而失去出敌不意带来的所有好处。

联军在进行1813年战局第二阶段的部署时[1]，由于在兵力方面占有很大的优势，已经可以考虑以主力进攻拿破仑的右翼（他在易北河畔的部队），从而把战区从奥得河移到易北河。至于说联军在德累斯顿附近打得如此糟糕，并不能归咎于这一总的部署，而是应归咎于更具体的战略和战术部署。当时联军在德累斯顿附近集中了22万人，对付拿破仑的13万人，这个兵力对比应该是非常理想的，至少莱比锡会战的兵力对比（285∶157）只比它稍好。当然，拿破仑采用了独特的一条线的防御方式，过于平均地分配了兵力（在西里西亚以7万人对联军9万人，在勃兰登堡边区以7万人对联军11万人），不过如果他不完全放弃西里西亚，要在易北河地区集中一支能与联军主力决战的部队，无论如何是非常困难的，而且联军还可以让弗雷德[2]指挥的部队推进到美因河[3]，以此尝试一下能否切断拿破仑通向美因茨[4]的道路。

1812年，俄国人终于可以让他们的摩尔达维亚军团开赴沃伦尼亚[5]和立陶宛[6]，以便此后在法军主力的背后推进[7]，因为莫斯科肯定会成为法军进攻的顶点，这是无疑的。在这个战局中，俄军对莫斯科以东的领土丝毫不必担

---

[1] 1813年战局分为两个阶段。第一阶段自4月战局开始至6月4日签订临时停战协定，包括吕岑会战和包岑会战，战史上称为春季战局；第二阶段自8月14日起至1813年年底，包括德累斯顿会战、莱比锡会战等，战史上称为秋季战局。这里指联军的秋季战局计划。——译者注
[2] 弗雷德（Karl Philipp von Wrede，1767—1838），侯爵，巴伐利亚元帅。1813年曾率巴伐利亚军队参加反法联盟对拿破仑的战争。——译者注
[3] 美因河（der Main），莱茵河右岸一条支流，在美因茨流入莱茵河，长524公里。——译者注
[4] 美因茨（Mainz），今德国莱茵兰-普法尔茨州首府，位于莱茵河左岸，美因河流入莱茵河河口附近。——译者注
[5] 沃伦尼亚（Wolhynien），历史地区名，包括今乌克兰西北部约6.5万平方公里的地区。——译者注
[6] 立陶宛（Litauen），今北欧一国家，面临波罗的海。历史上曾为侯国、王国。——译者注
[7] 1812年7月，俄国与土耳其签订和约后，俄国海军上将契恰戈夫率领摩尔达维亚军团（3.5万人），奉命开赴乌克兰西北部的沃伦尼亚地区，与托尔马索夫指挥的部队会合。这支部队在9月击退拿破仑的右翼（奥地利施瓦岑贝格元帅指挥的军团），之后向博里索夫方向推进，于11月占领明斯克，从而威胁拿破仑的退路。——译者注

心，因此俄军主力没有理由认为自己太弱。

源于富尔[1]将军的最初的防御计划就曾包括相同形式的兵力部署。根据这个计划，巴克莱[2]指挥的部队应进驻德里萨营垒，巴格拉季翁指挥的部队则应在法军主力的背后推进。但是在战局初期和后期的情况是多么不同啊！在战局初期，法国人是俄国人的三倍，而在战局后期，俄国人明显比法国人多；在战局初期，拿破仑的主力是一支足以打到莫斯科，也就是足以超出德里萨80普里的突击力量，而在战局后期，它却无力再超出莫斯科一日行程；在战局初期，法军到涅曼河畔的退却线不超过30普里，而在战局后期却长达112普里。同样是防御者针对敌军退却的行动，在战局后期表现得如此成功，而如果是在战局初期，就会是最鲁莽的愚蠢行为。

由于对敌退却线的行动（如果它不仅仅是佯动的话）就是从敌后面发起正式的进攻，因此对此还可以再谈一些问题，但是放在《进攻》一篇里更合适。我们就到此为止，说明这种抵抗应在哪些条件下进行就可以了。

但是当人们谈到对退却线的行动时，通常考虑更多的是通过佯动而不是真的行动来促使敌人退却。如果每个有效的佯动都必须以真正行动的完全可行性为基础（初看上去这似乎是理所当然的），那么佯动的所有条件与真正行动的条件就毫无差别了，不过事实并非如此。我们在《佯动》一章里将看到，佯动是与其他一些条件结合在一起的。关于这一点，请参阅那一章[3]。

［1］富尔（Karl Ludwig August Friedrich von Phull，1757—1826），男爵，普鲁士将军。最初在普鲁士军队任职，曾任弗里德里希·威廉三世的参谋长。在普军1806年耶拿会战大败后到俄军任职，曾受俄皇亚历山大一世委托，拟制针对1812年拿破仑进攻的"以退为进"战略计划。——译者注

［2］巴克莱（Michael Andreas Barclay de Tolly，1761—1818），侯爵，俄国元帅。1810—1813年任俄国陆军大臣。参加过1788—1789年对土、1790年对瑞典、1794年对波兰以及1806年对法战争。1812年俄法战争中任第1军团司令，代俄军总司令。1813年率俄军参加莱比锡大会战。1814年率俄军进占巴黎。——译者注

［3］原文如此，疑误。本书并没有《佯动》一章。——译者注

★ 第二十五章 ★
向本国腹地退却

我们把主动向本国腹地的退却看作一种特殊的间接抵抗方式。采用这种抵抗方式时，防御者更多是使敌人通过他自己的劳顿走向毁灭，而非通过手中的剑。因此，防御者在向本国腹地退却时，或者根本不准备进行主力会战，或者把主力会战推迟到敌军已经大幅削弱以后再进行。

所有在进攻中前进的部队都会受到这种前进的削弱。对这一点，我们将在第七篇中进行更详细的考察，但在这里我们必须先推定这一结论。我们之所以能够先推定这一结论，是因为战史上每一个前进路程较长的战局都清楚地表明了这一点。

如果防御者没有战败，而是率领未受挫折的新锐部队在进攻者面前主动退却，并且通过不断的、适当的抵抗使进攻者每前进一步都付出血的代价，使进攻者的前进成为一种断续的推进，而不是单纯的追击，那么进攻者所受到的这种前进中的削弱就会增大。

从另一方面看，如果防御者是在一次会战失败后退却的，那么他受到的损失要比事先主动退却大得多。因为即使他在会战失败后退却时有能力每天都对追击者进行抵抗（就是我们期待他在主动退却时能进行的那种抵抗），也**至少**要受到主动退却时**同样**大的损失，还要再加上在会战中受到的损失。但是这种假设与实际情况是多么不符啊！即使是世界上最好的军队，如果它在会战失败后被迫退向本国腹地，也会在退却时受到**非常大的**损失。如果敌人像我们谈到的那些情况中所假设的那样占有显著的优势，并且像在现代战争中几乎总是经常出现的那样进行猛烈的追击，那么防御者的退却就极有可能演变为真正的溃逃，其结果通常是全军覆灭。

所谓**均匀的**、每天进行的抵抗，就是退却者每次只抵抗到战斗的均势勉强得以维持。在这种均势中，退却者及时放弃双方正在争夺的地方，并确保自己不会大败。这样的战斗可以使进攻者的人员损失至少与防御者的人员损失相等，因为防御者在退却中虽然无法避免人员不时被俘的损失，但另一方在交火中的损失会更大，因为他不得不经常针对防御者的有利地形作战。防御者在退却中固然要完全损失自己的重伤员，但进攻者同样也要暂时丢下他的重伤员，因为他们通常要在医院里住上几个月。

因此，敌对双方在这种不断摩擦中的损失程度大体上是相同的。

而在追击一支败军时，情况就完全不同了。在这种情况下，退却者由于在会战中受到了损失，秩序被打乱，勇气受到挫折，对能否成功退却产生忧虑，因此很难进行上述抵抗，在某些情况下甚至根本不可能进行这样的抵抗。至于追击者，他在前一种情况下十分谨慎，前进时甚至像盲人一样小心翼翼地摸索着周围的一切，而在后一种情况下，则以胜利者的坚定步伐、幸运者的大胆以及神化英雄般的自信冲锋陷阵，而且他越是不顾一切地勇往直前，就越是可以加速事物向既定的方向发展，因为这里正是各种精神因素充分发挥作用的领域，在这里精神力量不受物质世界中有限的数字和尺度的束缚，会不断地增加和扩大。

从这里可以看出，当双方军队以这种或那种方式抵达可被视为进攻者征程的终点时，双方的对比情况将会是多么不同。

上面所说的只是双方试图摧毁对方时的结果。此外还要加上进攻者在其他方面受到的削弱（关于这一点，正如已经说过的那样，请参阅第七篇）。而另一方面，退却者在大多数情况下能得到后来赶到的援兵，这些援兵可能是通过外援得到的，也可能是经过自己的不断努力补充的。

最后，在给养手段方面，退却者和前进者之间的差别也很大，前者往往绰绰有余，而后者的给养手段却少得难以维持生存。

退却者可以在他要去的所有地方储备物资，而追击者的一切却不得不从后方运来。只要追击者在前进，即使交通线很短，这种运输也是很困难的，因此他从一开始就会面临缺乏物资的问题。

退却者首先使用当地能提供的一切，而且大多把它们消耗殆尽，只留下一无所有的村庄和城市，被收割和践踏一空的田野，被汲空了的水井，以及混浊的小溪。

前进的部队往往从第一天起就要为获得最急需的物资而奔波。这时根本不可能指望得到敌人的储备物资，即使有时得到某处的储备物资，也纯粹出于偶然，或者是由对手不可原谅的过失造成的。

毫无疑问，在幅员辽阔和交战双方兵力不太悬殊的情况下，防御者采用这种主动退却的方法可以形成对自己有利的兵力对比，使自己比在边境附近决战更有把握获得胜利。这样不仅获胜的可能性会因兵力对比的变化而增大，而且胜利的成果也会因态势的变化而增大。对进攻者来说，在边境附近的一次会战中失败与在敌国腹地的一次会战中失败是多么不同啊！而且进攻者在抵达进攻路程的终点时还往往会出现这样的情况：即使他在会战中取得了**胜利**，也仍可能促使他退却，因为他在这时既没有足够的进攻力量来完善和利用胜利，也无法补充损失的兵力。

因此，防御者是在进攻者开始进攻时与他决战，还是在其进攻结束时与他决战，有着巨大的差别。

除了上述几大优点以外，这种防御方式有两个缺点：第一是随着敌人的推进，国土会受到损失；第二是主力退却会在士气上给人们带来不利的影响。

保持国土不受损失绝不能作为整个防御的目的，缔结一个有利的和约才是目的。防御者的一切努力都是为了尽可能有把握地缔结这个和约，为此不能过于看重眼前的牺牲。不过，即使损失的国土没有决定战争胜负，也要加以考虑，因为国土的损失毕竟是涉及防御者利益的一个内容。

这种国土的损失不会直接影响到防御者的部队，而只是或多或少间接地产生影响，可退却本身却能直接增加防御者的部队的力量。因此，要衡量这两方面的利弊是困难的，因为这是两个不同的问题，没有相互接近的共同点。我们只能说：如果防御者必须放弃的是一个富饶和人口稠密的地区和一些大的商业城市，那么损失就会大些。如果在那里准备好的或准备好一半的战斗手段也随之丧失，那么就应该看作最大的损失。

第二个缺点是对士气的不利影响。统帅有时不得不无视这种影响，依旧实施自己的计划并顶住那些目光短浅和胆小怕事者所引发的压力，但是这种对士气的影响毕竟不会因此就是可以被轻视的幻觉。它不是一种只对某一点产生影响的力量，而是一种以闪电般的速度侵入本国人心的力量，会削弱本国民众及其军队的本应有效的行动。向本国腹地退却有时虽然也能很快为民众和军队所理解，甚至能够加强他们的信赖和期待，但这是非常少见的。通常民众和军队连退却是主动的还是被迫的都分辨不清；至于采取这个计划是由于明智地预见到今后肯定能得到好处，还是由于惧怕敌人的武力，就更分不清了。看到被放弃地区的命运，民众就会产生同情和愤懑情绪，军队就容易丧失对指挥官的信赖，甚至对自己也失去信心，而在退却过程中不断进行的后卫战斗会一再增加部队的这种忧虑。人们不能低估退却的**这些后果**。如果一个民族坦然应战，以便让进攻者不遇到这个民族的保护神，不付出惨重的代价，就无法越过这个民族的边境，那么仅就这样做本身来看当然更合理、更简单、更高尚，也更符合民族的气节。

这就是这种防御的优缺点，现在谈谈这种防御所需要的条件，以及有利于这种防御的一些因素。

有利于这种防御的主要的和根本的条件是国土辽阔，或者至少是退却线较长，因为仅是几天的行军当然不会显著地削弱敌人。1812年，拿破仑的中央部队在维捷布斯克附近时有25万人，在斯摩棱斯克附近时有18.2万人，在博罗季诺附近时才减至约13万人，也就是说开始时与俄国中央部队的兵力是相同的。博罗季诺距国境90普里，但是俄国人在莫斯科附近才开始确切地占有优势[1]。这个确切的优势明确地引起局势的骤变，以至法军在小雅罗斯拉韦茨会战[2]的胜利无法从根本上改变这种局势。

---

[1]莫斯科西距博罗季诺125公里。——译者注

[2]1812年10月18日，拿破仑撤出莫斯科，向卡卢加方向行进。24日，法军主力约10万人与俄军主力逾10万人在小雅罗斯拉韦茨（Maloyaroslavets，今俄罗斯卡卢加州一城市，东北距莫斯科120公里，位于卢沙河畔）附近展开激战，导致该地八次易手。法军最后虽攻占该地，但无法扭转战略上的退却态势。——译者注

其他任何欧洲国家都没有俄国这样辽阔的国土，只有极少的国家可能有100普里长的退却线，但是像1812年法军出动如此大规模的兵力也是不多见的，像这次战局开始时双方兵力对比如此悬殊的情况就更少见了。当时法军兵力超过俄军一倍以上，而且还明显占有士气方面的优势。因此，俄军在这次战局中经过100普里才得到的结果，在其他情况下，也许经过50或者30普里就可以得到了。

有利于这种防御的因素是：

1. 一个农作物不多的地区；

2. 忠诚而尚武的民众；

3. 气候恶劣的季节。

这一切都会使敌军在维持方面更加困难，迫使其组织庞大的运输队，派出很多的部队，执行繁重的勤务，引起各种疾病，同时便于防御者进行翼侧行动。

最后，我们还要谈谈影响这种防御的部队的绝对人数问题。

无论双方的兵力对比如何，一支小部队的力量一般来说要比一支大部队的力量先衰竭，因此其进攻路程不可能像一支大部队的那样长，其战区范围也不可能像一支大部队的那样大，这是很自然的。因此部队的绝对人数和这支部队能够占领的地区之间，在某种程度上有一种固定的比例关系。这种比例关系不可能用数字表示，而且在其他情况的影响下总会发生变化，但我们只要说明在这些事物本质的最深处有这种关系就够了。率领50万人可以向莫斯科进军，而即使兵力对比对自己很有利，率领5万人也是不能向莫斯科进军的。

现在我们假设在这两种不同的情况下，部队的绝对人数与地区大小的比例是一样的，那么不容置疑的是，敌人的数量越多，它由于我们的退却而受到的削弱也就越大。

1. 部队的规模越大，其给养和住宿就越困难。因为即使部队占有的地区与部队本身的规模以同样的比例增大，部队也绝不可能完全在这个地区取得给养，而一切需要从后方运来的物资都会受到较大的损失；部队可以用来宿营的也绝不是整个地区，而只是这个地区的很小一部分，这部分地区不会随部队人数的增加而成比例地增加。

2. 部队的规模越大，推进的速度就越慢，走完进攻路程所需要的时间就越长，推进中每天损失的总数也就越大。

当3000人追击2000人时，在一般的地形条件下不会允许退却者以每程1、2或3普里的距离轻松地退却，也不会允许他们不时停下来休息数天。要想追上、进攻他们并把他们逐走，只要数小时就可以了。但是如果双方军队的人数各增加100倍，那么情况就完全不同了。在前一种情况下用数小时就可以取得的效果，现在也许需要一整天，甚至两天。这时每一方都不可能集中在一个地点，因此部队的各种运动和行动都变得更为复杂，需要更多的时间。但是这时进攻者的处境更为不利，他在给养方面的困难比退却者大，不得不比退却者展开得更宽，因此总是面临在某一地点受到退却者优势兵力进攻的危险。俄国人在维捷布斯克附近就曾试图发起这样的进攻。

3. 部队的规模越大，每个人在日常战略和战术勤务中的体力消耗就越大。一支10万人的部队每天要出发和列队进入战场，一会儿停下，一会儿继续行军，一会儿战斗，一会儿要做饭或者领取食物，而且在收到各方面所需的情报以前，这10万人不能进入营垒宿营。这10万人为这些次要勤务花费的时间通常比5万人所需的时间多1倍，但是对两者来说，一昼夜都是只有24小时。部队由于人数不同，走完一日行程所需时间和劳顿是多么不同，我们在前一篇第九章[1]中已经谈过。当然，退却者和追击者都要忍受这些劳顿，但是后者要忍受的劳顿明显大得多，这是因为：

（1）追击者的人数较多（我们假设追击者兵力占优势）。

（2）防御者以不断放弃土地的代价换取了保持主动的权利，使敌人总是受他支配。防御者可以预先做好计划，而且在大多数情况下，这一计划不会被破坏，而追击者只能根据防御者的部署情况制订计划，只有通过事先侦察才能知道防御者的部署情况。

为使人们不至于认为我们的论述与第四篇第十二章相矛盾，我们必须提醒一句，这里所说的退却者此前是没有遭受过大败的，连一次会战都未败过。

退却者牵着敌人鼻子走的这个优先权对赢得时间和力量以及争取某些次要

---

[1] 原文如此，疑误。应为本书第五篇第十一章和第十二章。——译者注

利益来说，与没有这个特权是有区别的，时间一长，这种区别就会变得重要。

（3）退却者一方面尽力使自己容易退却，如派人整修道路和桥梁，选择最舒适的宿营地点，等等。另一方面，他又竭力使追击者难以前进，如派人破坏桥梁，使那些本来就不好的道路在自己通过后变得更加难以通行，还可以占据最好的宿营地和水源地，使敌人不能利用，等等。

最后，我们还必须指出，人民战争也是一种特别有利于这种防御的因素。这个问题我们还要在专门的一章里论述，在这里就不做进一步分析了。

至此，我们谈了向本国腹地主动退却的各种优点，谈到了它要求付出的代价和必须具备的一些条件。现在我们还想概略地谈谈它的实施。

我们要探讨的第一个问题是退却的方向。

退却应该退向本国**腹地**，也就是说，应该尽可能退向一个敌军两侧为我们国土的地点。这时敌人处于我们地区的威胁之下，而我们不至于有**被迫离开本国领土主要部分**的危险。如果我们选择的退却线距离国境太近，就有可能面临这种危险。假如1812年俄国人不是向东而是向南退却，就会面临这种危险。

这一条件是这种退却举措的目的所要求的。至于防御者退往国内的哪个地点最好，选择这个地点时应在多大程度上符合直接保护首都或另一个重要地点的意图，或符合诱敌离开通往该地方向的意图，则要取决于当时的情况。

假如俄军在1812年的退却是预先考虑好的，即完全是按计划进行的，那么他们当然应该从斯摩棱斯克朝卡卢加方向退却。这样的话，莫斯科很可能就免遭法军蹂躏，然而俄军是在退出莫斯科后才选择了这条路线。

法军在博罗季诺会战前约有13万人。假如俄军在从斯摩棱斯克通往卡卢加的半路上接受会战，那么法军在那里的兵力没有任何理由会比博罗季诺多。在这种情况下，法军又能够从这支部队中抽出多少兵力派往莫斯科呢？显然很少。而这么少的兵力，人们是不会把他们派到50普里（从斯摩棱斯克到莫斯科的距离）以外的像莫斯科这样的一座大城市去的。

拿破仑经过数次战斗后，到斯摩棱斯克附近时约有16万人。假设他当时认为，在进行主力会战**之前**可以冒险向莫斯科派遣一支部队，为此抽出4万人，而只留下12万人与俄军主力对峙，那么这12万人到会战时可能就只剩9万人左右，也就是说比在博罗季诺附近时少4万人。这样，俄军在博罗季诺就会拥有3万人的优势。如果以博罗季诺会战的实际过程作为衡量的标准，当然可以认为，俄军凭这个优势将成为胜利者。无论如何，这个计算的结果表明，对俄军来说，在这种情况下的兵力对比相对于后来在博罗季诺会战时的兵力对比要有利得多。但是俄军的退却并不是按照经过深思熟虑的计划进行的，他们之所以退得这么远，是因为每当他们想接受会战时，总感到自己的兵力尚不足。当时他们的一切给养和援兵对准的都是莫斯科到斯摩棱斯克的大路，在斯摩棱斯克时没人会想到放弃这条道路。此外，在俄国人眼中，即使在斯摩棱斯克与卡卢加之间取得一次胜利，也无法抵消因未保护莫斯科而让它有可能被占领所犯下的过错。

1813年[1]，假如拿破仑显著地偏向侧面，大体上在勃艮第运河[2]后面进行部署，在巴黎只留下数千人和人数众多的国民卫队[3]，那么他就会更有把握不让巴黎受到进攻。因为这样一来，联军在知道拿破仑率领10万人在欧塞尔[4]附近的情况下，就绝不会有勇气向巴黎派去一支5万～6万人的部队。反过来，假如联军处在拿破仑的位置，对手是**拿破仑**，那么恐怕谁也不会建议联军离开通往自己首都的道路。要是拿破仑拥有当时联军那样的优势，他会毫不迟疑地扑向首都。虽然情况相同，但是由于士气状态不同，结果就会如此不同。

我们还想指出，在向侧面进行这样的退却时，首都或者欲通过这一退却避免战祸的其他地点无论如何都要具备一定的抵抗能力，以免随便被一支部队占领和劫掠。关于这个问题，我们就谈到这里为止，因为以后在论述战争计划时还要谈及。

但是我们还要考察一下这种退却方向的另一个特点，即突然**转向**。俄国人

---

[1]原文如此，疑误。应为1814年。——译者注
[2]勃艮第运河（Kanal de Bourgogne），法国东部的一条运河，连接塞纳河支流约讷河和罗讷河上游的索恩河，从而连接起大西洋和地中海之间的河流和运河。始建于1775年，1834年完工，长243公里。——译者注
[3]一种准军事组织。根据组织形式不同，可由志愿者、预备役或义务兵组成。历史上较为著名的有1789年法国革命期间成立的国民卫队和1903年成立的美国国民卫队。也有一些国家的国民卫队是军队的一部分，但仅用于对内行动。——译者注
[4]欧塞尔（Auxerre），今法国约讷省首府，位于约讷河西岸，西北距巴黎150公里。——译者注

在抵达莫斯科附近以前保持一个方向退却，之后他们就离开了这个会将其引到弗拉基米尔[1]的方向，改为先向梁赞[2]方面继续退却，然后转赴卡卢加方向。假如俄军必须继续退却的话，那么他们当然有可能沿着这个将把他们引到基辅[3]的新方向继续退却，也就是说又接近敌国边境了。至于法国人，即使他们此时仍明显比俄国人占优势，但毕竟无法维持这条经莫斯科转个大弯的交通线，这本身是十分明显的，否则他们不仅要放弃莫斯科，而且极有可能还要放弃斯摩棱斯克，也就是说必须让出此前费力占领的一些地方，而只能满足于占有别列津纳河以西战区。

当然，这时俄军也有可能陷入不利的态势，有可能处于与本国的主要部分分开的境地，这与他们在战局一开始就退向基辅可能陷入的不利态势是相同的。但实际上俄军几乎不会陷入这种不利的境地，因为只有法军不是绕道莫斯科而是直接抵达基辅，俄军的处境才有可能不利。

退却线突然转向，在幅员辽阔的条件下是非常可取的，这显然会带来下列巨大好处：

1. 变换退却线方向使对手无法保持旧的交通线，而要建立新的交通线总是件困难的事情，而且对手只能逐步改变其方向，即很有可能不得不一再寻找新的交通线。

2. 双方以这种方式又接近了国境，进攻者不能再通过其位置来保护已占领的地区，而极有可能不得不放弃它们。俄国是一个幅员辽阔的国家，在那里两支军队完全可以进行这样的捉人游戏[4]。

如果其他条件有利，在较小面积的国土上变换退却方向也是有可能的，但这只能根据具体情况的各种因素而定。

诱敌深入的方向一经确定，我们的主力当然就应该向这个方向退却，否则

---

[1] 弗拉基米尔（Vladimir），今俄罗斯弗拉基米尔州首府，西距莫斯科190公里，位于克利亚济马河北岸。——译者注
[2] 梁赞（Rjasan），今俄罗斯梁赞州首府，西北距莫斯科200公里，位于奥卡河畔。——译者注
[3] 基辅（Kiew），今乌克兰首都，东北距卡卢加约600公里，位于第聂伯河畔。——译者注
[4] 流行于萨克森和勃兰登堡地区的一种儿童游戏，捉到对方后轻拍其肩膀示意其离场。——译者注

敌人就不会派其主力前往这个方向。即使敌主力前往这个方向，我们也无力把上述一切条件强加于敌，而只能面临两个问题：是应该把全部兵力集中在这个方向上退却，还是应该以大部分兵力避向侧面，也就是进行离心方向的退却。

对这个问题我们必须回答说，这种离心方向的退却是不可取的，理由如下：

1. 防御者这样退却时，兵力将更为分散，而本来防御者把兵力集中在一点恰恰是进攻者最感棘手的事情。

2. 防御者这样退却时，对手占有内线之利，其兵力比防御者集中，因此有可能在某些地点上占优势。当然，如果防御者暂时采取不断退避的方法，进攻者的这种优势就不那么可怕，但是这种不断退避总是要以能威胁对手而自己不至于被赶走为前提的，而防御者在做离心方向退却时有可能被对手赶走。此外，主动向本国腹地退却的一个条件是主力能够逐渐取得可以进行决战的优势，而在兵力分散的情况下，就不大可能有把握做到这一点。

3. 对兵力较少的一方来说，本来就不宜对敌采取向心状的行动。

4. 这样的兵力部署会使敌人的部分弱点完全消失。

远距离进攻的主要弱点是交通线过长和战略翼侧暴露。如果防御者采取了离心方向的退却，迫使进攻者分出一部分兵力前往侧面构成正面，那么这部分兵力（本来只应用于对付与它对峙的防御者的部队）此时就附带着完成了其他任务——保护了进攻者的一部分交通线。

因此，仅就退却的战略效果来看，采取离心方向是不利的。但是如果防御者这样做是为了以后威胁敌人的退却线，那么我们就必须提醒读者回顾一下前一章的论述。

只有一个目的可以促使防御者进行离心方向的退却，这就是为保障某些地区的安全，否则这些地区就会被敌人占领。

根据进攻者兵力的集结地点和前进方向，以及双方各个地区、要塞等的位置关系，防御者在多数情况下可以相当准确地预见到进攻者在其前进路线的两侧将占领哪些地区。如果防御者把兵力部署在敌人多半不会占领的那些地区，那么可以说这是一种危险的兵力浪费。至于防御者在进攻者多半会占领的那些地区**部署一部分兵力是否能够阻止进攻者占领这些地区**，是比较难以预测的，这在很大程度上要依靠准确的判断。

俄国人在1812年退却时曾把托尔马索夫[1]指挥的3万人留在沃伦尼亚，准备用来对付可能入侵这个地区的奥军。这个地区面积大，地形上有些障碍，有可能进攻这个地区的敌军在兵力上并不占优势，所有这一切使俄军有理由期待在靠近边境的这个地区占上风，或至少可以在边境附近固守。这样固守会给以后带来非常重要的好处，对于这些好处我们在这里不想多谈。此外，即使当时俄国人想把这些部队及时调到主力那边去，实际上也几乎是做不到的。这一切有力地促使俄国人把这支部队留在了沃伦尼亚，让其独立作战。与此相反，如果根据富尔将军起草的战局计划，仅让巴克莱的部队（8万人）退向德里萨，而把巴格拉季翁的部队（4万人）留在法国人的右翼，以便之后从背后进攻他们，那么人们一眼便可看出，巴格拉季翁不可能在立陶宛南部固守。换句话说，这支部队不可能在法国人背后**多**得到一块**更近的**地区，而是会被压倒性优势的法军消灭。

防御者本身致力于尽量少把领土留给进攻者，这是很自然的，但这始终是一个非常次要的目的。我们能够限制敌人使用的战区越小，或者更确切地说，越狭窄，它的进攻就越困难，这也是显而易见的。但是这一切要有一个条件做基础，这就是防御者开始这样做时有获胜的可能性，而且不至于因派出部队去限制敌人而使自己的主力受到太大的削弱，因为防御者应优先在双方主力部队之间寻求最后决战，敌军主力处于困境是敌军决心退却的首要原因，也在很大程度上增大敌军在退却过程中物质和精神力量的损失。

因此，向本国腹地的退却通常应该由未被打败和未被分开的部队实施，而且应该径直在敌军主力的前面尽可能缓慢地实施，同时通过不断的抵抗迫使对手经常处于准备战斗的状态，迫使对手忙于采取大量的战术和战略上的预防举措而消耗其力量。

如果双方在这种状态下抵达了进攻一方进攻路程的终点，那么防御者只要有可能就应该在这条前进路线的斜前方进行部署，并利用自己掌握的一切手段

---

[1] 托尔马索夫（Alexander Petrovich Tormasov，1752—1819），伯爵，俄国骑兵将军。1812年任俄西线第3军团（预备军团）司令，1814—1818年任莫斯科城防司令。——译者注

对敌后方采取行动。

1812年的俄国战局展示了所有这些现象，并且像放大镜一样在很大程度上显示了这些现象的效果。虽然这次退却不是一次主动的退却，但还是可以从这个角度来考察。假如俄军以现在对这种退却结果的认知，在完全相同的条件下再进行一次这样的退却，那么他们对1812年绝大部分在无意中做的事，现在就会主动并有计划地去做了。然而如果认为在国土不如俄国辽阔的地方不可能出现这样的实例，那恐怕也是不正确的。

在任何场合，无论防御者在采取这种抵抗方式时遇到了什么情况，只要进攻者的战略进攻未经决战，而是仅因其部队在维持方面的困难即受到挫败，只要入侵者被迫退却（不管其退却时的损失是大还是小），这种抵抗方式的主要要求和主要效果就已经达到了。弗里德里希大帝1742年的摩拉维亚战局、1744年的波希米亚战局，法军1743年的奥地利和波希米亚战局，布伦瑞克公爵1792年的法国战局[1]，以及马塞纳1810—1811年的葡萄牙冬季战局都是这类情况，只是范围和规模小得多。此外，这种防御方式仅部分发挥作用的情况也常出现，也就是说，不是全部结果，但至少是部分结果应归功于我们这里所确定的原则。不过我们不详细谈这些作用了，因为谈的话就必须说明各种情况，就会离题太远。

在俄国和上述其他战局中，在进攻路程的终点都没有进行决定胜负的会战，局势就发生了骤变。即使是在不可能期待有这样效果的地方，这种抵抗方式也仍是一件十分重要的事，因为这种抵抗方式可以形成有可能获胜的兵力对比，而这个胜利像首次撞击一个物体一样，能促使敌人退却，并使这一退却带来的损失不断加大，就如同按照落体定律，一个重物越坠越快一样。

---

[1] 1792年7月28日，布伦瑞克公爵率普奥联军主力自科布伦茨沿摩泽尔河攻入法国，9月2日占领凡尔登要塞，20日抵达瓦尔米。军队此时已非常疲惫，地形又不利，法军则斗志激昂。经炮战后，联军只得退回科布伦茨。——译者注

★ 第二十六章 ★

民众武装

人民战争在文明的欧洲是19世纪的一个现象。对于这种战争，有人赞成，有人反对。反对的人有些是出于政治上的理由，因为他们把人民战争看作一种革命的手段，是一种宣称合法的无政府状态，这种状态对外部敌人固然危险，但对国内的社会秩序同样危险；有些则出于军事上的理由，认为人民战争取得的结果与投入的力量不相符。第一种看法与我们这里要谈的问题没有关系，因为我们仅仅把人民战争看作斗争手段，即只是从它与敌人的关系角度来考察。但是关于第二种看法，我们不能不指出，对人民战争，总的来说应该将其看作战争要素在我们这个时代突破了过去人为限制的结果，看作我们称之为战争的整个发酵过程的扩展和加强。如果我们从过去局限很大的军事制度出发看问题，那么就可以看到征召制度、利用征召制度和普遍兵役制使军队员额大幅增加，以及后备军的使用，都是同一类事物，现在国民军的征召或民众武装也是这类事物。既然前面几种新的手段都是打破限制后的一种自然和必然的结果，而且它们让先采用这些手段的人极大地增强了力量，以至其对手也不得不采用这些手段，那么就人民战争来说，情况也会是这样。一般来说，善于运用人民战争这一手段的国家会比那些轻视人民战争的国家占有相对的优势。既然如此，那么问题只能是这一对战争要素的新的增强手段对人类究竟是有益还是无益。这个问题，恐怕只有解答了战争本身对人类究竟有无益处的问题，才能得到彻底的解答。我们把这两个问题都留给哲学家们。也许人们认为，如果把人民战争所耗费的各种力量用在其他战斗手段上，可能会更有成效，但是人们不用多加研究就会确信，这些力量绝大部分是不可调用的，也不会随意让他人使用。这些力量中的一个重要部分即精神要素甚至只有通过人民战争才能体现出来。于是我们不再问一个全体人民手执武器进行的抵抗会让他们付出什么代价，而是要问这种抵抗能够产生什么影响，它必须具备哪些条件，以及如何运用人民战争。

一个如此分散的抵抗不适于对敌人进行时间上和空间上集中的大规模打击，这是从事物的本性中得出的结论。这种抵抗的效果像蒸发过程的物理特性一样，取决于面积的大小。面积越大，民众武装与敌军的接触越多，也就是敌军越分散，民众武装的作用就越大。民众武装就像暗中燃烧着的火焰，不断破坏着敌军的根基。由于民众武装需要一定时间才能取得成果，因此在这两个要素[1]如此相互碰撞和作用期间就会出现一种紧张状态。如果人民战争在个别地点被扼杀，在其他地点慢慢停止，那么这种紧张状态就会渐渐消失；如果这种遍地燃烧的熊熊烈火击倒了敌军，迫使它为避免自己全军覆灭而退出这个国家，那么这种紧张状态就会导致敌军进入一种危机。要想单靠人民战争造成这种危机，必须具备的先决条件是：要么被攻占的国家面积非常大（除俄国以外欧洲任何其他国家都没有这个条件），要么入侵军队的人数与被入侵国家的面积不成比例（这种情况实际上是不存在的）。因此，如果人们不想陷入空想，那么就必须将人民战争与正规军战争联系起来考虑，并通过一个总的计划将二者统一起来。

人民战争只有在下列条件下才有可能单独产生效果：

1. 战争在本国腹地进行；

2. 战争不是由唯一的一次失败决出胜负；

3. 战区占据很大一部分国土；

4. 民族的性格有利于采取这种举措；

5. 国土或者是多山脉，或者是多林地、沼泽，或者是有持续利用土地的

---

[1]指民众武装和敌军。——译者注

特点，总之地形非常复杂，不易通行。

人口的多少不起任何决定性的作用，因为在人民战争中最不缺少的就是人。民众的贫富也不直接起决定性的作用，或者至少不应该起决定性的作用，但是不容否认，贫穷的、习惯于吃苦耐劳的民众阶层往往也表现得更尚武和更有力量。

像德意志很多地区民众居住分散的特点非常有利于人民战争发挥作用。这种地区因这一特点而变得更零散，更隐蔽，道路尽管更多了，但路况更不好，部队住宿会遇到无穷的困难，尤其是人民战争总体上所具有的特点在这里会小规模地反复出现。这一特点就是：抵抗的因素到处都有，但是又处处让敌军捉摸不定。如果民众是集中在一些村庄里居住的，那么敌军就会占领那些反抗最激烈的村庄，或者也许会为惩罚民众而把这些村庄抢光、烧光，但是这种方法对威斯特法伦的农民大概是行不通的。

国民军和武装的小股民众不能也不应被用于对抗敌军的主力，甚至不能和不应被用于抗击较大规模的部队，他们不应去粉碎敌军的核心，而只应在表面和边缘去蚕食敌军。他们应该在进攻者没有派大部队前往的战区两侧地区起来反抗，以便让这些地区完全摆脱敌人的影响。这些在战区两侧聚集起来的民众武装应像乌云一般，当敌人前进时，即成群跟在他们后面移动。在敌人还根本没有出现的地方，民众不会缺少武装起来反抗敌人的勇气，相邻的大批民众会陆续追随这个榜样，燃起反抗之火。这样反抗的火焰就会以燎原之势蔓延，最后烧到进攻者的基地，烧到他的交通线，蚕食他的生命线。即使人们不把人民战争夸张地想象成是万能的，不认为人民战争是敌人单靠军队几乎无法对付的以及我方取之不尽和不可战胜的东西（就像人们几乎无法对付风或雨），总之即使人们的判断不是以那些吹嘘人民战争的言论为基础的，但是人们毕竟要承认，人们无法像驱逐一队士兵那样赶走眼前的武装农民。一队士兵像一群家畜那样相依在一起，通常是笔直地向前跑，而武装的农民无须什么巧妙的计划就会四向散开。这样一来，敌军的每一支小部队在山地、林地或者任何其他地形很复杂的地区行军就都非常危险，因为行进中随时可能发生战斗。一路正在行军的部队即使很久没有发现敌国民众，但那些很早被其先头部队逐走的农民还是有可能随时出现在这路部队的队尾。至于破坏道路和封锁隘路，正规军的前哨部队或袭扰部队所使用的手段与发动起来的农民所使用的手段相比，大致就像自动机器的笨拙动作与人的灵巧动作相比。敌人除了派出很多小部队护送其运输队，以及驻守兵站、隘口、桥梁等地以外，没有别的办法对付国民军的行动。国民军最初尝试行动的规模是有限的，敌人派出的小部队也是兵力不多的，因为他们害怕过于分散兵力。人民战争的火焰往往就是在与这些小部队的斗争中真正燃烧起来。在一些地方，民众武装依靠数量上的优势战胜了敌军的这些小部队，他们的勇气增加了，斗志更激昂了，这种斗争的强度也更大了，直到应该决定结局的顶点来临。

按我们对人民战争的理解，人民战争应像云雾一样，在任何地方都不要汇聚成一个反抗的核心，否则敌人就会用适当的力量打击这个核心，粉碎它并俘虏大量人员。然后民众的勇气就会低落下来，大家会认为大局已定，继续努力是徒劳的，于是便放下手中的武器。但是另一方面，这种云雾还是有必要在某些地点汇聚成较密的云团，形成将来从中能够放出强烈闪电的令人生畏的乌云。如前所述，这些地点主要是在敌人战区的两翼。在这里，民众武装应会合成更大的、更有组织的整体，并配以少量正规军，以至于他们已经拥有正规军的样子，有能力敢于参与较大的行动。从这些地点起，越向敌后，国民军行动的强度越应减少，因为他们在那里会面临最大的打击。那些更密集的民众武装的任务是袭击敌人留下的较大的守备部队。此外，他们还要使敌人产生恐惧和忧虑，增加整个民众武装给他人的士气高涨的印象。没有这些较密集的民众武装，民众武装的整体影响就会乏力，整个局势就不足以使敌人感到不安。

统帅要想这样根据自己的意愿塑造整个民众武装，最简便的方法是派一些正规军的小部队去支援国民军。如果没有正规军的一些部队去进行这种鼓舞人心的支援，那么民众大多会缺乏拿起武器的信心和动力。受命执行这种支援任务的小部队人数越多，对民众的吸引力就越大，民众斗争就会像倾泻而下的雪崩，规模会越来越大。不过支援民众武装的做法也要有其限度，因为一方面，为达到这个次要目的而把整个部队分开，在某种程度上并入国民军，从而形成一条长长的、处处薄弱的防线是有害的（可以肯定，在这种情况下，正规军和国民军都会被彻底打垮）；另一方面，经验也告诉我们，一个地区的正规军如果太多，通常会减弱人民战争的力量和效果，原因一是如果正规军太多，会把过多的敌军吸引到这个地区，二是民众此时会依赖自己的正规军，三是大量部队的存在会在宿营、运输、粮秣供应等方面过多增加民众的负担。

防止敌人对付人民战争过于有效的另一个手段（同时也是运用人民战争的一个主要原则），就是很少或者根本不把这一大的战略防御手段用于战术防御。一场**国民军战斗**的特点也是所有较差部队的战斗特点，就是进攻初期非常猛烈而有力，但是不够沉着，难以持久。此外，对一支国民军武装来说，被战胜和被击退是无关紧要的，因为他们对此已有准备，但是他们不能承受伤亡和被俘者众多的打击，这样的大败会使人民战争的火焰很快熄灭。而这两个特点与战术防御的本质是完全相反的。防御战斗要求进行持续的、缓慢的、计划周全的行动和果敢的冒险。如果人们仅想尝试一下，随后很快放弃，那么这在防御中永远不会带来战果。因此，如果要用国民军承担某一地段的防御，就决不能让他们进行决定性的主要防御战斗，否则即使情况有利，他们也会全军覆灭。由此可见，民众武装只要有可能的话，可以而且应该防守山地的入口、沼泽地中的堤坝，以及江河的渡口。但是当这些地点被突破时，民众武装不应汇聚在一处狭小的最后的避难所（一处正规的防御阵地）而被敌人封锁，最好是分散开，以出敌不意的攻击继续进行防御——无论民众多么勇敢，民风多么尚武，无论他们对敌人的仇恨多么强烈，地形对他们多么有利，不可否认的是，人民战争在过于危险的气氛中是不能持久的。因此，如果人们想让人民战争的燃料在某个地方燃起熊熊烈火，就应在距离危险较远的地方进行，因为那里既通风又不会被一次大的打击扑灭。

上述考察更多是对实际情况的一种感受，而不是客观的分析，因为人民战争出现得还很少，而那些长时间目睹过这种战争的人对它的论述又太少。经过上述考察，我们还要说明一点，战略防御计划可以通过两个不同的途径将民众武装的共同作用纳入进来，要么把民众武装作为会战失败后的最后一个补救手段，要么将其作为决定性会战前的一个自然的辅助手段。后一种情况是以向本国腹地退却和间接还击方式为前提的，我们在本篇第八章和第二十四章已经谈过。因此我们在这里只简单地谈谈会战失败后征召国民军的问题。

任何一个国家都不应该认为其命运（也就是其整个存亡）取决于一次会战（即便它是最具决定性的会战）。一个国家战败后，通过征召自己新的力量和利用敌人在任何长时间进攻中都自然会受到的削弱，就有可能导致形势的转变，或者它还可能得到外援。一次会战的失败距亡国总还是有段时间的。就像溺水者抓稻草是本能一样，当民众看到自己被冲到深渊的边上，他们会试图穷尽一切办法自救，这是符合精神世界的自然规律的。

不管一个国家与敌人相比是多么弱小，也不应该省去这些最后的努力，否则人们就不得不说这个国家已经失去了灵魂。这些努力并不排除签订一个代价很大的和约的可能性，从而避免自己彻底灭亡，而这种意图本身不排除利用媾和采取新的防御举措。这些举措既不会增加媾和的难度，也不会使和约内容对自己更不利，而是会使媾和更容易，使和约内容对自己更有利。如果我们期待那些对我国继续存在感兴趣的国家帮助我们，那么就更有必要采取这些举措。因此，如果一个政府在主力会战失败后只想着让人民迅速上到和平之床去酣睡，并且被严重的失望情绪压倒，从而失去发动一切力量的勇气和愿望，那么无论如何它都是出于软弱而犯下了不能坚持到底的大错，并且表明这个政府是不配获得胜利的，而且也许正因为如此，这个政府根本就没有能力去赢得胜利。

因此，无论一个国家遭受的失败是多么确切，还是应该利用部队向本国腹地的退却来带动要塞和民众武装发挥作用。在这方面，如果主战区的两翼受到山地或其他非常险要的地带的限制，那么这就非常有利于发挥这种作用，因为这些山地和险要地带像棱堡一样突出出来，进攻者不得不经受防御者从这里发起的战略翼侧打击。

如果进攻者正在对多地进行围攻，如果他为建立自己的交通线而到处留下大规模的守备部队，甚或为使自己能够有更大的行动空间和维持相邻地区的秩序而派出了多支部队，如果有生的和无生的战斗手段的种种损失已经使进攻者受到削弱，那么防御者这时就应重新投入战斗，通过恰当的打击来撼动处于困境中的进攻者。

★ 第二十七章 ★

战区防御

我们以上已经探讨了那些**最重要的防御手段**，也许可以到此为止了。至于这些手段如何与整个防御计划结合，可以放到最后一篇[1]讨论战争计划时再谈。这是因为不仅每一个从属于战争计划的进攻和防御计划都要以战争计划为基础，并根据战争计划来确定其主要轮廓，而且在很多情况下，战争计划本身无非就是在最主要的战区实施进攻和防御的计划。尽管与任何地方比较起来，在战争中，部分更取决于整体，更渗透着整体的特点，更是因整体的特点而出现大的变化，但是我们还是不能从战争的整体开始研究，而是不得不先把各个问题当成彼此分开的部分来研究，以便更清楚地认识它们。如果不是先研究简单的再研究复杂的，我们就会被大量不确切的概念制服，特别是战争中各种各样的相互作用经常会使我们的概念混乱。因此我们想先向整体再接近一步，也就是说，我们想专门考察一下战区防御，寻找贯穿前述问题的主线。

根据我们的看法，防御无非是斗争的更有力的形式。保存自己的军队，消灭敌军，一句话，胜利是这一斗争的目标，当然它不是最终的目的。

保全本国和打垮敌国是战争的最终目的，用一句话来说就是：缔结自己想要的和约是最终目的，因为双方的这一冲突在和约中得以平衡并以一个共同的

---

[1] 指本书第三卷第八篇《战争计划》。——译者注

结果（该和约）而告终。

从战争的角度来看，敌国是什么呢？首先是它的军队，其次是它的国土。当然还有很多在具体情况下可能具有突出重要性的其他事物，其中主要是外部的和内部的政治关系，它们有时比其他一切事物更具决定作用。即使敌国的军队和国土并非国家本身，而且也没有包括国家可能与战争有关的一切方面，但是军队和国土永远是**主要的**，就其重要性来说往往**大幅超过**其他所有方面。军队应保卫本国的国土，占领敌国的国土，国土则使军队不断得到给养和补充。两者是相互依存和相辅相成的，它们都是重要的，但是在它们的相互关系中还是有区别的：如果军队被消灭了，也就是说被打垮了，不能继续抵抗了，国土自然也就丧失了，但是反过来，国土被占领了，军队不一定被消灭，因为可能是军队主动地让出部分国土的，以便之后更容易地夺回它们。的确，不仅军队被彻底打垮会决定国土的命运，军队每次受到**较大的削弱**也会导致国土损失。相反，每次国土的较大损失并不一定导致军队受到较大的削弱（当然，时间久了也会导致军队受到较大的削弱，但在决定战争胜负的这段时间内不会总是这样）。

由此可见，保存自己的军队和消灭敌军总是比占有国土更重要，也就是说，统帅应该首先努力做到的是保存自己的军队和消灭敌军；**只有用这一手段不能完全达到目的时**，占有国土才可以作为目的而居于首位。

假如敌人的全部兵力集中成**一支**部队，假如整个战争由**一场**战斗组成，那么能否占有国土就取决于这场战斗的结局；能否消灭敌军、征服敌国和保全本国就取决于这场战斗，某种程度上与这场战斗的结局是一回事。现在的问题是：是什么会首先促使防御者偏离这种最简单的作战形式而去分兵？回答是：他集中兵力有可能取得的胜利对他来说还不够。每个胜利都有它的影响范围。如果这一影响范围涵盖了整个敌国，即涵盖了全部敌军和敌国领土，也就是说，它们的所有部分都被我们压向敌人核心力量的同一运动卷走，那么这样的胜利就是我们所需要的一切，这时我们就没有充分的理由分兵。但是如果我们的胜利对敌军的某些部分和双方国土的某些部分不再有影响，那么我们就必须特别注意这些部分。由于我们不能像集结部队一样把国土集中到一个点上，因此我们为保卫这部分国土就不得不分兵。

只有在领土形状近似圆形的小国家里，才有可能和很有可能对部队进行这样的集中，以至于一切都取决于**这支部队**的胜利。在敌国有大片领土与我们接壤，或者甚至几个环绕我们的国家结成同盟反对我们的情况下，我们的军队实际上完全不可能进行这样的集中，因此在这种情况下就必然要分兵，从而也就出现不同的战区。

一次胜利的影响范围自然取决于这次胜利的**大小**，而胜利的大小取决于**被战胜部队的人数**，因此对敌人集中兵力最多的**那个部分进行打击**并成功时，其影响最广；我们用于这一打击的兵力越多，就越有把握取得这一成功。这一系列自然形成的概念使我们联想到力学上重心的特点和作用。通过这一画面，我们可以更清楚地确定这些概念。

正如物体的重心总是位于质量聚集最多的地方，针对物体重心的打击是最有效的，而最有力的打击又总是由力量的重心发出的，在战争中也是如此。作战的每一方（无论是一个单独的国家，还是多个国家的联盟）的军队都有一定程度的一致性，通过这种一致性，军队之间有了联系；而有联系的地方就有与重心类似的东西。因此在这些军队中有某些重点，这些重点的运动和方向决定着其他的点，这些重点就是军队最集中的地方。而正如在无生命的物质世界中针对各部分联系的重心的作用是有其尺度和界限的一样，在战争中也是如此。在物质世界和战争中，一次打击的力量很容易大于抵抗所能承受的力量，从而出现扑空和浪费力量的问题。

在**一面**旗帜下根据**一位**统帅的个人命令进入会战的部队，它们之间的联系与一支延展50或100普里，甚或基地完全朝着不同方向的**联军部队**之间的联系是多么不同啊！前者之间的联系可以说是最紧密的，最容易形成一致；后者之间的联系距一致性很远，往往只是在共同的政治意图中还有一致性，而且也只是不充分和不完美的，各部分之间的联系大多很松弛，往往是不存在的。

如果说最大限度地集中兵力一方面可以让我们的打击有力；那么另一方面，我们不得不担心任何的过分集中兵力确实是一种不利，因为过分集中兵力会造成兵力浪费，而兵力浪费又会使其他点上**兵力不足**。

因此，识别敌军中的这种重心[1]和判定它的影响范围是战略判断的一项

---

[1]　"重心"一词，作者用了拉丁语"Centra gravitates"。——译者注

主要活动。也就是说人们必须经常考虑双方军队中一个部分的进退对其余部分
会产生什么影响。

我们绝不是认为在此发明了一个新的方法，我们只是以各个时期和统帅们
沿用的方法为基础提出了一些观点。这些观点应更清楚地说明这些方法与事物
本质之间的联系。

至于有关敌军重心的这一概念是如何在整个战争计划中起作用的，我们将
在最后一篇里考察，因为这个问题本来就是属于战争计划的范畴。我们现在先
借用一下这个概念，只是为避免我们在列举一系列观点时出现遗漏。我们从上
述考察中看到，分兵究竟是什么决定的。实际上，这里存在着两个相互对立的
利益：一个是**占有国土**，它要求分兵；另一个是**打击敌军的重心**，它又要求在
一定程度上集中兵力。

这样就出现了战区或各部队的行动区域。它们对国土和上面的部队进行区
域划定，以至该区域内主力发起的每次决战都直接地涉及整体，并使整体随主
力运动的方向而动。我们之所以说"**直接地**"，是因为一个战区的胜负自然也
会对相邻战区有或多或少的影响。

我们在这里与在其他地方一样，在我们的定义中只触及某些概念的中心
点，我们不想也无法为这些概念划出明确的界限。尽管这又是事物的本性决定
的，但我们还是必须明确地再次提醒。

因此我们认为，一个战区（无论其范围大小）和该战区内的部队（无论其
规模大小）是一个可以归结为**一个**重心的单位；胜负就应该在这个重心上决
出；防御者在这一战区成为胜利者，从广义上说就是成功的战区防御。

第二十八章

战区防御（续一）

防御是由两个不同的要素组成的，即**决战**和**等待**。本章要讨论的就是这两个要素的结合。

首先，我们必须指出，虽然等待状态不是已经结束了的防御，但它毕竟是防御向其目标进发所经过的一个区域。只要一支部队没有离开交由它负责的地段，进攻所引起的双方的紧张状态就一直持续。只有决出了胜负，才会带来平静；只有当进攻者或防御者离开战区，才能认为胜负已经决出（不管是怎样的一种胜负）。

只要一支部队在它所在的地区坚守，这一地区的防御就还在继续。从这个意义上讲，战区防御与**在其中的这一地区**进行防御是一回事。敌人是否一时攻占了这个战区内或多或少的土地，在此是无关紧要的，因为这些只是"借"给敌人的。

我们想通过上述观点来确定等待状态与整个防御的正确关系，但是只有在确实应进行一场决战以及双方都认为决战不可避免时，这种观点才是正确的，因为双方军队的重心和这些重心所在的战区只有通过这一决战才是**有效的东西**。决战的想法一旦消失，重心也就失去了作用，从某种意义上说，整个军队也就失去了作用。这时构成整个战区概念的第二个要素——占有国土，就成为目的而直接跃居首位。换句话说，双方在一场战争中越是不寻求决定性的打击，战争越是一种纯粹的相互监视，那么占有国土就越变得重要，防御者就越追求直接保护所有地区，进攻者就越追求在推进中扩大占领的地区。

毋庸讳言，绝大部分战争和战局与其说是接近于生死存亡的斗争（至少有一方力求决战的斗争），还不如说是更接近于纯粹的监视状态。只有19世纪的战争才在极大程度上具有前一种特点，以至人们在这些战争中可以运用根据这种特点建立起来的理论。但是由于很难设想未来所有的战争都具有这种特点，而更可预计的是，未来多数战争将再次倾向于具有相互监视的特点，因此一个理论要想对现实有用，就必须考虑到这一点。为此我们将首先考察由决战意图贯穿和指导的整个军事行动，即发生真正的（如果我们可以这样表达的话）、绝对的战争的情况，然后在另一章[1]再考察由于多少接近于监视状态而产生了变化的战争。

在第一种情况下（是防御者不得不等待进攻者发起决战，还是防御者自己寻求决战，在此对防御者来说是一样的），战区防御的实质在于防御者以一种随时可以发起有利决战的方式在该战区坚守。这一胜负可能是通过一次会战决出，可能是通过一系列其他大规模的战斗决出，但也可能是通过双方军队的部署所形成的纯粹的态势（**可能发生的战斗**）决出。

即使假设会战不像我们认为的、以前借很多机会已经指出的那样是最主要、最常用，以及最有效的决定胜负的手段，但它毕竟是决定胜负的手段之一，足以要求只要情况允许就**最大限度地集中兵力**。战区中的一次主力会战是重心对重心的打击；我们在自己重心上能够集中的兵力越多，取得的效果就越有把握和越大。因此任何部分使用兵力的做法，如果不是为特别的目的（这个目的要么即使是通过一次获胜的会战也是达不到的，要么是会战胜利本身的一个条件），都是**不可取的**。

然而不仅最大限度地集中兵力是一个基本条件，一个使部队能在足够有利的条件下进行会战的部署和位置也是一个基本条件。

我们在《抵抗的方式》一章里了解到防御有不同的层次，它们与上述基本条件是完全可以类比的，因此根据具体情况的需要把这些基本条件与它们联系

---

[1]指本篇第三十章。——译者注

起来并不困难。但是有一点初看上去似乎是自相矛盾的。由于它是防御中最重要的问题之一，因此我们就更有必要加以阐明，这就是如何击中敌人的重心。

如果防御者及时得知敌人将沿哪些大路推进，在哪条大路上肯定能遇上敌军的核心，那么他就可以沿这条大路去迎击敌人。这种情况成为一种常见的情况，因为即使由于防御者在采取一般举措、设置坚固要塞和大的武器库以及确定军队的平时员额等方面先于进攻者，从而成为进攻者行动的依据，但是在行动真正开始时，相对于正在进入战场的进攻者来说，防御者已经拥有其特有的后发制人的优势。

要想以一支较大的部队进入敌国，就必须进行大量的准备工作，例如储备食品和武器装备等。这些准备工作持续的时间足以让防御者有时间采取对策。同时人们应该看到，防御者所需要的时间比进攻者所需要的少，因为在任何国家人们平时为防御所做的准备都多于为进攻所做的准备。

不过尽管在大多数情况下确实是这样，但是防御者在个别情况下仍有可能不清楚敌人推进的主要路线。如果防御是以那些费时的举措（例如构筑一处坚固阵地等）为基础的，那么就更容易出现这种情况。此外，即使防御者确实是位于进攻者的前进线上，但是只要他没有对进攻者发起一次攻势会战，那么进攻者只要稍微改变一下其原来的方向就可以绕过防御者所占据的阵地，因为在欧洲有人定居的地方，阵地左右不可能没有道路通过。在这种情况下，防御者显然不能在阵地上等待他的对手，至少不能指望在那里进行会战。

但是在我们讨论防御者在这种情况下还能采取哪些手段之前，必须先考察一下这种情况的本质及其出现的可能性。

在每个国家，同样在每个战区（我们现在就是只谈战区），当然都有一些对进攻来说特别容易奏效的目标和地点。我们认为，在谈论进攻时更明确和详细地论述这个问题最为合适。在这里，我们只想指出，如果说最有利于进攻的目标和地点是进攻者决定其进攻方向的一个理由，那么这个理由反过来也会影响防御者，在防御者丝毫不了解敌人意图的情况下，这个理由应该引导他行动。假如进攻者不选定这个最有利的方向，那么他就将放弃他本可以得到的一部分好处。我们看到，如果防御者在这个方向上，那么进攻者采取避开他和从他侧面通过的手段不是无偿的，而是要付出代价的。由此可见，一是一方面防御者**错过其对手行进方向**的危险以及另一方面进攻者**从其对手侧面通过**的能力，都不像初看上去那样大，因为进攻者选定这一个或那一个方向时，其明确的、大多起决定作用的理由早已存在；二是防御者及其固定在某地的设施在大多数情况下不会错过敌军的核心。换句话说，**如果防御者的部署得当，那么通常可以确信，对手会来找他。**

但是我们不应该也不能因此就否认防御者连同其部署可能在某次遇不到进攻者。这就产生了一个问题：防御者此时应该怎么办，防御者的位置本来应带来的好处还剩下多少？

我们自问，如果进攻者从防御者的侧面通过，那么防御者还能采取哪些手段呢？这些手段是：

1. 防御者一开始就把兵力分为两部分，以便用一部分兵力有把握地击中对手，然后用其余部分赶去增援。

2. 防御者集中兵力占领一处阵地，在对手从侧面通过的情况下，迅速向侧面前出。在大多数情况下，防御者已经无法再准确地实现这种侧向前出，而是不得不后退一些，进入新的阵地。

3. 防御者集中兵力从侧面进攻对手。

4. 防御者对敌交通线采取行动。

5. 防御者采取与对手同样的方法，从其侧面通过，去反攻对手的战区。

我们之所以在这里列出最后一种手段，是因为人们可以设想这一手段在这种情况下可能产生效果，不过实际上这一手段与防御的意图（选择防御的理由）是矛盾的，因此只能把它视为对手犯了大错或具体情况的其他特点而导致防御者采取的一个反常手段。

对敌交通线采取行动有一个前提，即我们的交通线比敌人的优越。当然这也是一个良好的防御阵地的基本条件之一。尽管这种行动应该总是给防御者带来某个好处，但是在单纯对战区进行防御时，这种行动很少适合发展成为作为战局目的的**决战**。

单独一个战区的面积通常不会大到使进攻者的交通线很敏感的程度，而且即使进攻者的交通线很敏感，防御者也很难通过对其交通线采取行动而阻止他实施打击，因为进攻者实施打击通常只需很短的时间，而防御者的这一手段要产生效果是缓慢的。

由此可见，在针对一个力求决战的对手时，以及在我们自己也热切希望进行这一决战时，这种手段在大多数情况下是完全不起作用的。

防御者还可以利用的其余三个手段都致力于进行一场直接的决战，致力于以重心击中重心，因此它们与防御的任务更相符。但是我们现在一开始就要指出，在不完全否定前两个手段的情况下，我们认为应优先考虑第三个手段，认为它在大多数情况下是真正的抵抗手段。

如果兵分两路部署，那么人们就有卷入一场哨所战争的危险。如果针对的是一个坚定的对手，那么这种哨所战争在最有利的情况下也只能是一种**大规模的相对抵抗**，而不会是防御者想要的一个决战。即使防御者判断正确，懂得避开这条歧路，但由于暂时分兵进行抵抗，总还是会明显削弱自己打击的力量，而且人们永远没有把握，不知首先前出迎敌的那些部队是否会受到过大的损失。不仅如此，这些部队的抵抗通常以退向赶来的主力部队结束，而这往往给部队带来战斗失败和举措不当的印象，从而以这种方式显著地削弱部队的士气。

第二个手段是以在一处阵地上集中的兵力，到对手企图避开我方阵地前往的地方去设伏。防御者运用这种手段时，面临因抵达太迟而陷入两种举措均半途而废的危险。此外，一场防御会战要求统帅沉着冷静、深思熟虑并了解甚至熟悉地形，而这一切在紧急前出时是做不到的。最后，可构成一个有利的防御会战战场的阵地毕竟太少，不是在任何道路和道路上的任何地点都可以找到的。

相反，第三个手段即从侧面攻击进攻者，和他打一场改变了正面的会战，是极为有利的。

首先，我们知道，在这种情况下，进攻者总是会暴露他的交通线（在这里是退却线），而防御者就其总的情况来看，特别是就我们要求他的部署所具备的战略特点来看，在这种情况下是处于有利地位的。

其次（这是主要的一点），每一个想从防御者的侧面通过的进攻者都会在两个完全对立的意图之间不知所措。最初他是想前进的，以便抵达进攻目标的所在地，而由于时刻有可能受到来自侧面的攻击，他又需要随时组织向侧面的打击，而且是集中兵力的打击。这两个意图是矛盾的，会使内部关系极为混乱，使进攻者很难采取万全之策，以致他在战略上几乎处于最不利的境地。假如进攻者确切地知道将在何时何地受到攻击，那么他可以巧妙和灵活地为此采取一切对策。但是在他不清楚何时何地会受到攻击而又必须前进的情况下，一旦发生会战，他就几乎不可避免地处于紧急和肯定不利的境地。

如果说对防御者来说有发起一次进攻会战的有利时机，那么首先就应在上述情况下期待这个时机出现。如果人们再考虑到，防御者在这种情况下还有了解和选择地形的有利条件，可以准备和开启其行动，那么人们就不会怀疑，防御者在这种情况下对其对手占有确切的战略上的优势。

因此我们认为，防御者可以在一个位置良好的阵地上集中兵力，沉着地等待对手从侧面通过；如果进攻者没有前来进攻防御者的阵地，如果情况不适合对进攻者的交通线采取行动，那么对防御者来说，从侧面攻击进攻者就是决战的一个优越手段。

这种情况在历史上几乎没有出现过，部分是因为防御者们很少有勇气在这样的阵地中坚持，而是要么分兵，要么通过横向和对角方向行军急忙前出到进攻者的前面；部分是因为进攻者在这种情况下通常不敢从防御者的侧面通过，其行动通常因此而陷入停顿。

在这种情况下，防御者被迫进行一场进攻会战；防御者想必就会缺少**等待、坚固的阵地和良好的防御工事**等带来的其他好处；在一般情况下，前进中的进攻者的不利处境并不能完全抵偿防御者缺少了的上述好处，因为进攻者正是为了避开防御者的这些有利条件才陷入这种处境。不过进攻者的这种处境总会给防御者带来**某些补偿**，因此理论在这里不能像某些历史评论家在提出一个残缺理论时常做的那样一下子抹杀掉一个重要因素的作用，认为利弊相互抵消了。

人们不要认为我们在这里是玩弄逻辑。相反，我们越是务实地考察这个问题，就越认为，这是一种涵盖、贯穿和调整整个防御事务的思想。

防御者只有下决心，一旦对手从他侧面通过即以全部兵力攻击他，才有把握避开防御很容易导致的两种绝境，即分兵部署和紧急前出。在这两种绝境中，防御者将为进攻者所左右，不得不求助于最紧急和最危险的举措。这种防御体系只要碰到一个果断的、渴望胜利和决战的对手，就会被粉碎。但是如果防御者为进行共同的打击而在正确的地点把他的兵力集结起来，如果他决心在最糟糕的情况下用这支部队从侧面攻击对手，那么他就是**做对了**，就可以得到防御在他的处境下能为其提供的一切好处。这时，**准备良好、沉着、稳妥、一致和简单**就成了他行动的特点。

我们在这里不能不提一下与这里探讨的概念有密切关系的一个大的历史事件，这样做主要是为了防止他人错误地引用这个例子。1806年10月，普鲁士军队在图林根[1]等待拿破仑率领的法军时，部署在法军可能用于进军的两条大路之间，一条经爱尔福特[2]、莱比锡至柏林，一条经霍夫、莱比锡至柏林。普军原来的意图是径直翻越图林根森林山脉[3]，开到弗兰肯地区。在放弃了这一意图后，他们不清楚法国人会沿两条大路中的哪一条过来，于是就选择了这个位于两条大路中间的阵地。作为**这种**中间位置的阵地，它本应导致普军采取紧急前出的举措。

在法军经爱尔福特过来的情况下，普军也正是这样考虑的，因为通往爱尔福特的小路是完全可以通行的。相反，向通往霍夫的大路上前出是不可想象的，部分原因是普军距这条大路有2～3天的行程，另一部分原因是中间有很深的萨勒河谷，而且布伦瑞克公爵从未有过向那里前出的意图，没有为此做任何准备。相反，霍恩洛厄侯爵或者说马森巴赫上校始终有这样的意图，后者曾力图使公爵接受这一想法。至于从萨勒河左岸的部署转为一次针对推进中的拿破仑的进攻会战，也就是转为上述的侧面攻击，就更谈不上了，因为如果说萨勒河会妨碍普军在最后时刻仍给敌人设伏，那么在敌人已经占领萨勒河对岸（至少是一部分）时，这条河就更会妨碍普军转为进攻。于是布伦瑞克公爵决定（如果还能把这个人数众多的大本营在着实混乱和犹豫不决的情况下所做出的这种决定称之为个人决定的话），在萨勒河的后面等待事态的进一步发展。

无论这一等待的结果如何，普军肯定会面临以下三种情形之一：

---

[1] 图林根（Thüringen），历史上德国中部一地区，大致包括今图林根州。——译者注
[2] 爱尔福特（Erfurt），今德国图林根州首府，位于图林根盆地南部、格拉河畔。——译者注
[3] 图林根森林山脉（Thüringer Wald），位于德国中部图林根地区，因树木茂密而得名。长约150公里，宽约35公里。——译者注

1. 如果敌人渡过萨勒河寻找普军，普军可以对敌人发起进攻；

2. 如果敌人让萨勒河挡住，普军可以对其交通线采取行动；

3. 如果普军认为可行和有利，可以通过一次快速的翼侧行军在莱比锡附近即前出到敌人前面。

在第一种情况下，普军由于有巨大的萨勒河谷而在战略上和战术上占很大优势；在第二种情况下，普军在纯战略上同样占有大的优势，因为敌人在普军和中立的波希米亚之间只有一个很狭窄的基地，而普军的基地非常宽阔；甚至在第三种情况下，由于有萨勒河的保护，普军仍不会处于不利的境地。尽管普军大本营处于混乱和情况不明之中，但大本营确实讨论过所有这三种情况。但是如果说一个**想法**在混乱和犹豫不决的状态中尚可存在，那么**实施**这个想法则想必会在这个混乱造成的旋涡中一败涂地，这当然是没什么可奇怪的。

在前两种情况下，萨勒河左岸的阵地可被视为真正的翼侧阵地。作为翼侧阵地，它无疑具有很大的优越性。但是用一支对自己的任务没多大把握的部队占据一个翼侧阵地来对抗一个优势很大的敌人，**来对抗拿破仑这样的一个人，这是一个非常冒险的举措。**

布伦瑞克公爵经过长时间的犹豫之后，于10月13日选择了上述最后一种举措，但是已经太晚了。拿破仑已经开始渡萨勒河，耶拿和奥尔施泰特会战[1]已经不可避免。犹豫不决的公爵此时处境尴尬：如果**前出**的话，此时离开自己所在地区为时已晚，而要发起一次**有利的会战**又为时过早。尽管如此，普军的阵地仍表现出了强有力的属性，以至公爵能够在奥尔施泰特附近消灭对手的右翼部队，同时霍恩洛厄侯爵能够通过一次惨烈的退却战斗脱离险境。但是普军在奥尔施泰特附近未敢坚持夺取本来**有把握得到**的胜利，而是以为在耶拿附近可以获得**完全不可能得到**的胜利。

无论如何，拿破仑感觉到了普军在萨勒河畔阵地的战略意义，他未敢从它

---

[1] 1806年10月14日，拿破仑率法军主力约10万人在耶拿（Jena，今德国图林根州一城市，位于萨勒河左岸）附近击败霍恩洛厄指挥的普鲁士和萨克森联军5.3万人。同日，双方在均不知晓当日耶拿会战的情况下，法军达武元帅率领约2.9万人在奥尔施泰特（Auerstedt，今德国图林根州一小镇，西南距耶拿约25公里）附近击败布伦瑞克公爵指挥的普军主力约5万人。在追击中，普军纷纷投降。在这两场会战中，法军伤亡约1.5万人，普军伤亡和被俘3.3万人。普鲁士国王威廉三世偕全家逃往东普鲁士。拿破仑于当月27日进入柏林。——译者注

侧面通过，而是决定在敌人眼皮底下渡过萨勒河。

我们相信，通过以上所述已经充分说明了采取决定性行动时防御与进攻的关系，并且已经根据防御计划各项内容的地位和相互联系指出了其相互关系。我们不打算更详细地研究具体的部署，因为这将使我们陷入无穷无尽的具体情况。如果统帅为自己提出了一个确切的目标，那么他就会处理，看一下如何让各种地理的、统计的和政治的以及敌我军队物质和人员的因素适应这一目标，并看一下它们在实施方式上对这一方或另一方有什么制约。

但是为了在这里更确切地联系我们在《抵抗的方式》一章里认识的防御不断加强的问题，并让我们进一步了解这一问题，我们想在这里指出与此有关的一般情况。

1. 防御者以一次攻势会战迎敌的理由可能有以下几个：

（1）如果防御者知道进攻者将以非常分散的兵力推进，也就是说即使防御者兵力很少，仍有获胜的希望。

但是实际上进攻者是不大可能这样分散推进的，因此防御者只有已经知道敌人分散推进，攻势会战的计划才是有利的。没有充分的根据，只凭单纯的**假设**就指望出现这种情况，并把一切希望寄托在这上面，通常会使防御者陷入一种不利的境地。后来的情况将不像防御者期待的那样，他将不得不放弃攻势会战，可又没做防御会战的准备，于是只好不情愿地开始退却，并几乎把一切交由偶然性去支配。

在1759年的战局中，多纳[1]率领的部队对俄国人进行的防御差不多就是这种情况。这次防御以韦德尔将军指挥的齐利晓会战的失败而告终。

制订计划的人过于喜欢使用这一手段，因为他能很快地制订出计划，却没有多问一下这一手段所依据的种种假设在多大程度上是有理由的。

（2）如果防御者本来就有足够的兵力进行会战。

（3）如果对手非常笨拙和犹豫不决，从而促使防御者发起攻势会战。

在这种情况下，出敌不意的效果有可能比一个良好阵地所能提供的一切地

---

[1] 多纳（Christof Ⅱ von Dohna-Schlodien，1702—1762），伯爵，普鲁士中将。曾参加第一次和第二次西里西亚战争。——译者注

利更有价值。以这种方式让精神力量参与战斗，是一个良好战法的最原本的实质。但是理论必须经常大声地指出：提出这些假设必须有**客观的理由**。没有这些**具体的理由**，只是一味地谈论出敌不意，谈论一次不寻常进攻的优越性，并在此基础上制订计划、考察和评析，那完全是一种不能被允许的、毫无根据的做法。

（4）如果防御者的素质特别适于进攻。

如果弗里德里希大帝认为他的军队是一支灵活、勇敢、可靠、惯于服从、行动准确、充满自豪感并受此鼓舞的军队，而且熟练掌握了斜向进攻方式，认为这支军队在他坚定而大胆的手中与防御相比更是一个适于进攻的工具，那么他的这种看法无疑不是空洞的或错误的。弗里德里希大帝的军队的这一切特点是其对手们所没有的，他正是在这方面明确地占有优势。在大多数情况下，对他来说，利用这些特点比求助于堡垒和地形障碍更有价值。但是这样一种优势是极少见的，一支训练有素、惯于进行大规模运动的军队只是这种优势的**一个部分**。即使弗里德里希大帝断言，普鲁士军队特别善于进攻，而且后来有些人不断地这样附和，我们也不应该对这种提法给予过多的认同。在战争中，人们在进攻时大多感到比防御时更容易和更有勇气，这是所有部队都有的一种感觉，恐怕没有一支军队的统帅和指挥官不是这样称赞他们的军队。因此在这里我们不应轻易地被一种表面上的优越感迷惑，而忽略了实际的有利条件。

兵种的比例，具体说骑兵多而火炮少，也可能成为发起进攻会战的一个非常自然和重要的理由。

我们还可以列举以下几个理由：

（5）如果防御者根本找不到良好的阵地。

（6）如果防御者急需决战。

（7）最后，上述几个或全部理由共同产生作用。

2. 防御者在一个地区等待对手，然后在该地区向对手发起进攻（例如1759年的明登会战[1]）。这样做的最自然的理由是：

---

[1] 1759年8月1日，英国、普鲁士、布伦瑞克-吕讷堡、黑森-卡塞尔联军与法国、萨克森联军在明登（Minden，今德国北莱茵-威斯特法伦州一城市）城前进行会战。前者获胜，阻止了法国人占领汉诺威选帝侯国。——译者注

（1）双方的兵力对比对防御者并非过于不利，防御者不必去寻找一处坚固和得到加强的阵地。

（2）有特别适于等待对手的地形。至于这一地形的特点则属战术问题，我们只想指出，这种地形的特点主要是要便于我方通行而不便于敌方通行。

3. 为在其中确实等待敌人进攻，防御者应在以下情况进入一处阵地：

（1）如果双方兵力对比失衡，防御者兵力很少，不得不在地形障碍中和防御工事后寻求保护。

（2）如果地形为防御者提供了一处这样良好的阵地。

当防御者自己不寻求决战，而是满足于一种消极的结果，并且能够指望对手迟疑和犹豫不决，最后无法实施其计划时，以上第2种和第3种抵抗方式就更值得防御者注意。

4. 一处坚不可摧的设防营垒只有在下述情况下才能达到目的：

（1）如果该营垒位于一处非常优越的战略地点。

这样一处阵地的特点是，其中的守军根本无法被战胜，因此敌人不得不尝试采取其他手段，也就是说，敌人要么不考虑攻占该阵地，继续追求其目的，要么包围和以绝粮迫使该阵地投降。如果敌人无力做到这两点，那么该阵地的战略优越性想必很大。

（2）如果防御者可以期待得到外援。

在皮尔纳附近阵地中的萨克森军队当时就是这种情况。不管人们因此战不幸的结局[1]而针对该举措说了什么，可以肯定的是，假如1.7万名萨克森人采用了其他方法，也还是永远不会让4万普鲁士人失去作用。如果说奥地利军队在罗布西茨[2]附近没有更好地利用由此而得到的优势，那只能说明奥军的整个作战指挥和组织很差。毫无疑问，假如萨克森人没有进入皮尔纳营垒，而是前往波希米亚，那么弗里德里希大帝就会在这次战局中把奥地利人和萨克森人赶过布拉格，并占领这个地方。谁不愿承认待援的这个好处，而总是只想到萨

---

[1] 萨克森军队最后不得不于1756年10月16日向普军投降。位于萨克森军队阵地前的普军由37个步兵营和携有28门重炮的26个骑兵中队组成。——译者注

[2] 罗布西茨（Lobositz），即今捷克城市洛沃西采（Lovosice），位于易北河左岸，南距布拉格约70公里。七年战争期间，1756年10月1日，奥军试图前往皮尔纳营垒营救萨克森军队，在此受到弗里德里希二世的阻击，并被击败。——译者注

克森全军被俘，谁就是根本不懂得像上述那样权衡利弊，而没有权衡利弊就不会得到可靠的结果。

但是由于上述两种情况很少见，因此利用设防营垒是一个必须深思熟虑后再采取的举措，而且是一个很少能被运用得当的举措。如果有人希望通过这样一处营垒而使敌人**望而生畏**，进而使其全部行动瘫痪，那是过于危险的，也就是说，他将面临不得不在没有退路的情况下作战的危险。如果说弗里德里希大帝在崩策尔维茨附近利用这种营垒达到了他的目的，那么人们应该佩服他正确地判断了对手，当然同时也应比在其他场合更多地考虑到，弗里德里希大帝在最后的关头会找到率领残部夺路而出的办法，因为他身为国王**无须再向他人负责**。

5. 如果防御者在边境附近有一个或多个要塞，那么出现的主要问题是：防御者是应该在要塞前面，还是在要塞后面进行决战。防御者在要塞后面进行决战的动机是：

（1）敌人占有优势，这迫使我们先削弱其力量，再同其战斗；

（2）这些要塞就在边境附近，在它们后面进行决战可使防御者只牺牲不得不牺牲的国土；

（3）这些要塞具有防御能力。

要塞的主要任务之一无疑（或者应该）是打掉敌军大部队推进的势头，并大幅削弱我们准备与之决战的那部分敌军的力量。如果说我们很少看到有人这样利用要塞，那是因为双方中的一方很少寻求决战，而我们这里谈的只是决战的情况。因此我们认为，当防御者在边境附近有一个或几个要塞时，应该把这些要塞留在自己的前面，并在要塞后面进行决战，这是一个既简单又重要的原则。我们承认，在要塞后面进行会战与在要塞前面进行会战相比，即使失败时战术上的结果相同，在前一种情况下丧失的土地会稍多一些。不过之所以出现这个区别，与其说是根据事实材料得出来的，不如说是想象力造成的。我们自己也会回想到，在要塞前面进行会战，防御者可以选择一处良好的阵地，而在要塞后面进行会战，在大多数情况下会不得不变成进攻会战，否则在敌人围攻要塞的情况下，要塞有失守的危险。但是如果防御者在要塞后面进行决定性会战，那么他面对的敌人此前已经被要塞削弱了四分之一或三分之一，如果防御者有多个要塞，敌人甚至会被削弱一半。在这种情况下，上述微小的差别与防御者取得的上述好处相比，又算得了什么呢？

因此我们认为，在**决战不可避免**（不管是对手寻求决战，还是我们自己的统帅寻求决战），而我们还没有相当的把握战胜敌人，或者地形条件并未一定要求我们在前面较远的地方进行会战的情况下，一个位于附近的、有抵抗能力的要塞想必会强有力地促使我们从一开始就退向要塞后面，在那里借助要塞进行决战。如果我们此时在距该要塞很近的地方进入阵地，以至进攻者不先把我们赶走就无法围攻或包围该要塞，那么我们就会迫使进攻者来进攻我们的阵地。因此在我们看来，在一个大的要塞后面不远处选择一处良好的阵地，是危险处境下的一个最简单和最有效的防御举措。

当然，如果要塞距边境很远，那就是另一个问题了。因为如果防御者在这种情况下采取上述举措，就会让出其很大一部分战区。我们知道，防御者只有在迫不得已的情况下才能做这样的牺牲。在这种情况下，这种举措更接近于向本国腹地退却。

另一个条件是要塞的抵抗能力。众所周知，有些设防城市，特别是大城市是不能接敌的，因为它们经不住大部队的猛烈进攻。在这种情况下，我们的阵地至少应位于这些城市后面很近的地方，以便守军能够得到支援。

6. 最后，只有在下列情况下，防御者向本国腹地退却才是一个自然的举措：

（1）如果防御者与对手在物质和精神方面的力量对比让防御者无法在边境或者边境附近进行成功的抵抗；

（2）如果防御者的主要任务是赢得时间；

（3）如果国土的情况有利于防御者向腹地退却。这一点我们在第二十五章已经谈过。

至此，我们在这一章讨论了由于这一方或那一方寻求决战而使决战不可避免的情况下的战区防御。但是我们当然必须提醒一下，在战争中情况不会这么简单。如果有人想把我们理论上的原则和分析运用到实际战争中去，那么他还必须注意第三十章的内容，必须想到统帅在大多数情况下是处于决战和不决战这两种倾向之间的，根据实际情况，有时**更接近**这一倾向，有时**更接近**另一倾向。

★ 第二十九章 ★

战区防御（续二）——逐步抵抗

我们在第三篇第十二章和第十三章中曾指出过，在战略上逐步抵抗不符合事物的本性，应该同时使用现有的所有力量。

对所有可运动的战斗力量来说，这无须做进一步说明了，但是如果我们把战区本身连同其要塞、地形障碍甚至其面积也视为战斗力量，那么这一力量是不能运动的，我们只能逐步利用这种战斗力量，或者我们必须一开始就退得很远，以至那些应该发挥作用的部分都位于我们的前面，这样战区就能发挥它在削弱敌军方面的一切作用。敌人就不得不包围我们的要塞，不得不通过其驻防部队和哨所守军保障占领区的安全，就不得不长途行军，不得不从很远的地方运来所有必需品，等等。不管进攻者**是在决战前还是在决战后**前进，上述所有这些对他的影响都会出现，只是在前一种情况下还会更大些。由此可见，如果防御者一开始就计划推迟决战，他就拥有了一个手段，可以让所有那些不可移动的战斗力量一起发挥作用。

从另一方面看，防御者推迟决战严格来说并不会对进攻者的胜利影响范围产生任何影响，这是很清楚的。关于胜利的这一影响范围，我们在研究进攻时将做进一步的考察[1]，但在这里就想指出，胜利的影响范围是到进攻者的优

---

[1]作者在本书第一卷第四篇第十章中曾专门谈过这个问题。——译者注

势（双方精神和物质力量对比的产物）消失时为止的。而进攻者这一优势的消失，一方面是因为占领战区要消耗兵力，另一方面是因为战斗中的伤亡损失。无论这些战斗是在战争开始时发生的，还是在结束时发生的，也无论这些战斗是在战区的前部进行的，还是在战区的后部进行的，进攻者上述两部分的损失不会有根本的变化。例如，我们认为假如1812年拿破仑在维尔纳附近取得对俄国人的胜利，那么与后来在博罗季诺取得的胜利相比，其影响范围是没有区别的（假设这两次胜利的规模是相同的）；法军即使是在莫斯科附近取得胜利，也不会让拿破仑走得更远；莫斯科无论如何是这一胜利影响范围的界限。当然进攻者（出于其他原因）在边境进行一次决定性的会战可能会给他带来大得多的胜利成果，然后也许有更大的影响范围，这也是没有片刻怀疑的。因此在这方面，防御者推迟决战也是**不受影响的**。

我们在《抵抗的方式》一章里谈到的那种可被视为最大限度的推迟决战，我们称之为**向本国腹地的退却**，它是一种专门的抵抗方式，采用这种方式的主要意图是使进攻者自己消耗力量，而不是防御者用会战这把剑消灭他。但是只有当这种意图占主导地位时，推迟决战才能被看作一种专门的**抵抗方式**，因为否则的话，很明显人们就会认为这种抵抗有很多不同的程度，并且把这些不同的程度与所有防御手段联系起来。也就是说，我们不把战区在削弱敌军方面或多或少一起发挥作用视为一种专门的抵抗方式，而只是视为根据情况和条件的需要，对固定的抵抗手段的一种混合使用。

如果防御者认为在他决战时不需要这些固定的战斗力量，或者认为利用它们时在其他方面的相关代价过大，那么对他来说这些力量就可以留待以后使用，在某种程度上成为防御者不可能等到的新的增援力量。防御者凭借这些力量就可以相同的可运动的战斗力量在第一次决战后再进行第二次决战，也许还能再进行第三次决战，也就是说，以这种方式有可能**逐步地**使用力量。

如果防御者在边境上输掉了一场会战，但并没有成为一场大败，那么人们很容易想到，他在最近的要塞后面就已经有能力进行第二次会战。是的，如果防御者要对付的是一个不怎么坚定的对手，那么一处较大的地形障碍也许就足以让对手停下来。

由此可见，正确的战略在利用战区时像利用其他手段一样，就是要**经济地**

使用力量。使用的力量越少越好，但是必须使用足够的力量。当然在这里也与做生意一样，问题不在于纯粹的精打细算，而在于其他方面。

为了避免出现大的误解，我们必须指出，这里考察的不是人们在会战失败后还能采取或试图采取何种抵抗举措，而只是考察防御者**预期**可以从第二次抵抗中得到多少成果，就是防御者在其计划中可以对成果做多高的估计。在这里，防御者必须注意的几乎只有一点，那就是对手的情况，具体是对手的性格特点及其拥有的各种因素。一个性格软弱、缺乏自信、荣誉心不强或者受到种种因素束缚的对手在他顺利的情况下会满足于已经得到的一般的好处，当防御者敢于向他发起新的决战时，他就会畏缩不前。在这种情况下，防御者就可以将其战区的各种抵抗手段陆续用于新的决战行动中（尽管这些决战行动本身很弱），在这些决战行动中防御者总是有望扭转局势。

但是谁都会感觉到，我们现在已经是在要考察无决战战局的路上了，这种战局更是逐步使用力量的领域，我们想在下一章中更多地论述它。

★ 第三十章 ★

战区防御（续三）——不求决战的战区防御

能否产生和以什么方式会产生双方都不是进攻者的战争（双方都没有什么积极的意图），对此我们将在最后一篇进行详细的考察。在这里我们无须一定要研究这一矛盾，因为对一个单独的战区来说，我们从双方各自与整体的关系中就已经能够找到这种双方均防御的理由。

但是，不仅在这种不求决战的战局中没有必须决战的焦点，而且在战史上还有大量战局，其中并不缺少一位进攻者，即其中一方并不乏积极意图，但这种意图很弱，以至于进攻者不再是不惜任何代价追求自己的目标，不是**一定**会促成决战，而只是试图得到当时处境所能提供的好处。在这里，进攻者要么根本不追求任何明确的、自己定下的目标，只是收获时间的推移带给他的好处，要么他虽然有一个目标，但只在情况有利时才去追求它。

这样的进攻已经离开了向着目标前进的严格逻辑上的必然性，几乎像一个流浪汉在战局中游荡，左顾右盼地试图捡到廉价的果实。这样的进攻与防御本身没有多大区别，进行防御的统帅也可以摘取这样的果实。尽管如此，我们还是准备在《进攻》篇中对这种进攻做进一步的哲学的考察，在这里只提出一个结论：在这种战局中，无论是进攻者还是防御者都不求决战，因此决战就不再像拱门上的冠石那样是一切弧线的终点，就不再是所有战略行动都归向的终点。

只要我们读一下各个时代和国家的战史，就会知道这种战局不是一般地占多数，而是如此之多，以至其他类型的战局反而成了例外。即使今后这种情况应该有变化，但毕竟可以肯定，还是会有很多这样的战局，因此我们在研究战区防御时必须考虑到这种战局。我们将尝试指出这种战局的最显著的特点。战争的真实情况大多处于两个不同方向之间，有时接近这个方向，有时接近那个方向，因此我们只能从这些特点在战争的**绝对形态**中由于其反作用所引起的变化来看这些特点的实际作用。我们在本篇第三章[1]里说过，等待是防御优于进攻的最大长处之一。在现实生活中，人们很少能做到一切行动都符合实际情况，在战争中则是最难做到的。由于人的认识不完善，由于人们害怕结局不利，由于有诸多影响行动进程的偶然事件，因此总有很多当时情况允许采取的行动实际上没有实施。与人类任何其他行动相比，在战争中，人的认识更不完善，出现灾难性结果的危险更大，偶然事件更多，因此战争中的贻误数量（如果我们可以这样说的话）想必也会多得多。这正是防御坐等其成、获得果实的好地方。如果我们把国土面积在作战中独有的重要性与这一经验结合起来，那么就产生了"先占者得利"这条原则。该原则在和平时期的斗争（诉讼）中也是一条神圣的原则。这个原则在这里代替了**决战**（在以**打垮对方**为目的的所有战争中，决战构成了整个行动的焦点）。这个原则起到很大的作用，当然不是引发很多行动，而是给不行动以及所有那些符合不行动利益的行动提供了依据和理由。在无法寻求和期待决战的地方，人们也就没有理由放弃什么，因为只有为了换取决战时的有利条件，人们才有可能放弃某些东西。结果是防御者总是想要保住即保护所有的或者尽可能多的东西，而进攻者则想在不进行决战的情况下攻占尽可能多的地方，也就是尽量扩大他所占的地盘。我们在这里只谈前者。

凡是防御者没有派驻部队的地方，就都有可能为进攻者所占有，此后等待就**对进攻者有利**了。于是防御者就致力于到处直接保护国土，并只考虑对手是否会对自己担负保护任务的部队发起进攻。

在我们进一步指出防御的特点以前，我们必须先谈谈《进攻》篇中所说的

---

[1] 原文如此，疑误。应为本篇第八章。——译者注

进攻者在不求决战时通常追求的目的。这些目的是：

1.在不进行决定性战斗的情况下，攻占对方大片国土。

2.在上述同样情况下，夺取一处重要的仓库。

3.夺取一处未受到保护的要塞。虽然围攻要塞是一种常常要付出很大努力的、规模多少有些大的行动，但它是一种不会带来任何灾难性后果的行动。进攻者在最不利的情况下可以放弃这一行动而不至于受到大的实际损失。

4.最后，进行一次意义不大的胜利的战斗。进行这种战斗无须冒大的风险，但也不会得到大的好处。这种战斗不是作为整个战略纽带上影响重大的节点来进行的，而是为战斗本身进行的，是为获取战利品和赢得军人荣誉而进行的。为这样一个目的，进攻者自然不会不惜代价地去发起战斗，而是要么等待偶然出现的机会，要么通过巧妙的行动来促成这种机会。

针对进攻者的上述四个目的，防御者应努力采取以下举措：

1.将部队部署在要塞前面，以保护要塞；

2.扩大防御正面，以保护国土；

3.在正面宽度不足以保护国土的地方，通过侧面行军，迅速赶到敌人前面设伏；

4.在努力采取上述三个举措时，避免进行不利的战斗。

很清楚，防御者前三个努力的意图是把主动权推给对手，自己则充分利用等待的好处。这种意图是如此符合事物的本性，以至假如人们一概地否定它，是很愚蠢的。决战的可能性越小，这种意图就会越强。尽管在行动的表面，以及在一些不起决定作用的小规模行动中还经常有可能出现相当活跃的活动，但是上述意图在这种战局中永远构成最深的基础实质。无论是汉尼拔，还是法比尤斯，无论是弗里德里希大帝，还是道恩，只要他们既不寻求决战，又不等待决战，那么他们就都是在奉行这一原则。第四项努力是为其他三个努力纠偏的，是它们不可缺少的条件[1]。

我们现在想对上述这些问题做些更详细的考察。

防御者把部队部署在要塞前面，以保护要塞不受敌进攻，这初看上去有些

---

[1]　"不可缺少的条件"，作者使用了拉丁语"Conditio sine qua non"。——译者注

不合理，似乎是一个多余的举动，因为构筑要塞的目的本来是让它抵抗敌人的进攻，但是我们看到这种把部队部署在要塞前面的举措出现过无数次。战法就是这样，最普通的事情往往看上去是最难理解的。可是谁又会有勇气根据这种看似的矛盾而把那些无数次出现过的举措都说成是错误呢？这种举措总是反复出现，证明它一定有一个深远的原因。而这个原因无非就是我们前面提到过的人在精神上的惰性[1]。

如果我们把部队部署在要塞前面，那么如果敌人不先打败我们的部队，就无法进攻要塞。然而一次会战就是一次决战，如果敌人不寻求决战，那么他就不会发起会战，也就是说，我们不必使用会战这把剑就保有了我们的要塞。因此，在所有我们估计对手不一定寻求决战的情况下，我们应该先看一下对手是否决心发起决战，因为对手极有可能不发起决战。如果敌人与我们的估计相反，是准备向我们发起进攻的，那么在大多数情况下，我们在这一刻还有退到要塞后面这一手段。如果我们考虑到还有这一手段，那么我们把部队部署在要塞前面的危险就更少了。这样一来，我们不付任何代价即可维持现状的**巨大**可能性甚至不会面临**丝毫的**危险。

如果我们把部队部署在要塞后面，那么我们就给进攻者送去了一个正合其意的目标。如果要塞不是很大，进攻者即使准备非常不足，也是会顺利或不顺利地去围攻它的。为了不让敌人的围攻以攻占而结束，我们就要前去解围。这样一来，积极的行动和主动权就到了我们一边，而对手在围攻要塞时可被视为向其目标前进，现在却最多是个占有者。经验告诉我们，事情总是这样转变的，这也是事物的本性决定的。我们已经说过，围攻不会导致灾难性的后果。从来不敢发起一场会战的最软弱、最不果断、最懒惰的统帅只要能够接近要塞，就会毫无顾虑地前去围攻，即使他只有野战炮，因为在最不利的情况下，他可以放弃这个行动而不会受到实际的损失。除了事态的这种变化外，大多数要塞多少会面临被强攻或以某个不常见的方式被攻占的危险，因此防御者在考虑各种可能性时绝不可忽略这一情况。

权衡这两种情况下的利弊后，防御者当然会认为，在较好的条件下打仗得

---

[1] 可能是指作者此前提及的人的认识不完善，害怕出现不利结局等。——译者注

到好处，不如极可能**根本无须**打仗就得到好处。因此在我们看来，把部队部署在要塞前面这种习惯做法是很自然和简单的。弗里德里希大帝用格洛高[1]要塞抵抗俄国人，用施韦德尼茨、尼斯和德累斯顿等要塞抵抗奥地利人时，几乎总是遵循这个习惯做法。贝沃恩公爵[2]在布雷斯劳附近采取这一举措却失败了。假如当时他把部队部署在布雷斯劳后面，就不会受到进攻。但是当时国王不在布雷斯劳附近，故奥地利军队占有优势，而一旦国王靠近布雷斯劳，奥地利人将面临失去这一优势的危险，这也使得进行布雷斯劳会战[3]的时刻**肯定不是一个可以预计不进行决战的时刻**，因此普鲁士军队在布雷斯劳的阵地看来不是很合适。假如不是贝沃恩公爵担心奥军炮击布雷斯劳这个存有军需品的地方（一旦受到炮击，他就会受到国王的严厉责备，因为后者在此情况下绝不会公道地考虑问题），他肯定倾向于把部队部署在布雷斯劳的后面。对于公爵**试图**通过进入布雷斯劳前面的一处设防阵地以保住要塞，人们最终是不应加以责备的，因为卡尔·冯·洛林[4]亲王当时已满足于攻占施韦德尼茨，又受到国王[5]进攻的威胁，是很可能停止前进的。因此，对贝沃恩公爵来说，最好的办法是对会战本身不要太认真，而是应该在奥军开始进攻时穿过布雷斯劳后撤，这样公爵就可以得到等待所带来的全部好处，而不必付出大的代价[6]。

如果说我们在这里已经为防御者在要塞**前面**部署找到了一个较高层次的和有力的理由，并为这种部署做了辩护的话，那么我们仍要指出，还有一个次要的、但更直接的理由，不过仅有这个理由是不能成立的，因此它不是很有力。这个理由就是部队习惯利用最近的要塞作为物资存放地。这种做法是如此方便，又有一些好处，以至于一位将军不会轻易决定从远处的要塞运来必需品或

---

[1] 格洛高（Glogau），即今波兰下西里西亚省城市格沃古夫（Glogów），位于奥得河畔，东南距布雷斯劳100公里。——译者注

[2] 即奥古斯特·威廉（Wilhelm August Herzog von Bevern，1715—1781），公爵，普鲁士将军，参加过波兰王位继承战争和三次西里西亚战争。——译者注

[3] 1757年11月22日，卡尔亲王率奥军在布雷斯劳附近与贝沃恩公爵率领的普军进行会战，前者获胜。——译者注

[4] 卡尔·冯·洛林（Karl Alexander von Lothringen，1712—1780），公爵，奥地利元帅，奥皇弗朗茨一世之弟，曾任奥属尼德兰总督，多次参加对土、法、普等国的战争。——译者注

[5] 指普鲁士国王弗里德里希二世。——译者注

[6] 布雷斯劳守军于1757年11月25日向奥军投降，贝沃恩公爵本人在此前一天被俘。——译者注

者把必需品放置在未设防的地点。而如果要塞成了部队的物资存放地，那么在很多情况下把部队部署在要塞前面就是完全必要的，而且在大多数情况下也是很自然的。但是我们清楚地看到，这个较直接的理由很容易被那些不爱问更多理由的人高估，它既不足以解释出现过的所有情况，也不足以重要到在与其相关的事物中起决定作用。

不必冒险打一场会战就夺取一个或几个要塞，是所有不求大规模决战的进攻者的自然目标，以至防御者把阻止敌人实现这一意图当成了自己全部努力的一个主要内容。于是我们看到，在有很多要塞的战区内，几乎一切运动都是围绕着这些要塞进行的——进攻者试图出敌不意地接近一处要塞，并因此而运用一些计谋，防御者则总是试图通过有准备的运动尽快地设伏，以阻止敌人接近要塞。从路易十四到萨克森元帅[1]的几乎所有尼德兰战局[2]中都贯穿着这种特点。

关于保护要塞就谈这么多。

通过扩大部队部署的正面以保护国土，这一手段只有与较大的地形障碍结合在一起才是可以设想的。人们采用这一手段时不得不设立的大小哨所只有依靠坚固的阵地才会有一定的抵抗能力。由于很少能找到足够的天然障碍，于是就要加上筑垒术。不过人们应该认识到，通过这种方法在一个点上得以进行的抵抗永远只能被视为一种**相对的**抵抗（参阅《战斗的意义》那一章），而不能视为**绝对的**抵抗。尽管这样的哨所也有可能不被击破，也就是说在个别情况下能够得到一个绝对的结果，不过由于哨所数量多，每个哨所与整体相比都是软弱无力的，有可能受到敌人优势兵力的进攻而失守，因此假如把一切希望都寄托于各个哨所的抵抗，是不明智的。防御者在如此扩大的正面上只是有望相对地延长抵抗时间，而无望获得真正的胜利。但是就这种防御的总的目的和总的任务来说，单独的哨所能起到这种作用也就足够了。在不用担心发生大的决战和不必为战胜对方整体而不停前进的战局中，争夺哨所的战斗不会有什么大的

[1]即赫尔曼·莫里茨（Hermann Moritz Graf von Sachsen, 1696—1750），库尔兰公爵、萨克森伯爵，德意志统帅和军事理论家，萨克森选帝侯奥古斯特一世的私生子。曾在法军任职，是法国七大元帅之一。——译者注
[2]指1667—1668年及1672—1678年路易十四世，以及1746—1747年萨克森元帅在尼德兰进行的战争。——译者注

危险，即使这些战斗以防御者失去哨所而结束，也是如此。在这种情况下，进攻者除了夺得该哨所和一些战利品外，很少能得到其他好处。这个胜利对整个防御不会有进一步的影响，不会破坏防御者的基础，不会导致众多建筑物跟着一起倒塌。对防御者来说，在最坏的情况下，即整个防御体系因个别哨所丢失而受到影响的情况下，仍然有时间集中自己的部队，用全部兵力向进攻者**表示**要决战，而按照我们的假设，进攻者是不求决战的，因此通常在防御者集中兵力以后，进攻者就不再继续前进了，行动也就结束了。防御者损失了一些国土、人员和火炮，而这也是能让进攻者满足的结果。

另外，如果防御者努力做到其失败的可能性（或更准确地说是概率）很小，而进攻者胆怯或谨慎地（这两种形容用哪个都行）停在防御者哨所的前面，不想碰得头破血流，那么我们说，防御者就可以冒一下这种一旦失败将面临的风险。在这个考察中，只是不要忘记，我们假设的是一个不愿冒险做任何大事的进攻者。对这样的进攻者来说，一个中等大小但很坚固的哨所就可以让他停止前进，因为即使进攻者肯定可以攻破这个哨所，他也会考虑要付出什么样的代价，以及与他在这一胜利后，以他的处境所能采取的行动相比，这个代价是否过大。

上述情况表明，对防御者来说，将部队部署在宽大正面上很多相邻的哨所中，可以让他进行有力的相对抵抗，从整个战局的角度来看，是可以取得一个满意的结果的。读者在这里会想到战史中的一些例子，为使读者立即找准地方，我们想指出，这种宽大正面的阵地在战局的后半期最常见，因为这时防御者对进攻者及其这一年的意图和情况才有真正的了解，而进攻者自带的原本不多的进取精神此时已经消失。

在这种扩大正面部署，从而保护**国土、储备品**和**要塞**的防御中，所有大的地形障碍，例如大小河流、山脉、林地和沼泽等，当然都应起到大的作用，并拥有头等的重要性。关于这些地形障碍的运用，可以参阅我们前面的论述。由于地形要素拥有这样的头等重要性，因此尤其要求参谋部具备有关知识和从事有关的活动，这些是习惯上被视为参谋部最应具备的能力。由于参谋部一般说来是军队中书写量和印刷量最大的那个部分，因此历史上战局中有关地形运用的部分就被记载得更多些，同时也就产生了一个相当自然的倾向：把运用地形的问题系统化，并把历史上对个案的解决方法作为以后解决其他问题的方法。但是这是一种徒劳的，因此也是错误的努力。即使是在这种更多是被动的和更局限于当地情况的战争类型中，每个情况也是与众不同的，对其必须区别对待。因此关于这些问题的最优秀的、理智的回忆录，也只是适合帮助我们了解这些问题，但是不能成为规定。这些回忆录实际上又成了**战史**，其内容只是这些战争所特有的一个方面。

无论参谋部的活动（我们在此按通常的观点将这种活动描述为参谋部所特有的）是多么有必要和值得重视，我们还是要提醒注意从这一观点中产生的经常有损于整体的强行决定行为。参谋部中最强势的一些人的重要性常使他们对其他人，首先是对统帅本人起到某种泛泛的支配作用，并从中产生一种趋于片面的思维习惯。最后统帅就只看到群山和山口，本来应该根据具体情况自由选择的举措成了肤浅的模仿，成了第二天性。

1793年和1794年，当时普鲁士军队参谋部的灵魂、著名的山地和山口攻防专家格拉韦特上校就曾使两位特点迥异的统帅（布伦瑞克公爵和默伦多夫[1]将军）采取了完全相同的战法。

沿一个险要地带建起的防线有可能导致出现哨所线战争，这是显而易见的。如果确实要以这种方式直接保护战区的整个正面，那么在大多数情况下，这一防线必然会导致出现哨所线战争，因为与大多数战区的正面相比，受命进行防御的部队的自然的战术正面很小。不过由于进攻者受当时条件及其准备程度的限制，只能沿一定的主要方向和道路行动，如果过多地偏离它们，即使面对最消极的防御者，也会导致出现过多的不便和不利，因此对防御者来说，在大多数情况下只需保护在主要方向左右一定普里或数日行程大小的区域就够了。防御者只要在主要道路和接近地设置哨所，在它们之间的地区设置监视哨就可以实现这种保护。结果自然是进攻者可以一路部队从两个哨所之间通过，并从多个方向对其中一个哨所进行有计划的进攻，于是这些哨所在建立时为此做了些防备，或者有翼侧依托，或者构成翼侧防御（所谓钩形防

---

[1] 默伦多夫（Wichard Joachim Heinrich von Möllendorff，1724—1816），普鲁士元帅。曾参加第二次西里西亚战争、七年战争和巴伐利亚王位继承战争。——译者注

御），或者得到后方预备队或邻近哨所一些部队的支援。这样一来，哨所的数量还可以进一步减少。通常结果是，一支进行这种防御的部队分为4或5个主要哨所。

为保护距离过远但又多少受到威胁的主要接近地，可以指定一些专门的防御中心，它们在某种程度上构成大战区内的小战区。在七年战争期间，奥地利人的主力在下西里西亚[1]山区大多就是这样占据4～5个哨所，同时一支小的、相对独立的部队在上西里西亚拥有一个类似防御中心的防御体系。

这样一处防御体系越是远离直接的保护，就越要借助运动和积极的防御，甚至是攻势手段。某些部队可以被看作预备队，此外一个哨所也应派出能抽出的兵力赶去支援另一个哨所。这一支援可以或者确实是从后面赶去增援和恢复消极的抵抗，或者是从侧面进攻敌人，或者是干脆威胁敌人的退路。如果进攻者不是以进攻，而只是以一个位置威胁一个哨所的侧面，具体是试图对该哨所的交通线采取行动，那么防御者就可以要么真正进攻对方为此而前出的部队，要么试图对敌人的交通线采取行动，以进行报复。

由此可见，不管这种防御的主要基础是多么具有消极的本性，也还是要接纳一些积极的手段，以便在复杂的情况下可以通过一些方式加以应对。人们通常认为那些运用积极甚至攻势手段最多的防御是更好的防御，不过这种防御一方面非常依赖地形的特性、部队的素质，甚至是统帅的天赋；另一方面，人们容易对这种防御中的运动和其余的积极辅助手段有过多期待，从而容易过多地放弃利用一处险要的地形障碍进行局部防御。至此我们认为，关于扩大防御线正面的问题已经进行了足够多的探讨，现在我们要谈谈第三种辅助手段，即通过快速的侧面运动设伏。

这种手段一定是我们这里所谈的国土防御的手段之一。原因如下：首先，即使防御者的阵地正面很宽，也往往不能占据本国所有受到威胁的门户；其次，在很多情况下，防御者不得不准备以自己的主力前去支援那些敌主力要进

---

[1] 下西里西亚（Niederschlesien），指西里西亚地区的西北部，今大部分属波兰，小部分属德国。——译者注

攻的哨所，否则这些哨所很容易被攻破；最后，一位不愿让自己的部队固定在一处正面宽大的阵地上做消极抵抗的统帅，想必更愿意通过经深思熟虑和充分准备的快速运动来达到其保护国土的目的。统帅留出的空隙越大，就越需要高超的运动技巧，以便及时前出到这些地点。

防御者这种努力的自然结果是到处寻找在这种情况下进入后可以带来很多好处的阵地，也就是防御者的部队（或者只是一部分部队）一旦进入阵地后可使对手打消进攻的念头。由于这些阵地总是反复出现，而且一切都围绕着如何及时抵达这些阵地，因此这些阵地在某种程度上成了整个战法的中心，所以人们也把这种战法称为**哨所战争**。

正如**在没有大规模决战**的战争中扩大部署正面和相对抵抗并无真正的危险一样，这种通过侧面行军设伏也没有大规模决战时会面临的危险。但是如果防御者是在最后关头才想起急忙前出到一处阵地，而对手坚决果断，能够和愿意做大事，也就是说不怕投入相当大的力量，那么防御者就走上了彻底大败的道路，因为这样紧急和慌张地进入一处阵地，经不住敌人以全部力量进行的不顾一切的冲击。当然如果对手不是用整个拳头，而只是用手指头进攻防御者的工事，如果对手无法利用可能得到的大的战果（或者更确切地说，如果他无法利用旨在取得大战果的初始行动），如果他只想以小的代价得到一般的好处，那么防御者用这种抵抗方式对付他还是能够成功的。

一个自然的结果是：通过侧面行军设伏这一手段一般也是在战局的后半期更多地使用，很少在战局开启时使用。

在这里，参谋部又有机会把它在地形方面的知识变成一套关于阵地和通往阵地道路的选择与准备的、相互关联的举措体系。

最后将出现这样的情况：一方力图抵达某一地点，另一方则力图阻止对方抵达这个地点，因此双方就经常面临不得不在对手眼皮底下实施运动的情况，于是就不得不比在其他情况下更为谨慎和准确地组织这些运动。以往主力部队没有区分为独立的师，行军时也总是被视为一个不可分的整体，这种谨慎和准确的要求会带来更多的不便，因此需要很多战术技巧。当然正是在这些时候，一个列阵中个别的旅要不时地赶到前面，以确保某些地点的安全，也就是说要独立承担任务，即使其余部队没有上来，也要准备接敌。但是这在当时和一个长期内是**反常现象**，当时的行军次序安排一般总是着眼于将整个部队按原有次序带到目的地，尽可能避免上述临时支援行动。现在主力的各部分又分成很多单独的部队，只要其他部队相距足够近，这些单独的部队就可以与整个敌军开始、继续和结束战斗。现在即使是在对手眼皮底下进行这样的侧面行军，也没有太大的困难。以前不得不通过机械的行军次序安排达到的目的，现在通过提前派出个别的师、加快其他师的行军速度以及更自由地运用整个部队就可以达到。

防御者利用上述受到考察的手段应阻止进攻者夺取一处要塞，阻止他占领一个较大的地区或物资库。如果防御者借助上述手段到处向进攻者发起战斗，以至后者在这些战斗中要么胜算很小，在失利的情况下面临过大的受到反击的危险，要么对其目的和所处情况来说需要消耗过多的力量，那么进攻者的行动就会被阻止。

如果防御者通过自己的技巧和组织达到了这个目的，而进攻者看到的到处都是防御者采取了明智的举措，已经让他无望实现哪怕是一个一般的愿望，那么进攻者为遵循攻势原则，往往就会在满足纯粹的军人荣誉方面寻找出路。赢得任何一次大的战斗，都会让部队看上去已经占有优势，可以满足统帅、宫廷、军队和民众的虚荣心，某种程度上也就满足了人们对每次进攻都抱有的期待。

于是进攻者的最后希望就是进行一场有些重要性但仅是为胜利和战利品而战的有利战斗。但愿人们不要认为我们这样说是自相矛盾，因为我们在这里仍未离开我们**自己的假设**：防御者的良好举措打消了进攻者借助一场**胜利的战斗**达到除了满足虚荣心以外任何其他目的的希望。进攻者要实现这个希望，是有两个条件的，即**战斗中的各种情况有利**，以及**战斗的胜利确实能导致实现除了满足虚荣心以外的其他目的中的一个**。

第一个条件在没有第二个条件的情况下也很有可能存在。如果进攻者只是着眼于得到**战场上的荣誉**，而不是还要通过战斗得到其他好处，那么防御者单独的部队和哨所就会更经常地面临陷入不利战斗的危险。

如果我们完全置身于道恩的处境和他的思维方式，那么我们就可以理解，只要他想得到的只是当天的战利品，那么他无须改变自己谨小慎微的性格就会敢于袭击霍赫基尔希[1]，而取得一个后续影响丰富的胜利（这一胜利本可迫使国王[2]让德累斯顿和尼斯各自为战），完全是他不愿介入的另一项任务[3]。

不要认为我们区别这两种胜利是吹毛求疵甚或根本毫无意义。恰恰相反，我们在这里涉及的是战争的最深刻的特点之一。对战略来说，一场战斗的意义就是这场战斗的灵魂。我们只能尽可能多地反复强调，在战略上，一切主要的东西都产生于双方的最终意图，即产生于全部思维活动的终点，因此会战与会战之间会有很大的战略区别，以至于人们根本不能再把它们视为同一个手段。

尽管进攻者取得这样的胜利几乎不能被视为对防御的一个根本的影响，但即使是**这一**有利之处，防御者还是不愿让给对手的，尤其是人们永远都不知道还会再加上什么偶然因素，因此防御者在用兵时必须经常注意对手所有大部队和哨所的情况。当然，这里大部分问题取决于这些部队指挥官们的智慧，但是如果统帅方面部署的任务不当，也会使这些部队卷入无法避免的灾难。在此有谁会忘记兰德斯胡特附近富凯军和马克森[4]附近芬克[5]军的例子呢？

在这两个战例中，弗里德里希大帝都过分相信自己一贯想法的作用。他不会相信富凯在兰德斯胡特阵地中真的能以1万人击败3万人，而是相信兰德斯胡特阵地仍会像以往一样坚固，犹如一张有效的汇票能得到对方的认可。他也不会相信芬克能顶住从四面八方拥来的敌人的优势兵力，而是相信普军对道恩的翼侧进行佯动后，后者一定会放弃萨克森的一般阵地，转而进入波希米亚更有利的阵地[6]。他前后对劳东和道恩的判断都错了，这就是其举措的失误所在。

---

[1]霍赫基尔希（Hochkirch），今德国萨克森州一城市，西距包岑10公里。1758年10月14日，弗里德里希二世在此受到奥军袭击。——译者注
[2]指普鲁士国王弗里德里希二世。——译者注
[3]指道恩在袭击霍赫基尔希后，未能乘胜追击普军，以扩大战果。——译者注
[4]马克森（Maxen），今德国萨克森州城市米克利茨塔尔（Müglitztal）的一部分，西北距德累斯顿18公里。——译者注
[5]芬克（Friedrich August von Finck，1718—1766），普鲁士中将。——译者注
[6]1759年9月，萨克森首府德累斯顿的普鲁士守军向神圣罗马帝国军队投降。弗里德里希二世试图挽回局势，命令芬克中将率领1.5万人佯动至马克森附近，威胁奥军主力后面的交通线，以迫使奥军退向波希米亚。11月20日，芬克被3.2万人的优势之敌包围，次日率部投降。——译者注

对于弗里德里希大帝的个别举措，人们大可指责他过于骄傲、鲁莽和固执，但即使是不过于骄傲、鲁莽和固执的统帅也会有上述失误。撇开这些失误不谈，在我们研究的这个问题[1]上总是有一个很大的困难，那就是部队指挥官们的洞察力、努力程度、勇气和坚定性不可能总是符合统帅的期待，因此统帅不能把所有问题都交由下属指挥官去做判断，而是不得不给他们做出某些规定，从而使他们的行动受到约束，而这样就不容易符合当时的情况。这是一种完全无法避免的苦恼。没有深入到部队最后环节的强制性的和权威的意志，就不可能指挥好部队。谁要是随着习惯总是相信和期待部下能做得最好，那么这就已经说明他完全没有能力指挥好部队。

因此统帅必须总是密切关注每支部队和每个哨所的情况，以便不会出乎意料地眼看着他们陷入一场灾难。

防御者的上述所有这四种努力都是为了维持现状。这些努力越是顺利和成功，战争在同一地点就会拖得越久；而战争在一个地点上停留得越久，给养就越重要。

从战争一开始，或者至少在战争开始后不久，就需要用仓库供给来取代征用和提供，用固定的运输队（这种运输队要么由农民的车辆，要么由属于军队自己的车辆组成）来取代每次征用农民的车辆。总之，这就很接近于正规的仓库供给了，关于这一点我们在《给养》[2]一章里已经阐述过了。

但是对这种战法产生大影响的并不是给养，因为给养就其任务和特点而言已经局限于很狭小的空间了，虽然也许会影响到任务的部署，甚至会影响到很大一部分任务的部署，但是这些影响不会改变整个战争的特点。相反，相互针对对方交通线的行动具有大得多的重要性，原因一是在这种战局中缺少较大和较有力的手段，因此统帅只能采取这类较弱的手段；二是在这种战局中不缺少必要的时间，可以等待手段产生效果。因此，确保自己交通线的安全仍是一件特别重要的事。切断防御者的交通线虽然不会是敌进攻的一个目的，但是却能成为迫使防御者退却，从而令其交出其他目标的一个非常有效的手段。

---

[1] 指防御者要避免进行不利的战斗。——译者注
[2] 指本书第二卷第五篇第十四章。——译者注

　　所有保护战区本身的举措当然肯定也有保护交通线的作用。也就是说，对交通线的安全保护已经部分包含在这些举措之中。我们只想指出：对交通线的安全保护是部署时应考虑的一个主要问题。

　　用小部队或者相当规模的部队护送单个的运输队，是保护交通线安全的一个**特别的**手段，一是因为即使阵地正面延展到最大，也不总是足以保护交通线的安全；二是因为在统帅欲避免扩大部署的地方，尤其需要这样的保护。因此，我们在滕佩尔霍夫的译著《七年战争史》中看到很多弗里德里希大帝让单独的步兵团或骑兵团，甚至有时让整个旅护送其面包和面粉车辆的例子。在奥地利人方面，我们从未看到过有关记载，原因一是他们没有如此详细记载战史的人，二是他们占据的阵地总是正面延展得很长。

　　上面我们谈到了防御者基本上不含任何进攻因素的四种手段，它们构成不着眼于决战的防御的基础。现在我们还要谈几种攻势手段，防御者可以将它们或多或少地与上述四种手段并用，在某种程度上就像是上述四种手段的调料。这些攻势手段主要是：

　　1. 对敌交通线采取行动，同时也可考虑针对敌物资存放地采取行动；

　　2. 进入敌占区进行牵制和袭扰行动；

　　3. 在有利的条件下，进攻敌军部队和哨所，甚至进攻敌主力部队，或者只是以这些进攻相威胁。

　　上述第一个手段在所有这样的战局中始终是有效的，但在某种程度上完全是悄无声息的，并未采取实际行动。防御者的每一处有影响的阵地都能使进攻者担心其交通线的安全，从而发挥该阵地的绝大部分的作用。我们在上面讲述防御时已经谈过，在这样的战争中，给养具有突出的重要性，这对进攻者来说也是一样的。因此进攻者在做战略上的思考和部署时，很大程度上要考虑到来自敌阵地的可能的攻势影响。关于这一点，我们在讨论进攻时还要谈到。

　　防御者不仅通过选择阵地对敌交通线施加一般的影响（如同力学中的压力一样，有一种**看不见的**影响），而且确实也以部分兵力向敌交通线做进攻性的推进，这同样属于这种防御的范畴。但是要想让这种行动带来好处，防御者必然要考虑进攻者的**交通线位置**、**地形特性**或**军队特点**是否有利于他采取这种行动。

进入敌区袭扰（目的是报复或为取得好处而掠夺）本不能被视为防御手段，它们更多是真正的进攻手段，但是通常与本来的牵制行动的目的联系在一起，而牵制行动的意图是削弱与我们对峙的敌军，因此可被视为一个真正的防御手段。但是由于牵制行动同样也可在进攻时使用，它本身就是一种真正的进攻，因此我们认为在下一篇再详细讨论这个问题更合适。我们在这里提到它，只是为了把一个战区的防御者所能运用的小规模的攻势手段悉数列举出来，并且只是要指出一点，即这些小规模的攻势手段在规模和重要性方面可以大到使整个战争具有进攻的**姿态**，从而使防御者得到攻势带来的荣誉。1759年战局开始前，弗里德里希大帝对波兰、波希米亚、弗兰肯采取的行动就是这样的[1]。弗里德里希大帝的这一战局本身显然是一次纯粹的防御，但是这些进入敌区的出击给了它攻势的特性，这一特性也许由于其在士气方面的作用而具有特别的价值。

当进攻者把事情想得过于简单，从而在个别地方暴露出大的弱点时，防御者应想到把进攻敌军部队或主力作为整个防御的必要补充。整个行动就在这种不事声张的条件下实施，不过防御者在这里也可像对对手的交通线施加影响时一样，向攻势的领域更进一步，与其对手一样，**把伺机进行有利的战斗**作为其用兵的一个特别内容。要想在这种行动中取得一些成果，防御者要么必须在兵力上显著地超过其对手（一般来说这是违背防御特性的，但毕竟是有可能做到的），要么必须具备相关的方法和才能，使自己的部队较为集中，并通过行动和运动来弥补由于部队集中而在其他方面不得不付出的代价。

七年战争中的道恩是前一种情况，弗里德里希大帝是后一种情况。我们几乎总是看到道恩只是在弗里德里希大帝过于大胆和轻视他的时候才发起攻势，在霍赫基尔希、马克森和兰德斯胡特就是这样。相反，我们看到弗里德里希大帝几乎不停地在运动，试图以自己的主力给道恩的某支部队造成些损失。由于道恩拥有优势兵力，而且罕见地小心谨慎，因此弗里德里希大帝很少成功，至

---

[1] 1759年，普军处于守势，但仍不时对奥、俄军队采取牵制和袭扰行动。2月，弗里德里希二世派沃贝尔斯诺夫将军（Moritz Franz Kasimir von Wobersnow，1708—1759，普鲁士少将）前往波兰破坏俄军的仓库，4月派海因里希亲王自德累斯顿出发攻入波希米亚，5月前往图林根进行袭扰，此后又深入弗兰肯，焚毁敌军用物资，掠夺粮仓和征收战争税。——译者注

少成果从来不大。然而人们不能因此就认为弗里德里希大帝的努力是毫无效果的。在这种努力中更多的是包含着一种很有效的抵抗，因为对手为避开不利的打击，不得不处于小心和紧张的状态，这样敌人本可用于进攻的那些力量就被抵消掉了。对此人们只需回想一下1760年的西里西亚战局，当时道恩和俄国人正是由于十分担心不时受到普鲁士国王的进攻并被制服，才无法前进一步。谈到这里，我们认为，对构成不求决战的战区防御的主导思想和最主要的手段（整个行动的依据）的所有内容都已经谈到了。我们把这些问题列举出来，主要是为了让读者了解整个战略行动之间关联的全貌，至于使这些内容生动起来的具体举措，例如阵地、行军等，我们此前已经比较详细地考察过了。

　　如果我们现在再看一下整个问题，想必会注意到，在进攻的要素如此弱，双方对决战的要求如此小，积极的动机如此缺乏，而内部的牵制力量如此多的时候（就像我们这里所设想的那样），进攻与防御之间的本质区别想必就会逐渐消失。当然在战局开始时，由于其中一方要进入另一方的战区，因此在一定程度上呈现出的是进攻的形式。不过很有可能而且经常出现的是，进入另一方战区的这一方很快将其所有力量用于在敌人的国土上保卫本国。于是双方就相互对峙，实际上是相互监视。双方都在考虑如何不失去任何东西，同样也许双方都在考虑如何为自己赢得到实际的好处。这样一来，有可能出现原来的防御者反而在获取好处方面超过其对手的情况，弗里德里希大帝就是这样。

　　进攻者越是更多地放弃作为一位前进者的地位，防御者越是较少受到进攻者的威胁，越是较少需要进行真正的防御来保障自己的安全，进攻与防御之间就越容易出现一种均势。在这种均势中，双方行动的目的都是从对手那里夺取一些好处，并保护好自己不受任何损害，也就是说双方都着眼于进行一种真正的战略**机动**。所有那些双方力量对比或政治意图不允许进行大规模决战的战局，显然都或多或少具有这一特点。

　　关于战略机动，我们将在下一篇中用专门的一章[1]进行研究。不过，由于这种双方力量均衡的赌博在理论上常常受到不应有的重视，尤其是在防御中受到这种不应有的重视，因此我们认为有必要在此研究防御时对它做进一步的

---

[1]指本书第三卷第七篇第十三章。——译者注

探讨。

我们把这种机动称为双方力量的均衡的赌博。凡是没有整体运动的地方，就会出现均势；凡是没有大目的推动的地方，就不会有整体的运动。也就是说，在这种情况下，无论双方的兵力多么悬殊，都可以认为他们处于均势。此时从整体的这种均势中产生了采取较小行动、实现较小目的的个别动机。这些较小行动和目的之所以能够展开，是因为它们不再面临大决战和大危险的压力。也就是说，双方把赌一次大输赢的资本换成了小的筹码，把整个行动分解成了很多较小的行动。随着这些争取较少好处的较小行动的进行，双方统帅之间就展开了一场运用技巧的斗争。由于在战争中永远不可能完全没有偶然和幸运，因此这种斗争永远是一种**赌博**。不过这里产生了另外两个问题：与一切都集中于唯一一次大行动相比，在这种机动中，偶然性对胜负所起的作用是否小了？思考和理智所起的作用是否大了？我们对后一个问题的答复是肯定的。整体分成的部分越多，对时间（包括具体时刻）和空间（包括具体地点）的考虑越经常，计算的领域显然就越大，也就是说思考和理智就越起到支配作用。思考和理智所起的作用会使偶然性活动的领域缩小一部分，但不是一定能全部抵消它，因此我们不是一定要对前一个问题也做肯定的答复。也就是说，我们一定不能忘记，思考和理智不是统帅的唯一的才智力量。在取决于唯一一次大决战的场合，勇气、力量、果断、沉着等素质更为重要，而在双方力量均衡的赌博中，这些素质所起的作用就会小一些，在这里精于计算的突出重要性的增加不仅缩小了偶然性的活动范围，而且也削弱了上述这些素质的作用。从另一方面看，在进行大决战时，这些闪亮的素质能在很大程度上削弱偶然性的作用，即在一定程度上填补了计算和才智在这种情况下无法顾及的地方。因此我们看到，这里是多种力量的一个冲突，人们不能因此就断言偶然性在大决战中比在双方力量均衡的赌博的总结局中起到更大的作用。如果说我们在这种力量赌博中看到的主要是双方运用技巧的斗争，那么这指的只是在计算方面的技巧，而不是指整个军事造诣。

正是战略机动在这一面的特点让人们给整个战略机动赋予了上述那种不应有的重要性。首先，人们把这种技巧与统帅的整个才智价值搞混了，而这是一个很大的错误，因为如上所述，我们必须承认，在大决战的时刻，统帅在精神方面的其他素质有可能控制住当时情况的冲击。如果说这种控制更多是源于巨大的感受，源于几乎无意识产生的精神上的那些灵感，即未经长时间的思索，但它仍是军事艺术中的一位真正的公民，因为军事艺术既不是纯粹的智力活动，智力活动在其中也不是最重要的活动。其次，人们认为战局中每一次无果活动的出现想必是由于一方甚至双方统帅运用了这种技巧。而实际上，产生这种无果活动的一般的和最主要的原因总是在于总的情况，是战争使这些总的情况成为这种赌博。

由于文明国家之间的大多数战争的目的更多是一种相互监视，而不是打垮对方，因此大多数战局想必自然带有战略机动的特点。对这些战局中的那些不是著名统帅指挥的战局，人们不会注意它们；而如果战局中有一位著名的、引人注目的统帅，甚或是两位这样的统帅对峙（例如蒂雷纳和蒙泰库科利[1]），那么人们就会出于这些统帅的名望而把这整个机动艺术打上"杰出"的最后印记。接下来，人们就把这种赌博视为军事艺术的巅峰，视为在军事艺术上有高度修养的表现，继而把它视为研究军事艺术的主要源泉。

这一观点在法国革命战争以前的理论界相当普遍。法国革命战争一下子打开了一个完全不同的战争现象的世界，这些现象最初有些粗糙和任其自然，后来在拿破仑指挥的战争中汇聚成为一个好的方法，带来了让所有人惊叹的成就。这时人们就抛弃了旧的模式，认为这一切都是新发现和伟大思想的结果，当然也是社会状况改变的结果。人们认为根本不再需要旧方法了，而且也绝不会再经历旧方法了。但是正如在各种观点发生如此大的变革时总会产生不同的派别一样，在这里，旧观点也有其骑士护卫者。这些护卫者把较新的现象视为粗野的暴力冲击，视为军事艺术的普遍没落，并且认为正是那种均衡的、无果的、无所作为的战争赌博应该成为培养军事人才要达到的目标。最后这一观点是如此缺乏逻辑和哲理，以至于人们只能称之为概念的极度混乱。但是持相反观点，认为旧方法不会再出现也是欠考虑的。在军事艺术领域内出现的较新现象中，极少能归因于新的发明或思想方向，大部分是新的社会状况和社会关系

[1] 蒙泰库科利（Raimondo Montecuccoli, 1609—1680），公爵，奥地利元帅，神圣罗马帝国将军，17世纪著名的军事理论家、外交家和政治家。1664年，曾战胜进攻维也纳途中的土耳其军队。1672—1675年曾率领神圣罗马帝国军队与蒂雷纳率领的法军作战。——译者注

的结果。即使是这些新的社会状况和社会关系，由于它们正处于不确定的社会变化过程之中，所以也不应把它们当作标准。因此毫无疑问，以往战争因素中的大部分因素还会重新出现。这里不是深入探讨这些问题的地方，我们只想指出这种双方力量均衡的赌博在整个战法中的位置，指出它的意义以及它与其他事物的内在联系，借以说明它总是双方受到限制的处境的产物，是显著缓和了的战争要素的产物。在这种赌博中，某一方的统帅可能表现得比另一方的统帅更高明，因此如果他在兵力上能够和对方抗衡，就能获得一些好处，或者如果他的兵力少于对方，那么他这种在才干方面的优势就能让他与对方保持均势。但是如果认为统帅就此表现出了最高的荣誉和伟大，则是违背事物本性的。相反，这种战局往往是一个可靠的标志，表明要么双方统帅都没有大的军事才能，要么有才能的那位统帅受制于条件，不敢进行大的决战。而只要有这种情况出现，那里就永远不会是军人获得最高荣誉的领域。

上面我们谈了战略机动的总的特点。现在我们还要谈谈战略机动对作战的一个特殊影响，即战略机动常常使部队离开大路和城镇，把其引向偏僻的或者至少是不重要的地方。当一时出现、很快又消失的小利益成为确定任务的依据时，国家的大的方针框架对作战的影响就会变弱。因此我们看到，部队往往开到从战争大而简单的需要来看从不应该去的地点，因此战争过程中具体情况的变换和可变性在这里比在有大决战的战争中还要大很多。我们不妨回顾一下七年战争中的最后五个战局。尽管总的态势没有变化，但是每个战局都不同，仔细观察一下就可以看到，在这几个战局中，同一个举措没有出现过两次，而来自联军方面的进攻要素却比此前战争中的大多数战局都强烈得多。

我们在本章《不求大规模决战的战区防御》[1]中，只是指出了行动应有的几个努力方向，以及它们的内在联系、关系和特点。至于其中的具体举措，我们在此前就已经了解得比较详细了。现在的问题是，对这些不同的努力方向能否提出涵盖整体的原则、规则和方法？我们的回答是，如果以历史为依据，那么我们并不能从反复出现的形式中找到这些东西。对具有如此多样和可变本性的整体来说，除依靠经验以外，我们认为几乎不存在任何其他理论法则。有

---

[1]原文如此，疑误。本章实际题目是《不求决战的战区防御》。——译者注

大规模决战的战争不仅简单得多，而且也更合乎自然，其内在矛盾更少，更客观，更受内在必然性法则的支配：因此理智可以给这种战争规定形式和法则。而在不求决战的战争中，我们感到要做到这一点就困难得多。甚至在我们这个时代才出现的大规模作战理论中的两个主要原则（亚当·冯·比洛[1]的基地宽度原则和若米尼[2]的内线阵地原则），如果人们把它们运用到战区防御上，它们在实践中也从未表现出是有力和有效的原则。但是作为单纯的形状，这两个主要原则恰恰应该在这里表现得最有效，因为行动时间越长、所占空间越大，形状就越会变得有效，越会比其他影响结果的因素有分量。尽管如此，我们看到，它们无非是事物的个别方面，尤其是不会带来决定性的好处。手段和当时情况的特点想必就已经具有大的、打破所有泛泛原则的作用，这是非常明显的。如果说道恩元帅的特点是善于做出宽大正面的部署和慎重选择阵地，那么普鲁士国王的特点则是集中主力，总是紧靠对手，随时准备行动。这两个人的特点不仅源于各自军队的特点，而且也源于他们各自的条件。随时行动对一位国王来说，比每一位要对上负责的统帅更容易做到。在这里我们还要再次强调，评析者没有权利认为可能出现的各种不同的风格和方法有高低之分，并把其中一个置于其他之下。这些风格和方法都是平等的，应根据具体情况来评判它们的使用价值。

我们在这里无法一一列举由于军队、国家和各种情况的特点而可能产生的不同的风格。至于说它们的影响，我们此前已经笼统地谈过了。

因此我们承认，在本章中无法提出原则、规则或方法，因为历史没有给我们提供这些东西。相反，几乎在每一个具体场合，人们都会碰到特殊情况，它们经常是完全不可理解的，有时甚至是令人惊讶的，但是从这个角度研究历史仍然是有益的。即使是在没有体系、没有真理机器的地方也是有真理的，只是在大多数情况下，要通过熟练的判断和长期经验形成的直觉才能找到这一真

---

[1] 亚当·冯·比洛（Adam Heinrich Dietrich Freiherr von Bülow, 1757—1807），男爵，普鲁士军事理论家，普鲁士将军弗里德里希·冯·比洛（Friedrich Wilhelm Frreiherr von Bülow, 1755—1816）之弟。主要著作有《新军事体系的精神》《新军事原理》《新战术》，对19世纪普鲁士、奥地利两国军事思想有较大影响。——译者注
[2] 若米尼（Antoine-Henri Jomini, 1779—1869），男爵，将军，军事理论家。生于瑞士，先后在法国、瑞士、俄国军队任职，著有《战争艺术概论》等30余部军事理论著作。——译者注

理。如果说历史在此没有给出任何公式，但它像在其他所有场合一样，在此提供了**训练判断**的机会。

我们只想提出一个涵盖整体的原则，或者更准确地说，我们想以一个专门原则的形式重复一下我们在这里所论述的一切问题的自然前提，并把它更生动地呈现在读者眼前。

前面所列出的一切手段只有**相对的**价值。它们都是在双方某种程度上没有能力战胜对方的情况下运用的手段。在这个领域**之上**，有一个更高的法则在起支配作用，那是一个完全不同的现象的世界。统帅决不能忘记这一点，决不能自以为安全，尽管身处狭窄圈子，却误以为身处什么**绝对的圈子**并在其中活动。统帅决不能认为他在这里使用的手段是**必然的、唯一的手段，不要在自己已经担心这些手段不适用时仍然使用它们。**

在我们这里所在的立足点上，几乎不可能出现上述这种错误，但是在现实世界中不是这样，因为现实世界中的事物对比不是那么强烈。

我们不得不再次提醒读者注意，为使我们的观点清晰、明确和有力，我们只是把完全对立的，即每种方式中最极端的对立面作为考察的对象，但是战争的具体情况大多处于中间位置，其受这一极端对立面支配的程度仅取决于其与这一对立面接近的程度。[1]

因此，问题的关键总的来说是统帅首先要判明对手是否有兴趣和能力通过采取较大和较具决定性的举措来超过自己。只要统帅有这样的担心，就必须放弃用于避免小损失的小举措，就只有采取手段，通过自愿的牺牲使自己有一个较好的处境，从而应对一次较大的决战。换句话说，对统帅的第一个要求是正确地判断情况，并根据这个判断采取行动。

为了通过实际生活中的例子更多地让读者了解这些观点的准确性，我们想快速地谈一些在我们看来误判情况的实例，也就是说，在这些例子中，一方的统帅是以对手行动不够坚决为前提而采取举措的。我们从1757年战局的开启谈起，当时奥地利人所在的位置证明他们没有料到弗里德里希大帝会发起如此

---

[1] 根据理解，这段话的意思是：上面的观点是把完全不求决战的战局同纯粹求决战的战局做对比而提出的，但是实际上战局大多处于这两者之间，因此上述观点对实际战局适用到什么程度，要看实际战局与完全不求决战的战局或纯粹求决战的战局接近到什么程度。——译者注

有力的攻势。甚至当卡尔·冯·洛林公爵已经陷入率其部队投降的危险时，皮科洛米尼[1]指挥的军队还停留在西里西亚边境。这也说明，奥地利人对情况完全不了解。

1758年，法国人不仅完全被《采文修道院协定》[2]的影响迷惑（这一事实不属于我们在这里要谈的范围），而且两个月后，他们对其对手可能采取什么行动也完全判断错了，结果让他们损失了自威悉河直至莱茵河的土地。至于1759年弗里德里希大帝在马克森附近，以及1760年在兰德斯胡特附近，由于不相信其对手会采取那么坚决的举措而对敌情完全误判，我们已经谈过了。

在历史上恐怕很难找到比1792年在判断敌情方面所犯的更大的错误了[3]。反法联军以为用少量的辅助部队就可以使法国内战有决定性的发展，结果却受到由于政治狂热而彻底改变了的法国人民的巨大压力。我们之所以把这个错误称为大的错误，是因为事后的结果表明这个错误很大，而不是因为当时容易避免犯这个错误。在作战本身不能否认的是，此后几年联军失败的主要原因在于1794年战局[4]。联军方面完全未认识到在这次战局本身敌人进攻的有力特性，因此使用了扩大阵地正面和战略机动这种狭隘的方法对付敌进攻，而且我们从普奥之间政治上的不一致和愚蠢地放弃比利时和尼德兰也可以看出，联军各国政府对汹涌而来的洪流的威力是多么知之甚少。1796年，在蒙特诺

---

[1] 皮科洛米尼（Ottavio Enea Joseph Fürst Piccolomini d'Aragona，1698—1757），侯爵，奥地利将军。——译者注

[2] 1757年9月8日，法国埃斯特雷元帅与英国、黑森、汉诺威联军司令康伯兰公爵在下萨克森的采文（Zeven，今德国下萨克森州一城市）修道院签订协定（Konvention von Kloster Zeven），规定汉诺威军队除在少数城市中留驻守备部队外，一律撤至易北河右岸，法国则保留全部占领区。但英国政府不承认该协定，召回康伯兰公爵，普鲁士的费迪南德率军接任联军司令。1758年2月18日，联军袭击法军的冬营。4月，法军被迫退回莱茵河左岸。——译者注

[3] 法国革命成功后，奥地利和普鲁士于1792共同出兵法国。当时普奥当局认为法国革命军队是乌合之众，没有什么抵抗力。不料革命后的法国市民和农民政治热情高涨，踊跃参军，联军无法取胜。结果联军在9月20日瓦尔米炮战中失利，被迫退出法国。——译者注

[4] 1794年是第一次反法联盟战争的第三年。法国革命政府进行一系列军事改革，如实行征兵制度，改组旧军队，淘汰旧军官，废除陈规旧法，采用新编制、新战术、新的补给方法等，在这一年的战斗中表现出显著的效果。但反法联盟各国政府和联军将领完全没有认识到法国革命军队具有完全不同的性质以及新的战法所具有的威力，而是仍采用旧的战法，在军事上屡遭失败。——译者注

特[1]、洛迪[2]等地进行的个别抵抗行动足以证明，奥地利人在"对付拿破仑的关键是什么"这个问题上是多么知之甚少。

1800年，梅拉斯惨败，这并不是法军袭击的直接结果，而是因为他对这一袭击的可能后果估计错了。

1805年的乌尔姆是联军那张学究气十足但极为薄弱的松散战略关系网的最后一个结扣，它足以挡住道恩或拉齐那样的统帅，但无法挡住拿破仑这样的革命皇帝。

1806年，普鲁士人处于犹豫不决和混乱之中，这是陈旧、狭隘和无用的观点和举措与一些清醒的认识和对当时局势重大意义的正确感觉相混合的结果。假如普鲁士人对其处境有清楚的认识和充分的评估，那他们怎么会把3万人留在普鲁士，并准备在威斯特法伦另开一个战区呢？怎么会决定通过发起小规模攻势（就像让吕歇尔[3]军和魏玛[4]军所做的那样）以取得某个成果呢？又怎么会在讨论局势的最后时刻居然还在谈论仓库面临的危险和某个地段的损失呢？

甚至在1812这个所有战局中最著名的战局，开始时也不乏由于误判情况而导致的错误行动。在维尔纳的大本营里有一些著名的人物坚持在边境打一场会战，以便做到只要敌人踏上俄国领土就让其受到惩罚。这些人很清楚，这次边境附近的会战有可能，甚至一定会失败，因为尽管他们不知道前来进攻8万俄军的是30万法军，但他们毕竟知道敌人肯定拥有巨大的兵力优势。他们的主要错误是对这一会战的价值估计不当。他们认为，即使这一会战失败了，也不过是与其他败仗一样的败仗。而实际上人们几乎可以肯定，如果在边境上进行这一主要决战，会带来一系列完全不同的其他后果。甚至依托德里萨营垒也是一个完全误判对手而采取的举措。假如俄军在其中停留，那么想必他们会被

[1]蒙特诺特（Montenotte），即今意大利萨沃纳省小镇卡伊罗蒙特诺特（Cairo Montenotte）。1796年4月12日，法军与奥地利-撒丁联军在该地附近进行会战，法军获胜。——译者注
[2]洛迪（Lodi），今意大利洛迪省省会，位于阿达河畔，西北距米兰约30公里。1796年5月10日，法军与奥军在该地的阿达河大桥附近展开激战，法军获胜。——译者注
[3]吕歇尔（Ernst Wilhelm Friedrich Philipp von Rüchel，1754—1823），普鲁士将军。——译者注
[4]指当时的萨克森—魏玛—埃森纳赫公国（1741—1815），公爵是卡尔·奥古斯特（Karl August von Sachsen-Weimar-Eisenach，1757—1828）。——译者注

四面切断退路从而完全陷于孤立，然后法军就不乏手段迫使俄军投降。该营垒的构筑者并未想到要对付力量和意志如此强大的敌人。

然而即使是拿破仑有时也会做出错误的估计。1813年停战以后，他认为派几个军就可以对付联军的次要部队、布吕歇尔，以及瑞典王储[1]。他认为自己的这几个军虽然不足以进行真正的抵抗，但是可以促使对方像在过去的战争中常见的那样谨慎小心而不敢贸然行动。他没有充分估计到深仇大恨和迫在眉睫的危险会让布吕歇尔和弗里德里希·冯·比洛做出怎样的反应。

拿破仑对年迈的布吕歇尔[2]的进取精神根本没有估计足。在莱比锡附近，从拿破仑手中夺走胜利的正是布吕歇尔的进取精神；在拉昂附近，布吕歇尔本可全歼拿破仑，只是因为出现了完全在拿破仑估计之外的情况，才未成功[3]；最后在滑铁卢附近，拿破仑像受到致命的雷击一样，由于判断失误而受到了惩罚[4]。

[1] 即贝纳多特。——译者注
[2] 布吕歇尔当年已是71岁高龄。——译者注
[3] 当时布吕歇尔身患眼疾，无法指挥，因此没有进行猛烈的追击。——译者注
[4] 在1815年6月18日的滑铁卢会战中，拿破仑因未考虑到布吕歇尔会驰援英军而大败。——译者注

战争论

ON WAR

I

★ ☆ ☆

［德］卡尔·冯·克劳塞维茨（Carl Von Clausewitz） 著

陈川 译

民主与建设出版社

·北京·

博集天卷
CS-BOOKY

Carl Von Clausewitz

HINTERLASSENE WERKE ÜBER KRIEG UND KRIEGFÜHRUNG

Erster Band

Vom Kriege

Erster Teil

Erste Auflage

Ferd. Dümmler's Verlagsbuchhandlung, Berlin, 1832

本卷据费迪南德·迪姆勒出版社1832年版译出

卡尔·冯·克劳塞维茨（1780—1831）是普鲁士少将、著名军事理论家和军事历史学家。他12岁参军，13岁参加第一次反法联盟战争（1792—1797），此后一生中又参加了第四次反法联盟战争（1806—1807）、1812年俄法战争，以及1815年反法战争。其间，克劳塞维茨历经普鲁士军校首届学员（1801—1804）、亲王副官（1804—1806）、法国战俘（1807—1809）、普鲁士军事改革的参与者、普鲁士王子的基础军事课教员（1809—1812）等多个角色的变换，但不变的是他的勤于阅读和思考。他阅读了大量政治、军事、历史、逻辑和哲学方面的书籍，在法国战俘营期间对法国革命的影响进行分析，对普鲁士在耶拿会战中大败的原因进行反思，撰写了《关于1806年10月战事的书信集》（后于1823年底又撰写了《处于最大灾难中的普鲁士》，再次进行反思）。在参与1815年反法联盟战争后，克劳塞维茨先是任军参谋长（1815—1818），后任普鲁士军事学院院长（1818—1830）。在任院长期间，他有更多时间对涉及战争的一些根本问题进行思考，着手尝试运用辩证法原理分析战争中具有规律性的现象，对军事与政治、战争与媾和、进攻与防御、战略与战术、绝对战争与现实战争、物质力量与精神力量、常备军战争与人民战争等诸多概念和要素之间的关系进行研究。1831年11月16日，克劳塞维茨突发急症去世，留下大量笔记和手稿，后由其夫人玛丽·冯·克劳塞维茨（1779—1836）整理，于1832—1834年出版。

克劳塞维茨曾表示："我的抱负是要写一部不是两三年后被人遗忘的，

而是对军事感兴趣的人会不时翻阅的书。"[1]但是他的著作起初并未受到重视，直到若干年后，经普鲁士总参谋长毛奇元帅推荐，其著作才为更多人所熟知，而且其读者早已不仅是对军事感兴趣的人。

星移物换，时代变迁，但是克劳塞维茨在其著作中揭示出来的战争中的那些带有普遍性和规律性的现象、那些可以被视为真理的法则是不变的，正所谓万变不离其宗。如果以作者的一段话来举例说明其中的这样一些法则（克劳塞维茨称其为"毫不困难就可以弄清楚的语句"）的话，那么这段话是："防御虽带有消极目的，却是比进攻更有力的作战形式，进攻虽带有积极目的，却是较防御更弱的作战形式；大的胜利一并决定小的胜利；针对某些重点所取得的胜利能产生战略效果；佯动是弱于真正进攻的一种力量运用，因此只有在特定条件下才能采用；胜利不仅体现在占领战场，还体现在从肉体和精神上摧毁对方的军队，而这种摧毁大多只有在赢得会战后的追击中才能实现；经过战斗赢得的胜利，其战果才总是最大的，因此对于从某一战线和方向转到另一战线和方向，只能视为一个迫不得已而为之的下策；只有在具有全面优势或者在交通线和退却线方面较对手占优势时，才有权利进行迂回；只有具备前一条中的同样条件时，才能占领翼侧阵地；任何进攻在前进过程中都会受到削弱。"[2]

有一种观点认为克劳塞维茨的理论也没什么了不起，依据是德国人输掉了两次世界大战。但是持这一观点的人恰恰没有认识到，正是当时的决策者没有遵循克劳塞维茨的著名论断——"战争无非是政治以其他手段的延续"[3]，而是认为政治对军事的决定作用在战争开始后不久就停止了，在战争期间应该是军人说了算，才是德国人输掉战争的原因之一。当然，这并不是说如果德国人遵循了克劳塞维茨的论断就一定能赢得两次世界大战，因为战争还有正义性和非正义性，以及民心向背等问题。

可以说，克劳塞维茨提出的很多理论和观点为军事思想和理论的发展做出了贡献，后世的很多政治、军事、战略家、统帅和普通读者也从中汲取了

---

[1]见本书第一卷首版前言，第3页。
[2]见本书第一卷说明，第4页。
[3]见本书第一卷说明，第1页。

营养。时至今日，他的不少理论和观点不仅没有过时，而且仍具有重要意义，需要人们反思是否遵循或者注意到了他的这些理论和观点。例如克劳塞维茨指出，"只要敌国政府及其盟友还没有被迫签订和约，或者敌国人民还没有屈服，我们就不能认为战争（敌对的紧张状态和敌对力量的活动）已经结束"[1]，"人们总是将和约的签订视为战争目的已经达到，战争这个活计也就算是结束了"[2]。又比如克劳塞维茨指出："贪图安逸会使一个生活水平日益提高和热衷于交际的民族堕落下去。一个民族，只有其民族性格和战争历练在不断的相互作用下相互帮衬，才有望在政治世界中拥有牢固的一席之地。"[3]警世醒言般的类似观点在书中还有很多，值得我们仔细研读和思考。当然，克劳塞维茨的理论和观点不可避免地会受到当时历史条件和认知水平的局限，有一些在学术上还有争议，其意义不在于也不可能对所有涉及战争和战略战术的问题提供现成的答案，而在于提示和提醒人们，当面临瞬息万变的情况需要做出决策时能够迅速地、下意识地想到他的这些理论和观点。正如克劳塞维茨所指出的那样："理论无法给人们提供解决问题的公式，无法通过在两侧堆砌原则而把人们限制在一条狭窄的、必走的小路上；理论应该使人们快速了解大量的事物及其相互关系，然后放手让人们进入更高级的行动领域，以便人们根据其天赋的大小运用所有集中起来的力量采取行动，并清楚地、唯一地意识到**真正的**和**正确的**事物。"[4]

人们常说商场如战场。克劳塞维茨也认为："拿战争与某种艺术相比，不如拿它与贸易相比，贸易也是人类利益和活动的一种冲突。距战争近得**多**的是政治，人们也可将政治视为一种规模更大的贸易。"[5]由于军事与经济活动在人员指挥与管理、形势的判断与决策等方面存在不少共性，因此作者的一些理论和观点除了在政治、军事等领域产生诸多影响外，也在经济、商业领域具有一定影响，成为一些世界知名大学或商学院的教学内容。相信广大读者，

---

[1]见本书第一卷，第23页。
[2]同上。
[3]见本书第一卷，第154页。
[4]见本书第三卷，第75—76页。
[5]见本书第一卷，第94页。

包括对政治、经济、军事、外交、历史、战略等感兴趣的各界朋友，会从克劳塞维茨的这部经典著作中汲取所需要的营养，做出自己的思考，收获自己的心得。

笔者十岁进入北京外国语学院附属外国语学校学习德语，1987年自北京外国语学院德语系毕业，之后从事军事外交工作，2017年退役。有读者可能会问，目前能够见到的《战争论》的中文版本已经不下七八种，为什么我还要来凑这个"热闹"呢？这主要是因为，对照《战争论》的原文和现有中文译本，不难发现其中不少译文不够准确，而且有的涉及重要的概念和论断。例如原著中那句著名的论断"战争无非是政治以其他手段的延续"，其中"手段"一词，作者用的是复数，而中文译本一般将此句译为"战争无非是政治以另一个手段的延续"。这两种译法的差别还是不小的，有可能引起读者对作者原意的误解，甚至会令人误解作者认为发起战争的门槛并不高。又比如现有中文译本大多将Methodismus译作"方法主义"，而中文里并无"方法主义"这一概念，从而让读者很难理解，不明就里，而如果稍加查考，就会了解到作者以该词是表示习惯做法之意。类似的望文生义、词不达意现象还是不少的。究其原因，一是有的译者本人并不掌握德文，大多译自德文以外语种的版本，导致原文经过多次翻译转换后失准。例如，有的译者将出版原著的迪姆勒出版社误译为"迪姆勒费尔拉格出版社"，这显然是由于译者不清楚Verlag已经就是"出版社"的意思了。二是有的译者并不具备相应的军事知识。很难想象一位不清楚"翼侧"（Flanke）和"侧翼"（Flügel）区别，不清楚"主力会战"（Hauptschlacht）"会战"（Schlacht）"小规模会战"（Treffen）"战斗"（Gefecht）区别的译者会译好这部军事专著。此外，据了解，目前能见到的《战争论》中文译本似乎还没有直接从首版原著翻译过来的，而据不少读者反映，希望能看到未经后人修饰的首版原著的中文译本。好在现在可以很方便地阅读到近200年前的原著首版版本，有兴趣的读者可以在著名的克劳塞维茨研究网站Clausewitz.com中查阅到。

出于以上考虑，译者经过近两年的努力，终于在近期完成了《战争论》的翻译和校对，依据的版本是该书1832—1834年的德文首版，并承蒙民主与建设出版社和中南博集天卷文化传媒有限公司出版。此外，在出版方的建议下，笔者尝试为全书和各卷分别撰写制作了音频导读，虽然听起来有些枯燥，但也许多少能有助于读者以阅读之外的方式了解作者的观点。

在翻译和反复校对的过程中，笔者得到了家人和朋友们的帮助。首先要感谢家人尤其是我夫人的付出，除承担了大量我本应更多分担的家务和枯燥的文字录入以外，她还指出了原始译文中不少欠流畅和容易引起歧义的地方，实际上起到了第一读者的作用；感谢友人曹永娟女士和米伦费尔德先生不厌其烦地为我在语言、历史名词等方面答疑解惑；感谢民主与建设出版社和中南博集天卷文化传媒有限公司的编辑们反复校阅，起到了质检员的作用。由于本人水平有限，尽管努力争取不出错，以便为读者提供一个较好的用于了解和研读克劳塞维茨军事理论的译本，但肯定还是会出现错误，在此先向读者致歉并恳请批评指正。

陈川

2020年元月于北京

目录

CONTENTS

★ 第一篇 ★
关于战争的本性

★ 第二篇 ★
关于战争理论

★ 第三篇 ★
战略概论

★ 第四篇 ★
战斗

★ 首版前言 ★

　　人们有理由感到惊讶，这样一部军事著作的前言竟出自一位女性之手。虽然对我的朋友们来说，这是无须解释的，但是我还是希望向那些不认识我的人简单地说明一下我这样做的原因，以免他们认为我不自量力。

　　眼前这部我现在为之撰写前言的著作几乎让我挚爱的丈夫（可惜他过早地离开了我和祖国）耗尽他生命中最后12年的全部精力。完成这一著作是他最殷切的愿望，但是他并无意一定要在他有生之年让它面世。当我劝他改变这个想法时，他一半是开玩笑，但一半也许是预感到自己的早逝而经常这样回答说："应该由**你**来编纂出版。" 尽管当时我很少认真地考虑过它的含意，但是在那些幸福的日子里，这句话常常使我潸然泪下。也正是这句话让我的朋友们认为，我有义务在我亲爱的丈夫的遗著前面写几句话。即使人们对于我这样做可能有不同的看法，也还是会体谅那种促使我克服羞怯心理来写这篇前言的情感的。这种羞怯心理常常使一位女子即使是出面做这样一些次要的事情也会感到十分为难。

　　当然在撰写本前言时，我丝毫也不应有自视为一部远在我眼界之外的著作的真正编者的想法。我只想作为一位曾经参与其中的伴随者，在它面世时伴其左右。我应该是有权利以这种身份出现的，因为我在这一著作的形成过程中确实有幸担任过类似的角色[1]。凡是了解我们的幸福婚姻并且知道我们彼此分享**一切**（不仅同甘共苦，而且分享日常生活中的每件琐事和趣事）的人都会明白，假如我不知详情，那么我亲爱的丈夫是不会如此全身心地投入这项

---

[1]《战争论》手稿中有些段落是作者夫人的笔迹，可能是为作者抄写的内容。——译者注

工作的。因此没有人比我更能见证他在从事此项工作时是抱着多么大的热忱，献给了它多少爱，以及寄予了它多少希望。我还见证了这项工作成形的方式和时刻。其丰富和聪颖的精神世界自少年时代起就让他感知到对光明和真理的渴望。尽管他受到了多方面的教育，但是他的思考主要还是集中于对国家安危极为重要的军事科学，其职业也要求他投身于这门科学。沙恩霍斯特[1]首先将他引上正确的道路[2]，后来他于1810年担任普通军事学校[3]的教官，并同时荣幸地为王储殿下[4]讲授基础军事课，这两件事对他来说又是新的动力，促使他把自己的研究和努力集中到这一方向上来，并把他自己感觉解开了的疑惑写下来。1812年他在结束王储殿下课业时所写的一篇文章[5]，已经包含了他后续著作的胚芽，但是直到1816年，他才又在科布伦茨[6]开始研究工作，并且取得了一些成果。他在这期间十分重要的四年战争[7]中的丰富经验使他的思考趋于成熟，结成了这些果实。起初，他把自己的观点记录在简短的、相互之间只有松散联系的文章中。从其手稿中发现的下面这篇没有标明日期的文章看来也是出自这一较早时期：

　　我认为，这里写下的文字已经触及构成所谓战略的主要问题。尽管我还只是把它们视为素材，但我已经相当有把握将其融合成一个整体。

　　这些素材是在没有写作计划的情况下写成的。起初我只想用十分简短、准确和透彻的语句写下我自己思考并弄懂了的那些东西，并未虑及针

---

［1］沙恩霍斯特（Gerhard Johann David von Scharnhorst, 1755—1813），普鲁士将军，普鲁士总参谋部体制的奠基人。曾创办普鲁士军事学院，后任军事改革委员会主席等职。著有《炮兵研究指南》《军事回忆录》《军官手册》等。——译者注
［2］1801年，克劳塞维茨被派往普鲁士步兵和炮兵青年军官学校接受三年培训，在此期间与时任校长沙恩霍斯特中校相识，并深受其影响。——译者注
［3］普通军事学校（die Allgemeine Kriegsschule），即普鲁士军事学院，由沙恩霍斯特于1810年10月15日在柏林创办。——译者注
［4］即普鲁士国王威廉三世（1770—1840）的长子，后来的普鲁士国王弗里德里希·威廉四世（Friedrich Wilhelm Ⅳ., 1795—1861），1840—1861年期间为普鲁士王。——译者注
［5］这篇文章收录在本书第三卷的附录中。——译者注
［6］科布伦茨（Koblenz），今德国莱茵兰–普法尔茨州北部一城市，位于摩泽尔河和莱茵河交汇处。——译者注
［7］指1812—1815年期间拿破仑对俄战争以及反法联盟对法战争。——译者注

对这些思考要点的研究方法和严谨联系。当时孟德斯鸠[1]研究其问题[2]
的方法隐约浮现在我的脑际。我认为，这种简短的、提纲式的篇章（起初
我只想把它们称为"颗粒"）凭借它们自己已经确立了的观点，以及继续
钻研它们可能得出的观点，均可极大地吸引才华横溢的人们。因此当时
浮现在我眼前的是那些才华横溢、对战争已经有所了解的读者。不过我那
追求充分论述和系统化的天性最终占了上风。有一段时间，我说服自己，
从自己针对个别问题所写的文章中（因为只有这样我才能搞清有关问题，
变得有把握）抽出最重要的结论，就是说将智慧集中于较小的范围进行研
究。但是后来，我的天性完全支配了我，开始尽自己所能加以论述，之后
也就自然考虑到那些对军事还不是很熟悉的读者。

我越是继续此项工作，越是沉醉于研究，也就越注重系统化，于是就
陆续形成了一些章节。

我最后的打算是，对全部内容再过一遍，对早期文章中的一些论据加
以充实，对后来文章中的一些分析也许再进行提炼，归纳出结论，从而使
这些文章成为一个比较像样的整体，形成一部小的八开本书[3]。即使是
在成书的过程中，我也要避免写那些已经司空见惯的东西，包括那些不言
而喻的、已经谈论过千百遍的，以及已经广为大家所接受的东西，因为我
的抱负是要写一部不是两三年后被人遗忘的，而是对军事感兴趣的人会不
时翻阅的书。

他在科布伦茨公务繁忙，只能利用零星时间从事这项个人写作，直到
1818年他被任命为位于柏林[4]的军事学院院长，才又有闲暇进一步扩展其著
作，并用近代战争[5]史来充实其内容。根据这所军事学院当时的制度，研究

---

［1］孟德斯鸠（Charles de Secondat Montesquieu，1689—1755），男爵，法国启蒙思想家、社会学家，西方国家学说和法学理论的奠基人。著有《论法的精神》《波斯人信札》等。——译者注
［2］指孟德斯鸠经过27年研究，于1748年11月出版《论法的精神》。——译者注
［3］原文如此（ein kleiner Oktavband）。——译者注
［4］柏林（Berlin），今德国首都。历史上曾是勃兰登堡选帝侯国和普鲁士的首都。——译者注
［5］近代战争（neuere Kriege），指法国革命以后的历次战争。——译者注

工作不归院长负责[1]，而是由一个专门的研究部领导，因此他对担任院长职务并不十分满意，但是由于可以有充裕的空闲时间，他还是接受了这项新的任务。虽然他没有任何狭隘的虚荣心，没有任何躁动不安的个人野心，但是他想要成为真正有用的人，要让上帝赐予他的才能发挥作用。在他到当时为止忙碌的生命中，他没有得到过能满足这种要求的岗位。对于今后获得这样一个岗位，他也不抱多大的希望。他把自己的全部精力都投入了研究，他生活的目的就是希望他的著作将来能够有益于世人。尽管如此，他内心越来越坚定地打算在他去世之后再出版这部著作。这大概就是最好的证明，证明他追求伟大而深远影响的努力是真诚和崇高的，没有掺杂任何要求得到赞赏的虚荣意图和任何自私的考虑。

他就这样继续勤勉地写作，直到1830年春被调到炮兵部门任职。这之后，他的工作就和以前完全不同了，开始变得非常忙碌，以致至少在初期不得不完全放弃写作。他整理了他的手稿，分别包封起来，给它们贴上标签，十分痛苦地和这项他如此热爱的工作告别。同年8月，他被调往布雷斯劳[2]，担任炮兵第二监察部[3]监察长，12月又调回柏林，担任格奈泽瑙[4]伯爵元帅的参谋长（在格奈泽瑙任总司令期间）。1831年3月，他陪同其尊敬的统帅前往波森[5]。在遭受最悲痛的损失[6]后，他11月从波森回到布雷斯劳，希望能继续从事写作，并争取在当年冬天完成这一工作。然而上帝另有安排。他11月7日回到布雷斯劳，16日就与世长辞了。由他亲手包封的文稿，是人们在他去世以后才打开的！

---

[1]当时普鲁士军事学院院长主要负责学院日常行政管理和纪律惩戒。——译者注

[2]布雷斯劳（Breslau），即今波兰下西里西亚省首府弗罗茨瓦夫（Wrocław），18、19世纪西里西亚的首府和军事重镇。位于奥得河畔。——译者注

[3]1820年4月，普军炮兵部队分为三个监察部，各辖三个炮兵旅。其中第二监察部下辖第1、第5和第6炮兵旅，分别位于东普鲁士、西普鲁士和西里西亚。——译者注

[4]格奈泽瑙（August Wilhelm Anton Graf Gneisenau，1760—1831），伯爵，普鲁士元帅。1806年耶拿会战大败后，与沙恩霍斯特等一起致力于军事制度改革，是普鲁士和德国总参谋部的创建者之一，1813—1815年任布吕歇尔元帅的参谋长。——译者注

[5]波森（Posen），即今波兰大波兰省首府波兹南（Poznan），位于瓦特河畔。——译者注

[6]格奈泽瑙因患霍乱于1831年8月23日在波森逝世。——译者注

现在这部遗著就在这里，就是在随后各卷要告诉大家的内容，而且完全是原样，没有增减一个字。尽管如此，在出版该书时还是有很多事情要做，有很多资料要整理和商讨。我谨向在这方面给予我帮助的多位挚友表示最衷心的感谢，尤其要感谢厄策尔[1]少校先生，他任劳任怨地承担了付印前的校对工作，并且为这部著作中的历史部分[2]制作了附图。在这里，我也要提及我亲爱的弟弟[3]。他在不幸的时刻是我的支柱，并且在很多方面为这部遗著的出版做出了努力。例如他在细心通读和整理这部遗著时，发现了我亲爱的丈夫开始修改本书的文稿（我丈夫**在1827年写成的**、列在本前言后面的《**说明**》中提到，修改本书是他要进行的一项工作），并把它放入应属的第一篇（因为其内容仅涉及第一篇）。

我还要向其他很多朋友表示感谢，感谢他们为我提出的建议，以及向我表达的哀悼之情和友好之谊。尽管我无法一一列出他们所有人，但是他们一定会接受我由衷的感激之情。我越是坚信他们为我所做的一切不仅是为了我，而且还是为了上帝从他们手中过早掠走的朋友，我的这一感激之情就越是强烈。

我在**这样**一位丈夫身边度过了非常幸福的21年。现在尽管我遭受到无法弥补的损失，但是由于我拥有对往事的珍贵记忆和对未来的希望，拥有我亲爱的丈夫留给我的朋友们的关切和友谊，并且令人振奋地感受到其罕见的价值已经得到如此普遍和光荣的认可，因此我依旧感到非常幸福。

一对高贵的贵族伉俪[4]出于对我的信任，召我到他们身边任职。这一信任对我又是一个新的安慰，为此我要感谢上帝，因为这一信任为我带来了一份

[1] 厄策尔（Franz August O' Etzel，1784—1850），普鲁士少将。1825—1835年任普鲁士军事学院地形学和地理学教官。1847年晋升少将。——译者注
[2] 克劳塞维茨的军事遗著共十卷，本书是其中的前三卷，即战争理论部分，后七卷是历史部分，对一些战例进行了记述和评析。——译者注
[3] 即弗里德里希·威廉·冯·布吕尔（Friedrich Wilhelm von Brühl，1791—1859），伯爵，普鲁士中将。1828年成为普鲁士元帅格奈泽瑙的女婿。——译者注
[4] 指当时普鲁士国王弗里德里希·威廉三世（1770—1840）的次子威廉王子（Wilhelm Friedrich Ludwig von Preussen，1797—1888）及其夫人奥古斯塔。1861年1月2日，威廉王子在其长兄弗里德里希·威廉四世逝世后成为普鲁士国王，1871年成为德意志帝国首位皇帝（即威廉一世）。——译者注

光荣的工作。我愉快地投身于这份工作。愿上帝赐福于这一工作，希望目前由我侍奉的尊贵的小王子[1]将来能够阅读本书，并受到本书的鼓舞而付诸可与其荣耀祖先比肩的行动！

1832年6月30日书于波茨坦[2]附近的大理石宫[3]

玛丽·冯·克劳塞维茨[4]

布吕尔世袭伯爵[5]、威廉王妃[6]殿下侍从长

---

[1] 即后来的弗里德里希三世（Friedrich Ⅲ.，1831—1888），1888年成为德意志帝国皇帝和普鲁士国王，在位仅99天即因喉癌去世。——译者注

[2] 波茨坦（Potsdam），今德国勃兰登堡州首府，东北距柏林约30公里。——译者注

[3] 大理石宫（das Marmorpalais），位于波茨坦附近，普鲁士国王弗里德里希·威廉二世命人于1787—1792年兴建。——译者注

[4] 玛丽·冯·克劳塞维茨（Marie von Clausewitz，1779—1836），伯爵，萨克森将军阿道夫·冯·布吕尔伯爵之女，普鲁士将军和军事理论家、本书作者卡尔·冯·克劳塞维茨之妻。——译者注

[5] 布吕尔系历史上萨克森和图林根地区的著名贵族姓氏。本书编者玛丽出生时即为布吕尔伯爵，其父阿道夫·冯·布吕尔曾任萨克森和普鲁士骑兵司令，祖父海因里希·冯·布吕尔曾任萨克森选帝侯国首相，在七年战争中曾与普鲁士为敌。——译者注

[6] 威廉王妃（Prinzessin Wilhelm），即普鲁士威廉王子的夫人奥古斯塔（Augusta von Sachsen-Weimar-Eisenach，1811—1890）。——译者注

★ 说明^[1] ★

我认为，已经誊写清楚的前六篇还只是一堆相当不成形的文字，完全应该再修改一次。修改时，应注意让人到处都能更清楚地看到两种不同的战争，这样所有思想就会有更清晰的含义、明确的指向和更具体的运用。这两种不同的战争就是以**战胜对手**为目的的战争（无论是在政治上消灭他，还是仅使他无力抵抗，以便迫使他签订一个符合我们意愿的和约），以及**只是要在其国家的边境地区占领一些地方**的战争（无论是为了占据这些地方，还是为了在媾和时将其作为有用的交换手段）。当然从一种战争到另一种战争之间必然有一些过渡性的战争样式，但是这两种有着不同努力方向的战争，其完全不同的本性^[2]必然贯穿于一切方面，并将其互不相容的部分凸显出来。

除了指出这两种战争实际上存在的区别以外，还应明确且准确地确定以下这一实际上同样不可或缺的观点：**战争无非是政治^[3]以其他手段^[4]的延续。**如果我们始终坚持这个观点，就会更多地使考察前后一致，一切问题就会更容易得到解决。虽然这个观点主要在第八篇中才发挥其作用，但在第一篇中就必须对它进行透彻的阐述，而且这一观点在修改前六篇时也应一并发挥作用。对

---

[1] 即编者在前言中提及的克劳塞维茨于1827年撰写的文章。——译者注
[2] "本性"（die Natur），意为"本身即有的属性"，此处指战争本身具有的属性，如暴力性、对政治的从属性等。以往有的中文译本将其译为"性质"，易使人误解为战争的正义性和非正义性。——译者注
[3] "政治"一词，作者在此处使用了"Staatspolitik"，也可译为"国家政策"，但由于作者在书中其他涉及战争与政治关系的论述中均使用了"Politik"一词，为保持前后一致，故在此将该词译为"政治"。——译者注
[4] 在原作中，"手段"一词，作者用的是复数（Mitteln），似可理解为战争只是政治以军事、外交等多种手段延续的其中一种手段。——译者注

前六篇做这样的修改，会去除书中的一些糟粕，弥补一些漏洞，可以把一些一般性的东西归纳成更明确的思想和形式。

第七篇《进攻》（各章的草稿已经写好）应该被视为第六篇《防御》的对应篇，并且应该根据上述更明确的观点立即进行修改，这样以后就可以不必再修改了，而是可以更多地在修改前六篇时作为一个标准。

第八篇《战争计划》（关于整个战争的准备）已经草拟出多个章节，但它们甚至还不能算作真正的素材，而只是对大量材料的粗略加工。这样做是为了能够在真正写作时再明确重点所在。这些篇章已经达到了这一目的。我想在完成第七篇以后，立即着手修改第八篇。修改时我主要是要贯彻上述两个观点，简化一切内容，但同时也要使一切更具思想性。我希望在这一篇中能够澄清某些战略家和政治家头脑中的模糊观点，至少要向世人指出问题的关键所在，以及人们在一场战争中到底应该考虑些什么问题。

如果通过修改这第八篇能厘清我的思路，并充分确定战争的大的轮廓线条，那么此后我就可以比较容易地把这种思路带到前六篇中去，让战争的这些轮廓线条在那里也处处得到体现。只有到这个时候，我才着手修改前六篇。

假如我过早离世，使这项工作中断，那么现有的这些当然就只能叫作一堆不成形的想法了。它们将受到无休止的误解，成为大量不成熟评论的动因，因为在这些问题上，每个人都相信自己提笔写下的突发奇想同样很好，足以被他人引用和印刷发表，认为自己写的内容就像二二得四一样是无懈可击的。假如评论者也像我一样花费这么多精力，长年累月地思考这些问题，并且总是把它们与战史进行对比，那么他们在进行评论时自然就会更加慎重了。

尽管本书尚未成形，但我仍然相信，一位不持偏见、渴望真理和追求信念的读者，在阅读前六篇时对那些经过多年思考和对战争潜心研究之后得到的果实不会视而不见，而且或许会从中发现可能在战争理论中引起一场革命的主要思想。

1827年7月10日于柏林

除了上面的《说明》以外，在作者的遗稿中还有下面一篇未完成的文章。这篇文章看来是他在辞世前不久写的。

在我辞世后，人们会发现这些关于大规模战争引导[1]的手稿。像目前这个样子，这些手稿只能视为汇集起来的素材，从中应建立起一个关于大规模战争的理论。对其中大部分内容，我尚不满意，而第六篇只能看作一种尝试，我很想对这一篇进行彻底改写，并另寻论述的方法。

不过人们在这些材料中看到的占据主要地位的主要观点，我认为是关于战争的正确观点。这些观点是我始终面对现实进行多方面思考，以及始终记取战史经验教训和与优秀军人交往所受教益的结果。

第七篇《进攻》谈到的问题是在仓促之中写下来的。在第八篇《战争计划》中，我本想更突出地指出战争中政治和人文方面的不同。

我认为第一篇第一章是唯一已经完成的一章。它至少指出了我在全书处处都要遵循的方向。

建立起有关大规模战争的理论或者所谓的战略，是特别困难的。可以说，只有很少的人对其中的各种问题持有清晰的观点，即了解其中各种事物之间必然的和不间断的联系。在行动中，大多数人根据判断情况时的直觉[2]行事，而这一直觉是随着人们天赋的多少而变化的，有的正确，有的则不那么正确。

所有杰出的统帅就是这样行动的。他们判断时的直觉之所以往往是正确的，部分是由于他们的伟大和天赋。对统帅亲为的行动来说，也永远会是这个样子。对这样的行动来说，这种判断时的直觉也足够了。然而如果不是统帅本人行动，而是他要在讨论中说服别人行动，那就必须有明确的观点，并指出事物的内在联系。由于在这方面的训练还很落后，因此大部分讨论只是一些没有根据的话说来说去，结果不是各说各话、各执己见，

---

[1] "引导"，原文"Führung"，依不同语境可译为"指挥""指导""引导"。——译者注
[2] "判断情况时的直觉"（Takt des Urteils），如果直译的话，也可译为"判断情况时的分寸感"。——译者注

就是为了顾及对方而妥协，走上毫无价值的折中之路。

因此在这些问题上持有明确的观点并非无益，而且人的思想一般来说都倾向于要求具有明确性，要求找到事物之间的必然联系。

如此富于哲理地建立军事艺术[1]是非常困难的，加之人们在这方面的很多尝试是非常糟糕的，因此大多数人得出结论，认为不可能建立这样的理论，因为这里涉及的是现有法则无法加以概括的东西。假如不是有很多毫不困难就可以弄清楚的语句的话，我们就会同意这种看法，并放弃建立理论的任何尝试。这些语句包括：防御虽带有消极目的，却是比进攻更有力的作战形式，进攻虽带有积极目的，却是较防御更弱的作战形式；大的胜利一并决定小的胜利；针对某些重点所取得的胜利能产生战略效果；佯动是弱于真正进攻的一种力量运用，因此只有在特定条件下才能采用；胜利不仅体现在占领战场，还体现在从肉体和精神上摧毁对方军队，而这种摧毁大多只有在赢得会战后的追击中才能实现；经过战斗赢得的胜利，其战果才总是最大的，因此对于从某一战线和方向转到另一战线和方向，只能视为一个迫不得已而为之的下策；只有在具有全面优势或者在交通线和退却线方面较对手占优势时，才有权利进行迂回；只有具备前一条中的同样条件时，才能占领翼侧阵地；任何进攻在前进过程中都会受到削弱。

---

[1] "军事艺术"（die Kriegskunst），如果直译的话，可译为"战争艺术"，但是从作者在第二篇第一章和第三章中所做分析来看，其含义不仅仅限于战争，故译为"军事艺术"。——译者注

★ 作者前言 ★

科学的概念不仅仅或者不是主要存在于系统和成熟的学科之中，这在今天已经无须争论了。表面上看，读者在本书中是根本找不到体系的。这里没有成熟的学科，只有一些素材。

本书的科学形式表现在致力于研究战争现象的实质，指出它们与构成它们的那些事物的本性之间的联系。作者在本书中从不回避得出富于哲理的结论，但是当它们犹如一丝细线，不足以引出和说明问题时，作者宁愿扯断它们，而采用实际经验中相应的现象来说明问题。正如某些植物只有枝干不能长得太高才能结出果实一样，在现实的军事艺术园地里也不能让理论的枝叶和花朵长得太高，而是要让它们接近经验，接近它们本来的土壤。

想根据麦粒的化学成分研究出麦穗的形状，这无疑是错误的，因为要想知道麦穗的形状，只要去麦田里看一下就可以了。研究与观察、哲学与经验从来就不允许彼此蔑视或排斥，它们是相互为对方做担保的。因此本书的内容是有内在必然性的，它们或者以经验，或者以战争本身的概念为基础，就像拱形屋顶建在立柱上一样，因此本书的内容是不缺乏依据的[1]。

写出一套系统的、饱含思想和内容的战争理论，也许并非不可能，但我们迄今的理论距此还很遥远。现有的理论竭力追求系统的连贯性和完整性，充斥着各种平庸、套话和高谈阔论，更不要说它们还缺乏科学精神。如果有人想生

---

[1] 很多例子证明，很多军事著作家，特别是那些想要科学地研究战争本身的军事著作家并不是这样做的。在他们的结论中，赞成的和反对的观点是如此相互矛盾，以至于得不出什么像样的结论，还不如两头狮子相互吞食后能剩下两条尾巴。——作者注

动地体会一下这种理论，那么可以读一下利希滕贝格[1]从一篇消防规程中摘出的一段话：

　　如果一幢房子失火，那么人们必须首先试着去防护该房左边房子的右墙和该幢房子右边房子的左墙。因为如果人们，比如说，要去防护位于左边的房子的左墙，那么这幢房子的右墙位于左墙的右边，由于火也在这面墙和右墙的右边（因为我们已经假设房子位于火的左边），因此这幢房子的右墙比左墙距火更近。在火烧至受到防护的左墙以前，如果不对右墙加以防护，那么这幢房子的右墙就可能烧毁。因此可以得出结论说，未加防护的东西可能烧毁，而且会在其他也未加防护的东西被烧毁以前烧毁，因此人们必须放弃后者，防护前者。为使人们对事情有深刻印象，必须指出：如果房子位于火的右边，那么就防护左墙；如果房子位于火的左边，那么就防护右墙。

为避免用这样的啰唆语言吓跑有头脑的读者，为避免在精华中掺水而使之失去美味，作者更愿意把他对战争的多年思考，与他相识的智者的交往，以及他的一些经验在其内心唤起和明确了的东西，铸成未掺杂质的金属小颗粒，献给读者。本书表面上联系不是很密切的各章就是这样产生的，但是希望它们并不缺乏内在的联系。也许不久就会出现一位更有智慧的人，呈现给读者的不再是这些零星的颗粒，而是一整块没有瑕疵和杂质的金属。

---

[1] 利希滕贝格（Georg Christoph Lichtenberg，1742—1799），德国18世纪下半叶的启蒙学者、数学家、作家，德国首位实验物理学教授。——译者注

第一篇
关于战争的本性

★ 第一章 ★

战争是什么？

1. 引言

我们想首先考察战争的各个**要素**，其次考察其**各个部分**或**环节**，最后再就其内在联系考察**整体**，也就是说先研究简单的，再研究复杂的。但是我们在此比在其他任何地方都更有必要先对整体的本质有一个概括的了解，因为在此比在任何地方都更有必要在考察部分时同时考虑到整体。

2. 定义

在这里，我们不打算一开始就给战争下一个冗长的政论式的定义，而是打算抓住战争的要素——决斗。战争无非是扩大了的决斗。如果我们要把构成战争的无数个决斗想成一个统一体，那么最好把它想象成两个人在摔跤。每一方都试图通过体力迫使另一方服从自己的意志；其**最直接的**目的是**战胜**对手，从而使对方无力再做任何抵抗。

因此战争是迫使对手服从我们意志的一种暴力行为。

暴力以技术和科学的各种发明武装自己，以对付暴力。暴力所受到的国际法惯例的限制是微不足道的，这些限制与暴力同时存在，并未在实质上削弱暴力的力量。暴力（物质暴力，因为除了国家和法的概念以外就没有其他精神暴力了）是**手段**，把我们的意志强加于敌人是**目的**。为了有把握地达到这个目的，我们必须使敌人无力抵抗，因此从概念上讲，使敌人无力抵抗是战争行为的真正目标。这个目标取代了目的，并在某种程度上把目的作为不属于战争本身的东西而排斥掉了。

3. 暴力的最大限度的使用

有些仁慈的人可能很容易认为，会有一种巧妙的方法，不必造成太多的伤亡就能解除对手的武装或者战胜对手，并且认为这是军事艺术发展的真正方向。不管这种想法是多么美妙，却是一种必须消除的错误，因为在像战争这样危险的事情中，由仁慈而产生的**这些**错误恰恰是最糟糕的。由于物质暴力在其全部范围内的使用不以任何方式排斥智慧一同发挥作用，因此不顾一切、不惜流血地使用暴力的一方，在对手不这样做时，想必就会取得优势。这样一来，他就给对手定下法则，于是双方就趋向极端[1]，这种趋向除了受内在的牵制力量[2]的限制以外，不受其他任何力量的限制。

人们必须这样来看问题：出于厌恶这一残暴的要素[3]而忽视其本性是无益的，甚至是错误的。

如果说文明民族的战争与野蛮民族的战争相比，其残酷性和破坏性要小得多，那么其原因在于社会状况不同，既包括交战国内部的，也包括交战国之间的。战争产生于这种社会状况及其各种因素，受到这种社会状况的限制、约束和弱化，但是这些东西并不属于战争本身，对战争来说只是已经存在的东西，因此人们从来就不能将一种缓和的因素硬搬入战争哲理本身，否则就是不合情

---

[1]　"极端"（das Äusserste），也可以译为"极限""极致""最大限度"。作者认为，在概念领域内，一切事物都在追求绝对的顶点，例如抽象的战争就是这样。由于一方使用暴力，另一方就不得不同样使用暴力，于是双方对暴力的使用就会达到最大限度，双方都会为追求最高的目标（战胜对手或使对手无力抵抗）而使用最大的力量。——译者注

[2]　"内在的牵制力量"（innewohnende Gegengewichte），指人的胆怯、自私等弱点。——译者注

[3]　指暴力。——译者注

理的。

人与人之间的斗争[1]本来是由**敌对感受**和**敌对意图**这两种不同的要素组成的。我们之所以选择两个要素中的后者作为我们战争定义的标志，是由于它具有普遍性。甚至最野蛮的、近乎出于本能的仇恨感，如果没有敌对意图，也是不可想象的。相反，很多敌对意图根本未伴随着敌对感受，或者至少没有伴随着强烈的敌对感受。在野蛮民族中，归因于情感的意图是主要的；而在文明民族中，归因于理智的意图是主要的。不过出现这种区别的原因不在于野蛮和文明自身的本质，而在于其所处的情况和制度等；因此不是在每个情况下都必然有这种区别，而只是在大多数情况下有这种区别。一句话，即使是最文明的民族，相互间也会爆发激烈的冲突。

由此可见，如果人们把文明民族的战争理解为政府之间纯粹的理智行为，认为战争越来越摆脱一切激情，以至于最后不再真的需要众多军事人员参加，而只是需要双方的兵力对比，对行动进行代数演算就可以了，那将是极为荒谬的。

理论已经开始向这个荒谬的方向发展，但最近几次战争的出现又把它纠正了过来[2]。如果说战争是一种暴力行为，那么它必然也属于情感的范畴。即使战争不是由情感引起的，但它毕竟还是与情感有或多或少的关系，关系的多少不取决于文明程度，而是取决于敌对利益重要性的大小和持续时间的长短。

如果我们发现，文明民族不杀俘虏、未摧毁城市和乡村，那是因为他们在战争中更多地运用了智慧，学会了比这种粗暴发泄的本能更有效的使用暴力的方法。

---

[1]斗争（der Kampf），在本书中大多指武力冲突，在很多情况下是指真正的战斗，并非泛指政治、经济等斗争。——译者注

[2]在18世纪的欧洲军事理论中有一种倾向，认为会战不仅没有必要，而且有害，认为演习式的作战比决出胜负的会战更有利。例如英国军事理论家劳埃德认为，如果人们掌握了数学和地形学等方面的知识，就能够运用几何学精确地计算出一切作战行动，从而不必进行真正的会战；普鲁士军事理论家亚当·冯·比洛（Adam Heinrich Dietrich Freiherr von Bülow，1757—1807）则把会战称为"完全绝望中的补救手段"，认为作战对象不应是敌人的军队，而应是敌人的补给线，只要对其构成威胁，就能迫使敌人屈服。18世纪末、19世纪初，普鲁士军队仍受这种思想的支配。作者在此对这些错误进行了批评。这里提到的"最近几次战争"指1806—1815年针对拿破仑的战争。——译者注

火药的发明、火器的不断改进已经充分表明，文明程度的提高丝毫没有妨碍或改变战争概念中的消灭对手的倾向。

我们再重复一下我们的观点：战争是一种暴力行为，而暴力的使用是没有界限的，于是每一方都给另一方制定法则，就会产生一种相互作用。从概念上讲，这种相互作用必然会导致极端。这是我们遇到的**第一种相互作用**和**第一种极端**。

（第一种相互作用）

4. 目标是使敌人无力抵抗

我们说过，使敌人**无力抵抗**是战争行为的目标。我们现在要指出，至少在理论上必须这样。

如果要让对手服从我们的意志，就必须置其于比我们带给他的损失更为不利的境地，这种不利至少从表面上看不能是暂时的，否则对手就会等待出现较为有利的时机而不屈服。因此继续进行的军事活动所引起的对手这一处境的任何变化，都必须使其处境**更为不利**，至少要使对手有这样的想象。参战的一方可能陷入的最不利的处境是完全无力抵抗，因此如果要通过战争行为迫使对手服从我们的意志，我们就必须使之要么确实无力抵抗，要么陷入很可能受到这种情况威胁的境地。由此得出结论：解除敌人武装或者战胜敌人，无论说法如何，必须永远是战争行为的目标。

战争不是一股有生力量对一堆无生命的东西产生作用，它永远是两股有生力量之间的冲撞，因为如果有一方绝对地忍受，那么就不可能进行战争。因此我们上面所谈的战争行为的最后目标，想必是双方都想要达到的。这里又是一种相互作用。只要我没有战胜对手，就不得不担心他战胜我，于是我不再是自己的主宰，而是对手给我定下法则，就像我给对手定下法则一样。这是**第二种相互作用，它导致第二种极端**。

（第二种相互作用）

5. 最大限度地使用力量

如果我们要战胜对手，那么我们就必须根据其抵抗力的大小来决定应该使用多大的力量。这一抵抗力是通过两个不可分开的因素表达出来的，即**现有手段的多少**和**意志力的强弱**。

现有手段的多少是可以确定的，因为它是基于数量的（尽管并非完全如此），而意志力的强弱是很难确定的，只能根据动机的强弱做大致估计。假设我们用这种方法大体上估计出对手抵抗力的大小，那么我们就可以根据它来决定自己应该使用多大的力量，并且要么加大这种力量，以形成优势；要么在我们力量还不足以形成优势的情况下，尽量增加我们的力量。但是对手也在这样做。这又是一个相互间的升级，从纯概念上讲，又必然会趋向极端。这是我们遇到的**第三种相互作用**和**第三种极端**。

（第三种相互作用）

6. 在现实中修正

在纯概念的抽象领域里，思考活动在达到极端以前是绝不会停止的，因为思考活动是在与一个极端的东西打交道，是在与一场力量冲突打交道，而这些力量自行其是，只服从其内在法则，不服从任何其他法则。因此，如果我们要从战争的纯概念中为我们设定的目标和应使用的手段找到一个绝对点，那么我们就会在不断的相互作用中陷入对极端的追求，这些追求无非是概念的游戏，是由逻辑上吹毛求疵所形成的几乎看不见的脉络所引起的。如果人们坚持追求绝对，对全部困难都以一种法则来应对，严格按照逻辑，坚持任何时候都必须准备对付极端，每一次都必须最大限度地使用力量，那么这种法则就只是书本中的法则，而不是适用于现实世界的法则。

即使假设最大限度地使用力量是一个容易做到的绝对的东西，人们还是要承认，人的头脑也很难接受这种逻辑梦幻的支配。最大限度地使用力量会在某些情况下造成力量的无谓浪费，这想必会与执政艺术的其他原则相抵触；最大限度地使用力量还会要求人的意志力发挥到与既定目的不相称的程度，从而无法实现，因为人的意志从来就不是通过逻辑上的吹毛求疵来获得力量的。

如果我们从抽象转入现实，那么一切就不同了[1]。在抽象领域中，一切都被想象得很乐观，我们不得不设想作战双方不仅在追求完美，而且均已达到完美的程度。在现实中也是这样的吗？假如以下情况成立，那么在现实中才会也是这样：

（1）战争是一个完全孤立的行为，它突然发生，与此前的国家生活没有联系。

（2）战争是由唯一的一次决战或者由若干个同时进行的决战组成的。

（3）战争包含一个自身已经做出了的决策，对战后政治状况的考虑不会在战争结束前反过来对战争产生影响。

7. 战争从来就不是一个孤立的行为

关于上述三点假设中的第（1）点，我们认为，互为对手的每一方对另一方来说都不是抽象的人；对那个在抵抗力中不依赖外界事物的因素（意志）来说，也不是抽象的。这一意志并不是完全不可知的，它的今天预示着它的明天。战争不是突然发生的，它的扩大也不是瞬间的事情。因此双方中的每一方根据对方是怎样的，以及对方正在做什么，就能判断出对方的大部分情况，而不是根据对方（严格地说）应该是怎样的和应该做什么。人及其不完善的组织机构总是达不到尽善尽美这条线的——这一双方都存在的缺陷就成为一个弱化的因素。

---

[1] 关于这个问题，克劳塞维茨在1827年12月22日给吕德尔少校的信中写道："我们不能误入歧途，不能将战争视为一个单纯的暴力和消灭的行为，不能从这一有着逻辑结论的简单概念中得出一系列与现实世界的现象根本不再相符的结论。我们必须回到这样的结论：战争是一个政治行为，其法则不是全部只体现在自身内部。战争是一个真正的、政治的工具，它自己不活动，而是要由一只手来操纵。这只手就是政治……做了上述分析后，我无须证明有可能存在着目标更小的战争。这种战争只是一种威胁，是一种武装起来的谈判，或者在结成联盟的情况下，纯粹是一个装装样子的行为。但是如果人们断言这种战争与军事艺术不再有任何关系，则完全不符合哲理。只要军事艺术认为有必要承认可能合理地存在着不以极端、战胜和消灭敌人为目标的战争，那么军事艺术就必须放下身段，去研究政治利益有可能要求出现的所有不同程度的战争。"——编者注（本书中的"编者注"均为克劳塞维茨的夫人所注。——译者注）

8. 战争不是短促的、唯一的一击

上述第6节三点假设中的第（2）点促使我们做如下考察：

假如战争中的决战是唯一的一次，或者是若干个同时进行的决战，那么为决战而进行的一切准备想必会趋向极端，因为一旦错过就无法再补救，而且在现实世界中可以作为我们准备依据的顶多是我们所能知道的对手的准备情况，其余的一切又都要交给抽象概念了。但是如果决战是由多个逐步采取的行动组成的，那么前一行动及其一切现象自然就可以成为衡量下一行动的尺度。于是现实世界在这里就又取代了抽象概念，从而弱化了对极端的追求。

然而假如用于战争的所有手段同时存在或者可以同时使用，那么每场战争就只能存在于一次决战或者一系列同时进行的决战，因为一次**不利**的决战必然使手段减少，所以如果在第一次决战中就已经使用了**所有**手段，那么其实也就不能再设想有第二次决战了。所有可能后续进行的军事行动，本质上都属于第一次决战，实际上只是它的延续。

不过我们已经看到，在准备战争时，现实世界就已经取代了纯粹的概念，现实的尺度就已经取代了极端的假设。两位对手仅是出于这个原因就会在相互作用下，不会把力量使用到最大限度，不会一开始就使用全部力量。

这些力量之所以不**能**全部同时发挥作用，还在于这些力量及其使用的本性。这些力量是：**真正的武装力量**[1]、国土（连同其上面的居民）和**盟友**。

国土（连同其上面的居民）除了是所有真正武装力量的源泉以外，本身还构成战争中有效要素的一个有机部分，当然具体只是属于战区[2]或者对战区有显著影响的那部分国土。

人们也许能够让所有可移动的武装力量同时发挥作用，但是不可能让所有的要塞、河流、山脉、居民等同时发挥作用，简而言之，就是不可能让整个国土同时发挥作用，除非国土小到战争的第一个行动即将其包括在内。此外，盟友的参与并不取决于交战者的意志，盟友往往较晚才参战或者为恢复失去的均

---

[1]　"真正的武装力量"（die eigentlichen Streitkräfte），指军队。——译者注
[2]　对"战区"（Kriegstheater）这一概念，作者在本书第二卷第五篇第二章中有专门论述。——译者注

势而增兵，这是国际关系的本性决定的。

这部分不能立即投入行动的抵抗力量，在某些情况下占全部抵抗力量的比例，比人们初看时认为的要大得多；由此即使人们在首次决战中使用了巨大的力量，即在力量平衡受到很大干扰的情况下，这一平衡还是可以恢复的。对上述这两点，以后我们还要做进一步的研究。在这里我们只想指出，**在时间上集中全部力量**是违背战争本性的。但是这一点本身不能成为减少首次决战投入力量的理由，因为在不利条件下进行决战总是没好处的，人们不会有意去承受，而且首次决战的规模越大，即使它不是唯一的一次决战，它对后续决战的影响也就越大。不过由于此后还可能有决战，这使得人们担心在此之前过多使用力量，于是在首次决战时就不会像本来应有的那样集中使用力量。两个对手中的任何一方由于兵力少而未采取的行动，对另一方来说，就成为一个真正的减少用兵的**客观**理由。由于这种相互作用，对极端的追求就又回到只是在一定程度上使用力量。

9. 战争的结果从来就不是什么绝对的东西

最后，甚至整个战争总的胜负也不能总是被视为绝对的胜负。战败国往往把失败只看成暂时的不幸，认为在将来的政治关系中，这一失败还是可以得到补救的。**这种情况**想必也会大大弱化紧张程度和力量使用的激烈程度，这是显而易见的。

10. 现实生活中的盖然性取代了概念的极端性和绝对性

这样一来，整个战争行为就摆脱了严格的被推向极端的力量法则。既然不再担心对方追求极端，自己也不再追求极端，那么自然就交由判断力去确定使用力量的限度，而不必最大限度地使用力量。这只能根据现实世界的现象所提供的情况，根据**盖然性的法则**来确定。如果两个对手不再是纯粹的概念，而是具体的国家和政府，如果战争不再是一个理想的战争，而是一个有自己特点的行动过程，那么实际已经发生了的事情就会为人们确定未知的和需要期待的事情提供依据，告诉人们应该如何努力。

　　双方中的任何一方都可以根据对手的特点、位置、状态和各种关系，根据盖然性的法则推断出另一方的行动，并据此确定自己的行动。

11. 现在政治目的再度显现

　　我们此前（见第2节）曾排除在考察之外的一个问题，现在自己再度进入考察的范围，即**战争的政治目的**。到目前为止，极端法则、使对手无力抵抗和战胜对手的意图，在某种程度上掩盖了政治目的。现在既然这一极端法则的力量已经减弱，这一意图已经降低了它的目标，战争的政治目的就必然再度显现出来。既然这里的全部考虑是根据特定的人和条件进行的一种盖然性的计算，那么作为战争**最初动机**的**政治目的**就必然成为计算中的一个很重要的因素。我们要求对手付出的代价越小，我们就越可以期待对手投入的力量不会挫败我们。而对手投入的力量越少，我们投入的力量也就可以越少。再有就是，我们的政治目的越小，我们对它的重视程度就越小，就越容易放弃它。**出于这一原因，我们投入的力量也就越少。**

　　这样，作为战争**最初动机**的**政治目的**就成为一个尺度，既是通过战争行为应达到目标的尺度，也是应投入力量的尺度。但是政治目的**本身**无法成为这种尺度，而是必须**与双方国家联系起来**才能成为这种尺度，因为我们要打交道的是实际存在的事物，不是纯粹的概念。同一个政治目的在**不同的**民族（甚至在同一民族）和不同的时期可以引发完全不同的行动，因此只有当我们认为政治目的**能对它应推动的民众产生作用**，以至于要考虑民众的本性时，我们才能把它作为一种尺度。民众对一个行动来说是加强的因素还是削弱的因素，由此产生的结果可能是完全不同的，对这一点是不难理解的。在两个民族和国家之间有可能存在很紧张的局面和大量敌对的因素，导致战争的政治动机本身虽然很小，却有可能引发远超出其本性的行动，引发一种真正的爆炸。

　　上面说的这一点[1]适用于政治目的应在双方国家中动员多少力量，也适

---

[1]指政治目的必须与双方国家联系起来并对民众产生作用，才能成为一种尺度。——译者注

用于政治目的应为战争行为设定什么目标。有时政治目的本身就可能是战争行为的目标，例如占领某一地区。有时政治目的本身不适合为战争行为规定目标，这时就需要找一个目标作为政治目的的等价物，并在媾和时可以代表政治目的。但是即使在这种情况下，前提也总是要考虑到参战国家的特点。在有的情况下，如果人们要以政治目的的等价物来达到这一政治目的时，这个等价物要比政治目的的大得多。民众越是表现得无所谓，民众中以及两国国内和两国之间的关系越是不紧张，政治目的作为衡量标准就越要起到主导作用，就越要自己决定。于是就会出现政治目的几乎独自决定的情况。

如果现在战争行为的目标是政治目的的一个等价物，那么一般来说，政治目的就连同这一等价物一起变小，而且这一政治目的越居于主要位置，就越是如此。这就解释了为什么在重要性和投入方面有各种不同程度的战争（从歼灭战向下直到纯粹的武装监视），而且未出现内在矛盾。但是这又使我们面临另一个要研究和回答的问题。

12. 以上还没有解释军事行动中为什么会有停顿

不管两个对手的政治要求多么无足轻重，不管他们使用的手段多少，也不管他们为战争行为所设定的目标多么小，这种行为会有片刻的停顿吗？这是一个深入到事情本质的问题。

完成任何行动都需要一定的时间，我们将其称为行动的持续时间。这一持续时间根据行动者不同的缓急可长可短。

这里我们不关心行动者的缓急问题。每个人都是以自己的方式行事。行事慢的人不是因为想多用时间而比较慢，而是出于其天性需要更多的时间，假如他快了，就会把事情办得差一些。因此多用的这一段时间取决于内在的原因，本来就是行动**持续时间**的一部分。

如果我们把战争中每个行动多用的时间都计入它的持续时间，那么我们至少在最初不得不认为，在战争行为中，在这种持续时间以外所用的任何时间（每次停顿）看来都是不对的。当然在这里不能忘记，我们谈的不是两个对手中的一个或另一个的进展，而是整个军事行动的进展。

13. 只有一个原因能使行动停顿，而且看来它总是只能存在于一方

既然双方已经准备战斗，那么想必是有一个敌对因素促使他们这样做。只要他们处于这种准备战斗的状态，也就是说没有媾和，那么这一敌对因素就必然存在。两个对手中的任何一方只有在唯一的一个条件下才有可能休战，即**要等待一个对行动更有利的时机**。这样初看上去，这一条件总是只能存在于一方，因为这一条件恰恰因此[1]成为另一方的对立面。如果一方有行动的兴趣，那么另一方想必是有等待的兴趣。

双方力量完全相等时并不能引起停顿，因为这时有积极目的的一方（进攻者）想必会继续前进。

但是如果我们这样来设想均势：有积极目的（较强动机）的一方，拥有的力量却较少，以至于均势是双方动机与力量平衡的产物，那么我们还是要指出：如果看不出这种均势状态会有任何变化，那么双方就应该媾和；而如果预料这种均势状态会有变化，那么这种变化只会对其中一方有利，从而必然促使另一方考虑采取行动。我们看到，均势这个概念并不能解释为什么出现停顿，问题仍在于等待一个更有利的时机。假设两个国家中的一个抱有积极目的，想夺取对手的一个地区作为媾和时的资本，那么它占领这个地区后就达到了其政治目的，行动的需求就没有了，对它而言就可以休战了。如果对手面对这一结果也想停下来，那么它就不得不媾和；如果对手不想媾和，那么它就必须行动。这时人们可以设想对手四周后能为行动准备得更好，因此它有一个充分的理由推迟行动。

而从这一时刻起，从逻辑上看，采取行动的责任**似乎**又到了胜利者一边，以便不让战败者有时间准备行动。当然这里的前提是双方对情况都十分了解。

---

[1] "恰恰因此"一词，作者用了拉丁语"eo ipso"。——译者注

14. 军事行动因此可能持续，使一切又激烈起来

假如军事行动的持续性确实存在，那么这会使一切又趋向极端，因为这样一种不间断的行动会激发更多的情感力量，赋予整体更高程度的激情和更多的原始力量，而且行动的持续性还会使行动衔接得更紧密，使行动之间的因果联系更加不受干扰，每个具体行动也因此变得更加重要，从而也就更为危险。

但是我们知道，军事行动很少或者从来没有这种持续性；有大量战争，其中行动往往只占战争所用时间的极小部分，其余都是停顿。而这不可能总是反常现象。军事行动中的停顿想必是有可能出现的。就是说，行动与停顿并不是自相矛盾的。现在我们就来谈谈行动与停顿之间并不矛盾，以及为什么会是这样。

15. 在这里要运用两极性的一个原理

当我们把一方统帅的利益总是设想成与另一方统帅的利益相对立时，我们就是以一种真正的**两极性**为前提的。我们准备以后专门用一章来讨论这个原理[1]，但在这里必须就这一原理做如下的说明。

两极性原理只适用于正数与其对立的负数恰好相互排斥的同一事物。在一次会战中，双方中的任何一方都想取得胜利，这是真正的两极性，因为一方的胜利排斥另一方的胜利。但是如果我们谈论的是两个不同的事物，它们与自身以外的其他事物有共同的关系，那么具有两极性的就不是**这两个事物**，而是它们与其他事物的关系。

16. 进攻和防御是形式和长处不同的事物，因此对它们无法运用两极性原理

假如战争的形式只有一种，即进攻对手，就是说没有防御，或者换句话

---

[1]原文如此，疑误。本书并没有专门的章节讨论这个原理，作者只是在本书第一卷第三篇第十六章中提到了这个问题。——译者注

说，进攻只是通过积极的动机而与防御有所区别，即前者抱有积极的动机，后者没有积极的动机，而斗争的形式却始终是相同的，那么在这样的斗争中，一方的每个有利之处就总会是另一方同样大小的不利之处，这样就会存在两极性。

不过军事活动分为进攻和防御两种形式，正如我们以后要客观论述的那样，它们是非常不同的，长处也是不等的，因此两极性存在于进攻和防御相关联的事物即决战中，但是不存在于进攻和防御本身。如果一方的统帅想要迟些决战，那么另一方的统帅想必愿意早些决战，当然这只是就同一种作战形式而言。如果甲有兴趣，但不是现在，而是四周后进攻乙，那么乙就会有兴趣，不是四周后，而是现在就受到甲的进攻。这是直接的对立，但不能从中就得出结论称乙有兴趣，现在就进攻甲，因为这显然是完全不同的事物。

17. 两极性的作用往往因防御优于进攻而消失，这就解释了军事行动为何会有停顿

如果防御的形式比进攻的形式更有力（我们以后要说明这一点），那么就要问，**较迟决战**给一方带来的好处是否与**防御**给另一方带来的好处同样大。如果不是同样大，那么前者就不能借助其对立面[1]来抵消防御给后者带来的好处，也就不能以这种方式影响军事行动的进展。我们看到，双方利害关系的两极性所具有的推动力[2]有可能由于防御和进攻的长处区别而消失，从而变得不起作用。

因此，如果目前时机对一方有利，但他力量太弱，不能缺少防御带来的好处，那么就只好等待较为不利的将来，因为在这不利的将来进行防御，总还是有可能比现在进攻或媾和更有利。由于我们确信防御的优越性很大，而且比人们初看上去想象的大得多（要正确理解），那么这就可以解释战争中出现的大部分停顿的原因，而且不会自相矛盾。主动行动的动机越弱，这些动机就越会被防御和进攻在长处方面的区别吞噬和抵消，军事行动就越会经常停顿，经验

---

[1]即较早决战。——译者注
[2]指推动军事行动继续进行的力量。——译者注

也是这样告诉我们的。

18. 出现停顿的第二个原因在于不完全了解情况

还有另一个原因能使军事行动停顿，这就是对情况不完全了解。每位统帅只能全面了解自己的情况，对对手的情况只能根据不确切的情报进行了解。因此他在判断对手情况时可能产生错误，并基于此认为对手应该采取行动，而实际上是他自己应该采取行动。在了解情况方面的这一缺陷既能使人在不该行动的时候行动，又能使人在不该停顿的时候停顿，因此这一缺陷本身推迟或加快军事行动的可能性是相同的，然而人们总还是把这一缺陷视为**可能使军事行动在不自相矛盾的情况下停顿**的自然原因之一。如果考虑到，人们总是有更多的倾向和理由去高估而不是低估对手的力量（因为人的本性就是这样），那么人们也就会承认：一般来说，对情况不完全了解想必在很大程度上增加了军事行动停止的可能性，并弱化了军事行动的要素。

出现停顿的可能性为军事行动增加了新的弱化因素，因为停顿的可能性在一定程度上以时间稀释了军事行动，减少了军事行动进程中面临的危险，增加了恢复均势的手段。产生战争的紧张局势越严峻，战争的能量越大，停顿的时间就越短；战争的要素越弱，停顿的时间就越长。这是因为较强的动机会增加意志力，而我们知道，意志力在任何时候都是一个因数，是力量的乘积。

19. 军事行动中经常出现的停顿使战争更远离绝对性，更成为盖然性的计算

军事行动进行得越慢，停顿的次数越多，停顿的时间越长，就越有可能弥补出现的错误，行动方在做假设时也就越大胆，越不趋向极端，越把一切建立在盖然性和推测的基础上。具体情况的本性自身就已经要求人们根据已知的情况进行**盖然性的计算**。而军事行动的进程比较缓慢，就多少允许有一定的时间进行这种计算。

20. 只要再有偶然性，战争就成为赌博了，而战争是最不缺少偶然性的

由此可见，战争的客观本性是多么明显地使战争成为盖然性的计算。现在只需要再有一个要素，就可使战争成为**赌博**，而战争肯定不缺少这个要素：这就是**偶然性**。人类再没有像战争这样经常而又普遍地与偶然性接触的活动了。伴随着偶然性的不确定性，以及伴随着不确定性的幸运在战争中占据了很多地方。

21. 战争不仅因其客观本性，还因其主观本性而成为赌博

如果我们再看一看战争的**主观本性**，也就是进行战争所必需的那些力量，那么战争对我们来说想必还会更多地以一场赌博的面目出现。军事活动离不开的一个因素是危险，而在危险中最宝贵的精神力量是什么呢？是**勇气**。虽然勇气与聪明的计算能够很好地共处，但它们毕竟是不同类型的东西，属于不同的精神力量。相反，**冒险、相信运气、大胆、蛮干**等只是勇气的表达，所有这些内心的涌动都在寻找偶然性，因为偶然性是它们的要素。

由此可见，在军事艺术的计算中，所谓数学上的绝对值一开始就没有任何坚实的基础，一开始就有一场由各种可能性、盖然性、幸运和不幸组成的赌博参与其中，它们像织物的经纬线一样交织在战争中，使战争在人类的各种活动中最接近和类似于纸牌赌博。

22. 这一点一般来说最符合人的想法

尽管我们的理智总感觉自己应趋于清晰和明确，但是我们的内心却往往受到不确定性的吸引。人的想法不愿与理智一起去走那条哲理研究和逻辑推理组成的狭窄小道，不愿这样几乎不知不觉地进入到它熟悉的一切似乎都离它而去的环境，而是更愿意和想象力一起留在偶然和幸运的王国；人的想法不愿受到前者贫乏的必然性的束缚，而是更愿意沉浸在后者的各种可能性之中。受到各

种可能性的鼓舞，勇气就如虎添翼，于是冒险和危险就成为一种因素，人们投入其中就像一位勇敢的泳者投入激流。

在这种情况下，理论难道可以不去理会人的想法而一味自负地去追求绝对的结论和规则吗？如果是这样的理论，那么它对现实生活也就没有什么用处了。理论也应顾及人性，也应让勇气、大胆甚至蛮干有一席之地。军事艺术是与有生命的力量和精神的力量打交道，因此它在任何地方都无法达到绝对和确定。战争中到处都有偶然性的活动余地，而且它在最大和最小战事中的余地同样广阔。如果一方面有了偶然性，那么勇气和自信就必须出现在另一方面，以填补偶然性的空当。勇气和自信有多大，为偶然性准备的空间就可以有多大，因此勇气和自信对战争来说是十分重要的因素。合乎逻辑的是，理论提出的法则只应是必需的，只应是最宝贵的尚武精神[1]可以以其各种程度和变化在其中自由发挥那些法则。即使是在冒险中也还要有机智和谨慎，只是它们是按照另一种比例来计算的。

23. 然而战争毕竟始终是为一个严肃的目的而采取的一个严肃的手段——进一步说明什么是战争

战争就是这样，指挥战争的统帅就是这样，研究战争的理论就是这样。但是战争不是消磨时间，不是只对冒险和成功感兴趣，不是自由发挥激情的作品，战争是为达到一个严肃的目的而采取的一个严肃的手段。战争所有因幸运交替而具有的丰富色彩，它所接纳的全部跌宕起伏的激情、勇气、幻想和兴奋，只是这一手段的诸多特点。

某个群体（整个民族）的战争，特别是**文明**民族的战争，总是产生于某个政治状态，而且只能是某个政治动机引起的，因此战争是一个政治行为。假如战争像我们从其纯粹概念中推断的那样，是一个完美的、不受干扰的行为，是

---

[1]　"尚武精神"（kriegerische Tugenden），也可译为"血性"。其中"kriegerisch"一词有"好战""骁勇"之意，"Tugend"一词源于拉丁语"virtus"，意为"孔武有力""男子汉气概"。以往有的中文版本按现代德语的字面词义将该词直译为"武德"，而"武德"意为"习武之人应有的品德"，显然与原意不符。——译者注

暴力的一种绝对表达，那么它就会从被政治引发的那一刻起，作为一个完全独立于政治的东西而取代政治，将政治挤走并只服从战争自己的法则，就像一枚爆炸的地雷，只能在人们预先设置的方向上爆炸，不可能再有其他改变。迄今每当政治与进行战争之间由于缺少协调而引起理论上的分歧时，人们的确就是这样认为的[1]。不过事实并非如此，这是一个根本错误的观点。我们所看到的现实世界的战争不是通过一次爆发就能消除其紧张的极端行为，而是一些力量的活动。这些力量的发展方式和程度不完全相同，它们有时聚集在一起，足以克服惰性和摩擦带来的阻力，而有时又太弱，以至于发挥不出什么作用。因此战争在一定程度上是暴力的脉动，时缓时急，因而也就时快时慢地消除紧张和消耗力量。换句话说，战争时快时慢地引导人们走向目标，但总是要持续足够的时间，以便人们在其进程中尚能对它施加影响，以便人们能够为它规定一个方向，简短地说，就是以便让战争始终服从居于领导地位的智者的意志。如果我们现在考虑到战争出自一个政治目的，那么很自然地，这个引起战争的最初的动机在战争领导者那里也应该始终受到首要的和最高的重视。但是政治目的并不因此就是专横的法则制定者，它必须顺从手段的本性，因此往往要做出完全的改变，但是政治目的必须总是首先加以考虑的问题，因此政治将贯穿于整个战争行为，并在战争中爆发的各种力量的本性所允许的范围内对战争行为不断地产生影响。

24. 战争就是政治以其他手段[2]的延续

于是我们看到，战争不仅是一个政治行为，而且是一个真正的、政治的

---

[1]指人们当时认为战争自它爆发的那一刻起，就成为一个完全独立于政治的东西。——译者注
[2]在原文中，"手段"一词，作者用的是复数。——译者注

工具，是政治交往的一个延续，是以其他手段进行的政治交往[1]。如果说战争还有特殊的地方，那指的只是其诸多手段的本性特殊。军事艺术和统帅可以分别在总的方面和每个具体场合要求政治指向和意图不与这些手段产生矛盾[2]，这一要求确实是不低的。不过，无论这一要求在具体情况下反过来对政治意图的影响有多么大，人们还是只能将其视为对政治意图的修改，因为政治意图是目的，战争是手段，而没有目的的手段永远是不可想象的。

25. 战争的多样性

战争的动机越是有力和强烈，这些动机越是涉及民族的整个生存问题，战前的局势越是紧张，那么战争就越接近于它的抽象形态，就越是关系到要战胜敌人，战争目标和政治目的就越是趋于一致，战争看上去就是纯军事的，而较少是政治的[3]。而战争的动机越弱，战前局势越不紧张，则战争要素（暴力）的自然指向[4]与政治规定的路线就越不一致，于是战争就必然更多地偏

---

[1] 克劳塞维茨在1827年12月22日给吕德尔少校的信中写道："战争不是一个独立的东西，而是政治以变化了的手段的延续，因此所有大的战略计划的主要轮廓绝大部分是政治属性，而且这些主要轮廓越是包括整个战争和整个国家，其政治属性也就越强。整个战争计划直接产生于两个交战国家的政治状态，以及它们与其他国家的关系。战局计划产生于战争计划，甚至如果所有军事行动仅限于一个战区，那么战局计划往往就和战争计划是同一个。然而一个战局的各个部分也渗透着政治因素，很少有大规模的军事行动（例如一场会战）不受政治因素的某些影响。根据这一观点，就谈不上对一次大规模的战略上的整体行动进行纯军事评价，也谈不上这一整体行动的纯军事的计划。这一观点是十分必要的，也是只要看一下战史就很容易想到的，这大概用不着什么证明。尽管如此，这一观点至今没有确立起来。这表明，人们迄今仍将大的战略计划中纯军事的内容与政治的内容分开，并将政治内容视为不得体的东西。战争无非是政治努力以变化了的手段的延续。我认为这一观点是整个战略的基础，并且相信，谁拒绝承认这一观点的必要性，谁就尚未真正看到问题的关键。透过这一基本观点去看整个战史，它就变得让人可以理解，否则其中就会充斥着极为荒唐的东西。"——编者注

[2] 关于这一点，克劳塞维茨在1827年12月22日给吕德尔少校的信中写道："军事艺术面对政治的任务和权利主要是预防政治提出违背战争本性的要求，预防政治在使用这一工具时因不了解其效能而犯错误。"——编者注

[3] 关于这一点，克劳塞维茨在1827年12月22日给吕德尔少校的信中写道："政治越是从大的、涉及整个民族及其生存的利益出发，问题越是涉及对立双方的生死存亡，政治和敌视就越加一致，政治就越是融入到敌视中，战争就会越简单，就越是从暴力和消灭敌人的纯概念出发，就越符合根据这一概念按逻辑提出的要求，战争的所有部分就越有必然的联系。这样的战争看起来完全是非政治的，因此往往被认为是标准的战争。但是显然这样的战争同其他战争一样，也少不了政治因素，只是政治因素与暴力和消灭敌人的概念完全一致，因此人们看不出来罢了。"——编者注

[4] 指暴力走向极端的趋向。——译者注

离其自然的方向，政治目的与一个理想的战争目标就越不同，战争看上去就更多变成是**政治的**。

但是为避免读者误解，我们在这里必须说明，我们上面所说的战争的**自然趋势**指的只是哲理上的、本来就符合逻辑的趋势，绝不是指实际处于冲突中的各种力量的趋势。这些力量包括作战双方的各种情感力量和激情等。虽然这些力量在某些情况下也有可能被激发得很高，导致要费力才有可能把它们控制在政治解决的途径上，但是在大多数情况下是不会出现这一矛盾的，因为有如此强烈的情感和激情，就要求有一个与之相应的有力的计划。而如果这一计划追求的目的不大，那么参战人员以其情感力量追求的目标也会较低，导致这些参战人员往往更需要激发，而非抑制。

26. 一切战争均可视为政治行为

现在我们再回到主要问题上来。即使政治真的在某一种战争中好像完全消失了，而在另一种战争中又很明确地出现了，人们还是可以断言，这两种战争都是政治的，因为如果人们将政治视为一个拟人化了的国家的头脑，那么在其必须考虑的所有问题中想必也包括对产生前一种战争的各种因素本性的考虑。只有当人们不把政治理解为一个普遍存在的认识，而认为政治是一个**传统的**概念，是一种避免使用暴力的、谨慎的、狡猾的甚至阴险的计谋，后一种战争才有可能比前一种战争更多地属于政治。

27. 这一观点对战史理解和理论基础的影响

我们看到：**第一**，我们在任何情况下都不应该把战争想成**独立的东西**，而是应该把它视为政治的工具。只有坚持这一观点，才有可能不陷入与全部战史的矛盾，才有可能对战史这部巨著有深刻的认识。**第二**，同样是这一观点，它告诉我们，由于产生战争的动机和因素的本性不同，战争必然是各不相同的。

因此，政治家和统帅做出的首个最重大和最明确的判断应该是在这方面对他所进行的战争有正确的认识，不要把他进行的战争误认为或使之成为不符合当时情况本性的东西。这是所有战略问题中首要的和涉及面最广的问题，我们将在《战争计划》一篇中进一步考察该问题。

关于什么是战争这一问题，我们就研究到这里。这样我们就确立了考察战争及其理论所必须依据的主要观点。

28. 理论上的结论

因此战争不仅是一条真正的变色龙（因为它的本性在每个具体情况下都有所变化），而且就其全部现象来看，在其本身的主要倾向方面，它还是一个奇特的三位一体[1]，由三个方面组成，一是战争要素固有的暴力性，包括仇恨和敌视，这些可看作**盲目的本能**；二是盖然性和偶然性的游戏，它们使战争成为一种**自由的精神活动**；三是作为一个政治工具的从属本性，使战争归于**纯粹的理智**。

这三个方面中的第一个主要与民众有关，第二个主要与统帅及其军队有关，第三个主要与政府有关。在战争中应迸发的激情此前就应该已经存在于民众之中；在偶然性的盖然性王国里，勇气和才干的活动范围取决于统帅和军队的特点；政治目的则只是政府的事。

这三种倾向就像三个不同的立法，深植于战争的本性之中，同时其作用大小又是变化无常的。假如一个理论欲忽视其中的一个倾向，或者要任意确定三者之间的关系，就会立即陷入与现实的矛盾，以致这个理论不得不被视为已经消亡。

因此，我们的任务就是使理论在这三个倾向之间保持悬浮的状态，就像悬浮在三个引力点之间一样。

至于用什么方法才能最好地完成这项困难的任务，我们打算在有关战争理论的那一篇里探讨。无论如何，这里已经对战争的概念加以确定，使其成为我们投射到理论基础建设上的第一道光，它首先照到大量的现象，使我们能够辨别它们。

---

[1]三位一体（Dreifaltigkeit），原为宗教用语，在基督教义中指圣父、圣子、圣灵三体合一。——译者注

★ 第二章 ★

战争中的目的和手段

我们在前一章中认识了战争复杂和可变的本性，现在来研究这一本性对战争中的目的和手段有什么影响。

如果我们首先问，为成为政治目的的合适的工具，整个战争应追求什么目标？那么我们就会发现，如同战争的政治目的和战争特有的因素，战争的目标也是可变的。

如果我们还是先从战争的纯粹概念谈起，那么我们不得不说，战争的政治目的本来是在战争领域之外的。既然战争是迫使对手服从我们意志的一种暴力行为，那么问题的关键想必**始终**而且**只能**是战胜对手，就是使对手无力抵抗。战胜对手**这一**目的虽然是从概念中推断出来的，但是与现实中大量战例的目的非常接近，因此我们打算先考察一下战胜对手这一目的的现实性。

我们以后将在《战争计划》一篇中进一步研究，什么叫作使一个国家**无力抵抗**，但在这里必须马上区分**敌人的军队、国土和意志**这三个要素，因为它们作为普遍存在的研究对象包含了其余一切研究对象。

必须**消灭敌军，就是说，必须使敌军处于无法再继续作战的状态**。顺便说明一下，以后我们所说的"消灭敌军"，指的只是这个意思。

必须占领敌人的国土，因为否则的话，敌人在那里可以建立新的军队。

但是即使做了以上两点，只要敌人的**意志**还没有被征服，也就是说只要敌国政府及其盟友还没有被迫签订和约，或者敌国人民还没有屈服，我们就不能认为战争（敌对的紧张状态和敌对力量的活动）已经结束，因为在我们完全占领敌人国土的同时，敌人有可能在其国内重燃斗争，或在其盟友的支持下重燃斗争。当然这种情况在媾和**以后**也是会发生的，但这无非证明不是每场战争本身就能完全决出胜负和解决问题。然而即使是出现这种情况，随着和约的签订，很多原本会在暗中继续燃烧的火星最终还是熄灭了，紧张的局势得到缓和，因为所有倾向于媾和的人都会完全放弃抵抗的念头，而这样的人在任何民族中和在任何情况下总是很多的。因此，无论接下来如何，人们总是将和约的签订视为战争目的已经达到，战争这个活计也就算是结束了。

由于在上述三个对象中，军队的任务是保卫国土，因此自然的顺序是首先消灭敌军，然后占领敌人的国土，通过这两方面的胜利，以及此后我们所处的状态，迫使对手媾和。通常消灭敌军是逐步实现的，之后对敌人国土的占领也同样是逐步实现的。这两者往往相互影响，地区的丧失反过来影响到军队的削弱。但是这个顺序不是绝对必需的，因此也并非总是有这个顺序。有时敌军在受到显著削弱之前就会退向国土的边境，甚至完全退往国外。在这种情况下，就可以占领敌人绝大部分或全部国土。

但是**使对手无力抵抗**这一**抽象战争**的目的，这一为达到政治目的（在政治目的中应包括其他一切目的）而采取的最后手段，在现实中绝不是普遍存在的，不是媾和的必要条件，因此不能在理论上以任何方式把它当作一个法则提出来。有无数和约得以缔结，而之前并不能认为双方中的一方已经无力抵抗，有时甚至连均势都还没有被明显打破。不仅如此，如果我们看一下具体情况，就不得不说，在很多具体情况下，尤其是当对手明显更强大的时候，**战胜对手**就会是一种毫无用处的概念游戏。

从战争概念中推断出来的目的之所以不能普遍适用于现实战争，是因为抽象战争和现实战争不同，这一点我们在前一章中已经讨论过了。假如战争是纯概念规定的那样，那么**力量悬殊**的国家之间发生战争就是荒唐的，就不可能发生战争了；在纯概念中，交战双方物质力量的差距最多只能到相反的精神力量可以弥补的程度，而在欧洲今天的社会状态下，国与国之间物质力量的差距远大于这种要求。因此如果我们看到**力量悬殊**的国家之间发生了战争，那是**因为**

现实中的战争往往距其最初的概念非常远。

在现实中，除无力继续抵抗以外，还有两种情况可能成为媾和的动机：一是获胜的可能性不大，二是获胜的代价过大。

正如我们在前一章中已经看到的那样，整个战争不得不摆脱内在必然性的严格法则，依靠盖然性的计算，而且战争根据其产生的条件越是适合依靠盖然性的计算，战争的动机和紧张程度越弱，情况就越是如此。这样也就不难理解，为什么从盖然性的计算中也可能产生媾和的动机，因此战争并不总是需要一直打到其中一方垮掉。我们可以设想，在战争动机和紧张程度很弱的情况下，一方很微小的、几乎看不出的获胜的可能性就足以促使对方让步。假如一方事先就已经确信这一点，那么很自然，他就会只去争取**这种获胜的可能性**，而不会先去寻找和走上彻底战胜敌人这条绕远的路。

对已经和即将消耗的力量的考虑，对决心媾和有着更为普遍的影响。由于战争不是盲目的冲动行为，而是受政治目的支配的，因此这一政治目的的价值就必然决定我们为达到这一目的要付出多大的代价。这里所说的代价，不仅是指其**规模的大小**，而且也指承受代价的**时间的长短**。因此一旦力量消耗过大，导致政治目的的价值无法再保持与它的平衡，那么就必须放弃这个政治目的，其结果就是媾和。

由此可见，在一方不能使另一方完全无力抵抗的战争中，双方的媾和动机随下一步获胜的可能性和所需力量消耗的大小而起伏。假如双方的媾和动机同样强烈，那么他们的政治分歧就会得到折中的解决；当一方的媾和动机变得更强时，另一方的媾和动机就可以弱一些；当双方的媾和动机合在一起，勉强达到媾和的程度，那么虽然会媾和，但结果自然对媾和动机较弱的一方更有利。

我们在这里有意不谈政治目的的**积极本性**和**消极本性**在行动中必然引起的差别。尽管这种差别是极为重要的（我们以后要谈到此点），但是我们在这里只能做较为宽泛的论述，因为最初的政治意图在战争的过程中可能有很大的改变，最后可能变成与最初完全不同的意图，**这正是由于政治意图同时取决于已经取得的和很可能会取得的结果。**

现在就产生了一个问题：如何增加获胜的可能性？首先，自然是使用那些能战胜对手的同样方法，即**消灭其军队和占领其地区**。但是这两种方法在用于加大获胜可能性和用于战胜对手时，不是完全相同的。当我们进攻敌军时，是想在第一次打击之后继续一系列其他打击，直至敌军的一切被摧毁，还是只想赢得一次胜利，以打破对手的安全感，让他感觉到我们的优势而对其前景感到不安，这两者是完全不同的。如果我们的目的是后者，那么只要消灭足以达到这一目的的敌军就可以了。同样，如果占领地区不是为战胜对手，那么占领其地区就是另一种举措。在以战胜对手为目的的情况下，消灭其军队是真正的有效的行动，占领其地区只是消灭其军队的后果；在敌军被战胜之前占领其地区，始终只能被看作迫不得已而为之的下策。相反，如果我们的目的不是战胜敌军，而且确信敌人并不寻求而是**害怕**血腥决战，那么占领敌人一处防御薄弱或者根本没有防御的地区**本身就是一个好处**。如果这一好处大到足以使对手担心战争总的结局，那么也可将这一好处视为通往媾和的一条捷径。

现在我们还要指出一个无须战胜敌军就能加大获胜可能性的特别手段，即那些**有直接的政治关系**的行动。既然有些行动特别适合于分化对手的盟友或者使其不起作用，适合于为我们争取到新盟友，激起对我们有利的政治活动等，那么就不难理解，这些行动有可能使胜算大增，成为比战胜敌军容易得多的达到目标的捷径。

第二个问题是，加大敌人的力量消耗，也就是使其付出更高代价的手段有哪些？

对手的力量消耗包括**其军队的消耗**（被我们**摧毁**）和**地区的丧失**（被我们**占领**）。

同样是消灭敌军和占领敌人地区，以增加敌人消耗为目的时的意义与要达到其他目的时的意义也是不一样的，只要进一步考察一下就可以自然得出这一观点。这种意义的差别大多只是很小的，但我们不能因此而受到迷惑，因为在现实中，当动机微弱时，最细小的差别往往会决定使用力量的方式。我们在这里只想指出，在满足一定条件的前提下，通过其他途径达到目标**是有可能的**，这些途径没有**内在的自相矛盾之处**，不是**荒唐**，甚至也不是**错误**。

除上述两种方法以外，还有另外**三个**特殊的途径能够直接加大对手的力量消耗。第一个途径是**入侵，就是攻占敌人的某些地方，但意图不是占据它们，**

而只是为了在这些地方征收战争税[1]，或者干脆将其夷为平地。这样做的直接目的既不是夺取敌人的国土，也不是战胜其军队，而**只是完全泛泛地给敌人造成损失**。第二个途径是**优先**针对可加大敌人损失的对象采取行动。我们很容易想到，我们的军队有两种不同用法，其中之一是在要战胜敌人时优先使用军队，另一种是在谈不上和无法谈得上战胜敌人时使用军队，却能带来更多的好处。习惯上，人们会认为第一种更多是军事上的用法，另一种更多是政治上的用法，但是如果人们从最高的视角看问题，那么两者就都是军事上的用法，每种用法只有在适应当时的条件时才是符合目的的。第三个途径是**拖垮**对手，从属于它的情况范围来说，这是最重要的途径。我们选择"拖垮"这个字眼，不仅是为了以一个词即可描述这一途径，而且还因为它全面表达出了这一途径，不像第一眼看上去修辞色彩那么重。在战斗中，"拖垮"这个概念的意思是：**通过持久的行动，逐渐耗尽对手的体力和意志**。

如果我们想通过持久的作战来战胜对手，我们就必须满足于达到尽量小的目的，因为达到较大的目的要比达到较小的目的需要更多的力量，这是事物的本性决定的。而我们能为自己设定的最小目的是**纯粹的抵抗**，即没有积极意图的战斗。在进行这种战斗时，我们的手段能发挥相对最大的作用，取得好结果的把握是最大的。这种消极性能到什么程度呢？显然不能成为绝对的被动，因为纯粹的忍受就不再是作战了；而抵抗是一种行动，通过这一行动应摧毁敌人很多的力量，以至于他不得不放弃其意图。只有这才是我们在每次纯粹抵抗行动中要达到的目的，其中包含着我们意图的消极本性。

毫无疑问，这一消极意图在其具体行动中的效果比积极意图在同一情况下的效果要差（前提是积极意图能够成功实现）。但是这两种意图的区别恰恰在于前者更容易成功，就是说把握更大。消极意图在具体行动中欠缺的效果不得不用时间，也就是通过持久的战斗来弥补。因此，构成纯粹抵抗要素的这一消极意图也是通过持久的战斗战胜对手的自然手段，这就是拖垮敌人。

---

[1] 战争税（die Kriegssteuer），指政府为进行战争而向本国或敌国居民征收的一种税赋。其中向敌国居民征收的战争税，又称占领税，是占领军"以敌养己"策略的一项重要内容。——译者注

　　在整个战争领域中到处都可以看到**进攻**和**防御**的区别，其根源就在这里。但是我们在这里还不能深入探讨这个问题，而只是满足于说：从这一消极意图本身可以引申出战斗的一切有利于消极因素的好处，即更有力的战斗形式。胜利大小与获胜把握之间存在的哲学和力学法则就体现在这种意图里。对所有这一切，我们以后还要考察。

　　如果消极意图（集中一切手段进行纯粹的抵抗）在斗争中带来优势，而且这种优势大到足以**抵消**对手不大的优势，那么仅仅是战斗**持续的时间**就足以使对手的力量消耗逐渐增大，导致他无法再在政治目的和付出代价之间保持平衡，于是不得不放弃这个政治目的。由此可见，这种拖垮对手的方法是弱者抵抗强者时大多会采用的。

　　弗里德里希大帝[1]在七年战争[2]中，本来是无法战胜奥地利君主国[3]的。假如他试图像卡尔十二世[4]那样行事，必然会一败涂地[5]。但是他天才地运用了节制用兵的明智方法，使联合起来针对他的列强在七年中看到他们的力量消耗远超其当初的想象，只好与他媾和。

---

[1]弗里德里希大帝（Friedrich der Grosse，1712—1786），即弗里德里希二世，普鲁士国王（1740—1786），著名统帅。在位时推行"开明专制"，实施一系列改革，扩充军备，通过三次西里西亚战争（1740—1763）使普鲁士成为欧洲强国之一，故在世时即被其国人尊称为大帝。著有《致将军们的训词》《我所在的时代》《七年战争史》等。——译者注
[2]七年战争是普鲁士及其盟友英国、汉诺威为一方，奥地利及其盟友俄国、法国、萨克森、瑞典等国为另一方，于1756—1763年为争夺势力范围而进行的战争。战争在中欧、葡萄牙、北美、印度、加勒比等地进行，因此也有历史学家将其称为"第一次世界大战"。其中普鲁士与奥地利、俄国等国之间主要是争夺中欧霸权地位，英国和法国之间则还争夺在北美和印度的霸权地位。普鲁士从其角度出发也将七年战争称为第三次西里西亚战争。普鲁士当时是一个小国，在力量对比上处于劣势（英国主要是以资金支援普鲁士）。由于普鲁士国王弗里德里希二世合理用兵，采取了消耗战的方法，使对方感到力量消耗过大而被迫签订和约，承认普鲁士对西里西亚的所有权。——译者注
[3]奥地利君主国（die österreichische Monarchie），又称哈布斯堡君主国、哈布斯堡帝国、多瑙君主国等，是史学界的一个非正式称呼，指哈布斯堡家族（自1736年起称哈布斯堡-洛林家族）自中世纪至1918年直接统治的欧洲地区。——译者注
[4]卡尔十二世（Karl XII.，1682—1718），瑞典国王（1697—1718）。在位期间进行了北方战争（1700—1721），对俄、波、丹三国联盟作战。曾战胜丹麦，击败波兰，但1709年7月被彼得大帝败于波尔塔瓦（Poltawa，今乌克兰中部一城市）。1718年进攻挪威时阵亡。——译者注
[5]瑞典国王卡尔十二世在北方战争（1700—1721）中对俄国、波兰、丹麦三国同盟作战，1700年进攻丹麦，迫使丹麦签订和约，随即于纳尔瓦会战中击溃俄军，后又击溃波兰军队，占领波兰。由于没有慎重考虑本国力量，继而攻入乌克兰并向莫斯科进军，在1709年波尔塔瓦会战中被俄皇彼得一世击败。1718年12月，卡尔十二世在进攻挪威时头部中弹身亡。——译者注

由此可见，在战争中达到目标的途径很多，不是在任何情况下都要通过战胜对手才能达到目标。**消灭敌军、夺取敌地区、仅占领敌地区、仅入侵敌地区、直接指向政治关系的行动，以及被动等待敌人进攻都是手段**。这些手段中的每一个都可用于挫败敌人的意志，但是哪一个更有效，则要根据具体情况的特点来定。除此之外，我们还能补充很多目的，作为通往目标的捷径。我们也许可以称之为"根据他人的视角和理解而论证出来的捷径"。在人类交往的领域中有哪个不出现这些超越一切客观因素的个性因素的火花呢？在战争中也许是最不缺少这种火花的，因为战斗人员的个性，以及人在政府中和战场上的个性在战争中起着很大的作用。我们在此满足于指出这些个性因素即可，因为我们不可能把它们一一分类，那是书呆子的做法。由于有了这些个性因素，我们也许可以说，通往目标的可能途径会一直增加到无穷无尽。

为了不低估这些通往目标的不同捷径的价值，既不认为它们仅是罕见的例外，也不认为它们在作战中造成的差别是无关紧要的，人们只需意识到能够引起战争的政治目的的多样性，或者比较一下一场事关政治存亡的毁灭性战争与一场被迫结成的或日渐衰弱的联盟不得不履行义务的战争之间的区别。在这两种战争之间有无数不同程度的战争，并确实存在于现实中。如果人们认为有理由在理论上否定其中的一种，那么人们就会有理由把它们全部否定，从而完全无视现实的世界。

以上我们泛泛地论述了人们在战争中必须追求的目标，现在我们来谈谈手段。

这个手段只有唯一的一个，那就是**斗争**。无论其形式多么繁多，无论它与拳击中粗暴地发泄仇恨和敌意有多么不同，也无论其中夹杂着多少本身并非斗争的内容，战争中出现的所有行动都必然**源于斗争**，这一点始终是战争概念中所固有的。

即使是在最为多样和构成部分最多的现实中，也永远是这样。对此有一个很简单的证明：战争中发生的一切都是通过武装力量发生的。**而哪里**使用了**武装力量（武装起来的人们）**，哪里就必然以斗争这个概念为基础。

也就是说，与武装力量有关的一切，即与武装力量的建立、维持和使用[1]有关的一切，都属于军事活动。

建立和维持武装力量显然只是手段，使用武装力量则是目的。

战争中的斗争不是个人对个人的斗争，而是一个划分为多个部分的整体。我们可以将这个大的整体中的单位区分为两种，一种是按主体区分的，一种是按客体区分的[2]。在一支军队中总是把一定数量的军人编成新的单位，这些单位构成更高一级结构的部分。因此这些部分中任何一个部分的斗争就构成一个或多或少可以区分的单位。另外，斗争的目的（斗争的**对象**）也可以构成斗争的一个单位。

我们把每个在战斗中有所区别的单位称为**一次战斗**。

既然武装力量的使用是以斗争这一概念为基础的，那么武装力量的使用无非是确定和部署一定数量的战斗。

因此一切军事活动都必然与战斗有关，或直接，或间接。士兵应征入伍，穿上军装、拿起武器，接受训练，他睡觉、吃饭、喝水、行军，**这一切都只是为了在合适的地点和合适的时间进行战斗。**

既然军事活动的一切线索最后都落在战斗上，那么我们确定了战斗的部署，也就掌握了军事活动的一切线索。军事活动的效果只能从这一部署及其实施中产生，绝不会从其部署和实施以前存在的条件中直接产生。战斗中的一切活动都是为了消灭对手，或者更确切地说，是为了**消灭对手的军队**，因为这是战斗概念中所固有的。因此消灭敌军始终是达到战斗目的的手段。

这一战斗目的同样可能只是消灭敌军，但这绝不是必然的，它也可能完全是其他的东西。正像我们曾经指出的那样，只要战胜对手不是达到政治目的的唯一手段，只要人们在战争中还有其他可追求的目标，那么不言而喻，这些目标就有可能成为具体军事行动的目的，从而也就成为战斗的目的。

然而即使是那些本来就完全是为了战胜作为从属部分的敌军而进行的战

---

[1]武装力量的建立（die Erzeugung der Streitkräfte），指武装人员的招募、组织和装备等；武装力量的维持（die Erhaltung der Streitkräfte），指给养、武器弹药的补充、伤病员的救护和部队的休整等；武装力量的使用（die Verwendung der Streitkräfte），指将武装人员投入作战。参阅本书第一卷第二篇第一章。——译者注

[2]按主体区分，指按军队本身的单位区分（参阅本书第二卷第五篇第五章）。按客体区分，指按不同的目的区分（按任务区分）。——译者注

斗，也不需要把消灭这些敌军作为其最直接的目的。

如果人们想到一支大规模部队的结构是多种多样的，在使用这支部队时产生作用的情况是众多的，那么就会明白，这样一支部队所进行的斗争也必然有多种多样的区分、从属和构成关系。对各部分来说，自然可以而且必须有很多目的，这些目的本身不是消灭敌军，它们虽然对消灭敌军能起很大的作用，但只是间接起作用。如果一个步兵营得到委托^[1]，要将敌人从某座山、某座桥或其他什么地方赶走，那么通常占领这些地方是真正的目的，而消灭敌军只是一个手段或者是次要的事情。如果通过一次纯粹的佯动就能驱逐敌人，那么这个步兵营也一样达到了目的。不过占领这座山或桥梁，通常只是为了能在更大程度上消灭敌军。既然在战场上就已经是这样，那么在整个战区就更是这样了，因为在战区不仅是一支军队和另一支军队在对抗，而且是一个国家和另一个国家、一个民族和另一个民族在对抗。在这里，可能出现的各种关系的数量，以及因此而出现的行动组合方式必然会大量增加，战斗部署的多样性就更大，而且由于目的层层从属，最初的手段距最后的目的也更远了。

因此，出于多种原因，消灭敌军（与我们对峙的军队）可能不是一次战斗的目的，而只是作为一个手段出现。在所有这些场合，问题的关键也不再是消灭敌军了，因为战斗在这里无非是力量的一种**较量**，本身没有什么价值，只有它的结果（它的胜负）才有价值。

但是在力量悬殊的情况下，通过纯粹的估计就能得出力量较量的结果。在这些情况下，战斗也就不会发生了，力量较弱的一方会立即屈服。

既然战斗的目的并不总是消灭参与其中的敌军，甚至往往未真正发生战斗，仅通过确定要战斗和由此形成的态势就可以达到战斗的目的，那么这就可以解释，为什么在有些战局^[2]中，大的行动虽然不少，但实际的战斗在其中

---

［1］"委托"（der Auftrag）是普鲁士军队以及后来的德军指挥思想中的一个重要概念，与"任务"（die Aufgabe）、"命令"（der Befehl）有很大区别。委托与受委托的关系不是上下级之间的命令与服从关系，而是要求上级在下达命令时充分考虑到下级执行命令的可能性，强调命令的合理性，同时给予下级一定的自主性，不必事事请示上级。现代德军即奉行委托式指挥（die Auftragstaktik），认为其与命令式指挥（die Befehlstaktik）相比，更能激发下级的主观能动性。——译者注
［2］战局（der Feldzug），指交战双方在一个战区的一个时间段内（大体从一年的开春到次年冬季来临时）的军事行动。作者在本书第二卷第五篇第二章中对此有详细的论述。——译者注

并未起到明显的作用。

　　战史中数以百计的战例证明是有可能发生这种情况的。至于这些战例中有多少是有理由地采用了这种不流血决胜负的方法，也就是说**没有内在的矛盾**，以及由此而闻名的战例是否经得起评析，我们在这里不想去谈，因为我们只是想指出这样的战争过程**是有可能存在的**。

　　我们在战争中只有**一个手段**，就是**战斗**。但是这个手段的运用是多种多样的，使得我们可以根据不同的目的采取不同的方法，导致看似与我们的研究结论相矛盾。但实际上并非如此，因为从手段的这个唯一性中可以引出一条便于考察的线索。它贯穿于整个军事活动，并将整个军事活动联系在一起。

　　我们曾把消灭敌军视为人们在战争中可能追求的目的之一，但是没有谈在众多目的中应赋予这一目的多大的重要性。在具体情况下，它的重要性取决于当时的情况，而对于它的普遍价值，我们还没有确定。现在我们再回到这个问题，来看一下应承认这个目的有多少价值。

　　战斗是战争中唯一有效的活动。在战斗中，消灭与我们对峙的敌军是达到目的的手段，即使是在战斗实际上并未发生的情况下也是这样，因为无论如何，胜负是在消灭敌军已经被视为毫无疑问的前提下决出的，因此消灭敌军是一切军事行动的基础，是所有战斗行动的最后支点。这些战斗建立在消灭敌军这一基础之上，就如同门拱矗立在拱座上。因此一切行动的前提应该是：如果在行动的基础上确实要进行决战的话，那么决战的结果要对我方**有利**才行。决战对战争中的所有大小行动来说，就如同现金支付之于汇票贸易，不管两者之间的必然联系是多么少，不管后者变现为前者是多么少见，但这种联系从来都是不可完全或缺的[1]。

　　既然决战是所有战斗行动的基础，那么我们就可以得出结论：对手通过**一次胜利的决战可以使**我们这些战斗行动中的任何一个**失去作用**。对手不仅可以在一次决战是我们所有战斗行动直接基础的情况下做到此点，而且只要一次决

---

　　[1]作者在为撰写《战争论》做准备时曾于1804年写道："战斗对战略而言，就如同现金之于汇票贸易。一位统帅打赢的多场战斗，给他带来的战果有可能超出这些战斗的简单相加，正如一位商人有一定数额的财产，往往可以让他得到比他能担保的多得多的贷款。但是谁要是根本没有财产，他就无法提出汇票申请；谁要是不懂作战，他就是行动到累死，也不会有丝毫战果。"——编者注

战足够重要即可做到此点，因为任何一次重要的决战（消灭敌军）都会反过来影响此前的其他一切战斗，因为这些战斗的结果像液体一样，最终是保持在一个水平面上的。

因此消灭敌军始终以一种更高、更有效的手段的面目出现，其他一切手段必须为其让路。

当然只有在其余一切条件都相同的前提下，我们才能认为消灭敌军具有更大的效果。假如人们要从中得出结论，称盲目的蛮干想必总是比谨慎的机敏更有胜算，那就是犯了一个大的错误。有勇无谋的蛮干将导致自己（而非敌军）的毁灭，因此不可能是我们所主张的。我们说消灭敌军具有更大的效果，不是说消灭敌军作为**途径**具有更大的效果，而是作为**目标**具有更大的效果。我们这里只对一个已经达到的目标的效果与另一个已经达到的目标的效果进行对比。

必须着重指出，当我们说消灭敌军时，并不是仅限于消灭敌人的物质力量，更多地必然还包括摧毁敌人的精神力量，因为两者共同渗透至部队的最小的部分，人们根本不能把它们分开。而正是当我们谈到一次大的歼灭行动（一次大的胜利）对所有其他战斗必然会产生影响时，就更应该看到精神因素是那种最具有水一般流动性的因素（如果我们可以这样表达的话），因此最容易传递到部队的所有部分。消灭敌军相比其他全部手段具有更大的价值，但其对应的是这一手段的宝贵和面临的危险。人们采用其他手段时，只是为了避免这一手段所面临的危险。

这一手段[1]是宝贵的，这是不难理解的，因为在其他一切条件相同的情况下，我们消灭敌军的意图越是强烈，我们自己军队的消耗也就越大。

这一手段面临的危险则在于：正是因为我们试图取得较大的效果，所以在失利时会反过来影响我们，从而导致更大的不利。

因此，采用其他方法，在成功时，付出的代价较小；在失败时，面临的危险也较小。但是我们这样说是要具备一个条件的，即双方均采用这些除消灭敌军以外的其他方法，也就是说，敌人也采用其他方法。假如敌人选择了大规模决战的方法，那么我们**就不得不恰恰因此而违背自己的意愿，将我们的方法也**

---

[1] 指消灭敌军。——译者注

转为这样的方法。这时一切就取决于歼灭行动的结局。很明显，假设其他一切情况仍然相同，我们在这次行动中也必然处于各方面条件不利的境地，因为我们的意图和手段此前已经部分用于其他目的，而敌人却不是这样的。两个互不相属的不同目的是互相排斥的，因此用于其中一个目的的力量不可能同时用于另一个目的。如果交战双方中的一方决心采用大规模决战的方法，只要他有把握另一方不想使用这一方法，而是要追求另外一个目标，那么他就已经有很大的胜算。任何一方只有预计其对手和他一样不试图进行大规模决战时，才能明智地设定一个其他的目标。

但是我们这里所说的意图和手段用于其他目的，指的只是人们在战争中除消灭敌军以外还能设定的**积极目的，绝不是指**意在耗尽敌人力量而选择的**纯粹抵抗**。纯粹抵抗缺少**积极**意图，因此在进行纯粹抵抗时，我们无法引导力量作用于其他事物，而只是用于打消对手的意图。

现在我们有必要考察与消灭敌军相对应的一面，即保存自己的军队。消灭敌军和保存自己的军队这两种努力总是相辅相成的，因为它们是相互影响的，是同一意图的有机组成部分。我们要研究的只是当其中一个或另一个占主要地位时会产生什么影响。致力于消灭敌军具有积极的目的，能导致积极的结果，这些结果的最后目标有可能是战胜对手；致力于保存自己的军队具有消极的目的，能导致打消敌人的意图，也就是说导致纯粹的抵抗，其最后目标无非是延长行动的时间，导致对手在行动中耗尽力量。

具有积极目的的努力会引起歼灭行动，具有消极目的的努力则等待歼灭行动的到来。

至于这种等待应该和允许到什么程度，则涉及进攻和防御的根源，我们将在研究进攻和防御时做进一步的论述。在这里，我们只想指出，等待不能成为绝对的忍受，在与等待有关的行动中，消灭在这一行动中与我们正在冲突的敌军，与其他任何对象一样，同样可以是我们的目标。因此，假如人们认为具有消极目的的努力必然导致不以消灭敌军为目的，而是倾向于以不流血的方法决出胜负，那就是在基本概念上犯了一个大错。具有消极目的的努力占主要地位时，它当然会促使人们倾向于以不流血的方法决出胜负，但是这样做总会面临"这一方法并不合适"的危险，因为这完全是由对手的条件，而非我们的条件决定的。因此人们决不能将这一不流血的方法视为迫切希望保存自己军队时的自然手段。如果这一方法不适合当时的情况，那么我们反会因此而彻底毁灭。很多统帅就是因为犯了这个错误而走向毁灭。具有消极目的的努力占主要地位时，其具有的唯一的必要作用是阻止决战，导致人们在某种程度上遁入对决定性时刻的等待。这样做的结果往往是只要情况允许，就在时间上，并且当空间与时间有联系时，也在空间上**推迟行动**。继续推迟到弊多利少时，就会认为消极意图带来的好处已经用尽，致力于消灭敌军的努力就又原样出现了。这一努力此前只是被对应的力量阻止了，但并未被排斥掉。

在迄今的考察中，我们看到：在战争中，有多种途径通向目标（可以达到政治目的），但战斗是唯一的手段，因此一切要服从**以武力决出胜负**这个最高法则；只要对手实际上提出了武力决战的要求，我们就决不能回避这一要求；参战的一方如果要采取武力决战以外的其他方法，那么他事先要确定对手不会采取武力决战这一方法，或者确定对手在战争这一最高法庭的诉讼中将输掉他的官司[1]。一句话，在战争中所能追求的所有目的中，消灭敌军永远是超过一切的目的。

至于其他方法在战争中能发挥什么作用，我们将在以后，当然只能是逐步地去了解。在这里，我们满足于泛泛地承认**其他方法有可能**起到的作用是专注于与概念不同的具体情况。但是我们现在就要指出，必须将**以流血的方式解决危机**（努力消灭敌军）视为战争的长子。在政治目的小、动机弱、双方力量紧张程度不高的情况下，一位谨慎的统帅可能在战场上和政府中巧妙地尝试各种途径，避免大的危机和流血的解决方式，利用其对手特有的弱点曲折地走向媾和。如果他的各种假设有充分的根据和成功的把握，那么我们就没有权利责备他这样做，但我们必须始终要求他在走这些弯路时，始终有意识地只走有战神相伴的路，始终紧盯对手，以免对手抄起利剑扑向他时，他却只有一把饰品剑应战。

关于什么是战争，目的和手段是如何在其中发生作用的，以及战争在现实中如何或多或少地偏离其原来的严格概念而摆来摆去，却总是像服从一部最高

---

[1] 指敌人输掉战争。——译者注

法则一样服从其原来的严格概念等，所有这些结论，我们必须牢记，并且在接下来研究各个问题时必须一再有意识地想到它们，这样我们才能正确地理解这些问题的真正关系和它们的本意，才不会无休止地陷入与现实以及最后与我们自己的巨大矛盾之中。

★ 第三章 ★
军事天赋

　　每项专门活动，要想以一定的造诣来进行的话，就需要在判断力和性情方面拥有专门的禀赋。如果这些禀赋在很大程度上是优秀的，并能通过非凡的成就表现出来，那么这些禀赋所属的才智就被称为天赋。

　　我们清楚地知道，天赋这个词的含义非常广泛，对它的解释很不一致，要想就其中某些含义来阐明它的本质是很困难的。但是由于我们既未自命为哲学家，又未自诩为语法学家，因此我们可以按常用语的一般词义，把天赋理解为非常擅于进行某种活动的才智力量。

　　为了更详细地阐明这种说法的理由和进一步了解天赋这一概念的内容，我们想谈一谈这种才智力量的作用和价值。但是我们不能仅停留在因高超的才能而谓之的天赋，而不谈一般的**天赋**，因为这一概念没有任何经过衡量的边界。我们应该研究的是精神力量作用于军事活动的每一个共同的努力方向，之后就可以把这一共同的努力方向**视为军事天赋的本质**。我们之所以说**共同的**努力方向，是因为其中就有军事天赋，它不是作用于军事活动的一个单独的力量（如勇气），判断力和情感的其他力量同样不可缺少，或者说这些力量的作用力在战争中也是用得上的。**军事天赋是各种力量的和谐的结合**，其中这种或那种力量可能起主要作用，但是任何一种力量都不允许起到阻碍作用。

如果要求每位军人或多或少都拥有军事天赋，那么我们军队的人数就会很少。正因为军事天赋是精神力量的一种**特殊**指向，所以在要求一个民族具有多方面的精神力量，并进行这方面力量培养的情况下，只会出现极少的军事天才。但是一个民族的活动种类越少，军事活动在这个民族中越占主要地位，军事天才也就必然出现得越多。然而这只能决定军事天赋出现的规模，并不能决定天赋的高度，因为军事天赋的高度取决于一个民族**才智发展的总水平**。如果我们考察一个野蛮好战的民族，就会发现其个体中的尚武精神比文明民族中的常见得多，因为在野蛮民族中，几乎每位军人都具有尚武精神；而在文明民族中，大多数人打仗只是迫不得已，绝不是出于情愿。但是我们在野蛮民族中从未发现一位真正杰出的统帅，只有极少的人可称为军事天才，因为这要求有高超的判断力，而野蛮民族不可能有这样的判断力。不言而喻，文明民族也会有或多或少好战的倾向和发展，越是这样，其军队中具有尚武精神的个体也就越多。由于较普遍的尚武精神与较高的判断力结合在一起，因此最光彩夺目的军事人物总是出自这些文明民族，罗马人[1]和法兰西人就是例证。但在这些民族和所有曾经以作战骁勇而闻名的民族中，其最杰出的统帅总是在文明发展程度较高的时期才出现。

这一现象就已经能让我们猜到，在较高的军事天赋中，判断力的作用占据了很大的部分。现在我们就来进一步论述这个问题。

战争是存在危险的领域，因此**勇气**是军人的首要品质。

勇气有两种：一种是针对个人危险的勇气，一种是敢于负责的勇气，无论是在外来力量面前，还是在内心力量（良心）面前。这里只谈第一种。

针对个人危险的勇气又有两种。第一种对危险满不在乎，不管是个人天生这样，还是由于轻视生命，或是出于习惯，但无论如何，这种勇气都可看作一种不变的**状态**。

第二种是从积极的动机（如荣誉心、爱国心）或任何一种激情中产生的勇气。在这种情况下，它不是一种状态，而是一种情绪活动，是一种情感。

可以理解，上述两种勇气的作用是不同的。第一种勇气更可靠，因为它已

---

[1]罗马人（Römmer），原指罗马城的居民，此处泛指罗马帝国的居民。——译者注

经成为人的第二天性，永远不会离人而去，第二种勇气则往往带着人们走得更远；坚定更多地属于第一种勇气，勇敢则更多地属于第二种勇气；第一种勇气可以使理智更加清醒，第二种勇气有时可以增强理智，但也经常会使人失去理智。**两种勇气结合起来，就是最完美的勇气。**

战争是存在身体劳顿和痛苦的领域。为了不被它们压垮，就需要有一定的体力和精神力量（不管是天生的，还是锻炼出来的），使人们对此习以为常。具备这种素质的人，在健全的头脑的引导下，就已经是一个有力的作战工具了，而这种素质正是我们在野蛮和半开化的民族中普遍见到的。如果我们进一步研究战争对军人的种种要求，那么就会发现，战争要求军人具有**极强的判断力**。战争是存在不确定性的领域。战争中行动所依据的情况有四分之三处于或多或少的不确定的迷雾中，因此，在这里首先要求有细致入微和敏锐透彻的判断力，以便通过判断时的直觉来感知出真相。

普通的判断力也许偶尔能辨明这一真相，非凡的勇气也许偶尔能弥补失算，但大多数情况（平均的结果）总是会暴露出判断力的不足。

战争是存在偶然性的领域。人类的任何活动都不像战争那样给偶然性这个陌生事物留有如此广阔的天地，因为没有任何活动像战争这样全方位地一直与偶然性接触。偶然性会增加所有情况的不确定性，并干扰战事的进程。

所有情报和假设的不可靠性，以及偶然性的不断介入，使得指挥官在战争中不断发现实际情况与他预期的不同，这就会对他的计划，或者至少对与该计划有关的一些设想产生影响。如果这种影响很大，以致不得不明确取消既定的计划，那么通常必须以新的计划来代替它，但这时往往缺少情报，因为在行动过程中，大多要求立即定下决心，不会给人们时间重新了解情况，甚至经常没有充分思考的时间。但更为常见的是：对我们想法的修改和对出现的偶然事件的了解并不足以完全推翻我们的计划，而只是动摇了我们的计划。我们对情况的了解增加了，但是不确定性并未因此减少，而是增加了。原因是：我们的这些认识不是一次得来的，而是逐渐得来的，同时我们的决心不断受到其冲击，精神不得不总是处于戒备状态（如果可以这样说的话）。

一个人要想不断地战胜意外事件，就必须具备两种特性：**一是具备在这一**

加重了的黑暗中[1]仍能发出一些内在微光，引导他走向真相的思维能力；二是具备跟随这一微光前进的勇气。前者在法语中形象地被称为**眼力**[2]，后者则是**果断**。

在战争中，首先最引人注意的是战斗，而在战斗中，时间和空间是重要的因素，而在以速战速决的骑兵为主的时代就更是这样。因此**迅速和准确地定下决心**，这个概念最初是在估计时间和空间这两个因素时产生的，因此得到了"眼力"这个只注重正确目测的称谓。很多军事艺术的教官也是以这个受到局限的意义给它下定义的。但是不能否认，一切在行动实施中瞬间做出的准确决定，不久也都被理解为眼力了，例如判明真正的进攻点等。因此"眼力"指的不仅是视力，更多是指洞察力。当然这个词和它所表达的事物一样，更多是用于战术领域，但在战略上也经常需要迅速决策，因此也是不可或缺的。如果人们给这个概念剥去其名称带来的过于形象和狭隘的外衣，那么它无非是指一种迅速辨明真相的能力。普通眼光根本看不到这一真相，或者要经过长时间的观察和思考才能看到。

果断是勇气在具体情况下的一个行动，当它成为性格特征时，又是精神上的一个习性。但是我们这里讲的不是针对肉体所面临危险的勇气，而是敢于负责任的勇气，就是某种程度上针对精神上面临危险的勇气。这种勇气是从理智中产生出来的，因此通常称之为**智者之勇**[3]，但它并不因此就是理智的表现，而是性情的表现。纯粹的理智还不是勇气，因为我们看到一些极聪明的人往往并不果断。因此理智必须首先唤起勇气的情感，以便得到其支持和承载，因为在紧急时刻，情感比想法更能支配人。

在这里，我们认为果断的作用是在动机不足时，消除疑虑带来的苦恼和迟疑带来的危险。不是很严谨的用语当然也把纯粹的冒险倾向、大胆、无畏、蛮干等叫作果断，但是只要一个人有了足够的动机（不管是主观的还是客观的，是恰当的还是错误的），我们就没有理由评论他是否果断，否则就是越俎代

[1]指战斗中的不确定性由于意外事件而增加。——译者注
[2]"眼力"，原文为法语"coup d'oeil"，在军事上用来表示目测的能力，以及通过观察判断地形、态势优劣的能力。——译者注
[3]"智者之勇"一词，作者用了法语"courage d'esprit"，直译为"精神之勇"。——译者注

庸，说他有疑虑，而实际上他根本没有。

我们在这里只能谈动机的强弱问题。我们还不至于迂腐到为用语的一点不妥就争论不休，我们的说明只是为消除一些错误的观点。

这种战胜疑虑状态的果断，只能通过判断力产生，具体是通过判断力的一种完全特殊的活动。我们认为，较深的认识和必要的情感简单相加还不能产生果断。有些人虽然有完成最困难任务所需的极敏锐的洞察力，也不缺乏担当的勇气，但是在困难的场合还是做不到当机立断。他们的勇气和他们的认识各自分开，互不施以援手，因此从中没有产生第三种东西——果断。只有通过判断力的**活动**才能产生果断，这种活动使冒险的必要性成为一种意识，并通过冒险的必要性确立意志。判断力的这种特殊活动以对**动摇和迟疑**的惧怕来战胜人内心的任何其他惧怕，从而在人类强有力的情感中形成果断。因此，从我们的标准来看，判断力较差的人不可能是果断的。他们在困难的场合可能毫不迟疑地行动，但这是**未经深思熟虑的**，既然未经深思熟虑就行动，当然也就不会对自己有疑虑。这样的行动偶尔也可能是正确的，但是我们在此还要说：显示出军事天赋存在的，是**平均的结果**。如果有人对我们这种论断仍感奇怪，因为他认识的一些果断的轻骑兵军官并不是善于深思的人，那么我们必须提醒他，这里所说的是判断力的一种特殊活动，而不是善于冥想的能力。

因此我们认为，果断的存在应归功于判断力的特殊活动，而这种判断力的特殊活动更多属于坚强有力的人，而不是表面光鲜的人。我们还可以举出大量事例来证明果断的这种由来。例如有些人在职位较低时表现得非常果断，在职位较高时却失去了果断。尽管他们需要定下决心，但是他们又意识到一旦定下**错误的**决心，就会带来诸多危险。由于他们不熟悉自己面前的事物，于是其判断力就失去了原有的力量。他们越是认识到陷入犹豫不决带来的危险，此前在低级别职位上越是习惯于不假思索地行动，现在就越会变得畏缩不决。

在提到眼力和果断的时候，自然就得谈谈与其相关联的**应变能力**。在战争这样有意外出现的领域中，应变能力必然会起到大的作用，因为它不是别的，而正是一种能够更有力地处置意外事件的能力。人们钦佩应变能力能够对意外的发问做出恰当的回答，也钦佩它在突然出现危险时能够迅速找到应急的办法。这种回答和办法无须超乎寻常，只要恰当即可，因为经过成熟和冷静思考的应变能力，即使不是什么超乎寻常的（给我们的印象是平淡的），但作为判断力的一个快速活动仍是令人钦佩的。**应变能力**这个词想必非常确切地表述了判断力所给予帮助的及时和快速。

一个人具有这种可贵的素质，是应更多地归功于其判断力方面的特质，还是应更多地归功于其性情的均衡发展，这要取决于具体情况，但是两者中的任何一个都不能完全没有。对意外发问的恰当回答更多是聪明头脑的杰作，而在突然遇到危险时拿出恰当的办法则首先以性情的均衡发展为前提。

现在如果我们综观一下战争所处环境的四个组成部分，即**危险、劳顿、不确定性**和**偶然性**，那么就很容易理解，人们要想在这种困难重重的环境中有把握地顺利前进，就要在性情和判断力方面拥有巨大的力量。我们发现，战事的讲述者和报道者根据这些力量在不同情况下的不同表现形式把它们称为**干劲、坚定、顽强、沉着**和**刚毅**。所有这些英雄本色的表现，都可以看作同一种意志力在不同情况下的不同表现。但是不管这些表现彼此是多么近似，但它们毕竟不是一回事。因此，在这里把这些精神力量的不同表现至少较为仔细地区别一下，对我们也是有好处的。

首先，为了让我们的观点明确，我们必须指出，给指挥官上述精神力量带来挑战的压力、负担、阻力（不管叫法如何）中，只有极少一部分**直接是敌人的活动、敌人的抵抗**和**敌人的行动**。敌人的活动直接影响到指挥官的首先只是他个人的安危，但并未影响到他作为一名指挥官的活动。如果敌人抵抗的时间不是两小时，而是四小时，那么指挥官面临危险的时间也就不是两小时，而是四小时。这个危险因素显然是随着指挥官职位的提高而减小的，对居于统帅地位的人来说，这意味着什么呢？——他没有任何危险！

其次，敌人的抵抗之所以**直接**对指挥官产生影响，是由于敌人在较长的抵抗中使该指挥官的手段出现损失，以及他要承担相关的责任。部队受到损失在指挥官心中引起的焦虑，首先就考验和挑战他的意志力。但是我们认为这远不是他不得不承受的最沉重的负担，因为此时他只是要把握住自己，而敌人抵抗所产生的其他一切影响是针对其部下的，并且**通过他们反过来影响指挥官本人**。

只要一支部队勇气十足，带着乐趣轻松地战斗，那么指挥官就很少有必要在追求其目的时展示自己强大的意志力。但是当情况变得困难时（要完成非凡的任务，是不可能没有困难的），战事就不再像绑在一部上足了润滑油的机器[1]上那样自如前行了，而是机器本身开始产生阻力，而克服这种阻力，就需要指挥官有强大的意志力。对这一阻力，人们不一定理解为抗命和抗辩（尽管个别人常常有这种表现），而是部队的物质和精神力量逐渐消亡给人带来的总的感受，是看到流血牺牲后引起的撕心裂肺的痛苦情绪。指挥官必须首先克服自己内心的这种情绪，然后与所有其他人的这种情绪做斗争，因为他们的印象、感受、忧虑和意愿都会直接或间接地传递给他。一旦个人的力量不断衰减，靠自己的意志再也不能激发和承载这一力量，那么大量人员的全部惰性就会逐渐压在统帅的意志上。统帅必须用自己的胸中之火和精神之光重新点燃全体部下的信念之火和希望之光。他在这一点上能做到什么程度，就能在什么程度上控制他们，继续做他们的主帅。一旦他做不到这一点，一旦他自己的勇气不再足以重新鼓舞起所有部下的勇气，那么他就会被部下拉入表现出动物本性的低级地带，从而出现临危退缩和荣辱不分的现象。这些就是在斗争中一位指挥官的勇气和精神力量为取得卓越的成就而必须克服的压力。这些压力随部下人数的增多而加大，因此要想承受住这些压力，指挥官的精神力量就必须随职位的提高而增加。

行动的干劲表达的是引发行动的动机的强度。这种动机可能来自头脑中的信念，或者来自性情中的激情。而要展示大的干劲，来自性情中的激情是难以或缺的。

我们必须承认，在激烈的战斗中，人们内心充满的所有宏大情感中，最有力和最持久的就是对荣誉和尊严的渴求。在德语中，人们试图用贪图名誉[2]和虚荣[3]这样的贬义词来贬低这种渴求，未免有失公允。当然，如果人们滥用这种高尚的追求，那么恰恰是在战争中必然会引发最令人愤慨的违背人性的不公正。但是就这些感受的源头来说，它们的确是在人性最高尚的感受之列。

---

[1]指部队。——译者注
[2]"贪图名誉"，原文"Ehrgeiz"。——译者注
[3]"虚荣"，原文"Ruhmsucht"。——译者注

在战争中，它们是真正的生命气息，赋予巨大的躯体[1]以灵魂。其他一切情感（例如爱国心、追求理想的狂热、复仇心，以及各种激情情绪），不管它们有可能变得多么普遍，或者其中有些看上去多么崇高，都不会让对荣誉和尊严的追求可以缺失。这些情感能在总的方面鼓舞和提高整个部队的士气，但不能赋予指挥官比部下更大的雄心，而这种雄心是指挥官要想在其位置上取得卓越成就所必须要具备的。这些情感都不能像荣誉心那样，把具体的军事行动变成指挥官的个人财产，让他像对待自己的田地那样，努力以最佳方式加以利用，辛勤耕耘，细心播种，以期获得丰收。使军队发挥作用和取得胜利的，主要就是从最高一直到最低的各级指挥官的这种努力、活力[2]、竞争热情和进取心。至于现在说到最高统帅，那么我们要问：自古以来，有哪位杰出的统帅没有荣誉心呢？或者，难道这样一位没有荣誉心的统帅是可以想象的吗？

坚定是指意志对一次具体打击的抵抗力，**顽强**则是指意志对持续打击的抵抗力。

虽然坚定和顽强这两个词的意义十分接近，而且常常相互替代，但是它们在本质上的一个显著不同是不容忽视的。针对一次猛烈冲击所表现出来的坚定可以来自单纯的情感的力量，而顽强则要更多地有判断力的支持，因为随着行动时间的延长，按计划行事的重要性就增加了，顽强的力量有一部分就是来自这种计划性。

现在我们来谈谈**沉着或镇定**。首先我们要问，应该如何理解它们。

沉着或镇定显然不是指情感表达强烈，不是指激情澎湃（因为这样的话将违背所有的用语习惯），而是指即使在最激动和激情爆发时也能够服从理智的能力。这种能力仅来自理智的力量吗？我们对此表示怀疑，因为有些人虽然具有突出的理智，却不能自制。尽管这个现象还不能证明我们的怀疑是正确的（因为有人会说，这里需要的是理智的一种特殊的、也许是更有力的本性，而不是泛泛的本性），但是我们仍然认为，即使在情感最冲动的时刻仍服从理智

---

[1] 指参战部队。——译者注
[2] "活力"一词，作者用了法语"industrie"。——译者注

的这种力量，即我们所说的**自制力**，在情感中是有其一席之地的。这种说法是更接近真相的。这是一种别样的情感，它使激情四射的各种强烈的情感保持平衡而不会损伤它们。通过这种平衡，理智的支配作用才得到保证。这种平衡力量无非是对人的尊严的感受，是最宝贵的自豪感，是内心最深处的需求，即希望**随时随地作为一个有认知和理智的人发挥作用**。因此我们说，沉着是**即使在最激动时也不失去平衡**的一种强烈的性情。

如果我们从性情方面观察一下不同类型的人，就会发现一类不大活跃的人。我们把这类人叫作情感迟钝或情感平淡的人。

第二类是非常活跃的人，但他们的情感从不超过一定的强度。我们看到，这是一种情感丰富但又平静的人。

第三类是很容易激动的人。他们的情感就像火药燃烧一样迅速和猛烈，但不会持久。

最后，第四类是不为小事所动的人。他们通常不是很快，而是逐渐采取行动，但是其情感非常有力，而且持续时间长很多。这是一种情感强烈、深藏而不外露的人。

这种情感构成上的差异，很可能与活动于人的有机体中的**各种身体力量**的限度有关，并且来源于我们称之为神经系统的具有两重性的组织。这一组织一方面与物质有联系，另一方面又与精神有联系。在这个晦暗不明的领域，凭我们这点哲学知识是探索不出什么的。但是对我们来说，略微研究一下这几类人在军事活动中所起到的作用，以及可以期待他们能表现出多大程度的沉着，却是重要的。

情感平淡的人不会轻易失去镇定，但是我们当然不能把这叫作沉着，因为他缺少任何力量。可是我们也不能否认，这类人正是因为能够一直保持镇定，所以在战争中才在一定程度上有他有用的一面。他们往往缺乏行动的积极动机，也就是缺乏驱动力，结果就缺乏行动，但是他们也不容易坏事。

第二类人的特点是遇到小事容易被其激发而行动，遇到大事却容易受其压制而消沉。这种类型的人平时活跃，会帮助个别遭遇不幸的人，但在整个民族遭遇灾难时，却只是在一旁唉声叹气，不能奋起行动。这类人在战争中既能行动，也能保持镇定，却成不了什么大事。要成大事，就要一个**强有力的、有头脑的人**有干成大事的动机。不过有这样的性情的人很少是强有力和有独立头脑的人。

激动和暴躁的情感本身在现实生活中（也包括在战争中）不是特别有利。这种情感虽然有动力强的优点，但是维持不了多久。如果这种容易激动的情感有发展成为勇气和荣誉心的趋势，那么这种情感在战争中的较低职位上往往非常有用。原因很简单，因为下级军官指挥的军事行动持续的时间很短，往往只要下一个大胆的决心，振奋一下精神就够了。一次勇猛的冲锋、一阵激情的喊杀声是几分钟的事情，而一场激烈的会战可能需要一整天，一个战局则可能需要一年。

这种人在其情感快速冲动时，就倍加难以保持性情的平衡，因此常常失去理智。对指挥作战来说，这是他们最糟糕的一面。但是如果人们断言好激动的人从**不可能**是强大的，也就是说他们在最激动时从**不可能**保持平衡，那也是不符合事实的。既然他们通常是较为高尚的人，那么在他们的内心中怎么会没有自尊的感受呢！在他们身上极少缺乏这种自尊心，但是没有时间发挥出来，因此他们大多事后深感自愧。如果他们通过教育、自己观察和体验，或早或晚地学会了控制自己的方法，能在情绪激动时及时意识到自己内心与之抗衡的力量，那么他们也能成为很沉着的人。

最后，是那一类很少激动而情感深沉的人。这类人的行为方式与前一类人相比，就像炭火与火苗。如果我们把军事行动中的困难形象地比喻为庞然大物，那么这类人最适合用其巨人般的力量把它推开。其情感的作用如同巨大的物体在运动，虽然比较缓慢，却更加势不可挡。

尽管这类人不像前一类人那样容易被其情感左右，不会被其情感拖入事后的自愧，但是如果认为他们不会失去平衡，不会受到盲目冲动的支配，那也是不符合事实的。一旦他们缺少自制这一宝贵的特点，或者当自制力不够强大时，他们也会失去平衡，为盲目的冲动所支配。在野蛮民族的伟大人物身上常常可以看到这种情况，因为在野蛮民族中对理智的培养较少，总容易让冲动占上风。但是即使是在文明民族及其最有教养的阶层中，也充满着这样的现象：有些人为使用暴力的冲动所左右和拖曳着，就如同在中世纪，盗猎者被拴在鹿的身上拖过丛林一样[1]。

因此，我们再重复一遍：性情强大的人不是只会激动的人，而是即使在最激动的时刻也能保持平衡的人，尽管内心如暴风骤雨般激动，但他们的见解和信念却像在暴风雨中颠簸的船上的罗盘指针，仍能进行最精确的活动。

所谓性格强，或者干脆说有性格，指的是能坚持自己的信念。这种信念可能是根据别人或者自己的见解得出的，也可能是某些原则、观点、瞬间灵感或者任何理智思维的一部分。但是如果见解本身经常改变，那么**这一坚定性**当然也就无从表现出来了。见解经常改变，不一定是外界影响的结果，也可能是自己思维不断活动的结果。当然，这表明这一思维活动还有其特殊的不稳定性。很明显，如果一个人时刻都在改变其观点，即使改变的原因很大程度上是出于他自己的思考，人们也不能说**他有性格**。我们只把那些信念**非常稳定**的人称为有性格的人。他们的信念之所以稳定，或是因为信念根深蒂固（很明确，这本身就不容易改变），或是因为像情感淡漠的人那样缺乏思维活动，于是也就缺少改变信念的基础，或是因为源自思维的一个指导原则，该原则认为要想让意志活动明确无误的话，就应在一定程度上拒绝改变看法。

在战争中，人们在情感方面会有很多强烈的感受，他们了解的情况和得出的见解都不牢靠，因此在战争中比在人类其他的任何活动中，都有更多的原因能使他们离开原来的道路，对自己和别人产生怀疑。

在战争中，人们看到危险和痛苦带来的惨烈景象。这使情感很容易压倒理智的信念，而且在一切现象都模糊不清的情况下，要得出深刻而明确的见解是如此困难，导致人们对见解的改变变得更理解和更容易原谅了。在战争中，人们往往只能揣测和感觉出行动所必须依据的真实情况，因此意见分歧在这里比在任何其他地方都要大，而且大量的感受像洪水一样不断冲击着个人的信念。即使是头脑极为迟钝的人也几乎不会感受不到它们的冲击，因为这些感受过于强烈和生动，而且总是同时针对性情产生作用。

只有那些从一个**较高**处指导着行动的一般原则和观点才可能是明确而深刻

---

[1] 在中世纪，欧洲贵族为惩罚闯入自己林苑的盗猎者，往往将其用铁链拴在鹿的身上拖过丛林。——译者注

的认识的果实，而对当前具体情况的看法某种程度上是以这些一般原则和观点
为依据的。但是要坚持这些早先深思熟虑所得出的结论，不受当前不断产生的
看法和现象的影响，正是困难所在。在具体情况和基本原则之间常常有广阔的
空间，这一空间并不总是可以用一系列明确的推论连接起来。在这一空间里，
一定的自信心是必要的，一定的怀疑也是有好处的。此时能帮到我们的往往不
是别的，而是一个指导原则。这个原则是现成的，不是我们的思维提出来的，
却可以支配我们的思维。这个原则就是：在一切犹豫的情况下，**坚持自己的第
一个看法，并且不放弃，直到有清晰的、令人确信的情况迫使我们放弃它**。人
们必须坚信，经过验证的原则具有较大的真实性，而在当下的现象**很活跃时**，
不要忘记，这些当下现象的真实性是比较小的。如果我们在犹豫的情况下仍能
相信并坚持我们早先的信念，那么我们的行动就具备了人们称之为性格的那种
坚定性和一贯性。

人们很容易看清，性情的平衡能在很大程度上促进性格的形成，因此性情
丰富的人大多是很有性格的人。

在谈到性格强时，我们会想到它的一个变种——**固执**。

在具体情况下，往往很难划清性格强与固执之间的界限。相反，确定它们
在概念上的区别看来并不难。

固执不是思维上的毛病。我们所说的固执是指拒绝更好的见解。如果把这
种拒绝归为思维上的毛病，那就会自相矛盾，因为思维能力就是提出见解的能
力。固执是**性情上的毛病**。这种意志的执拗性，这种对他人意见的敏感性，只
能产生于一种特殊的**私心**。有这种私心的人，其最大**乐趣就在于只是用自己的
精神活动支配自己和别人**。假如固执不是比虚荣心稍好些，那么我们就会把它
叫作一种虚荣心了。虚荣心满足于表面，固执则满足于事实。

因此我们说，一旦拒绝他人的见解不是由于有更好的信念，不是由于相信
有一个更高的原则，而是出于一种**抵触情绪**，那么性格强就变成固执了。即使
这个定义对我们的实际帮助不大（如同我们已经承认的那样），但是它毕竟可
以阻止我们认为固执只是性格强的一个**简单的提升**。固执虽然与性格强很接
近，并与之相邻，但是与它有本质上的区别。固执对性格强的提升很少，甚至
固执的人由于缺少头脑，其性格并不强。

　　以上我们了解了一位优秀的指挥官在战争中应具备哪些由性情和理智共同发挥作用的素质，现在我们来谈谈军事活动的一个特点。这个特点即使不是最重要的，恐怕也可被视为是最强有力的。它只要求有思考能力，而与性情力量无关。这就是战争与地形地貌的关系。

　　首先，这种关系是**始终存在的**，以至于人们根本不可能设想我们训练有素的部队的一个军事行动不是在一定的空间里进行的。其次，这种关系具有**最具决定性的重要性**，因为它能影响，有时甚至完全改变所有力量的效果。最后，这种关系往往一方面涉及**具体地点的最细微的特点**，另一方面又**包括最广阔的空间**。

　　这样，战争与地形地貌的关系就使其活动具有显著的特点。我们看到，人类与地形地貌有关的其他活动（例如园艺、农业、房屋建筑、水利工程、采矿、狩猎和林业等），其空间都是很有限的，不久就可以相当准确地探索清楚。而在战争中的指挥官则不得不在一个多种因素共同起作用的空间中行动，指挥官的眼睛无法一览无余地看到这个空间，即使尽最大努力也不是总能够探索清楚，而且空间在不断变换，指挥官也极少能真正了解它。一般来说，虽然对手也面临同样情况，但是，首先，当双方面临共同的困难时，谁能凭借才能和训练有素克服它，谁就会拥有很大的好处；其次，我们这里所说的双方困难相同，只是总的来说是存在的，绝不是针对具体情况而言，因为在具体情况下，交战双方中的一方（防御者）通常对当地地形比另一方熟悉得多。

　　对这种极为特殊的困难，必须用一种特殊的思维禀赋来克服。这种禀赋用一个过于狭义的表述来说就是**方位感**。方位感就是**对任何地点迅速形成正确的几何概念**，从而每次在该地点都可轻易判明方位的能力。显然这是想象力的一种活动。了解地形时，虽然一方面要靠肉眼，另一方面要靠头脑（头脑用它从科学和经验汲取得到的认识补充肉眼所没有看到的，并把肉眼看到的片段合成整体），但是要使这个整体鲜活地呈现在脑海里，成为一幅画，成为一张在内心绘制的地图，并得以长久地保留，使具体的笔画不会时常模糊不清，则**只有我们称之为想象力的这种思维力量能做到**。如果一位有天赋的诗人或者画家感觉受到了伤害，因为我们认为他奉若女神的想象力起到了判断方位的作用；如果他耸耸肩说，这样说来岂不是一位机敏的青年猎手也要有出色的想象力，那么我们愿意承认，我们这里所说的只是想象力在很窄范围内的运用，只是它十分低微的职能。但是无论这种职能多么小，它毕竟来自这种自然力量，因为如果完全没有想象力，那就很难把物体依其形式上的联系而清晰地想象出来。我们愿意承认，良好的记忆力对这方面帮助很大，但是是否就可以据此认为记忆力是一种独立的思维力量，或者能更好地固定对这些事物的记忆，恰恰是由于想象力呢？我们对此更多的是给不出确切的答案，因为就某些关系来看，对这两种思维力量本来就是难以分开考虑的。

不可否认，日常训练和头脑的认知在这方面起了很大的作用。著名统帅弗朗索瓦·卢森堡[1]的著名副参谋长[2]皮塞居尔[3]说，当初他在这方面不大相信自己，因为他注意到，每当他要去远处取口令时总是走错路。

职位越高，这种才能的运用范围自然就越广。如果说，轻骑兵和步兵在侦察时必须善于认路，通常为此只需具备有限的判断力和想象力，那么统帅就必须了解一个省份和一个国家的地理概况，并且不能因此就可以缺少具体的方位感，而是必须在眼前总是鲜活地呈现出道路、河流和山脉的特征。虽然对他而言，各类情报、地图、书籍和回忆录能在总的情况掌握方面提供很多帮助，周围的参谋人员能在细节掌握方面提供很多帮助，但是毫无疑问，如果一位统帅拥有迅速而清晰地判断地形的出色才能，那么这可以使他的整个行动进行得更为轻松和更有把握，使他内心避免出现某种程度上的无助感，从而较少依赖别人。

如果把这种能力归功于想象力，那么这也几乎是军事活动要求想象力这位欢闹女神要做的唯一贡献了。除此以外，想象力对军事活动更多是有害的，而不是有益的。

---

[1] 弗朗索瓦·卢森堡（François Henri de Montmorency-Boutteville Luxembourg, 1628—1695），公爵，法国元帅，路易十四世时期的统帅。1672年曾在尼德兰作战。——译者注

[2] 副参谋长（der Generalquartiermeister），原意为军需官，最初负责协助主官安排部队食宿，设置参谋部后，其职权扩大，成为主官的主要助手之一。历史上大部分国家只是在战局期间设置此职务。——译者注

[3] 皮塞居尔（Jacques François de Chastenet de Puységur, 1656—1743），侯爵，法国元帅，军事理论家。著有《军事艺术中的原则和规则》（*Art de La Guerre, Par principes et par Règles*）等。——译者注

我们认为，到此为止已经论述了军事行动要求人们具备的才智和情感力量的各种表现。思维能力作为一个重要的共同起作用的力量处处都需要，因此人们就可以理解，为什么尽管军事行动的各种现象是简单的和不怎么复杂的，但是不具备卓越思维能力的人却不会取得卓越的战果。

有了上述的观点，人们就不会再盲从地认为"对敌人一处阵地进行迂回"这一出现过千百次、本身很自然的行动，以及很多类似的行动是高度运用智慧的杰作了。

当然，人们习惯于把朴实能干的军人与习惯沉思、想象力丰富或富有见解的人，以及有各种学历光环的人对立起来，这种对立也决非没有现实性，但是这并不证明军人的能干只表现在勇气方面，也不证明军人要成为出色的勇士就不需要某种特殊的思维活动和才能。我们不得不反复指出，有些人一旦到达其认知无法再适应的较高职位，他们就失去了这种特殊的思维活动能力，这样的事例是再常见不过了。我们还不得不经常提醒读者，我们所说的卓越的成就指的是那些能给人们在其从事的事务中带来声誉的成就。因此在战争中，每一级指挥官都应具备相应的思维能力、声望和荣誉。

统帅（居于整个战争或一个战区之首的将帅）与他下一个指挥层级之间的差别是很大的。理由很简单，因为后者要受到具体得多的领导和监督，因此他们的思维活动范围就要小得多。这就让人通常只看到在最高职位上的人有杰出的思维活动，而认为其下各级人员只要具备一般的思维能力就足够了。是的，人们的确看到，有些长期在军中服务而头发斑白了的、职位仅次于统帅的指挥官，由于多年只从事某一方面的活动而思想贫乏了，人们甚至认为他们已经有些愚钝了，因此在敬佩其勇气的同时又讥笑其头脑简单。我们并不打算为这些勇敢者争取更好的声誉，这样做不会提升其任何作用，也不会给他们带来多少快乐，我们只是想指明事实，提醒人们不要误以为一个有勇无谋之徒在战争中也能取得卓越的战果。

既然我们在最低的职位上就已经要求那些应成为优秀指挥官的人具有卓越的思维能力，而且要求这一能力随职位的提升而提高，那么自然就会从中得出结论：我们对那些在军队中**享有声望**的、处于二把手位置的指挥官，完全不应认为他们愚钝。与博学的学者、精明的商人、善辩的政客相比，他们看似头脑简单，但是这不应误导我们忽略其思维活动的优秀本性。的确不时会发生这样的情况：有的人随着职位的提升，把在职位较低时赢得的声望一并带到了较高职位上，但实际上，他们在这一较高职位上并不配享有这种声望。如果这些人在提升后很少被使用，他们就没有暴露其弱点的危险，那么我们就不能准确地判断他们应有何种声望。由于有这样的人存在，所以我们往往把在某些职位上本可大放光彩的人低估了。

因此，从下到上的指挥官，只有具备特殊的天赋，才能在战争中取得卓越的成就。但是历史上和后世的评论通常只把"真正的天赋"这一称谓加在那些曾在最高职位上，也就是在统帅职位上光芒四射的人物头上。原因是，这种职位对思维能力和精神力量的要求一下子高了很多。

要引导整个战争或者其最大的行动（我们称之为战局）走向灿烂的目标，就必须对较高层次的国内和国际关系有深刻的见解。在这里，作战指挥和政治就合二为一了，统帅也就同时成了政治家。

人们之所以没有赋予卡尔十二世"伟大天才"的称谓，是因为他不懂得让武力的作用服从于更高的见解和智慧，不懂得以此达到灿烂的目标；人们之所以没有赋予亨利四世[1]"伟大天才"的称谓，是因为他没有来得及以他的军事效果影响多国之间关系就去世了，没有来得及在这个更高的领域里一试身手。在这个领域里，一个人的宝贵情感和骑士精神在针对对手时就不会像在平定内乱时那样起作用了。

读者如想进一步了解统帅应迅速掌握和正确判断的内容，可参阅第一章。我们说，统帅要成为政治家，不能只满足于是一位统帅，他一方面要了解所有的国家关系，另一方面又要清楚地知道用自己手中的手段能做什么。

由于这些关系是多种多样的，其界限是模糊不清的，使得要考虑的因素也是大量的，还由于这些因素大部分只能根据盖然性的法则来估计，因此假如一位统帅不能以到处都能感知真相的洞察力来准确地判断事物，那么他的思考和顾虑就会出现混乱，从中也就根本不可能再形成判断。从这个意义上说，拿

---

[1] 亨利四世（Heinrich Ⅳ.，1553—1610），法国国王（1589—1610）。——译者注

破仑[1]说得完全正确，即很多摆在统帅面前需要做的决定都可以构成需要**牛顿**[2]和**欧拉**[3]计算的数学题了。

这里对较强思维能力所要求的是综合能力和判断力，二者上升成为令人称奇的洞察力。具有这种能力的人能迅速触及和澄清千百个模糊的概念，而思维能力一般的人要费很大力气，甚至要耗尽心血才能弄清这些概念。但是假如具有这种较强思维能力的人（具有这种天才眼力的人）没有我们前面论述过的性情和性格特征的支持，还是不能载入史册的。

纯粹追求真理的动力在人的内心只是极其微弱的，因此在"认识到"与"想要做"之间，在掌握知识与形成能力之间总是有很大区别的。促使人们行动的最强的动力总是来自情感，而最有力的支持力量则来自性情和头脑的合金（如果可以这样说的话），这一合金就是我们前面讲过的果断、坚定、顽强和刚毅。

此外，假如一位统帅的这种高超的思维和性情活动没有在其活动的总成就中体现出来，而只是人们出于忠诚和信任假设他从事了这种活动，那么这种活动很少会载入史册。

人们所了解的战事的过程通常是很简单的，相互间是大同小异的。仅凭纯粹的记述，没人能了解在这些过程中所克服的困难。只是在一些统帅或其心腹的回忆录中，或在专注于某一事件的历史专门研究中才不时流露出构成整个事件的大量线索中的部分线索。在某一重大行动实施之前的大部分思考和内心斗争，因为涉及政治利益而被故意隐瞒了，或者因为仅被视为建筑物建好后就必须拆掉的脚手架而在无意中被遗忘了。

最后，在我们不是冒昧地对较强的思维能力做进一步规范的情况下，如果我们还是按照语言上固定下来的一般概念，承认思维能力本身是有差别的，然

[1]拿破仑（Napoleon Bonaparte，1769—1821），法国著名军事家、政治家，法兰西第一共和国第一执政（1799—1804），法兰西第一帝国皇帝（1804—1814），百日王朝皇帝（1815），意大利国王（1805—1814），莱茵邦联保护人（1806—1813）。——译者注
[2]牛顿（Isaac Newton，1643—1727），英国物理学家、数学家、天文学家和自然哲学家。——译者注
[3]欧拉（Leonhard Euler，1707—1783），瑞士数学家和物理学家。自19岁起即发表论文，一生撰写书籍和论文800余部。曾任彼得堡大学物理和高数教授。晚年失明后，仍以惊人的毅力凭记忆和心算进行研究。——译者注

后自问哪种思维能力是一位军事天才最应具备的，那么对这一问题的论述和经验都会告诉我们，这种思维能力更多应是检验性的，而非新创立的；更多应是全面的，而非单方面的；更多应是冷静的，而非头脑发热的。在战争中，我们愿意把兄弟和孩子们的平安，以及我们祖国的荣誉和安全托付给具备这种思维能力的人。

★ 第四章 ★

战争中的危险

在人们未经历战争危险以前，通常把它想象得不怎么可怕，而是吸引人的。在热情的激励下，大步冲向敌人——谁还在那里去数子弹和阵亡者呢？眼睛闭上少许几个瞬间，扑向冰冷的死神，不知道是我们还是别人能逃脱它，而这一切就发生在胜利桂冠近在眼前、荣誉渴望的美果唾手可得之时，这会是困难的吗？这应该不是什么难事，而且实际中出现的困难应该会更少。但是这些瞬间并不像人们想的那样是一阵心跳之后就结束了，而像是被时间冲淡了的和不得不享用的苦药水，我们说，这样只是一阵心跳之后就结束的瞬间很少。[1]

我们陪同新兵走上战场。当我们靠近战场时，隆隆的炮声越来越清晰，最终夹杂着的炮弹的呼啸声开始引起新手的注意。炮弹开始在我们前后不远处落下来。我们奔向战场主官及其众多随从所在的高地。在这里，附近落下的炮弹和不断爆炸的榴弹是如此密集，以至于严峻的现实打破了年轻人的幻想。忽然间，一位熟悉的人倒下了。一枚榴弹落入人群，引起一阵骚动，人们开始感到不再平静和专注了，就连最勇敢的人也至少变得有些分神了。现在我们进一步走入会战，走向距离我们最近的一位师长，会战几乎仍像一部戏剧展现在眼

---

[1] 指人们在战争中面临死亡威胁往往不只是几个瞬间，而是不得不长时间面对。——译者注

前。在这里，炮弹一枚接着一枚落下，我方火炮的轰鸣加大了人们的心神不定。我们再从师长走向旅长，这位大家公认的勇敢的人正小心翼翼地隐蔽在一座山丘、一幢房屋或一片林地的后面——这充分说明危险越来越大了。霰弹纷纷落在房顶和田野，炮弹到处呼啸着从我们头上和身边飞过，并且已经开始听到枪弹嗖嗖而过的声音。我们再走向部队，走向以无法形容的顽强精神在数小时的火力战中一直坚持的步兵部队。这里的空中到处是嗖嗖而过的子弹，它们以短促而尖厉的声音宣布自己近在咫尺，就在我们的耳边、头上以及心中掠过。此外，看到人们伤残和倒毙而产生的怜悯心，更使我们不安的内心感到悲痛。

如果一位新兵感受不到人的思绪之光在这里是受其他工具驱动的，折射出的光线与凭空臆想时是不同的，那么他就触及不到任何上述不同程度的危险。是的，假如一个人在接触到战争的这些给人最初的印象时，没有失去当机立断的能力，那么他想必是一个非凡的人。的确，习惯会很快冲淡这些印象。半个小时后，我们就开始变得对周围的一切比较无所谓了（有的人无所谓多些，有的人无所谓少些），但是一个普通人在这种情况下总还是不能做到完全泰然处之。由此可见，一个人只具有普通精神力量在这里是不够的，而且需要他担负的责任越大，情况就越是如此。在这种困难的环境中，即使要让部分活动取得在后方看来一般的效果，人们就已经必须具备很多巨大的、泰然处之的、天生的勇气，以及强烈的荣誉心或者久经危险的经历。

战争中的危险是战争中的一种阻力[1]，对它有一个正确的看法，对于认清真相是必要的，因此我们在这里提到这一问题。

---

[1]　"阻力"（die Friktion），原意为"摩擦"。作者在书中以此比喻使战争进程困难的因素，例如危险、劳顿、偶然性、情况不明等。——译者注

★ 第五章 ★

战争中的劳顿

　　假如只能让一个人在冻得四肢麻木或酷热难当、饥渴难耐和疲劳不堪的时刻来判断战事，那么尽管我们得到的正确的客观判断会更少，但是这些判断至少在主观上是正确的，就是说这些判断会准确地包含着判断者与判断对象之间的关系。当我们看到，目睹糟糕情况结局的人，特别是当他还身处其中的时候，对这一结局所做的判断往往是悲观消极的，甚至是言过其实的，我们就已经能够看清这一点了。我们认为，从这里可以看出劳顿产生的影响，以及人们在判断情况时应考虑到劳顿的影响。

　　人们对在战争中的很多事物是无法规定出一个使用限度的，尤其是体力。在体力未被浪费的前提下，它是一切力量的系数。任何人都无法准确地指出体力能使用到多大程度。但是值得注意的是，正如只有弓箭手强有力的臂膀才能把弓弦拉得更紧一样，人们也只能期待一位意志坚强的人在战争中让军队发挥出更大的力量。一支军队在大败之后一般陷于危险之中，就如同一堵正在倒塌的墙土崩瓦解，只有付出体力上的最大的艰辛才有可能脱险，这是一回事；一支胜利的军队不顾劳顿，仅是在自豪感的鼓舞下就仍能接受统帅随心所欲的指挥，这又是一回事。同样是忍受劳顿，一支军队在前一种情况下顶多能引起同情，而在后一种情况下想必会让我们钦佩，因为在胜利之后做到这一点更为困难。

　　这样，一个有着清澈眼光的人可以看出，劳顿是黑暗之中束缚思维活动和悄悄吞噬内心力量的因素之一。

　　尽管我们在这里谈的本来只是统帅要求部队以及指挥官要求其部下吃苦耐劳的问题，也就是他们勇于和善于要求部队和部下吃苦耐劳的问题，但是对统帅和指挥官本人的劳顿问题也不能避而不谈。此前我们对战争认真地分析过这一点，现在对剩下的这一次要问题的重要性也必须加以注意。

　　我们在这里之所以特别谈到劳顿，是因为它和危险一样，是产生阻力的最重要的原因之一，还因为它没有一定的衡量标准，这使它具备类似弹性物体的本性。众所周知，弹性物体的阻力是难以计算的。

　　为避免滥用上述观点，避免过分强调战争中的各种困难条件，大自然给我们的判断力赋予了一位在感知方式上的引路人。正如一个人在受到谩骂和侮辱时，提到他本人的某个弱点并不会带来什么特别的效果，而当他成功地驳斥或出色地反击了谩骂后，提到他的某个弱点也许反倒有效果一样，任何一位统帅和一支军队通过描述危险、困境和劳顿，并不能改善其可耻的失败给他人造成的印象，但当他们取得胜利时，这些危险、困境和劳顿却能无限地增加他们的光彩。就这样，**我们的感觉**阻止了我们做出公正的判断（我们的判断力本来是倾向于做出公正判断的），而我们的感觉只是一种较高级的判断力而已。

★ 第六章 ★
战争中的情报

　　我们用情报这个词表示人们掌握的有关敌人和敌国的全部情况，这是自己一切想法和行动的基础。只要人们考察一下这一基础的本性、不可靠性和可变性，很快就会感觉到战争这座建筑物是多么危险，是多么容易坍塌，从而把我们埋在它的瓦砾之中。大概所有的书中都写道，人们只应相信可靠的情报，对情报一定要持怀疑的态度，但是这只不过是著书立说的人想不出更好的说法时提出的一种聊以自慰的可怜遁词。

　　人们在战争中得到的情报很大一部分是自相矛盾的，更大一部分是假的，绝大部分是相当不可靠的。这里人们能要求军官做到的是具有一定的辨别能力，而这只有掌握有关事和人的情况，并进行判断才能做到。在这里，军官必须接受盖然性法则的引导。当我们还没有来到真正的战场，而是在室内拟订最初的计划时，这种辨别情报的困难就已经不小，而在纷乱的战争中，大量情报接踵而来，这种困难就更无限地加大了。如果这些情报互相矛盾，形成某种程度上的模棱两可，需要人们分析辨别，那还算是幸运的。对没有经过战争检验的指挥官来说，更糟糕的是，没有偶发的情况能印证他获得的情报，而是一个情报支持、印证和放大另一个情报，就如同人们不断用新的颜色涂到画板上，直到他不得不匆忙做出决定，但是不久却发现这个决定是愚蠢的，之前他所得到的情报就像以往所有那些情报一样，是谎言、夸大和疏忽，等等。简而言之，大多数情报是假的，而且人的胆怯成为谎言和谬误的新的推手。人们通常更倾向于相信坏消息，而非好消息，并倾向于把坏消息做些夸大。以这种方式上报的危险消息尽管像海浪一样很快消失在自己的浪头中，却总是又像海浪一样在没有明显原因的情况下重新出现。指挥官必须坚信自己内心更胜一筹，像岩石一样屹立在那里，经得起海浪的冲击。扮演这样的角色并不容易。谁要是天生不乐观，或者没有经过战争历练，判断力没有得到加强，那么他最好遵循这样的规则：强迫自己（就是说违背自己内心的想法）摆脱恐惧，面向希望。只有这样，他才能得到真正的平衡。如果人们**正确看待**这个构成战争中最大阻力之一的困难[1]，那么事情就会与人们想象的完全不同。感官的感受比再三考虑后得出的观点更加强烈，程度大到指挥官几乎在进行每个比较重要的行动时，都不得不在实施的最初时刻战胜自己新产生的疑虑。追随外来灵感的普通人因此大多变得不能当机立断。他们认为遇到的实际情况并不像他们预计的那样乐观，而且由于他们此时仍在追随外来的灵感，就更认为是这样了。即便是草拟计划的人，当他亲眼看到实际情况的时候，也很容易怀疑自己原来的观点。这时只有坚定的自信心才能让他抵挡住假象的一时冲击。当他被命运推上战争舞台，绘有各种厚重危险形象的前台布景被拆除，眼前豁然开朗以后，其原来的信念才能在战事的发展中得到证实。这就是**制订**计划与**实施**计划之间的巨大区别之一。

---

[1] 指情报大多是不确定和不可靠的。——译者注

★ 第七章 ★

战争中的阻力

只要人们自己没有亲历过战争，那么他们就不理解常说的战争中的各种困难在哪里，以及要求统帅具备的天赋和非凡的精神力量究竟能起到什么作用。在这些没有亲历过战争的人看来，战争中的一切看上去是那么简单，所有要求必备的各种知识看上去是那么浅显，所有行动看上去是那么平常，以至于让我们感觉，与其相比，即便是最简单的高等数学题也都有一定的科学地位。然而当人们经历过战争，就会理解战争中的一切了。不过，要我们说清引起人们这一变化的原因，指出这一无法看见却又到处在起作用的因素，毕竟是极为困难的。

战争中的一切都很简单，但最简单的事情往往是难以做到的。这些困难积累起来，就形成一种阻力。没有经历过战争的人，对这种阻力是不会有正确的想象的。我们想象有一位旅行者，他想在傍晚时走完当天旅程的最后两站路。假如他骑着驿马，走在公路上，那么他用四至五个小时就会走完这段路，这并不是什么难事；而假如他抵达第一站后，找不到马或者找不到好马，前面又是山地，路况不佳，天也逐渐黑下来了，那么当他付出很多辛苦，抵达下一站，并且找到了一个简陋的住处，他就已经感到很高兴了。同样，在战争中，受到预先在纸上根本无法考虑到的无数细小情况的影响，一切都变得令人沮丧，人们远远达不到目标。只有强有力的、钢铁般的意志才能克服这种阻力，粉碎各种障碍，当然机器[1]也会一同受到很大的损伤。我们以后还会经常谈到这一结论。一位令人骄傲的将帅的坚定意志在军事艺术的中心占有十分突出的地位，就像一座城市在其交通干道汇聚点上高耸的方尖碑。

　　阻力是相当全面地将实际的战争与纸上的战争区别开来的唯一的概念。军事机器（军队和属于军队的一切）其实是很简单的，因此看上去也是容易操作的。但是人们要考虑到，这部机器的任何部分都不是由一个整块组成的，而是由很多个体的人组成的，而每个人都在各个方向上产生自己的阻力。理论上听起来非常好：营长负责执行上级的命令，而由于营被纪律结成了一个整体，而且营长想必是公认的勤勉的人，那么全营行动起来就应该像木头围绕一个铁轴转动一样，只有很小的阻力，然而在现实中并非如此。人们能想到的一切夸大和不实，在战争中都会立刻显露出来。一个营毕竟是由一定数量的人组成的，如果凑巧的话，即便是他们中间最不起眼的人也能造成行动停顿或其他非常之事。战争本身带来的危险和它要求人们付出的劳顿会使阻力大为增加，导致人们必须把危险和劳顿视为产生阻力的最重要的原因。

　　因此，这种可怕的阻力不像在机械中仅集中在少数几个点上，而是处处与偶然性相接触，之后引起一些根本无法预测的现象。这些现象之所以难以预测，正是因为它们大部分属于偶发的事情。例如天气就有这样的偶然性。有时雾会妨碍我们及时发现敌人，妨碍火炮适时射击，以及妨碍我们向指挥官报告情况；有时雨会妨碍一个营抵达，妨碍另一个营按时抵达（因为它也许不得不行军八小时，而非三小时），妨碍骑兵有效出击（因马匹深陷泥淖），等等。

　　我们举出这几个细节的例子，只是为了说明问题，使读者理解作者的意思，否则这样的困难可以写好几本书。为了避免这样做，但又能使读者对战争中必须与之斗争的大量细小的困难有一个明确的概念，我们本想尽力给出一些生动的画面，但是担心这又会使大家厌倦。但是如果我们再举一两个例子，想必那些早已了解我们的读者还是会原谅我们的。

---

[1] 指部队。——译者注

　　战争中的行动犹如人在阻力重重的介质中运动。人在水中甚至连行走这样最自然和最简单的动作也无法轻易而准确地做到。在战争中也是如此，人们用一般的力量只能勉强维持一般的水平。因此一位真正的理论家应该像一位游泳教练，教别人在陆地上练习水中所必需的动作，尽管这些动作在没有想到水的人看来是荒诞和夸张的。而那些自己从未下过水的教练，或者那些虽然下过水，但是不懂得从其经验中抽象出普遍真理的教练是不切实际的，甚至是愚蠢的，因为他们只教人人都会的动作——行走。

　　此外，每场战争都有大量的特殊现象，就好比一片未经航行的、布满暗礁的海面，统帅可以凭智慧感觉到这些暗礁，但是从未亲眼见过它们，而现在却要在漆黑的夜里驾船绕过它们。此时如果再突然刮起一阵逆风，就是说又有某个大的偶然事件向他袭来，那么这就要求他有最高超的技巧、应变能力并付出努力，而在远处的人看来，这一切都自行进展得很顺利。对这些阻力的认知是要求一位优秀的将军具备的、经常受到赞扬的作战经验的主要部分。当然对阻力有着最多想象和最强烈感受的将军不是最好的将军，他们反而是畏首畏尾的将军，在有作战经验的指挥官中常见这样的人。一位将军必须了解这种阻力，这是为了尽量去克服它，是为了不必期待在行动中出现某个精准的时机（恰恰是由于有这种阻力，所以不可能出现这种精准的时机）。此外，人们不可能在理论上完全了解这种阻力，而且即使人们做到了这一点，也还是缺乏那种人们称之为直觉[1]的判断力的运用。人们在充满多种多样细小问题的领域比在大的决定性的场合更需要这种直觉，因为在后一种场合，人们可以自己思考，也可以和他人商讨。善于交往的人之所以总是能够让自己的言谈举止得体，只是因为他拥有几乎已经成为习惯的判断的直觉。同样，只有作战经验丰富的军官才能在大大小小的战事中（可以说在战争的每一次脉动中），总是恰如其分地做出决策和决定。通过这种经验及其运用，他就可以不假思索地断定什么是可行的，什么是不可行的。于是他就不会轻易地面临暴露弱点的问题。如果军官在战争中经常暴露出弱点，就会动摇别人对他信赖的基础，而这是极其危险的。

---

[1]　"直觉"（die Takt），根据上下文也可译为"分寸感"。——译者注

　　因此，阻力（或者在这里被称为阻力的那些东西）就是使看上去容易的事变得困难的事物。以后我们还会常常提到这个问题，届时就会逐渐明白，要想成为一位优秀的统帅，除了经验和坚定的意志以外，还要具备其他一些罕见的精神特质。

★ 第八章 ★

第一篇的结束语

　　我们所说的危险、劳顿、情报和阻力，是聚集在战争氛围中的因素，它们使这种战争氛围成为一种阻碍一切活动的介质。这些因素的阻碍作用又可以被概括在"普遍存在的阻力"这一总概念之下。那么有没有减轻这种阻力的润滑剂呢？只有一种，而且它不是统帅和军队随意就可以得到的，这就是军队的战斗经验[1]。

　　战斗经验使身体在面临大的劳顿时更加强壮，使内心在面临大的危险时更加坚定，使判断力更不受最初印象的影响。官兵们通过战斗经验获得宝贵的沉着特质，自轻骑兵和步兵向上直到师长，从而使统帅更便于采取行动。

　　在黑暗的房间里，人的瞳孔会张大，纳入微弱的光线，逐渐能勉强区分物体，最后才能看清楚物体。一位有经验的军人在战争中也是这样。而新兵踏上战场时，则只能犹如进到漆黑一团的黑夜。

　　没有统帅能将战斗经验给予其部队，而平时训练所能替代的战斗经验是很少的。说很少，是与实战经验相比，而不是与一支平时只注重机械式的技巧训练的军队相比。如果人们在设置平时训练时加入部分上述阻力，使每位指挥官

---

[1] "战斗经验"（die Kriegsgewohnheit），如果直译的话，也可译为"战争习惯"或"习惯于战争"。——译者注

的判断力、周密性甚至果断性能够得到训练，那么这种训练的价值比那些未在实战中了解过这些阻力的人所认为的要大得多。特别重要的是，它能使军人（无论其职位高低）不至于到了战场上才第一次看到那些初次看到会令其惊慌失措的现象。这些现象只要他们在战前见过一次，就已经熟悉一半了。日常训练甚至也涉及体力上的劳顿问题。在这方面必须进行训练，不仅是为了使肉体，更是为了使精神对劳顿习以为常。在战争中，新兵很容易认为超常的劳顿是整个部队指挥出现了严重错误、疏忽和束手无策的结果，从而倍加沮丧。而如果新兵在平时训练中做了这方面的准备，就不会出现这种情况。

在和平时期获得战斗经验的另一个办法是聘任其他军队有作战经验的军官。这个办法虽然不能普遍采用，却是极为重要的。欧洲到处都处于和平状态的时候是少有的，其他大洲的战争也从未停止过。因此一个长期处于和平时期的国家应该总是设法从这些战场聘任一些军官（当然只是那些表现优秀的军官），或者派自己的一些军官到这些战场，以便让他们了解战争。

无论这些军官的数量与一支军队的军官数量相比是多么少，他们的影响却能让他人明显地感觉到。他们的经验、思维取向和性格养成将对其部下和战友们产生影响。此外，即使无法让他们担任某一范围的最高首长，也仍然可以把他们视为熟悉某一地区情况的人，在面临很多具体情况时就可以征询他们的意见。

第二篇
关于战争理论

★ 第一章 ★

军事艺术的区分

战争就其本义来说是斗争，因为在人们广义上称之为战争的多种多样的活动中，唯有斗争是产生效果的要素。斗争是双方的精神力量和物质力量借助于后者进行的一种较量。不言而喻，人们不能排除精神力量，因为正是心灵的状态对物质力量具有决定性的影响。

斗争的需要促使人们很早就做了一些专门的发明，以便在斗争中使自己处于有利的地位，斗争由此发生了很大的变化。但是不管斗争怎样变化，其概念没有因此而改变，它就是构成战争的东西。

这些发明首先是单个战斗人员的武器和装备。武器和装备必须在战斗开始以前就制造好，并为战斗人员所熟悉和掌握。武器和装备是根据斗争的本性准备的，因此是由斗争决定的。但是制造、熟悉和掌握武器装备的活动显然与斗争本身是两回事。前者只是斗争的准备，不是斗争的实施。配备武器和装备本质上不在斗争这个概念内，这是很清楚的，因为赤手空拳的搏斗同样是斗争。

斗争决定需要什么样的武器和装备，武器和装备又会改变斗争的方式，因此两者之间是有相互作用的。

但是斗争本身仍然是一种十分独特的活动，而且因为它是在十分独特的因素（危险）之中进行的，所以就更为独特。

因此，如果说哪里有必要区别不同的活动，那么就是这里了。为说明这种区别不同活动的实际重要性，我们只需轻声地提醒读者回忆一下，在某一领域极有才干的人在其他领域却往往是最没用的书呆子。

如果人们把武装起来的和装备好了的军队看作**既有的**手段，只需了解其最有可能造成的结果即可适当地使用它，那么人们在考察时把其中一种活动与另一种活动区分开也就不是什么难事了。

因此，狭义的军事艺术就是在斗争中运用既有手段的艺术，我们称之为**战法**[1]最为恰当；广义的军事艺术当然还包括一切为战争而存在的活动，包括军人的征召、武装、装备和训练。

对一种理论的现实意义来说，区分这两种活动[2]是极为重要的，因为不难看出，如果每个军事艺术都从建立军队开始，并要求这支军队采用它为之规定的战法，那么这种军事艺术就只能用于少数情况，因为现有军队的情况只有此时才恰好与这种军事艺术所规定的军队情况相符。如果我们要拥有一种在大多数情况下都适用、在任何情况下都不至于完全无用的理论，那么这种理论就必须建立在大多数一般的战斗手段以及它们最有可能造成的结果之上。

因此，战法此时就是斗争的部署和运用。假如这一斗争是一次单个的行动，那就没有理由对它做进一步的区分。不过，如同我们在第一篇第一章[3]里指出的那样，斗争或多或少是由多个**自成一体的单个行动**组成的。我们将这些自成一体的单个行动称为战斗，它们组成新的单元。现在从中就产生了完全不同的活动，一是对这些战斗**本身进行部署和运用**，二是出于战争的目的将这些战斗**联系起来**。前者被称为**战术**，后者被称为**战略**。

现在人们在实际运用中对战术和战略的划分很宽泛。人们即使不清楚这样划分的理由，也相当肯定地自认为知道应将某个具体现象划入战术还是战略范畴。但是既然人们在实际运用中不明就里地遵从这种划分，那么这就表明这种划分想必有其根深蒂固的原因。我们曾探寻这一原因，可以说，正是由于大多数人采用这样的划分，使我们找到了这个原因。相反，也正是出于这个原因，

[1]"战法"（die Kriegführung），原意为"die Art und Weise, wie man Krieg führt",即"作战的方式和方法"，有时也根据上下文译为"战争指导"或"战争引导"。——译者注
[2]指狭义上的和广义上的军事艺术。——译者注
[3]原文如此，疑误。应为第一篇第二章。——译者注

对于个别著作家不是根据事物的本性而是试图随意确定的概念，我们没有必要写出来，并且认为它们在实际运用中是不存在的。

按照我们的划分，战术是**在战斗中使用军队的学问**，战略是**出于战争目的使用战斗的学问**。

至于如何进一步确定单个的或者独立的战斗的概念，以及这一单元与什么条件相关，我们只有在更详细地研究战斗时，才能完全说清楚。现在我们只能说明：就空间而言，也就是就同时进行的几场战斗而言，其中一场战斗的范围正是**个人命令**所能及的范围；就时间而言，也就是就相继进行的几次战斗而言，一次战斗持续的时间应以每次战斗都会出现的危机[1]完全消失为界限。

这里可能出现一些难以确定的情况，就是说，有时若干次战斗也可看成一次战斗，但决不能根据这一点就否定我们这样区分的理由，因为一切现实事物的不同总是通过逐渐的过渡才形成的[2]，我们的这种区分也不例外。因此，在不改变我们观点的情况下，一定会有个别活动既可列入战略范畴，又可列入战术范畴，例如展开非常大、变得类似于一条部署线的阵地，以及某些渡河点的部署，等等。

我们对战术和战略的区分，针对和阐述的**只是军队的使用**。但是在战争中有很多为军队服务而又不同于军队的活动，它们与战争的关系时近时远。所有这些活动都与**军队的维持**有关。如同建立和训练先于使用一样，维持军队是使用军队所离不开的，是后者的必要条件。如果我们仔细考察一下，那么所有这些与维持军队有关的活动总是能被视为斗争的准备，只是这些准备距离斗争非常近，以至让人觉得它们贯穿于整个军事行动，并和军队的**使用**交替出现。因此人们有理由把这些活动像其他准备活动一样排除在狭义的军事艺术（本来的战法）之外。任何理论的主要任务都是**区分不同种类的事物**。为完成这一任务，人们必须这样做。谁会把给养和管理的琐碎事务列入**本来的战法**呢？它们虽然与部队的使用处于不断的相互作用之中，但在本质上与部队的使用是不

---

[1] "危机"（die Krise），指军队在战斗中出现秩序混乱、队形松散、体力不支、精神涣散等情况。——译者注
[2] 意思是说，对事物进行分类时，总有一些事物处于既可属于这一类又可属于那一类的中间状态。——译者注

同的。

　　我们在第一篇第二章里说过，由于斗争或者战斗**被确定为**唯一直接有效的活动，因此所有其他活动的线索就都一并包含在战斗中，因为这些线索最后都归结到战斗这里。我们想以此表明，所有其他活动有了战斗才有目的[1]，不过它们是按其特有的法则去试图达到目的的。在这里我们必须比较详细地谈谈这个问题。

　　尚存在于战斗之外的活动内容有着十分不同的本性。

　　其中一部分活动内容在某一方面属于斗争本身，与斗争是一致的，同时在另一方面又为军队的维持而服务；另一部分活动内容则仅仅属于军队的维持，只是由于其结果与斗争之间的相互作用，才对斗争有一定的影响。

　　那些在一个方面属于斗争本身的活动内容是**行军、野营**[2]**和舍营**[3]，因为这三种活动是部队所处的三种不同的状态，而哪里有部队，哪里就一定有战斗的想法存在。

　　其他仅属于维持军队的活动内容是**给养、病员的护理和武器装备的补充**。

　　行军与部队的使用是完全一致的。**战斗中的行军**通常被称为"渐变"[4]，虽然还不是真正的使用部队，但与真正使用部队有如此紧密和必然的联系，以至于它构成我们称之为战斗的那种活动的一个有机组成部分；战斗外的行军无非是实施**战略上的规定**。该规定指出应在**何时、何地、以哪支部队**发起战斗，而行军是使该规定得以实施的唯一手段。

　　因此，在战斗以外的行军是一种战略工具，但并不因此而仅是战略上的一个内容，因为实施行军的部队随时有可能进行战斗，所以行军的实施既要服从战术上的法则，也要服从战略上的法则。如果我们规定一路部队在河或山的这一面行军，那么这就是一个战略上的规定，因为这里面包含的意图是：如果部队在行军过程中有必要进行战斗，那么应尽量与对手在河或山的这一面，而不

---

　　[1] 作者认为战斗是真正的军事活动，其余一切活动都是为战斗服务的，没有战斗，它们就失去意义，也就没有目的。——译者注

　　[2] "野营"（Lager），指部队在野外宿营，包括幕营（在帐篷内宿营）、露营（露天宿营）等。在拿破仑战争以前，欧洲各国军队大多在帐篷内宿营。——译者注

　　[3] "舍营"（Quartier），指部队在房舍内宿营。房舍多为临时征用的民宅。——译者注

　　[4] "渐变"（die Evolution），指部队在战斗中为转换阵形而做的行进动作。——译者注

是在另一面作战。而如果我们规定一路部队不是沿着谷地中的大路，而是在与这条大路并行的山梁上行进，或者为便于行动前集结而分成多路小部队行进，那么这些就是战术上的规定，因为这些规定关系到我们在即将发生的战斗中要**如何**使用我们的部队的**方式**。

行军的内在序列永远与战斗准备有关系，因此具有战术的本性，因为它是对可能发生的战斗的首个临时部署。

由于行军是战略用于部署其有效要素（战斗）的工具，而战斗往往仅以其结果而不是以其实际过程呈现，因此无法避免的是，人们在研究问题时经常用行军这个工具来取代战斗这个有效要素。于是人们常说决定性的行军、巧妙的行军，而实际上指的是行军导致的那些战斗组合。这种概念的替换是如此自然，这种表述的简化是如此符合人们的愿望，以至于我们无法排斥它们，但这终究只是概念的简化，人们务必记住其原来的意思，否则就会误入歧途。

认为战略上的组合行动拥有一种不依赖于战术结果的力量，就是这样一种歧途，有人结合着进行了行军和机动，并且未经战斗就达到了他的目的，于是就得出结论称，有不经战斗也能战胜敌人的手段。这种错误的全部严重后果，我们以后再指出。

尽管人们完全可以将行军视为斗争的一个有机组成部分，但是在行军中毕竟已经有一些活动不属于斗争，因此这些活动既不是战术的，也不是战略的活动。所有仅是为方便部队行动而采取的措施就属于这类活动，例如架桥、筑路等。它们只是一些条件，在某些情况下可能很接近于部队的使用，几乎与部队的使用是相同的（例如在敌人眼皮底下架桥），但是它们本身毕竟是与部队的使用所不同类型的活动，关于它们的理论不属于战法的理论。

以我们的理解，与舍营相反，野营是部队的一种集中起来的、做好了战斗准备的部署，是部队的一种静止状态，即休整状态，但它同时也表明，战略上已经确定要在该野营地进行战斗，而野营通过设营的方式已经包含了战斗的基本脉络[1]，是每场防御战斗的起始条件，因此野营是战略和战术的重要

---

[1]　"基本脉络"（die Grundlinie），原意为"基本方针"，此处指军队野营时的部署应与一旦发生战斗时的部署相吻合。——译者注

部分。

以舍营取代野营，是为了部队能更好地休息。因此它与野营一样，从营地的位置和范围来看是战略问题，从为做好战斗准备而进行的内部部署来看则是战术问题。

除了休整以外，部队野营和舍营一般还有另外的目的，例如保护某一地区，扼守某一阵地，但也很可能仅以休整为目的。我们想起，战略追求的目的有可能是非常多种多样的，因为所有于己有利的都可能成为战斗的目的，而维持人们作战所用的工具[1]，想必经常会成为某些战略行动的目的。

如果说战略在这种情况下仅是服务于部队的维持，那么我们也并未因此而处于一个陌生的领域，我们面临的仍然是部队的使用问题，因为部队在战区任何地方的部署都是这一问题。但是在营垒[2]和舍营地内为了维持部队而引起的不属于使用部队的活动，例如修建茅舍、搭建帐篷以及野营地和舍营地内的给养和保洁勤务等，则既不属于战略，也不属于战术。

甚至是防御工事，虽然其位置的选定和工事的构筑显然是战斗部署的一部分（战术内容），但是就**工事的构筑**而言，它并不属于战法理论研究的范畴。一支训练有素的部队必须已经具备这方面的知识和技能；战斗学是以已经具备这些知识和技能为前提的。

在那些与战斗没有相同之处，仅属于维持军队的活动中，部队的给养与战斗的关系是最密切的，因为给养是每个人几乎每天都必需的，因此给养完全贯穿于军事行动的战略部分。我们之所以强调是贯穿于军事行动的战略部分，是因为在单个战斗中，给养的影响大到要改变计划的程度是极为少见的（尽管这种情况也是完全可以想象的）。因此，出现最多的是战略与对部队给养担忧之间的相互影响。对部队给养的考虑会与其他因素一并影响一次战局或战争的战略主线的确定，没有什么比这更平常的了。

无论这种对部队给养的考虑是多么经常和多么具有决定性，部队的给养工作毕竟还是一种在本质上与部队的使用不同的活动，它只是以其结果对部队的

---

[1] 指部队。——译者注
[2] 指可供部队长期使用的固定宿营地，一般筑有防御工事（堑壕、胸墙等），需要时可在此进行防御。——译者注

使用产生影响。

我们在前面提到过的其他管理方面的活动与使用部队的关系就更远了。病员的护理对一支部队的健康来说无论有多么重要，但是它涉及的毕竟只是这支部队的少部分人，而对其余人的使用只有很小的和间接的影响；武器装备的补充只要未成为部队本身持续进行的一个活动，就只需定期进行，在拟制战略计划时，也只是在很少情况下才会提到它。

但是我们在这里必须注意不能产生误解。在个别情况下，这些活动可能确实具有决定性的重要意义。战地医院和弹药库的远近，确实有可能是做出非常重要的战略决策的唯一理由。对于这一点，我们既不想否认，也不想忽视。但是我们在这里谈的不是具体情况的实际因素，而是抽象的理论。我们的论断是，上述那样的影响是罕见的，因此不能使病员护理和武器弹药补充的理论与作战理论具有同等的重要性，也就是说不值得把这些理论欲给出的不同的方式方法及其结果一并纳入作战理论，但是部队的给养问题是纳入作战理论的。

现在我们再来明确一下我们通过考察所得出的结论。属于战争的活动分为两大类：**仅为战争做准备的活动，以及战争本身**。理论也必须做这样的分类。

战争准备方面的知识和技能是为了建立、训练和维持军队。至于人们应该给这些知识和技能起个什么总的称呼，我们先放到一边。但是我们知道，炮兵、加固技术、所谓的基本战术、军队的整个组织和管理，以及所有类似的知识和技能都属于这个范畴。战争理论本身则研究如何使用这些成熟的手段来达到战争的目的。它只需要上述知识和技能的结论，就是说只需了解理论所运用手段的主要特点。

我们把这种理论称为狭义的军事艺术或作战理论，或者称为使用军队的理论。名称虽然不同，但是对我们来说指的都是同一件事。

因此，这种理论把战斗作为真正的斗争来研究，把行军、野营、舍营作为或多或少与斗争一致的状态来研究。但这一理论不把部队的给养作为属于它的活动来研究，而是像对待**其他既有条件**一样，只研究其结果。

这种狭义的军事艺术本身又分为战术和战略。前者研究单个战斗的形态，后者研究战斗的运用。两者只是通过战斗才与行军、野营和舍营这几个状态产生联系，因此，这些状态是成为战术问题还是成为战略问题，要看它们是与战斗的形态有关，还是与战斗的意义有关。

一定会有很多读者认为，把战术和战略这样十分接近的两个事物做如此细致的区分是很多余的，因为这种区分对作战本身并无直接的影响。当然如果一个人去寻找理论上的区分在战场上的直接影响，那他想必是个十足的书呆子。

对于任何一个理论，首先要做的就是澄清杂乱的，也许可以说是混淆不清的概念和观点。人们只有对名称和概念有了一致的理解，才有望清晰而顺利地考察问题，才有把握总是与读者站在同一个立场。战术和战略是在空间上和时间上相互交织，但在本质上又不相同的两种活动。如果不准确地确定其概念，就不可能清楚地理解它们的内在法则和相互关系。

如果有谁认为这一切都是毫无意义的，那么或者他根本不应进行理论研究，或者他一定还没有被那些混淆不清和令他人混淆、缺乏可靠根据、得不出任何扎实结论，时而平淡无味、时而荒诞无稽、时而空洞无物的观点弄得头昏脑涨。在有关本来的战法方面，我们之所以还常常听到和读到这样的观点，是因为有科学研究头脑的人还很少研究这一问题。

★ 第二章 ★

关于战争理论

人们最初认为军事艺术只是为军队做准备

人们以往对军事艺术或军事科学的理解只是那些与物质有关的知识和技能的总称。这些知识和技能包括武器的设计、制造和使用，要塞和工事的构筑，军队的组织及其行动的机制。所有这些都是为了准备一支可以在战争中使用的军队。在这里人们进行的是一种与物质材料有关的单方面的活动，其实无非是一种从手工业逐渐提高到更精巧的机械技术的活动。这一切与斗争本身并无关系，就如同铸剑匠人的技术与击剑术并无什么关系。至于军队在危险时刻和不断相互作用下的使用，以及精神和勇气在既定方向上的真正的活动等问题，都还未提到。

战争本身首先在攻城术[1]中出现

人们首先是在攻城术中看到一些斗争本身的实施，看到受命运用上述物质

---

[1] 攻城术又称围攻法，即围攻要塞和城堡的方法。在欧洲很早就出现了攻城术，到17世纪形成了一整套循规蹈矩的方法。攻城时先挖掘与要塞外廓相平行的壕沟（因此称平行壕），攻城炮兵在这里构筑炮台，以压制要塞的炮火。然后向要塞挖掘矩形的接近壕，并挖掘第二道和第三道平行壕，然后挖掘坑道，进行爆破，最后向要塞发起强攻。守备部队为阻止攻城部队向要塞接近，针对接近壕所挖的壕沟则称为反接近壕。——译者注

的人的活动，但大多只是当人的才智得以在新的物质对象（例如接近壕[1]、堑壕[2]、反接近壕、炮群阵地和掩体等）中迅速体现，并以出现这样的物质对象作为才智活动每一步发展的标志。才智活动在这里只是人们串联起这些物质杰作时所必需的一条纽带。由于在这种形式的战争中，人的才智几乎只表现在这样一些事物中，因此我们对攻城术能谈到这些也就够了。

此后战术也涉及战争理论

此后，战术试图使自己的形成机制中含有总的、考虑到军队特性后所做部署的特征。这一部署特征自然已经能够引导人们走向战场，但此时人们的思维活动并不自由，而是率领着一支受制于队形和战斗序列的部队，如同一部自动机器，只是在口令的推动下像钟表一样行动[3]。

真正的战法只是偶尔匿名出现

人们曾经认为，真正的战法（自由的，就是说适应最个别情况需要的、对准备好了的手段的使用）不可能成为理论研究的对象，而只能把它交给天赋去处理。随着战争从中世纪的搏斗逐渐向更有规律和更复杂的形态过渡，人们虽然对这一问题有了个别思考，但这些思考大多只是在回忆录和讲述中顺带出现，而且在一定程度上是匿名的。

---

[1]　"接近壕"一词，作者使用了法语"approche"。——译者注
[2]　"堑壕"一词，作者使用了法语"tranchée"。——译者注
[3]　在18世纪的欧洲军队中盛行线式战术。部队的战斗队形主要是横队，作战时要求全队同时推进，动作整齐划一，不顾敌人的火力，像机械一样行动。因此战斗队形各部分的组成、行列和间隔距离，战斗中队形的变换、步法、步幅和步速，使用武器的动作，以及其他一切行动等都有严格的规定。普鲁士国王弗里德里希二世的军队即以严格的纪律和机械一样的行动而闻名于欧洲。甚至在百余年后，这种机械规定在军队的使用中仍有一定的影响。——译者注

对战争事务的思考引发了对一种理论的需求

当这些思考越来越多，以及对历史[1]的研究越来越具有评论特征时，人们就开始迫切需要有原则和规则作为依据，以便各种观点之争在对战史研究来说很自然的纷争中至少有个目标。这种不围绕任何固定点、不遵循任何明确法则的各种观点所形成的旋涡，想必是人们厌恶的一种现象。

努力提出一种实用的理论[2]

于是人们就开始努力为战法规定原则、规则甚至体系。这样人们在没有适当认识到战法在这方面会遇到无数困难的情况下，就提出了一个实用的目的。正如我们已经指出的那样，战法几乎在所有方向上毫无界限地发展，而任何一种体系、任何一座理论大厦在对一组相反概念进行综合时是具有局限本性的。于是在这样一种理论和实践之间就出现了一个永远无法解决的矛盾。

局限于物质对象

那些理论著作家早就感觉到这方面的困难，认为他们有权利将其制定的原则和理论体系只局限于物质对象和单方面的活动，以为这样就可以摆脱困难。他们要像在有关**战争准备**的科学中那样，只注重得出十分有把握的和实用的结论，于是就只是研究那些可以计算的东西。

[1] 此处指战史。——译者注
[2] "一种实用的理论"，原文"eine positive Lehre"。——译者注

数量优势[1]

数量优势曾是一个物质方面的问题。人们从达成胜利的所有因素中将其挑选出来，是因为可以通过对时间和空间的综合考虑，把数量优势纳入一个数学法则上。至于其余因素，人们认为对双方来说都是相同的，因此已经相互抵消了，可以不用考虑了。如果人们一时这样做，是为了根据数量优势所处的地位而了解这个因素，那还算是正确的；但是如果人们总是这样做，认为数量优势是唯一的法则，认为**在一定的时间和一定的地点达成数量优势**这一公式是军事艺术的全部奥妙，那么这就是一种局限了，在面对现实生活考验时是完全站不住脚的。

部队的给养[2]

还有人试图在理论研究中把另一个物质因素，即部队的给养系统化。他们认为军队是以一定的组织为前提的，并据此把部队的给养当作宏大战法的主要规则制定者。当然人们以这种方式又会得出一些固定数值，但是这些数值是以大量完全随意的前提为基础的，因此在现实中是站不住脚的。

基地

有位才子[3]曾试图把大量的情况（他甚至认为它们之间有一些精神上的

---

[1] 即兵力优势。当时，普鲁士军事理论家亚当·冯·比洛、奥地利军事家卡尔大公，以及瑞士军事理论家若米尼等都强调数量上的优势。比洛认为，应该集中主力去对付主要的对象，并且形成对敌人的优势兵力；卡尔大公认为，军事艺术的目的就在于说明如何在决定性方向上巧妙地集中和运用优势兵力；若米尼认为，在决战方向上集中优势兵力，并将其投入会战是战争的基本原则。——译者注

[2] 亚当·冯·比洛和维利森（Karl Wilhelm von Willisen，1790—1879，普鲁士中将、军事著作家）等都很强调给养的作用。比洛认为，仓库是给养的来源，好比人的心脏，心脏一出问题，军队就完了；维利森认为，军队是由人和马匹组成的，粮秣和给养是军队作战的基础。——译者注

[3] 指普鲁士军事理论家亚当·冯·比洛。代表作《新军事体系的精神》《新军事原理》《新战术》，对19世纪普鲁士、奥地利两国军事思想有较大影响。——译者注

联系）都归纳于**基地**这个唯一的概念。这些情况包括**军队的给养、军队人员和装备的补充、与本国通信联系的安全，以及必要时退却的安全**。他先是用基地这一概念替代所有上述各方面的问题，然后用基地的大小（延展宽度）替代基地本身，最后又用军队和这一基地构成的角度替代基地的大小^[1]，而所有这一切只是为了得出一个毫无价值的纯粹几何学的结果。如果人们考虑到，上述的每一次概念替代都会使真理受到损害，都会漏掉上一概念中尚包含的一部分内容，那么就不难看到这一点。基地这个概念确实是战略所需要的，提出这个概念是一个贡献。但是像我们刚描述的那样使用这一概念是完全不允许的，而且必然会导致一些十分片面的结论。这些片面的结论甚至会把这位理论家推向十分荒谬的方向，即过分强调包围形式的作用。

内线

后来，作为对上述错误方向的反应，另一种几何学原则，即所谓的内线原则登上了宝座^[2]。虽然这个原则建立在良好的基础之上，即建立在战斗是战争中唯一有效手段这一真理上，但是由于它具有纯粹的几何学本性，因此仍只是另一种片面的理论而已，永远不可能指导现实。

所有上述理论探索都是应予以摒弃的

所有上述这些理论探索，只有其分析部分可以看作在探索真理方面的进步，而其综合部分，以及它们的规定和规则是完全无用的。

---

［1］这里指亚当·冯·比洛的理论。比洛在其主要著作《新军事体系的精神》中指出，作战的目标不是敌人的军队，而是敌人的补给线或基地。所谓基地即拥有各种补给仓库的设防地区或要塞。比洛认为，从基地两端向进攻目标引两条直线即构成一个等腰三角形，基地底边所对的顶角称为作战角。一般来说，这个角不应小于60度，进攻部队前进的距离不应超过三日行程，只有在建立新的基地之后方可继续前进。克劳塞维茨早在1805年就曾匿名发表文章《评比洛先生的纯粹和应用战略——对其中所含观点的批评》（*Bemerkungen über die reine und angewandte Strategie des Herrn von Bülow, oder Kritik der darin enthaltenen Ansichten*），批评比洛的这种观点。——译者注
［2］这里是指若米尼强调的内线作战的理论。若米尼认为内线作战总比外线作战优越，因为军队处于内线，既便于集中，又便于实施机动，容易各个击破敌人。——译者注

　　这些理论探索都追求确定的要素，而战争中的一切都是不确定的，不得不用可变的要素进行计算。

　　这些理论探索只考察物质要素，而精神力量和作用是贯穿于整个战争行为的。

　　这些理论探索只考察单方面的活动，而战争是双方活动的不断的相互作用。

上述理论探索将天才排斥在规则之外

　　片面考察所形成的这种贫乏的理论是无法解决所有问题的。所有这些未解决的问题都曾位于科学的范围以外，这里曾是天才的活动领域，**是超越规则的**。

　　那些在贫乏的规则之间爬来爬去的军人是多么可怜啊！这些规则对天才来说是糟糕至极的，天才可以高傲地不去理睬它们，甚至可以嘲笑它们。天才所做的想必恰恰就是最好的规则，而理论所能做的最好的事无非是阐明天才是如何做的，以及为什么这样做。

　　那些与精神对立的理论是多么可怜啊！那些理论无法通过对天才的谦卑来消除这一矛盾，而且它们越是对天才谦卑，就越是被嘲笑、被鄙视和被排挤出现实生活。

只要研究精神要素，理论就会遇到困难

　　任何理论只要触及精神领域，就会变得非常困难。正如建筑艺术和绘画只要还是在与物质打交道，那么它们对自己就很清楚，对力学结构和光线构图就不会有什么分歧。但是一旦涉及其作品的精神作用，一旦要求其作品引发精神上的感受或者情感，整个法则就会变成含混不清的想法。

　　医学大多只研究身体的现象，是与动物的机体打交道。而动物的机体是不断变化着的，每时每刻都不完全一样，这给医学带来很大的困难，已经让医生的判断力比他的知识更为重要。如果再加上精神的活动，那么医学面临的困难又要多多少啊！人们又要多么看重为他人解除精神痛苦的医生啊！

在战争中不能排斥精神要素

军事活动从来就不是仅针对物质，而是永远同时针对使物质具有活力的精神力量。把两者分开是完全不可能的。

精神要素只有用引申意义上的眼力才能看到，而每个人的这种眼力是不同的，并且往往在不同的时刻也不同。由于危险是普遍存在的因素，战争中的一切都是在这一因素中进行的，因此影响判断的主要是勇气，即对自己力量的感知。它一定程度上好比人的眼睛，人们得到的概念先要通过它才抵达大脑。但是毫无疑问，这些概念想必仅通过经验就已经有了一定的客观价值——任何人都知道袭击、侧面和背后进攻对士气的影响；只要对手背过身开始退却，任何人都会判断出此时对手的勇气是比较少的；任何人在追击时都会表现出与被追击时完全不同的胆量；任何人都会根据对手的声望、年龄和经历对他进行判断，并据此来确定自己的行动；任何人都会以审视的目光来看敌我军队的精神状态和情绪氛围。精神领域中的所有这些以及类似的活动已经在经验中得到证实，而且总是反复出现，让我们有理由认为这类活动作为真正的要素是起作用的。如果人们要在一个理论中忽视这些要素，那么这个理论大概会成什么样子呢？

当然，经验是这些真理的一个必要的基本来源。任何理论和统帅都不应陷入心理学上的和哲学上的过细推敲之中。

战法理论的主要困难

为清楚地了解战法理论要完成的任务是多么困难，并从中引出这一战法理论所必须具有的特点，我们必须对构成军事活动本性的主要特点做进一步的考察。

第一个特点：精神力量和作用（敌对情感）

这些主要特点中的第一个是精神力量和作用。

斗争最初是**敌对情感**的表达，但是在我们称之为战争的大规模斗争中，敌对情感往往只是变为敌对**意图**，通常对个人来说至少没有任何针对个人的敌对情感。尽管如此，进行战争时从来就是有这种敌对的情感活动的。在我们的战争中很少是没有民族仇恨的，个人之间的民族仇恨或多或少地取代了个人之间的敌意。即使是在没有民族仇恨，而且最初没有激愤的地方，斗争本身也会燃起敌对情感。这是因为：某人根据上级的命令对我们使用了暴力，会使我们在针对允许他这样做的上级进行复仇以前，先对他本人进行复仇。说这是人性也好，兽性也好，事实就是如此。人们在理论上非常习惯于把斗争视为一种抽象的、没有任何情感成分参与的角力，这是理论完全故意犯下的千百个错误之一，因为它们没有看到由此而产生的后果。

除了斗争本性自身含有激发情感力量的因素外，还有其他激发因素，例如虚荣心、统治欲和各种狂热等，它们虽然本质上不属于斗争本性，但是由于与斗争类似，因此很容易和斗争联系在一起。

危险留下的印象（勇气）

斗争会产生危险这一因素。所有军事活动都不得不在这一因素中维持和进行，就如同鸟儿在空中飞翔，鱼儿在水中游动一样。危险对人的性情要么是直接（通过人的本能）产生作用，要么是通过理智产生作用。在前一种情况下，人们会力图躲避危险，如果无法躲避，就会产生畏惧和恐惧。如果没有出现这种作用，那就是**勇气**克服了这种本能的反应。然而勇气绝不是理智的一个活动，而是和恐惧一样，是一种情感；恐惧是为了维持有形的[1]存在，勇气是为了维持无形的[2]存在。勇气是一种更高尚的本能反应。而正因为是这样，所以人们不能将勇气当作一种无生命的工具来使用，不能按预先详细规定好的程度让它发挥作用。因此，勇气不是抵消危险作用的单纯的平衡物，而是一个特殊的要素。

危险的影响范围

为正确估计危险对战争中的指挥官的影响，人们就不能将危险的范围仅限

---

[1]　"有形的"（physisch），也可译为"物质的"或"肉体的"。——译者注
[2]　"无形的"（moralisch），也可译为"精神的"或"道义的"。——译者注

于当时肉体面临的危险。危险不仅通过威胁指挥官本人，而且还通过威胁其所有的部下来对指挥官产生影响；危险不仅在它确实存在的那个时刻影响着指挥官，而且在其他一切与这一危险时刻有联系的时刻，通过指挥官对它的想象影响着指挥官；最后，危险不仅直接通过自己影响指挥官，而且间接通过责任感影响指挥官，让他的精神压力增加十倍。在建议或决定进行一次大会战时，考虑到这样一个大的决定性行动本身所具有的危险和责任，谁不在精神上或多或少地感到紧张和不安呢？可以说，战争中的行动（只要它是真正的行动，而非简单的存在）永远不会完全离开危险的范畴。

其他情感力量

我们把这些由敌意和危险激起的情感力量看作战争所特有的，但我们并不因此就认为伴随人类一生的其他情感力量就与战争没有关系，而是认为它们在战争中往往也起着不小的作用。尽管我们可以说，某些狭隘的冲动在战争这一人类生活的严肃活动中被抑制住了，但这只是对职位较低的指挥官而言。他们不断受到危险和劳顿的折磨，无暇顾及生活中的其他事情，摒弃了虚伪（因为生死关头是容不得虚伪的），于是就这样养成那种最能体现军人水准的简单性格。而职位较高的人就不同了，因为一个人职位越高，考虑的问题也就不得不越多，于是他关心的范围就广，就会出现多种多样的冲动（包括好的和坏的）。宽厚与嫉妒，谦虚与傲慢，温和与暴躁，所有这些都有可能作为有效力量出现在战争这出大戏中。

特有的才智

除了特有的性情以外，指挥官特有的才智同样有很大的影响。人们对头脑冷静而有力的指挥官的期待，与对一位喜欢幻想、狂热、不成熟的指挥官的期待肯定是不一样的。

而由于每个人的才智水平多种多样，倒是可以因此而出现通往目标的多种多样的途径

通往目标的途径之所以多种多样（我们在第一篇中已经谈过），盖然性和

幸运之所以对战事起如此大的作用，主要是由于每个人的才智水平非常多种多样。其影响主要来自职位较高的人，因为这种影响是随职位的提高而增加的。

第二个特点：生动的反应

军事活动的第二个特点是生动的反应，以及从中产生的相互作用。我们在这里不谈计算这种反应是如何的困难，因为前面已经谈过将精神力量作为要素来对待是很困难的，其中就已经包括这种计算上的困难了。我们在这里要谈的是，相互作用就其本性来说是与一切计划性相悖的。任何一个针对对手的举措所引起的对手的行动，都有可能是所有军事行动中最不相同的。然而任何理论都不得不以某类现象为依据，从来无法将原本就个别的情况包括在内，这种个别的情况只能处处交由判断力和才能去处理。在军事活动中，根据一般情况所制订的计划常常被意外的个别现象干扰，因此，与人类的其他活动一样，此时就要更多地依靠才能，而较少地运用某个理论上的**规定**。这是很自然的事情。

第三个特点：所有情况的不确定性

最后，战争中所有情况的极大的不确定性是一种特有的困难，因为所有活动在某种程度上都是在若明若暗的光线下进行的，而且往往还要加上雾和月光的影响，这让所有有关物体的轮廓变得夸张，样子变得稀奇古怪。由于光线微弱而不能完全看清的一切，要靠才能去推测，或者交由幸运去处理。因此，在缺乏客观智慧的情况下，就只好再依靠才能甚至是偶然性的眷顾了。

不可能有一种实用的理论

说到军事活动的这一本性[1]，我们必须指出：试图像围绕一个建筑物建起一套脚手架那样，围绕军事艺术建起一座实用的理论大厦，来保证指挥官到

---

[1] 指作者上面刚说过的军事活动的第三个特点。——译者注

处都有外在的依据，是根本不可能的。假如是这样的话，那么指挥官就会在所有那些只能依靠其才能的场合位于这座理论大厦之外，并与之相矛盾，而且无论这座理论大厦的内容是多么丰富，总是会出现我们前面已经讲过的同样结果：**才能和天赋在法则以外活动，理论成为现实的对立面。**

有可能建立一种理论的出路（困难不是到处都一样大）

对我们来说，摆脱上述这一困难，有两条出路。

首先，我们对军事活动的本性所做的探讨是一般性的，并不适合任何职位上的活动。一个人的职位越低，就越要求有自我牺牲的勇气，而对其才智和判断力的要求则要少很多，其接触的事物要封闭得多，追求的目的和拥有的手段在数量上有更多的限制，对相关情况的掌握更确切，甚至大部分情况都是他亲眼所见。但是一个人的职位越高，其面临的困难就越大，到了最高统帅的位置，困难达到最大程度，以至他几乎不得不把一切都交给天赋来处理。

即使我们对军事活动进行了上述**客观的**区分，人们在军事活动中面临的困难也不是到处都相同。军事活动的效果越是体现在物质世界，人们面临的困难就越少；军事活动的效果越是过渡到精神世界，成为决定意志的动机，人们面临的困难就越多。因此，通过理论上的法则规定一次战斗的内在部署、组织和实施，比规定如何运用这一战斗更容易。在战斗中，以物质形态出现的相互争夺，虽然精神因素在其中也不可或缺，但毕竟还是以物质为主，而在战斗的**效果**中，物质的结果成了动机，人们所要打交道的就只是精神本性了。一句话，**战术**在理论上遇到的困难比起**战略**遇到的要少得多。

理论应该是一种思考，而非信条

有可能建立一种理论的第二条出路是这样一个观点，即理论无须一定是实用的信条，也就是说无须一定是行动的**规定**。如果一个活动绝大部分一再涉及同样的事物，涉及同样的目的和手段，那么即使它们有些小的变化，即使它们的组合方式多种多样，仍然应该可以成为理智思考的对象。而这样的思考正是每个**理论**最重要的部分，而且只有这样的思考才配称为理论。这种思考是对事物进行分析探讨，使人们对事物有一个确切的**认识**。如果对经验（对我们来说就是对战史）进行这样的思考，就能使人们**熟知**同一事物。思考越是达到使人们熟知事物的目的，就越是能更多地从一种客观的知识形态过渡到一种主观的能力形态，就越是能在只能依靠才能解决问题的场合也发挥作用，就是说，它将对才能本身产生作用。

如果理论能够研究构成战争的事物，能够将初看上去似乎混成一体的东西区分得更清楚，能够全面地说明手段的特性，能够指出手段很可能产生的作用，能够明确目的的本性，能够处处对战争进行评析式的考察，那么它就完成了其主要任务。这样对那些想从书本中了解战争的人来说，理论就成为他们的引路人，到处都能为他们照亮道路，方便他们前行，培养他们的判断力，防止他们误入歧途。

如果一位专家将其半生精力用于全面阐述一个晦暗不明的问题，那么他对这一问题的理解当然要比那些想在短时间内了解这一问题的人深刻得多。理论存在的目的是为了让别人不必从头整理材料和进行完整的研究，而是可以利用已经整理和研究好的成果。理论应该培养未来战争中指挥官的才智，或者更确切地说是应该引导他们自修，而不应该陪伴他们上战场。这正如一位高明的教育工作者会引导和采取措施来帮助一位少年发展才智，而不会一辈子用襟带牵着他走。

如果从理论所进行的思考中能自动形成原则和规则，如果真理能自动凝结成这些晶体[1]，那么理论就不会与这一才智的自然法则相抵触，反而会更加突出这些原则和规则，就像拱门上方最后汇聚形成的那块拱顶石终将突出于拱门一样。但是理论这样做，只是为了符合思维的富于哲理性的法则，是为了明确所有线索的汇合点，而不是为了从中归纳出一个用于战场的代数公式，因为这些原则和规则也主要是为一位思考者的行动确定基本轮廓，而不是像路标那样立即为他指出具体道路。

---

[1] 指总结和归纳出的原则和规则。——译者注

有了上述这一观点就有可能建立理论，理论与实践的矛盾就消失了

有了上述这一观点，人们才有可能建立一种令人满意的，即有用的、从不与现实矛盾的战法理论。只要人们处理得当，就可以使理论与行动关系密切，以至完全消除理论与实践相互脱节的反常现象。这种脱节往往是不合理的理论引起的，它使理论和健全的理智相对立，但同样也常常被那些才智贫乏和愚昧无知的人用来当作他们天生笨拙的借口。

因此，理论必须考察手段和目的的本性（战术上的目的和手段）

因此，理论必须考察手段和目的的本性。

在战术中，手段是受命进行斗争的、训练有素的军队，目的是胜利。至于如何进一步确定胜利这一概念，我们以后在考察战斗时[1]将更详细地进行阐述。在这里，只要我们把对手退出战场视为胜利的标志就够了。借助于这一胜利，战略就达到了它为战斗规定的目的，这一目的构成了战斗的本来**意义**。这一意义对胜利的本性当然是有一些影响的。一个以削弱敌军为目的的胜利和一个仅以占领一处阵地为目的的胜利是有所不同的。由此可见，战斗的意义会对战斗的组织和实施有显著的影响，因此，战斗的这些意义也是战术考察的一个对象。

在战术上运用手段时离不开的各种情况

由于有些情况是战斗离不开的，并或多或少地影响到战斗，因此在使用军队时就必须一并考虑它们。

这些情况就是地形、白昼和天气。

---

[1] 指本卷第四篇第四章。——译者注

地形

我们更愿意将地形分为地带和地貌两个概念。严格来讲，假如战斗是在完全平坦的荒原上进行的，那么地形对战斗就不会有什么影响。

这种情况在草原地带确实会出现，但在文明的欧洲地区就几乎只是臆想了。因此，文明民族间的战斗要不受地形的影响几乎是不可想象的。

白昼

白昼通过昼夜之别影响战斗，但这种影响的范围当然会超过昼夜的界限，因为每次战斗都持续一定的时间，大规模的战斗甚至持续很多小时。对组织一次大规模的会战来说，从早晨开始还是从下午开始是有重大区别的。当然也有很多战斗不受白昼的影响。总的来说，白昼的影响只是有限的。

天气

天气对战斗产生决定性影响的情况更为少见，大多只是通过雾有一定的影响。

战略上的目的和手段

战略最初只将胜利（战术成果）作为手段，最终将实现应直接导致媾和的事项作为目的。战略为达到这些目的而运用手段时，同样离不开或多或少对战略产生影响的情况。

在战略上运用手段时离不开的各种情况

这些情况是地带和地貌（前者同时也扩展至整个战区内的地表和民众）、白昼（同时也包括季节），以及天气（具体指严寒等特殊现象）。

这些情况构成新的手段

　　战略将上述情况与一次战斗的成果联系在一起，就使这一成果即战斗有了特殊的意义，**使战斗成果有了一个特殊的目的**[1]。但是只要这个目的不是可以直接导致媾和的目的，即只是一个从属的目的，那么人们也可以把它视为手段。因此，我们可以把具有各种不同意义的战斗成果或胜利看作战略上的手段。占领一处阵地就是这样一种作用于地形的战斗成果。然而人们不仅可以把具有特殊目的的单个战斗视为手段，也可以把任何一个更高的、由多个战斗组合而成、有共同目的的战斗单位视为**一个手段**。一次冬季战局就是这样一种作用于季节的战斗组合。

　　因此，只有那些可以看作**直接**导致媾和的事项才是目的。理论就是要研究所有这些目的和手段的作用及其相互关系的本性。

战略只从经验中提取要研究的手段和目的

　　第一个问题是，战略如何能全部列举出这些手段和目的。如果一项富于哲理性的研究一定要得出一个必然的结论，那么这一研究就会陷入种种困难，这些困难就会排斥战法及其理论在逻辑上的必然性。于是这一研究就转向经验，将其考察对准战史中已经出现过的那些战斗组合。当然，用这种方法得出的理论会带有一定的局限性，它只适合与战史提供的相同的情况。但是这种局限性也是不可避免的，因为在任何情况下，理论陈述的问题要么是从战史中抽象出来的，要么至少是与战史进行过比较的。而且无论如何，这种局限性更多是概念上的局限性，而不是事物本身的局限性。

　　这一途径的一个大的优点在于能使理论保持务实，而不是在苦思冥想、吹毛求疵和空泛幻想中迷失自己。

---

[1] 参阅本卷第四篇第三章。——译者注

对手段应分析到什么程度

另一个问题是，理论对手段应分析到什么程度。显然只需考察它们在使用时的特性就够了。各种火器的射程和效果对战术来说是极为重要的，至于其构造，尽管它决定效果，对战术来说却是无关紧要的，因为战法关心的不是用炭粉、硫黄和硝石制成火药，用铜和锡造出火炮，而是现成的武器及其效果。战略需要使用地图，但是对三角测量并不关心；为取得最好的战果，战略不必去研究应如何建设国家，怎样教育和统治民众，而是要接受欧洲各国社会在这些方面的现状，提请注意哪里有非常不同的状态会对战争产生显著的影响。

知识大为简化

这样一来，理论要研究的对象就大为减少了，战法要求具备的知识就很有限了，这是显而易见的。军事活动一般所需要的，以及一支只是有了装备的部队上战场前所必须要有的大量的知识和技能，在它们能在战争中达到其活动的最终目的以前，就被压缩成少数大的结论，就像陆地上的小河在流入大海以前先汇成大河一样。只有那些直接流入战争这个大海的活动，才是指挥这些活动的人所需要了解的。

这就解释了为什么杰出的统帅可以迅速成长以及为什么统帅不是学者

事实上，我们的考察只能得出这样的结论，如果得出其他的结论，就会让我们怀疑考察的正确性。只有这样才能解释，为什么往往有些以前从未接触过军事活动的人在战争中，而且是在较高的职位上，甚至作为统帅，能建立丰功伟业；为什么杰出的统帅从来都不是出自知识渊博的甚至学者型的军官阶层，而大多数是那些大环境不许可他们获得大量知识的人。因此那些认为培养未来的统帅必须从了解所有细节开始，或者认为这样做至少有益的人，总是不无道理地被讥讽为可笑的书呆子。不难证明，了解所有细节对统帅是有害的，因为人的才智是通过传授给他知识和思想**培养**起来的。只有大的知识和思想能使一位统帅成为杰出的统帅，而细枝末节的知识和思想，如果统帅没有把它们当作无关紧要的东西而加以拒绝，就只会使统帅成为狭隘的人。

以往的矛盾

由于人们没有注意到战争中所需的知识是简单的，而总是把这些知识与那些为军事活动服务的大量知识和技能混为一谈，因此，就会陷入与现实世界现象的明显矛盾中。为解决这一矛盾，就只有把一切都推给天才。天才是不需要理论的，而理论也不应是为天才而写的。

因此，人们就否认所有知识的用处，把一切都推给天赋

那些天生爱耍小聪明的人大概觉得，在非凡的天才与学究之间还是有很大距离的。他们根本不相信理论，认为作战是人天生的一种能力，作战天赋的多少决定作战水平的高低。这样他们就成了怀疑论者。不可否认，这种人比那些相信错误知识的人更接近真理，可是人们很快看出，这种人的观点只是一种夸大的说法。一个人没有一定数量的观点的积累，就不可能进行理智的活动，而这些观点至少大部分不是他先天就有的，而是后天获得的，并构成了他的知识。问题只在于，构成这一知识的应该是哪一类观点。我们认为，军人需要的观点应涉及他在战争中要直接打交道的那些事情。

不同的职位需要不同的知识

在军事活动本身这一领域内，根据指挥官的职位，需要不同的知识。如果指挥官职位较低，那么他需要涉及面较窄和比较具体的知识；如果指挥官职位较高，那么他需要涉及面较广和概括性更强的知识。假如有的统帅担任骑兵团长，并不一定出色，反之亦然。

战争中所需要的知识是很简单的，但拥有相应的能力却不是很容易

战争中所需要的知识**是很简单的**，它只涉及很少的问题，而且这些问题都已经概括为最后的结论，但拥有相应的能力却不是很容易。我们在第一篇中已经谈过在战争中会遇到什么困难。在这里，我们不谈那些只有通过勇气才能克服的困难。我们认为，即使是真正的理智的活动也只是在较低的职位上是简单和容易的，而随着职位的提高，它的困难就会增大，到了统帅这样的最高职位，理智活动就成为人类最困难的精神活动之一。

战争中所需要的知识应该有什么特性

统帅既无须是学识渊博的政治学家和历史学家，也无须是政论家，但是他必须熟悉国家大事，了解和正确认识传统的方针、已经激起的利益要求、存在的问题，以及当权者的性格；统帅无须是细致的人物观察家和敏锐的性格分析家，但是他必须了解部下的性格、思维方式、习惯和特有的优缺点；统帅无须了解如何整备一部马车和如何套紧一门火炮，但是他必须知道如何正确估计一路部队在不同情况下行军所需的时间。

所有这些知识都无法靠科学公式和机械的方法强行得到，只有在对事物进行思考时，在现实生活中运用了正确的判断力，并且有指向这一观点的天分起作用才能得到。

职位较高者在军事活动中所必需的知识之所以与众不同，一是因为人们在思考中（也就是在研究和深思中）只有通过一种特别的天分才能获得它，这种天分的特别之处在于作为一种精神上的本能，如同蜜蜂从花里采蜜一样，懂得从生活万象中只汲取精华；二是因为除了思考和研究以外，人们还可以通过生活实践来获得这种知识。具有丰富经验教训的生活实践虽然永远不会培养出**牛顿**或**欧拉**那样的人物，但也许能培养出**孔戴**[1]或**弗里德里希**那样的人物所具

---

[1] 孔戴（Ludwig Ⅱ. von Bourbon, Prinz von Condé, 1621—1686），公爵，法国将军、政治家。——译者注

有的较强的计算能力。

因此，人们没有必要为挽救军事活动的学术荣誉而陷入谬误和幼稚的学究气的泥淖。从来没有一位杰出的统帅是才智有限的人，但是常常有些人在较低职位上表现得很突出，而到了最高职位却由于才智不足而表现平庸。甚至同样处于统帅的位置，由于其职权范围不同，表现也是不同的，这一点是不言而喻的。

知识必须成为能力

现在我们还要考虑到一个要求，这个要求对战法知识来说比对其他任何知识都更为迫切，那就是战法知识必须完全融入精神领域，几乎完全不再是客观上的事物。在人类除军事活动以外的几乎其他所有活动中，行动者即使只接触过一次有关真理，而且已经遗忘了，可他还是能从满是灰尘的书本中重新找出和运用这一真理，甚至他每天在手头运用的真理，也可能完全是身外之物。当一位建筑师拿起笔，以便通过复杂的计算来确定一个桥台的负荷力时，他所得出的正确结果并不表明他自己的才智有多么高超。首先他必须费力地查找数据，然后对这些数据进行计算，计算时运用的定律并不是他发明的，在计算时他甚至往往没有意识到为什么要运用这些定律，多半只是机械地运用它们。而在战争中从来不是这样。在战争中，人们的头脑不断地做出反应，客观情况不断地发生变化，这就要求指挥官内心必须装着自己的全部知识，必须能随时随地自主做出必要的决定。因此他的知识必须与精神和实践完全融为一体，转化成为一种真正的能力。正是由于这个原因，在战争中表现杰出的指挥官们看上去都那么轻松，似乎一切都归功于他们的天赋才能。我们之所以说**天赋才能**，是为了把这种才能与通过思考和研究教育培养出来的才能区别开来。

我们认为，通过上面的考察，我们已经明确了战法理论的任务，并指出了完成这一任务的方法。

我们曾把战法分为战术和战略两个范畴，其中正如已经指出的那样，建立战略理论无疑有更多的困难，因为战术几乎仅涉及有限的问题，几乎是一个封闭的范畴；而战略涉及直接导致媾和的目的，面临的是不确定的多种可能性。

由于要考虑这些目的的主要是**统帅**，因此，战略中与统帅有关的那一部分尤其要面临这一困难。因此，理论在战略中，尤其是在涉及最重大问题的那些地方，应比在战术中更多地对事物进行纯粹的思考和研究，并满足于协助统帅达成对有关事物的认知。这一认知融入他的整个思想，使他更轻松和更有把握地行动，从不强迫他为了听从一个客观结论的说教而脱离自己的主观思想。

★ 第三章 ★

军事艺术或军事科学

用词尚未统一（能力与知识。以探讨纯粹知识为目的的是科学，以培养能力为目的的是艺术）

人们似乎至今还没有决定，究竟采用军事艺术这个术语，还是采用军事科学这个术语，而且也不知道应该根据什么来解决这个问题，尽管问题是简单的。我们在另一处曾经说过，**知识**和**能力**是不同的。两者之间是如此不同，本来是不易混淆的。**能力**本来不能写在任何书本中，因此艺术也从来不应该是一部书的名字。但是由于人们已经习惯于把掌握某种艺术所需要的知识（这些知识有可能是独立的、完整的科学）归结在一起，称为艺术理论，或者直截了当地称为艺术，因此必然会采用这样的区分，把凡是以培养创造能力为目的的都叫作艺术，例如建筑艺术；把凡是以探讨纯粹知识为目的的都叫作科学，例如数学、天文学。在任何艺术理论中都可能包含某几门独立的科学，这是不言而喻和无可置疑的。然而还值得我们注意的是，任何科学也不可能完全不包含艺术，例如在数学中，算术和代数的应用就是一种艺术，不过这还远不是两者之间的界限。这是因为，虽然从人类知识的总和来看，知识和能力之间的差别极为明显，但具体到每个人身上，是很难把它们截然分开的。

将认识从判断中分开是困难的（军事艺术）

所有思维可以说都是艺术。当逻辑学者画出一条横线[1]时，当条件前置句[2]（**认识**的结果）结束时，当人们开始判断时，艺术便开始起作用。但这还不够：甚至通过才智去认识也是判断，因此也是艺术。最后，通过知觉去认识大概也是如此。总之，一个人只有认识能力而没有判断力，或者只有判断力而没有认识能力，都是不可想象的，因此艺术和知识从来就是不能截然分开的。艺术和知识这些精致的、可以照亮其他事物的因素越是体现在世界的**外部形态**上，它们之间的区别就越**大**。我们再说一遍，以产生和创造为目的的是艺术的领域，以研究和获得知识为目标的是科学的领域。由此可见，使用军事艺术这个术语比使用军事科学这个术语更恰当。

对这个问题之所以谈了这么多，是因为人们不能缺少这些概念。但是我们认为，战争就其本来的意义来说既不是艺术，也不是科学；人们正是由于没有看到这一点才走上错误的道路，无意中把战争与其他艺术或者科学等同起来，进行了很多错误的类比推定。

人们早已感觉到了这一点，于是宣称战争是一种手艺。但是这种做法是弊多利少的，因为手艺只是一种**比较初级**的艺术，而且作为这样的艺术还要服从更严格和更狭隘的法则。军事艺术确实有一段时间是带有手艺的精神实质的，那就是**佣兵队长**时期，但是军事艺术的这种倾向并不是由**内在的**原因，而是由**外在的**原因造成的[3]。战史表明，这种倾向在当时是不符合事物本性的，是不能令人满意的。

---

[1]指在形式逻辑中使用三段论法时，写完大前提和小前提后画一条线，然后再写结论。——译者注

[2]原文如此，疑误。从上下文看，似应为结果后置句。——译者注

[3]中世纪晚期至16世纪中叶，意大利一些城市国家如威尼斯、佛罗伦萨、热那亚等虽然经济发达，但防御能力弱，于是为维护其利益而与佣兵签合同，由其提供保护。佣兵成为一种职业，佣兵的首领称为佣兵队长（Condittiere）。每个佣兵集团的武器装备为佣兵队长所有，给养和薪饷由佣兵队长负责。佣兵队长可以将自己的集团受雇于任何国家甚至个人，因此战争就成为佣兵队长的职业，军事艺术就好像是他的手艺。作者认为这种情况不是战争本身的原因决定的，而是社会状态等在外原因决定的。——译者注

战争是人类交往的一种行为

因此我们认为，战争不属于艺术和科学的领域，而是属于社会生活的领域。战争是一种以流血的方式解决的大的利益的冲突，它只是在这一点上与其他冲突不同。拿战争与某种艺术相比，不如拿它与贸易相比，贸易也是人类利益和活动的一种冲突。距战争近得**多**的是政治，人们也可将政治视为一种规模更大的贸易。此外，政治是战争在其中发育的母体；战争的轮廓在政治中已经隐约形成，就如同生物的特性在其胚胎中就已形成。

区别

根本的区别在于：战争既不是意志针对一个无生命对象（例如机械的艺术[1]）的活动，也不是意志针对一个有生命的、但毕竟是被动的、任人摆布的对象（例如人在理想的艺术[2]中的精神和情感）的活动，而是意志针对一个有生命的、**有反应的**对象的活动。人们很容易看到，艺术和科学的公式化的思维是很难适用于战争这种活动的，同样也可以理解，如果人们不断地寻找和致力于遵循那些类似于从无生命的物质世界中所能找出的法则去应用于战争，则必定会导致不断的失误。然而过去人们在确立军事艺术时，仿效的正是机械的艺术。仿效理想的艺术自然也行不通，因为这些理想的艺术本身还非常缺乏法则和规则。而迄今人们试着仿效过的其他艺术又往往是不完善和片面的，它们受到各种主张、感觉和习惯的巨流冲击而淹没。

至于这种在战争中形成和消失的有活力的对象之间的冲突是否始终服从于一般法则，以及这些法则能否成为行动的有用的准绳，我们将在本篇中[3]做

---

[1]康德（Immanuel Kant，1724—1804）在《对判断力的评析》中将艺术分为"机械的艺术"和"美学的艺术"，认为前者只是根据对可能存在的事物的认识而表现该事物，后者则是"令人愉快的、美好的艺术"。——译者注

[2]黑格尔（Georg Wilhelm Friedrich Hegel，1770—1831）认为理想只存在于艺术之中，艺术的任务就是表现绝对的想法。——译者注

[3]指本篇第四章。——译者注

一些探讨。但有一点是清楚的，就像对任何没有超出我们认识能力的对象一样，对战争这个对象用探讨的精神是能够阐明的，对其内在联系或多或少是可以弄清楚的，而这就已经足以使理论成为名副其实的理论。

★ 第四章 ★

习惯做法[1]

为了说清楚在战争中起着很大作用的方法和习惯做法的概念，我们必须概略地看一下支配着所有行动的逻辑上的层次（就如同政府机构的层级）。

法则是对认识和行动同样适用的最普遍的概念，在其词义中显然有某些主观和专断的东西，但是它恰恰表达出我们和我们之外的事物所必须遵循的东西。作为认识的一个对象，法则是事物及其作用之间的关系；作为意志的一个对象，法则是对行动的一种规定，与**命令**和**禁令**具有同等的意义。

原则同样是对行动的一种法则，但是没有法则那样**正式的、明确的含义**，它只有法则的精神和意思。当现实世界中多种多样的现象无法纳入一项法则的明确形式时，就需要有原则，以便人们在运用判断力时有更多的自由。由于人们在无法运用原则的情况下，必须依靠判断来处理这些情况，因此原则实际上是行动者的**依据**或指南。

如果原则是客观真理的产物，从而适用于所有的人，那么它就是**客观的**；如果原则含有主观的因素，只对提出它的人有一定价值，那么它就是**主观的**，通常称为座右铭。

---

[1]"习惯做法"（Methodismus），作者自创的一个词，意为"Ritual"，即"严格的程序"或"习惯做法"。以往有的中译本将该词从字面译为"方法主义"或"认识论"，似不妥。——译者注

规则常常被用作法则的意思，但实际上与原则具有同等的意义，因为人们常说"没有无例外的规则"，却不说"没有无例外的法则"。这表明，人们在运用规则时可以有较多的自由。

在另一个意义上，规则被用作手段：从一个单独的、较浅显的特征认识到一个位于深处的真理，以便将符合全部真理的行动法则与这一单独的特征联系起来。所有游戏规则和数学中的简便运算方法就是这类规则。

规章和**指示**是对行动的规定，通过这一规定可以一并触及大量细小的、更详细指出了途径的情况。这些情况数量太大，而且意义一般，不值得为它们建立普遍的法则。

最后是**方法（行为方式）**，是从很多可能的行为方式中挑选出来的一个反复出现的行为；而当行动是根据方法，而非普遍原则或个别规章决定的，则称为**习惯做法**。这里必须有一个前提，那就是用这种方法去处理的情况基本上是相同的，但是由于情况不可能完全相同，因此关键在于相同的部分至少应**尽量多些**。换句话说，这种方法应该适用于最可能出现的情况。因此习惯做法不是建立在特定的个别前提之上，而是建立在彼此关联情况的**平均盖然性**之上，并超出这一平均盖然性，提出一个适用于一般情况的真理。如果人们以同样的形式不断运用这一真理，那么不久就可达到机械般的熟练程度，最后就可以几乎不假思索地做出正确的事情。

从法则的概念与识别现象的关系来看，法则对战法来说是可以或缺的，因为战争中的现象是复杂叠加的，不是很有规律，而有规律的现象又不是那么的复杂叠加，所以法则这个概念并不比简单的真理更有用。凡是用简单的概念和言辞就足以表达清楚的地方，如果用了**复杂的、夸张的**概念和言辞，那就成了矫揉造作和故弄玄虚。战法理论在涉及行动方面不能使用法则的概念，因为战争中各种现象变化多端，而且多种多样，因此战法理论中的规定没有足够的普遍性，不能称为法则。

但是如果想使战法理论成为实用的信条，那么原则、规则、规章和方法对于战法理论就是不可缺少的概念，因为真理在这些实用的信条中只能以这样的结晶形态出现。

由于战术是理论在战法中最可能成为实用信条的那个部分，因此上述概念[1]在战术中也最常见。非迫不得已，不要以骑兵对尚有完整队形的步兵发起进攻；在敌人进入有效射程以前，不得使用轻武器；在战斗中要节制用兵，以便将尽可能多的力量留到最后使用——这些都是战术原则。所有这些规定都不是绝对可以用于任何场合的，但是指挥官必须把它们铭记在心，以便在适用于这些规定所含真理的场合，不至于没有运用它们。

如果人们发现一支敌军的野炊时间反常，从而推断出敌人准备出发，如果人们发现敌军在战斗中故意暴露部队，从而推断敌人可能要进行佯攻，那么这种认识真理的方式就是发现常规，因为人们从一个个别的、可视的情况推断出了这一情况所属的意图。

如果说"在战斗中一旦发现敌人开始撤走炮兵，就应该再次猛烈进攻敌人"是一个常规，那么这就表明，我们把敌人开始撤走炮兵这一个别现象与我方应采取的一个行动联系在了一起，这一行动针对的是我们根据这一个别现象所猜测出的对手的状态：对手要放弃战斗，已经开始退却，而在这一退却期间，他既不便进行充分的抵抗，又不便完全避开我方（在退却时就会出现这种情况）。

至于**规章和方法**，只要训练有素的军队能够把它们作为行动的原则，那么它们就能把为战争而做准备的理论一并带到战法中去。有关队形、训练，以及野战勤务的一切条例都是规章和方法。有关训练的条例以规章为主，有关野战勤务的条例以方法为主。原本的战法与这些规章和方法相联系，将其作为现成的行为方式来采纳，因此这些规章和方法必须作为现成的行为方式出现在战法理论中。

但是对于使用部队时可以自由选择的活动不能有规章（特定的指示）出现，因为规章恰恰排斥自由使用部队。相反，方法作为执行任务的一般办法（如前所述，这种办法是根据平均盖然性制定的），作为实际运用原则和规则的主导，只要它不失去本来面目，不是为绝对的和必要的行动结构（体系）制定的，而是为一般行动形式中最好的形式制定的（这些最好的形式可以取代个人决策，成为捷径和备选），那么这些方法当然就可以出现在战法

---

[1]指原则、规则、规章和方法。——译者注

理论中。

在作战中常常运用各种方法，看来这也是非常重要和不可避免的。如果我们考虑到在战争中有多少行动是根据纯粹的假设，或者是在完全没有把握的情况下进行的，我们就会认同这一点了。在战争中之所以有很多行动是根据纯粹的假设，或者是在完全没有把握的情况下进行的，是因为敌人阻止我们了解那些会影响我们部署的情况，或者我们没有相应的时间，以至即使我们确实了解了这些情况，也由于它们分布太广和组成过于繁杂而无法根据它们进行我们的所有部署，因此我们总是不得不根据某些可能出现的情况进行部署。我们还要考虑到，在每个具体情况中需要同时顾及的细小情况有无数个，因此除了进行举一反三式的思维，只根据一般和很可能出现的情况进行部署以外，我们没有其他办法。最后我们还要考虑到，越到较低的级别，指挥官的数量就越多，就越不能指望他们拥有真知灼见和具有训练有素的判断力；在无法要求下级指挥官具有除勤务条例和经验以外的见解的情况下，也就不得不迁就他们运用与这些条例和经验相近的习惯做法。这些习惯做法可以成为其判断的一个依据，同时防止他们出现超出常规的、完全错误的观点。在一个要为经验付出高昂代价的领域里[1]，人们尤其担心出现这些错误观点。

我们必须承认，习惯做法不仅是不可缺少的，而且还有一个优点，那就是通过反复运用同一个方法在部队指挥上可以达到**熟练、准确**和**可靠**，从而减少战争中自然会出现的阻力，使机器[2]更轻快地运转。

因此，军事活动的级别越低，方法就用得越多，就越是不可缺少；而级别越高，方法用得越少，到了最高职位，方法就完全用不上了。因此方法在战术中比在战略中有更大的作用。

从战争的最高任务来看，它不是由**无数细小事件**构成的（这些细小事件大同小异，对其处理得好坏取决于方法的好坏），而是由**各个**需要分别处理的、**决定性的大事件**构成的。战争不是长满禾秆的一片田地，收割时无须考虑每根禾秆的形状，割得好坏只取决于镰刀的好坏，而是一片大树，用斧头砍伐时，

---

[1] 指在战争中。——译者注
[2] 指部队。——译者注

必须考虑每棵树的特性和方向。

军事活动中习惯做法的可靠性向上能达到什么程度，当然原本不取决于职位，而是取决于事情。只是因为统帅处理的是范围最广的事情，所以他较少使用习惯做法。统帅如果在战斗序列、前卫部队和前哨的部署上采取一成不变的方法，那么在某些情况下不仅会束缚其部下，而且也会束缚他自己。当然这些方法可能是他自己的发明，由他根据具体情况采用，但是只要它们是以部队和武器的一般特性为根据的，它们就可以成为理论的一个研究对象。然而如果人们像用一台机器制造成品那样，总是按照同一个方法来确定战争计划和战局计划，却是我们应该坚决反对的。

只要还没有令人满意的理论，即只要对战法还没有理智的思考，那么职位较高的人也不得不经常运用习惯做法，因为部分职位较高的人没有能力通过研究和较高层次的阅历来提高自己。他们在那些不切实际和充满矛盾的理论推断与评论面前无所适从，他们健全的头脑对这些东西是抵触的，于是他们从这些东西中吸收的只是基于经验的一些见解，在那些要求和允许自由地处理问题的情况下，他们也喜欢运用基于经验的方法，也就是模仿最高统帅特有的行为方式，从而自然而然地产生了习惯做法。弗里德里希大帝的将军们总是喜欢采用所谓的斜向战斗序列[1]，法国革命[2]时期的将军们总是喜欢运用绵长战线的包围战法，而拿破仑手下的将领们则总是喜欢集中大量兵力浴血冲杀。从这些办法的反复运用中，我们可以明显地认识到这些是被接受了的方法。由此可见，习惯做法有可能在一直接近到最高统帅的广大范围内得到运用。如果有一个得到改善的理论有助于战法研究，以及培养那些力图

---

　　[1] 斜向战斗序列（Schiefe Schlachtordnung）是公元前4世纪出现的一种战术，由古希腊著名统帅艾帕米农达于公元前371年首次运用。该战术强调面对优势之敌时，应避免与之在宽大正面上全面接触，而应加强一翼兵力，形成局部兵力优势，并以这一翼发起进攻，其他兵力则负责牵制敌人，使其无法增援受到进攻的一翼。在以优势兵力击溃敌人一翼后，随即从翼侧包围敌人，彻底击垮敌人。普鲁士国王弗里德里希二世将该战术与线式（横队）战术相结合，进一步发展了该战术。弗里德里希二世在其著作《战争的总原则》（Generalprinzipien des Krieges）中称，3万人能以此战法击败10万人。——译者注
　　[2] 指1789年开始的法国革命（对法国革命的结束时间有多种说法，一种观点认为是1794年7月雅各宾派统治的结束，另有观点认为是1799年雾月政变）。这次革命摧毁了法国封建专制制度，促进了法国资本主义的发展，也震撼了欧洲封建体系。——译者注

走上更高职位者的才智和判断力，那么人们也就不会再在这么高的层级上运用习惯做法，而那些被视为不可缺少的习惯做法，则至少会产自理论本身，而不是产自纯粹的模仿。无论一位杰出的统帅做事多么高明，在他的做事方式中总会有一些主观的东西。如果他有一种特定的风格，那么其中必然含有其很大一部分个性，而这些个性与模仿其风格的将领们的个性并不总是相同的。

然而要在战法中完全摒弃主观的习惯做法或者风格，是既不可能也不正确的。人们更应该把主观的习惯做法视为一场战争总的特性对其各个现象所起影响的一种表现。如果理论不能预见并考虑到这种影响，那就只能听任主观的习惯做法起作用。革命战争[1]有其特殊的做事方法，还有什么比这更自然的呢？有哪种理论能把它的特点包括进去？不好的是，这样一种从个别情况中形成的风格本身容易过时，因为各种情况在不知不觉中发生了变化，但风格却保留了下来。这正是理论应该通过明确和理智的评析而加以阻止的。1806年，普鲁士[2]的将军们与弗里德里希大帝的斜向战斗序列一道坠入深渊[3]（具体是路易亲王[4]在萨尔费尔德[5]附近，陶恩青[6]在耶拿[7]附近的多恩山[8]上，格拉韦特[9]在卡佩伦多夫[10]前面，布吕歇尔在卡佩伦多夫后面）。究

---

[1] 革命战争（der Revolutionskrieg），也称法国革命战争，指第一次和第二次反法联盟与法国之间的战争（1792—1802）。——译者注
[2] 普鲁士（Preussen），指普鲁士王国（1701—1918）。——译者注
[3] 指第四次反法联盟战争中的耶拿和奥尔施泰特会战。1806年10月14日，拿破仑率法军主力约10万人在耶拿附近击败霍恩洛厄指挥的普鲁士和萨克森联军5.3万人。同日，双方在均不知晓当日耶拿会战的情况下，法军达武元帅率领约2.9万人在奥尔施泰特（Auerstedt，今德国图林根州一小镇，西南距耶拿约25公里）附近击败布伦瑞克公爵指挥的普军主力约5万人。在追击中，普军纷纷投降。在两场会战中，法军计伤亡约1.5万人，普军计伤亡和被俘3.3万人。普鲁士国王威廉三世携全家逃往东普鲁士。拿破仑于当月27日进入柏林。——译者注
[4] 路易·费迪南德（Louis Ferdinand von Preussen，1772—1806），普鲁士亲王、将军、作曲家。——译者注
[5] 萨尔费尔德（Saalfeld），今德国图林根州一城市，位于萨勒河河畔。——译者注
[6] 陶恩青（Bogislaw Friedrich Emanuel von Tauentzien，1760—1824），伯爵，普鲁士将军。1806年耶拿会战时任师长，曾指挥霍恩洛厄的前卫部队。——译者注
[7] 耶拿（Jena），今德国图林根州一城市，位于萨勒河河畔。——译者注
[8] 多恩山（der Dornberg），位于耶拿附近，海拔383米，为当地制高点。——译者注
[9] 格拉韦特（Julius August Reinhold von Grawert，1746—1821），普鲁士将军。1806年耶拿会战中在霍恩洛厄手下任师长，被法军击败。——译者注
[10] 卡佩伦多夫（Kapellendorf），今德国图林根州一小镇，东南距耶拿约15公里。——译者注

其原因，不仅是因为一个陈旧的风格，还因为习惯做法导致当时的才智严重贫乏。这一才智贫乏导致霍恩洛厄[1]指挥的联军全军覆灭，而且是史无前例的、一支联军在战斗中（而非在被追击中）即遭受的全军覆灭。

---

[1] 霍恩洛厄（Friedrich Ludwig zu Hohenlohe-Ingelfingen，1746—1818），侯爵，普鲁士将军。1806年耶拿会战时指挥普鲁士和萨克森联军，失败后向法军投降，1808年释放回国后被革职。——译者注

★ 第五章 ★

评论[1]

理论上的真理[2]总是更多地通过评论，而非通过信条对现实生活产生影响。由于评论是理论上的真理在真实事件上的应用，因此它不仅使理论上的真理接近于实际，而且通过其不断的反复应用，使人们的思维更加习惯于这些真理。因此，我们认为除了确定用什么观点建立理论以外，还有必要确定用什么观点进行评论。

我们把**评论式地**记述历史事件与简单地记述历史事件区别开来。后者仅仅是罗列事件，顶多是触及与这些事件最近的一些因果关系。

而评论式地记述历史事件，则会出现三种不同的思维活动。

第一种思维活动是对有疑问的事件进行历史考证和确定。这是真正的历史研究，与理论没有任何共同点。

第二种思维活动是从原因推断影响。这是**真正的评论式的研究**。这种研究对理论来说是不可或缺的，因为在理论中所有需要用经验来确定、支撑或者只是解释的，都只能通过这种途径解决。

第三种思维活动是对运用的手段进行检验。这是包含着赞扬和指责的真正

---

[1]"评论"（die Kritik），根据不同场合，有"评论""批评""批判"等多种译法。由于作者在本文中明确讲到该表述"包含着赞扬和指责"，故译为"评论"更准确。——译者注
[2]指通过理论研究得出的正确结论。——译者注

的评论。在这里，理论服务于历史，或者更确切地说是服务于从历史中汲取的教训。

在上述后两个思维活动的真正的评论中，一切取决于探寻事物的最后因素，也就是要追寻到毫无疑问的真相为止，而不能像常见的那样半途而废，也就是不能止于某个任意的论断或前提。

至于从原因推断影响，它往往面临一个外在的、无法克服的困难，那就是人们根本不了解真正的原因。这一现象在战争中比在实际生活的任何其他活动中更为常见。战争中的事件很少能让人完全了解真相，而行动的动机就更难以让人了解到了，因为这些动机要么是被当事者故意隐瞒了，要么是由于它们是非常短暂和偶然的，因此有可能没有历史记载。为此，评论式的记述大多不得不与历史研究合作进行，但是即便如此，原因与影响往往还是非常不吻合的，以至于评论式的记述无法将一些影响视为已知原因的必然结果，因此这里就必然会出现空白。就是说，一些历史事件的结局无法用于教导他人。理论所能要求的只能是将研究一直进行到这种空白处，所有的推论要到此为止。如果人们以为已知的原因足以解释结果，因此对已知的原因错误地予以重视，那才是真正的比出现空白更糟糕的事。

评论式的研究除上述这一外在困难外，还面临一个很大的内在困难，那就是战争中的行动很少是出于单一的原因，而是出于多个共同的原因。而且只是公正和认真地追溯一系列事件的起始点还不够，更重要的是还要指出每个已知原因的作用。这就促使人们对原因的本性做进一步的研究，于是评论式的研究就有可能进入理论的真正领域。

人们进行评论式的**考察**，即检验手段时，必须弄清行动者所用手段的特有影响是什么，以及这些影响是否符合行动者的意图。

要了解手段的特有影响，就会促使人们研究这些影响的本性，即又进入理论的领域。

我们看到，在评论中一切都取决于要追寻到毫无疑问的真相，不能止于随意的论断，因为这些随意做出的论断对他人无效，他人也可以用或许同样随意提出的论断加以反对，以致出现无休止的争论，使整个研究得不出任何结论，也就达不到教导他人的目的。

　　我们看到，无论是对原因的探究，还是对手段的检验，都会进入到理论的领域，也就是说进入到普遍真理的领域，这种真理不是仅仅出自当前的个别情况。如果这时有一个可用的理论，那么考察时就可以把理论中已经确定的东西作为根据，不必再研究。但是在没有这种理论上的真理时，人们就不得不把研究一直延续到最后的因素。如果经常有必要这样做，那么人们习惯上称其为著作家的那个人为研究第100个问题，就不得不追溯到第1000个问题，他就会有无数的事情要做，也就几乎不可能对每个问题都进行从容的研究。结果为了限定自己的考察范围，他就止于随意提出的论断，这些论断即使对他来说确实不是随意提出的，但对他人来说仍然是随意提出的，因为它们本身不会自动为他人所理解，而且是未经证实的。

　　因此，一个可用的理论是评论的一个重要基础。如果没有一个合理理论的支持，评论就不可能总体上达到答疑解惑的程度，也就是说，不可能是令人信服的明证和无可辩驳[1]的事实。

　　但是如果人们认为理论能够把每个抽象的真理都包括进去，留给评论的任务只是将具体情况放到合适的法则之下，那就是一种幻想；反之，假如人们规定评论绝不能触及神圣的理论，那也是可笑的书呆子的做法。建立理论时的分析研究精神也应该引领评论活动，而且这种精神可以并应该经常进入到理论领域，去进一步说明对它特别重要的那些问题。反之，如果评论成了机械的理论照搬，那就有可能完全达不到评论的目的。理论研究得出的所有积极的结果，所有原则、规则和方法越是成为实用的信条，就越缺乏普遍性和绝对的真理本性。这些东西是供人使用的，至于它们是否适用，永远应该留给后人评判。人们在评论时，绝不允许将这些理论上的结论当作衡量的法则和标准，而只能像当事者那样，把它们当作**判断的依据**。在一般战斗序列中，骑兵不与步兵并列部署，而是部署在步兵的后面，这是战术上已经明确了的，但是如果人们因此而对偏离这一规定的任何部署都加以指责，则是愚蠢的。人们在评论时应该探究偏离这一规定的理由，只有在理由不充分时，才有权引用理论上的定论。又如，理论上已经明确，多路进攻会减少胜算，但是如果不进一步了解实际情

---

[1]　"无可辩驳"一词，作者使用了法语"sans réplique"。——译者注

况，就认定所有采取多路进攻并且失利的战例都是多路进攻造成的，或者在多路进攻获胜的情况下，就反过来认为"多路进攻会减少胜算"的理论断言是不正确的，那么这两种看法就都是不理智的。两者都是评论的分析精神所不允许的。总之，理论上经过分析研究而得出的结论是评论的主要依据；理论上已经明确了的，评论自身就不必再重新确定了。理论上之所以予以明确，就是为了评论有现成的东西可用。

评论的任务是研究从原因中产生了什么样的影响，以及研究所用的手段是否与目的相适应。当原因与影响、目的与手段彼此接近时，评论的这一任务就容易完成。

如果一个军团遇袭，并因此而无法有序和合理地运用其力量，那么袭击的效果就是确定无疑的。如果理论上已经明确在会战中进行围攻能获得较大的战果，但胜算较小，那么就要看运用围攻者是否主要是为了获得较大的战果。如果是，那么他选择这一手段就是正确的。如果他用这个手段是为了**更有把握**地获得战果，而这一战果不是以具体情况，而是以以往围攻出现过多次的、能带来较大战果的普遍本性为基础，那么他就是弄错了围攻这一手段的本性，从而犯了一个错误。

在这里，评论式的探究和检验并不困难。只要人们每次局限于最直接的影响和目的，就总是容易的。只要人们撇开与整体的联系，只从这个方面考察事物，那么人们完全可以随意这样做。

但是正如世界上的其他活动一样，在战争中属于整体的一切都是彼此联系的，因此每个原因（即使是很小的原因）的影响必然会一直延展至整个战争行为结束，并使最终结果有所改变（无论改变是多么小）。同样，每个手段必然也会一直影响到最终的目的。

因此，只要现象还有考察的价值，人们就可以跟踪研究一个原因导致的影响。同样，人们不仅可以为下一个目的去检验手段，而且也可以把这一目的本身当作达到更高目的的手段来加以检验。这样对一连串相互从属的目的进行检验，直至遇到一个无须检验的目的，因为其必要性是毫无疑问的。在很多情况下，特别是涉及大的决定性的举措时，必须一直向上考察到**最终的目的**，即那个应直接导致媾和的目的。

很清楚，在这样的向上考察的过程中，每到新的一站，人们在判断时就会有一个新的立场，以至于同一个手段，从距其最近的立场来看是有利的，但从更高的立场来看却是应该予以抛弃的。

在对一个军事行动做评论式考察时，探究产生现象的原因与根据目的检验手段总是合作进行的，因为只有探究原因才能找到值得检验的对象。

这样上下追溯会遇到很大的困难，因为人们探寻的原因距离一个事件越远，人们就越会同时看到更多其他的原因，而且还要补充或排除这些原因对事件可能产生的那部分影响，因为一个现象距离原因越远，支配它的各种力量和情况就越多。如果我们找到了一次会战失败的原因，那么当然也就找到了这次失败的会战影响整个战争结局的部分原因，但仅是部分原因，因为根据不同的情况，还会有其他原因或多或少地影响到战争的最终结局。

随着立场的升高，人们在检验手段时同样会出现这种多样性，因为目的越高，为达到这些目的而使用的手段的数量也就越大。战争的最终目的是所有军队都同时追求的，因此人们对围绕这个目的所发生的或者可能发生的一切就都有必要一并加以考察。

这样一来，人们有时就要扩大考察的范围。在这一大的考察范围内，人们就容易感到迷惑并遇到困难，因为对那些实际上没有发生、但很可能发生过，因此不能不加以考察的事情也要做出很多假设。

1797年3月，拿破仑率领意大利军团[1]向位于塔利亚门托河[2]畔的卡尔大公[3]推进，意图是迫使卡尔大公在其所期待的援军从莱茵河[4]河畔调到其

---

[1] 指法国驻意大利军团。——译者注
[2] 塔利亚门托河（der Tagliamento），意大利北部一条河流，流入亚得里亚海，长170公里。——译者注
[3] 卡尔大公（Erzherzog Karl，1771—1847），奥地利大公、元帅、军事理论家。作品有《由1796年德意志战局论战略原则》《1799年德意志和瑞士战局史》和军事条令等。参加过1796年、1797年、1805年和1809年对法战争。1805—1809年任陆军大臣，致力于奥军改革。——译者注
[4] 莱茵河（der Rhein），中欧的一条大河，发源于瑞士格劳宾登州境内阿尔卑斯山区，流入北海。长1238.8公里。——译者注

身边之前进行决战^[1]。如果人们只从距此行动最近的决战来看，那么拿破仑的手段选得很好，结果也证明了这一点。卡尔大公当时的兵力还很少，以至他在塔利亚门托河河畔只做了一次抵抗的**尝试**。当卡尔大公看到对手过于强大和果断时，就把战场和进入诺里施阿尔卑斯山脉^[2]的通道让给了对手。此时拿破仑利用这一**幸运的战果**能达到什么目的呢？他本人可以向奥地利君主国的心脏推进，还可以减轻莫罗^[3]和奥什^[4]两个莱茵军团推进的压力，并与他们建立密切的联系。拿破仑就是这样考虑问题的，从这个角度看，他是正确的。但是如果人们从更高的立场，即从法国督政府^[5]的立场进行评论（督政府能够而且应该判断出，六周后才会开启莱茵战局），那么人们只能认为拿破仑翻越诺里施阿尔卑斯山脉是一次夸张的冒失行动，因为如果奥地利人从莱茵河河畔调来强大的预备队并部署在施泰尔马克^[6]，卡尔大公就可以用它进攻拿破仑的意大利军团。这样拿破仑不仅会丢掉意大利军团，而且还会输掉整个战局。拿破仑到维拉赫^[7]地区后认识到了这一点，因此他很乐意与奥地利人签

---

［1］1797年2月，拿破仑在北意大利攻陷曼托瓦后，奥地利试图挽救北意大利，准备与拿破仑决战。3月，奥军卡尔大公命前卫部队在皮亚韦河地区警戒，主力在塔利亚门托河地区设防，计划自莱茵河河畔开来的援军到达后向法军发起进攻。3月16日，拿破仑击退奥军前卫部队后，向塔利亚门托河河畔的卡尔大公发起进攻。卡尔大公因兵力悬殊，略做抵抗后即退向萨瓦河和德拉瓦河。28日，法军进入奥地利境内，4月7日先头部队到达莱奥本（Leoben，今奥地利施泰尔马克州一城市），18日双方签订《莱奥本临时和约》（Vorfrieden von Leoben），同年10月17日签订《坎波福米奥和约》（Frieden von Campoformio）。——译者注

［2］诺里施阿尔卑斯山脉（Norische Alpen），阿尔卑斯山脉中部东段的一部分，位于奥地利南部。——译者注

［3］莫罗（Jean-Victor Moreau，1763—1813），法国革命时期最重要的将军之一。1796—1797年法奥战争期间在莱茵地区指挥法军。1804年因反对拿破仑，被开除军籍并被流放。1813年赴俄国任亚历山大一世的军事顾问。同年8月在德累斯顿会战中被炸断双腿，9月去世。——译者注

［4］奥什（Louis-Lazare Hoche，1768—1797），法国革命时期少将。——译者注

［5］1795年8月22日，法国国民会议（1792—1795）通过新宪法，规定最高立法机构为上下两院，上院称元老院（250名成员），下院称五百人院；规定最高行政机构为督政府，其五名成员由元老院自五百人院提交的名单中选出。10月12日进行首次选举；26日，国民会议举行最后一次会议；31日，首届督政府宣告成立。至1799年11月9日被拿破仑推翻，存在过七届督政府。——译者注

［6］施泰尔马克（Steiermark），今奥地利的一个联邦州，历史上曾是边区和大公国。——译者注

［7］维拉赫（Villach），今奥地利克恩滕州一城市，位于克拉根福特盆地西部。——译者注

订《莱奥本临时和约》[1]。

如果我们能从更高一层的立场评论，就会知道奥地利人在卡尔大公的军团与维也纳[2]之间是没有预备队的。当时，如果拿破仑的意大利军团继续推进，那么它是能够威胁维也纳的。

假设拿破仑知道奥地利首都面临这一空虚处境，并且知道他在施泰尔马克对卡尔大公占有明确的优势，那么他先期赶往奥地利的心脏就不再是无目的的了。至于他这一行动的价值，则仅取决于奥地利人对保住维也纳的重视程度，因为假如奥地利人很重视保住维也纳，宁愿接受拿破仑给他们提出的媾和条件，那么法军就可将威胁维也纳视为最终目标。假如拿破仑出于某种原因知道这一点，那么后人的评论也就可以到此为止了。如果这一点还不确切，那么人们就不得不从一个更高的立场来继续评论，并回答：假如奥地利人让出维也纳，继续向本国辽阔的腹地后退，那么又会出现什么情况呢？很明显，如果人们不分析双方的莱茵军团之间很可能发生什么事，就根本无法回答这个问题。在法国人占确切优势（13万人对8万人）的情况下，法国人获胜是没有多大问题的，但又会产生的问题是：法国督政府会利用这个胜利达到什么目的呢？是要追求其优势地位，一直推进至奥地利君主国另一端的国界，就是说要消灭或战胜这个强国呢，还是仅想占领一大片土地作为缔结和约的筹码呢？人们必须探究出这两种情况可能产生的结果，以便据此确定督政府会选择其中的哪一个。假设考察的结果是：法军的兵力对彻底战胜奥地利来说还是太少，以致这样的尝试会引起整个局势的根本变化，甚至仅占领奥地利的一大片土地也会导致法国人面临因兵力过少而很可能无法应对的战略局面，那么这一结果必然影响到人们对意大利军团所处局势的判断，从而对它寄予较小的希望。这无疑是拿破仑在完全能够判断出卡尔大公孤军无援的情况下仍有条件签订《坎波福米

[1]拿破仑在第一次反法联盟战争中，在北意大利接连对反法联盟取得胜利，于1797年2月2日占领奥地利的重要要塞曼托瓦。3月28日，法军进入奥地利境内。4月7日，马塞纳率领法军先头部队抵达莱奥本，距维也纳仅四日行程。当时奥地利还面临英国不再提供援助、俄国撤走援军的困难。法国方面也面临占领区民众起义（4月17日维罗纳起义）和后方（蒂罗尔）部分面临奥军威胁的问题。于是双方在莱奥本附近一处宫殿内开始谈判，于18日签订《莱奥本临时和约》。10月17日，双方最终签订《坎波福米奥和约》，第一次反法联盟战争就此结束。——译者注
[2]维也纳（Wien），今奥地利首都，同时也是一个联邦州，位于多瑙河河畔。历史上曾是神圣罗马帝国、奥地利帝国首都，也是奥匈帝国的两个首都之一。——译者注

奥和约》[1]的缘故。这些条件除了使奥地利人丧失了一些即使最成功的战局也难以收复的地区以外，没有让他们付出更大的代价。但是假如法国人没有思考过以下两个问题，那么他们甚至无法指望签订这个于其好处不大的《坎波福米奥和约》，因此也就无法把这个和约作为其大胆进军的目的：第一个要思考的问题是，奥地利人对上述两种结果[2]会做何评估？在这两种情况下，奥地利人最后的获胜可能性尽管都很大，但是两者均意味着要继续战争，奥地利人就会有牺牲，他们是否认为值得付出这些牺牲呢？因为签订一个条件不太苛刻的和约可以避免这些牺牲。第二个要思考的问题是，奥地利政府以其优势到底会不会达到最终获胜的程度，它是否会适度考虑其对手最后的获胜可能性，以及是否会因眼下的兵力失衡而丧失勇气？

对第一个问题的思考并不是无益的吹毛求疵，而是有切实的重要意义，以至每当人们面对一个需要竭尽全力实施的计划时都要做此思考，而且阻止人们实施此类计划最多的就是这一思考所得出的结论。

对第二个问题的思考也同样是必要的，因为人们不是与一个抽象的对手作战，而是与一个真实的、必须一直盯住的对手作战。大胆的拿破仑肯定懂得这一点，就是说他相信自己的威名能够先于自己的利剑使对手胆怯。这种自信促使他在1812年进军莫斯科[3]，可是那次他失算了。他的威名经过多次大的斗争已经有些损耗，而在1797年，他的威名形成不久，人们还未发现如何能抵抗他到极致的秘密。尽管如此，如前所述，假如拿破仑未预感到失败，从而未选择签订好处不大的《坎波福米奥和约》作为出路，那么他的冒险会让他在1797年就得到战败的结果。

到此我们必须结束这个考察了，因为这个考察作为实例已经足以说明，在

[1] 1797年10月17日，法国和奥地利根据此前于4月18日签订的《莱奥本临时和约》，在意大利北部小城马宁镇（Villa Manin）签订《坎波福米奥和约》，标志着第一次反法同盟战争（1792—1797）结束。根据该和约，奥地利放弃比利时、卢森堡和伦巴第地区，承认阿尔卑斯山南共和国独立，并在秘密附加条款中承认自巴塞尔至安德纳赫的莱茵河河段为法国东部边境，但得到了威尼斯共和国及其舰队，与本土连成一片，而且控制一部分亚得里亚海。因此克劳塞维茨认为这个和约并未让奥地利付出过大的代价。——译者注
[2] 指法国彻底战胜奥地利或仅占据奥地利的大片土地这两个可能出现的结果。——译者注
[3] 莫斯科（Moskau），今俄罗斯首都，历史上曾是莫斯科公国和俄国首都，位于俄罗斯平原中部。此处指1812年俄国战局。——译者注

做评论式考察时，如果人们要追溯到最终目的，也就是人们谈及的是有必要上升到如此程度的大的决定性举措时，这一考察涉及的范围是广泛的，内容是多种多样的，并且会遇到很多困难。从中也可以看到，除了对事物的理论见解以外，天赋的才能对评论式考察的价值想必也有大的影响，因为要了解事物之间的联系，在事件的无数关联中辨别出重要的关联，主要依靠天赋的才能。

同时，评论式考察也要求天赋以另一种方式发挥作用。评论式考察不仅是对确已使用手段的检验，而且也是对**所有可能使用的手段**的检验。这些可能使用的手段是人们在考察时必须先提出的，即先要发现的。如果人们提不出一个更好的手段，就不能指责现有的手段。无论人们在大多数情况下提出这种可能使用的手段的数量是多么的少，也不能否认，列出这些可能使用的手段并非对现有事物的单纯分析，而是一种独立的创造，这种创造是无法规定出来的，而是有赖于丰富的智慧发挥作用。

能够把战法归结为少数切实可行和非常简单的手段，这需要很大的天赋，我们距此还很遥远。有人常常将发明迂回一处阵地的战法视作伟大天才的一步棋，我们认为这是非常可笑的，但是尽管如此，这种富于创造性的主动行为是有必要存在的，而且是决定评论式考察价值的主要行为之一。1796年7月30日，拿破仑决心放弃对曼托瓦[1]的围攻，以便迎击前来解围的武姆泽[2]，并集中兵力各个击破武姆泽被加尔达湖[3]和明乔河[4]隔开的两路部队。这看上去是拿破仑取得辉煌胜利的最可靠的途径。他的确取得了这些胜利，而且当敌

---

[1]曼托瓦（Mantua），今意大利曼托瓦省省会，位于波河平原，明乔河河畔。——译者注

[2]武姆泽（Dagobert Sigmund von Wurmser，1724—1797），伯爵，奥地利元帅。——译者注

[3]加尔达湖（der Gardasee），意大利最大的湖泊，位于该国北部阿尔卑斯山脉和波河平原之间，面积近370平方公里。——译者注

[4]明乔河（der Mincio），意大利北部波河的一条支流，流经加尔达湖，长194公里。——译者注

人此后几次前去解围时，他用同样的手段取得了更辉煌的胜利[1]。对此人们只听到了交口称赞之声。

如果拿破仑不完全放弃围攻曼托瓦的想法，是无法于7月30日采取上述行动的，而且，他无法保住攻城辎重，而在这一战局中他是无法再搞到第二套攻城辎重的。实际上，拿破仑把对该地的围攻转变成了纯粹的包围。如果拿破仑继续围攻的话，这个要塞很快就会被攻陷，而改为包围后这个要塞又抵抗了六个月，尽管拿破仑在城外开阔战场上取得了诸多胜利。

评论者由于提不出更好的抵御解围的方法，就认为拿破仑未攻下该城是完全无法避免的憾事。在一道围攻环线[2]内抗击前来增援的敌军，这一手段在很大程度上受到批评和轻视，以至它完全淡出了评论者的眼界。在路易十四世[3]年代常常奏效的这一手段，竟无人想到在百年以后**至少是可以一并加以考虑的**，这只能说是因为赶时髦的观点在作祟。假如人们将这一手段列为可能使用的手段，那么进一步研究当时的力量对比就可以得出结论，当时拿破仑可以部署在曼托瓦城前围攻环线内的是四万名世界上最精锐的步兵，在筑有坚固工事的条件下，是无须惧怕武姆泽率领的前来解围的五万奥军的，因为后者即使只是试着向围攻环线发起一次进攻也是十分困难的。我们在这里不打算进一步证明我们的这一论断，但是认为我们所说的已经足以让这一手段有权利和其他可能的手段一道争取被采用。至于拿破仑本人当时在行动中是否想到了这一

[1]1796年4月，法国督政府派拿破仑攻入北意大利，奥军节节败退。至6月，除曼托瓦要塞未被法军攻克外，奥军基本上撤至国境附近。7月5日，法军包围曼托瓦。此时，奥地利任命武姆泽将军接替伯奥流指挥，率5万人准备与曼托瓦守军呼应，夹击法军。武姆泽将部队分为两路，沿加尔达湖东西两岸南进。7月31日，拿破仑决定放弃对曼托瓦的围攻，集中兵力迎击奥军。8月3日，拿破仑在萨洛及其东南地区击退奥军西路部队，并于次日迎向奥军东路部队。当拿破仑北上时，武姆泽已进入曼托瓦，得悉西路军被法军击败后，便离开曼托瓦，渡过明乔河，准备与西路军会合。8月5日，奥军与法军相遇，被击败，向本国方向退却。法军重新围攻曼托瓦。同年9月，武姆泽又前往解围，未果，被围于曼托瓦。同年11月和次年1月，奥地利阿尔温齐将军又两次前往解围，均被拿破仑以同样方法击败。1797年2月2日，曼托瓦被法军攻陷。——译者注
[2]围攻环线（die Zirkumvallationslinie）是围攻部队围绕要围攻的城市或要塞构筑的工事，以防止受围者突围或对围攻者发起进攻。在没有另外设置保护围攻环线（die Kontravallationslinie）的情况下，也可用于抗击受围者的解围或增援部队。——译者注
[3]路易十四世（Ludwig XIV., 1638—1715），法国国王（1643—1715）。在位期间先后进行过四次主要战争：尼德兰战争（1667—1668）、荷兰战争（1672—1678）、奥格斯堡联盟战争（1688—1697）、西班牙王位继承战争（1701—1714）。——译者注

手段，我们不想妄加推断，在其回忆录和其他出版的资料中找不到他当时想到这一手段的痕迹。后来的所有评论者都没有想到这一手段，因为它已经完全被遗忘了。重新想起这种手段的功劳并不大，因为人们只需摆脱时髦观点的影响就能做到。但是想到这一手段，以便对它加以考察，并且把它同拿破仑使用的手段进行比较却是十分必要的。无论这种比较的结果如何，评论者是不能错过这种比较的。

　　拿破仑在埃托日[1]、尚波贝尔[2]、蒙米赖[3]等地的战斗中击败布吕歇尔[4]军团后，于1814年2月抛开布吕歇尔，把矛头重又指向施瓦岑贝格[5]，并在蒙特罗[6]和莫尔芒[7]打败了他的部队[8]。对此人们十分钦佩，因为拿破仑正是通过这样来回调动其主力，巧妙地利用了联军分兵推进的错误。至于说拿破仑这一出色的四处出击最终未能挽救他，人们认为这至少不是他的过错。迄今还没有人提出问题：假如拿破仑不把矛头由布吕歇尔再次转向施瓦岑贝格，而是继续进攻布吕歇尔，并一直追击他到莱茵河河畔，会有什么结果呢？我们确信，在这种情况下，战局会出现根本的转折，联军就不会进军巴黎[9]，而是返回，退过莱茵河。我们不要求人们都同意这一见解，但是只要有人提出了这种选择的可能性，评论者就应一并加以探讨，这是任何专家都不

---

[1] 埃托日（Etoges），今法国马恩省一小镇。——译者注

[2] 尚波贝尔（Champaubert），今法国马恩省一小镇，东距埃托日6公里。——译者注

[3] 蒙米赖（Montmirail），今法国马恩省一小城。——译者注

[4] 布吕歇尔（Gebhard Leberecht von Blücher, 1742—1819），侯爵，普鲁士元帅。因其积极进攻的指挥风格而有"前进元帅"之称。——译者注

[5] 施瓦岑贝格（Karl Philipp Schwarzenberg, 1771—1820），侯爵，奥地利元帅,曾任奥地利驻法国大使。在1812年俄法战争中率奥军随拿破仑进攻俄国。为俄法斡旋失败后，受奥地利首相梅特涅委托，在1813—1815年的对法战争中担任联军总司令，参加莱比锡大会战并进占巴黎。——译者注

[6] 蒙特罗（Montereau），即今法国塞纳–马恩省城市约讷河河畔蒙特罗（Monterau–Fault–Yonne）。——译者注

[7] 莫尔芒（Mormant），今法国塞纳–马恩省一小城。——译者注

[8] 1814年，第六次反法联盟的军队深入到法国境内。2月1日在拉罗提埃击败拿破仑后，施瓦岑贝格率联军主力沿塞纳河，布吕歇尔率领联军一部沿马恩河开赴巴黎。拿破仑得悉联军两路相隔，于是决定首先进攻布吕歇尔，2月10日在尚波贝尔击败其一部，11日在蒙米赖击败其另一部，14日在埃托日击败布吕歇尔亲率的一部，布吕歇尔退回沙隆。拿破仑未追击布吕歇尔，于15—16日连夜赶到塞纳河，进攻施瓦岑贝格，17日在莫尔芒击败维特根施坦（施瓦岑贝格的右翼），18日在蒙特罗击败符腾堡王太子（施瓦岑贝格的前卫部队）。施瓦岑贝格急忙向东退却。——译者注

[9] 巴黎（Paris），法国首都，位于巴黎盆地中部、塞纳河河畔。——译者注

会怀疑的。

在这里提出来的用于比较的手段，比在前一例中提出的手段本来是更容易让人想到的，但还是被错过了，这是因为人们盲目地追随某一片面的见解，缺乏公正的态度。

由于有必要提出更好的手段来代替一个受到指责的手段，于是就出现了一种几乎只为评论而评论的形式，即满足于只是提出自认为更好的手段，却没有提出应有的论据。结果是提出来的手段不能令每个人信服，而其他人也这么做，于是就产生了毫无依据的争论。整个军事类著作中都充斥着这些东西。

只要人们建议使用的手段的优点还未明显到令人信服的程度，我们就有必要要求评论者提供**论据**。所谓论据，就是分别研究两个手段的特点，并与目的进行对比。如果人们能这样以简单的事实来说明事物的成因，那么争论想必就会结束，或者至少可以从中得出新的**结论**，否则争论就会永无休止。

例如，在上例中如果我们不满足于仅提出一个更好的手段，而是想证明继续追击布吕歇尔要比转攻施瓦岑贝格更好，那么我们就可以提出以下简单的事实作为根据：

1. 通常沿一个方向继续进攻比来回调遣部队更有利，因为这种来回调遣部队会损失时间，而且在敌军由于损失惨重而士气已经受到削弱的情况下，继续进攻更容易取得新的战果，因此继续追击能够利用已经取得的优势。

2. 尽管布吕歇尔的兵力比施瓦岑贝格的少，但由于布吕歇尔具有进取精神，因此是更重要的敌人，是追击的重点。

3. 当时布吕歇尔受到的损失等同于一场大败，因此拿破仑对他有很大的优势。假如布吕歇尔受到追击的话，几乎无疑会一直退到莱茵河河畔，因为他在这一线没有任何值得一提的援军。

4. 没有其他可能的结果比布吕歇尔退到莱茵河河畔看上去更可怕，以及以如此巨大的阴影让人产生幻觉了。在施瓦岑贝格这样以优柔寡断和犹豫不决而闻名的将领看来，一旦布吕歇尔退至莱茵河河畔，想必就是一件大事。对于符腾堡王太子[1]在蒙特罗附近，以及维特根施坦[2]伯爵在莫尔芒附近受到的损失，施瓦岑贝格侯爵想必是相当清楚的。相反，一旦布吕歇尔在其自马恩河[3]直到莱茵河这条完全孤立和分开的战线上失败，施瓦岑贝格只能从雪崩般的种种传言中了解布吕歇尔的损失。三月底，拿破仑向维特里[4]方向进军，目的是想看一下一次威胁性的战略迂回会给联军带来什么影响。这一绝望的行动显然是以恐吓原则为基础的，但当时的情况已经完全不同了：拿破仑此前在拉昂[5]和阿尔西[6]战败，而布吕歇尔率领十万人已经与施瓦岑贝格会合了[7]。

当然会有人不信服上述理由，但是他们至少不能反驳我们说："如果拿破仑向莱茵河河畔追击，从而威胁施瓦岑贝格的基地，那么这就等同于施瓦岑贝格威胁巴黎，即拿破仑的基地。"因为我们通过上述理由就是想证明施瓦岑贝格不会想到向巴黎进军。

前面举过1796年战局中的例子，我们可能会说，拿破仑认为他所采取的方法是击败奥地利人最可靠的方法，但是即便他的这一方法确实是最可靠的，他由此所达到的目的也不过是一个空洞的荣誉而已，对曼托瓦的陷落几乎没有什么明显的影响。在我们眼中，我们提出的是用于阻止解围的可靠得多的方

[1]即符腾堡王国（1806—1918）第二任国王威廉一世（Wilhelm Ⅰ., 1781—1864）。——译者注

[2]维特根施坦（Ludwig Adolf Peter zu Sayn-Wittgenstein, 1768—1842），伯爵，俄国元帅。曾参加1793年俄波战争、1806年俄土战争、1812年俄法战争等。1813年任俄普联军司令，后因大格尔申和包岑两次会战失利而辞职。1814年在对法战争中受施瓦岑贝格指挥。同年2月27日在奥布河河畔巴尔进攻法军时负重伤。——译者注

[3]马恩河（die Marne），法国塞纳河的一条支流，长514公里。——译者注

[4]维特里（Vitry），即今法国瓦勒德马恩省城市塞纳河河畔维特里（Vitry-sur-Seine），位于塞纳河西岸，西北距巴黎10公里。——译者注

[5]拉昂（Laon），今法国埃纳省省会，西南距巴黎130公里。——译者注

[6]阿尔西（Arcis），即今法国奥布省的城市奥布河河畔阿尔西（Arcis sur Aube）。——译者注

[7]1814年3月初，布吕歇尔经休整后向拉费尔特推进，准备与弗里德里希·冯·比洛将军会合后进攻巴黎。拿破仑赶去将布吕歇尔赶过安纳河，但在拉昂进攻布吕歇尔时受挫。11日，拿破仑留一部兵力监视布吕歇尔，自率主力东进，20日在阿尔西与施瓦岑贝格遭遇，因实力悬殊而战败。拿破仑于绝望中向维特里前进，试图威胁联军后方。此时布吕歇尔已经回到沙隆，向施瓦岑贝格靠拢。联军决定由施瓦岑贝格和布吕歇尔各率一路主力直取巴黎，由俄国沃东库尔将军率领1万骑兵在后保护。26日，拿破仑在圣迪济埃进攻联军，只见骑兵，不见主力，于是急忙赶往巴黎，但联军已经于31日进入巴黎。——译者注

法。但是如果我们也像拿破仑那样，不认为这个方法更可靠，而是认为如果采用这个方法，获胜的可能性会更小，那么问题就会回到**这一点**：在一种情况下，获胜的可能性较大，但这样的胜利几乎无法利用，也就是说胜利很小；在另一种情况下，获胜的可能性不是很大，但一旦获胜，就会有大得多的战果，从而可以影响双方最终的胜负。如果人们以这种方式来权衡得失，那么有胆略的人想必会赞成第二种方法，但实际上从表面上看正好相反。拿破仑的意图肯定是大胆的，但是很明显，他不可能像我们这样可以事后从经验中对当时情况的本性认识到如此的程度，并判断出结果。

评论者在考察手段时不得不经常引用战史，这是自然的，因为在军事艺术中，经验比所有富于哲理的真理都更有价值。但是这种历史的论据当然有其自己的条件，对这一点我们将用专门一章[1]加以论述。可惜人们很少满足这些条件，导致对历史的旁征博引大多只是让本已混乱的概念更加混乱。

现在我们还要考察一个重要问题，即评论者在评价某一具体事件时，人们应允许他在多大程度上利用事后对有关情况更多的了解，或者说他应这样自律到多大程度，也就是说在多大程度上可以利用为结果所证明了的东西，或者说评论者应在何时何地抛开这些事后了解到的东西，以便完全从当事者当时的处境考虑问题。

如果评论者要赞扬或指责当事者，那么他当然应该试着尽量站到当事者的立场上去，就是说，一方面应尽量搜集当事者所知道的所有情况及其行动动机；另一方面又要抛开当事者当时不可能知道或不知道的所有情况，首先要抛开后来的结果。不过这只是一个人们努力追求，但永远不可能完全达到的目标，因为某一事件开始时的具体情况，在评论者眼里和在当事者眼里绝不可能是完全相同的。一些可能当时影响到当事者决心的细小情况已经无从查考，一些主观的动机也从未见诸记载。对这些主观动机，人们只能从当事者或者其心腹的回忆录中了解，而在回忆录中对有关情况往往写得很宽泛，而且也许有意不写实情。因此，当事者当时面临的很多情况肯定是评论者不可能知道的。

另外，要评论者抛开他比当事者多知道的情况更困难。如果要评论者抛开

---

[1]指本卷第二篇第六章。——译者注

偶然发生的事情，即与事件本质没有联系的事情，还是容易的，但是要他抛开所有重要的事情就很困难了，而且是不可能完全做到的。

我们先谈谈结果。如果结果不是从偶然情况中产生的，而评论者对结果是了解的，那么他在评论产生结果的原因和过程时，就几乎不可能不受到已知结果的影响，因为评论者是在结果之光的照射下考察这些情况的，而且对其中部分情况只有参照结果才能完全了解并给予评价。战史中的所有现象对评论者本身来说都是**教诲的源泉**，因此，评论者用其考察全部事件所得到的认识来考察有关情况是很自然的。虽然他在有些场合想要抛开结果，但毕竟还是不可能完全做得到。

不仅对结果（也就是对以后才出现的情况）要这样处理，而且对当时已经存在的情况（也就是对决定行动的情况）也应这样处理。在大多数情况下，评论者在这方面掌握的材料要比当事者多，只是如果有人认为评论者完全抛开这些多掌握的材料是容易的，那就错了。实际上并非如此。当事者要想了解行动前和行动时所发生的情况，不仅要依靠某些情报，还要依靠大量的推测或假设。而那些关于不完全是偶发情况的情报，几乎都是先有假设或推测的。这样一来，在没有确切情报时，就只有用这些来自推测或假设的情况代替。于是人们就不难理解，当后来的评论者（实际上他已经知道所有事前和当时的情况）从当事者的位置思考未明情况中哪些可能性更大时，他本不应受自己掌握的更多材料的影响。可是我们断言，要想完全抛开多掌握的材料和要想完全抛开结果一样，同样是不可能的，而且是出于同样的原因。

因此，当评论者要赞扬或指责某一具体行动时，他只会在一定程度上做到设身处地考虑问题。在很多情况下，评论者在这方面能够达到满足实际要求的程度，但在有些情况下却完全做不到，这一点我们必须要注意。

然而我们既没必要也不期待评论者与当事者完全一致。像所有需要熟练技艺的活动一样，在战争中要求当事者有训练有素的、自然的禀赋，人们称之为造诣。造诣有高有低。高超的造诣轻易就会超越评论者的造诣，哪位评论者敢说自己有弗里德里希或拿破仑这类人物的造诣呢？因此，如果评论者要对一个有伟大才能的人进行评论，就应该允许评论者利用比当事者知道得更多的这一有利条件。因此，评论者在对一位伟大统帅进行评论时，不能像验证算术例题那样，用统帅用过的材料对他完成任务的情况进行检验，而是首先应根据统帅所取得的结果及其对战事的准确估计，来鉴赏他卓越的天才活动，并实际了解统帅凭借其天才眼光就已经能够感觉到的事物之间的本质联系。

对不同造诣的人来说（也包括造诣最低的人），在进行评论时都应站在较高的立场上，以使评论具有丰富的客观的判断根据，应尽量减少主观，避免把自己有限的才智作为评判的尺度。

评论者站在较高的位置，并根据对问题的全面认识进行褒贬，这本身不会令人反感，但是如果评论者故意突出自己，以那么一种腔调讲话，好像他通过对事件的全面认识所了解到的所有明智做法都是他特有的才干创造出来的，那就会令人反感。尽管评论者的这种欺骗很拙劣，但是由于虚荣心作怪，很容易使他进行这样的欺骗，因此，这一欺骗自然会引起别人的反感。而更常见的是，评论者并无意这样自吹自擂，而是如果他对此没有进行明确的防范，则性急的读者容易误认为他是这样，于是读者就立即抱怨评论者缺乏判断力。

因此，当评论者指出一个像弗里德里希或拿破仑这样的人物的错误时，并不是说评论者本人就不会犯这些错误（他甚至会承认，假如他处于这些统帅的位置，也许会犯比起他们大得多的错误），而是说他从事物的联系中认识到了这些错误，并认为当事者凭借其洞察力本应察觉到这些错误。

这就是通过事物的联系进行的评判，即也包括**通过结果**。但是如果评论者完全简单地将结果用于证明一个举措的正确与否，那么结果就对评判有另外一种完全不同的作用。对这种评判，我们可以称之为**根据结果**进行的评判。初看上去，人们应完全摒弃这种评判，但实际上并非如此。

像1807年拿破仑在弗里德兰会战[1]后迫使亚历山大[2]皇帝媾和，以及

---

[1] 第四次反法联盟战争（1806—1807）中的最后一次会战。1807年6月13日，俄普联军中的俄军退至弗里德兰（Friedland，即今俄罗斯加里宁格勒州普拉夫金斯克，位于加里宁格勒东南43公里）。次日，法军对正在渡河的俄军发起进攻。由于只有一个渡河点，俄军队伍大乱，损失2万人。此次会战后，俄、普两国分别于7月7日和9日与法国签订《蒂尔西特和约》（*Frieden von Tilsit*），俄国同意与法国结成同盟，承认法国成立的莱茵邦联和华沙公国，参加大陆封锁；普鲁士割让一半的领土和人口，赔款1.2亿法郎，常备军在10年内不得超过4.2万人。——译者注
[2] 即亚历山大一世（Alexander I . Pawlowitsch，1777—1825），俄国皇帝（1801—1825），在位期间曾多次与普鲁士、奥地利结盟，参加对拿破仑的战争。——译者注

1805年拿破仑在奥斯特利茨会战[1]和1809年瓦格拉姆会战[2]后迫使弗朗茨
皇帝媾和一样，当1812年拿破仑进军莫斯科时，一切问题都取决于能否通过
占领这个首都和此前的胜利迫使亚历山大皇帝媾和。因为如果拿破仑在莫斯科
未能得到和平，那么他除了转身撤军以外别无选择，也就是说他将遭到战略上
的大败。我们不想谈拿破仑为抵达莫斯科曾经做了些什么，以及他当时是否
已经错过很多可以促使亚历山大皇帝下媾和决心的机会，我们也不想谈拿破仑
在整个退却过程中面临的毁灭性的要素（出现这些要素的原因也许还是在于整
个战局的指挥），但是要取决的问题依然如故[3]，因为不管拿破仑在抵达莫
斯科前的战局中获得多少更加辉煌的战果，他还是没有把握，不确定亚历山大
皇帝是否会因此而感到恐惧进而媾和。即使拿破仑在退却过程中没有面临这些
毁灭性的要素，这一退却也仍是战略上的一场大败。假如1812年亚历山大皇
帝接受了于自己不利的和约，那么1812年战局对拿破仑来说就荣归奥斯特利
茨、弗里德兰和瓦格拉姆战局之列了。然而，假如这几次战局没有签订和约的
话，也很可能会使拿破仑遭到类似1812年战局的惨败。因此，不管这位世界
征服者有能力运用何种力量、技巧和智慧，这一最终决定命运的问题[4]依然
如故。人们是否应该根据1812年战局的失败，就否定1805年、1807年和1809
年战局，断言这几次战局都是不智之举，其与拿破仑媾和的结局是违背事物本
性的？人们是否应该认为战略上的正义终于在1812年占了上风，击败了拿破

---

[1]1805年法军从莱茵河、美因河沿岸以及意大利进攻奥地利。1805年10月，拿破仑在乌尔姆歼
灭奥军一部，11月击退奥俄联军，当月13日进占奥首都维也纳，19日渡过多瑙河，12月2日在奥斯
特利茨（Austerlitz，即今捷克南部摩拉维亚地区东部小城斯拉夫科夫）击败奥俄联军，迫使奥皇
于12月26日签订《普雷斯堡和约》（Frieden von Pressburg），结束第三次反法联盟战争。据此，
奥地利割让蒂罗尔、福拉尔贝格边区给巴伐利亚选帝侯国，割让布莱斯高地区给巴登等，承认拿
破仑皇帝地位，巴伐利亚和巴登诸侯升格为国王，为一年后莱茵邦联成立和神圣罗马帝国解体埋
下了伏笔。——译者注
[2]1808年，法军进攻西班牙。1809年初，奥地利乘机向法国发起战争。4月22日双方在雷根斯
堡进行会战，5月21—22日在阿斯旁进行会战。7月5—6日，奥军在瓦格拉姆（Wagram，即今奥地
利下奥地利州小城德意志-瓦格拉姆）与法军展开会战，奥军大败。11日，奥皇求和。10月14日，
奥法签订《美泉宫和约》（Frieden von Schönbrunn），结束第五次反法联盟战争。奥地利割让10万
平方公里土地和350万人口，参加大陆封锁，常备军不得超过15万人，赔款8500万法郎。——译者注
[3]指作者前述"当1812年拿破仑进军莫斯科时，一切问题都取决于能否通过占领这个首都和此
前的胜利迫使亚历山大皇帝媾和"。——译者注
[4]指最终是否能迫使对手媾和。——译者注

仑的盲目幸运？这恐怕是一个非常勉强的观点，是一种武断的判断，想必一半是没有根据的，因为没有人能够顺着事物之间必然的联系一直看到战败的君主们的决心。

人们更不能说：拿破仑在1812年战局中本应取得与前几次战局相同的结果，之所以没有取得这一结果，是某些意外的因素造成的。之所以不能这样说，是因为人们不能把亚历山大的顽强视为意外的因素。

最恰当的说法莫过于：拿破仑在1805年、1807年和1809年对其对手的判断是正确的，而在1812年对对手的判断是错误的，他在前几次战局中做对了，而在1812年做错了。我们之所以这样说，是**因为结果就是这样告诉我们的**。

正如我们已经说过的那样，战争中一切行动所追求的只是有很大的可能得到的结果，而不是肯定能得到的结果。至于那些在确定性上欠缺的部分，人们就只能把它们交给命运或者幸运了（不管把它们叫作什么）。当然人们可以要求尽量少依靠命运或者幸运，可这只是对某一具体情况而言的，也就是说，**在这一具体情况下尽量**少依靠命运或者幸运，但不能要求人们总是优先在确定性最大的情况下行动。假如人们是这样认为的，那就是对我们所有理论观点的极大的违背。在有些情况下，最大的冒险就是最大的智慧。

指挥官有时不得不把一件事交给命运去处理，此时他个人的功劳（就是说也包括他的责任）似乎完全消失了。尽管如此，当我们看到他的期待得以实现时，还是会抑制不住内心的高兴，看到他的期待落空时，又会感到不快。**而我们对指挥官正确与否的判断，不外乎就是我们从纯粹的结果中得出的，或者更准确地说是在结果中找到的。**

但是不能否认，我们在指挥官的期待得以实现时所感到的兴奋，以及其期待落空时所感到的不快，毕竟是建立在一种模糊的情感之上的；在归功于运气的结果与指挥官的天赋之间有一种细微的、对内心来说看不见的联系，而且我们很乐意设想这种联系是存在的。这一观点证明，如果同一位指挥官经常重复胜利和失败，我们对他的感觉就会上升为一种更明确的情感。这就可以理解，为什么战争中幸运的本性要比赌博中幸运的本性高贵得多。只要一位幸运的统帅在其他方面没有让我们减少对他的好感，那么我们就乐意伴随和考察他的经历。

因此，评论者在对人们所有能估计和确信的做过斟酌以后，对于事物之间深层的、隐秘的、没有可见表象的那部分联系，就只能让结局来说明了。评论者一方面应该维护这种根据结局得出的弱势判断，使它不受粗暴意见的非难，同时，另一方面也应该反对滥用这种判断。

因此，凡是人的智慧所不能探寻出来的东西，就不得不根据结果得出结论。人们不得不根据结果得出的结论主要涉及精神方面的力量和作用，这一方面是因为人们很难对它们做出可靠的判断，另一方面是因为它们与意志本身关系密切，以至它们很容易左右意志。凡是畏惧或者勇气左右了决心的地方，它们之间就不再能结合出任何客观的东西，因此也就一事无成；而假如是智慧和深思熟虑左右了决心的话，则是有可能获得成功的。

现在我们还必须对评论的工具（评论时使用的语言）做些考察，因为评论用语与战争中的行动在某种程度上是一致的，审视的评论无非应是先于行动的思考。因此，我们认为评论用语与战争中的思考必须具有相同的特点，这一点特别重要，否则它就失去了实际意义，就不能使评论走入现实。

我们在考察战法理论时说过，理论应该培养战争中指挥官的思维能力，或者更确切地说，在培养过程中起到引导作用，理论的任务不是给指挥官提供实用的信条和体系，仿佛他可以将理论用作思维的工具。如果说在战争中为判断面临的一个情况，从无必要（时间上也不允许）使用辅助线画几何图，如果说真理在此不是以体系的形式表现出来的，如果说真理不是**间接**，而是**直接**由洞察力发现的，那么在评论式的考察中也应该**如此**。

我们已经看到，凡是人们在确定事物本性过于烦琐时，评论就不得不依靠理论上已经确定了事物本性的真理。不过，如果指挥官更多的是将这些真理的精神纳入自己的精神世界，而不是把它们视为一部外在的、僵硬的法则，那么他们在战争中反而会更加遵循这些理论上的真理。同样，人们在评论中应用这些真理时，也不应该把它们当作一部外在的法则或者一个在运用时根本无须重新分解的代数公式，而总是应该自己审视这些真理，只把对这些真理更准确和更详细的证明留给理论去做。这样，人们在评论时就能避免使用一种高深莫测和晦暗不明的语言，就能够运用简洁的语言和**清晰明白的**概念。

当然这不是评论者总能完全做到的，但这应该是评论式表述的努力方向。评论者在表述时应该尽量避免使用复杂的词句和概念，不要把各种辅助线组成的结构图表当作自己的万能工具来使用，而是应通过自然和自由的洞察力来阐明一切。

然而遗憾的是，这种虔诚的努力（如果允许我们这样表达的话）迄今只是在极少量的评论式考察中出现过。在大多数的考察中，评论者更多的是受某种虚荣心的驱使，评论中充斥着华而不实和自我炫耀的想法。

在评论中常见的第一个弊病是把某个片面体系当作金科玉律，把它们滥用到令人难以容忍的地步。但是指出这类体系的片面性从来就是不难做到的，而且人们应该这样做，以便一劳永逸地摒弃它们那法官判词式的威严。好在人们在这里只涉及一定的对象，最终有可能成为片面体系的毕竟为数不多，因此它们本身也只是较小的弊病。

第二个大得多的弊病是滥用**术语、文言**和**比喻**，它们就像宫廷侍从一样被各种体系拖曳着，像一群松散的泼皮无赖和一支大部队的失去队长的辎重队四处游荡。在评论者中，一些人未能升格进入某个完整体系（要么是因为没有他们喜欢的体系，要么是因为他们没有达到完整了解某个体系的程度），但他们想至少不时地从这些体系中抽取一鳞半爪作为指出某位统帅做法有误的根据。大部分评论者如果不把军事理论中的这样一些片段在这里或那里用作根据，就根本无法进行评论。这些片段中最小的就是纯粹的术语和比喻，它们往往不过是评论式记述的点缀和美化。一切属于某个体系的术语和语言一旦脱离这一体系，用作普遍的公理或者比简洁语言更有说服力的真理的小结晶体，那么它们就会失去其正确性（如果它们确曾有过正确性的话），这是符合事物的本性的。

于是就出现了这样的情况：我们看到的理论书籍和评论书籍不是运用朴实和简单的思考方式（这样作者至少总是知道在说什么，读者至少总是知道在读什么），而是充斥着这些术语。它们构成含义不明的交点，读者和作者从此就相互渐行渐远。而且这些术语往往还是更糟糕的东西，它们常常是毫无实质内容的空话，连作者自己都不再清楚他用这些术语时在想什么，而是安于提出模糊的概念。他若是使用简单的语言，本是不会满足于仅提出这些模糊概念的。

　　在评论中常见的第三个弊病是滥用史例和炫耀自己的所谓博学。我们已经讲过什么是军事艺术史，而且我们还要在专门的章节中谈我们对史例和战史的看法。如果对一个史实未经深入研究便加以引用，那么也可能用于证明**相反的观点**。如果人们从距今非常遥远的时代或国家，从极为不同的情况中生拉硬拽三四个史实并堆砌在一起，则大多会引起判断上的分散和混乱，丝毫不会有任何说服力。因为如果我们对它们认真考察一下，就可以看出它们大多只是些无用的东西，只是被作者用来显示其博学而已。

　　用这些晦暗不明、似是而非、杂乱无章、肆意武断的看法能给现实生活带来什么好处呢？它们几乎什么好处都带不来，以至于只要理论存在，一旦它用了这样的看法，只会更多地成为实践的对立面，并经常成为能征善战的将帅们的笑柄。

　　但是假如理论能够以简单的语言对构成战法的问题进行自然的考察，试着去确定能够确定的东西，假如理论能够不提错误的要求，不滥用科学形式和史料粉饰自己，而是紧贴实际，与战场上应通过其洞察力指挥作战的人携手前行，那么理论就不会成为实践的对立面和能征善战的将帅们的笑柄。

★ 第六章 ★

关于史例

　　史例使一切变得清晰，从而在经验科学中最有证明力，在军事艺术中更是这样。沙恩霍斯特将军在他的手册[1]中对真正的战争做了最好的阐述。他认为史例在军事艺术中是最为重要的，并且令人钦佩地运用了史例。假如他活过那场战争[2]，那么经他修改后的《炮兵手册》[3]第四卷就会让我们更好地领略他是以怎样的观察和研究精神钻研历史经验教训的。

　　但是一般的理论著作家很少能这样运用史例，他们运用史例的方式大多不仅未使读者满意，反而妨碍读者理解问题。因此，我们认为尤其应注意正确地运用史例和防止滥用史例，这是非常重要的。

　　作为军事艺术基础的各种知识无疑都属于经验科学，因为尽管这些知识绝大部分是来自对事物本性的认识，但是毕竟人们大多要通过经验才了解这些事

---

[1] 指沙恩霍斯特所著《野战手册》（*Militärisches Taschenbuch zum Gebrauch im Felde*），是他任汉诺威军事学校上尉教官时的讲义。书中提出了很多野战行动的规则，并列举了很多史例。——译者注

[2] 指第七次反法联盟战争（1813—1815）。沙恩霍斯特于1813年5月2日在大格尔申会战（法国人称之为吕岑会战）中，左膝受枪伤。休战期间，他不顾伤痛，前往维也纳，欲说服奥地利参加反法联盟，结果中途于6月28日在布拉格去世。——译者注

[3] 指沙恩霍斯特所著《炮兵手册》（*Handbuch der Artillerie*），原计划出版四卷，第一卷和第二卷谈炮兵理论和组织架构，第三卷谈炮兵的野战及攻城应用，第四卷谈炮兵的战略作用。但作者生前只完成了前三卷，第四卷是后人对其遗稿进行整理后于1829年出版的。——译者注

物的本性，而且这些知识的运用在很多因素的影响下是有变化的，人们从来无法仅根据手段的本性就完全认识其作用。

火药为我们的军事活动提供了巨大能量，其效果就是人们通过纯粹的经验才认识到的，而且就在此时人们还在不断地通过试验对其效果做进一步的研究。一个铁制弹丸由于有了火药可以达到每秒1000普尺[1]的速度，可以在其弹道内杀伤它碰到的任何生物，这当然是不言而喻的，无须任何经验。但是还有数以百计的其他情况会更细微地决定这种效果，其中部分情况只有通过经验才能认识到，而且物理效果并不是我们唯一要注意的，精神效果才是我们要找寻的。而了解和估量精神效果，除了根据**经验**以外，没有其他方法。在中世纪，当火器刚发明时，由于构造不够完善，其物理效果自然比现在要小得多，但它的精神效果却比现在大得多。人们要想了解一支在危险中久经历练、通过多次胜利的积淀而适应最高要求的军队能够做些什么，就应该见识一下拿破仑在东征西讨的过程中培养和指挥的那些军队在最猛烈和最持久的炮火中所表现出来的顽强性。假如单凭想象，人们是从不会相信这些的。另外，一个众人皆知的经验是：今天在欧洲军队中还有一些部队，几发炮弹就能给打散，例如鞑靼人[2]、哥萨克人[3]和克罗地亚人[4]的部队。但是任何一门经验科学（包括军事艺术的理论）都没有能力让其提出的真理总是伴有史例为证。一方面是由于这样十分烦琐，不可能做到；另一方面是由于用单个现象的经验也难以论证真理。一旦人们在战争中发现某个手段表现得很有效，那么就会反复使用这个手段，之后由于此行彼效，这种手段就流行一时，于是这个手段就以经验为基础得到广泛的运用，并在理论中拥有一席之地，理论就停留在泛泛地引用经验，以点出这一手段的由来，而不是为了证明这一手段正确。但是如果人们需

---

[1] 1普尺＝0.31385米。——译者注

[2] 鞑靼人（Tataren），本来指讲突厥语的民族，13世纪后，欧洲人用它泛指蒙古帝国，以及金帐汗国所属的各个民族。——译者注

[3] 哥萨克人（Kosaken），"哥萨克"的突厥语意为"自由自在的人"，原是生活在乌克兰和俄罗斯南部草原的游牧部落，以骁勇善战和精湛骑术著称。历史上，俄国沙皇通过发给俸禄、分封土地等手段笼络其上层人物，使哥萨克骑兵成为俄国用于扩张的重要力量。现多分布在顿河、捷列克河和库班河流域等地。——译者注

[4] 克罗地亚人（Kroaten），属南斯拉夫民族。主要分布在克罗地亚，其次分布在波黑、塞尔维亚、斯洛文尼亚，另有部分散居在澳大利亚、奥地利、匈牙利、美国。——译者注

要引用经验来否定某个常用的手段，确认某个手段不可靠，或者介绍一个新的手段，那情况就完全不同了。这时人们就必须列举史例来加以证明。

如果人们现在进一步考察史例的运用，就会发现有四个容易区分的着眼点。

第一，用史例可以单纯**说明**某个观点。在做抽象的考察时，作者的观点很容易被人误解，或者根本不为人们理解。作者担心出现这种情况时，就可以引用史例来补充说明自己的观点，以保证读者正确理解作者的原意。

第二，用史例可以说明某个观点的**运用**。因为人们引用史例可以指出那些较小情况是如何处理的，而在泛泛记述当时的想法时不可能把这些较小情况都包括进去。这也正是理论与经验的区别。

上述两种情况是着眼于纯粹的举例，下面两种情况则是着眼于以史为证。

第三，可以用史实证明自己所说的论点。如果人们只是想揭示某种现象或行动的**可能性**，那么这样引用史实就足够了。

第四，可以从某一史实的详细记述中或若干史实中总结出某种教训。这时史实本身就为这一教训提供了真实的证明。

作为第一种用途时，大多只要简单地提一下事例就够了，因为人们只是使用事例的一个方面。在这里，甚至事例的历史真实性都是次要的事，举一个虚构的例子也未尝不可。不过人们还是应优先举出史实，它比虚构的事例更实际，能使它要说明的观点更接近实际生活本身。

作为第二种用途时，要求更详细地记述事例，不过其真实与否在这里也是次要的。对此的说明与前一种情形相同。

作为第三种用途时，往往仅指出确凿无疑的事实就够了。如果有人提出论断，称设防阵地在一定条件下能够达到其目的，那么只需提一下崩策尔维茨[1]阵地就可以证明这个论断了。

但是如果人们要通过描述某个历史事例来证明某个普遍真理成立，那就必

---

[1] 又称崩策尔维茨营垒。崩策尔维茨（Bunzelwitz）即今波兰下西里西亚省村庄博莱斯瓦维茨（Bolesławice）。普鲁士国王弗里德里希二世于1761年夏在该地附近构筑营垒，正面宽8公里，纵深4公里。同年8月20日—9月25日，普军约5万人（也有5.5万人和6万人的说法）进驻该营垒，与俄奥联军16万人（也有13.2万人和15万人的说法）对峙。后者慑于营垒的坚固未敢贸然发起进攻。——译者注

须准确而详细地阐述该历史事例与该论断有关的一切，某种程度上必须小心翼翼地在读者眼前把这一史例再现出来。这一点做得越差，证明力就越弱，就越有必要通过列举大量事例来弥补个别事例所缺少的证明力，因为人们有理由认为，在人们无法就一个事例提供更详细的情况时，可以通过一定数量的事例来达到同样的效果。

如果人们想用经验证明骑兵部署在步兵后面比部署在步兵两侧好，那么仅列举几次骑兵部署在两翼遭到失败的会战和几次骑兵部署在步兵后面获胜的会战是不够的；如果想要用经验证明，在没有决定性优势兵力的情况下，无论在一次会战中还是在战区内（也就是说，无论是战术上还是战略上），兵分多路大范围地去包围对手都是极其危险的，那么只列举里沃利会战[1]或瓦格拉姆会战，或者只列举1796年奥地利人进攻意大利战区[2]或法国人在同一战局中进攻德意志战区[3]的例子是不够的，而是必须通过对当时所有情况和具体事件的详细记述，揭示上述部署形式和进攻形式是如何在很大程度上导致了糟糕的结局。这样人们也就可以看出，对这些部署和进攻形式应该否定**到什么程度**，这是必须一并加以明确的，如果一概地加以否定，终究是会损害真理的。

上面我们说过，如果人们无法详细地记述一个事实，可以通过列举若干事例来弥补证明力的不足，但是不可否认，这是一个经常被滥用的危险的办法。有些人不是非常详细地记述一个事实，而是满足于仅简单地**触及**三四个事例，从而造成一个很有证明力的**假象**。但是要知道，对有些经常反复出现的事情，即使举出一打事例也证明不了任何东西，因为人们同样可以轻易地举出一打相

[1]1797年1月，奥地利阿尔温齐元帅分三路沿北意大利的加尔达湖东侧地区南下进攻法军，试图第四次救援1796年被拿破仑围困在曼托瓦的武姆泽部，并将法军赶出波河平原。14日晨，拿破仑在里沃利（Rivoli，即今意大利维罗纳省城市里沃利维罗内泽）附近进攻奥军中路部队。最初，奥军分成六路，试图迂回拿破仑的左翼，造成对拿破仑不利的态势。但奥军各路部队未能协调行动，被迫全线后撤。15日晨，法军转入追击。奥军的解围意图被打破，法军得以占领北意大利。——译者注
[2]1796年，拿破仑占领北意大利，包围曼托瓦。奥地利几次派援军到北意大利，采用分进合击的办法，但均被拿破仑各个击破。——译者注
[3]1796年，法国对奥地利作战时，除拿破仑攻入北意大利外，另由茹尔当和莫罗率两路部队攻入德意志地区。开始进展顺利，后因两路部队相隔过远（达140公里），被奥地利卡尔大公各个击破，被迫退回莱茵河左岸。——译者注

反的事例来反驳。如果有人给我们举出一打多路进攻遭到失败的战例，那么我们也可以给他举出一打用同样战法获胜的战例。由此可见，以这种方式举例不会得出任何结论。

如果人们考虑到上述各种不同的情况，那么就可以知道滥用史例的现象是多么容易出现。

如果人们不是从各方面详细地再现一个事件，而只是快速地触及一下，那么这个事件就好像是一件从过远距离以外看到的物品，人们不再能分清其各部分的位置，从哪个方面看其形状都成了相同的。这样的事例想必对相互最对立的观点都能起到支撑作用。道恩[1]指挥的几次战局对有些人来说是明智谨慎的范例，对另一些人来说则是犹豫不决、踌躇不前的典型；拿破仑1797年翻越诺里施阿尔卑斯山脉的推进，可以看成最英勇果断的表现，但也可看作真正的鲁莽行为；对拿破仑1812年的战略大失败，可以说成过于勇猛的结果，但也可以说成勇猛不足的结果。所有这些观点都曾出现过，人们大概也清楚为什么会出现这些不同的观点：这是由于每个人对事物之间的联系有不同的看法。但是这些彼此对立的观点不可能都是正确的，就是说其中有一个观点肯定是错误的。

我们十分感谢杰出的弗基埃尔[2]在他的回忆录中留下了丰富的史例，因为我们由此可以接触到大量免于湮没的史料，还因为他首先通过此举使理论的（抽象的）概念与实际生活有了十分有益的接近，对他所举的史例可以视为对论点的说明和进一步的明确。尽管如此，在当代一位没有成见的读者面前，弗基埃尔还是很难达到他通常所预设的目的：用史例证明理论上的真理。因为尽管他对事件有时记述得比较详细，但还是缺少很多东西，从事件的内在联系中不是必然能得出他的结论。

如果作者只是简单地提及一下历史事件，还会有另一个不足，即部分读者对这些历史事件不够了解，或者不完全记得，从而根本无法从作者的角度去思

[1] 道恩（Leopold Joseph Daun，1705—1766），伯爵，奥地利元帅。参加过三次西里西亚战争，以步步为营、谨慎用兵著称，被弗里德里希二世称为劲敌。——译者注
[2] 弗基埃尔（Antoine Manassès de Pas Feuquiè，1648—1711），法国将军。其四卷回忆录于1770年在巴黎出版，是研究当时战史的重要文献。——译者注

考作者的想法，导致这些读者对作者要么随声附和，要么根本不信服。

当然，为了用史实证明自己的论点而把历史事件展现在读者眼前或者恰如其分地再现是很困难的，因为和读者一样，作者大多也非常缺少这样做所需的手段、时间和空间。不过我们坚持认为，在涉及确立一个新的或者存疑的见解时，详尽地记述一个事件要比简单地提及十个事件更有教导意义。这种表面触及历史事件的主要弊病不在于著作家想用这种方法证明某些论点，而在于他从未真正了解这些历史事件，在于这样轻率和肤浅地对待历史会产生无数错误的见解和杜撰的理论。而假如一位著作家有担当，能让自己新提出来的和想用历史证明的一切观点都明白无误地来自事物的紧密联系，那么就不会出现这些错误的见解和杜撰的理论了。

如果人们认识到运用史例时的上述困难和提出上述要求的必要性，那么就也会和我们一样认为现代战史永远是选择史例的最自然的来源地（只要这段战史是大家足够熟悉的和经过研究的）。这不仅是由于较远的历史时期有其当时特有的情况，战法也不同，因此对我们的指导和实际意义都比较小，还由于战史像其他历史一样，很多最初还清楚的细小特征和情节会逐渐湮没在时间中。它也像一幅画作，随着时间的流逝会失去原来的色彩和生动的形象，会褪色或者变暗，以至最后只有碰巧留下的大块颜色和个别线条，可它们却因此而受到过分的重视。

如果我们要考察目前战法的状态，那么我们要说，可以从中汲取很多经验教训的战争主要是奥地利王位继承战争[1]以前的那些至少在武器方面与当今战争很近似的战争，以及那些尽管在各方面都发生了很多变化，但毕竟与当今

---

[1] 1740年10月20日，神圣罗马帝国皇帝卡尔六世逝世后，由女儿玛丽亚·特蕾西娅继承奥地利大公爵位和所属领地。法国、普鲁士、巴伐利亚、萨克森、西班牙、撒丁、瑞典等借口不承认特蕾西娅的继承权而结成同盟。英国、荷兰和俄国等则支持奥地利。战争长达八年，普鲁士国王弗里德里希二世在西里西亚的军事行动是这次战争的主要组成部分。1748年10月18日签订《亚琛和约》（*Frieden von Aachen*），奥地利将西里西亚割让给普鲁士，并放弃在意大利的一些领地。作为交换，特蕾西娅的继承权得到承认。——译者注

战争还很近似的战争。而西班牙王位继承战争[1]就已经完全不同了，当时的火器还不是那么完善，骑兵还是主要兵种[2]。年代越久远，战史的内容就越贫乏，记载得就越不详细，用处就越小。因此，古老民族的历史（对战史研究来说）想必用处最小，史料也最少。

　　然而某些史实的这种不可使用性当然不是绝对的，而是只涉及那些必须了解更详细情况的史实，或者那些受制于战法有所改变的史实。不管我们从史料中对瑞士人针对奥地利人、勃艮第人[3]和法国人的会战过程了解得多少，我们仍然能够从中看出，在这些会战中，良好的步兵首次明显表现出比最好的骑兵还要大的优越性[4]。只要泛泛地看一下佣兵队长的时代，我们就可以知道，其整个战法在很大程度上取决于当时人们所使用的工具。因为在其他任何时代，在战争中使用的军队都不像在这个时代那样带有专门的工具的特征，都不像在这个时代那样与政治和民众生活的其余领域相分离。在第二次布匿战

---

[1]西班牙王位继承战争（1701—1714）是欧洲封建王朝争夺领地的战争。1700年西班牙哈布斯堡王朝国王卡尔二世死后绝嗣，按亲属关系哈布斯堡王朝和波旁王朝均可继承王位。法国立路易十四世的孙子菲利普为西班牙国王，遭到英国、奥地利和荷兰等国反对，引起战争。最后双方于1713年4月和1714年3月先后签订《乌得勒支和约》（*Frieden von Utrecht*）和《拉施塔特和约》（*Frieden von Rastatt*）。菲利普的西班牙王位继承权得到承认，英国从西班牙手中夺得了直布罗陀，从法国手中夺得了北美的很多属地，奥地利得到了西班牙在意大利和尼德兰的属地。——译者注

[2]在西班牙王位继承战争（1701—1714）初期，欧洲主要国家的步兵虽然已经装备燧发枪，但部分仍在使用火绳枪和长矛。当时的火绳枪2—3分钟才能装填一发子弹，而燧发枪每分钟能发射1—2发子弹。奥地利皇位继承战争（1740—1748）时，长矛已经完全废除，步兵武器完成了向火枪的过渡，以骑兵为主已经过渡到以步兵为主，纵深队形已经过渡到线式（横队）队形。——译者注

[3]勃艮第人（Burgunder），勃艮第历史上是东日耳曼民族的一个部落，后成为独立的王国，大致包括今法国中部的勃艮第大区。——译者注

[4]在中世纪，由骑士组成的骑兵在西欧一直是主要兵种。步兵由于没有甲胄和适当的战斗队形，而且只有剑、矛武器，抵挡不住骑兵的冲杀，故受到轻视而衰落。到14、15世纪，瑞士步兵使用便于白刃格斗的短戟，后来又使用弩、长矛和火器，并且善于利用地形巧妙地对敌人进行机动和包围，屡次击败奥地利和勃艮第的骑兵。衰落了数百年的步兵从此得到复兴。——译者注

争[1]中，当汉尼拔[2]在意大利还未被击败时，罗马通过在西班牙和非洲发起进攻来打击迦太基[3]，这种奇特的方式可以是一个能带来很多教诲的考察对象，因为对当时有关国家和军队的一般情况（它们是这种间接抵抗产生效果的依据），人们还是足够了解的。

但是事情越是涉及细节和远离最一般的情况，我们就越是不能从遥远的年代寻找范例和经验，因为我们既不能对有关事件做适当的评价，也不能用它们来说明现代已经完全改变了的手段。

可遗憾的是，各时代的著作家都很偏爱援引古代战事。我们不想分辨这里有多少虚荣心和欺骗成分，不过我们通常在这里看不到要指导和说服别人的诚恳愿望和热忱努力，因此，我们只能把这样的援引视为用于遮掩漏洞和错误的装饰品。

如果谁能像弗基埃尔想做的那样，完全用史例教别人作战，那将是莫大的功绩。但是如果我们考虑到，谁要这样做，谁就必须自己先有长期的作战经验，那么就会明白，这是一项需要花费毕生精力的事业。

如果有谁受到内在力量的激发，甘愿从事这样的事业，那么他就应像去远方朝圣一样，为这一虔诚的行为备足力量。他应不惜时间，不怕困苦，不畏世俗权贵，并且克服自己的虚荣心和自卑心，像《法国民法典》[4]的表达方式那样**讲真话，只讲真话，讲全部真话**。

---

[1] 布匿战争（公元前264—前146）是罗马帝国和迦太基（今突尼斯，罗马人称迦太基人为布匿人）连同各自盟友争夺地中海西部霸权、疆土和奴隶的战争，共进行了三次。第一次布匿战争（公元前264—前241）主要在海上和西西里岛进行。第二次布匿战争（公元前218—前201）以迦太基统帅汉尼拔远征意大利开始。他在特拉西米诺湖会战和坎尼会战中屡败罗马军队。公元前211年左右，罗马统帅西庇阿采取间接抵抗的方法，占据西班牙东南部（当时迦太基的领土），并于公元前204年攻入迦太基本土，汉尼拔被迫从意大利撤回本土救援。公元前202年，汉尼拔在撒马会战中战败，次年缔结和约，迦太基丧失全部海外领土，交出舰船。第三次布匿战争（公元前149—前146）后，迦太基沦为罗马一行省。——译者注
[2] 汉尼拔（Hannibal，公元前247—前183），北非古国迦太基（今突尼斯）著名统帅，在军事和外交活动上有卓越表现。在第二次布匿战争（公元前218—前201）中大败罗马军队。公元前203年回师救援迦太基本土。公元前202年在撒马会战中被罗马人击败后，逃往叙利亚，自杀身亡。——译者注
[3] 迦太基（Karthago），历史上北非（今突尼斯）的一个奴隶制国家。公元前7世纪到公元前4世纪发展成为西地中海的强国。布匿战争（公元前264—前146）后，沦为罗马的一个行省。——译者注
[4] 指法国于1804年3月21日颁布的《全体法国国民的民法典》，也称《拿破仑法典》。——译者注

第三篇
战略概论

★ 第一章 ★

战略

　　战略这个概念，在第二篇第二章[1]中已经确定了。战略就是为达到战争目的而对战斗的运用。战略本来只与战斗有关，但是战略理论必须同时考察战斗实施者本身即军队，以及与军队有关的主要问题，因为战斗是由军队进行的，而且又首先对军队产生影响。对战斗本身，战略理论必须了解其可能取得的结果，以及运用战斗时最为重要的精神和情感力量。

　　战略是为达到战争目的而对战斗的运用，因此，战略必须为整个军事行动规定一个符合战争目的的目标，也就是拟制战争计划。并且要把应引向这一目标的一系列行动与这个目标联系起来，也就是拟制各战局的计划，并在这些计划中部署各战斗。由于所有这些大多只能根据那些与实际并不完全相符的预想来确定，而大量其他更多涉及细节的规定根本无法事先做好，因此，战略自然也就必须一起到战场上去，以便现地部署具体问题，并在局势的不断要求下对总的计划做修改，因此战略任何时刻都不能停止工作。

　　以往的习惯做法证明，人们并不总是这样看的，至少在总的方面。以往在内阁中有战略，而在军队中没有战略，只有当内阁与军队的关系很密切，以至可以视为军队的大本营时，才允许军中有战略。

---

[1]原文如此，疑误。应为第二篇第一章。——译者注

在拟制计划时，理论将为战略服务，或者更准确地说，理论将揭示事物本身以及事物之间的关系，并突出其中少数作为原则或规则的东西。

如果我们回忆一下第一章[1]，其中谈到战争涉及大量重大的问题，那么我们就会明白，只有具备非凡的洞察力，才能考虑到所有这一切。

如果一位君主或者统帅懂得完全根据自己的目的和手段组织其战争，做得恰如其分，那么这就是其天赋的最好证明。但是这一天赋的作用既不是体现在会立即引人注意的、新发明的行动形式上，也不是体现在整个行动的胜利结局中。我们应该赞赏的是他默默做出的假设是那么恰如其分，以及整个行动是那么默契协调，而这些是在总的结果中才显示出来的。

一位研究者如果根据总的结果看不到这种协调，就容易在没有和不可能有天才的地方去寻找天才。

战略所运用的手段和形式都极为简单，而且由于经常反复运用已为人们所熟知，因此对有正常思维能力的人来说，如果不时听到评论者装腔作势地强调和谈论战略，他就只会觉得可笑。例如，出现过无数次的迂回行动，一会儿在这里被称赞为最具天赋的表现，一会儿在那里被称赞为最具洞察力的表现，甚至说迂回行动是最渊博知识的表现。难道还有比这更无聊的奇谈怪论吗？

更可笑的是，如果人们再想一想，正是这些评论者按照最庸俗的看法，把一切精神因素排除在理论之外，只想与物质打交道，以至把一切都局限在均势和优势、时间和空间的几个数学关系，以及几个角和几条线上。如果只有这点可怜的东西，恐怕都不能用来给小学生出道数学题。

我们认为，这里要谈的与科学公式和作业题根本无关。物质事物的关系都是非常简单的，难的是把握住起作用的精神力量。不过，即使是精神力量，也只是在战略的最高范畴（战略接近于政治和政治艺术的地方，或者更确切地说，是在战略已经成为政治和政治艺术的地方）才是错综复杂的，精神力量的因素和关系才是多种多样的。在这里，正如我们说过的那样，精神力量对军事行动规模的影响大于对行动方式的影响。在行动方式占主要地位的地方，例如，在战争的具体大小战事中，精神力量的数值就减少了。

---

[1] 指本卷第一篇第一章《战争是什么》。——译者注

由此可见，在战略上一切都非常简单，但是并不因此就容易做到。一旦根据国家的各种情况确定了战争应该和可以达到的目的，那么人们就不难找到通往此目的的道路。但是要坚定不移地沿着这条道路走下去，贯彻战争计划，不因一千个原因而动摇一千次，除了要有十分坚强的性格外，还要有非常清醒和坚定的头脑。在成百上千可能优秀的人中，有的以有头脑著称，有的以洞察力见长，有的以果敢或意志坚定而出众，但是也许没有一个能兼具这些素质而成为一位高于平均水平的统帅。

在战略上定下重要的决心，与战术上定下决心相比，要有坚强得多的意志力。这听上去有些奇怪，但是对于了解战争在这方面情况的人来说，这肯定是确切的。在战术上，情况瞬息万变，指挥官感觉自己像是要被旋涡卷走一样，必须冒着生命的危险与它搏斗，要压住不断升起的种种疑虑，勇敢地冒险前进。而在战略上，一切进行得缓慢得多，对自己和他人的疑虑、异议和看法，乃至不合时宜的懊悔等都给予了比在战术上大得多的空间。在战术上至少有一半事物是人们用肉眼能看到的，而在战略上一切都不得不依靠猜想和揣测，因此，说服力也就较弱。这样的后果是，大多数将领在应该行动时却陷入错误的疑虑之中。

现在让我们来看一看历史，看一看弗里德里希大帝的1760年战局[1]。这次战局以漂亮的行军和机动闻名，被评论界称赞为战略大师的真正的艺术杰作。那么我们对国王反复对道恩的左翼侧和右翼侧进行迂回，是应该佩服得五体投地吗？我们是应该把这种做法看作深邃智慧的表现吗？不是的。如果自然地和不夸张地对此进行评价，那么我们就不能这样做。我们更应该首先赞赏弗里德里希大帝的智慧，在以有限的力量追求一个大目标时，他没有做任何力不从心的事，而是采取**刚好能够**达到目的的行动。我们不仅在这次战局中可以见识统帅的这一智慧，而且在这位杰出的国王所进行的全部三次战争[2]中均能见到。

---

[1]1760年战局是七年战争中第五年的战局，主要包括利格尼茨会战和托尔高会战。在这一年里，弗里德里希二世以自己有限的兵力多次进行机动和行军，与优势之敌周旋，保持了势均力敌的状态，因此，有人将1760年战局称为机动行军战局。——译者注

[2]指第一次西里西亚战争（1740—1742）、第二次西里西亚战争（1744—1745）和七年战争（1756—1763）。——译者注

　　弗里德里希大帝当时的目的是将西里西亚[1]带入安全的港湾，即要签订一个得到很好担保的和约，以确保对西里西亚的占有。

　　作为一个小国的首脑（普鲁士的大部分情况与其他国家相似，只是由于一些行政部门先进而较其他国家更优秀），他不可能成为亚历山大[2]，而假如他像卡尔十二世那样行事，就也会像他那样被打碎脑袋[3]。因此，我们在国王的全部战法中可以看到他那种总是保持平衡的、沉着的力量，这种力量从不缺乏坚定，在紧急时刻能发挥到令人惊讶的地步，而在接下来的时刻又能再度恢复平稳，服从于政治上最微小的事项。无论是虚荣心、荣誉心还是复仇心，都不能使他离开这条轨道，正是这条轨道把他引向斗争的胜利结局。

　　以上这几句话对这位伟大统帅在这方面的成就还远无法给予足够的评价，人们只有仔细审视这次斗争的不可思议的结局，并探寻带来这种结局的原因，才会深信，正是国王敏锐的洞察力引导他幸运地从所有暗礁旁通过。

　　这是这位杰出的统帅让我们钦佩的一个方面。这一点在1760年战局和所有其他战局中都有表现，但在1760年战局中更为突出，因为他在任何其他战局中都不像在这次战局中以如此少的损失与如此占优势的敌人保持了均势。

　　这位伟大统帅让我们钦佩的另一个方面涉及实施时面临的困难。制订向左和向右迂回行军的计划是容易的；总是集中自己有限的兵力，以便在任何地点都能与分散之敌抗衡，以快速的运动使自己的力量得以倍增，同样也是不难想到的。迂回这一发明并不能唤起我们的钦佩。对于这些简单的事情，除了承认它们简单以外，没有什么其他可说的。

　　但是如果有哪位统帅能尝试仿效弗里德里希大帝，把这些再做一次，就知道其面临的危险了！很多亲历过这一切的著作家在事后很久还说起当时国王设营时面临的危险，甚至说他轻率。我们不怀疑，他当时设营时面临的危险看上

---

[1]西里西亚（Schlesien），中欧奥得河中、上游流域的地区，面积40,319平方公里。今大部分属波兰，小部分属德国和捷克。——译者注
[2]指亚历山大大帝（Alexander der Grosse，公元前356—前323），即马其顿国王亚历山大三世。公元前4世纪，他先后征服古波斯、腓尼基、埃及、印度等地，建立了亚历山大帝国。——译者注
[3]1718年12月11日，瑞典国王卡尔十二世在围攻挪威城市弗雷特里克斯哈尔特（Fredrikshald）时，头部中弹身亡。——译者注

去比事后看要大三倍。

同样，在敌人的眼皮底下（往往在敌军的火炮射程之内）行军也面临这样的危险。弗里德里希大帝敢于这样设营和行军，是因为他从道恩的行事方式、部署方式以及他的担当大小和性格中找到了根据，因此国王的设营和行军是大胆的，但并不轻率。为了这样看待问题，而不是被那种人们在30年后仍在描绘和谈论的危险所迷惑和吓到，需要有国王的大胆、果断和坚定意志。在他当时的处境下，恐怕没有几位统帅会认为这些简单的战略手段是可行的。

国王在实施机动时还面临另外一个困难：在这次战局中，国王的部队不停地在运动。它曾两次（7月初和8月初）在有拉齐[1]追击的情况下尾随着道恩，沿着难以行走的小路从易北河[2]向西里西亚行军[3]。部队必须时刻做好战斗准备，并巧妙地组织行军，从而不得不忍受极大的劳顿。尽管有数千辆辎重车随行，甚至妨碍了行军，但是部队的给养仍然极为匮乏。在西里西亚，部队在利格尼茨会战[4]前不得不连续行军八昼夜，而且总是在敌阵地前面。这要求付出极大的劳顿和困苦。

人们难道可以认为国王的这些机动是在部队这部机器中没有强烈阻力的情况下就得以实施的？难道统帅运用其智慧去调遣部队，就像战地测绘兵转动他手中的步天规[5]那样轻而易举？这些可怜的、又饥又渴的弟兄疲惫不堪的样子能不千百次地刺痛指挥官们和这位最高统帅的心吗？难道因此而产生的牢骚

---

[1] 拉齐（Franz Moritz Graf von Lacy，1725—1801），伯爵，爱尔兰裔奥地利元帅。曾参加七年战争和巴伐利亚王位继承战争，多次击败普鲁士军队。——译者注

[2] 易北河（die Elbe），中欧的一条河流，发源于捷克，大部分流经德国，流入北海，长1165公里。——译者注

[3] 指1760年战局中弗里德里希二世为驰援西里西亚而进行的两次行军。第一次在7月初，当时奥地利的道恩抢先进入西里西亚，准备阻击弗里德里希二世，于是弗里德里希二世突然回头袭击奥地利的拉齐，并围攻德累斯顿。第二次在8月初，道恩接受上次教训，在弗里德里希二世的右前方，几乎是平行行军，并派拉齐尾随普军。弗里德里希二世的这两次行军都是在随时可能与敌人遭遇的极为困难的情况下进行的。——译者注

[4] 1760年，弗里德里希二世从萨克森率领约2.4万人第二次开赴西里西亚，被道恩、劳东、拉齐率奥军9万余人阻于利格尼茨（Liegnitz，即今波兰下西里西亚省莱格尼察市）。8月14日午夜，奥军分多路对普军进行包围，但由于彼此协调不佳，道恩所率主力出现行军路线交叉和迷路等问题，而且未及时发现普军已经离开营垒，最后未能成功救援孤军战斗的劳东，反被弗里德里希二世迂回。普军突围成功，得以与海因里希亲王会合，夺回西里西亚部分土地。——译者注

[5] 步天规（das Abstrolabium），一种根据时间、星位、方向、高度角等之间关系对其中要素进行测算的仪器。——译者注

和怨言不会传进统帅的耳朵吗？如果不是对统帅的伟大和正确有无比的信任，一个普通人能有勇气追求与统帅相同的目标吗？这样的劳顿难道不是不可避免地要引起士气低落和秩序涣散，简而言之，不是必然要葬送部队的尚武精神吗？这正是我们应该佩服的地方，我们不得不钦佩的正是机动成功的奇迹。但是只有那些有过亲身体验的人才能充分感受到这一切。对那些只从书本和训练场上认识战争的人来说，军事活动所面临的这些阻力是根本不存在的。因此，但愿他们能满怀信任地从我们这里接受其自己的经验所无法提供的东西吧！

通过上述例子，我们是想进一步表明我们的观点。现在，在这一章结束时，我们简单说一下，在论述战略时，我们将以我们的方式阐述那些在我们看来最重要的战略因素的特点（不管是物质的，还是精神的）。我们的方法是先谈各个部分，然后再谈整体，最后以整个军事活动的联系（战争计划和战局计划）结束。

注[1]：在第二篇较早的一份修改稿中，作者对以下几段文字亲笔标明，"用于第三篇第一章"，但是作者未能实现修改这一章的计划，因此我们将这几段文字全部附录如下：

把部队部署在某一地点，只表明在那里有可能发生战斗，但并不总是真的发生战斗。那么人们现在应该把这种可能性视为现实，视为一个确实发生的事情吗？当然应该。有可能发生的战斗会由于其一旦发生而产生的**后果**而成为真正的战斗。**这种发生战斗的可能性所产生的影响无论是什么，总是有的。**

考虑到后果，必须将可能发生的战斗视为真正的战斗

如果派出一支小部队去封锁逃敌的退路，敌人随后没有继续战斗就投降了，那么正是由于派去的这支小部队准备对敌进行战斗，才使敌人做出了投降决定。

如果我军的一部占领了敌人的一个未设防地区，从而使敌人失去原本可用于补充兵力的大批力量，那么我军之所以能够占有这个地区，只是因为我们派

---

[1] 此注为编者所作。——译者注

去的部队让敌人看到：如果他要夺回这个地区，我军就要与他战斗。

在上述两种情况下，战斗只是有可能发生，就已经产生了后果，因此这种可能性就成为实际的东西。假设敌人在以上两种情况下以优势兵力与我军对峙，迫使我军未经战斗即放弃自己的目的，那么即使我们没有达到目的，但我们原准备在这一点上与敌人进行的战斗毕竟还是有效果的，因为它把敌人的兵力吸引过去了。即使整个行动给我们带来了损失，我们也不能说这些部署（这些**可能发生的战斗**）没有效果。其效果与一次失利战斗的效果相似。

由此可见，消灭敌军和战胜敌人只有通过战斗的效果才能实现，无论战斗是真的进行了，还是仅是挑战，敌人并未应战。

战斗的双重目的

然而战斗的这些效果也是双重的，即直接的和间接的。如果有其他对象出现并成为战斗的目的，而这些对象本身还不能被视为消灭敌军，而是要通过它们消灭敌军，也就是说要通过它们迂回地、但却以更大的力量去消灭敌军，那么这种战斗的效果就是间接的。占领某些地区、城市、要塞、道路、桥梁、物资库等，可能是一次战斗的直接目的，但绝不是最终目的。这些对象始终只能看作为取得更大优势而采取的手段，其目的是最后在敌人无力应战的情况下向其发起战斗。因此，这些对象只能看作中间环节，看作通往有效要素[1]的阶梯，而决不能看作有效要素本身。

例子

当联军于1814年攻占拿破仑的首都时，联军的战争目的达到了。源于巴黎的政治上的分裂起了作用，一道巨大的裂痕使拿破仑这位皇帝的权势崩溃。尽管如此，对这一切，人们必须从以下观点来考察：由于权势的崩溃，拿破仑的战斗力和抵抗能力骤然大幅下降，而联军的优势以同等程度增加，因此，拿

---

[1]指消灭敌人军队。——译者注

破仑当时不可能进行任何抵抗了。他的这一不可能性才使联军有可能与法国媾和。假设联军在这一时刻由于外在的情况受到了同样程度的削弱，失去了优势，那么联军占领巴黎的全部效果和重要性也就消失了。

我们探讨上述一系列的概念，是想指出这些概念是重要的，因为这些概念是对事物自然的和唯一正确的认识。有了这种认识，人们就会不断地考虑：在战争和战局中的每一时刻，敌我双方要向对方发起的大小战斗会有怎样的后果？在制订战局计划或者战争计划时，只有这个问题决定那些一开始就必须采取的举措。

如果人们不这样看问题，就会对其他问题做出错误的评价

如果人们不习惯于把战争和战争中的各个战局看成一条由一个引起另一个的多个战斗组成的链条，如果人们认为占领某些地点或者未设防的地区**本身就有些许价值**，那么人们就容易把这样的占领看作可以顺带唾手可得的好处。如果人们是这样看问题，而不是把这样的占领看作一系列战事中的一个环节，那么人们就不会考虑这样的占领以后是否会带来较大的不利。这种错误在战史中真是屡见不鲜。我们可以说：如同商人不能把一次交易所得的利润安全地搁置在一旁，在战争中也不能把一次行动得到的好处与整个战争的结局分割开；如同商人应以其全部财富采取行动，在战争中也只有最终结局才能决定各次行动的得失。

如果统帅尽其眼力的预见能力所及，始终盯住一系列战斗，那么他就始终是沿着**径直**的道路前往目标，此时力量的运动就具有了一种恰如其分的、不受外界影响的速度，也就是说意愿和行动就具有了一种恰如其分的、不受外界影响的能量。

★ 第二章 ★

战略要素

人们可以将战略中引起战斗运用的原因适当地分为几类要素，即精神要素、物质要素、数学要素、地理学要素和统计学要素。

由精神特性和作用引起的一切可归为第一类；军队的规模、编成、兵种比例等可归为第二类；行动线[1]的角度、向心运动和离心运动（只要其几何特性有计算价值）可归为第三类；制高点、山脉、河流、林地、道路等地形的影响可归为第四类；最后，补给手段等可归为第五类。对这些要素分开考虑是有好处的，可以使概念明确，很快估计出这些不同类别要素的大小价值，因为人们分别考虑这些要素时，某些要素就会自行失去其虚假的重要性。例如，即使人们认为行动基地[2]的价值无非在于**行动线的位置**，但是人们还是很快就能感到，在行动线这一简单的形式中，行动基地的价值还是很少取决于行动线相互构成的角这一几何要素，而是更多地取决于行动线所通过的道路和地形情况。

---

[1] 行动线（Operationslinie），英国军事理论家劳埃德于18世纪下半叶提出的概念，指部队的补给线、交通线，或泛指部队离开行动基地后的运动路线。如果部队的补给或运动依赖唯一一条道路，则沿这条道路形成一条行动线。在有多条道路可选择的情况下，行动线也可以是一条泛指的线。行动线有单双、内外、离心、向心之分。——译者注

[2] 行动基地（Operationsbasis），行动线的起点或受到保护的有补充兵员和给养的地域。——译者注

　　然而如果人们想根据这些要素来研究战略，那么这将是人们所能拥有的最不幸的想法，因为这些要素在每个军事活动中大多有多重和内在的联系。人们会在最脱离实际的分析中迷失自己，会像在梦魇中一直徒劳地试图自这些抽象的地基向对面现实世界的各种现象架设拱桥。愿上天保佑，不要有哪个理论家开始做这样的事。我们要遵循现实世界的完整性，不使我们的分析超过读者对我们的想法所能理解的程度。我们欲告知的想法并不是从抽象的研究中得来的，而是来自整个战争现象给我们的印象。

★ 第三章 ★

精神要素

我们必须再来谈谈在第二篇[1]第三章中触及过的精神要素，因为它们是战争中最重要的问题之一。精神要素贯穿于整个战争领域，它们与推动和支配整个力量的意志更早、更紧密地联系在一起，仿佛融合成一体，因为意志本身也是一种精神要素。遗憾的是，在一切书本知识中很难找到它们，因为它们既不能表达为数字，也不能被分为等级，而只愿被人们看到或者感受到。

军队、统帅和政府的智慧和其他精神特性，作战地区民众的情绪，一次胜利或大败的精神作用，这些本身都是极为不同的，对我们的目的和所处的情况又可能产生极为不同的影响。

尽管书本中对这些问题少有或者根本没有论述，但它们毕竟与构成战争的其他内容一样，属于军事艺术理论的范畴。我必须再说一遍：如果人们按旧的方式，不考虑所有精神要素而去制定规则和原则，一旦有精神要素出现，就把它们算作例外，并在一定程度上对这种例外做出"科学的"规定，即使之成为规则，或者如果人们呼吁超乎一切规则之上的天才这样做，实际上等于宣告说，规则不仅是为愚蠢之人写的，而且规则本身确实也是愚蠢的，那么这只能是一种可怜的哲学。

---

[1] 原文如此，疑误。应为第一篇。——译者注

即使军事艺术的理论确实只能做到提醒人们注意这些精神要素，并指出有必要尊重和一并考虑精神要素的全部价值，那它就已经把自己的范围扩大到精神领域了，而且通过确立这些观点，预先对那些在它这位法官面前只想用力量的物质关系做辩护的人做出了判决。

而且出于为其余的所谓规则考虑，理论也不应该把精神要素排斥在它的范围之外，因为物质力量的作用与精神力量的作用是完全融合在一起的，不会像合金那样为化学反应所分解。理论在制定每一条涉及物质力量的规则时，都必须考虑精神要素可能占有的部分，否则理论就会被误导为绝对的条文，有时过于小心和局限，有时又过于狂妄和宽泛。甚至最不涉及精神内容的理论也必然会不知不觉地进入到这个精神帝国，如果不顾及精神的影响，任何问题（例如胜利的作用）都得不到说明。同样，我们在本篇论述的大部分问题也是既涉及物质的原因和作用，又涉及精神的原因和作用。可以说，物质的原因和作用几乎只是以武器木柄的形象出现，而精神的原因和作用才是贵金属，才是真正的锋利的武器。

历史最能证明精神要素的价值，最能展示其经常令人难以置信的影响，这是统帅的才智从历史中能够汲取的最宝贵和最纯正的养料。在这里必须指出，与理论阐述、评论式探讨和学术研究相比，各种感受、总体印象以及个别的思想火花更能播下丰富心灵的智慧种子。

我们可以从头至尾地考察战争中最主要的精神现象，并且以一位勤勉讲师那样的细致试着介绍每个精神现象的利弊，但是运用这一方法很容易陷入一般和平庸，在进行分析时很快会忽视实质，不知不觉地去讲述那些众人皆知的东西。因此，我们在这里宁愿比在其他地方更多地采用不全面和不完整的讲述方法，泛泛地使大家注意到这一问题的重要性，并指出本篇所有论点的精神实质。

★ 第四章 ★

主要的精神力量

主要的精神力量是**统帅的才能、军队的尚武精神**以及**军队的民族精神**。没有人能笼统地确定这些主要精神力量中的哪一个价值更大，因为仅是说出一些它们的内容就已经很困难了，对它们进行比较就更困难了。最好的方法是对它们中的任何一个都重视。但是人们在进行判断时却总是有些古怪地来回摇摆，时而重视这一方面，时而又重视那一方面。比较妥当的办法是用充分的史实来说明这三个精神力量的显而易见的作用。

的确，近代欧洲各国的军队在技能和训练方面几乎达到了相同水平，作战方法也成为一套几乎是各国军队通用的方法。用哲学家的话来说，就是得到了顺乎自然的发展，以至不再可能期待统帅运用什么狭义上的特别的手段（例如像弗里德里希二世那样运用斜向战斗序列）。因此，不容否认，就目前的情况来看，军队的民族精神和作战经验有着更大的作用，而长期的和平又可能会改变这种情况。

军队的民族精神（热情、狂热、信仰和见解）在山地战中的表现最为强烈。在这里，自上而下直至每个士兵都是自负其责作战的。仅出于这个原因，山地对于民众武装就是最好的战场。

军人经过训练得到的技能和经过锤炼形成的勇敢精神（它使军队紧密地团结在一起，就像一块铸铁锻造出来的一样），在开阔的平原上最能发挥其优势。

统帅的才能在一个沟壑纵横、丘陵众多的地形上最能得到发挥。在山地，统帅很难指挥各部队，而要指挥所有的部队又力所不及；在开阔的平原上，指挥过于简单，无法充分展现他的能力。

人们在制订作战草案时，应该考虑到上述这些显而易见的相近关系。

★ 第五章 ★

军队的尚武精神

　　军队的尚武精神不同于单纯的勇敢，更不同于对战争事业的热情。勇敢固然是尚武精神的必要组成部分，但是普通人的勇敢是一种天赋的品质，而军人作为军队的一部分，其勇敢是可以通过战斗经验和训练培养出来的。因此，军人勇敢的取向与普通人勇敢的取向必然是不同的，它必须摆脱普通勇敢所固有的那种不受控制和随心所欲显示力量的本能，而去服从更高级形式的要求，服从命令、秩序、规则和方法。对事业的热情能给一支军队的尚武精神带来生命力，使尚武精神的火焰燃烧得更旺盛，但它并不是尚武精神的必然组成部分。

　　战争是一种特殊的活动（不管它的涉及面是多么广泛，即使一个民族所有能拿起武器的男子都参与其中，它仍然是一种特殊的活动），它与人一生中从事的其余活动是不同的和分开的。军队的尚武精神表现在个人身上就是：深刻了解战争这一活动的精神和实质；在内心训练、唤起和吸纳那些应在战争中起作用的力量[1]；对战争这一活动，时刻运用自己的智慧和头脑进行思考；通过训练使自己在战争中有把握和自如地行动；全力以赴，从一个普通人转变成一名称职的军人。

　　因此，不管人们是多么煞费苦心地想把公民在培养成军人的同时培养成一

---

[1] 指勇敢等各种情感力量。——译者注

个有个性的人，不管人们是多么想把战争国家化，不管人们是多么想让战争向着与以前的佣兵队长时期相反的方向发展，人们还是永远无法去除战争这种活动的特殊性。既然人们无法做到这一点，那么从事战争的那些人只要还在从事战争，就总是会自视为一个类似手工业同业公会的团体，而从事战争的英才主要是通过这个团体的制度、规章和习惯而被固定住的。实际上也是如此。因此如果人们十分明确地倾向于从最高处考察战争，就会错误地轻视在一支军队中可能和必然或多或少存在的团队精神（esprit de corps）。在我们称之为军队的尚武精神中，这种团队精神在某种程度上是其中起作用的各种自然力量的黏合剂。组成尚武精神的各个晶体更容易与团队精神相结合。

一支军队如果在最猛烈的炮火下仍能保持正常的秩序，从不被想象中的危险吓倒，面对真正的危险能够寸土必争；如果它在胜利时感到自豪，而在失败的困境中也能服从命令，保持对其指挥官的尊重和信赖；如果它在训练中能像运动员锻炼肌肉一样，以困苦和劳顿强化自己的体力，把这些劳顿看作通往胜利的一个手段，而非落在其军旗上的倒霉晦气；如果它通过维护军人荣誉这样唯一的一个简短信条就能想起军人的所有上述责任和品行，那么它就是一支富有尚武精神的军队。

在没有推广这种尚武精神的情况下，人们同样可以像旺代人那样出色地作战[1]，像瑞士人[2]、美国人[3]和西班牙人[4]那样干成大事，甚至可以像欧

---

[1] 指旺代战争（1793—1796）。法国革命后，旺代（Vendée，今法国西部的一个省，濒临大西洋）民众起初拥护革命的自由、平等、博爱原则，但对外战争的惨烈、对皇族的残杀以及宗教迫害令不少民众难以接受，尤其在旺代这样一个日常生活与宗教密不可分的地区。1793年3月，法国革命后的第四年，共和政府在旺代征召青年远赴边疆打仗，成了旺代战争的导火索。博卡什、莫日和布列塔尼沼泽地区的民众发起大规模暴动，一度蔓延到邻近的下卢瓦尔、曼恩－卢瓦尔等省，并与里昂、马赛等地的暴动相呼应，对中央政府构成严重威胁。中央政府派军队镇压。战争持续三年，直到1796年3月，天主教保王派军队的首领之一沙雷特被处决。此后小规模暴动仍持续多年，直至1800年才基本被镇压下去。——译者注
[2] 指中世纪瑞士的农民和山区牧民组织起来的步兵，他们勇敢善战，多次战胜勃艮第和奥地利的贵族骑士。——译者注
[3] 指美国独立战争时的美国士兵，虽未受过正规训练，但善于使用散兵队形作战，打败了英国殖民主义者。——译者注
[4] 指拿破仑占领下的西班牙人民，曾展开大规模游击战，给法国军队以沉重的打击。——译者注

仁[1]和马尔伯勒[2]那样率领一支没有多少战斗力的常备军取得胜利。因此，人们不能说，没有尚武精神就不可能取得胜利。我们之所以特别强调这一点，是为了让我们在这里提出的概念更为明确，不至于成为泛泛的概念，也不至于让人们认为尚武精神就是一切。尚武精神并不是一切。一支军队的尚武精神是一种人们可以设想得到的特定的精神潜力，其影响是可以估计出来的。也就是说，尚武精神如同一件工具，其力量是可以计算出来的。

在阐述了尚武精神的特点以后，我们还想谈一谈它有哪些影响，以及通过什么途径可以获得它。

尚武精神与军队各部分的关系就像统帅的天赋与整个军队的关系一样。统帅只能指挥军队整体，不能指挥军队的每个单独的部分。统帅指挥不到的部分，就必须依靠尚武精神。选择统帅应该以他在优秀品质方面的声誉为根据，选择大部队的较高级的指挥官应根据详细考察的结果。指挥官的职位越低，这种考察就可以越少，对个人才能的要求也可以相应降低，但缺少的个人才能必须由尚武精神来代替。一个武装起来准备作战的民族，其自然的品质同样可以起到尚武精神的作用。这些品质包括**勇敢、机智、吃苦耐劳**和**振奋**。它们可以代替尚武精神，反之亦然。我们从中可以得出以下结论：

1. 尚武精神是常备军所特有的，而且常备军也是最需要尚武精神的。在民众武装和人民战争中，其自然的品质可以代替尚武精神，而且这些品质在这种情况下发展较快。

2. 常备军针对民众武装作战，比起针对常备军作战更需要有尚武精神，因为针对民众武装作战，常备军的兵力更为分散，各部队需要更多地依靠自己。而当部队可以集中使用时，统帅天赋的作用就更大，可以弥补部队尚武精神的不足。一般来说，在战场和其他情况使战争变得复杂以及兵力分散时，部队就更有必要具备尚武精神。

---

[1] 欧仁（François-Eugène de Savoie-Corignan，1663—1736），萨伏依贵族，亲王，奥地利元帅，著名统帅、政治家、外交家。军事上行动果断，治军严明，重视给养装备等后勤保障。在奥土战争和西班牙王位继承战争中屡建战功。——译者注

[2] 马尔伯勒（John Churchill Marlborough，1650—1722），公爵，英军统帅，政治家。强调战前准备，积极进攻；用兵机动灵活，出敌不意；惯以步兵正面牵制敌主力，以骑兵突击敌翼侧。在西班牙王位继承战争中指挥英军多次击败法军。——译者注

我们从上述两点得到的唯一告诫是：如果军队缺乏尚武精神这一潜力，就应该尝试尽量简单地组织战争，或者加倍注意战争组织的其他方面，而不要指望徒有虚名的常备军去完成只有名副其实的常备军才能完成的事情。

因此，军队的尚武精神是战争中最重要的精神潜力之一。如果缺少这种力量，就应该有其他一种精神潜力（例如，统帅的卓越才能、人民的热情等）来代替它，否则付出的努力就收不到效果。如果我们看一下亚历山大统率的马其顿人[1]，恺撒[2]统率的罗马军团[3]，亚历山大·法尔内塞[4]统率的西班牙步兵，古斯塔夫·阿道夫[5]和卡尔十二世统率的瑞典人[6]，弗里德里希大帝统率的普鲁士人[7]，以及拿破仑统率的法国人，我们就会知道，军队的这一尚武精神对军队纯粹可靠性的提升就好似将矿石提炼成闪闪发光的金属，已经完成了很多壮举。这些统帅的惊人成就及其在最困难处境中的卓越表现，只有依靠这样一支有如此精神潜力的军队才有可能实现。谁要是不愿承认这一点，那么他想必是故意无视一切史实。

这种精神只能从两个来源产生，而且这两个来源只有共同起作用才能产生这种精神。其中一个来源是部队经历的一系列战争和胜利，另一个来源是部队的活动经常达到极限的劳顿和困苦程度。只有在这种活动中，军人才能认识到自己的力量。一位统帅越是习惯于向他的官兵提出要求，就越是有把握实现这

---

[1] 马其顿人（Mazedonier），欧洲巴尔干半岛民族之一，属欧罗巴人种巴尔干类型。使用马其顿语，属印欧语系斯拉夫语族。——译者注

[2] 恺撒（Gaius Julius Caesar，公元前100—前44），古罗马著名统帅、政治家。——译者注

[3] 罗马军团（Römische Legion），存在于公元前6世纪至公元7世纪。由于年代跨度大，其实力、编成、装备、使用等变化很大。一般来说，一个军团由3000—6000名重装步兵和少部分骑兵组成，一般与盟友或占领地提供的大致相同数量的辅助部队共同行动。——译者注

[4] 亚历山大·法尔内塞（Alessandro Farnese，1545—1592），公爵，意大利著名统帅、外交官，曾在西班牙军中服务，任西班牙驻尼德兰总督。——译者注

[5] 古斯塔夫·阿道夫（Gustav II. Adolf，1594—1632），瑞典国王（1611—1632），著名统帅。为争夺波罗的海霸权，曾与丹麦、波兰和俄国作战，在三十年战争中屡败天主教联盟和神圣罗马帝国的军队。1632年11月6日，在吕岑会战中阵亡。——译者注

[6] 瑞典人（Schweden），北欧民族之一，属欧罗巴人种北欧类型，使用瑞典语，属印欧语系日耳曼语族。——译者注

[7] 普鲁士人（Preussen），原是居住在波罗的海东南沿岸的一个民族，属波罗的海种族。13世纪，普鲁士人被德意志人的条顿军团征服，之后与德意志移民相互融合。至16世纪，普鲁士人作为独立民族逐渐消失，但习惯上将历史上有关地区（普鲁士公国、王国等）的居民仍称为普鲁士人。——译者注

些要求。官兵同样对于克服了劳顿和困苦以及战胜了种种危险而感到骄傲。因此，只有在不断行动和劳顿困苦的土壤中，尚武精神的幼芽才能成长，当然还要有胜利的阳光。一旦尚武精神的幼芽长成粗壮的大树，它就可以抵御不幸和大败所形成的最大风暴，甚至可以在一段时间内抵御和平带来的松懈。因此，只有在战争中和在杰出统帅们的指挥下才能产生这种精神。当然，一支军队即使是在水平一般的统帅的指挥下，并且较长时间地处于和平时期，这种精神至少也可以持续几代人。

　　一支满是疤痕、经过历练的军队所发扬光大和得到升华的团队精神，是那种单靠勤务条令和操典黏合在一起的常备军的自负和虚荣心所无法比拟的。在某种程度上相当严厉的要求和严格的勤务规定可以较长时间地维持一支部队的尚武精神，但它们不会产生尚武精神。因此，尽管这些要求和规定总是有其价值，但是人们不应高估它们。秩序、技能、良好的意志以及一定的自豪感和饱满的情绪是一支和平时期训练出来的军队的特点，是人们必须重视的，但是它们并不能独自发挥作用。整体只能依靠整体来维持。一块冷却得太快的玻璃，一道裂缝就可以使整体完全破裂。同样，这样的军队即使有世界上最饱满的情绪，一旦受到挫折，就很容易变得胆怯，甚至变得极度恐惧，出现法语所说的"sauve-qui-peut"[1]。这样的军队只有依靠统帅才会有些作为，单靠自己则一事无成。统率这样的军队，在它经过胜利和劳顿的历练，力量逐渐融入沉重的装备以前，一定要加倍谨慎。因此，我们要防止混淆军队的精神与军队的情绪。

---

[1] 意为"溃败"。——译者注

★ 第六章 ★

勇敢

　　我们在《论胜利的把握》一章[1]中谈过，在各种力量的活跃体系中（在这里勇敢与小心谨慎是对立的），勇敢占据怎样的地位和起到怎样的作用，从而指出理论无权以制定法则为借口而限制勇敢发挥作用。

　　这一在人的内心用以战胜最大危险的可贵的活力，在战争中也应该被视为一个专门的起作用的要素。实际上，假如不是在战争中，那么勇敢还应在人类活动的哪个领域里行使其权利呢？

　　对军人来说，从辎重兵、鼓手直到统帅，勇敢都是最宝贵的品德，是使武器锋利和发光的真正的钢。

　　我们大可承认，勇敢在战争中甚至拥有其自己的**优先地位**。人们在战争中考虑获胜可能性的大小时，除了计算时间、空间和数量以外，还必须考虑到勇敢这一要素带来的一定的好处。这一定的好处指的是，一方的勇敢超过对方时从对方的胆怯中得到的好处，因此，勇敢是一种真正的具有创造性的力量。这一点甚至在哲学上也是不难证明的。每当勇敢者遇到胆怯者，就必然有更大的获胜的可能性，因为胆怯者已经失去镇定了。勇敢者只有在遇到谨慎者时，才处于不利地位，因为谨慎者同样可以是**勇敢**的，至少与勇敢者同样坚强和有

---

[1] 原文如此，疑误。本书并没有专门论述该问题的章节。——译者注

力。然而这种情况是很少见的，因为在谨慎者中有很大一部分是胆怯者。

在一支大部队中大力培养勇敢这种力量，绝不会妨碍其他力量的发挥，因为一支大部队在战斗序列和勤务规章的约束和规定下要服从更高的意志，就是说，是受这支部队以外的人的认识支配的。勇敢在这里只是压缩待发的弹簧。

指挥官的职位越高，就越需要有深思熟虑的头脑来指导勇敢精神，使它不是毫无目的，不是盲目的激情冲撞。因为指挥官的职位越高，涉及自己牺牲的问题就越少，涉及他人生存和全局安危的问题就越多。如同一支大部队受到已经成为第二天性的勤务规则约束一样，指挥官必须受到深思熟虑的约束。这里一次行动表现出的勇敢，可能很容易造成错误，尽管如此，这种错误只是一种瑕疵，不一定非要把它与其他错误等同起来。让我们祝福那些常常不合时宜地表现出勇敢精神的部队，这样的部队好比一片茂盛的杂草，但也正是土壤肥沃的证明。人们甚至对于蛮勇（毫无目的的勇敢）也不能低估，因为它其实与勇敢是同一种情感力量，只是未经头脑，而是以一种冲动的方式表现出来了。只有当勇敢拒绝服从理智，藐视一个明显更高的意志时，我们才必须像对待一种危害那样对待它。但这并不是由于勇敢本身，而是由于它拒绝服从，因为在战争中没有什么比服从更重要。

在战争中，在指挥官认识水平相同的情况下，由于畏惧而坏事的情况比由于勇敢而坏事的情况要多千百次。这一点也许只要我们一说，就会得到读者认可。

按理说，部队有了明智的目的就更容易表现出勇敢，因此也就拉低了勇敢本身的价值，但其实情况正相反。

在明确的思想甚或自制力的干预下，一切情感力量就会失去其很大一部分威力。因此，**指挥官的军衔越高，勇敢精神就越少**，因为即使见解和理解力不一定随指挥官的军衔一起提高，但客观存在的**各种因素、情况和顾及**仍然从外部对处于不同职位的指挥官们施加大量和强烈的压力，导致**他们越是缺乏自己的见解，就越是受到它们的压力**。法国有句谚语："在次要位置上大放光芒，到了主要位置却黯然失色。"[1]其所揭示的生活经验之所以在战争中也适用，最主要的原因就在这里。历史上被认为平庸甚至优柔寡断的统帅，在军衔较低时几乎个个以大胆和果断著称。

对于那些有必要进行的大胆行动的动机，我们必须有所区分。这种必要性有不同的程度。如果必要性十分迫切，如果指挥官在追求其目标时，为避开危险而又陷入其他同样大的危险，从而不得不采取大胆的行动，那么我们只能称赞他果断，而且这一果断是有其价值的。如果一位年轻人为表现他作为骑手的灵活性而骑马跃过一道深沟，那么他这种行为是大胆的；而如果他是在一群土耳其近卫军[2]官兵的追杀下跃过深沟，那么这就是一个果断的行为。反之，行动的必要性越小，头脑要考虑的情况越多（以便意识到这些情况的存在），必要性对勇敢精神的影响就越小。1756年，弗里德里希大帝认为战争不可避免，只有先发制人才能免于灭亡，因此他发动战争是必要的，但同时也肯定是很勇敢的，因为在他当时的处境下，恐怕只有少数人才会下这样的决心。[3]

虽然战略只是统帅们或最高指挥官们活动的领域，但对战略来说，部队其余各级人员的勇敢精神与部队其他的尚武精神一样，并非无关紧要。一支来自勇敢民族而又经常培养勇敢精神的军队，可以做出缺乏这一尚武精神的军队所做不出的事情，为此我们也谈到了军队的勇敢问题。我们本来要说的是统帅的勇敢精神，可是在我们尽我们所知泛泛地描述了勇敢这一尚武精神的特性以后，对统帅的勇敢精神也就没有什么更多要说的了。

指挥官的职位越高，思想、理智和认识在活动中就越起主要作用，勇敢这一情感力量就越受到排挤。因此，在身居最高职位的人中，勇敢精神是很少见的，但正因为如此，一旦这些人表现出勇敢精神，就更值得称赞。由卓越头脑引导的勇敢是英雄的标志，这种勇敢不是违反事物本性的蛮干，也不是粗暴地

---

[1]此处作者引用了法语 "Tel brille au second qui s'éclipse au premier"，是法国启蒙思想家、文学家伏尔泰（1694—1778）所著史诗《亨利颂》中的一句名言。——译者注

[2]土耳其近卫军（Janitschar），指奥斯曼帝国1329—1826年间的近卫军，属精锐部队，担负国王卫队等职责。——译者注

[3]1756年，奥地利和俄国集结军队，建造仓库，征集马匹，准备于1757年春联合进攻普鲁士。弗里德里希二世估计战争不可避免，于是趁奥地利和俄国尚未准备就绪，于8月29日突然先向其盟国萨克森发起进攻。———译者注

破坏盖然性的法则，而是为天才和直觉在决策时迅速和几乎下意识地考虑问题提供有力的支持。勇敢赋予智慧和认知力的力量越大，它们就飞得越远，眼界也就越宽阔，结论也就越正确。当然，在这里人们永远不要忘记，较大的目的是和较大的危险联系在一起的。姑且不谈懦弱的人和优柔寡断的人，一个普通人至多只能在远离危险和责任的情况下，在自己的房间里设想某种活动时，才可以得出那种不需要实际观察即能得出的正确结论。但是如果危险和责任从各方袭来，他就会失去总揽各种情况的能力，即使他由于别人的帮助，没有失去这种能力，也会失去**决断能力**，因为别人在这方面是无法帮助他的。

因此我们认为，没有勇敢精神就无法想象会有杰出的统帅，就是说生来没有这种情感力量的人从来不会成为杰出的统帅。因此，我们认为这种情感力量是成为杰出统帅的首要条件。至于一个人到了较高的职位后，这种天赋的、经过教育和其余的现实生活继续得到培育和改变的情感力量还能剩下多少，是另外的问题。这种力量剩得越多，天赋的振翅就越有力，飞得就越高。冒险行动变得越来越大，但追求的目标也随之越来越高。不管一个行动是很早就预见到的，是按必要的意图和方向进行的，还是按照出自虚荣心的计划进行的，不管是弗里德里希的行动，还是亚历山大的行动，对评论式考察来说几乎都是一样的。如果说亚历山大的行动由于更大胆而更能激发人们的想象力，那么，弗里德里希的行动则由于具有更多的内在必要性而更能满足人们思考的需求。

现在我们还要考虑到一个重要的情况。

一支军队之所以能够具有勇敢精神，要么是因为这支军队所来自的民族有这种精神，要么是因为在勇敢的指挥官们的指挥下，在一场胜利的战争中培育出了这种精神。但是在后一种情况下，一支军队起初是不具备勇敢精神的。

在我们所处的时代，除了战争（具体是依靠勇敢精神进行的战争），几乎没有其他手段可以培养一个民族的勇敢精神。只有依靠勇敢精神进行的战争才能抵制懦弱和贪图安逸的倾向。贪图安逸会使一个生活水平日益提高和热衷于交际的民族堕落下去。

一个民族，只有其民族性格和战争历练在不断的相互作用下相互帮衬，才有望在政治世界中拥有牢固的一席之地。

★ 第七章 ★

坚定

　　读者期待听到有关角和线的问题，但在这里看到的却不是这些科学世界的公民，而只是每天走在大街上都能遇到的日常生活中的人。但是作者还是不打算在探讨的范围之外增加丝毫的数学成分，也不怕读者可能因此而感到诧异。

　　世界上没有任何场合像在战争中那样，事情与人们所想象的是如此大不相同，近看和远看有如此大的区别。建筑师可以平静地看着建筑物按照他的设计图建造起来，医生虽然要比建筑师面对更多的意外结果和偶然现象，但他对自己手段的作用和用法是很清楚的。然而在战争中，一支大部队的指挥官不断地受到各种冲击，诸如真假情报，由恐惧、疏忽和急躁而引起的错误，由正确或错误的见解、恶意、或真或假的责任感、怠惰或疲惫不堪而引起的抗命行为，以及一些谁也想不到的偶然事件，等等。总之，他处在成千上万感受的包围之中，这些感受绝大多数是令人担忧的，只有极少数是令人鼓舞的。长期的战争经历使他有一种直觉和分寸感，能迅速判断这些具体现象的价值，高涨的勇气和内心的坚强能使他像岩石抵御惊涛骇浪那样抵御住这些令人担忧的感受。谁要是对这些令人担忧的感受做出让步，谁就会一事无成。因此，人们在实现自己的意图时，只要没有最确切的理由否定这一意图，就非常有必要以这种**坚定**来抵御这些感受。此外，在战争中几乎所有丰功伟绩都是在经历过无限的劳顿、艰辛和困苦之后才取得的。如果说在这里人类肉体上和精神上的弱点往往准备屈服的话，那么只有一种伟大的意志力才能引导他达到目标，这种意志力就是世代为人们所赞赏的**毅力**。

★ 第八章 ★

数量优势

数量优势在战术上和战略上都是最普遍的制胜要素，因此我们应首先对其普遍性进行考察，为此我们做以下的论述。

战略规定战斗的**地点**、**时间**和**兵力**。它通过确定这三个要素对战斗的结果产生非常重要的影响。只要战术进行了战斗，就会有个结果，可能是胜利或者失败，战略就可以根据战争的目的来运用这一结果。当然战争的目的往往是很遥远的，极少是很近的。一系列其他目的是作为手段而从属于战争目的的。这些目的（它们对较高的目的来说又是手段）实际上可能是多种多样的，甚至最终目的（整个战争的目标）也几乎在每次战争中都变成了另一个。关于这些问题，我们会随着对有关问题的研究而逐步了解，在这里我们不打算逐个讨论所有这些问题（即使这是可能的），因此，我们暂且不谈战斗的运用问题。

由于是战略规定（一定程度上是决定）战斗，因此，那些战略通过它们对战斗结局产生影响的因素也是不简单的，以至人们通过一次考察无法囊括它们。战略在规定时间、地点和兵力时，可以有各种各样的方法，而每种方法对战斗的结局和战果都会产生不同的影响，因此我们只能逐步地认识它们，即在进一步确定如何运用的因素那里认识它们。

战斗可能根据对它的规定和它从中产生的情况而做出改变，如果我们这样把战斗从所有的改变中剥离出来，如果我们最后不考虑部队的价值大小（因为这是既定的），那么就只剩下战斗的赤裸裸的概念，即一个失去形态的斗争。对这种失去形态的斗争，我们只能从双方的参战人数上加以区别。

就是这个兵力数量对胜利有决定性的影响。仅从那些我们为得出这一结论而不得不形成的大量抽象概念中就可以得出结论：一次战斗中的数量优势只是制胜因素之一；有了数量上的优势还远远说不上是赢得了一切，或者哪怕只是主要的东西；依其他同时起作用的条件的不同，靠数量优势获得的东西也许还是很少的。

但是数量优势有程度上的不同，它可以是一倍，也可以是两倍、三倍等等。每个人都懂得，如果照这样增加上去，数量上的优势必然会压倒其他一切。

在这种情况下，人们必须承认，数量上的优势是决定一次战斗结果的最重要的因素，只是它必须足以与其余同时起作用的因素保持平衡。我们从中得出的一个直接结论是：人们必须将尽量多的部队投到决定性地点的战斗。

不管这些投入战斗的部队是否够用，人们从这方面已经做了现有手段所允许做的一切。这是战略上的首个原则。如果这一原则像这里所说的那样具有普遍的意义，那么它就既适用于希腊人[1]和波斯人[2]，英格兰人[3]和马拉提人[4]，也适用于法兰西人和德意志人[5]。但是我们的目光要对准欧洲的战争环境，以便在考察时能更好地把握有关问题。

欧洲各国的军队在武器装备、组织编制以及技能方面彼此非常相似，只是

---

[1]希腊人（Griechen），今希腊、南塞浦路斯的主体民族，由古希腊人与其他民族混合而成，多属欧罗巴人种地中海类型，部分属阿尔卑斯类型。——译者注
[2]波斯人（Perser），今伊朗的主体民族，属欧罗巴人种南支。历史上曾与希腊发生战争。——译者注
[3]英格兰人（Engländer），今英国的主体民族，属欧罗巴人种，大多为大西洋-波罗的海类型。——译者注
[4]马拉提人（Marathen），居住在印度中部的一个民族，1763—1778年间曾屡次顽强反抗英国殖民者。——译者注
[5]德意志人（Deutsche），中欧民族之一，系古代日耳曼人的后裔，但在不同历史时期混入了不同的民族成分。多属欧罗巴人种北欧类型，部分属阿尔卑斯类型。——译者注

偶尔在军队的尚武精神和统帅的才能方面还有些差别。如果我们看一下近代的欧洲战史，就知道已经找不出像马拉松之战[1]那样的战例了。

弗里德里希大帝在洛伊滕[2]附近以大约3万人击败了8万奥地利人[3]，在罗斯巴赫[4]附近以2.5万人打败了联军5万多人[5]，但这些是战胜拥有一倍或一倍以上优势兵力之敌的绝无仅有的战例。我们不能引用卡尔十二世在纳尔瓦会战[6]的战例，因为当时俄国人[7]还几乎不能被视为欧洲人，而且后人对这次会战的主要情况知之甚少。拿破仑曾在德累斯顿[8]附近以12万人对抗22万人[9]，对方的兵力优势尚不到一倍。在科林[10]附近，弗里德里希大帝以3万

---

[1]马拉松之战是古希腊对波斯战争（公元前500—前449）中的一次会战。公元前490年，古希腊统帅米尔蒂亚季斯率领步兵1.1万人在雅典东北的马拉松平原，击败拥有10万步兵（也有资料称20万）和1万骑兵的波斯军队。——译者注

[2]洛伊滕（Leuthen），即今波兰下西里西亚省村庄卢蒂尼亚（Lutynia）。——译者注

[3]1757年12月，弗里德里希二世扩大罗斯巴赫会战胜利的战果，率领普军驰援西里西亚。5日，2.9万名普军在洛伊滕向6.6万名奥军发起进攻。弗里德里希二世佯攻奥军右翼，实际上利用地形将主力转至奥军左翼，将其击溃。最后，普军损失6400人，奥军损失2.2万人（其中1.2万人被俘）。这是弗里德里希二世用斜向战斗序列以少胜多的经典战例。——译者注

[4]罗斯巴赫（Rossbach），今德国萨克森–安哈尔特州城市布劳恩斯贝德拉（Braunsbedra）的一部分。——译者注

[5]1757年8月，弗里德里希二世率领普军向西迎击法国和神圣罗马帝国联军。10月，奥军进入柏林，弗里德里希二世回师救援。当奥军退出柏林后，弗里德里希二世又回到莱比锡迎击联军。11月5日在萨勒河畔的罗斯巴赫进行会战。会战中，联军企图迂回普军左翼，弗里德里希二世及时掉转了正面，并派骑兵袭击联军，结果联军大败。——译者注

[6]1700年2月，萨克森、波兰联军攻入利夫兰，北方战争（1700—1721）爆发。瑞典国王卡尔十二世很快转入反攻。10月，萨克森和波兰的盟友俄国军队开始围攻当时的瑞典要塞纳尔瓦（Narwa，今沙尼亚最东部的城市，位于纳尔瓦河河畔）。11月，卡尔十二世率1万余人前去解围，击败俄军3.5万人。——译者注

[7]俄国人（Russen），祖先为东斯拉夫人罗斯部族，属欧罗巴人种，白海–波罗的海类型。——译者注

[8]德累斯顿（Dresden），今德国萨克森州首府，位于易北河河畔。——译者注

[9]1813年8月，施瓦岑贝格指挥联军主力，趁拿破仑东击布吕歇尔之际，进逼德累斯顿。拿破仑于8月26日赶回德累斯顿，反击联军。27日，法军用正面进攻结合两翼迂回的方法击败联军。——译者注

[10]科林（Kolin），今捷克中部一城市，位于易北河河畔，西距布拉格约60公里。——译者注

人对抗5万奥地利人，但是没有成功[1]。拿破仑在绝望的莱比锡会战[2]中以16万人对抗28万人，同样也没有成功，对方的优势还远未到一倍。

由此可见，在目前的欧洲，即使最有才能的统帅也很难战胜拥有一倍优势兵力的敌军。如果我们看到，一倍优势的兵力与最杰出的统帅相比，在战争的天平上就已经有如此大的分量，那么我们就不应怀疑，在一般条件下进行的大小战斗中，无论其他方面的条件如何不利，只要有明显的兵力优势，而且无须超过一倍，就足以取得胜利了。当然人们会想到，有些山口即使以十倍的兵力也不足以攻克，但在这种情况下，就根本谈不上是战斗了。

因此，我们认为，恰恰在我们欧洲的这种情况下，以及在一切类似的情况下，决定性地点上的兵力大小是十分重要的，即使在一般情况下，这也是所有条件中最重要的条件。在决定性地点上能够集中多大的兵力，这取决于部队绝对兵力的大小和兵力运用的技巧。

因此，首要的规则应该是率领一支人数尽可能多的部队上战场。这听起来很像是老生常谈，其实并非如此。

很长时间人们没有把部队的兵力看作重要条件。为了证明这一点，只要指出下列事实就够了：在大多数战史中，甚至在记载比较详细的18世纪战史中，人们对部队的兵力要么完全不提，要么只是顺便谈到，从未重视过。滕佩尔霍夫[3]是最早谈到这个问题的著作家，他在《七年战争史》中一再谈到这

---

[1] 1757年春，普鲁士军队突然攻入波希米亚。5月，弗里德里希二世率主力包围布拉格，但久攻未克。6月中，道恩率领奥军前来解围。18日，与弗里德里希二世在科林附近进行会战。弗里德里希二世战败，退守萨克森。——译者注

[2] 又称莱比锡大会战。1813年8月，奥地利、普鲁士、俄国、瑞典等国组成第六次反法联盟。在当月进行的德累斯顿会战后，法军处于被包围状态，虽然采用了旨在各个击破的战法，但没有达到效果。10月，法军16万人（一说19万人，可能是加上了华沙公国、意大利、那不勒斯和一些莱茵邦联的部队）被28万（一说20.5万）联军包围于莱比锡（Leipzig，今德国萨克森州最大城市）。10月16日，会战开始。最后拿破仑于19日晨开始退向莱茵河，联军取得了对拿破仑的决定性胜利，于次年初进入法国作战，3月底进入巴黎。4月11日，拿破仑退位，被流放到厄尔巴岛。——译者注

[3] 滕佩尔霍夫（Georg Friedrich von Tempelhoff, 1737—1807），普鲁士中将，军事著作家，普鲁士炮兵学院的创办人和首任院长，普军军训总监，参加过七年战争。1783—1801年将英国军事理论家劳埃德著作《七年战争史》（Geschichte des Siebenjährigen Krieges）译成德语出版，并做了大量注释。在数学和音乐领域也有一定造诣，是普鲁士科学院和艺术院成员。——译者注

个问题，但谈得还是十分肤浅。

甚至马森巴赫[1]在他对普鲁士军队在孚日山脉[2]中的1793年和1794年战局所做的很多评论式考察[3]中，对群山、谷地、道路和仅容单人通过的小道谈了很多，但对双方的兵力却只字未提。

另外一个证明是某些评论家脑子中的一个奇异想法，他们认为一支部队应该有一个最理想的、固定的标准人数，超过这个数量的多余兵力不仅没有用处，反倒是累赘[4]。

最后，我们还有很多没有把全部可用兵力投入会战或战争的例子，因为人们不相信数量上的优势确实重要。

如果人们确信集中显著优势的兵力可以夺取一切可能夺取的东西，那么这条明确的信念就必然会反映在战争的准备上，会把尽量多的兵力投入战争，以便自己在兵力上占优势，或至少不让敌人在兵力上占优势。关于以绝对兵力进行战争的问题就谈这些。

绝对兵力的数量是由政府确定的。尽管这种确定已经是真正的军事活动的开始，而且在军事活动中是一个非常重要的战略问题，但在大多数情况下，将在战争中指挥这支军队的统帅却无权再干预此事，而是必须把绝对兵力的数量视为一个既定数，即使他没有参与确定这个数量，或者有情况妨碍兵力扩大到足够的程度。

因此，在这种情况下，统帅唯一能做的是，即使无法取得绝对优势，也要通过巧妙地使用军队，在决定性地点上形成相对的优势。

这样，空间和时间的计算就似乎成为最重要的了，这就使人们认为战略上

---

[1] 马森巴赫（Christian von Massenbach，1758—1827），男爵，普鲁士上校，军事著作家。参加过1792年普奥联军和1793年第一次反法联盟对法战争。——译者注
[2] 孚日山脉（die Vogesen），位于法国东北部、莱茵河左岸。南北长约125公里，宽40—70公里。——译者注
[3] 1793年第一次反法联盟对法作战时，普鲁士军队主要是在法国的孚日地区作战。普鲁士军官马森巴赫参加过这次战争，后来撰写了不少著作，例如《1793年战局概览》《对1792—1794年反法战局及1795年战局可能结果的考察》《莱茵河、纳瓦河、摩泽尔河之间战区描述及对1793—1794年该战区战事的考察》等。——译者注
[4] 我们在此首先想到滕佩尔霍夫和蒙塔朗贝尔。前者在其《七年战争史》第一卷第148页提到这种见解，后者在其关于1759年俄国行动计划的书信中提到这种见解。——作者注

的这种计算包括使用军队的几乎全部问题。有些人甚至认为杰出的统帅天生长有一个器官，专门进行战略上和战术上的这种计算。

空间和时间的计算在任何场合都是最基本的，某种程度上都是战略日常需要的，但并不是最困难的和决定性的。

如果我们不抱偏见地阅读战史，就会发现，由于这种计算错误而确实导致重大损失的情况至少在战略上是极为少见的。然而如果将一位果断且积极进取的统帅（例如，弗里德里希大帝和拿破仑）通过快速行军以同一支军队击败多个对手的所有情况，都归因于"对空间和时间的巧妙结合"这一概念，那么我们就会徒劳无益地陷入用词上的纠缠。为了使概念明确和有用，人们必须总是正确地称呼事物。

对其对手的正确判断（例如，在上述例子中，弗里德里希大帝和拿破仑分别对道恩和施瓦岑贝格的判断），敢于在一段时间内仅以少量兵力与对手对峙的冒险精神，进行强行军的毅力，迅速突击的胆识，以及杰出人物临危不惧、超出平时的作为，这些才是他们取得胜利的原因。而这些原因与正确比较两个如此简单的事物（例如空间和时间）的能力又有什么相干呢？

但是如果我们要较真的话，即使是跳飞式用兵[1]这一在防御战中经常为杰出统帅所信赖的方法（例如，在罗斯巴赫和蒙米赖胜利后分别乘势取得洛伊滕和蒙特罗胜利），在历史上也只是罕见的现象。

能够取得相对优势（巧妙地将优势兵力集中到一个决定性地点）的原因，一是因为正确地评估和选定了决定性地点，并使自己的军队一开始就有正确的推进方向；二是因为有决心为了重要的东西而放弃次要的东西（集中兵力，取得局部优势）。在这方面，弗里德里希大帝和拿破仑做得尤为突出。

至此，我们认为已经把数量优势应有的重要性说清楚了。人们应将数量上的优势视为基本的想法，在任何地方都应首先和尽量争取。

但是如果因此就认为数量上的优势是胜利的一个必要条件，那就完全误解

---

[1]　"跳飞"原指法国元帅沃邦于1697年发明的一种火炮射击方法，以少装药、大仰角方式发射炮弹，使之弹着至少两次。此处形容用兵的方法，指用同一支部队先打击一处敌人，再打击另一处敌人。——译者注

了我们的论述。我们只是想在结论中指出兵力在战斗中的重要性。如果人们尽可能多地集中兵力，那么对这个原则来说就已经足够了。至于人们是否应该由于兵力不足而避免战斗，那只有视总的情况才能决定。

★ 第九章 ★

出敌不意

从上一章所谈的内容（一般应争取相对优势）就已经可以得出另一个人们同样一般应争取的，这就是**出敌不意**。出敌不意或多或少是所有行动的基础，因为没有它，要在决定性的地点取得优势简直是不可想象的。

因此，出敌不意成为取得优势的手段，但除此以外，从其精神效果来看，还应将它视为一个独立的要素。在很大程度上，但凡出敌不意取得成功的地方，对手就会因此而出现混乱和失去勇气，而这些会成倍地扩大我方的胜利，在这方面有很多大大小小的例子。我们这里所说的出敌不意并不是指进攻范畴内的狭义上的袭击，而是努力以各种举措（尤其是以兵力分配）使对手措手不及。这种出敌不意在防御中同样可以采用，而且在战术防御中是一个非常重要的手段。

我们说，出敌不意毫无例外是所有行动的基础，只是根据行动和其他条件的不同本性而在程度上很不相同。

这种程度上的区别由于军队、统帅乃至政府的不同特点就已经存在了。

保密和迅速是出敌不意的两个因素，两者以政府和统帅拥有大的魄力和军队能够严肃执行任务为前提，以软弱和松懈是无法达成出敌不意的。然而，尽管这种努力是普遍存在的（绝对必要的），尽管这种努力确实不会毫无效果，但是达到**非常成功**程度的出敌不意也的确不多，这是符合事物本性的。因此，如果有人认为主要通过这种手段就可以在战争中有很多收获，那么这是一种错误的想法。在想法上，出敌不意带给我们很多期许，但在实施中，出敌不意却多半卡在整个机器[1]遇到的阻力中。

出敌不意更多是在战术范围运用，原因自然是由于战术上涉及的时间较短，空间较小。因此，在战略上，越是接近战术范围的举措，就越有可能实现出敌不意；越是向上接近政治范畴的举措，就越难以实现出敌不意。

准备战争通常需要数月，在大的部署地点集结部队，多半要求建立物资库和补给站以及大规模行军，而行军方向很快就会被人知道。

因此，一个国家能够出敌不意地向其他国家发起战争，或者能够出敌不意地将大量兵力指向另一个国家，是极少见的。在17、18世纪，战争多围绕着围攻进行，出敌不意地包围一处坚固的要塞是人们经过多种努力要做成的一件事，并且是军事艺术中完全特有的重要一章，而这也罕有成功的例子。

相反，一两天内就可以完成的行动更容易达成出敌不意。因此，比敌人抢先一日行程，从而先敌占领某地区的一处阵地、一个地点或者一条道路，等等，往往并不困难。不过很清楚，这样的出敌不意虽然较容易达到，但效果也较小。反之，如果出敌不意的难度较大，则其效果也较大。谁要是相信小举措达成的这种出敌不意往往能取得大的战果（例如，赢得一次会战或夺占一个重要物资库），那他就是相信一些大可想象、却未经历史检验的东西，因为一般来说，这种小的出敌不意产生大战果的例子是很少的。由此可以得出结论：通过小规模的出敌不意收到大效果是很困难的。

当然，一个从历史上探寻这些问题的人不应拘泥于历史评论者的某些用于炫耀的观点、说教以及他们自鸣得意的术语，而应正视事实本身。例如，在1761年的西里西亚战局中，就有某一天以出敌不意而闻名，这就是7月22日。当天，弗里德里希大帝在尼斯[2]附近抢到了正开赴诺森[3]的劳东[4]将

---

[1] 指部队。——译者
[2] 尼斯（Neisse），今波兰奥波莱省城市尼斯（Nysa），位于格拉策尼斯河河畔。——译者注
[3] 诺森（Nossen），今德国萨克森州一小城市，东距德累斯顿31公里。——译者注
[4] 劳东（Gideon Ernst Freiherr von Laudon，1717—1790），男爵，奥地利元帅。——译者注

军的前面。据说，这使奥军和俄军无法在上西里西亚[1]会合，从而为国王赢得了四周时间[2]。但是谁要是仔细阅读一下主要历史记述者们[3][4]对这一事件的记载，并且不抱偏见地做些思考，他就从不会在7月22日的行军中找到这样的意义，反而看到有关这次行军的流行的推论只是自相矛盾，看到劳东在这以机动著称的时间段里，其很多行动却没有什么动机。在渴望得到真相和确证的今天，人们怎么能让这样一个历史证明大行其道呢？

人们在战局过程中要想利用出敌不意的原则取得大的效果，一般会想到采取一次大的行动、迅速定下决心和强行军，这些应该为取得大效果提供手段。弗里德里希大帝和拿破仑是公认的在这方面造诣最深的统帅，但是从他们的战例中可以看到，即使他们在很大程度上做到了这些，也并非总能达到预期的效果。弗里德里希大帝在1760年7月非常突然地从包岑[5]袭击了拉齐，并转向德累斯顿，而他实际上从这整个插曲中一无所获，反而丢掉了格拉茨[6]，使自己的处境显著恶化了[7]。

拿破仑在1813年两次突然从德累斯顿转攻布吕歇尔，但两次都完全没有收到预期效果，都扑了空，只是浪费了他的时间和兵力，而且使德累斯顿陷入

---

[1]上西里西亚（Oberschlesien），指西里西亚地区的东南部，今大部分属波兰，小部分属捷克。——译者注

[2]在七年战争中，1761年7月，奥地利的劳东将军和俄国的布图尔林元帅意图在上西里西亚会合，之后与弗里德里希二世决战。但弗里德里希二世于7月22日进至尼斯附近，插在俄奥两军之间，使联军不得不放弃在上西里西亚会合的计划，到8月19日才在下西里西亚会合。——译者注

[3]指藤佩尔霍夫、"老兵"、弗里德里希大帝。——作者注

[4]其中作者所说的"老兵"指的是《一位奥地利老兵的自白——对普鲁士国王弗里德里希二世执政时期奥地利与普鲁士之间微妙的政治-军事关系的考察》（1781—1791，在布雷斯劳出版）一书的匿名作者。——译者注

[5]包岑（Bautzen），今德国萨克森州一城市，西距德累斯顿约60公里。——译者注

[6]格拉茨（Glatz），即今波兰下西里西亚省南部城市克沃兹科（Ktodzko）。——译者注

[7]1760年6月，奥地利军队击败在西里西亚的普鲁士军队，并包围格拉茨要塞。7月，弗里德里希二世为救援西里西亚，从萨克森开赴西里西亚，受到道恩所率奥军的阻截，于是在包岑突然回头袭击拉齐所率的奥军，拉齐退入德累斯顿，弗里德里希二世又袭击德累斯顿。两次袭击都没有得到好处。26日，格拉茨要塞被奥军攻陷，弗里德里希二世的处境反而更为恶化。——译者注

十分危险的境地^[1]。至于他从上劳西茨^[2]突入波希米亚^[3]的效果，就更不用说了^[4]。

因此，人们在战争中要通过出敌不意取得大的战果，仅依靠指挥官的行动、魄力和果断同样是不够的，还必须具备其他有利条件。但是我们并非要完全否认出敌不意可能取得的战果，只是想指出战果与必要的有利条件是不可分的，而这些条件并不是常有的，指挥官很少能把它们创造出来。

在这方面，这两位统帅也各自提供了鲜活的例子。1814年，当布吕歇尔的部队与主力分开，沿马恩河向下游行进时，拿破仑对他采取了一次著名的行动。长达两天的旨在出敌不意的行军要想取得较大战果是不容易的。布吕歇尔部队的行军长度达到了三日行程，结果被各个击破，受到相当于一次主力会战失败的损失。这完全是出敌不意达成的效果，因为假如布吕歇尔料到拿破仑很快会进攻他，他就会完全以另一种方式组织行军了。拿破仑此次出敌不意所取得的战果与布吕歇尔在组织行军方面的错误是分不开的。当然拿破仑并不知道这些情况，因此对他来说，这次成功掺有幸运的偶然性。

1760年的利格尼茨会战也是如此。弗里德里希大帝赢得了这次漂亮的会战，因为他进入一处阵地后不久，当夜就又变换了阵地，这完全出乎劳东的意料，结果劳东损失了70门炮和1万人。尽管当时弗里德里希大帝遵循了来回机动的原则，以避免会战或者至少打乱敌人的计划，但是14日夜间变换阵地并不是出于这一意图，而是因为如国王自己所说，他不喜欢14日的阵地。因此，偶然性在这里也起着很大的作用。如果劳东的进攻未碰到弗里德里希大帝

---

[1]1813年8—9月，拿破仑两次从德累斯顿出发，向东进攻布吕歇尔：8月中旬，布吕歇尔率普军西进，在莱格尼察附近击败法国奈伊元帅，拿破仑于是20日从德累斯顿出发，进攻布吕歇尔，但施瓦岑贝格率联军主力北上，德累斯顿告急，拿破仑只好令麦克唐纳继续追击普军，自己连夜赶回德累斯顿；9月，布吕歇尔第二次进逼包岑，拿破仑再度向东出击。布吕歇尔主动后撤，拿破仑怕联军乘机再攻德累斯顿，只好返回德累斯顿。——译者注
[2]上劳西茨（die Oberlausitz），地区名，指劳西茨地区的中部地区，约67%属今德国萨克森州，3%属勃兰登堡州，30%属波兰。多丘陵。——译者注
[3]波希米亚（Böhmen），历史地域名，包括今捷克中西部地区，面积5.2万余平方公里。——译者注
[4]1813年8月，拿破仑从德累斯顿向东攻击布吕歇尔时，为牵制在波希米亚的施瓦岑贝格指挥的联军，曾派波尼亚托夫斯基将军从上劳西茨地区的齐陶对波希米亚进行佯攻。但是施瓦岑贝格此时已越过埃尔茨山脉，进军德累斯顿，法军的佯攻并未起到作用。——译者注

夜间变换阵地，未碰到难以通过的地形，那么结果就不是这样了。

在较高和最高的战略范围内也有一些出敌不意获得丰硕战果的例子。对此，我们只要指出以下三个例子就够了：一是大选帝侯[1]与瑞典人作战时，从弗兰肯[2]到波莫瑞[3]，以及从边区[4]到普雷戈尔河[5]的两次辉煌的进军[6]；二是1757年战局；三是1800年拿破仑翻越阿尔卑斯山脉的著名行动[7]。在1800年这个战例中，一支部队投降后交出了整个战区；在1757年战局中，另一支部队几乎要交出其战区并投降[8]。最后，作为一场完全出敌不意的战争的例子，人们还可以举出弗里德里希大帝攻入西里西亚。上述各例中的战果都是非常大的，但是这种情况在历史上很少见，前提是人们不把这种情况与一个国家由于缺乏行动和毅力而没有做好战争准备的情况混为一谈（如1756年的萨克森[9]和1812年的俄国）。

---

[1]指勃兰登堡选帝侯弗里德里希·威廉（Friedrich Wilhelm von Brandenburg，1620—1688）。——译者注

[2]弗兰肯（Franken），历史地域名，曾是公国，包括阿尔萨斯以北和科布伦茨以南的莱茵河和美因河流域广大地区。——译者注

[3]波莫瑞（Pommern），历史地域名，包括波罗的海南部沿海广大地区。以奥得河口为界，以西今属德国，称西波莫瑞或前波莫瑞；以东今属波兰，称东波莫瑞或后波莫瑞。——译者注

[4]指勃兰登堡边区（Mark Brandenburg），存在于1157—1815年，包括"老边区"（易北河以西地区，今德国萨克森–安哈尔特州一部分）、核心区"中边区"（易北河与奥得河之间地区，今德国勃兰登堡州的一部分和柏林州的一部分）、"新边区"（奥得河以东地区），以及下劳西茨的部分地区。——译者注

[5]普雷戈尔河（der Pregel），即普列戈利亚河，流经今俄罗斯加里宁格勒州，流入波罗的海，长292公里。——译者注

[6]1674年，勃兰登堡大选帝侯参加神圣罗马帝国对法国的进攻，次年退回弗兰肯，获悉瑞典军队攻入勃兰登堡边区，便迅速赶回，袭击瑞典军队，占领了哈弗尔河上的重要渡河点，将瑞典军队击败。瑞典人于1678年攻入东普鲁士，大选帝侯到达维斯瓦河，追击瑞典军队一直到里加附近。——译者注

[7]1800年5月中旬，拿破仑率领一支新组成的军队越过阿尔卑斯山脉，进军北意大利，突然出现在梅拉斯指挥的奥军背后。6月14日，双方进行马伦戈会战，奥军失败。梅拉斯与拿破仑达成协议，奥军退至明乔河东岸，交出北意大利战区。——译者注

[8]1757年战局是七年战争（1756—1763）的第二个战局。在该战局中，普鲁士国王弗里德里希二世利用法奥俄联军步调不一致（法国于春天开始战斗行动，而俄国于夏天才开始行动），以及联军30余万人展开缓慢等弱点，采取迂回、机动、围攻等多种战法，最终在1757年战局中获胜。作者在本书第十卷第三篇第二部分第二章对该战局有详细的记述和评论。——译者注

[9]萨克森（Sachsen），易北河中游的一个地区，今德国东部萨克森自由州（Freistaat Sachsen），首府为德累斯顿。历史上曾是公国、选帝侯国、王国、大公国。1356—1806年期间为神圣罗马帝国的一个选帝侯国。——译者注

现在还要谈谈涉及出敌不意的一个核心问题，这就是：谁能左右对方，谁才能做到出敌不意，而只有行动正确的一方才能左右对方。如果我们采取出敌不意行动时采用了错误的举措，那么我们不仅不会取得好的结果，反而也许会受到对手的有力回击，无论如何对手无须对我们的举措特别担心，会从我们的错误中找到趋利避害的手段。进攻比防御包含更多的积极行动，因此出敌不意自然也就更多地为进攻者所采用，但是正如我们在后面要谈到的那样，这也不是绝对的。进攻者和防御者也可能同时采取出敌不意的行动，此时谁的举措最恰当，谁想必就会占上风。

理论上讲应该是这样的，但现实生活也并非如此严格地遵守这一准则，而且是出自一个简单的原因。出敌不意带来的精神作用，对那些乐于运用它的人来说，往往能使最坏的事情变成好事，并使另一方不能正常地定下决心。特别是在这里，我们所指的不仅是对方的高级指挥官，而且还指每一位指挥官，因为出敌不意的效果的特点就是使部队的一致性大幅下降，让每个人的个性在这时都很容易表现出来。

在这里，很多都取决于对立双方所处的总的情况。如果其中一方由于在总的精神方面占有优势，已经使对方失去勇气和惊慌失措，那么这一方利用出敌不意就能取得更多的战果，甚至在本该被消灭时也会取得好的结果。

★ 第十章 ★

诡诈

诡诈是以隐藏意图为前提的，因此与直率的、无所隐讳的，即直接的行动方式是相对立的，就如同双关语与直接的表白相对立一样。因此，它与说服、收买、压服等手段没有任何共同之处，而是与欺骗有很多共同之处，因为欺骗同样是隐藏自己的意图。如果诡诈完全得逞，它本身甚至就是一种欺骗，但是由于它并不是直接的言而无信，因此和一般的所谓欺骗还是有所区别的。使用诡诈的人试图让他要欺骗的人自己在理解上犯错误，最后这些错误形成**一个**效果，使被欺骗者突然间看不到事物的本质。因此可以说：如果双关语是在想法和概念上变戏法，那么诡诈就是在行动上变戏法。

初看上去，战略这个名称来源于诡诈这个词不无道理，而且尽管自希腊时代以来，战争的大的内在联系发生了很多真正的和表面的变化，但战略这个名称还是依然能显示出其原本的诡诈的本质。

如果人们认为把暴力行为（战斗本身）的实施交给战术，而把战略看作巧妙运用战斗的一种艺术，那么除了各种情感力量（总是像压缩待发的弹簧一样的炽热的荣誉心和不易屈服的坚强意志等）以外，其他禀赋似乎都不能像诡诈那样适于指导和鼓舞战略活动。在上一章，我们谈到要尽量争取出敌不意，其中就已经含有这个意思，因为任何一次出敌不意都是以诡诈（即使程度很小）为基础的。

尽管人们感到非常需要了解战争中双方指挥官在狡猾、机智和计谋方面的较量情况，但是人们不得不承认，在史料中很少记载这方面的情况，而且很少能从大量的关系和情况中把它们整理出来。

出现上述情况的原因是显而易见的，它们与上一章所谈的大致相同。

战略的活动无非是以关系到战斗的举措部署战斗。战略不像生活的其余领域那样关心单纯存在于言辞上的活动，例如谈话、声明等，但使用诡诈的人进行欺骗时，利用的主要就是这些廉价的东西。

在战争中与此类似的活动包括：发布只是用于欺骗的计划和命令，故意向敌人传递假消息，等等。这些活动对战略领域来说，作用通常很小，只有在出现个别的、送上门的机会时才会运用，因此不能视其为指挥官自主进行的活动。

但是要把这样的活动（例如部署战斗）进行到让敌人受骗的程度，就要求花费较多的时间和兵力，而且敌人的数量越多，另一方花费的时间和兵力就越多。而由于人们通常不愿为此付出这些代价，因此，所谓的佯动在战略上极少能收到预期的效果。实际上，将大量兵力较长时间纯粹地用于欺骗是危险的，因为人们这样总是面临枉费心机的危险，而同时在决定性的地点又缺少这些兵力。

指挥官在战争中应该总是觉察到这一平凡的真理，从而失去玩狡猾运动把戏的兴趣。严酷的采取行动的必要性大多迫使他直接行动，以至他根本没有玩弄这种把戏的余地。一句话，战略棋盘上的棋子是缺少敏捷性的，而敏捷性是诡诈和狡猾必需的因素。

我们得出的结论是：尽管诡诈在不必付出情感力量代价的情况下（然而往往要付出这些代价）没有什么害处，但是对统帅来说，正确和准确的眼力是比诡诈更为必要和更为有用的特性。

但是战略领导层可支配的力量越少，这些力量就越容易运用诡诈，以至于对兵力很少的小部队来说（统帅的谨慎和智慧已经不能惠及他们），当一切办法看来都已经无能为力时，诡诈就会成为他们最后的手段。其处境越是无助，越是不得不孤注一掷，诡诈就越能助长他们的胆量。丢掉一切其他打算，不再考虑一切后果，勇敢和诡诈有可能相互促进，使希望的微光集中于一点，成为唯一的一束也许还能引燃火焰的光芒。

★ 第十一章 ★

空间上的兵力集中

最好的战略是：始终**数量很多**，先是在总的方面，然后是在决定性的地点上。因此除了努力扩充兵员（这往往不是统帅所能决定的）以外，战略上最高和最简单的法则就是**集中兵力**。除了为完成一项**紧迫的**任务而把兵力调离以外，任何部队都不应脱离主力。我们应严格遵守这一法则，并把它看作一位可靠的向导。至于哪些有可能是分兵的理智的原因，我们以后会逐步了解。同时我们也会看到，上述原则并非在每场战争中都产生同样的普遍结果。由于目的和手段不同，这些结果是有变化的。

有些人只是按照对习惯做法的模糊感觉就把部队分开和隔开了，但并不清楚为什么要这样做。这听上去令人难以置信，却出现过无数次。

如果人们认识到集中全部兵力是一个准则，任何分开和隔开兵力的做法都是必须有原因的，是对这一准则的偏离，那么就不仅可以完全避免这种愚蠢的做法，而且还可以杜绝某些错误的分兵理由。

★ 第十二章 ★

时间上的兵力集中

我们在这里要谈的概念在实际运用时很容易引起一些错觉，因此，有必要把某些概念阐述和明确一下。为此，我们希望读者允许我们再做一简短的分析。

战争是互相对抗的力量的一种碰撞，从中自然得出结论：较多的力量不但可以抵消对方的力量，而且还会拖曳着它继续运动。因此，从根本上说，这不允许力量持续（逐步）发挥作用，而是必须同时使用所有力量用于一次碰撞，这应视为战争的一项基本法则。

战争也确实是这样要求的，但也只是当斗争确实与机械碰撞一样时才这样要求。然而，如果斗争是双方毁灭性力量持续的相互产生影响的过程，那么力量当然就有可能持续发挥作用。在战术上，这种情况主要因为火器是一切战术的主要基础，但也还有其他原因。如果在火力战中以1000人对500人，那么双方损失的大小与双方参战人数的多少有关系。1000人射出的子弹比500人射出的多一倍，但1000人中被击中的也会比500人中被击中的多（因为毕竟要假设1000人在一起的密度大于500人）。如果允许我们假设1000人中被击中的人数是500人中被击中人数的一倍，那么双方的损失就会相同。例如，假如500人中有200人退出战斗，那么1000人中同样有200人退出战斗。假如500人的一方在后面还有500人迄今保留在火力打击范围之外，那么双方此时虽均有800名参战人员，但是其中一方有500人是弹药充足、体力充沛的新锐力量，而另一方的1000人却处于相同程度的松散状态，没有足够的弹药，体力也受到削弱。不过仅仅由于1000人比500人多一倍，就假设其损失比500人的一方大一倍，这样的假设当然是不对的。将半数兵力留作预备队的那一方在战斗一开始投入500人，损失200人，相对于1000人损失200人，前者损失更大，这必须被视为前者的一个不利和后者的一个有利之处。同样，在一般情况下必须承认，最初以1000人投入战斗、此时尚余800人的一方接下来很有可能将最初投入500人、此时在一线尚余300人的对手逐出其所在地，并迫使其退却，因此第一眼看上去，这对1000人一方来说可能是有利的。但是接下来他要以由于已经经历过战斗而队形散乱的800人的部队与敌人作战，而对方至少没有受到显著的削弱，而且有500名新锐力量，这对1000人一方是不利的。至于对1000人一方来说，上述两个对他有利的方面能否抵消另一个对他不利的方面，不再是我们通过进一步分析所能明确的，而是要根据经验来判断。在这里，凡是有一些战争经验的军官大概都会认为，在一般情况下，优势在拥有新锐力量的一方。

由此可见，在战斗中使用过大的兵力有可能变得不利，因为无论优势兵力在最初时刻可能带给我们多少好处，但也许在下一个时刻我们就不得不为此付出代价。

但是这一危险的程度与部队**序列混乱、受到瓦解和削弱**的程度是一样的，换句话说，与每次战斗都会带来的、**胜利的一方也会有的**危机程度是一样的。因此，当双方均处于受到削弱的状态时，一支一定数量的相对新锐的力量的出现是决定性的。

当胜利者也面临的这种瓦解作用消失，只保留了每个胜利均能带来的士气方面的优势时，对方的新锐力量就无法再挽回败局了，而且也会被卷入失败的旋涡。一支被击败的部队不可能依靠一支大的预备队就在次日转败为胜。**我们在这里看到的是战术与战略之间一个极为重要区别的根源。**

战术上的成果，即在战斗**中**和在战斗结束前取得的成果，**绝大部分还是在那种受到瓦解和削弱的状态下**取得的；而战略上的成果，即整体战斗的成果或最终的胜利（无论大小），则**已经不是在这种状态下**取得的了。只有各部分战斗的成果汇聚成一个独立的整体时，战略上的成果才会出现，而此时危机状态已经不存在，部队重又恢复到原来的状态，损失的只是确实被消灭了的那部分部队。

这种区别带来的结果是：在战术上可以持续使用兵力，而在战略上只能同时使用兵力。

如果我方在战术上无法以最初的战果决定一切，如果我方不得不担心下一个时刻会发生什么，那么自然会得出以下结论：为最初的战果，我方只应使用看上去有必要使用的兵力，而把其余兵力保留在火力和白刃战的杀伤范围之外，以便能够以新锐力量对付敌方的新锐力量，或者以这些新锐力量战胜已经受到削弱的敌人。但在战略上就不是这样。一方面，如同我们上面指出过的那样，一旦在战略上取得了成果，就无须过于担心敌人反击，因为随着这一战略成果的出现，危机已经消失；另一方面，并不是所有的战略力量都一定**受到削弱**。只有那些在**战术上**与敌人有过冲突，即参加过部分战斗的力量才会受到敌方削弱，就是说，如果在战术上没有无谓地浪费兵力，那么受到削弱的就只是不可避免被削弱的那部分兵力，而绝不是在战略上与敌有冲突的全部兵力。在整体兵力占优势的情况下，那些很少或者根本没有参战的部队，仅仅由于其存在就可以与参战的部队一道起到决定性作用。决战结束后，这些部队还保持着原来的状态，就像没有参战的部队一样，可以用于新的目的。这种用于达成优势的部队对全面胜利做出的贡献有多么大，是十分清楚的。而且人们不难看出，这样的部队甚至能大幅减少我方与敌人有战术冲突的那部分兵力的损失。

因此，如果在战略上，损失没有随着使用兵力的增加而增加，甚至往往因此而减少，如果决战由此自然而然地对我们来说更有把握，那么自然可以得出结论：人们使用的兵力从来都不会过多，因此应**同时**使用现有的可以使用的兵力。

但是我们还要在另一方面彻底论证这句话。到目前为止，我们谈的只是斗争本身。斗争固然是真正的军事活动，但是对于作为这一活动载体而出现的人、时间、空间，也应予以考虑，对其作用所产生的结果也应一并加以考察。

战争中的疲惫、劳顿和物资匮乏是一种特殊的起到损害作用的因素。这一因素本质上并不属于斗争，但或多或少与斗争有密切的关系，而且尤其是与战略有密切的关系。在战术中尽管也有这一因素，也许还非常严重，但由于战术行动持续时间短，因此，人们对劳顿和物资匮乏在战术行动中的影响可以不做太多考虑。但是在战略上，时间和空间的范围都比较大，这种影响往往不仅十分明显，而且往往是决定性的。一支胜利的部队因疾病而比因战斗减员多得多的现象是常见的。

如果我们像考察战术上的火力战和白刃战的损害范围那样来考察战略上的损害范围，那么我们当然就可以设想：受到这种损害的所有部队在战局或其他某个战略阶段结束时都会陷入受到削弱的状态，这使得一支新出现的新锐力量成为**决定性的**力量。因此，人们在战略上也可能像在战术上一样，有意用尽量少的兵力来争取开始阶段的成果，以便把新锐力量留在最后使用。

为了对这种在很多实际运用的场合好像很有道理的想法做出准确的评价，我们必须探讨这一想法的各个具体概念。首先，人们不能把纯粹的援兵与一支新锐的、未经消耗的力量混淆起来。在大多数情况下，当战局临近结束时，无论是胜利者还是被战胜者，都迫切希望力量有新的增加，在他们看来这应该是决定性的。但我们在这里要谈的不是这个问题，因为假如一开始就多出这些兵力，也就没必要再增加兵力了。但是假如人们认为一支新开上战场的部队就其士气价值来说比已经在战场上的部队更值得重视，就像一个战术预备队比一支已经在战斗中受到很大损失的部队更值得重视一样，那么这种看法是与所有经验相矛盾的。一个失败的战局会使部队的勇气和精神力量减少，同样，一个胜利的战局会提高部队在这方面的价值，这些影响总的来看是相互抵消的，之后还有战争历练作为纯粹的利润留了下来。此外，人们在这里应该更多地关注胜利的战局，而非失利的战局，因为失利的战局更有可能让人预料到，而且在这种战局中，兵力已然不足，不可能设想把一部分兵力留待以后使用。

解决这个问题以后，还有一个问题：部队由于劳顿和物资匮乏而受到的损失是否像在战斗中一样，会随着部队规模的加大而增加呢？人们对此的回答必须是否定的。

劳顿绝大部分产生于危险，而军事行动的每个瞬间都或多或少地贯穿着危险。处处应对这些危险，在行动中安全地前行，这是部队大量战术和战略勤务活动的内容。部队人数越少，执行这种勤务的难度就越大；对敌优势越大，执行这种勤务就越容易。对此谁会怀疑呢？因此，在一个战局中，如果敌人比我们少得多，那么比起兵力相等甚或敌人比我们多的情况，我们付出的劳顿也较少。

上面所说的是关于劳顿的问题，而物资匮乏的问题有些不同。物资匮乏主要存在于两个方面：给养品的匮乏和部队住处的匮乏（无论是在舍营地，还是在舒适的营垒中）。在同一地点的部队越多，这两方面的匮乏当然也就越严重。不过这些优势兵力不也正是提供了一个最好的手段，去扩展和取得更大的空间，从而取得更多的给养和住宿条件吗？

1812年拿破仑在俄国推进时，史无前例地把他的部队大量集中在一条大路上，从而造成了同样史无前例的物资匮乏。人们不得不把这归咎于他的那条原则：在决定性的点上应尽量集中最多的兵力。他在这里是否过分强调了这条原则，不是我们这里要讨论的问题，但有一点是可以肯定的：假如他要避免因此而产生的物资匮乏，他只需以更大的宽度推进。他在俄国不缺少空间，只在极少的情况下会缺少。因此，我们从这方面找不出任何根据可以证明同时使用优势很大的兵力一定就会导致部队受到更大的削弱。如果有人认为，风雨等恶劣天气和战争中不可避免的劳顿也会使人们可以留待以后使用的那部分兵力受到削弱（尽管这部分兵力减轻了整个行动的压力），那么人们首先还是应把一切联系起来做全面的考察，并试问：这支部队受到的削弱和我们通过优势兵力以多种方式能够赢得的力量会一样多吗？

现在还有十分重要的一点需要加以论述。在部分战斗中，人们可以比较容易地大致确定为取得预设的某个较大战果需要多少兵力，从而也就能确定会富余多少兵力。但在战略上是不可能做到这一点的，因为战略上要取得的战果没有如此明确的内容，也没有如此近的界限。因此，在战术上可以看作富余的那部分兵力，在战略上必须看作伺机扩大战果的一个手段。利润的百分比是随战果的扩大而增加的，因此，以这种方式使用优势兵力很快就可以取得最谨慎的节制用兵所永远得不到的东西。

1812年，拿破仑凭借其巨大的优势得以推进到莫斯科，并占领了这个首都。假如他还能凭借这一优势完全粉碎俄国的军队，那么他就很有可能在莫斯科缔结一个通过任何其他途径都难以达成的和约。这个例子只是用来说明上述观点，不是用来证明它。如果要证明它，就需要详尽的阐述，而这里不是这样做的地方。

以上全部考察针对的只是逐步用兵的观点，不是针对预备队这个概念本身。这些考察固然已经不断地涉及预备队这个概念，但是正如我们在下一章将要谈到的那样，这一概念还与其他概念有联系。

我们在这里要明确的是：在战术范围，单是实际使用部队的**持续时间**，就能使部队受到削弱，因此时间是削弱部队的一个因素，但在战略范围基本上不是这样的。在战略范围，虽然时间对军队也起损害的作用，但是这种损害作用部分由于兵力众多而减弱了，部分则通过其他方式得到了补偿，因此，在战略上不能有通过逐步用兵而**为了时间本身**利用时间的意图。

我们之所以说"**为了时间本身**"，是因为时间由于它导致的、而又与它本身不同的其他情况而对交战双方中的一方可能（或者更确切地说是必然）有的价值是完全不同的，不是无所谓或无足轻重的，对这个问题我们将另做研究。

因此，我们试图要阐明的法则是：所有确定用于某一战略目的的现有兵力应该**同时**用于这一目的，越是把所有兵力集中用于一个行动和一个时刻，这一运用就越完美。

但是在战略范围也因此会有再次发力和持续产生作用的问题，由于持续产生作用（持续展开新的力量）是争取最后胜利的一个主要手段，我们就更不能忽视这一作用。这也是另一章要讨论的问题，我们在这里提到它，只是为防止读者由于我们根本没有谈到，就不考虑有关问题。

现在我们转而考察一个与迄今论述有密切关系的内容，只有明确了这一内容，整个问题才能得到充分的说明。我们指的是**战略预备队**。

★ 第十三章 ★

战略预备队

　　一支预备队有两个容易区分的任务：一是延长和恢复战斗，二是应对意外情况。第一个任务以逐步使用兵力可带来好处为前提，因此不会在战略范围内出现；而把一支部队派往正在被敌人控制的地点，显然应归入第二个任务的范畴，因为人们没有充分预见到要在这里进行抵抗。一支仅是为延长战斗而被留下来的部队，一般只会部署在火力范围以外，受这次战斗的指挥官指挥，那么它当然就是一支战术预备队，而非战略预备队。

　　但是针对意外情况预留一支力量的需求也可能在战略范围出现，因此也可能会有战略预备队，不过只在有可能出现意外情况的地方。在战术范围，人们大多只是通过肉眼才观察了解到敌人的举措，而任何一处小林地和起伏地形的褶皱处都有可能遮挡住敌人的举措，因此，人们自然总是要或多或少地立足于会发生意外情况而部署预备队，以便在发现敌人的举措后加强整个部署中显得薄弱的环节，并且尽量根据敌人的举措来部署我方的力量。

　　在战略范围想必也会出现这样的情况，因为战略行动是直接与战术行动相关联的。在战略上，同样有些部署也只是根据肉眼观察和每日每时获得的不牢靠的情报，以及最后根据战斗的实际结果才能确定。因此，根据情况不确定的程度留有一定兵力备用，是战略指挥的一个重要条件。

　　众所周知，在防御中，特别是在江河、山地这些特定地形的防御中会不断出现这种情况。

但是战略活动距战术活动越远，这种不确定性就越小；当战略活动接近政治领域时，这种不确定性就几乎完全不存在了。

敌人把他的几路部队带向什么地方去进行会战，只能通过肉眼观察去了解；敌人将在什么地方渡过一条河，可以从他渡河前不久暴露出的少量准备举措中了解；至于敌人将从哪个方向入侵我国，通常还在一枪未发以前，就由所有的报纸预告出来了。人们所采取举措的规模越大，就越难做到出敌不意。时间是如此之长，空间是如此之大，产生行动的因素又是如此众所周知和难以改变，以至人们要么可以有足够的时间得知它，要么可以有把握地推断出来。

而另一方面，举措越向上涉及全局，战略预备队（假如有的话）的作用也就越小。

我们看到，一次部分战斗的胜负本身没什么意义，所有部分战斗在整体战斗的胜负中才能找到其结局。

但是即使是整体战斗的这一胜负也只具有不同程度的相对的意义，其大小取决于被击败的敌军在其全部兵力中所占比例和重要性的大小。一支部队在一场小规模会战中的失利可以用大部队最终的胜利来弥补，甚至一支大部队在会战中的失利不仅可以由一支更大部队赢得的会战来抵消，而且还可以转败为胜（例如，1813年在库尔姆的两天会战[1]）。没有人能怀疑这一点。但是同样清楚的是：被击败的那部分敌军越重要，胜利（每个整体战斗的幸运结局）的重要性也就越有独立的意义，敌人通过以后的行动来挽回失败的可能性也就越小。至于如何进一步明确这一点，我们将在其他地方进行考察。对我们来说，在这里提醒读者注意这种对应关系是明确存在的就足够了。

现在我们在上述两点以外再加上第三点：如果说在战术上持续使用兵力总是把主力决战推到整个行动的最后进行，而在战略上同时使用兵力的法则又几

---

[1] 1813年8月德累斯顿会战后，法国旺达姆将军率3万人欲从萨克森突入波希米亚。8月29日和30日，被俄、普、奥联军包围于波希米亚的库尔姆村（Kulm，即今捷克小城克鲁梅克）附近，旺达姆本人被俘，部队损失1万余人。此次库尔姆会战基本上抵消了拿破仑在德累斯顿会战中的胜利。——译者注

乎总是让主力决战（它不必是最后决战）在大规模行动刚开始时就进行，那么我们根据以上这三点结论就有充分的理由认为：战略预备队的任务越**广泛**，其必要性就越小，带来的好处就越少，带来的危险就越大。

要指出保留战略预备队的想法从哪里开始变得自相矛盾并不困难，这就是**主力决战**。人们应将全部兵力投入到主力决战中去，而计划把**现有部队**的任何预备队留在这一决战以后使用的想法是荒谬的。

因此，如果说预备队在战术上不仅是应付敌人在我预料之外部署的手段，而且还是战斗失利时挽回从来不可预见的后果的手段，那么人们在战略上（至少在涉及大的决战时）就必须弃用这一手段。对于某处的失利，在战略上通常只能通过在其他地点得到的好处来挽回，在少数情况下可以通过把兵力从一处调到另一处来挽回，但是在战略上决不应该或允许有预留兵力应对这种失利的想法。

我们已经宣布，保留一支战略预备队，不让它参加主力决战的想法是荒谬的。其荒谬是如此毫无疑问，以至假如这种想法不是在其他概念的伪装下显得稍好些，从而经常出现的话，我们根本不会尝试在这两章对它进行如此详细的分析。有人认为这一想法是战略智慧和谨慎小心所收获的果实，有人则否定这一想法，并连带着一概否定任何保留预备队的想法（包括保留战术预备队的想法）。这种想法混乱的情况也转而进入到现实生活中。如果人们想看一下这方面突出的例子，那么可以回忆一下1806年，普鲁士让符腾堡[1]的欧根[2]亲王指挥一支2万人的预备队驻扎在边区，结果这支预备队无法再及时抵达萨勒河[3]，普军的另外2.5万人留在东普鲁士[4]和南普鲁士[5]，**人们想把他们作**

---

[1] 指符腾堡公国（Herzogtum Württemberg），存在于1482—1806年，是神圣罗马帝国的一部分。——译者注

[2] 欧根（Eugen Friedrich Heinrich von Württemberg，1758—1822），符腾堡公爵。在1806年10月18日的耶拿会战中，其指挥的普鲁士预备队被贝纳多特率领的法军击败。——译者注

[3] 萨勒河（die Saale），易北河的一条支流，流经耶拿、哈雷、马格德堡等地，长413公里。——译者注

[4] 东普鲁士（Ostpreussen），历史上是普鲁士王国及后来德意志帝国的一个省（1773—1829），位于波罗的海的东南海岸。——译者注

[5] 南普鲁士（Südpreussen），历史上是普鲁士的一个省（1793—1807）。——译者注

为预备队，以后再投入战场[1]。

　　看到这些例子，人们也许就不会责备我们是像大战风车那样捕风捉影了[2]。

---

[1] 1806年普法战争中，普鲁士国王将符腾堡的欧根亲王指挥的萨克森部队（约2万人）作为预备队留在勃兰登堡边区，并在东普鲁士、南普鲁士和西里西亚等地保留30多个步兵营和50多个骑兵连。这些兵力在耶拿和奥尔施泰特会战中要么由于投入过晚而失利，要么根本没有派上用场。——译者注

[2] 作者在此引用西班牙作家塞万提斯小说《堂吉诃德》（Don Quixote）中的故事。故事主角堂吉诃德幻想自己是个骑士，做出诸如大战风车等种种荒唐行径。后人常以堂吉诃德这个人物比喻捕风捉影和脱离现实的人。——译者注

★ 第十四章 ★

兵力的合理使用

　　如同我们说过的那样，思索的小路极少能被众多的原则和观点挤压为纯粹的一条线，而总是有一定的余地。在实际生活的一切艺术中也是如此。用横坐标和纵坐标是描不出美丽线条的，用代数公式是做不出圆和椭圆的。因此，指挥官在判断时有时要依靠更敏感的直觉，这种直觉源自天赋的敏锐，并经过深入思考的训练，几乎下意识地就可以察明真相；有时则要把法则简化为突出的要点，形成行动的规则；有时还要把惯用的方法作为行动的依据。

　　因此，指挥官应始终注意让所有兵力发挥作用，或者换句话说，应随时注意不要让任何一部分兵力无事可做。我们认为这一观点就是这样一个简化得来的要点，是有助于思维的一个抓手。谁在没必要部署兵力的地方部署了兵力，谁在受到敌人进攻时还让一部分部队在行军（也就是说，这部分部队没有发挥作用），谁就是不善于合理用兵。从这个意义上说，有而不用比用而不当更糟糕。一旦要行动，首先就要让所有的部队都行动起来，因为即使是最不恰当的活动毕竟也能牵制和击败一部分敌人，而完全搁置不用的部队在这一时刻是起不到任何作用的。显而易见，这个观点与前三章阐述的原则是联系在一起的，是同一个真理。我们只不过是从更广泛的角度进行考察，把它归纳成一个单独的概念。

★ 第十五章 ★

几何要素

几何要素或部队部署的形状在多大程度上会成为战争中的一个主要因素，我们在筑城术上就可以看到。在筑城术中，几何学几乎支配着从小到大的一切问题。在战术上，几何学也扮演着一个重要的角色。在狭义的战术上，即关于部队运动的理论中，几何学是基础，而在野战筑城术以及在关于阵地和对阵地进攻的理论中，几何学的角和线则像裁决争端的立法者一样居于统治地位。在这里，有些几何要素被用错了，另外一些则只是毫无意义的游戏。尽管如此，恰恰是在每战必求包围对手的现代战术中，几何要素又重新有了大的影响，得到很简单但却反复的运用。现代战术比起要塞战来，一切都更为机动，精神力量、个人特点和偶然性都起着更大的作用，因此几何要素不可能像在要塞战中那样居于统治地位。在战略范围，几何要素的影响就更小了。在这里，兵力部署和国土的形状固然也有很大的影响，但几何要素不像在筑城术中那样是**决定性的**，而且很长时间以来都不像在战术中那样重要了。至于这种影响是以什么方式表现出来的，只有当以后几何要素出现并值得注意时，我们才能逐步予以阐明[1]。在这里我们只想提请读者注意几何要素在战术与战略之间的差别。

在战术范围，时间和空间很快会向其绝对最小值的方向退缩。一支部队如

---

[1] 参阅本书第二卷第五篇第十五章和第十六章。——译者注

果在侧面和背后受到敌人一支部队的进攻，很快就会陷入根本没有退路的境地。这种处境接近于绝对无法继续战斗，因此这支部队必须摆脱或者防止陷入这种境地。这种在侧面和后面的兵力部署一开始就使得所有致力于让对手陷入这种境地的战斗行动具有大的效果，这一效果主要体现在让对手对后果产生担忧。因此，兵力部署的几何形状是产生上述效果的一个很重要的因素。

但在战略范围，由于地域广、时间长，因此这一切只产生微弱的影响。人们不可能从一个战区射击到另一个战区，实现一个预定的战略迂回往往需要数周或数月时间，而且地域是如此之广，即使采取了最好的举措，要想准确达到目的也只有很小的可能性。

因此在战略范围，这些行动组合（其形成的几何形状）的效果要小得多，而人们暂且在一个地点上实际取得的效果要大得多。这一长处在受到可能失败的担忧干扰甚或抵消之前，有时间充分发挥其作用。因此，我们敢于将以下这一点视为一个已经确定了的真理：在战略上更重要的是胜利战斗的次数和规模，而非这些战斗地点相连形成的大的线条形状。

但恰恰是相反的观点成为较新理论偏爱的题目，因为人们认为，这样可以使战略具有更大的重要性，而由于他们又把战略看作思维的更高功能，故以为这样就可以使战争变得更加高贵，用一个新的时髦词来说，就是可使战争**更科学**。我们认为，一个完整理论的主要用处就在于揭穿这些奇谈怪论。而由于几何要素是这些怪论惯于开始论述的主要概念，因此我们要特别强调这一点。

★ 第十六章 ★

军事行动中的停顿

如果人们把战争看作一个相互消灭的行为，那么人们想必要把交战双方想象成总的来说都是在前进的，但是就某一时刻而言，人们想必几乎同样要想象其中一方是在等待，只有另一方是在前进，因为双方的情况永远不可能完全相同或者永远保持相同。随着时间的推移将会出现交替，从而导致当前这个时刻对其中一方比对另一方更有利。假设双方统帅都完全了解这些情况，那么从中就会出现一个其中一方应采取行动的理由，而这个理由对另一方而言同时就成为一个等待的理由。据此，双方不会同时对前进感兴趣，也不会同时对等待感兴趣。我们在此排除双方同时追求同一个目的，不是出于普遍存在的两极性的理由（因此与第二篇第五章[1]的断言并不矛盾），而是由于对双方统帅而言，在这里确实是同一件事情成了他们下定决心的依据，这就是今后其各自处境改善或恶化的盖然性。

即使人们允许双方在这方面的情况有可能完全相同，或者人们考虑到，由于各自对对方情况了解不够，双方统帅有可能误认为情况是完全相同的，但是由于双方的政治目的不同，还是不可能出现双方都在等待（停顿）的情况。从政治上看，双方中的一方必然是进攻者，如果双方都持防御的意图，那就不会

---

[1] 原文如此，疑误。应为第一篇第一章。——译者注

发生战争了。进攻者抱有积极的目的，防御者抱有纯粹消极的目的；进攻者必须采取积极的行动，因为只有这样他才能达到积极的目的。因此，在双方所处状况完全相同的情况下，积极的目的会要求进攻者采取行动。

根据这种想法，军事行动中的停顿严格说来是与事物的本性相矛盾的，因为两支军队就像两个敌对的因素，必然会不停地消灭对方，就像水火永远不会相容，而是相互作用，直到一方完全消失。但是人们对两个长时间僵持在一起、一动不动的摔跤手又如何解释呢？军事行动本应像一座上了发条的钟表不停地运动，但是不管战争的本性是多么野蛮，它毕竟受到人类弱点所组成的链条的束缚。在战争中，人们一方面在寻求和制造危险，但同时又害怕危险。对这一矛盾，没有人会感到奇怪。

如果我们笼统地看一下战史，看到的往往是与不停地奔向目标相反的现象。在战争中，**止步不前**和**按兵不动**非常明显是军队的**基本状态**，而**行动**却是**例外**。这几乎让我们怀疑前面所提观点的正确性。但是如果说战史是通过大量战事说明这一现象的，那么战史中距离我们最近的一系列战事又自动说明了我们的观点。革命战争已经充分表明这个观点的现实性，也充分证明了其必然性。在革命战争中，特别是在拿破仑的几次战局中，作战达到了最大限度发挥力量的程度。我们认为这是暴力的自然规律。因此，战争达到这种程度是有可能的，而如果说达到这一程度是可能的，那么也就是说达到这一程度是必然的。

实际上，假如人们在战争中的目的不是行动，那么人们在理智面前又如何解释在战争中消耗的力量呢？面包师只在要烤面包时才烧热他的炉子；人们只在要乘车时才把马套在车上。如果人们做出战争这样巨大的努力，只是为了让敌人做出类似的努力，而不想从中得到其他其他东西，那么人们为什么要做出如此巨大的努力呢？

关于这个原则的总的方面，我们就解释这么多，现在来谈谈它在事物本性范围内的、不受具体情况影响的变化情况。

在这里要指出引起变化的三个原因，它们是内在的牵制力量，可以阻止战争这个钟表走得太快或者不停地走下去。

第一个原因是人类本性中的怯懦和犹豫不决。它使行动经常具有停顿的倾向，从而成为一种抑制因素，是精神世界中的一种重力，但不是由引力而是由斥力引起的，即是由害怕危险和担责而引起的。

在战争的烈火中，一般人想必会显得更沉重，因此，要想让他们持续地运动，就必须更强烈和更经常地推动他们。仅是想到战争的目的，极少足以克服这种重力。如果没有一个尚武和富于进取的人统率（他在战争中如鱼得水一样适得其所），或者如果没有来自上级的巨大的责任压力，那么停止不前就会成为常事，前进就会成为例外。

第二个原因是人的认识和判断不完善。这一不完善在战争中比在任何其他地方都更突出，因为人们对自己的实时情况几乎无法了解，而对于对手的情况，由于其受到了遮掩，只能根据少量的情报加以猜测。因此，这就常常引起这样一种情况：实际上同一种情况只对一方更为有利，但双方却都认为对自己有利。于是就像我们在第二篇第五章中讲过的那样，每一方都有可能认为等待另一个时刻是明智的做法。

第三个原因是防御更为有力。这一原因就像钟表里的一个掣子轮，不时会使行动完全停下来。甲可能觉得力量太弱而不能进攻乙，但不能因此就得出结论说，乙有足够的力量进攻甲。防御所拥有的附加的力量，通过进攻不仅会失去，而且还会转给对手，形象地说，就如同a+b和a-b的差等于2b，因此有可能出现双方不仅同时感觉无力进攻，而且确实如此的情况。

于是，即使是忧心忡忡的谨慎和对较大危险的畏惧，在军事艺术中也找到了舒适的立足点，以证明其存在是合理的，并抑制战争所固有的暴烈性。

然而上述三个原因还是难以解释为什么在过去那些不是重大利益冲突所引起的战争中会有长时间的停顿。在这些战争中，部队有十分之九的时间是在无所事事中度过的。这种现象主要是由一方的要求以及另一方的状态和情绪对战争进程的影响所引起的。关于这一点，我们在论战争的本性和目的那一章中[1]已经谈过了。

这些情况有可能产生很大的影响，以至战争成为不伦不类的东西。这样的战争往往和一种武装中立，或者为有利于谈判而摆出的威胁姿态差不多，或者

---

[1] 指第一篇第一章。——译者注

只是一种使自己处于稍微有利的地位而后相机行事的和缓的尝试，或者尽量少地履行自己不愿履行的同盟义务。

在所有这些场合，利益冲撞不大，敌对因素不强，人们不想对对手采取很多行动，也不怎么担心对手采取行动。简单地说，在没有大的利益催促和驱动下，双方内阁不愿下很多赌注，于是就出现了这种温和的战争，真正战争的仇恨思维受到了束缚。

战争越是以这种方式成为一个不伦不类的东西，战争理论要得出其结论，就越缺乏必要的牢靠依据和基础，得出的必然的结论就越少，得出的偶然的结论就越多。

然而即便是在这样的战争中，才智也是能够发挥作用的，而且它在此的表现比在其他战争中也许更为多种多样，其活动范围也许更为广泛，就像赌金币的掷骰子豪赌变成了赌零钱的小赌一样。在这里，作战的时间都花费在装模作样的小行动上，花在半真半假的前哨战，没有任何效果的长时间部署，以及被后人称为可资借鉴的布阵和行军上（之所以被称为可资借鉴，只是因为这些布阵和行军的细小原因已经不为人所知，而一般人又无法想象出这些原因）。恰恰在这里，一些理论家找到了"真正"军事艺术的所在。他们从以往战争运用的这些虚晃一枪、隔挡、半突刺和四分之一突刺中找到了所有理论的研究目标，认为精神比物质重要。对他们来说，最近几次战争反倒是野蛮的搏斗，没有什么可值得学习的，只能视为向野蛮时代的倒退。这一观点和它论及的对象都是狭隘的。在缺乏巨大力量和激情的地方，小聪明当然就更容易施展它的把戏。但是指挥大规模的军队就如同在惊涛骇浪中掌舵，其本身不就是思维的一种更高级的活动吗？难道上述剑术没有包括和体现在真正的战法中吗？难道前者和后者的关系不像人们在船上的运动与船的运动的关系一样吗？实际上，这种剑术只有在"对手的剑术比我方差"这一不言自明的条件下才能采用。但是我们知道对手能满足这一条件多久吗？法国革命不正是在我们幻想旧式战法稳妥可靠的时候袭击了我们，把我们从沙隆赶到了莫斯科吗[1]？弗里德里希大

---

[1] 1792年普鲁士和奥地利联军在反法战争中曾到达法国沙隆附近。此后，反法联军节节败退。1812年，拿破仑率领法军抵达并短暂占领莫斯科。——译者注

帝不是也以类似的方式让安于以往战法的奥地利人大吃一惊，并震动了他们的君主国吗？如果一个内阁遇到一个只知内在力量形成的法则而不知其他法则的野蛮对手时，采取似是而非的政策，运用墨守成规的军事艺术，那就真是太可怜了！那样的话，这一内阁在行动和努力上的任何懈怠等于在增加对手的力量；那样的话，这一内阁就很难把击剑架势转变为摔跤架势，对手往往只要轻轻一推，就会让它整个摔倒在地。

从上述所列原因可以得出结论：一次战局中的军事行动不是连续不断的，而是一阵一阵的；在各流血行动之间有一个观望期，双方均处于防御之中；一般来说，抱有较高目的的一方主要采取进攻的原则，从而让它总的来看处于前进的状态，并由此在一定程度上影响到它的行动。

★ 第十七章 ★

现代战争的特点[1]

人们必须考虑现代战争的特点，这种考虑对一切行动计划，特别是对战略计划有很大的影响。

拿破仑的幸运和果敢推翻了过去人们惯用的一切作战手段，很多一流国家几乎一击即溃。西班牙人通过他们持久的斗争表明，民众武装和起义尽管在个别方面还有弱点和被渗透性，但在总的方面还是能起到作用的。俄国通过其1812年战局告诫人们：第一，一个幅员辽阔的帝国是不可征服的；第二，会战的失利、首都和地区的失守并不是在所有情况下都降低获胜的可能性（过去对所有外交官来说，这种情况会降低获胜的可能性是一个原则，因此一旦遇到，他们就立即准备接受一个临时的不利和约）。1812年的俄国战局反而说明，当对手用于攻势的力量已经枯竭时，防御者在自己国土的纵深处往往是最有力的，然后就可以以巨大的力量转守为攻。此外，普鲁士在1813年表明，通过短时的努力能够以建立民兵[2]的方式，使一支军队的平时兵力增加六倍[3]，而且这些民兵在国外可以像在国内一样使用。上述这些情况均表明，

---

[1] 参阅本书第三卷第八篇第三章。——译者注
[2] 指普鲁士当时根据后备军制度组织起来的部队。——译者注
[3] 1806年普法战争后，普鲁士的军队按条约不得超过4.2万人。1813年战争开始前，普鲁士通过建立后备军将军队实际人数增加到25万人。——译者注

民心和民意在国家力量、军事力量和作战力量所形成的结果中是一个多么重要的因素。在各国政府已经知道这些辅助手段后，人们很难设想他们在未来战争中不使用这些手段，不管是因为危险威胁到他们自己的生存，还是因为一种强烈的荣誉心驱使他们这样做。

　　显而易见，与以往双方只根据常备军兵力对比进行的战争相比，对双方以全国力量进行的战争要按不同的原则进行组织。以前常备军与国家其余部分的关系就如同它与舰队的关系，陆上力量与国家其余部分的关系就如同它与海上力量的关系，因此，陆上的军事艺术曾采用海上战术的某些做法，现在已经完全不采用了。

★ 第十八章 ★

紧张与平静

战争的力学法则

我们在本篇第十六章已经看到，在大多数战局中，停顿和平静的时间比行动的时间要长得多。尽管我们在第十章[1]中又谈到现代战争具有完全不同的特点，但是我们仍可以肯定地说，本来的军事行动还是会被或长或短的间歇打断。因此，我们有必要对这两种状态的实质做进一步的考察。

如果军事行动中出现了停顿，就是说双方都不想采取行动，那么就会出现平静，因此也就出现均势。当然这里指的是广义上的均势，不仅是指军队的物质和精神力量的均势，还包括一切关系和利益的均势。但是如果双方中有一方抱有新的积极目的，并且为达到这一目的而有了行动（即使只是一些准备活动），一旦对手对此进行了抵制，那么双方力量之间就会出现紧张。这种紧张状态将一直持续到决出胜负为止，也就是说，直到要么一方放弃自己的目的，要么另一方做出让步。

在双方决出胜负后（胜负产生的原因总是在于双方多场战斗组合产生的影响），就会出现向这一或另一方向的运动。

---

[1] 原文如此，疑误。应为上一章，即第十七章。——译者注

　　如果这个运动由于要克服困难（例如，自己产生的阻力）或者新出现的对抗力量而衰竭下来，则要么是再度出现平静，要么是出现新的紧张和决战，然后出现一个新的、在大多数情况下相反方向的运动。

　　对均势、紧张和运动进行的这种理论上的区分，对实际行动来说，比初看上去更为重要。

　　在平静和均势的状态下也会有某些活动，但是这些活动只是偶然的原因引起的，不是能导致重大变化的目的引起的。这种活动也可能包含大的战斗，甚至是主力会战，但是这种活动的本性毕竟是完全不同的，因此大多有不同的效果。

　　在紧张状态下，决战总是具有更大的效果，这一方面是由于人们的意志力和环境的压力在决战中能有更多的表现，另一方面是由于双方对这种大规模行动已经做了各方面的准备和组织。紧张状态下的决战犹如密闭很好的地雷爆炸，本身也许就是同样规模的战事，如果是在平静状态中发生，则或多或少类似于露天的火药在燃烧。

　　此外，不言而喻的是，人们应想到紧张是有不同程度的，因此，从紧张到平静状态之间有很多不同的紧张程度，以至最弱的紧张状态与平静状态之间的区别很小。

　　上述考察中对我们最有益的是以下结论：同样的举措在紧张状态中比在均势状态中具有更大的重要性和更好的效果，而当紧张程度最大时，这一重要性也就最大。

　　瓦尔米炮战[1]比霍赫基尔希会战[2]更具决定性。

　　在敌人因无法防御而放弃给我们的地区驻防，与在敌人只是为在更有利条件下发起决战而退出的地区驻防相比，我们可以采取完全不同的方式。针对敌

---

　　[1]1792年7月，普奥联军在布伦瑞克统率下攻入法国。9月20日，迪穆里埃（Charles-François Dumouriez，1739—1823）和克勒曼（François-Étienne-Christophe Kellermann，1735—1820）率法军在瓦尔米村（Valmy，今法国马恩省小镇圣默努尔德以西10公里处一村庄）附近与联军对峙，双方进行炮战。由于法军火炮优于联军，且军官训练有素，最后双方虽未明确分出胜负，但联军还是且战且退，退至莱茵河东岸。——译者注

　　[2]1758年10月14日夜间，弗里德里希二世在霍赫基尔希（Hochkirch，今德国萨克森州一小镇）受到奥军元帅道恩和劳东的袭击而战败。一般将失败的原因归咎于弗里德里希二世选择营垒不当。——译者注

人正在进行的战略进攻，一处错误的阵地或者仅一次错误的行军都会带来决定性的后果，而在均势状态中，这些问题想必十分突出，才会刺激对手采取些行动。

像我们说过的那样，以往大多数战争的绝大部分时间是在这种均势状态中度过的，或者至少是在程度较轻、停顿较长和作用较小的紧张状态中度过的，以至在这两种状态下发生的战事很少产生大的结果。它们有时只是为了庆祝某位女君主诞辰的即兴之作（例如霍赫基尔希会战）[1]，有时只是为了争取军人的荣誉感（例如库讷斯多夫会战[2]），有时只是为了满足统帅的虚荣心（例如弗赖贝格会战[3]）。

统帅必须清楚地辨识这些状态，针对这些状态要有合理行动的直觉。我们认为这是一个很高的要求。1806年战局的经验告诉我们，人们有时距这个要求还很远。当时已经处于高度紧张的状态，一切迹象均表明要进行一场主力决战，统帅本应把全部心思都放在这个事关重大的主力决战上。在这一紧张状态中，普鲁士的统帅也提出了一些举措，部分举措也已付诸实施（例如前往弗兰肯侦察[4]），但这些举措顶多是一些在均势状态中能引起微弱震动的活动。人们只注意到了采取和采纳这些混乱的、浪费精力的举措和意见，却忘了采取必要的、独自即能挽救局势的举措。

---

[1]原文如此，疑误。霍赫基尔希会战于1758年10月14日进行，而奥地利大公和神圣罗马帝国皇后特蕾西娅生于1717年5月13日，故此次会战更有可能是为纪念其继位（1740年10月20日）。——译者注

[2]1759年8月12日，弗里德里希二世率普军在库讷斯多夫（Kunersdorf，即今波兰卢布斯卡省村庄库诺维采）附近对奥俄联军的坚固阵地发起进攻，经过激烈战斗夺得联军的左翼阵地。此后他不顾部下的反对和兵力劣势，执意以其著名的斜向战斗序列继续发起进攻，结果伤亡近2万人，损失惨重，弗里德里希二世本人也险些被俘，首都柏林危在旦夕。会战后，弗里德里希二世做了输掉战争和国家灭亡的最坏打算，将军团指挥权交给了芬克将军，并指定弟弟海因里希亲王为全军最高统帅，自己则一度打算自杀。但俄奥联军对后续行动意见不一，没有乘胜扩大战果，而是一连四天按兵不动，随后退往萨克森。弗里德里希四天后收回权力，重振精神，很快将兵力增至3.3万人，并占据有利阵地，成功阻挡联军进军柏林。——译者注

[3]弗赖贝格会战是七年战争中的最后一场大规模战斗。1762年8月，普鲁士国王弗里德里希二世的弟弟海因里希亲王在萨克森与奥地利和神圣罗马帝国军队周旋，并一时处于劣势，萨克森大部面临失守，但弗里德里希二世让弟弟坚守，以便在今后的和谈中将萨克森作为筹码。10月29日，海因里希亲王在弗赖贝格（Freiberg，今德国萨克森州一城市，东北距首府德累斯顿30公里）战胜奥军，事后得到弗里德里希二世的褒奖。——译者注

[4]指在耶拿会战前，普鲁士军队派缪夫林上尉在弗兰肯地区进行侦察活动。——译者注

　　我们所做的这种理论上的区分，对进一步建立我们的理论也是必要的，因为我们对进攻和防御的关系以及这两方面行动的实施所要谈的一切，都与危机状态（各种力量在紧张和运动期间所处的状态）有关，而对均势状态中可能出现的一切活动，我们只视作附加的东西加以处理，因为危机是真正的战争，而均势只是危机的一个反射物[1]。

──────────────

　　[1]反射物（Reflex）。意思是均势只是战争反映到和平时期的一种状态，一旦被打破，就有可能进入到危机甚至战争状态。——译者注

第四篇
战斗

★ 第一章 ★

概要

　　我们在前一篇考察了那些在战争中起作用的要素，现在我们来研究一下军事活动本身——战斗。这一活动通过其物质的和精神的效果，时而简单地、时而复杂地体现着整个战争的目的。因此，在这一活动及其效果中，那些在战争中起作用的要素必然又会出现。

　　战斗的结构是战术属性，为了解战斗的概貌，我们只对它进行一般的考察。在运用中，每个战斗的具体目的使每个战斗具有各自特殊的形态（这些具体目的，我们以后才能谈到）。不过，与战斗的一般形态比较起来，每个战斗的特殊形态大多是不重要的，以至大部分战斗彼此是十分相似的。为避免到处重复记述战斗的一般形态，我们认为在谈具体运用以前，有必要先考察一下战斗的一般形态。

　　因此在下一章，我们先用一些篇幅介绍一下现代会战在战术进程方面的特点，因为我们对战斗的理解是以现代会战为基础的。

★ 第二章 ★
现代会战的特点

　　根据我们在战术和战略上所采用的概念，显而易见，如果战术的本性有了变化，必然对战略有影响。如果战术现象在一种情况下具有和在另一种情况下完全不同的特点，那么战略也必然会具有这一特点，否则战略就无法保持一致性和理性。因此，我们在进一步研究战略上如何运用主力会战之前，先说明一下现代主力会战的特点，这是很重要的。

　　现在人们在一场大会战中一般都做些什么呢？首先是将大部队从容有序地前后左右部署好，然后按一定的比例只展开其中的小部分，让它在一场数小时的火力战中搏斗，不时会被个别小规模的冲锋、白刃格斗和骑兵进攻打断，来回地进行争夺。当这部分兵力以这种方式逐渐地将自己的尚武之火燃烧殆尽，仅剩残渣般的余部时，就被撤回，代之以另一部分。

　　会战就这样像潮湿的火药慢慢燃烧一样，有节制地进行着。当黑夜来临，就带来了宁静，因为谁也看不见更多，谁也不想盲目地去碰运气，于是人们就要估计一下敌我各自还剩下多少称得上"可使用的"兵力，也就是还有多少兵力没有像烧尽的火山那样完全坍塌；再估计一下地域的得失和背后的安全情况；最后，把这些结果与估计的自己和对手在勇敢和怯懦、聪明和愚蠢等方面的具体印象汇成一个总的印象，根据它来决定是让出战场，还是于次日晨重新开战。

上面的描述并不是现代会战的全貌，只是勾画了现代会战这幅画的基本色调，对进攻者和防御者都是适用的。人们可以在这幅画上添上预设的目的、地形等具体色彩，但不会改变这一基本色调的本质。

然而现代会战具有这些特点并不是偶然的。它之所以这样，是因为敌对双方在军事组织和军事艺术方面的水平大体相同，是因为重大民族利益引发的战争要素已被突破，并被引向其自然发展的轨道[1]。在这两个条件下，会战将始终保持这一特点。

在我们接下来要确定兵力、地形等具体系数的价值时，上述关于现代会战的一般概念在很多地方对我们是有用的。不过，上述描述只是就一般的、大规模的、决定性的战斗，以及类似的战斗而言。小规模战斗的特点也在向这个方向变化，但比大规模战斗变化的程度要小。如果要对这一点加以证明的话，那是属于战术范畴的问题了，但我们以后还是有机会把这一问题说得更清楚。

---

[1] 指趋向极端。——译者注

第三章

战斗概论

　　战斗是真正的军事活动，其余的一切只是军事活动的载体。因此，我们要认真地研究战斗的本性。

　　战斗就是斗争。在这一斗争中，消灭或制服对手是目的，在具体战斗中的对手则是与我们对峙的军队。

　　这就是战斗的简单的概念，我们以后还要回来谈到它，但在我们能够这样做之前，必须先谈一下一系列其他的概念。

　　如果我们把国家及其军事力量想象成一个整体，那么就可以最自然地把战争想象成一场大规模的战斗。在野蛮民族的简单关系中，情况也不会有太大的变化。而我们的战争实际上是由无数同时或相继发生的大小战斗构成的。军事活动之所以分成这么多的单个行动，是因为在我们这里产生战争的因素是多种多样的。

　　我们的战争的最后目的（政治目的）已经不是一个很简单的目的了，而且即使它是一个很简单的目的，由于军事行动与很多条件和考虑相联系，以至这一目的不再可能通过一次大规模的行动就能达到，而只有通过结成一个整体的很多较大或较小的行动才能达到。每一个这样的具体行动都是整体行动的一部分，因此它有特殊的目的，并通过这一目的与整体联系在一起。

　　我们以前说过，每个战略行动都可以归结到战斗这个概念，因为战略行动就是运用军队，而运用军队始终是以战斗为基础的。因此，我们在战略范围内可以把所有军事活动都归结到具体的战斗，只研究这些战斗的目的。我们将逐步了解这些特殊的目的，以及它们引起的有关问题。在这里我们只想指出，战斗无论大小，都有其特殊的、从属于整体的目的。既然如此，那么人们就只应将消灭和制服对手视作为达到这一目的而使用的手段。事实上也的确如此。

不过，这个结论只是从形式上看是正确的，只是由于涉及了概念之间的联系才是重要的。我们寻找这一结论，正是为了再摆脱它。

什么是制服对手？这永远只能是消灭其军队，无论是通过让其死伤，还是以其他方式，无论是全部彻底地消灭，还是只到它不愿再继续战斗的程度。因此，只要我们撇开战斗的所有特殊目的，就可以把全部或部分消灭对手看作所有战斗的唯一目的。

现在我们断言，在大多数情况下，尤其是在进行大规模战斗时，那个使战斗有自己的特点而且使它与整体行动相联系的特殊目的，只是战斗一般目的的一个微弱变形，或者只是一个与一般目的相联系的从属目的，它足以重要到使战斗具有自己的特点，但与战斗的一般目的相比，它始终只是无足轻重的，也就是说，即使这个从属目的达到了，也只是完成了任务中的一个不重要的部分。如果这个断言是正确的，那么人们就会看到，那种认为消灭敌军只是手段，而目的总是别的什么东西的观点，只是从其形式上看是正确的；如果人们忘记正是消灭敌军也包含在战斗的特殊目的中，特殊目的只是消灭敌军的一种微弱变形，那么认为消灭敌军只是手段而非目的的观点就会导致错误的结论。

在最近几次战争发生之前，正是因为人们忘记了这一点，所以出现了一些完全错误的见解和倾向[1]，以及不完整的理论体系。当时的理论借助于它们，误以为自己越是认为无须使用真正的手段（越不要求消灭敌军），才越是凌驾于平常之上的军事艺术。

当然，假如人们在建立理论时没有运用错误的前提，没有以其他误以为有效的东西取代消灭敌军，那么就不会产生这种不完整的理论体系。只要有机会，我们就会与这些错误的前提做斗争。但是如果我们不重视消灭敌军的重要

---

[1] 指当时出现的"会战不仅没有必要，而且有害"的错误见解和倾向。——译者注

性和它真正的价值，不提醒注意那种只会导致形式上真理的歧途，我们就无法研究战斗。

但是我们怎样才能证明消灭敌军在大多数和最重要的情况下是要务呢？我们又怎样才能应对下面这种十分美妙的想法呢？这种想法就是：认为有可能通过一种特别巧妙的部署形状直接消灭敌人的少数兵力，达到间接消灭更多敌人的效果，或者借助一些规模虽小但设计非常巧妙的打击，使敌人的力量瘫痪，并控制敌人的意志到相当的程度，以至这种方法可被视为成功之路的一大捷径。在一地进行的战斗当然有可能比在另一地进行的战斗更有价值；在战略上当然也有巧妙部署战斗的问题，而且战略无非就是这种巧妙部署战术的艺术。对此我们无意否认，但我们断言，直接消灭敌军总是**主要的事情**。我们在这里要争得的无非就是消灭敌军这一原则的头等重要性。

同时必须提请注意，我们现在谈的是战略，不是战术，因此我们谈的不是那些在战术上可能存在的、以较少力量消耗就能消灭很多敌军的手段。我们所理解的直接消灭敌人是战术上的成果，因此我们断言：只有大的战术成果能导致大的战略成果，或者像我们前面已经更明确表述过的那样：**战术成果在作战中具有头等重要性**。

在我们看来，要证明这个论点是相当简单的，这个证明就是：每个复杂的（巧妙的）行动都需要时间。如果问：是一次简单的进攻还是一次更复杂和更巧妙的进攻能带来较大的效果？只要我们把对手想象成一个被动忍受的对象，就会毫无疑问地选择后者。不过，任何复杂的进攻都要求有更多的准备时间，我们必须在敌人对我们一部分部队进行反击不至于影响整个部队准备进攻效果的前提下，给这种复杂进攻留出足够的准备时间。如果对手在我们准备进攻的过程中决定发起一次比较简单的、短时间内即可实施的进攻，那么敌人就会赢得先机，就会影响我们宏大计划的效果。因此，人们在判断一次复杂进攻的价值时，必须一并考虑到其在准备过程中要冒的所有危险。只有在不担心对手以较短时间准备的进攻来影响我们的情况下，才能进行复杂的进攻。只要我们担心受到敌人较短时间内即可实施进攻的影响，我们自己就要选择较短时间内即可实施的行动，并顺着这个思路，根据对手的特点、状态以及其他情况尽量采取简单的行动。如果我们抛开抽象概念给我们的模糊印象，沉下去进入现实世界，就会知道，一个行动迅速、勇敢而果断的对手是不会让我们有时间去实施大规模和巧妙的复杂行动的，而恰恰是针对这样的对手，我们才最需要军事艺术。至此，我们认为已经清楚地说明，简单和直接的行动所取得的成果比复杂的行动所取得的成果**更重要**。

我们并不认为简单的进攻是最好的进攻，而是认为人们迈出的步子不能超出自己的行动能力；对手越是具有尚武精神，这种简单的进攻就越能导致直接的对抗。因此，如果人们远不能在实施复杂计划方面胜过对手，那就应该更多地尝试在反方向上走在他的前面。

如果人们研究一下这两种相反打法的最终基石，就会发现其中一种打法的基础是智慧，另一种打法的基础是勇气。人们在这里很容易认为，出众的智慧加上普通的勇气，会比出众的勇气加上普通的智慧产生更大的作用。但是如果人们是合乎逻辑地考虑这两个因素，那么就没有权利认为智慧在一个名为危险却正是勇气真正起作用的领域内[1]比勇气更重要。

经过上述这一抽象的考察后，我们要说的只是：根据实际经验只能得出上述这个结论，远不会得出一个其他的结论，而且正是实际经验促使我们在这个方向上进行了上述考察。

谁要是不抱偏见地阅读历史，谁就会确信，在所有尚武精神中，**作战的干劲**总是最能有助于军人获得荣誉和战果。

消灭敌军是我们的原则。至于说人们应如何不仅在整个战争中，而且在具体战斗中均将这一原则当作要务来看待和实施，并让它与产生战争的因素所必然要求的一切形式和条件相适应，我们以后再讲。

通过上面的论述，我们只是想为"消灭敌军"这一原则争得其普遍存在的重要性，现在我们带着这一结果再回到战斗上来。

---

[1] 指战争。——译者注

★ 第四章 ★

战斗概论（续）

我们在前一章中谈到消灭对手是战斗的目的，并试图通过专门的考察证明在多数情况下以及在较大规模的战斗中都是这样的，因为消灭敌军在战争中永远是主要的事情。至于掺在消灭敌军这个目的中的、可能或多或少有些重要性的其他目的，我们将在下一章中论述其总的特点，以后再逐步加以阐明。在这里，我们把战斗与其他目的完全分开，将消灭对手视为每场战斗的完全足够的目的。

那么应该如何理解消灭敌军这一概念呢？消灭敌军就是使敌军损失的人数在比例上大于我方损失的人数。如果我军在数量上比敌人占大的优势，那么当双方损失的绝对数量相同时，对我方来说，损失自然就比对敌方的小，从而可以认为这是对我方有利的。由于我们在此认为战斗只有消灭对手的目的，因此，我们必须把那些为消灭更多敌军而只是间接运用的目的排除在外，只能把我们在相互摧毁过程中直接得到的好处视为目的，因为这种好处是一种绝对的好处，将保留在整个战局的账本上，在最后的结算中总是一个纯粹的利润。至于针对我们对手的任何其他形式的胜利，要么是因为追求我们在这里不准备谈的其他目的而取得的，要么只是提供了一种暂时的相对的好处，对此举一个例子就可以说明。

如果我们以巧妙的部署使对手陷于不利的境地，以至他不冒危险就不能继续战斗，于是仅稍做抵抗就退却了，那么我们就可以说，我们在这一点上把他制服了。但是如果我们在制服敌人时，双方部队受到的损失在比例上恰好相同，那么这次胜利（如果这样一个结果可以被称为胜利的话）在战局的结算中就没有留下任何好处。因此，仅是制服对手本身（使对手陷入不得不放弃战斗的境地）不是这里要考察的问题，因此也不能将其纳入消灭敌人这一目的的定义。如前所述，这样一来，能纳入这个定义的就只有摧毁过程中直接取得的好处了。这种直接取得的好处不仅包括敌人在战斗过程中的损失，也包括被打败的敌军部队在退却过程中直接受到的损失。

这里有个众所周知的经验，胜利者和失败者在战斗过程中物质力量的损失很少有大的区别，经常根本没有区别，甚至有时胜利者的物质力量的损失大于失败者；失败者的最具决定性的损失是在他退却后才出现的（胜利者是不会有这种损失的）。已经惊慌失措的步兵营的少量残部被骑兵冲散，疲惫不堪的士兵倒在地上，损坏了的火炮和弹药车被抛弃，其他的火炮和弹药车在路况糟糕的小径上无法以足够快的速度前行，从而被敌人的骑兵追上，零星的小股部队夜间迷路，毫无抵抗地落入敌人之手。大多是在已经决出胜负之后，才有这些具体的胜利的表现。这一情况，如果不做如下的解释，就会是矛盾的。

物质力量的损失不是双方在战斗过程中唯一要忍受的损失，双方的精神力量也会受到震撼、挫伤，乃至一蹶不振。要决定战斗是否还能继续，不仅要考虑人员、马匹和火炮的损失情况，还要考虑秩序、勇气、信赖、部队之间的联系和计划等方面的受挫情况。在这里起决定作用的主要是这些精神力量；在胜利者和失败者物质力量的损失相等的情况下，起决定作用的就只是这些精神力量。

在战斗过程中对双方的物质损失进行对比，本来就是困难的，但对双方精神力量的损失进行对比却是容易的。能说明这种对比的主要有以下两点：一是交战地区的损失；二是敌人预备队的优势。我方预备队与敌人预备队相比，损失的比例越大，就越说明我方为保持均势而使用了更多的兵力，这是对手在精神方面占优势的明证，这也常常使我方统帅感到一定的苦恼，并因此低估自己部队的力量。但主要的是，所有经过长时间作战的部队多少都会像燃烧殆尽的炉渣一样，他们子弹打光了，人数减少了，体力和士气都耗尽了，也许勇气也大受挫折。这样的部队即便抛开人数上的减少不谈，而是作为一个有机的整体来看，也已经和战斗前的情况大不相同了。因此，就像看一把折尺上的数字一样，人们可以通过预备队的消耗情况，了解精神力量的损失情况。

因此，失去交战地区和缺乏新锐预备队，通常是决定退却的两个主因，但我们并不想以此来排斥或者过于轻视其他可能的原因，例如，各部队之间联系不佳和整个行动计划不周等。

每场战斗都是双方物质和精神力量的血腥的和摧毁性的较量。谁最后在这两方面剩下的力量最多，谁就是胜利者。

在战斗中，精神力量的损失是决定胜负的主要原因。决出胜负后，精神力量的损失仍在增加，到整个行动结束时才达到顶点，因此使敌人的精神力量受到损失也成为摧毁敌人物质力量，从而获得好处的一个手段，而获得这种好处是战斗的本来目的。部队一旦失去秩序和一致性，单个人的抵抗也徒劳无益，整个部队的勇气受挫，原来面对得失的紧张情绪使人忘记危险，现在这一紧张情绪松弛下来，危险对大多数人来说不再是一种对勇气的挑战，更像是一种严厉的惩罚。因此，失败者在敌人胜利的最初时刻受到削弱，锐气受到挫伤，不再适合以危险报复危险。

胜利者必须利用这段时间，以便在摧毁对方物质力量方面获得真正的好处。胜利者在这方面得到的好处，才是他实实在在到手的东西。失败者的精神力量能逐渐恢复，秩序能重新建立，勇气能再度高涨，而胜利者在精神方面取得的优势在大多数情况下只有很小一部分可以保留下来，甚至往往什么都留不下来。在个别情况下（尽管极少出现），由于激发起失败者的复仇心和更加强烈的敌意，胜利者赢得的精神优势反而会产生**相反的**效果。相反，胜利者在杀伤敌人、俘获敌人和缴获敌人火炮等方面获得的好处却永远不会从进账簿中消失。

会战中的损失主要是伤亡的人员，会战后的损失主要是失去的火炮和被俘的人员。前一种损失对胜败双方来说都是存在的，只是数量不同；后一种损失则不是这样，通常只是失败的一方才有，至少失败一方的这种损失要大得多。

因此，缴获的火炮和俘获的人员在任何时候都被看作真正的战利品，同时又被当作衡量胜利的尺度，因为从这些战利品可以明白无误地看出胜利的规模，甚至从中可以比从其他方面更能看出胜利者精神优势的程度。尤其是如果人们把这些战利品与双方伤亡人数对比着看，因此，缴获的火炮和俘获的人员数量也是产生精神效果的一种新的潜力。

我们曾经说过，在战斗中和战斗的初步后果中受到挫伤的精神力量是可以逐渐恢复的，而且往往不会留下曾被挫伤的痕迹。这是就整体中的小部队而言的，而整体中的大部队却很少能这样；但整体中的大部队毕竟还是有这样的可能的（尽管很少），而对军队所从属的国家和政府来说，却极少或者从没有这样的可能。在国家和政府层面，人们判断双方力量对比时，是从较高的角度出发的，个人偏见较少。人们从敌人所得战利品的规模，以及这些战利品与伤亡人数的对比中，很容易就看出自己虚弱和不足的程度。

总之，我们不能因为精神力量的平衡没有绝对价值而且不一定在最后的战果中表现出来，就轻视它的失衡。精神力量的失衡可能成为举足轻重的因素，以不可抗拒之势压倒一切，因此让对手的精神力量失衡往往也会成为军事行动的一大目标。关于这一点，我们将在其他地方论述。在这里我们还要考察一下涉及精神力量平衡的最初几个对比关系。

一场胜利的精神效果随被击败部队规模的加大而增加，不仅是以相同的比例，而且是以更大的程度增加，就是说，精神效果不仅在规模上增加，而且在强度上也增加。在一个被击败的师中是容易恢复秩序的，只要跟大部队会合，得益于大部队的勇气，其勇气就容易得到恢复，就像个别冻僵的四肢倚在身体的其余部位容易暖和过来一样。一次小规模胜利的精神效果即使还未完全消失，但对对手来说，这些效果毕竟已经部分失去作用了。而如果大部队自己在一次不幸的会战中战败，情况则不是这样了，各部队将会相继崩溃。一处大火发出的热度与多处小火发出的热度是完全不同的。

另一个决定胜利的精神效果大小的对比关系是双方交战力量大小的对比。如果胜利者是以少胜多，那么他不仅得到了双倍的战果，而且还表明他有一种更大的，尤其是更全面的优势，而这想必是战败者害怕再次遇到的。当然在这样一种情况下，这一优势对战败者的影响实际上是**很小的**。在行动时，通常对对手的真实兵力了解得很不准确，对自己的实力也判断得不是很真实，导致拥有优势兵力的一方要么根本不承认，要么长时间不完全承认这一兵力对比差异。这样，他就可以在很大程度上避开这一点有可能给他带来不利的精神影响[1]。在当时一直为情况不明、虚荣心或谋略所掩盖的这种以少胜多而产生的精神力量，往往是后来才被人们从历史中发现的。对这支以少胜多的军队及其指挥官来说，这当然增加了他们的光彩；但对早已成为过去的战事本身来说，这种精神力量已经无法再起到什么作用了。

既然俘获的人员和缴获的火炮是胜利的主要体现，是胜利的真正结晶，那么组织战斗时就要优先考虑到这一点。以伤亡的形式消灭对手在这里是一个纯粹的手段。

至于这一点对战斗中的部署有什么影响，与战略没有任何关系，但是确定战斗本身就与战略有关系了，具体是通过确保自己背后安全和威胁敌人背后安全这一点。能俘获多少敌人和缴获多少火炮，在很大程度上取决于这一点。在有些情况下，如果战略局势对战术来说过于不利，那么单靠战术是做不到这一点的。

被迫两面作战是危险的，而没有保留住退路则是更具威胁的危险。这两种危险会使部队失去运动和抵抗的能力，对胜负产生影响。而且在战败时，这两种危险会加大战败者的损失，往往会使损失增加到最大程度，也就是说，增加到战败者被消灭的程度。因此，如果一方能使对手的背后受到威胁，就能使对手的失败同时**更具可能性和决定性**。

于是，人们在整个作战，尤其是大大小小的战斗中就表现出了一个真正的本能，即确保自己背后的安全和控制敌人的背后。这种本能是从胜利的概念中产生出来的，而胜利的概念，正如我们说过的那样，跟纯粹的杀伤敌人还是有所不同的。

我们认为努力确保自己背后的安全和控制敌人的背后是战斗的**最紧迫的任务**，而且是一个普遍存在的任务。在任何一次战斗中，如果只采取单纯的武力进攻，而不采取这两种或者其中一种举措，是不可想象的。即使是最小的部队也不能不考虑自己的退路就扑向对手，而且在大多数情况下，这支小部队会试图去切断敌人的退路。

---

[1] 指兵力占优势的一方一旦被劣势之敌击败而产生的对自己士气的不利影响。——译者注

　　至于这一本能在复杂的情况下是多么不时地受到阻碍，无法顺利实现，以及在遇到困难时，它又是多么不时地必须服从其他更重要的考虑，在这里就不谈了，否则会让我们离题太远。我们在此只想指出，这一本能是战斗的一个普遍的自然法则。

　　这种本能到处都发生作用，到处都以它天生的重要性施压，于是就成为几乎所有战术机动和战略机动围绕着的中心。

　　如果我们现在再看一下胜利的总的概念，就可以发现它包括三个要素：

　　1. 对手物质力量的损失大于我方。

　　2. 对手精神力量的损失大于我方。

　　3. 对手公开承认上述两点，方式是他放弃其意图。

　　交战各方关于人员伤亡的报告向来是不准确的，很少是真实的，在大多数情况下完全是有意的假报，甚至公布的所获战利品的数目也很少是完全可靠的，因此如果一方公布的战利品不是很多，那么这一方是否真的获得了胜利还是值得怀疑。至于精神力量的损失，除了战利品外就根本没有适当的尺度可以衡量了。因此在很多情况下，一方放弃战斗是另一方获胜的唯一的确凿证明。放弃战斗就等于承认自己有过错，可视同降下军旗，就等于承认对手在这一具体战斗中是正确的和占优势的。胜利者在这方面给失败者造成的耻辱和羞愧是胜利的一个重要部分，它与失去均势引起的其余一切精神方面的后果还是有区别的，因为只有胜利的这一部分，对军队以外的公众舆论以及对两个交战国和所有参战国的民众和政府产生影响。

　　但是退出战场并不等于放弃意图，甚至在顽强和持久的战斗后退出战场也不等于放弃意图。如果前哨部队在顽强抵抗后退却了，恐怕谁也不能说他们已经放弃了其抵抗意图。甚至在以消灭敌军为意图的战斗中，也不能总是将退出战场视为放弃这一意图，例如，对于事先计划好的退却就不能认为是放弃意图，因为退却者将在退却中寸土必争。这些都是我们在研究战斗的特殊目的时要谈的问题。在这里我们只是想提醒注意，在大多数情况下，放弃意图和退出战场是难以区别的；退出战场在军队内外产生的印象是不容轻视的。

　　对此前没有什么声誉的统帅和军队来说，即使根据实际情况有必要退却，也常常感到特别为难，因为一系列以退却结束的战斗尽管实际上并非失败，但给人的印象是节节败退，而这种印象会带来非常不利的影响。在这种情况下，退却者不可能通过表白自己的特别意图，来处处避免造成这种印象，因为要想有效地做到这一点，他势必要全部公开其计划，而这显然是违背其主要利益的。

为让读者注意到这一胜利概念的特殊重要性，我们只想回忆一下索尔会战[1]。在这次会战中，战利品并不多（数千名俘虏和20门火炮）。当时弗里德里希大帝考虑到整个局势，已经决定向西里西亚退却，但他在会战结束后仍在战场上停留了五天，以此宣告胜利。如他自己所说，他相信借助此次胜利带来的精神上的优势，可以更接近缔结和约。尽管随后他还要赢得两次胜利（在劳西茨[2]的卡托利施–亨内斯多夫战斗[3]，以及凯瑟尔斯多夫会战[4]）才能缔结和约[5]，但不能认为索尔会战在精神方面的效果是零。

如果失败者受到胜利震撼的主要是其精神力量，从而使胜利者的战利品数量达到惊人的程度，那么对失败者来说，这一失利的战斗就成为一次大败（并不是每次失利都会成为一次大败）。由于在这种大败的情况下，失败者的精神力量会在大得多的程度上瓦解，于是往往会丧失全部抵抗能力，全部行动就只

---

[1]在第二次西里西亚战争（1744—1745）中，1745年8月，普鲁士国王弗里德里希二世攻入波希米亚，试图迫使奥地利签订和约。奥地利不听英国斡旋，命卡尔亲王攻打弗里德里希二世。当时普鲁士处境非常困难，急需补充给养，但交通线受到奥地利和萨克森联军威胁。9月，弗里德里希二世决定率1.9万名普军从波希米亚撤退。30日，卡尔亲王率3.2万名联军在索尔（Soor，即今捷克小镇哈伊尼茨）附近与普军展开会战。最后联军损失7000余人，普军击退联军，从而确保自己退往西里西亚。——译者注

[2]劳西茨（die Lausitz），地区名，包括今德国勃兰登堡州南部、萨克森州东部和波兰下西里西亚省和卢布斯卡省的部分地区。自北向南分为下劳西茨、上劳西茨和劳西茨山地三个部分。——译者注

[3]1745年11月初，弗里德里希二世获悉奥地利和萨克森联军准备进攻柏林，便于11月中旬到西里西亚诱卡尔亲王会战。11月23日，在卡托利施–亨内斯多夫（Katholisch–Hennersdorf，即今波兰小镇卢班的一部分卢班地区亨利科夫）附近击败卡尔亲王的前卫部队（萨克森军队），卡尔亲王随后退向波希米亚。——译者注

[4]1745年11月底，弗里德里希二世从西里西亚向萨克森进军，同时命令德绍侯爵从莱比锡向德累斯顿前进，阻击鲁托夫斯基伯爵率领的奥地利和萨克森联军。12月15日，德绍侯爵在凯瑟尔斯多夫附近与联军发生会战，联军大败。17日，德累斯顿投降。25日签订《德累斯顿和约》（Frieden von Dresden）。这是第二次西里西亚战争的最后一次会战。——译者注

[5]1745年12月25日，普奥双方签订《德累斯顿和约》，结束第二次西里西亚战争。和约重申第一次西里西亚战争结束时签订的《布雷斯劳和约》（Frieden von Breslau）内容，承认普鲁士占有西里西亚。——译者注

能是避开胜利者,即逃跑。

耶拿会战和"美好姻缘"会战[1]给一方带来的就是大败,而博罗季诺会战[2]不是。

由于大败和一般失败只是程度不同,因此,人们无法指出具体的特点作为它们的分界线(只有书呆子才会这样做)。尽管如此,明确概念作为弄清理论观点的中心环节毕竟是重要的。至于我们无法用**一个**词来表述与大败相对应的胜利以及与一般的胜利相对应的失利,则是我们在术语上的一个欠缺。

---

[1]即滑铁卢会战。"美好姻缘"(Belle Alliance)系当时位于比利时小镇滑铁卢以南5公里处的一家乡间餐馆,因女主人和一位男仆成婚而得名。拿破仑1815年6月17日曾在此设大本营和观察哨。滑铁卢会战是拿破仑的最后一次会战。1815年,英、奥、普、俄等国结成第七次反法联盟。6月16日,拿破仑在利尼会战中击败布吕歇尔后,于18日向英军阵地发起进攻,遇到威灵顿的顽强抵抗,但后者逐渐不支。在此危急时刻,布吕歇尔率领普军突然出现,冲向拿破仑的右翼侧,最后联军取得了决定性胜利。法军在退却中迅速崩溃,伤亡和被俘3.2万人(被俘人员中包括21名将军),损失200余门火炮。联军还缴获了大量军费现金,以及装有拿破仑佩剑、帽子、勋章的车辆。22日,拿破仑被迫退位,后被流放到大西洋的圣赫勒拿岛。——译者注

[2]1812年9月7日,俄法两军在博罗季诺(Borodino,今俄罗斯西部一村庄,东距莫斯科约100公里,位于莫斯科河右岸)附近进行会战。拿破仑率法军约13万人向俄军约12万人发起进攻,激战后占领博罗季诺,但拿破仑未敢将其最后的预备队——近卫军投入战斗,故未能扩大战果。库图佐夫率余部撤离战场,敞开了通向莫斯科的大门。拿破仑于14日进入莫斯科。双方在此次会战中损失惨重:俄军伤亡4.5万人(一说5.2万人,占当时俄军正规军兵力的一半;作者在本书第七卷中给出的数字是3万人),法军伤亡3.5万人(一说2.8万人,其中1792名军官;作者在本书第七卷中给出的数字是2万人),但双方均自称获胜。实际上,此次会战未能决出真正的胜负,但为俄军消耗法军和转入反攻创造了条件。——译者注

★ 第五章 ★

战斗的意义

我们在前一章考察了战斗的绝对形态，也就是把战斗当作整个战争的缩影进行考察。现在我们把战斗作为一个更大整体的一部分，来研究它与其他部分的关系。首先，我们要探讨一场战斗可能具有的更确切的意义。

由于战争无非是双方试图消灭对方的行为，那么想象中（也许现实中也是这样）最为自然的似乎就是每一方均集中自己的全部力量，并用这些力量在一次大规模的进攻中解决所有问题。这种想象肯定有很多真实的地方，而且如果我们坚持这样想象，并因此而把最初的小规模战斗只视为不可避免的损耗，就如同木工活计必出的刨屑，那么这种想象总的来看也是很有益的。但是问题绝不是这么简单就可以解决的。

战斗之所以增多，是因为分兵，这是显而易见的，因此对各个战斗的进一步的目的要与分兵一并讨论。但是这些目的以及连带它们的大量战斗，一般是可以分为特定类型的。而如果现在就认识这些类型，是有助于阐明我们观点的。

消灭敌军当然是所有战斗的目的，不过其他目的也有可能与这一目的联系在一起，甚至成为主要目的。因此，我们必须区分两种情况：一种是消灭敌军是要务；另一种是消灭敌军更多是一个手段。除了消灭敌军以外，占有一个地方和占有一个目标也可能是一次战斗的一般任务，就是说要么是这三项任务中的单独一项，要么是多项一起构成一次战斗的一般任务。在多项任务的情况下，通常有一项是主要的。在我们不久要谈到的进攻和防御这两种主要作战形式中，上述三项任务中的第一项是相同的，其他两项则不相同。如果我们要就此列表的话，就是下面这个样子：

进攻战斗	**防御战斗**
1. 消灭敌军	1. 消灭敌军
2. 攻占一个地点	2. 防守一个地点
3. 攻占一个目标	3. 防守一个目标

但是如果我们考虑到火力侦察和佯动，那么上述任务就似乎未包括所有任务领域，因为上述三项中的任何一项显然都不是火力侦察和佯动的目的。这确实让我们不得不承认还有第四种情况的存在。火力侦察是为了使敌人暴露，骚扰是为了拖垮敌人，佯动是为了使敌人不离开某地或者将其引到另一地。所有这些目的只有**假借上述三种目的中的一种**（通常是第二种）才能间接地达到，因为一方要进行火力侦察，就必须装出真要进攻、打击或者驱逐另一方的样子。不过，如果我们仔细考察的话，就可以看出，这种假借的目的不是真正的目的，而我们在这里要讨论的只是真正的目的，因此我们必须在进攻者的上述三个目的之外再加上第四个目的——误导对手采取错误的举措，或者换句话说，就是发起一次佯攻战斗。至于说人们只能通过攻势行动达到这个目的，则是由事物本性决定的。

另外，我们必须指出，防守一个地点可以有两种方式。一种是绝对的，也就是说根本不允许放弃某地；另一种是相对的，即只需防守一段时间。后一种情况经常出现在前哨战和后卫战中。

战斗任务特性的不同，对战斗本身的部署有重要的影响，这应该是很清楚的。比如，只想把敌人的哨兵从其所在地赶走与要全部消灭他们，所使用的方法是不同的。又比如，不惜任何代价坚守一个地点与只是阻击敌人一段时间，所使用的方法也是不同的。在前一种情况下，很少考虑到退却，而在后一种情况下，退却是要务。

　　但是这些考察都属于战术范畴，在这里只是作为例子说明问题而已。至于在战略上如何看待战斗的不同目的，我们将在涉及这些目的的章节中进行论述，在这里只做几点一般的说明。

　　首先，这些目的的重要性大致是按上面表中所列的次序依次递减的；其次，这些目的中的第一个在主力会战中总是应该占首要地位；最后，防御战斗的后两个目的其实不会带来任何更多的好处，也就是说这两个目的完全是消极的，只能通过减轻达到积极目的难度而间接地起作用。**因此，如果这类战斗变得过于频繁，就说明这一方的战略处境恶化了。**

★ 第六章 ★

战斗的持续时间

如果我们不再从战斗本身，而是从它与其余部队关系的角度进行考察，那么战斗的持续时间就有了自己的意义。

战斗的持续时间在某种程度上可以视为战斗除胜负以外的第二个从属的结果。对胜利者来说，决出战斗胜负从来就是越快越好，迅速获胜说明胜利的潜力较大[1]；而对战败者来说，战斗是持续得越久越好，能将决战推迟到大败时，对他来说就已经是一个成果了。

上述观点一般来说是正确的，但实际上在相对防御的战斗中，运用这一观点才变得重要。

在相对防御的战斗中，全部战果往往只体现在战斗的持续时间上。这就是我们把战斗的持续时间列为战略要素的理由。

战斗的持续时间与战斗的要素之间有一种必然的联系。这些要素是：兵力的绝对数量，双方兵力和兵种的比例，以及地形的特点。例如，2万人不会像2000人那样很快地相互消耗掉；抵抗比自己兵力多两三倍的敌人，不可能像抵抗兵力相等的敌人那样久；骑兵战斗比步兵战斗能更快地决出胜负，单纯使用步兵的战斗比有炮兵参加的战斗能更快地决出胜负；在山地和林地中前进的

---

[1] 指迅速获胜可使胜利者的损失和疲惫程度较小，可以更好地追击敌人。——译者注

速度不可能像在平原上那样快。所有这一切本身都是显而易见的。

由此可见，如果要通过战斗的持续时间达成某一意图，就必须考虑兵力、兵种比例和部署情况。但是我们在专门考察这一问题时，重要的不是得出这一规律，而是尽快把经验在这方面所得出的主要结论与这一规律结合起来。

一个由各兵种组成的8000人至1万人的普通师，即使是面对兵力占很大优势的敌人，而且是在不怎么有利的地形上，也能抵抗数小时；如果敌人的优势不大或根本不占优势，那么也许能够抵抗半天。一个由3至4个师组成的军的抵抗时间能比一个师的抵抗时间多一倍，而一个8万至10万人的军团的抵抗时间大约可以延长3至4倍。也就是说，可以让这些大部队在上述时间内单独作战。如果在这一时间内能调来其他部队，而且其发挥的作用能迅速地与已经进行的战斗所取得的结果形成整体效果，那么这就仍然是同一场战斗。

上述数字是我们从经验中得来的，但是我们认为进一步阐明决出胜负和结束战斗的时刻的特点，同样是重要的。

★ 第七章 ★

战斗胜负的决出

　　尽管在每场战斗中都有对胜负起到主要作用的非常重要的时刻，但任何战斗都不是在某个单独的时刻决出胜负的。一场战斗的失败犹如天平一端的秤盘下降，是逐渐形成的，但是在任何战斗中，都有一个此次战斗的胜负可视为已定的时刻，过了这个时刻再进行的战斗则是一场新的战斗，而非原来那场战斗的继续。对这个时刻有个明确的概念，对于判断一场战斗能否由赶来的援军仍有益地进行下去，是很重要的。

　　人们往往在无法重建的战斗中无谓地牺牲新的力量，在尚可扭转局势的战斗中却往往错过投入新力量扭转局势的机会。下面两个例子最能说明这一点。

　　1806年，霍恩洛厄侯爵在耶拿附近以3.5万人与拿破仑率领的约6万至7万人进行会战，结果失败了，而且一败涂地，可以说是几乎全军覆灭，这时吕歇尔[1]将军试图以大约1.2万人的兵力重开会战，结果转瞬之间同样遭到了毁灭。

---

[1] 吕歇尔（Ernst Wilhelm Friedrich Philipp von Rüchel，1754—1823），普鲁士将军。1806年耶拿会战时指挥普军右翼。——译者注

与此相反，在同一天，普军约2.5万人在奥尔施泰特[1]附近与达武[2]率领的法军2.8万人一直战斗到中午，虽然失败了，但是部队并没有溃散，没有比对手遭受更多的损失（对手完全没有骑兵）。但是普军错过机会，没有利用卡尔克罗伊特[3]将军指挥的1.8万人的预备队扭转局势。如果普军当时利用了预备队，那么就不会输掉这次会战了。

每场战斗都是一个整体，各部分战斗的结果在这个整体中汇成一个总的结果，而在这个总结果中就有战斗的胜负。这个结果无须恰好是我们在第六章中所说的那种胜利[4]，因为人们往往没有制订取得如此胜利的计划，或者如果敌人过早避开，则人们往往没有机会取得如此胜利，而且在大多数情况下，即使是在敌人进行了顽强抵抗的战斗中，胜负决出的时刻也往往比主要构成胜利概念的那个成果出现得早。

于是我们要问：通常究竟什么是胜负已经决出的时刻，也就是说，从什么时刻起即使投入一支新的、适量的部队，也无法再扭转一场不利的战斗？

如果我们绕开本性上本无胜负的佯攻战斗不谈，那么胜负已经决出的时刻就是：

1. 如果战斗的目的是占有一个可移动的目标，那么失去这个目标就是胜负已经决出的时刻。

2. 如果战斗的目的是占有一个地带，那么失去这个地带大多就是胜负已经决出的时刻，但并非总是这样，即只有在这个地带特别易守难攻时才是这样。如果是一个容易进入的地带，那么不管它多么重要，都可以不冒大的危险再重新攻占它。

3. 在上述两种情况未决出战斗胜负的所有其他情况下，尤其是在以消灭敌军为主要目的时，当胜利者不再处于松散状态，即不再处于某种无力的状

---

[1]奥尔施泰特（Auerstedt），今德国图林根州一小镇，西南距耶拿约25公里。——译者注

[2]达武（Louis-Nicolas Davout，1770—1823），法国元帅。由于在1806年奥尔施泰特会战和1809年埃克米尔会战中建立功勋，被拿破仑封为奥尔施泰特公爵和埃克米尔侯爵。1815年出任国防大臣和法军总司令。其作战顽强、纪律严明，被士兵们称为"钢铁元帅"。——译者注

[3]卡尔克罗伊特（Friedrich Adolf Kalckreuth，1737—1818），伯爵，普鲁士元帅。在1806年奥尔施泰特会战中指挥预备队。曾激烈反对普鲁士军事改革。——译者注

[4]指本篇第四章中所说的取得大量战利品的大规模胜利。——译者注

态，另一方逐步使用兵力（我们在第三篇第十二章中谈过此点）已经带不来什么好处时，就是胜负已经决出的时刻。出于这个原因，我们在战略上是根据这一时刻来划分战斗单位的。

如果推进的一方在战斗中根本没有或者只有小部分部队出现秩序混乱和无力行动的情况，而我方却或多或少已经涣散，那么我们也是无法重建战斗的。如果对手已经恢复了作战能力，我们同样是无法重建战斗的。

因此，我们实际参战的那部分兵力越小，留作预备队的那部分兵力越大（单是它的存在就可以一并决定胜负），对手的一支新锐力量从我们手中夺回胜利的可能性就越小。那些最善于亲率最适量的兵力作战，并处处充分发挥强大预备队的精神效果的统帅和军队，是最有把握走向胜利的。在近代，人们必须承认，法国人在这方面做得非常出色，特别是当拿破仑统率他们时。

此外，整个部队的规模越小，其胜利后摆脱战斗危机状态和恢复原有作战能力的时刻就出现得越早。一小队用于警戒的骑兵在临时快速追击敌人后，几分钟就可以恢复原来的序列，危机也不会持续得更长，而整个骑兵团要恢复序列就要用更长的时间；分散成单个散兵线的步兵恢复序列所需要的时间就更长，至于各兵种组成的部队，如果其各部分行进方向不同，而且序列受到了战斗干扰，通常由于相互间不确知位置，序列就开始变得更加混乱，恢复序列就需要更长的时间。胜利者要把在战斗中混乱不堪和部分陷入无序状态的部队重新集合起来，再稍加整顿，部署在适当的地点，即重新恢复战场的秩序，是需要很长时间的。可以说，整个部队的规模越大，恢复序列的时刻就来得越迟。

此外，当胜利者还处于危机状态时，黑夜突然降临也会推迟序列恢复的时刻。最后，如果地形复杂和便于隐蔽，也会推迟这一时刻的到来。但对这两点我们要指出，黑夜也是一个有效的**防护手段**，因为人们极少有条件适合从夜间进攻中取得好的结果。像1814年3月10日约克[1]在拉昂附近成功夜袭马尔

---

[1] 约克（Hans David Ludwig York，1759—1830），伯爵，普鲁士元帅。1812年12月与俄国签订《陶拉盖协议》（Konvention von Tauroggen），反对拿破仑。以后曾参加包岑、莱比锡、蒙米赖、拉昂等会战。——译者注

蒙[1]的例子是不多见的[2]。同样，复杂和便于隐蔽的地形也可成为处于较长危机状态中的胜利者的保护者，使他不至于受到反击。因此，两者（夜间和便于隐蔽的复杂地形）是加大而非减轻失败者恢复战斗的难度。

截至目前，我们认为正遭受损失的一方，其赶来的援军只是单纯地增加兵力，也就是说把它视为一支径直从后方过来的援军，这是常见的情况。但是如果这支援军进攻对手的侧面或背后，情况就会变得完全不同。

对于侧面和背后进攻在战略范畴的效果，我们将在其他地方讨论。我们在这里讨论的为建立战斗而进行的侧面和背后进攻主要属战术范畴。只是因为我们谈的是战术结果，我们的观点必须深入到战术范畴，所以我们才讨论侧面和背后进攻。

部队向敌人侧面和背后发起进攻，可以在很大程度上提高进攻的效果，但未必总是这样，它同样有可能在很大程度上削弱进攻的效果。这个问题和其他任何问题一样，都是由战斗所处的环境决定的，我们在这里不去深入讨论它。但以下两点对我们当前研究的问题是重要的。

第一，**在决出胜负后发起的侧面和背后进攻一般比在决出胜负前发起的侧面和背后进攻更有利于取得战果**。人们在建立战斗时，首先要争取的是对自己有利的决战，而不是追求战果有多大。考虑到这一点，人们会认为，一支赶来帮助我们建立战斗的援军如果与我们分开而去进攻对手的侧面和背后，不如直接与我们会合更有利。肯定不乏这样直接会合的情况，不过人们还是要承认，在多数情况下并非如此，具体是由于在此对我们很重要的下述第二点。

第二，**一支为建立战斗而赶来的援军一般都带有出敌不意所具有的精神力量**。

出敌不意地进攻敌人的侧面和背后，效果总是很大的。正处于胜利之后危机状态的敌人是分散和混乱的，很难针对这种进攻采取反措施。谁都会感觉到，在战斗初期，敌人的兵力是集中的，对侧面和背后进攻总是有

---

[1] 马尔蒙（August Frédéric Louis Marmont，1774—1852），公爵，法国元帅。——译者注
[2] 1814年3月初，拿破仑将布吕歇尔赶过埃纳河，后者退守拉昂。3月9日傍晚，马尔蒙在拉昂附近击败普军约克部，但在夜间受到约克偷袭，马尔蒙败退。当时，布吕歇尔正在患病，双目发炎，无法指挥，因此没有进行猛烈的追击。——译者注

防备的，因此这种进攻不会起多大作用，但是在战斗的最后时刻采取这种进攻的效果就完全不同了！

因此，我们必须毫不犹豫地承认，在大多数情况下，一支从对手侧面或背后过来的援军能产生更大的效果，就好比同样的力在杠杆上作用于力臂较长端时能发挥更大的作用，以至一支从正面进攻不足以建立战斗的部队，如果进攻敌人侧面或背后，就能把战斗建立起来。精神力量在这里起着主要作用，其效果几乎是无法估量的，这里正是大胆和冒险的用武之地。

在难以确定能否挽回一个不利的战斗时，人们必须注意到上述这一切，必须考虑到上述所有共同起作用的力量。

如果还不能认为战斗已经结束，那么借助于赶来的援军开启的新的战斗就会和此前的战斗汇为一体，即汇成一个共同的结果，此前的不利也就从账单中完全消失了。而如果已经决出胜负，情况就不是这样了，这时就有两个相互分开的结果。如果赶来的援军力量有限，即本身无法与对手抗衡，那么就很难指望这第二场战斗获得有利的结果；如果这支援军规模很大，以至它可以不考虑前一个战斗的结果就能进行第二场战斗，那么它虽然能够以有利的结果补偿前一个战斗，甚至还有更大的收获，但从来不能使前一个战斗从账单中消失。

在库讷斯多夫会战中，弗里德里希大帝在第一次进攻时占领了俄军阵地的左翼，缴获了70门火炮，在会战结束时又把两者丢掉了，第一次战斗的全部成果就这样从进账中消失了。假如他在第一次战斗后适可而止，将会战的第二部分推迟到次日，那么即使他输掉了会战，第一次战斗所取得的好处也总是可以抵消这个失利的。

但是如果我们在一个不利的战斗未结束时就已经预见到其不利的结果，并且把它扭转了过来，那么这一不利的结果不仅可以从我们的账单上消失，而且还会成为我们夺取更大胜利的基础。就是说，如果人们仔细设想一下战斗的战术过程，就不难看出，在战斗结束之前，各部分战斗的所有结果就都只是人们一时的判断，在总的结果中不仅可能被消除，还有可能向反方向转化。我方部队损失得越多，敌人为此消耗的兵力也就越大，敌人面临的危机就越和我们一样严峻，我方新锐力量的优势也就变得越大。如果这时总的结果转而对我们有利，我们从敌人手中重新夺回了战场和战利品，那么敌人以前夺取战场和战利品所耗费的一切力量就成为我们的现实好处，而我们以前的大败成为我们走向更大胜利的阶梯。这时对手在胜利时所取得的最辉煌的、以至让他可以无视为之所失去兵力的战绩就化为乌有，剩下的只是对这些失去了的兵力的懊悔。胜利的魅力和大败的厄运就是这样改变着有关要素[1]所特有的重要性。

因此，即使我们占有明确的优势，能够以更大的胜利来报复敌人的胜利，也最好是赶在一次不利的战斗结束之前去扭转它（如果它有一定重要性的话），而不是发起第二次战斗。

1760年，道恩元帅在利格尼茨附近曾试图援助正在战斗中的劳东将军。但是在劳东失利后，尽管道恩有足够的兵力，却没有尝试于次日进攻普鲁士国王。

由此可见，对于在会战之前进行浴血的前卫战，只能看作迫不得已而为之的下策，在没有必要的情况下，应该加以避免。

我们还要研究另一个问题。

既然一次结束了的战斗是一件了结了的事情，那么它就不能成为决定进行一次新的战斗的理由。决定进行一次新的战斗必须出于其他因素。但是这个结论与我们必须顾及的一种精神力量是相抵触的，这就是复仇和报复的情感。从最高统帅直到地位最低的鼓手都不会缺乏这种情感，因此，没有什么比要挽回损失这种情绪更能激起部队的斗志了。不过这要有一个前提，就是被击败的部队不是整个部队中过于重要的一部分，否则那种复仇情感就会消失并转变成为无能为力的感觉。

为尽快挽回损失，利用上述精神力量是很自然的，因此如果其他条件许可，应优先考虑进行第二次战斗。在大多数情况下，这第二次战斗应该是进攻，这是符合事物本性的。

人们在大量从属性的战斗中可以找到很多这种报复行动的例子，而大的会战通常是很多其他原因决定的，不是由报复这一较弱的精神力量促成的。

可敬的布吕歇尔在他的两个军在蒙米赖附近被击败三天后，于1814年2月14日率领第三个军前往该战场。毫无疑问，这是复仇的情感驱使他这样做

---

[1] 指兵力。——译者注

的。假如他知道在那里还会遭遇到拿破仑本人，那他自然会有充分的理由推迟复仇，但他当时是希望找马尔蒙报仇，结果他那高贵的复仇欲望没有收获到什么好处，反而由于失算而失败。

应**共同**作战的几个大部队之间应相距多远，这取决于战斗的持续时间及其决战的时刻。本来只要这一部署是为了进行同一场战斗，它就是战术部署，不过只有当这几支大部队部署得相距很近，以至它们不可能进行两个分开的战斗时，也就是说它们整个所占的空间在战略上只能视为一个点时，才能把这种部署视为战术部署。然而在战争中常常出现的情况是，人们不得不把那些计划**共同**作战的部队也分开部署得很远，以至尽管主要意图是将其集结后共同作战，但它们还是有可能分开作战，因此这种部署就是战略部署了。

此类战略部署包括：分为数路大部队和纵队的行军，前卫部队和侧面部队，受命支援一个以上战略点的预备队，集结分散宿营的数个军，等等。人们看到，这类战略部署不断出现，在某种程度上构成了战略家当中的辅币，而主力会战和与其同样重要的一切则是金币和银币。

★ 第八章 ★

战斗是否需经双方同意

"未经双方同意，战斗就不会发生"，这一观点构成了决斗的全部基础。一些历史著作家的妙论就源于这一观点，误导出很多模糊的和错误的概念。

这些著作家的考察常常围绕着这样一点进行：双方中的一位统帅向另一位统帅发起了会战，而后者未应战。

但战斗是一种有了很大变化的决斗，战斗的基础不仅存在于双方的斗争欲望（同意战斗），还存在于与战斗相联系的目的。这些目的总是属于更大的整体[1]，由于整个战争（可以把它想象成一场战斗）拥有的政治目的和条件也属于更大的整体[2]，因此这些目的就更是属于更大的整体了。于是战胜对方的纯粹欲望就处于一个完全从属的关系，更确切地说，它已经不能独立存在，只能视为更高的意志得以活动的神经。

"白白地向敌人发起了会战"这一表述，在古代民族中间，以及后来又在常备军出现的初期，比起现代有更多的含意。古代各民族是在没有任何障碍的开阔的战场上进行战斗的，这是一切部署的出发点，因此当时的全部军事艺术都体现在部队的部署和组成上，即体现在战斗序列上。

---

[1] 指战争。——译者注
[2] 指国家政治。——译者注

　　由于当时部队通常驻扎在设防营垒中，因此营垒中的阵地被看作难以侵犯。只有当对手离开其营垒，像进入竞技场一样来到可进入的地带，才有可能进行会战。

　　如果有人说，汉尼拔白白地向法比尤斯[1]发起了挑战，那么对法比尤斯来说，这句话无非是说这一会战不在其计划之内，这句话本身并不能证明汉尼拔在物质或精神方面占有优势；但是对汉尼拔来说，这一表述是正确的，因为汉尼拔的确是想要进行会战。

　　在近代常备军出现初期，进行大的战斗和会战时也面临类似的情况。就是说，大部队必须借助于一种战斗序列投入战斗，并在这一序列中得到引导[2]。这样的序列作为一个庞大和笨拙的整体，或多或少需要有平原才能作战，在非常复杂的地形、遮蔽地或山地，就既不适于进攻也不适于防御了。因此，防御者在一定程度上也在这里找到了一种避免会战的手段。这样的情况虽然越来越少，但还是一直保持到第一次西里西亚战争[3]。直到七年战争，人们才开始在**难以进入的**地形上向对手发起进攻，并逐渐普遍起来。当时对那些利用地形的人来说，地形虽然仍成为一个加强其力量的因素，但已经不再是一个束缚战争自然力量的魔力圈了。

　　30年来，战争发展得更不受地形束缚了。对真的想通过战斗决出胜负的人来说，没有什么可以阻碍他找到和进攻对手。如果他不这样做，就不能认为他是要战斗。因此"某人发起一场会战，但其对手没有应战"这一表述，在今天无非是说"某人认为战斗的条件还不够有利"。这等于是承认前面所说"发起一场会战"的表述不恰当，他只是努力掩饰不想发起会战的真相。

---

　　[1] 法比尤斯（Quintus Fabius Maximus Verrucosus，公元前275—前203），古罗马统帅、元老院成员，五次任执政官，两次任独裁官。第二次布匿战争期间，曾率罗马军团与汉尼拔作战，避免正面决战，采取拖延、消耗战术，史称"法比尤斯战术"。当时，速决派称其为"拖延者"。——译者注
　　[2] 作者在此指的是16世纪和17世纪上半叶在欧洲盛行的一种被称为"西班牙列阵"（Tercio）的战斗序列。其基本阵形是在持长矛的步兵列阵四周部署火枪手，以抵御持轻火器的敌骑兵。在实际运用时往往组成多个列阵。该序列因组织起来非常复杂，不够灵活，在法国、尼德兰等国军事改革后逐渐被淘汰。——译者注
　　[3] 第一次西里西亚战争（1740—1741）是奥地利王位继承战争（1740—1748）的第一阶段，以普鲁士获得此前奥地利所占的西里西亚和格拉茨公爵领地而结束。——译者注

如果防御者放弃其要塞和与之相关的角色，那么自然他也能在目前无法再拒绝战斗的情况下避开一场战斗，但这一结果对进攻者来说已经是半个胜利，防御者等于承认进攻者暂时占有优势。

因此，现在再也不能用"向对方发起了挑战，但对方没有应战"这种口头上的胜利来美化前进者（进攻者）停止不前的状态了。只要防御者没有退避，就说明他是要进行会战的。如果防御者没有受到进攻，他当然可以说是他发起了会战挑战，实际上大家都清楚这是进攻者停止不前造成的。

从另一方面看，在现代对一个想要并且能够回避战斗的人，是不太好强迫他进行战斗的。由于进攻者往往不满足于从对手回避中得到的好处，而是迫切要求获得一次真正的胜利，因此他有时就会以特别的方法去寻找和运用为数不多的现有手段，**迫使**即便是**这样的**对手进行战斗。

迫使这样的对手进行战斗的最主要的手段有两个：第一是**包围**对手，使之不可能退却，或者使其难以退却，以至宁愿应战；第二是**袭击**对手。第二个手段在各种运动都不方便的时代是适用的，但是到了近代已经变得没什么效果了。现代军队具有很大的灵活性和机动性，甚至在敌人眼皮底下也敢于开始退却，只有特别不利的地形才会给退却带来大的困难。

内勒斯海姆会战[1]可以被看作这样一个例子。这次会战是卡尔大公于1796年8月11日在"荒凉的阿尔卜山脉"[2]中对莫罗发起的，意图只是让自己更容易退却。但是我们承认，我们从未完全理解过这位著名统帅和著作家当时为什么采取这一行动。

---

[1]1796年5月底，莱茵地区停战协定到期，卡尔大公正计划进攻阿尔萨斯地区。6月，茹尔当率法军左翼过莱茵河东进，被卡尔大公击退。卡尔大公留一部兵力监视茹尔当，自率主力约3.5万人，溯莱茵河而上，指向莫罗率领的法国中路部队4.5万人。8月11日，卡尔大公在内勒斯海姆（Neresheim，今德国巴登-符腾堡州一小城）向莫罗发起进攻。双方在会战中均取得了一些战果，但均未利用。卡尔大公会战后仍向东退却。卡尔大公在《由1796年德意志战局论战略原则》（*Grundsätze der Strategie, erläutert durch die Darstellung des Feldzuges von 1796 in Deutschland*）第二卷中对当时决定进攻莫罗进行了自责："……难道只有通过会战才能达到保障退却安全的目的吗？进行一些佯动，争取几日行程的距离，或者在最糟糕的情况下牺牲一支较大的后卫部队，本可更有把握地达到目的，尤其是针对莫罗这样一个行动迟缓之敌……甚至从获胜的可能性上看也不应在内勒斯海姆附近发起进攻：对手占有兵力优势和有利阵地，而且部队集中，可奥利人在所有这些方面均处于劣势。"——编者注

[2]"荒凉的阿尔卜山脉"（Rauhe Alp），士瓦本阿尔卜山脉（Schwäbische Alb，位于德国南部，长约200公里）中最高的部分。——译者注

　　罗斯巴赫会战[1]给我们提供了另外一个例子，联军统帅当时确实不应有进攻弗里德里希大帝的意图。

　　对于索尔会战，普鲁士国王自己说过，他之所以接受会战，是因为他感到在敌人眼前退却有危险，当然国王还举出了接受这次会战的其他理由。

　　总的说来，除了真正的夜袭以外，这种通过袭击迫使对手战斗的情形变得越来越少见了。而以包围迫使对手战斗的情形，也主要只是发生在个别的军队，例如在马克森会战[2]中的芬克军。

---

　　[1] 1757年11月5日，普鲁士国王弗里德里希二世率领2.2万人，在萨克森选帝侯国的罗斯巴赫（Rossbach，今德国萨克森–安哈尔特州城市布劳恩斯贝德拉[Braunsbedra]的一部分）附近与法国和神圣罗马帝国联军计4.1万人进行会战并获全胜。普方伤亡500余人，联军方面伤亡3000余人，并有7000余人被俘。——译者注
　　[2] 1759年9月，萨克森首府德累斯顿的普鲁士守军向神圣罗马帝国军队投降。弗里德里希二世试图挽回局势，命令芬克中将率领1.5万人佯动至马克森（Maxen，今德国萨克森州米克利茨塔尔的一部分，西北距德累斯顿18公里）附近，威胁奥军主力后面的交通线，以迫使奥军退向波希米亚。11月20日，芬克被3.2万人的优势之敌包围，次日率部投降。——译者注

第九章

主力会战

主力会战胜负的决出

什么是主力会战？主力会战是双方主力之间的斗争，当然这不是为争夺一个次要目的而进行的不重要的斗争，不是一发觉目的难以达到就放弃的纯粹的尝试，而是一场以全力争夺真正胜利的斗争。

即使是在一次主力会战中，也可能有次要目的混在主要目的中。产生主力会战的各种情况不同，主力会战也会有这些情况的某些特点，因为即便是一次主力会战，也是与一个更大的整体有联系的，它只是那个整体的一部分。然而由于战争的实质是斗争，而主力会战又是双方主力之间的斗争，所以必须永远把主力会战看作战争的真正的重点。因此总的说来，主力会战区别于其他战斗的特点就是它比其他任何战斗都更多地是为自己而进行的。

这对主力会战决出胜负的样式，以及**对主力会战胜利的效果**是有影响的，并且**决定理论应在何种程度上重视主力会战（作为达到目的的手段）**。因此，我们把主力会战作为专门的考察对象，而且是在这里，在我们考察可能与它有联系的特殊目的之前。只要主力会战是名副其实的，那些特殊目的就不会从根本上改变其特点。

既然主力会战主要是为它自己而进行的，那么决出其胜负的理由想必就在于它自己。换句话说：只要还有获胜的可能性，就应该在主力会战中寻求胜利，人们不应由于个别情况而放弃主力会战，放弃的唯一理由只有"力量完全不足"这一个。

那么应怎样进一步描述决出胜负的时刻呢？

如果像人们在近代军事艺术中很长一个时期所认为的那样，某种巧妙部署的序列和结合是部队得以发挥勇敢精神去夺取胜利的主要条件，那么**这种序列被破坏的时候**就是胜负已经决出的时刻。一翼被击败，从其与整体的结合处瓦解开来，也就一并决定了另一翼的命运。如果像在另外一个时期那样，防御的本质在于部队与其作战所在地的地形及其障碍物的紧密结合，以至部队和阵地是一回事，那么占领这处阵地的**一个重要地点**就是决定胜负的时刻。人们说"关键阵地丢了"，意思就是说阵地守不住了，会战打不下去了。在上述两种情况中，被击败的部队大致就像乐器上断了的弦，无法再履行其使命了。

无论是前者的几何学原则还是后者的地理学原则，其趋势都是将正在作战的部队置于紧张状态，就像是给一个晶体施压，其结果是不能充分利用现有力量，不能用到最后一个人。这两个原则至少已经失去很多影响，以至于不再起主导作用。现代军队也还是以一定的序列进入战斗，但序列已经不再是决定性的了；现在也仍利用地形障碍加强抵抗力，但地形障碍已经不再是抵抗的唯一依靠了。

我们在本篇第二章中曾试着对现代会战的特点进行了概述。根据我们对此所描述的画面，战斗序列只是为便于使用部队而对它的一个摆放，而会战就是这些部队相互缓慢消耗的过程，最后看谁先将对手耗尽。

因此，与任何其他战斗相比，在主力会战中是否定下放弃战斗的决心，更是要取决于双方余下的新锐预备队的兵力对比情况，因为只有这种预备队还具有全部的精神力量，而那些像被战火这一摧毁因素燃尽后的煤渣一样的部队是无法与预备队相提并论的。正如我们已经在其他地方说过的那样，地区的丧失也是衡量精神力量损失的尺度，因此也应一并予以考察，但更多的是作为已经受到损失的标志，而不是损失本身，而新锐预备队的数量始终是双方统帅主要关心的问题。

一场会战的发展趋势通常一开始就已经确定了，只是不怎么明显。这一趋势甚至往往由于会战的部署就已经在很大程度上确定了。如果一位统帅意识不到这一趋势而在十分不利的条件下开启了会战，那就说明他没有认识到这一点。即使这种趋势在部署会战和会战开始时没有确定，会战的过程也更多是均势缓慢变化的过程，这是符合事物本性的。正如我们指出过的那样，这种变化最初不明显，但随着时间的推移，变化会越来越大，越来越明显。均势在会战过程中的变化，并不是人们受到对会战的不真实描述影响后通常所想象的那样来回摆动的。

即使均势可能长时间很少受到破坏，或者甚至在一方失去均势后又恢复了，而且开始让对方失去均势，但可以肯定的是，在大多数情况下，战败的统帅早在退却以前就已经觉察到了这一变化。如果人们见到随便某个情况出乎意料地对整个会战的进程产生了大的影响，那么这大多只是战败者讲述其失利会战时的掩饰。

在这里我们只能求助于公正而富有经验的人的判断，他们一定会同意我们的论点，并且在没有亲历过战争的那部分读者面前为我们辩护。如果根据事物的本性来论证会战过程为什么必然是这样的，就会让我们过多地进入到这个问题所属的战术领域，而在这里我们只关注这个问题的结论。

如果我们说，战败的统帅在决心放弃会战以前通常早就觉察到这种不利的结局，那么我们也要允许出现相反的情况，否则我们的论点就会自相矛盾。假如一场会战明确出现失败的趋势，就视同这场会战已经失败，那么也就不必再拿出兵力去扭转败局，因此在会战明确出现失败趋势后，一方应该很快就开始退却了。当然有这样的情况：一方的失败趋势已经非常明确，结果却是另一方失败了。但是这种情况不是**常见的**，而是少见的。然而时运不佳的统帅总是把希望寄托在这种少见的情况上：只要他还有一点挽回败局的可能性，他就一直指望出现这种情况。他希望通过更大的努力，通过提高余下的精神力量，及通过超越自我，甚至通过幸运的巧合，使自己还能看到扭转败局的时刻。只要勇气和理智在他内心未出现矛盾，他就去推动这种扭转败局的努力。对于这一点，我们还想多说几句，但此前先要说明哪些是均势变化的迹象。整体战斗的结果是由所有部分战斗的结果总和构成的，而各部分战斗的结果体现在以下三个不同方面：

第一，指挥官的内心受到不利的精神上的影响。如果一个师长看到他的各个营是如何失败的，那么这会对他的行为和呈送的报告内容产生影响，而他的报告内容又会影响统帅要采取的举措。因此，即使是那些看上去可以补救的失利的部分战斗也会产生不良的印象，这种印象不费多少力量，甚至是不可抗拒地累积到统帅的内心。

第二，我们的部队比对方削弱得快。这种削弱在缓慢而有秩序的现代会战过程中是很容易估计出来的。

第三，地区丧失。

所有这一切对统帅的眼睛来说应起到一个罗盘的作用，据此就能够辨认出其会战的趋势，犹如辨认出一艘船的航向。如果自己损失了全部炮兵，却没有夺得敌人的火炮；如果自己的步兵营被敌人的骑兵冲垮，而敌人的步兵营却到处组成密不透风的阵营；如果自己战斗序列中的火力线不得不从一个地点退到另一个地点；如果为了攻占某些地点而白白地消耗了力量，进攻中的步兵营每次都被敌人组织很好的雨点般的霰弹打散；如果在炮战中我方针对敌人的炮火开始减弱；如果大批未负伤的官兵随着伤员后撤，导致火线上的步兵营不寻常地迅速减员；甚至如果由于会战计划受到干扰，个别部队被分割和被俘；如果退路开始受到威胁，那么统帅就必须从上述这一切情况中看出他和这次会战所面临的趋势。会战的这种趋势持续得越久，这种趋势变得越确定，挽回败局就越困难，统帅不得不放弃会战的时刻也就越近。现在我们就来谈谈这个时刻。

我们不止一次说过，双方余下的新锐预备队的兵力对比大多是最后决定胜负的主要根据；统帅如果看到对手在预备队的兵力对比上占有明确的优势，那么他就应下决心退却。现代会战的特点恰恰是，会战过程中出现的所有不利情况和损失都可以通过新锐力量来弥补，因为现代战斗序列的组织方法和部队投入战斗的方式使人们几乎在任何地方和任何情况下都能使用预备队。一位看上去要战败的统帅只要在预备队上还有优势，就不会放弃会战。然而自他的预备队兵力开始少于敌人预备队的那一刻起，就可视为胜负已经决出了。至于他此时还能做什么，这一方面取决于当时的具体情况；另一方面取决于他所具有的勇气和毅力的程度，这种勇气和毅力有时也可能变成不明智的固执。统帅怎样才能正确地估计双方预备队的兵力对比，这是实施中的技能问题，绝不是这里要谈的问题。我们这里依据的是他判断后得出的结论。但是即使他得出了这个结论，也还不是他决定退却的真正时刻，因为一个只是逐渐形成的动机并不适合让统帅定下退却的决心，而只是统帅定下退却决心的一个一般的根据，要定下退却决心还需要一些特殊的动因。这些动因主要有两个，它们经常出现，即退路面临危险和黑夜的到来。

如果随着会战的每一步进程，退路受到越来越多的威胁；如果预备队已经受到很大的削弱，以致它们无法再重开局面，那么就只剩下听天由命和通过有秩序的退却自救了。在这种情况下，较长时间的耽搁会使退却成为溃逃和大败，一切化为乌有。

一切战斗通常随着黑夜的到来而结束，因为夜战只有在特殊的条件下才会带来好处。由于黑夜较白天更适合退却，因此，凡是认为退却不可避免或者极有可能的人，都倾向于利用黑夜退却。

不言而喻，除上述这两种常见的和最主要的动因以外，退却可能还有很多其他更小、更具体但又不容忽视的动因，因为会战越是临近均势完全改变的时刻，每一个部分战斗的结果对这一改变的影响就越敏感。因此，损失一个炮兵阵地，敌人数个骑兵团成功地突入阵地等都能促使人们将已经成熟的退却决心付诸实施。

在结束这个讨论内容的时候，我们还要谈一下，统帅内心要经受得住勇气和理智之间某种形式的斗争。

一方面，统帅身上那种常胜征服者所拥有的骄傲情绪和天生倔强带来的不屈不挠的意志，以及由高贵情感激发出的昂扬的抵抗精神不愿让他退出战场，而是要求他把荣誉留在那里；另一方面，理智又劝告他不要把所有力量用尽，不要孤注一掷，而是要保存有秩序退却所必需的力量。在战争中，不管勇气和顽强的价值应该推到多么高，不管无法下决心以全力争取成为胜利者的获胜希望是多么少，但毕竟有一个点，超出这个点的固执坚持只能被称作一种绝望的愚蠢行为，从而不会得到任何评论者的原谅。在所有会战中最著名的"美好姻缘"会战中，拿破仑动用其最后的力量，用于挽回一场无法再挽回的会战，就如同花掉了身上最后一文钱，最后像乞丐一样逃出了战场，逃出了他的帝国。

★ 第十章 ★

主力会战（续一）

胜利的影响

根据不同的立足点，人们可能对一些大规模会战所取得的特大战果感到惊讶，同样也可能对另一些大会战没有取得什么战果而感到惊讶。现在我们就来谈一下一次大胜利的影响的本性。

在这里，我们很容易区分以下三个事物：一是胜利对战争工具本身，即对双方统帅及其军队的影响；二是胜利对参战国的影响；三是上述两种影响在战争接下来的进程中表现出来的真正的作用。

胜利者与失败者之间在战场本身的伤亡、被俘人数和火炮损失方面的差别往往不大。谁要是只考虑这种不大的差别，谁就往往会对它所产生的后果感到完全不可理解。实际上，这一切通常发生得十分自然。

我们在第七章[1]中曾经讲过，一方胜利的规模不仅随另一方被击败部队规模的增加而加大，而且是以更大的程度加大。一场大规模战斗的结局给失败者和胜利者带来的精神影响都比较大。这些影响使物质力量受到更大的损失，而物质力量的损失又反过来影响精神力量，两者就这样相互作用，相互助长，

---

[1]原文如此，疑误。应为本篇第四章。——译者注

因此，人们应该特别重视这种精神影响。这种精神影响对胜利者和失败者所起的作用是相反的：它销蚀失败者的各种力量，同时增强胜利者的力量和活动。但是这种精神影响主要还是对失败者产生作用，因为它成为失败者遭受新的损失的直接原因。此外，这种影响与危险、劳顿和艰难，总之与一切加大困难的因素（战争就是在这些因素之间运动）有相同的本性，因此与它们一起出现，并由于它们的影响而加大，而对胜利者来说，所有这些因素只是像重物一样影响其勇气的进一步高涨。于是人们看到，失败者从原来均势时水平线下降的程度比胜利者高于该水平线的程度大得多，因此当我们谈到胜利的影响时，主要是指胜利给失败者带来的影响。如果说这种影响在一次大规模的战斗中比在一次小规模的战斗中强烈，那么在主力会战中肯定比在一次从属性的战斗中要强烈得多。主力会战是为它自己，为它决出的胜利而存在的，因此人们在主力会战中应竭尽全力去争取胜利。整个战争计划及其全部头绪，以及所有遥远的希望和对未来的模糊想法所汇聚成的意图就是，在进行主力会战的这个地方、这个时刻战胜对手。能否夺取到主力会战的胜利——对这个大胆的问题做出回答，是命运攸关的问题。这意味着精神必然会紧张起来，不仅是统帅，而且他的整个部队直到最后的辎重兵都是如此。当然职位越低，紧张的程度就越小，但其重要性也越小。在任何时代，而且从事物的本性来看，主力会战从来不是一次未经准备、意料之外和盲目执行的公务，而是一个伟大的行动。这一行动部分是自动的，部分是根据指挥官的意图从大量的一般活动中脱颖而出的，更能增强所有人的紧张情绪。而人们越是紧张地注视着会战的结局，会战结局的影响想必也就越大。

现代会战中胜利的精神影响比近代战争史初期[1]的会战中的要大得多。既然现代会战像我们以前讲过的那样是双方力量的真正搏斗，那么起决定性作用的当然是物质力量和精神力量的总和，而不是具体的部署，更不是偶然性。

人们犯了错误，下次可以改正，可以期待在另一次得到幸运和巧合的更多眷顾，但是精神力量和物质力量的总和通常不是很快就能改变的，因此一次胜利给精神力量和物质力量总和带来的变化对整个未来都有更重大的意义。在军

[1]指三十年战争时期。——译者注

内外所有参加会战的人中，虽然也许只有极少数人思考过这一区别，但是会战过程本身会使所有身处会战的人都感觉到这种区别。在公开报道中关于会战过程的记述尽管可能被一些个别的牵强附会的情况掩饰了真相，但还是或多或少地告诉世界：取得胜利的原因在于总的情况，而不在于个别情况。

从未身处过一场大规模失败会战的人，很难对它有个活生生的、从而完全真实的想象。对这一次或那一次小损失的抽象想象永远不会构成对一次失败会战的真正概念。现在我们就来看一下失败会战的情景。

在一次失利的会战中，首先侵袭人的想象力（也可以说人的理智）的是大量人员的损失；其次是地区的丢失（这往往是常见的现象，即使是进攻者，在失利时也会丢失地区）；再次是最初的序列受到破坏，各部分陷入混乱，出现退却的危险（除了少数例外的情况，这种危险会经常出现，只是程度有所不同）；最后是退却（大多是在夜间开始，或者至少是在整个夜间持续进行）。退却一开始，部队就不得不丢下大量疲惫不堪和失散的士兵，而他们往往正是那些敢于在战场上冲得最远和坚持得最久的勇士。在战场上只是较高级军官才有的被战胜的感觉，此时则会波及各级军官，直至普通士兵。当他们想到很多在这次会战中刚刚为大家所尊敬的勇敢的战友落入敌人之手的可怕景象，这种被战胜的感觉就更加强烈。同时，每个下属多少都会认为自己的努力之所以徒劳无益，是上级指挥官的过错，因此开始怀疑上级指挥官的能力，于是这种被战胜的感觉就更加强烈。这种被战胜的感觉并不是我们可以控制的单纯的想象，而是对手比我们占优势的明证。对手占优势这一事实可能被某些原因掩盖，以至在会战前不易被发现，但到会战结束时，总会清晰和明确地显露出来。也许人们在会战前就已经认识到了这一事实，但在缺乏更可靠根据的情况下想必会寄希望于巧合、幸运、天意和大胆的冒险。最后当这一切都被证明无济于事时，冷酷的事实却已经无情和紧迫地出现在人们的面前。

上述情况还远远不能说是惊慌失措。一支有尚武精神的部队在会战失败后决不会惊慌失措，而其他部队也只有在个别情况下才会在会战失败后惊慌失措。上述情况在最优秀的军队中也会出现。如果说长期的战争历练和胜利的传统以及对统帅的极大信任有时可以稍许弱化这些情况，但在失败的最初时刻不可能完全没有这些情况。这些情况也不仅仅是由于丢失火炮和人员被俘而引起的，因为火炮的丢失和人员的被俘通常是稍后才出现的，而且也不会很快就为大家所知。因此，即使是最缓慢和最均匀的均势变化也会产生这些情况，而且正是这些情况构成了胜利在任何情况下都会产生的影响。

我们已经说过，战利品的数量会提高这种影响。

被视作战争工具的一支部队在上述状态中会受到多么大的削弱啊！我们说过，一支在这种削弱状态下的部队对作战中遇到的很普通的困难都会感到难以应付，因此很难指望它有能力通过新的努力夺回已经失去的东西！在会战之前，交战双方之间有一种真正的或者想象出来的均势。当这个均势失去后，要想重新赢得它，就必须有外因的帮助。如果缺乏这样的外部支撑点，那么任何新的努力都只会导致出现新的损失。

因此，即使对手的主力取得的是最微小的胜利，也会使均势像天平的秤盘一样不断向对手一边下沉，直到新的外在因素使它发生转折为止。如果附近没有这种新的外在因素，如果获胜的对手是一个不知疲倦、渴望荣誉和追求远大目标的人，那么另一方就必须有一位杰出的统帅和一支久经战争历练和具备高度尚武精神的军队，以便使对手高涨的优势不至于像汹涌的江河一样冲破堤坝，而是通过小规模和多种多样的抵抗使这条江河流得缓慢下来，直到其胜利的力量在河道的终点消失。

现在我们来谈谈对手的胜利对我军以外的民众和政府的影响。这种影响表现为他们最紧张的希望突然化为泡影，全部自尊心受到打击。这些力量消失后，取而代之的畏惧则以其可怕的张力冲入人们内心出现的真空，最后使他们完全瘫痪。这是主力会战对交战一方的神经进行的闪电般的真正打击。这种影响尽管在这里和在那里会有所不同，但从来不会完全没有。在这种情况下，人们不去积极地去发挥自己的作用以扭转败局，而是担心自己的努力会徒劳无益，于是在应该迅速行动的时候踌躇不前，或者干脆束手待毙，听任命运摆布一切。

胜利的这种影响在战争过程中能产生什么结果，部分取决于胜利一方统帅的性格和才能，但更多取决于促成胜利的各种情况和胜利带来的各种条件。如果没有统帅的勇气和进取精神，即使是最辉煌的胜利也不会带来大的战果；即使统帅有勇气和进取精神，但如果各种条件严重地制约着这些精神力量，那么它们只会更快地枯竭。假如利用科林会战胜利的不是道恩而是弗里德里希大帝[1]，假如进行洛伊滕会战[2]的不是普鲁士而是法国，那么其结果将会是多么不同啊！

至于能让大胜利带来大战果的条件，我们在讨论与之相关的问题时可以了解到。之后我们才能解释，为什么胜利的规模与其战果之间，初看上去会不一致。人们一般认为这是因为胜利者缺乏干劲。在这里我们只研究主力会战本身，不想离开这个题目，我们只想指出：一次胜利从来就是有上述影响的，而且这些影响随着胜利强度的增加而加大。一次会战越是成为主力会战，也就是说，越是把全部作战力量集中在一次会战中，越是把全部军事力量变成作战力量，越是把全国的力量变成军事力量，胜利的影响也就越大。

然而，难道理论就可以认为胜利的这种影响是完全不可避免的吗？难道理论不更应努力地去找到有效的手段来消除这种影响吗？对这个问题做肯定的答复似乎是很自然的，但愿上天保佑我们，别像大多数理论家那样由此而误入既赞成又反对的自相矛盾的歧途！

胜利的上述影响当然是完全不可避免的，因为这一影响是事物的本性决定的。即使我们找到了针对它的方法，它仍然存在，就犹如一枚炮弹，即使它是从东向西发射的，因这一相反方向的运动损失了部分速度，但它仍然是随着地球的自转方向自西向东运动的。

整个战争的进行是以人的弱点为前提的，同时也是针对这一弱点的。

如果说我们以后在另一个场合还要思考主力会战失败后应该怎么办，如果说我们还要研究在最绝望的处境中尚有可能剩下的手段，如果说我们即使是在这样的处境中仍相信有可能把失去的一切夺回来，但这指的并不是能使这样一次大败的影响逐渐变成零，因为人们用于挽回败局的力量和手段本来是可以用于积极目的的。这些力量不仅指精神力量，也包括物质力量。

另一个问题是，一次主力会战的失败是否也许会唤起一些否则根本不会出

---

[1] 参阅第六篇第八章。——译者注

[2] 1757年12月，弗里德里希二世挟罗斯巴赫会战胜利的余威，率部驰援西里西亚。5日，在洛伊滕（Leuthen，西里西亚一村庄，位于布雷斯劳附近）向两倍于己的奥军发起进攻。会战中，弗里德里希二世佯攻奥军右翼，实际上利用有利的地形，将主力转向奥军的左翼，击溃奥军，成为弗里德里希二世用斜向战斗序列以少胜多的典型战例。——译者注

现的力量[1]。这种情况当然是可以设想的，而且在很多国家的民众中确实已经出现过。但是激起这种强烈的反作用已经不属于军事艺术研究的范围。军事艺术只能是在必须以这种作用为前提的情况下要顾及它。

胜利给胜利者带来的结果可能由于它唤起的失败者的力量所形成的反作用而看似不利。这种情况当然属于极少的例外，但这也让人更有把握地认为，由于战败的民众或国家有不同的特点，同样的胜利所引起的结果是不同的。

---

[1] 指失利一方的普通民众。——译者注

★ 第十一章 ★

主力会战（续二）

会战的运用

无论战争在具体情况下是如何进行的，无论我们不得不承认这样进行的战争其结果中有什么是必然的，我们只能从战争的概念出发，以便坚定地确认以下几点：

1. 消灭敌军是战争的主要原则，对采取积极行动的一方来说，是达到目标的主要途径。

2. 消灭敌军**主要**是在战斗中实现的。

3. 只有大规模的和具有一般目的的战斗能取得大的战果。

4. 如果若干战斗汇成一次大的会战，战果就会变得最大。

5. 只有在一次主力会战中，统帅才亲自指挥部队。此时他最相信的是他自己，这是事物的本性决定的。

从上述五个事实中得出一个双重法则，它包含相辅相成的两个方面：应主要在大规模会战及其战果中寻求消灭敌军；大会战的主要目的必须是消灭敌军。

当然在其他手段中也或多或少有消灭敌军的因素，也有因条件有利，在一次小规模战斗中不同寻常地消灭很多敌军的情况（例如马克森会战）；另一方面，在一次主力会战中，夺取或守住一个哨所[1]有时也会成为一个很重要的目的。但总的来说，主要的事实是：进行主力会战只是为了消灭敌军，只有通过主力会战才能实现消灭敌军。

因此，人们应该把主力会战视为战争的集中表现，是整个战争或战局的重心。就像阳光在凸透镜的焦点上聚成完整的像并发出极高的热度一样，战争的各种力量和条件在主力会战中汇聚起来，集中产生出最大的效果。

把军事力量集结成一个大的整体，这是在一切战争中或多或少都会出现的一个情况。这一行为已经表明一种意图，即不管是进攻者主动地，还是防御者被动地，都想用这个整体进行一场大的战斗。如果这样的大战斗没有发生，那就说明有其他缓和的和抑制的因素影响了最初的敌对动机，削弱、改变或完全阻止了行动。然而即使是在这种双方均不采取行动的状态下（这是很多战争的基本状态），对双方来说，进行主力会战的想法仍是未来行动的着眼点，是他们构建下一步行动时的远焦点。战争越是成为真正的战争，越是成为了结敌对关系和仇恨以及互相制服的手段，一切活动就越集中在浴血的战斗中，主力会战也就越重要。

对一个以大的、积极的目的（深深地侵入到对手的利益中）为目标的人来说，主力会战就是最自然的手段，因此也是最好的手段（我们以后还要进一步说明）。通常如果谁害怕进行大的决战而绕开主力会战，谁就会自食其果。

积极的目的属于进攻者，因此主力会战也主要是进攻者的手段。尽管我们在这里不能更详细地确定进攻和防御的概念，但还是要指出，即便是防御者，在大多数情况下也只有主力会战这唯一有效的手段，以便迟早满足其处境的需要，完成其任务。

主力会战是解决问题的最惨烈的途径。正如我们在下一章还要详细说明的那样，尽管主力会战不等于纯粹的相互杀戮，其作用更多是扼杀敌人的勇气，而非敌人的士兵，但是流血永远是它的代价，而"会战"这个词既表示了会战

---

[1] 作者所用的"哨所"（Posten）概念涵盖范围远大于一般的哨所，不仅指"哨兵或警戒分队所在的处所"，有时也指一处要塞或一座城市。——译者注

的名称，又说明了它的特点[1]。统帅中人性的一面会使他在会战面前畏缩。

但是使统帅的精神压力更大的，是他想到要通过唯一的一次战斗决定胜负。在这里，所有行动都集中到空间和时间的**一个点上**。在这种时刻，我们内心会有一种模糊的感觉，仿佛我们的力量在这个狭小的空间里无法展开和活动，仿佛我们只要花时间等待就已经能够赢得很多好处（即使我们根本没有这个时间）。这种感觉只是一种错觉，但即使是错觉也是有些影响的。人们在做任何其他大的决定时也会受错觉这一弱点的影响。当一位统帅要在一个点上进行如此重要的主力会战时，正是这一弱点会在他内心变得更大。

因此，各时代都有政府和统帅总是试图在决定性的会战以外寻找解决问题的途径，以便要么不通过决定性的会战就达到其目标，要么悄悄地放弃其目标。于是那些历史和理论著作家就费尽心思，从那些以其他方法进行的战局和战争中不仅想找到错过的会战决战的替代物，甚至还想找到一种更高超的艺术。这样一来，在我们所处的时代就有人根据战争中合理用兵的原则，几乎把主力会战视为一种由于错误而成为必然的祸害，视为一种病态的力量宣泄，认为一场正常的、慎重的战争从来就不必导致这种宣泄。他们认为只有那些懂得以不流血的方式进行战争的统帅才有资格戴上桂冠，而他们那种婆罗门教真经式的战争理论就是专门传授这种艺术的。

现代历史已经摧毁了这种妄想，但是没人能保证这种妄想不会在这里或那里，在较长或较短的时间内又回来，吸引领导者相信这种错误观点（因为它符合人的弱点，易为人们接受）。也许不久以后人们会认为拿破仑的战局和会战是野蛮和近乎愚蠢的，并再次以满意和信任的眼神看待那些过时的、空洞的和花架子式的部署和打法。如果理论能够提醒人们警惕这些东西，那么它就是对那些愿意倾听其忠告的人做出了重要贡献。但愿我们成功地向那些在可爱的祖国中对军事问题拥有权威影响的人伸出了手，以便作为这一领域的向导为他们服务，并请他们对有关问题做开诚布公的检验。

不仅是战争的概念，而且经验也告诉我们，只应在一场大会战中寻求决出

---

[1] 德语"会战"（die Schlacht）一词是从"屠杀"（schlachten）这个动词派生出来的。——译者注

大的胜负。自古以来，只有大的胜利才能导致大的战果，对进攻者来说必然是这样，对防御者来说或多或少也是这样。即使是拿破仑，假如他害怕流血，那么他也不会取得乌尔姆会战的胜利（这是他以分兵方式取得的唯一的一次胜利[1]），其胜利只会更多地被视为他以往战局胜利的二茬收获。曾试图以决定性的会战这一重要的冒险手段来完成其大业的，不只是大胆的、鲁莽的和无畏的统帅们，而且是所有幸运的统帅们都曾试图这样做。这些统帅对这个范围如此之广的问题所做的回答是令我们满意的。

对那些未经流血而获胜的统帅，我们不感兴趣。如果说血腥的杀戮是可怕的，那么这只应促使我们更加严肃地对待战争，而不应促使我们出于人道而逐渐让佩剑变钝，直到不知什么时候蹿出某个人，手执利剑活活地将我们的手臂砍掉。

我们把一次大会战视为一次主力决战，当然不是把它视为一场战争或战局不可或缺的、唯一的一次主力决战。一次大会战决定整个战局胜负的情况，只有在近代才是常见的，而一次大会战决定整个战争胜负的情况，则是极为少见的例外。

一次大会战决定的胜负，其意义当然不仅取决于大会战本身的规模（集结到会战中的部队的多少和会战胜利的大小），还取决于交战国双方和各自盟国的很多其他情况。不过由现有部队的主力进行的大规模决战，开启的当然就是主力决战，其规模虽然在某些方面是可以预见到的，但不是在所有方面。这样的主力决战即使不是唯一的一次，但毕竟是**首次**决战，而且作为首次决战对以后的决战也会产生影响，因此对一个有意进行的主力会战，根据其不同的情况，人们应或多或少在某种程度上始终将其视为当前整个军事行动的中心和重点。一位统帅越是以真正的战争和斗争的精神出征，越是具备必须和将要打垮

---

[1] 第三次反法联盟战争中，法军和奥军为争夺乌尔姆（Ulm，今德国巴登-符腾堡州一城市，位于多瑙河河畔）于1805年10月8—20日进行的一系列战斗和会战的总称。1805年秋，奥军在莱茵河-蒂罗尔一线暂取守势，准备在俄军到达后共同进攻法军。奥军斐迪南大公的参谋长马克率7.2万人到乌尔姆占领阵地。拿破仑率领15万人，没有采取惯用的集中优势兵力、一路进击的战法，而是以部分兵力在正面牵制敌人，同时分兵数路进行大规模迂回，切断了奥军通往奥地利的退路，于10月17日迫使马克同意率其2.5万余人携60门火炮投降，并于20日正式交出武器。——译者注

对手的感觉和想法（意识），他就越会把一切都放到首次会战这个秤盘上，希望并力争在首次会战中夺取一切。拿破仑在其所有战争中大概没有一次不是在出征时即想要在首次会战中就打垮对手。弗里德里希大帝进行的战争虽然规模较小，面临的危机也有限，但当他率领一支不大的部队从背后进攻俄国人或帝国军队[1]而想打开一个新的局面时，同样也是有这种想法的。

我们在上面说过，由主力会战决出的胜负的意义，部分取决于主力会战本身，即取决于参加会战的部队的数量和战果的大小。

对于第一点，统帅可以通过增加参战部队来提升会战的重要性，这是显而易见的。现在我们只想指出，主力会战的规模越大，它一并决定的事情也就越多。因此，那些有自信、喜欢大决战的统帅在不错过其他要点的情况下，总是尽可能把他绝大部分的兵力投入到主力会战中去。

至于会战的战果，或者更确切地说，胜利的大小程度，则主要取决于以下四个因素：

1. 进行会战时的战术形态。

2. 地形的特点。

3. 各兵种比例。

4. 兵力对比。

采取正面进攻而没有迂回的会战，很少能像进行了迂回或者迫使对方或多或少改变了正面的会战那样得到大的战果。在沟壑纵横的地形或山地进行会战的战果同样较小，因为进攻的力量在这种地形上到处都受到削弱。

如果失败者的骑兵与胜利者的骑兵相比一样多或者占优势，那么胜利者追击的效果就会降低，从而失去很大一部分胜利成果。

最后，本身可以理解的是，如果利用优势兵力迂回或迫使敌人改变正面，这样取得的胜利比以劣势兵力取得的胜利能带来更大的战果。洛伊滕会战的结果可能会让人们怀疑这个原则的实际正确性，但是请允许我们在这里说句我们

---

[1] 帝国军队（die Reichsarmee），指神圣罗马帝国的军队，由帝国议会组建，是帝国执行机构——帝国议会的工具，其任务是捍卫帝国内外的安全，必要时由帝国议会派出。1806年，神圣罗马帝国解体，帝国军队也不复存在。作者在书中提到帝国军队若是1806年以后的，一般是指德意志诸邦的军队。——译者注

一般不爱说的话：**凡事有例外**。

因此，统帅可以以上述四个因素为手段，赋予会战决定性的特点。他面临的危险固然会随之加大，但是他的全部活动本来就是要服从精神世界中的这个活跃法则[1]的。

这样在战争中，主力会战是最重要的了，因此，战略上最大的智慧就表现在为主力会战提供手段，巧妙地确定主力会战的时间、地点和用兵方向，以及利用主力会战的战果。

上述这些虽然很重要，但是人们不能从中就得出结论，认为它们具有很复杂和捉摸不定的本性。恰恰相反，这一切都很简单，并不需要很多综合运用的艺术，但很需要对各种现象的敏锐的判断力，很需要干劲和坚定的一以贯之的信念以及朝气蓬勃的进取精神，即我们以后还要时常谈到的英雄特质。统帅在这里不怎么需要书本中能传授的东西，而是需要很多通过书本以外的其他途径（如果能够通过传授学到的话）掌握的东西。

统帅对主力会战的渴望，以及自主而有把握地前往主力会战的运动，应来自对自己力量的信心和对会战必要性的明确认识，换句话说，应来自天生的勇气和经过丰富阅历磨炼而成就的敏锐洞察力。

大的战例是最好的教师，但是如果理论中的偏见像云一样遮住这些战例，则是件糟糕的事，因为即使是阳光，在云中也会折射和变色。这些偏见有时像瘴气那样形成和传播。粉碎这些偏见是理论的一个迫切任务，因为对人们头脑中错误地产生的东西，也可以用头脑再消除它。

---

[1] 指面临危险与所获战果之间的关系：要取得较大的战果，就要冒较大的危险，而如果不愿冒较大的风险，则取得的战果往往也较小。——译者注

★ 第十二章 ★

利用胜利的战略手段

尽最大可能为赢得胜利做准备是一件更困难的事，是战略默默做出的功劳。战略在这方面几乎得不到什么赞扬，它通过取得的胜利，显示其光彩和荣耀。

会战能有哪些特殊目的，会战是如何影响战争的整个体系的，胜利之路依不同情况的本性能通向何处，以及胜利的顶点在什么地方，所有这些问题我们以后才能讨论[1]。但是对所有能想到的情况而言，事实是：不进行追击，任何胜利都不会取得大的效果；无论胜利之路是如何短，胜利者总应进行初步的追击。为了不用处处重复这一点，我们想总的谈一下追击（这是胜利者战胜对手后有必要追加的一个任务）。

对战败的对手的追击是从他放弃战斗、离开其要塞的时刻开始的。此前的一切进退运动都不能算是追击，而是属于会战进程本身。通常在对手放弃战斗、离开其要塞的时刻，对胜利者来说，即使胜利已经无可置疑，但胜利毕竟还很弱小，如果不通过当天的追击加以完善，那么胜利就不会为接下来的一系列战事提供多少切实的好处。如前所述，在大多数情况下，体现胜利的那些战

[1] 参阅本书第三卷第七篇第四章和第五章，以及第七篇所附《关于胜利的顶点》一文。——译者注

利品是通过这种追击才得到的。我们想先来谈谈这种追击。

交战双方在会战前夕的各种活动大多是紧迫的，因此双方通常是在体力消耗已经很大的情况下进入会战的。此前长时间的搏斗使双方体力消耗很大，最终筋疲力尽。此外，胜利者在部队分散和队形混乱方面并不比失败者好多少，因此有必要重建秩序，集结走散的人员，为用尽弹药者补充弹药。这一切使胜利者自己也处于危机状态，这是我们讲过的。如果被击败的只是敌军的一个从属部分，可能得到敌军其他部队的接应，或者有望得到大部队的增援，那么显而易见，胜利者就很容易面临丧失胜利的危险。在这种情况下，胜利者考虑到这种危险，就会很快停止追击，或者至少给追击规定一个很大的限度。即使胜利者并不担心失败者会得到大量援军，但胜利者处于上述危机状态，在追击时也会感到自己的冲击力遇到很大的阻力。即使胜利者不必担心胜利会被夺走，但毕竟可能发生不利的战斗，它们可能减少胜利者的既得好处。此外，人们在生理上的需要和弱点也会对统帅的意志施加全部压力。统帅指挥下的成千上万的官兵都需要休息和恢复体力，都要求暂且避免危险和劳顿。只有少数可以视为例外的人能看到和感受到比眼前更远的东西。只有这少数人还有足够发挥勇气的余地，在完成了必要的任务后还能想到其他战果，这些战果此刻在别人看来不过是美化胜利的奢侈品而已。但是千万官兵的呼声，在统帅周围是会有人反映的，人们的这种切身利益通过各级指挥官会如实地传到统帅那里。统帅本人由于精神和身体的紧张劳顿，其内心活动也会或多或少地受到削弱。于是出于这种人之常情，人们实际做到的往往比本来可以做到的要少，而且之所以做出些事情，也只是由于最高统帅**渴望荣誉**，有**干劲**，也许还有**严厉**。只有这样才能解释为什么有很多统帅在以优势兵力取得了胜利以后，对扩大胜利犹豫不决。胜利后的初步追击，我们认为一般只限于当天，必要时到当天夜间，因为在这个时段以后，追击者自己也需要休整，故在任何情况下都应中止追击。

这种初步追击有自然形成的不同的程度：

第一种程度的追击是只用骑兵进行的。这种追击其实更多是为惊吓和观察敌人，而不是真正紧追敌人，因为往往很小的地形障碍就会挡住追击者。骑兵虽然能追击受到震撼和削弱的敌军中的零星队伍，但在追击整个敌军时，它始终只是一个辅助兵种，因为敌人可以用新锐的预备队来掩护退却，利用就近的不大的地形障碍就能够结合各兵种进行有效的抵抗。只有追击真正逃窜的和完全瓦解的部队才是这里的一个例外。

第二种程度的追击是以一支大的、由诸兵种组成的前卫部队进行的。其中自然包括绝大部分骑兵。这种追击可以把对手一直挤压到其后卫部队的下一个坚固阵地，或者挤压到其整个部队的下一个部署地。通常败退者没有机会立刻利用这两种阵地，于是胜利者可以继续追击，但行程大多不超过一小时，最多不超过两个小时，否则前卫部队就会担心得不到充分的支援。

第三种，也是程度最强的一种追击，是胜利的部队本身只要力量足够即保持推进。在这种情况下，失败者只要观察到追击者准备进攻或包围，就会离开大部分地形提供给他的可以稍做抵抗的部署地，而他的后卫部队就更不敢进行顽强的抵抗了。

在这三种情况下，即使整个追击行动尚未结束，如果黑夜到来，胜利者通常也会停止追击。对少数情况下的彻夜追击应视为极其猛烈的追击。

如果人们考虑到，夜间战斗或多或少要取决于偶然性，而且在会战临近尾声时，各部分之间的正常联系和会战的正常步骤已经受到严重破坏，那么就不难理解为什么双方统帅都害怕在夜间继续战斗。除非失败者已经完全瓦解，或者胜利者的部队在尚武精神方面具有罕见的优势，有成功的把握，否则在夜战中几乎一切都只能碰运气，而这是任何人，甚至是最莽撞的统帅也不愿做的。因此，通常黑夜会使人们停止追击，即使会战是在天黑前不久才决出胜负的也是如此。黑夜可以直接给失败者一个喘息和收拢部队的机会，如果他想在夜间继续退却，可以先行一步，以摆脱敌人。黑夜过去，失败者的处境会显著好转。很多走散的士兵重新归队，弹药得到补充，整个部队会恢复秩序。在这种情况下，如果他还要继续与胜利者作战，那么这个战斗就是一个新的战斗，而非上次战斗的延续。即使这一新的战斗中还远不能让失败者有一个绝对好的结果，但它毕竟是一次新的战斗，而不只是胜利者顺带收获的失败者上次战斗的残局。

因此，在胜利者可以彻夜追击的情况下，即使只是用各兵种组成的大的前卫部队进行追击，也能极大地增加胜利的效果。洛伊滕会战和"美好姻缘"会战就是例证[1]。

这种追击的全部活动其实是一种战术活动，我们谈到它，只是为了使我们更清楚地认识到，胜利后追击和没有追击所得到的效果是不同的。

在初步追击中将敌人追到他的下一个集结点，这是每个胜利者的权利，几乎不受其后续计划和情况的任何限制。这些后续计划和情况有可能使胜利者投入主力所获胜利的积极成果大为减少，但是不会妨碍对胜利的**这一初步**利用。即使我们可以设想有这样的情况，但这种情况至少是极为罕见的，以至理论可以不去考虑它。当然在这里我们必须承认，现代战争为人的魄力开辟了一个全新的领域。在过去那些规模较小、局限性较大的战争中，有很多方面，尤其是追击受到一种不必要的传统限制。在当时的统帅看来，胜利的**概念和荣誉**是十分重要的，以至他们在胜利时很少想到原本消灭敌军的问题。在他们看来，消灭敌军不过是战争的众多手段之一，连主要手段都不是，更谈不上是唯一手段了。一旦对手放下剑，他们便乐于把自己的剑也插回鞘中。在他们看来，胜负一旦决出，就可以停止战斗了，这是再自然不过的了，而如果继续流血就是无谓的残忍。尽管这种错误的理论不是人们做出全部决定的唯一依据，但它能使一种观点易于被人接受并有大的分量，即认为所有力量都已经耗尽，于是体力上已经无法继续战斗。如果一位统帅只有一支部队，而且预计这支部队不久会遇到无力完成任务的情况（通常攻势中的每次前进都会导致出现这种情况），那么他当然要爱惜这支部队，这个他夺取胜利的工具。不过显而易见，这种计算是错误的，因为在追击中，自己部队受到的损失要比对方的损失小得多。这种看法之所以一再产生，是因为人们没有把消灭敌军视为要务。因此我们看到，在过去的战争中，只有像卡尔十二世、马尔伯勒、欧仁、弗里德里希大帝这样一些真正的英雄人物，才在已经赢得足够胜利的情况下仍进行有力的追击，而其他统帅则通常只是满足于占领战场。到了近代，由于导致战争的因素更多，使作战更加激烈，才打破了这种因循守旧的限制。追击成了胜利者的

[1] 1757年12月5日，普奥两军在洛伊滕附近进行的会战于下午5时左右结束，奥军失败。弗里德里希二世亲率3个近卫步兵营追击，击败奥军后卫部队，扩大了战果。在1815年6月18日的"美好姻缘"会战（滑铁卢会战）中，拿破仑傍晚投入最后一支预备队，但未能扭转败局。普军进攻法军右翼侧和背后，法军被迫退却。弗里德里希·冯·比洛和格奈泽瑙率领普军立即追击，使法军的退却成了毫无秩序的溃退。——译者注

要务，战利品的数量因此而大幅增加。即使人们在近代会战中看到不追击的情况，但那只是些例外，总是由一些特殊情况造成的。

例如在大格尔申会战[1]和包岑会战[2]中，联军只是由于骑兵占有优势，才避免了彻底的大败；在大贝伦会战和登纳维茨会战中，是由于瑞典王储[3]不愿意而未进行追击[4]；在拉昂会战中，是由于年迈的布吕歇尔身体虚弱而未进行追击。

博罗季诺会战也属于这方面的例子。关于这个例子，我们还要多讲几句，因为我们并不认为单单责备一下拿破仑就完事了，还因为这一情况以及很多与它类似的情况（统帅在会战开始前就被局势束缚住了手脚）似乎是极其罕见的。法国一些著名著作家和拿破仑的崇拜者（例如沃东库尔[5]、尚布雷[6]、塞居尔[7]）明确地责备拿破仑，怪他没有把俄军全部逐出战场，没有用他最后的兵力粉碎俄军，否则就可以让这场俄军只是失利的会战变成俄军彻底大败的会战。在此详细地描述双方军队当时的情况，会让我们离题太远，但有一点

---

[1] 1812年，拿破仑进攻俄国失败后，普鲁士于次年3月27日向法国宣战。5月2日，拿破仑率主力前往莱比锡。俄普联军趁机袭击位于大格尔申（Grossgörschen，今德国萨克森–安哈尔特州城市吕岑的一部分）附近的法军奈伊元帅。拿破仑急忙率主力返回，与联军反复争夺大、小格尔申等4个村庄。最后，联军向包岑退却。法军由于骑兵较少而未进行追击。——译者注

[2] 1813年5月18日，拿破仑从德累斯顿前往包岑。20日，拿破仑命乌迪诺进攻联军左翼，奈伊进攻联军右翼，自己则率主力从正面进攻。21日，联军大败，法军因骑兵不足而未进行追击。——译者注

[3] 即贝纳多特（Jean-Baptiste Jules Bernadotte，1763—1844），侯爵，法国元帅，瑞典国王。因他是瑞典国王卡尔十三世的养子，国王去世后，于1810年8月被瑞典国会选为瑞典王储。1813年统率瑞典、俄国和奥地利联军在莱比锡大会战中击败拿破仑。1818年，登基为瑞典国王，即卡尔十四世（1818—1844）。——译者注

[4] 1813年8月23日，乌迪诺所率法国和萨克森联军在大贝伦（Grossbeeren，今德国勃兰登堡州一小镇）附近被贝纳多特所率普鲁士、俄国、瑞典联军击败。拿破仑复命奈伊北征。9月6日，在登纳维茨（Dennewitz，今德国勃兰登堡州一小镇）也被贝纳多特击败。在两次会战后，贝纳多特都没有进行追击。有人认为，这是因为他过于谨慎，也有人认为是由于他碍于自己曾是法军将领，故不愿追击拿破仑。——译者注

[5] 沃东库尔（Frédéric François Vaudoncourt，1772—1845），法国将军，军事著作家。曾长期跟随拿破仑，著有《1812年法俄战争回忆录》。——译者注

[6] 尚布雷（Georges de Chambray，1783—1848），侯爵，法国炮兵将军和军事理论家。著有《远征俄国史》。——译者注

[7] 塞居尔（Philippe Paul Ségur，1780—1873），法国将军、作家和历史学家，著有《1800—1812年，一位拿破仑随军军官的回忆录》，是研究拿破仑的重要资料。——译者注

是很清楚的：当拿破仑渡过涅曼河[1]时，他准备接下来打博罗季诺会战的部队有30万人，而到博罗季诺会战时只剩下12万人。他可能担心这些兵力不足以向莫斯科进军，而莫斯科看来是决定一切问题的关键点。拿破仑在取得博罗季诺会战胜利后相当有把握地认为可以占领这个首都，因为俄国人看上去极不可能在8天内发起第二次会战。拿破仑是希望在莫斯科缔结和约的。当然，假如拿破仑在进占莫斯科之前把俄军打垮，他缔结和约的把握就会更大，但首个前提是要抵达莫斯科，就是说要率领一支实力雄厚的部队抵达莫斯科，依靠这支部队控制首都，从而在俄国及其政府面前以统治者的身份出现。后来的事实表明，他带到莫斯科的兵力已经不足以完成这个任务。但是假如拿破仑在博罗季诺会战中为打垮俄军而把自己的部队一起搞垮了，那他带到莫斯科的兵力就更少了。拿破仑深深感觉到了这一点。在我们看来，他在博罗季诺会战中未投入全部兵力的做法是完全正确的，但是这种情况不能因此就算作"统帅因总的形势而放弃通过初步追击扩大胜利"的例子，因为这里还根本谈不上单纯的追击。当天下午4时，胜负已经决出，但是俄军仍保有绝大部分阵地，而且不打算放弃它。他们准备在拿破仑重新发起进攻时再进行顽强的抵抗，尽管这种抵抗一定会以彻底大败而结束，但会让对手付出很多血的代价。因此，人们应把博罗季诺会战计入包岑会战那样的会战，是**没有进行到底的**会战。在包岑会战中，是失败者倾向于早些离开战场；在博罗季诺会战中，是胜利者倾向于满足得到半个胜利，这不是因为他怀疑最终能否取得胜利，而是因为他的兵力不足以获取全部胜利[2]。

　　让我们回到正题上来。从我们的考察中，对初步追击可以得出如下的结论：胜利的价值大小主要取决于追击时的猛烈程度；追击是取得胜利的第二个行动，在很多情况下甚至比第一个行动更重要；战略在此向战术靠近，以便从

---

[1]涅曼河（die Njemen），今白俄罗斯和立陶宛境内的一条河流，流入波罗的海，长937公里。——译者注

[2]俄法双方在1812年9月7日的博罗季诺会战中均受到很大损失，俄军损失4.5万人（一说5.2万人，占当时俄军正规军兵力的一半；作者在本书第七卷中给出的数字是3万人），法军损失3.5万人（一说2.8万人，其中1792名军官；作者在本书第七卷中给出的数字是2万人），双方均自称获胜。实际上，此次会战未能决出真正的胜负，但为俄军消耗法军和转入反攻创造了条件。——译者注

它手中接过完成了的工作[1]，其权威的第一个行动[2]就是要求胜利完美。

在极少情况下，即使进行了这种初步的追击，胜利的效果也没有再加大。只有胜利具有快速冲击力，真正的扩大战果之路才会开启。我们曾经说过，扩大战果之路是由其他条件决定的。在这里我们还不准备谈这些条件，但是我们在此不妨谈谈追击的总的特点，以免我们在它可能出现的场合一再重复。

对继续追击，就其程度也可分为三种：单纯的尾随、真正的紧追，以及旨在切断敌人退路的平行行军。

单纯的尾随使敌人得以继续退却，直到他认为可以再度向我们发起战斗，因此，单纯的尾随能够使追击者的既得优势发挥到极致，而且得到失败者所不能带走的一切，例如，伤病员、疲惫不堪的士兵、一些行李和各种车辆等。但是这种单纯的尾随不能像下面两种程度的追击那样使对手进一步瓦解。

如果我们不满足于尾随敌人到其原来的营垒，以及占领敌人愿意放弃给我们的地区，而是每次都索取更多的东西，也就是说，每当敌人的后卫部队要占领阵地时，我们就用做好进攻准备的前卫部队向他发起进攻，那么这就可以促使敌人加速退却，促使敌人瓦解。敌人的瓦解主要是由敌人在退却中不停地逃跑引起的。对官兵来说，最痛苦的莫过于在疲惫不堪的行军后正想休息时，又听到敌人的炮声。如果在一段时间内天天遇到这种情况，就可能导致部队惊慌失措。在这种情况下，失败者往往不得不承认对手的意志是无法抗拒的，自己已经无力抵抗，而这种意识就会在很大程度上削弱部队的精神力量。如果追击者能以此迫使对手在夜间行军，那么这种紧追不舍的效果就会升至最大。如果胜利者傍晚时将失败者从其事先选定的营垒中又给吓跑了（无论这个营垒是部队本身用的，还是其后卫部队用的），那么失败者就只好要么夜行军，要么至少连夜变换阵地，继续退却。失败者的这两种结果是差不多的，而胜利者却可以安然度过一夜。

在紧追不舍的情况下，追击者行军的部署和阵地的选择还要取决于很多其他的条件，特别是要取决于给养、大的地形障碍、大的市镇等。因此，如果人

---

[1] 此处"完成了的工作"指进攻。——译者注
[2] 此处"第一个行动"指获胜后的初步追击。——译者注

们以几何图形来展示追击者如何通过摆布退却者迫使其在夜间行军，而自己却可在夜间休息，那就是可笑的、书呆子式的做法。尽管如此，人们在部署追击时向这个方向努力，以便在很大程度上提高追击的效果，还是正确和可取的。如果说人们在实施中很少考虑到这一点，那是因为即使是追击的部队，它在向这个方向努力时也比正常情况下的一站一站行军和安排一日作息要困难得多。早晨适时出发，以便中午进入营垒，剩下的白天时间用于筹集军需品，夜间用于休息，这比准确根据敌人的运动来确定自己的运动要轻松得多。因为在后一种情况下，追击者总是在最后一刻才能做出如何运动的决定，有时要在清晨出发，有时要在傍晚出发，一天之中总有多个小时处在敌人眼皮底下，与敌人相互炮战，不断进行零星的战斗，反复部署迂回，简单说就是要采取各种必需的战术举措。这对追击的部队来说，当然是沉重的负担，而在负担已经很多的战争中，人们总是倾向于摆脱那些看上去并非必要的负担。上述这些考察是正确的，它们可以用于整个部队，或者通常用于一支大的前卫部队。由于上述提及的原因，第二种程度的追击，即紧跟退却者的追击是相当少见的，甚至拿破仑在1812年俄国战局中也很少使用这种方法，令人瞩目的原因就是在他达到目的以前，仅是这一战局遇到的诸多困苦就已经让他的部队面临全军覆灭的危险。相反，法国人在其他战局中由于他们的毅力，在紧追不舍方面表现得还是很出色的。

　　最后，第三种程度的、也是最有效的一种追击是向失败者退却的下一个目的地平行行军。

　　任何一支失败的部队当然在他后面的或近或远处有他首先渴望达到的地点，包括：一旦被追击者占领，可能威胁退却者继续退却的地方，例如隘路；退却者先于追敌抵达这些地点，对于这些地点本身非常重要，例如首都、物资库等；或者退却者抵达后能够获得新的抵抗能力的地方，例如坚固的阵地、与友军的会合点等。

　　如果胜利者此时沿着与失败者平行的道路向这一地点行进，那么显而易见这会让失败者不得不加速退却，使退却变成慌不择路，最后变成溃逃。失败者对此只有三个对付的办法。第一个办法是扑向追敌，通过出敌不意的进攻赢得成功的可能性。不过从失败者的处境来看，获得这种成功的可能性总的来说不大。要想获得成功，显然要求有一位勇敢和富于进取的统帅和一支虽战败但并未彻底大败的优秀军队。因此，这种办法大概只有在极少的情况下才能为失败者所用。

第二个办法是加速退却。但这恰好是胜利者所希望的，而且这很容易使部队过度劳顿，出现大量掉队人员，丢失和损坏火炮和各种车辆，从而造成更大的损失。

第三个办法是避开敌人，以便绕过容易被追敌切断退路的地点，在距敌人较远的地方，付出较少的劳顿行军，从而减少因匆忙退却而带来的损失。这最后的办法是三个办法中最糟糕的，因为通常只能将它视为一个无力偿还债务的人又欠下一笔新债，从而导致更为窘迫的局面。但是在有些情况下，这个办法还是值得推荐的，有时还是唯一可行的办法，而且也有成功的先例。然而一般来说，人们采用这个办法事实上大多不是由于确信它可以更有把握地达到目的，而是出于另一个令人难以容忍的理由，即害怕与敌人交手。害怕与敌人交手的统帅是多么可怜啊！　无论部队的士气受到多大的打击，无论对自己与敌人遭遇时在士气方面处于劣势的担心是多么正确，胆怯地回避一切与敌人作战的机会只会使自己的处境变得更糟。假如拿破仑在1813年回避哈瑙会战[1]，改由曼海姆[2]或科布伦茨附近过莱茵河，那么他就不可能把哈瑙会战后尚余的3万至4万人带过莱茵河。**失败者恰恰可以通过小心准备和进行的小规模战斗以及由于是防御者而拥有的利用地形方面的优势，而能首先让部队的士气重新振作起来。**

在这里，防御者的哪怕是最小的战果所产生的有利效果也是令人难以置信的。但是对大多数的指挥官来说，要想做这种尝试，首先要克服自己的疑虑；而上述第三个办法即避开敌人，初看上去似乎容易得多，以至人们往往愿意这样做。然而失败者这样避开敌人，通常恰恰最能推动胜利者达成意图，从而使自己彻底失败。但是我们必须指出，这里指的是整个部队，至于一支被切断退

[1] 1813年10月，莱比锡会战后，拿破仑在退却途中在哈瑙受到奥地利、巴伐利亚和俄国联军的阻击。30日，拿破仑率剩下的3.5万余人击败联军，保证了退路的安全。——译者注

[2] 曼海姆（Mannheim），今德国巴登-符腾堡州一城市，位于内卡河流入莱茵河河口附近。——译者注

路的部队试图通过绕路重新与其余部队会合，则是另一回事，因为这种情况是不同的，而且成功的例子并不少见。这种奔向同一目标的赛跑要有一个条件，就是追击者要有一支部队径直跟在退却者的后面，收获起所有被遗弃的东西，并且让退却者一直觉得追兵就在后面。布吕歇尔从滑铁卢[1]到巴黎追击法军的行军，在其他方面都做得很出色，唯有这一点没有做到。

这样的行军当然也会一并削弱追击者。如果逃敌被他另一支较大规模的部队接应，如果率领它的是一位杰出的统帅，而追击者没有充分做好消灭敌人的准备，那么就不宜使用这种方法进行追击。但是如果情况允许，这种手段就能像一部大机器那样发挥作用。在这样的追击下，败军会由于不得不丢下伤员和疲惫不堪者而不成比例地受到损失，部队由于时刻担心失败而士气低落，以致几乎不能设想会进行认真的抵抗；每天都会有数以千计的人未经战斗即成为追兵的俘虏。胜利者在这种充满幸运的时刻不能害怕分兵，这样才能把他和他的部队所能得到的一切都纳入胜利的旋涡，才能切断敌军此前外派小部队的退路，攻占敌军未做防御准备的要塞，以及占领大的城镇，等等。在新的状态[2]出现以前，胜利者可以为所欲为，而且他越是敢作敢为，新状态就出现得越迟。

在拿破仑的战争中，不乏通过大的胜利和出色的追击而取得辉煌战果的例子。我们只要回忆一下耶拿会战、雷根斯堡会战[3]、莱比锡会战和"美好姻缘"会战就够了。

---

[1] 滑铁卢（Waterloo），今比利时瓦隆–布拉班特省一小镇，北距首都布鲁塞尔16公里，位于苏瓦涅森林南端。——译者注
[2] 指胜利者与失败者之间迟早会出现的均势状态。——译者注
[3] 1809年4月，拿破仑率法军进攻南德意志。具体是达武进攻雷根斯堡，马塞纳进攻奥格斯堡，拿破仑率主力居中策应。卡尔大公企图各个击破法军，命令希勒率一部向兰茨胡特迎击马塞纳，自率主力向雷根斯堡挺进。21日，希勒所率奥军于兰茨胡特被法军击败。22日，拿破仑率主力从兰茨胡特向卡尔大公的背后雷根斯堡迂回，与达武夹击奥军。卡尔大公大败，渡过多瑙河，退向维也纳。——译者注

★ 第十三章 ★

会战失败后的退却

在失败的会战中，败军的力量受到破坏，而且精神力量受到的破坏比物质力量受到的破坏更大。如果败军在新的有利情况出现以前进行第二次会战，将会招致彻底大败，甚至全军覆灭。这是一条军事上的公理。退却就其本性来说，应该进行到双方力量重新平衡为止，无论是由于败军得到了增援，还是由于败军得到了坚固要塞的保护，或者是由于败军利用了大的地形障碍，又或是由于胜利者的兵力过于分散。力量再度平衡出现的迟早，取决于败军所受损失的程度和失败的大小，但更多是取决于追击者的特点。一支败军的处境自会战后竟然没有任何变化，在退却不远处就得以重新部署就绪，这样的例子还少吗？究其原因，要么是因为胜利者士气不振，要么是因为胜利者在会战中所获得的优势不足以进行强有力的追击。

为了利用追击者的这些弱点或错误，为了不在形势所迫的范围以外再多退一步，更主要的是为了将自己的精神力量保持在尽量有利的一个水平，败军就非常有必要缓慢地且战且退，而且只要追击者超出限度地利用其优势，退却者就应立即进行勇敢和大胆的反击。杰出的统帅和久经战争历练的军队在退却时，总是像一只受伤的狮子一样退去。这无疑也是有关退却的最好的理论。

我们确实看到，当人们要摆脱一个危险处境时，往往不是迅速地摆脱危险，而是喜欢玩弄一些无济于事的形式，导致无谓地浪费时间，从而变得危险。有经验的指挥官认为"迅速摆脱危险"这一原则是十分重要的，但是人们不应将会战失败后的总的退却与一般的摆脱危险相混淆。谁要是认为在会战失败后的总退却中通过几次急行军就可以摆脱敌人，就可以比较容易地站稳脚跟，谁就是大错特错了。在进行总退却时，一开始必须尽量缓慢地退却，一般要以未受敌人摆布为原则。为坚持这个原则，就必须与紧迫的敌人进行血战，为此做出牺牲是值得的。如果退却者不遵守这一原则，加速自己的退却，不久就会成为溃退。在溃退的情况下，仅是掉队士兵的数量就会比进行后卫战时可能牺牲的人还要多。此外，退却者剩下的最后一点勇气也会因此而丧失得一干二净。

用最优秀的部队组成一支强大的后卫部队，由最勇敢的将军率领，在最重要的时刻得到整个军团的支援，仔细认真地利用地形，每当敌前卫部队冒进和地形对我有利时，就进行强有力的伏击——简而言之，退却者准备和计划进行一系列真正的小规模会战，是贯彻上述原则的手段。

一方在会战时面临的有利条件有多有少，坚持的时间有长有短，因此这一方在会战失败后退却时面临的困难自然也有大有小。从耶拿会战和"美好姻缘"会战中，我们可以看到，竭尽全力抵抗优势对手后在退却时会混乱到什么程度。

不时出现分兵退却的论调[1]，主张分成小股部队退却，甚至做离心状的退却。我们这里要考察的不是那种只是为了便于行动而进行的分兵，在这种情况下，分开的部队依然有可能共同作战，而且始终保持共同作战的意图。除此以外，任何其他分兵的做法都是极其危险的，是违背事物本性的，因此是大错特错的。任何一场失败的会战都是一种削弱和瓦解的因素，这时最迫切需要的是集中兵力，并在集中的过程中恢复秩序、勇气和信心。退却者在敌人乘胜追击的时刻，以分开的小股部队去骚扰敌人的两侧——这完全是荒谬的想法。如果敌人是一个胆小的书呆子，那么这种办法也许能起到作用和收到效果；如果退却者不能肯定对手有这种弱点，那么他就不应该采用这种办法。如果会战后的战略形势要求退却者向左右派出部队，以保护自己的两侧，那也只能在情形

[1]劳埃德和亚当·冯·比洛。——作者注

许可的范围内进行。但是对这种分兵必须总是视为迫不得已而为之的下策，而且退却者在会战结束的当天也很少能够做到这一点。

弗里德里希大帝在科林会战和放弃围攻布拉格[1]以后，分三路退却，但他不是主动选择这样做的，而是因为他当时的部队位置和保护萨克森的任务让他只能这样做。拿破仑在布里昂会战[2]后命令马尔蒙向奥布河方向退却，他自己则渡过塞纳河[3]转向特鲁瓦[4]。这次行动之所以没有给他带来什么不利，只是因为联军没有追击他，且分散了兵力，一部分（布吕歇尔）转向马恩河，另一部分（施瓦岑贝格）则由于担心兵力不足，只是十分缓慢地推进。

---

[1]布拉格（Prag），今捷克共和国首都，位于伏尔塔瓦河河畔。——译者注
[2]1814年1月29日，拿破仑在布里昂（Brienne-le-Château，今法国奥布省一城市，位于奥布河河畔）击败布吕歇尔率领的俄普联军，但2月1日在附近的拉罗蒂埃会战中负于联军。有的学者认为这两次会战为同一事件，将其统称为布里昂会战。联军在会战胜利后并未追击，反而分兵。很多评论家认为，如果联军当时集中兵力挺进巴黎，那么拿破仑就无法挽回败局。——译者注
[3]塞纳河（die Seine），法国北部一条河流，流经里昂、巴黎等城市，流入英吉利海峡，长777公里。——译者注
[4]特鲁瓦（Troyes），法国东北部一城市，位于巴黎东南，塞纳河河畔。——译者注

第十四章

夜战

夜战是怎样进行的，其过程的特点是什么，这些是战术上的问题。在这里，我们只是把夜战作为一个特殊的手段来考察。

其实，任何夜间进攻都只是程度较强的袭击。初看上去，夜间进攻似乎是十分有效的，因为在人们的想象中，防御者受到的进攻是其意料之外的，而进攻者对于所要发生的一切肯定早就做好了准备。防御者和进攻者的处境是多么不同啊！人们把夜战想象成一方面防御者处于极其混乱的状态，而另一方面进攻者只要忙着收获果实就行了。因此那些无须指挥任何部队、无须负任何责任的人常常会有夜袭的想法，然而在现实中，夜袭是很少见的。

上述种种想象都是以下述情形为前提的：进攻者了解防御者的举措，因为那些举措是防御者事先采取的和明显的，无法躲过进攻者的火力侦察和分析；相反，进攻者的举措是在进攻之前才采取的，防御者想必是无从了解的。但是实际上防御者对进攻者的举措并非完全无法知道；进攻者对防御者的举措更不是完全能够了解的。如果我们与对手的距离不是近到他就在我们眼皮底下（就像霍赫基尔希会战前，弗里德里希大帝就在奥地利人眼皮底下），那么我们只能从火力侦察和巡逻得到的情况，以及从俘虏和探子的陈述中了解敌人的部署情况。这样了解到的情况总是很不全面的，从来不是准确可靠的，因为这些情报或多或少总是过时的，敌人的位置可能自情报上报后又有了变化。再有就是，在过去军队采用旧的战术和宿营方法时，要了解对手的位置比现在容易得多。宿营帐篷组成的一条线比茅草屋营垒或露营容易识别得多，部队在展开的、有规律的前线上宿营也比目前经常出现的多路部署的各个师更容易识别。现在我们眼前有可能就是敌人某个分成多路宿营的师，但我们却无法了解到它的任何部署情况。

而防御者的部署情况还远不是进攻者要了解的全部，了解防御者在战斗过程中计划采取的举措同样重要，因为防御者的举措肯定不只是向四外射击。与以往战争相比，防御者的举措让近代战争中的夜袭更加困难，因为在近代战争中，这些在战斗过程中采取的举措比在战斗前采取的举措要多得多。在我们的战斗中，防御者的部署大多是临时采取的，而不是固定不变的，因此在我们的战争中，防御者比过去更能出敌不意地打击进攻者。

因此除了直接观察以外，进攻者在夜袭时很少或者根本无法了解有关防御者的更多情况。

相反，防御者一方甚至还有一个小的有利条件：他对构成自己阵地的地带比进攻者更熟悉，就好像一个人在自己家里，即使是在黑暗中也比陌生人更容易辨明方向。比起进攻者，防御者更清楚自己部队各部分的位置，可以更容易地抵达那里。

由此可见，在夜战中，进攻者和防御者一样需要好的眼力，因此只有特殊的原因才能让人决定发起夜间进攻。

这些特殊的原因大多与部队的从属部分有关，很少与部队本身有关，因此通常只是在从属的战斗中出现夜袭，在大的会战中很少有夜袭。

如果其他情况有利，我们就可以用大的优势兵力进攻敌军的一个从属部分，把它包围起来，或者予以全歼，或者在对其不利的战斗中让它蒙受重大损失。但是我们必须出敌不意地行动，否则这种意图是不可能实现的，因为敌人的任何一个从属部分都不会自愿投入这样一个不利的战斗，而是会回避这种战斗。然而除了利用十分隐蔽的地形这一少数情况以外，只有在夜间才能达到高度的出敌不意。因此，如果打算利用敌军某一从属部分漏洞百出的部署来实现上述意图，就必须利用夜间。即使战斗本身将在拂晓开始，至少也要在夜间做好预先的战斗部署。对敌军前哨或小部队的小规模夜袭就是这样进行的，其关键在于通过优势兵力和迂回，出敌不意地让敌人卷入一场不利的战斗，以致他不受到大的损失就无法脱身。

受到进攻的部队越大，对它进行这种夜袭的难度就越大，因为兵力较大的部队在内部拥有更多的手段，在援军到来以前，能够利用纵深抵抗较长时间。

由于上述原因，进攻者通常根本不能把敌人整个部队作为夜间进攻的对象，因为即使没有外来的援军，敌人整个部队本身也有足够的手段应对来自多方面的进攻。特别是在现代，任何人对这种普通的进攻形式都是一开始就有戒备的。多面进攻能否取得战果，通常并不取决于是否出敌不意，而完全取决于其他条件。在这里我们不想研究这些条件，而只是想指出：利用迂回固然可以收到很大的效果，但也带来很大的危险；因此除个别情况外，要想成功迂回，就必须具有如同进攻敌军的某一从属部分那样所必需的优势兵力。

但是包围和迂回敌军的一支小部队，特别是在漆黑的夜里，还是比较可行的，因为我们投入的部队无论对敌人这支小部队有多大的优势，毕竟很可能只是自己整个部队的一个从属部分。在这种冒着巨大危险的赌博中，比起用整个部队，人们还是可以用这一部分兵力做赌注的。此外，我们部队的大部分甚至全部，通常都可以支援和接应前去冒险的这支部队，从而可以减少这次行动面临的危险。

但是夜袭之所以只能由较小的部队来实施，不仅是因为它在冒险，而且也因为它在实施上面临很多困难。由于出敌不意是夜袭的本意所在，那么隐蔽行动就是实施夜袭时的基本条件。小部队比大部队更容易隐蔽行动，而对整个部队的几路部队来说就很少能做到这一点。出于这一原因，这样的夜袭行动在多数情况下也只是针对敌军的单个前哨。至于针对较大的部队，只有当它们没有足够的前哨时，才能对它们进行夜袭。例如，弗里德里希大帝在霍赫基尔希会战中就是由于没有足够的前哨才受到夜袭的。比起从属部分，整个部队本身受到夜袭的情况更少见。

近代战争进行得比以前迅速和有力得多，双方部队的营地经常相距很近，而且没有强大的前哨配系，因为双方总是处于决战前不久的危机状态中。不过在这样的年代，双方的战斗准备都更充分。相反，以往战争中的一个习惯做法是：双方即使除了相互牵制以外没有任何其他打算，也还是面对面地进入各自的营垒，于是相持时间很长。弗里德里希大帝就经常和奥地利人在近到可以相互炮击的距离上相持数周。

这种更便于夜袭的设营方法在近代战争中已经不用了。现在军队已经不再携带全部给养和宿营必需品，因此通常有必要在敌我之间保持一日行程的距离。如果我们仍想特别关注一下对敌军进行夜袭的问题，那么可以得出结论：现在已经很少能够出现足以促成夜袭的动机了。这些动机包括：

1. 敌人特别粗心或者鲁莽，但这种情况很少见。即使有这种情况，通常会得到敌人士气方面很大优势的弥补。

2. 敌军惊慌失措，或者我军中的精神力量极占优势，以至仅此优势就足以代替指挥。

3. 要突破敌人优势兵力包围，因为此时一切都取决于出敌不意，而且这个单纯的突出重围的意图可以使兵力更好地集中起来。

4. 最后，敌我双方兵力悬殊，我方处于绝望的境地，以至我方只有采取极为冒险的行动才有可能成功。

但是在上述这些情况中总还是要具备一个条件，即敌军就在我们眼前，而且没有前卫部队保护。

此外，大多数的夜间战斗在开始时就要考虑到它是随日出而结束的，接近敌人和发起进攻都必须在暗夜的掩护下进行，因为这样进攻者就能更好地利用给对手造成的混乱。相反，如果只利用暗夜接近敌人，而战斗要在拂晓才开始，那就不能算是夜战了。